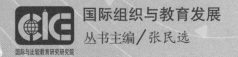

国际组织与教育发展
丛书主编／张民选

U0603241

国际组织人才培养与选送

Personnel Cultivation and Supply for
International Organization

张民选　等／著

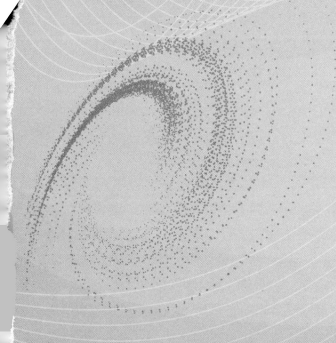

上海教育出版社
SHANGHAI EDUCATIONAL
PUBLISHING HOUSE

本书是国家社会科学基金"十二五"规划教育学重点课题"国际组织人才培养和选送研究"（课题批准号：AFA140007）的研究成果。

总序

　　当联合国(UN)的《千年发展计划》成为人类消除贫困、促进可持续发展的共识和目标,当世界贸易组织(WTO)成为国际贸易活动规则的制定者和冲突的仲裁者,当禽流感、SARS和甲型H1N1流感一次次把世界卫生组织(WHO)推到全球流行疾病防治中枢地位的时候,人们逐渐意识到,随着全球化时代的来临、全球性问题的增多和全球治理需求的出现,国际组织已经悄然走进人类生活,并开始影响人类的政治、经济、社会和文化活动。

　　在教育领域中,国际组织的影响如何? 请看,1997年教科文组织发出"学会求知、学会做事、学会生存、学会共同生活"的倡议,号召人类以全新的教育理念,迈入新的千年;2008年教科文组织和国际教育局(IBE)又通过世界教育大会,呼吁世界各国携手推进"全纳教育",让教育成为每一个人、每一个处于不利地位的人的发展权利和机会。

　　世界银行(World Bank)作为一个全球性的发展机构,每年提供20亿左右的教育发展赠款与贷款,为发展中国家的教育发展提供资金、技术和专业人员的支持。经济合作与发展组织(OECD)也从2000年起,开展了"国际学生评估项目"

(PISA),现已经吸引了 68 个国家和地区参与。经合组织希望以测试结果和比较分析帮助各国形成公平而卓越的教育政策,促进基础教育的优质发展。与此同时,大量的国际非政府组织也作为全球公民社会的成员,提出崭新的教育理念、提供丰富的教育资金、派出众多的专业人员,为发展中国家的教育发展、为扩大不利人群的教育机会作出了贡献。

正因为国际组织对人类教育发展的影响日益显现,国际组织引起了一些国家、政府、高校和教育学者,特别是比较教育学者的关注。一些新兴工业国和发展中国家已经为吸引国际教育机构入驻本国而默默努力,澳大利亚、泰国、肯尼亚、巴西和阿根廷的工作卓有成效。还有一些国家,如日本、印度和澳大利亚,正通过各种渠道培养相应人才,想方设法为国际教育组织输送专家和国际公务员,以期扩大影响、获得发展。一批学者,如澳大利亚悉尼大学的菲利普·琼斯(Philip Jones)、昆士兰大学的米瑞姆·亨利(Miriam Henry)、新西兰奥克兰科技大学和英国诺丁汉大学的双聘教授吉姆·本戴尔(Jem Bendell)等人,已经成果丰硕,成为国际教育组织的研究专家。

改革开放以来,我国从一个闭关自守的国家发展成为一个面向世界、博采众长的国家。自 1979 年建立"中国联合国教科文组织全国委员会"以来,我国政府和教育工作者积极参与了教科文组织的各项教育活动,国际影响逐渐扩大。我国政府和学校接受了来自世界银行和亚洲开发银行等组织提供的数十亿美元的教育贷款、资金和技术援助,在一定程度上缓解了教育发展面临的资金、技术和人才短缺的问题。我们也通过与国际组织的合作交流,了解了世界教育发展趋势,掌握了最新的教育理念与方法,促进了我国教育事业的发展。我国学者还参加了国际大学协会、世界比较教育学会等许多国际非政府教育组织,表达了我国教育学者和工作者的诉求与见解,展示了中国教育改革发展的风貌,也力所能及地为人类的教育发展,承担了应尽之责,作出了重要贡献。

然而,与发达国家、新兴市场国家,甚至与许多发展中国家相比,我国政府和教育工作者参加的国际教育组织还很少,参与国际组织的活动还很有限,我们对国际教育组织的认识还比较肤浅,对国际组织的研究和教学还都处于相当薄弱和零散的状态,还缺乏国际教育组织整体战略和规划。这种状况与一个教育和人力资源大国的地位很不相称,与一个致力于建设和谐世界的发展中大国应该承担的责任也还有相当的距离。

为了改变这种状况,为了先做一些基础性研究和组织介绍工作,我们上海师范大学国际与比较教育中心的同事和朋友决心编辑一套题为"国际组织与教育发展"的丛书。这套丛书将包括两类著作。一类著作是我们国内学者研究国际组织的成果,可以供希望了解国际教育组织的同行、准备研究国际教育组织的青年学者、比较教育专业研究生以及教育专业的师生阅读。作为本类专著的第一本,本人的同名专著《国际组织与教育发展》希望能抛砖引玉,成为我国新兴的国际教育组织研究领域的一块铺路石。

另一类著作是译著,是我们研究团队翻译的国际组织经典教育著作和报告。在过去的半个多世纪,国际组织正是通过集聚专家、专题研究、出版专著、发表建议和声明,将新的教育理念、方法和知识传遍全世界的。这类译著就像一扇扇窗口,能够让我们看到国际教育组织倡导的崭新理念和优秀方法。这类译著可以供各级各类教育行政部门的同志和广大校长教师学习阅读。本套丛书首批翻译了两本专著——《教育规划基础》《知识促进发展:指标评测与全球战略》。

今后我们还将出版多本专著和译著。为了这套丛书的出版,上海教育出版社给予了大力支持与帮助,否则,这套丛书不可能如此顺利出版。上海市教委通过对"重点学科建设"的资助,为我们的研究工作和专著出版提供了不可或缺的财政支持。世界银行和国际教育规划研究所为我们的译著赠送了著作版权。在此,我们深表谢意!

参加这套丛书撰写和翻译工作的既有我的同事朋友,也有一批年轻博士和学生。由于我们学识有限,而国际组织涉及的知识非常广泛,我们在编写、翻译的过程中定会有许多粗疏不妥之处,诚请读者朋友批评指正。

我们真诚希望,这套丛书能够成为我国教育工作者认识国际组织、了解世界教育趋势、学习最新教育理念的新窗口。我们也真诚欢迎志同道合的朋友加入我们的队伍,为我们能运用好国际组织这个世界大平台,为人类的教育发展,奉献我们的才能与智慧。

上海师范大学国际与比较教育研究院院长

张民选

目录

第一章
绪　论

　　"组织"（organization）是人类社会生活中的普遍现象，小到家庭和班组，大到政党和国家都是一种具有特定功能的组织。《汉语大词典》把"组织"定义为"按照一定的目的、任务和系统加以结合"以及"结合的集体"。[①]作为"跨越国界的一种多国机构"[②]，国际组织（international organization）的出现和发展则是人类政治经济发展、交往活动范围扩大到一定阶段的产物。了解国际组织的发展与分类、厘清国际组织的发展、知晓国际组织人事制度的演变，是认识研究国际组织人才和各国培养推送此类人才的有益基础。

　　作为绪论，本章将概述国际组织的特性定义和类型功能、梳理国际组织的嬗变历程、关注国际组织人才制度的演进发展，为热心国际组织发展、准备从事国际组织事业的青年才俊、国际组织人才培养机构和教育培训相关人士提供基本信息和基础知识。因此，本章的部分内容源于学术界的基本认同，出自拙著《国际组织与教育发展》（2010），对国际组织已有一定了解和研究的读者，可直接从第二章开始阅读。

[①]　罗竹风.汉语大词典[M].上海:汉语大词典出版社.1997:5632.
[②]　梁西.现代国际组织[M].武汉:武汉大学出版社,1984:1.

第一节　国际组织概述

自 1945 年联合国成立以来,国际组织日益渗入人类生活的各个领域,所谓"上至外层空间,下至海沟沟底"国际组织无不涉及,国际组织也愈加深刻地影响着人类社会的和平、繁荣与发展。为此,20 世纪下半叶,特别是 20 世纪 80 年代以来,各国学者和我国学者对国际组织的研究也愈加广泛和深入,人们对国际组织有别于人类其他类型组织的特征与定义已逐渐达成共识,国际组织特有的人才要求和各国对国际组织人才培养的问题也日益显现。

一、　国际组织的定义

何谓国际组织? 国际组织与其他社会组织的区别何在? 这是所有关心国际组织、准备从事国际组织事业的人士都需要了解和回答的问题。我国著名学者梁西教授(1984)指出,我们可以最简单地把国际组织定义为"跨越国界的一种多国机构"。在国际法的视野中,饶戈平教授把国际组织定义为"由两个以上的国家组成的一种国家联盟或国家联合体,该联盟是由其成员国通过符合国际法的协议而成立的,并且具有常设体系或一套机构,其宗旨是依靠成员国间的合作来谋求符合共同利益的目标"[①]。他们从国际法高度对国际组织的严格界定得到了我国学者的广泛认同。不过,他们的上述界定主要针对政府间的国际组织。这类政府间组织是在国际法严格意义上的国际组织,指"主权国家的政府间,出于某种特定目的,以一定协议形式设定的跨国机构"[②]。联合国、经济合作与发展组织、东盟教育部长组织等都属此类。长期以来,这类国际组织一直是国际关系学者的研究重点,并且取得了大量的研究成果。

随着各种民间公益性、专业性、行业性和慈善性国际机构的迅猛发展,国际非政府组织(international non-governmental organization)也越来越受到各国学者

---

① 饶戈平.国际组织法[M].北京:北京大学出版社,1996:14.
② 周敏凯.国际政治学[M].上海:华东师范大学出版社,1998:53.

的关注。联合国在《联合国宪章》第71条中首次提到"非政府组织"(non-governmental organization,简称 NGO),用来指称那些活跃于国际社会、但不隶属于各国政府部门,并获得联合国咨商地位的各种民间国际组织。除了"国际非政府组织",人们还以"社会组织"(social organizations)、"草根组织"(grassroots organizations)、"中介组织"(intermediate organizations)、"志愿组织"(volunteer organizations)、"会员组织"(membership organizations)和"自助组织"(self-help organizations)等50多种名称称呼它们。在大多数情况下,名称的不同也反映出不同社会的文化与历史。例如,英国常用"志愿组织"或"慈善机构",反映其基督教及慈善法倡导的志愿服务。美国常用"非营利组织"(non-profit organizations)一词,反映其社会中市场和经济的主导地位①。

在学术界,研究者赋予国际非政府组织如下定义。美国霍普金斯大学非政府组织研究中心认为,国际非政府组织是非官方的、民间志愿的、非牟利的跨国团体。我国也有学者认为,国际非政府组织是"由一国或者多国公民或者公民团体志愿组成的非官方的、非营利的自治团体"②。联合国经济与社会理事会(以下简称经社理事会)在1950年的第288(X)号决议中,将国际非政府组织定义为"任何国际组织,凡不是经由政府间协议创立的,都被认为是为此种安排而成立的国际非政府组织"。1968年,经社理事会又通过了"处理联合国与非政府组织关系"的1296号(XLIV)决议,并将国际非政府组织的概念扩大到"包括那些接受由政府指派成员的组织,只要这些成员不干涉组织内部的言论自由"。

逐渐地,学者们对"国际组织"的界定变得更加宽泛,力图将国际政府间组织和国际非政府组织尽可能地囊括在内。例如,梁西教授阐述:"一般说来,凡两个以上国家或其政府、人民、民间团体基于特定目的,以一定协议形式而设立的各种机构,均可称为国际组织(1984)。"③这个定义显然是包容了"政府间"和"非政府"的国际组织的广义定义。《国际政治大辞典》干脆明确提出国际组织的定义有广

① Lewis, D. and Kanji, N.. *Non-governmental organizations and development*. London: Routledge, 2009:33—34.

② 张贵洪.国际组织与国际关系[M].杭州:浙江大学出版社,2004:297—298.

③ 梁西.现代国际组织[M].武汉:武汉大学出版社,1984:1.

义和狭义之分。"广义的国际组织包括国际政府间组织和国际非政府组织。国际政府间组织是若干国家为了特定的目的以条约为依据而建立起来的一种常设组织。国际非政府组织是不同国家间的个人或团体结成的组织。狭义的国际组织仅指国际政府间组织。"①根据各国学者对国际组织所做的一般定义和"狭义"与"广义"的定义,笔者曾经在拙著《国际组织与教育发展》中绘制了国际组织的定义表,现根据最新研究成果修改后列出,如表1-1所示。

表1-1　国际组织的定义

分　　类	定　　义
国际组织的一般定义	国际组织是跨越国界的一种多国机构,是由三个及以上国家为了特定目的,以一定形式设立的跨国机构。
广义的国际组织	包括国际政府间组织和国际非政府组织,即三个及以上国家政府、团体或者个人基于特定的非营利的目的,以一定形式建立的跨国机构。
狭义的国际组织	指国际政府间组织,即由三个及以上国家的政府为了特定目的,以一定的协议形式建立的跨国机构。

资料来源:作者根据各国学者对国际组织的界定研究绘制。

二、 国际组织的特征

我国著名的国际法与国际组织专家梁西教授认为,在严格的国际法意义中,国际政府间组织具有四大特征:第一,国际组织的主要参加者是主权国家;第二,国家是国际组织所有权力的授予者,国际组织并不能凌驾于国家之上,不能干涉国家主权;第三,在国际组织内,各成员国不论大小和强弱,也不论社会政治经济制度,地位一律平等;第四,成员国共同签署的正式协议是国际组织开展活动的基础。②

著名联合国问题研究专家、美国学者贝纳特则认为,国际组织一般具有五个特征:一是国际组织有一个永久性机构以承担其一系列功能;二是由合法群体自

①　刘金质,梁守德.国际政治大辞典[M].北京:中国社会科学出版社,1994:31.
②　梁西.现代国际组织[M].武汉:武汉大学出版社,1984:1—4.

愿构成的成员;三是一套阐述其目标、结构和行动方法的基本章程;四是一个具有广泛代表意义的协商机构;五是一个常设秘书处从事连续性的管理、研究和信息处理工作。①综合国内外学者的观点,国际组织至少有以下四大特征。国际非政府组织在这些共性特征以外,还有自己的独特之处。

(一) 多国参与

多国参与(multilateral)即跨国多边(multinational),使国际组织既有别于由两个国家设立的"双边机构",也有别于一个国家内设的组织和国家内部的地方组织。因此,多国参与是国际组织的首要标志,国际组织通常是 3 个及更多国家通过协商议定、共建共享的组织。国际组织在成员构成、组织使命、资金来源、活动范围等方面,都会具有明显的多国性。换句话说,一个组织如果不是由多个国家成员组成、不能将其使命扩展至国际社会、不开展多边的国际活动,就不是国际组织。

就组织的使命而言,国际政府间组织是国家之间的组织,而非凌驾于国家主权之上的组织。国际组织的宗旨通常以组织章程或者组织宣言等形式规定下来,是为所有成员国的共同利益服务,而非仅为某个成员国控制并为其谋取一己私利。由于国际法意义上的国际组织由主权国家为正式成员,非国家行为体不可成为国际政府间组织的正式成员。正是基于这一国际法则,中华人民共和国政府是中国唯一的合法政府,台湾作为中国的一个省不能成为任何国际政府间组织的正式成员。因此,国际组织,特别是国际政府间组织,在运行时必须既考虑全球人类的普遍利益,又兼顾各成员国的国家利益和主权立场。一方面,作为国际机构,国际组织必然有其特定的目标和宗旨,反映各国共同的立场;另一方面,每个主权国家又保持一定的自主权。如果一个国际组织,或者国际组织中一些成员国,采取倚强凌弱的霸凌政策和行为,那么弱小国家也会采取独立的立场,成员国之间的对峙立场有可能导致国际组织功能的丧失,甚至解体。

就资金来源而言,国际组织的财政经费至少来自 3 个及以上国家,且其财政

---

① Bennett, A. *International Organizations：Principles and Issues*. New Jersey：Prentice-Hall Inc. 198：3.

开支能够独立地使用于国际事业,避免国际组织成为主要出资国或机构的"代言人"。例如,总部设于华盛顿的所谓国际非政府组织"自由之家"(Freedom House),其80%的经费预算来自美国政府。该组织就公开宣称:"对于国际事务中的人权与自由,美国的领导是必不可少的。"[①]这样的组织就难以成为名副其实的国际组织,而容易沦为某国政府或某种利益的附庸。因此,俄罗斯将这样的"国际非政府组织"定性为"外国政府的代理人"。

当然,地方性组织和在一个国家中活动的组织,也可能在实践中逐渐将使命和行动提升到全球社会,或演变为一个同类使命国际组织的重要分支机构,或在其他国家设立分支,或与其他国家志趣相同的机构合并,从而发展成为国际组织,或者成为某个国际组织的组成部分。例如,著名的"扶轮社"(Rotary International)在1905年成立之初,只是由美国芝加哥的保罗·哈里斯等几位工程师和律师组成的一个类似俱乐部的议论时政、维护伦理、批判社会丑恶现象、开展公益服务的松散组织。他们连固定的会址都没有,只能由成员轮流作东,每周在某个成员家中或者在约定的场所谈天说地,因此定名为"扶轮社"(轮流作东)。但今天,"扶轮社"已经在世界各地拥有35 000多个俱乐部和120多万成员,并同时在全球100多个国家开展维护和平、保护母婴、防治疾病、支持教育、促进发展等活动。其资金来源也远远超出了美国范围,获得了世界各国和各界人士的捐款。

(二)世俗公益

国际组织通常建立在公益、人道和科学的理念之上,或者从事世界性问题的研究,关注人口、环境、贫困、和平、裁军、科学与教育等人类发展问题,或者直接为有需要的群体提供经济援助、社会诉求和志愿服务。例如,世界卫生组织(以下简称世卫组织或WHO)的宗旨是"努力增进世界各地每一个人的健康",其使命是"增进人类健康、保持世界安全、服务易受伤者",其工作领域包括公共卫生、传染病防治、攻克病症(如肿瘤、艾滋病等)、妇幼保健、国际医药与健康标准制定等[②]。联合国及联合国前秘书长安南因他们为世界和平事业的努力,被授予2001

---

① 刘卫东.美国非政府组织对中国新疆问题的干涉[J].国际资料信息,2010(7):1—6.

② WHO. Our Value[EB/OL]. [2018-12-15]. http://www.who/org.

年度的诺贝尔和平奖。再如,世界银行的使命是"以可持续发展的方式消除极端贫困和促进共享繁荣",其重点工作领域包括气候变化、能源、教育、防止冲突与暴力、消除贫困、城市建设、健康卫生、经济发展、促进贸易与治理能力建设等①。

国际组织的国际公益活动应该在国际法以及相关国家的法律范围内,都具有合法性与正当性。但是,由于每个国家的法律和国际法都受到社会习俗、意识形态、宗教信仰与政治体制的影响,一些国际组织(特别是国际非政府组织)在一国的活动可能是合法正当的,但在另一个国家中也许是非法的、不正当的,甚至是干预别国内政、试图颠覆别国政权的,因此是要受到限制和制裁的。例如,受美国政府和民间资本扶植的"国家民主基金会""开放社会基金会"和"国际共和研究所"就打着宣扬"普世价值"和"民主"的旗号,在欧亚和北非的"颜色革命""茉莉花革命"中扮演了极不光彩的角色,甚至成为颠覆他国政权的主力。美国前总统乔治·布什就曾赤裸裸地说:"20 年来,该组织(指国际共和研究所)一直站在 100 多个国家民主改革的最前沿。""近 18 个月,我们成为'玫瑰革命''橙色革命''紫色革命''郁金香革命'和'雪松革命'的见证人"②。为此,屡屡受到国际非政府组织挑衅的俄罗斯不得不在 2012 年通过《非政府组织法修正案》,增设有关接受海外资助并从事政治活动的非政府组织不得为"外国代理人"的规定。

对于明显违反人类基本道德准则的个人、为谋取私利而企图建立的组织,联合国不予承认,甚至呼吁各国予以取缔。联合国的《1996/31 决议》就明确规定,如果一个已经获得联合国咨商地位或注册地位的国际非政府组织违反下列规定,联合国相关部门就有权暂停甚至取消它们的咨商地位:

一个非政府组织如果直接或者通过其附属机构滥用它们的咨商地位,从事违背联合国宪章宗旨和原则的活动。

如果有证据表明一个非政府组织从事国际公认的犯罪活动,如贩毒、洗钱或者非法销售军火。

---

① World Bank. Development topics[EB/OL]. [2018-12-15]. https://www.worldbank.org/en.
② 潘志平."颜色革命"袭击下的中亚[M].乌鲁木齐:新疆人民出版社 2006:297.

一个非政府组织如果在前三年中未能为联合国、特别是联合国经济与社会理事会及其下属委员会或者其他下属机构的工作做出积极、有效的贡献①。

（三）非牟利性

国际组织不以牟利为目的,国际组织获得的捐款和营业收入不得分配给组织的举办者、所有者、管理者及一般成员,这也是国际组织与跨国公司的根本区别所在。在国际政府间组织中,非牟利性是不言自明的普遍认识。但在国际非政府组织中,非牟利性就成为一个为联合国和各国学者重视和需要检验的问题。例如,经社理事会和联合国新闻部等机构一再重申,所有要申请"联合国咨商地位"或者与联合国新闻部建立联系的非政府组织,首先必须是"非牟利的"。其原因在于,国际组织一旦具有牟利的性质,就会丧失公正的立场,削弱其社会公信力。但是近年来,一些学者发现,国际组织在发展过程中开始出现"牟利"问题。有学者发现,一些国际组织从筹集资金援助弱势群体的动机出发,开展一些牟利性活动,并将营利收入用于援助。这原本无可厚非,问题是一些国际非政府组织把过多的精力投入到经营和营利活动中,或建立"营利性分支机构,或与私营企业合资以弥补资金不足,甚至使其负责人赚取高额收入"。这就必然会使这些组织与企业及其他营利组织间的界限"日益模糊",令国际组织"有企业化的危险"。②

另外,国际组织从事牟利性活动,即便盈余用来开展公益事业,如果管理不善,也容易滋生贪污腐败的问题。21 世纪以来,联合国的改革议程中特别强调反对贪污腐败。国际组织是否牟利、如何运用其捐款和业务收入,已经引起国际组织和学界的严重关切。

（四）组织规约

国际组织需要有自己的组织制度。唯有如此,才能保证组织的存在与发展,保证组织功能的发挥与实现。每个国际组织都应制定自己的组织章程,明确其具有国际意义的宗旨原则、国际成员的权利义务、组织自身的组织结构、国际组织的常设机构与人事制度,以及组织的活动程序和财政来源。组织章程、制度和机构

①　Non-governmental Liaison Service, UN. *UN system engagement with NGOs, civil society, the private sector, and other actors*. New York: United Nations, 2005:241.

②　王杰,张海滨,张志洲.全球治理中的国际非政府组织[M].北京:北京大学出版社,2004:22.

的存在以及组织成员的遵照执行,使国际组织有别于相对松散的国际会议。国际组织通常建有全体大会、理事会和秘书处等内设机构,必须按章程规定的程序和机制,定期选举组织的主席、理事会成员、秘书长等领导成员,规定其秘书处及下属机构和官员的权利与义务。

对于非政府组织,经社理事会《1996/31 决议》也规定,凡是要获得联合国咨商地位的非政府组织,都"必须已经拥有自己的总部和常任执行官员,应该有民主产生的章程,并报联合国秘书长备案,应该有通过会议、大会或者其他代表机构进行决策的机制,还必须有一个能够向决策机构负责的执行机构"[①]。不过,与国际政府间组织相比,国际专业与民间组织的制度相对松散、官僚等级较少、成员间的从属关系很弱、组织行为较少强制性而较多认同性。

与国际会议的另一个不同是,国际组织均设立国际性的常设组织机构。国际组织的全体大会通常是这些组织的最高权力机构,而且全体大会闭会或者休会期间,需要有正式的常设机构来组织实施全体大会做出的决议和处理日常事务。常设机构通常采取理事会或者执行局的组织方式。秘书处是国际组织中最常见的常设机构,负责人通常由大会选举产生,或者由会议主席和理事会推荐产生。秘书处工作人员包括秘书长或总干事实行轮换制,不应当长期来自同一个国家。

(五)非政府组织的特征

与国际政府间组织相比,国际非政府组织还具有另外两个重要特征。一是民间性。顾名思义,非政府组织不能是政府的组成部分,唯有如此,它才能够既不必向政府负责,也不受政府控制而服务于组织成员、行动体现成员的共同意愿。国际非政府组织作为跨国组织,自然也具有或者应该具有民间性,不受某一或者某些国家的左右。但非政府组织的存在和发展又会受各国法律、传统和文化的影响,其合法性和生存空间,很大程度上取决于各国政府的态度和制度。在一些国家,政府对非政府组织的影响根深蒂固。例如,中东地区的许多非政府组织,由哈

---

① UNECOSOC. The Resolution 1996/31 on Consultative Relationship Between the United Nations and Non-governmental Organizations [EB/OL]. [1996-07-25/2017-02-04]. http://www.un.org/documents/ecosoc/res/1996/eres1996-31.htm.

桑王族成员管理,体现的是国家对人民福祉的关心。正如克拉克所言,非政府组织"可以反对、补充或改革国家,但不能无视国家"①。与此同时,非政府组织也通过呼吁、建议、说服、援助和施压等行动,与政府合作,改变政府决策。

国际非政府组织的组织机构成员并不一定以国家为单位。某个国家的多个团体、一国中的多个城市都可能成为同一个国际非政府组织的成员。然而,各申请加入团体都必须以承认共同国名和其合法政府为前提。例如,国际大学协会(International Organization of Universities, IAU)的成员来自各国著名大学,许多国家都有多所大学参加。同时,国际大学协会在活动安排中也不能违背联合国对各国主权的认同和规定。

国际非政府组织的民间性还表现为,其成员不是依某国法律或者国际法强制参加的,而是按人们的需要和志愿,自发组成或者申请参加的。没有志愿的组织者和参与者,就不会有非政府组织;缺乏专注事业的志愿者和服务者,非政府组织也不可能得到可持续的长期发展。参与者不仅需要有共同的理想与需要、不仅志愿参加组织的活动,而且要志愿为组织交纳会费、捐款出力,否则非政府组织就难以持续发展。

二是自治性。国际非政府组织既独立于国家政府,也不附属于企业公司,它们是国际社会中独立的"第三者"。这种自治性和独立性不仅表现在它们对世界事务的态度上,而且表现为它们的见解和态度有深厚的专业知识与专业道德作基础,并以财政独立与资源多元为前提。财政过多依赖政府或者企业捐款,往往会造成自治性、独立性的丧失。

非政府组织的自治性也表现在内部的自主管理上,组织的人事安排、预算计划、责权分配和任务布置都在内部解决,不受外力支配。一个国际非政府组织一旦失去内部自律和民主管理的机制,或者完全受控于某种霸权,或者为组织或个人私利为非作歹,或者置国际法规和人类公德于不顾,那么该组织就会失去其内部成员的信任,同时也失去国际社会和国际同行的信任,就一定会陷入危机。

---

① Lewis, D. and Kanji, N.. *Non-governmental Organizations and Development*. London: Routledge, 2009.

三、 国际组织的分类

国际组织虽然具有不少共同的特性,但它有时是宽泛的术语,往往涵盖宗旨目标、资金来源、组织结构、活动方式、存在领域、影响区域都各不相同的组织。它们规模大小不一,富足水平迥然相异,官僚等级和灵活程度各不相同,经费来源有的依靠外部援助,有的主要依靠会员缴纳的会费,有些组织的会员专业化程度较高,有些组织的会员主要由各行各业的志愿者组成。针对这些差异纷呈的组织,学者们提出了不同的分类方式。在现实生活中,一个国际组织有可能处在这形形色色分类的交集点上,其目标、结构和活动方式等也可能随着历史的发展而变化。

(一)按活动范围分类

国际组织可以分为全球性与普遍性组织、国际性组织、洲际性组织、区域性组织和特定类型国家的组织。其中,全球性组织和国际性组织的成员虽然都来自各大洲,但全球性组织成员几乎包括了所有国家(如联合国,目前有 190 多个成员国),影响遍及全人类生活的各个方面。但国际性组织则未包括所有国家的代表,而且其功能主要局限于一个或若干个领域。例如,国际海事组织(IMO)是一个国际组织,共有 174 个成员国,但一些内陆国家并未参加,因为其宗旨是"为促进各国间的航运技术合作,鼓励各国在促进海上安全,提高船舶航行效率,防止和控制船舶对海洋污染方面采取统一的标准,处理有关的法律问题"。洲际性组织和区域性组织的成员和活动主要集中于某个洲或者某个地区,前者如欧洲联盟(European Union),其成员包含大部分欧洲国家,后者如东南亚国家联盟(Association of Southeast Asian Nations),其正式成员为东南亚 10 国。特定类型国家的组织的例子则包括冷战时期建立的华沙条约组织(Warsaw Treaty Organization)和今天的经济合作与发展组织(Organization for Economic Cooperation and Development)。

(二)按功能性质分类

最常见的分类方式是将国际组织分为操作型组织(operational organizations)和倡导型组织(advocate organization)。操作型组织也称服务型组织,他们主要提供社会所需的服务,满足市场和政府无法应对的社会需求。近年来,随着政府治理方式的转变,国际组织接受了越来越多的来自政府和其他捐赠人的合约,为特定人群提供服务。倡导型组织扮演了"智库"的角色,提出和反思政策的各种备选方案,通过开展研究、举办大会、传播信息、编写行为规范、组织抵制活动等方式,宣扬自己的政策见解与建议。

倡导型组织还可进一步细分为监察型(watchdog)组织和社会运动型(social movement)组织。前者对现有的经济、法律、政治和社会制度较满意,目的是确保企业、立法机构等组织达到既定的制度要求;后者恰恰相反,旨在实现激进的改革,从而改变或颠覆现有的体制。[1]需要注意的是,不少国际组织集提供服务和倡导政见于一体,有时也会随着自身的成长,将工作重心从此功能转向彼功能。例如,一些组织刚成立时,关注的是解决某个具体问题,它们因而采取各种救援和福利措施,为社会提供应急服务。在取得初步的成功并逐步壮大之后,它们可能会制订更长远的目标,力图影响制度与政策环境。

有学者在功能性质之上,再增加了一个"受益者"维度,从而将国际组织划分为四类(如图 1-1)。自己受益的组织,其资金和人员主要来自会员本身。有些组织为会员提供服务,如"嗜酒者互戒会",有些站在会员的立场上倡导新政,如工会和商会。他人受益的组织往往利用外部资金开展活动。有些组织为有需要的地区和人群提供服务,有的呼吁制度变革,如世界野生动物基金会。[2]

图 1-1　国际组织受益者与活动分类

改编自:Yaziji and Doh, 2009:5.

① Yaziji, M., Doh, J. *NGOs and Corporations:Conflicts and Collaboration*. Cambridge:Cambridge University Press, 2009, p.6.

② Lewis, D.and kanji, N..Non-government Organizations and Development. London:Rouledge, 2009.

（三）按活动领域分类

如果某个国际组织的活动跨越多个人类活动领域,那么它就是综合性或者说普遍性的国际组织。先前提到的国际联盟、联合国和欧洲联盟等都属于综合性、普遍性的国际组织。如果国际组织的活动主要局限于某一个人类活动领域,那么它就是专门性或者专业性的国际组织。人们可以按人类生活的领域把国际组织分为综合类、政治类、经济类、军事类、文化教育类、医疗卫生类、慈善救济类、科学技术类和宗教类等专门性国际组织,如表 1-2 所示。

表 1-2 国际组织活动领域分类

编号	专门大类	次类数	次 类 名 称
1	联合国	4	联合国、主要机关、专门及相关机构、其他机构
2	政治军事类	4	政治外交、军事安全、法律组织、人权组织
3	经济贸易类	6	经营合作、制造、农业、运输信息、贸易、金融
4	社会发展类	4	社会发展、福利救助、青少年组织、妇女组织
5	文化教育类	5	文化传媒、文学艺术、教育、体育、宗教组织
6	科学技术类	4	自然科学、工业技术、环境保护、医药卫生

资料来源:饶戈平,张献.国际组织通览[M].北京:世界知识出版社,2004.

（四）按组织结构分类

按照组织结构,国际组织还可以分为国际联盟型(international-federative)组织和跨国集权型(transnational-centralist)组织。国际联盟型组织遵循自下而上的原则,各国分支机构拥有相同的使命,但相对较自治,分支机构的名称有时也各不相同。可以说,国际联盟型组织是松散的,主要作用是为各国分支提供交流平台。跨国集权型组织遵循自上而下的原则,等级结构较为明显,部门分工较明确。它们设有强有力的国际行政机构,制定共同遵守的规章,指导各国分支机构的行动,监控其工作质量。分支机构名称统一,项目的设立与实施均须得到国际行政机构的批准。从历史上看,国际联盟型组织中,分支机构的成立往往早于国际总部的成立,跨国集权型组织则恰恰相反。以国际乐施会(Oxfam International)为例,第一个乐施会成立于 1942 年,当时取名"牛津饥荒救济委员会"(Oxford Committee for Famine Relief)。它突破重重封锁,为被纳粹占领的希腊提供救援。后来,委员会的援助范围日趋扩大,各地分支陆续成立。1995年,国际乐施会正式成立,以便在保持各分支自主的同时,更好地协调其活动。有些分支更名为乐施会,另一些则保留它们的原名,如澳大利亚的社区海外援助(Community Aid Abroad)。近年来,也有一些新成立的国际专业与社会组织,有意识地选择采用国际联盟型结构,以便各分支因地制宜地满足当地需求。[①]

最近二十几年来,国际上还出现了介于国际会议和国际组织之间的机构——"国际论坛",其中最为著名的要数"达沃斯论坛",另外,还有由中国主办的"博鳌论坛"、由阿联酋举办的"世界政府论坛"和由卡塔尔举办的"全球教育创新峰会",等等。"达沃斯论坛"的正式名称为"世界经济论坛"(World Economic Forum),其前身为"欧洲管理论坛",由日内瓦大学著名经济学家克劳斯·施瓦布(Klaus Schwab)于1971年发起创建,1987年更名为"世界经济论坛"。由于该论坛每年在瑞士小镇达沃斯举行,因此以"达沃斯论坛"闻名于世。"达沃斯论坛"开始时实行会员制,会员主要是各国的大型企业和跨国企业。现在"达沃斯论坛"已经发展成为各国政府首脑、企业经理、高等院校、各国智库和公民社会每年汇聚,阐述主张、开展对话、探讨问题、预测趋势、协商会谈甚至应对危机的重要场所。"达沃斯论坛"每年还编辑出版众多研究报告,如《全球竞争力报告》《全球信息通信技术报告》《全球金融体系的未来:近期展望与长远预期》报告等。近年来,"达沃斯论坛"把目光投向世界经济和国际金融以外的领域,2017年发布了《资助人口转变:2030年养老金和医疗保障预期模式》。"达沃斯论坛"还向全球提出了"健康倡议""全球教育倡议""环境倡议""水资源倡议"和"创新:势在必行"等倡议。由于"达沃斯论坛"的巨大影响,它被誉为"经济联合国"。

这些论坛与传统的国际政府间组织和国际非政府组织不同,它们往往同时吸纳各国首脑、非政府组织、跨国企业、智库院校、社会精英、前国家或政府领袖和国际组织领导人,提供国际平台,探讨世界危机,开展政治和专业对话,增进各国

---

① Martens, K. *NGOs and the United Nations*: *Institutionalization*, *Professionalization and Adaptation*. Basingstoke: Palgrave Macmillan, 2005, pp.25—27;39—40.

各社会群体之间的交流和协作,促进世界和平发展。这些论坛开始往往是非连续性的、依靠社会一次性捐赠举办,但随着全球性影响的扩大,一些国际论坛发展成为具有永久会址、会期相对固定、宗旨目标明确、经费稳定可靠、组织相对松散、注册为基金会的国际非政府组织。

第二节　国际政府间组织的发展

国际组织是人类社会活动的产物。国际组织的生成和发展是人类政治经济发展、交往活动范围扩大到一定阶段的产物。早在春秋战国和魏晋南北朝时期,中华大地上就多次出现过诸侯各国间的"会同"与"结盟";古希腊的城邦国家间也曾经出现过著名的伯罗奔尼撒同盟(Peloponnesian League)和提洛同盟(Delian League)。然而,就人类整体发展水平而言,在公元前后的数百年间,由于生产水平低下,人类基本上还处在相互隔离的状态中,可供交换的商品有限,交通运输不便,政治军事冲突范围狭小,文化交往渠道不畅,全球各地区、各大洲之间相互联系的国际社会尚未真正形成。本节先梳理现代国际政府间组织萌生与发展。

一、　国际行政联盟的出现

17世纪,民族国家(national states)在欧洲兴起,国与国之间的政治和经济交往日益增多,争端与冲突也日趋频繁。1640年,欧洲"30年战争"行将结束,参战各国同意在威斯特伐利亚召开会议(Congress of Westphalia),以结束战争、恢复和平。这次会议也成了世界近现代史上为解决国际争端而召开的第一次重要国际会议,开启了通过国际会议解决国与国之间冲突与问题的先河。到18世纪末和19世纪初,国际会议已经成为一种常见的国际交往和问题处理方式。然而,从国际会议召开的频率和争端处理的有效性上看,国际会议具有相当大的临时性和不确定性。从1815年到1900年的85年间,国与国之间的争端达200多次,临时安排和召开国际会议显然无法提供及时有效的仲裁和解决方案。英国学者齐默恩爵士(Sir A. Zimmen)因此指出,国际会议"只是欧洲的临时药剂,而不是日常食品"①。

由于临时性国际会议的局限,也由于第二次工业革命带来的通信技术以及其他专门技术的发展,国与国之间的一种新型交往模式——国际组织便开始在19世纪的欧洲悄然生长,各种被称为"国际性行政联盟"(International Administrational Unions)的国际组织首先登上历史舞台。1815年,在重新划分拿破仑战争后欧洲版图的"维也纳会议"上,为了保障莱茵河流域国家能够享有分享水利资源、确保航行自由的平等权利,荷兰、比利时、德国、法国和瑞士五国共同决定成立"莱茵河航运中央委员会"(The Central Commission for Navigation on the Rhine, CCNR,简称"莱茵河委员会")。该委员会获得了维也纳会议《最后文件》(附件16B)的确认,也因此成为世界上第一个"国际性行政联盟"。可以说,"国际性行政联盟"是为协调各国特定行政事务而设立的行政有力、功能专一、技术领先的国际协作组织。以"莱茵河委员会"为例,该组织的基本职能是:通过协商一致的方式,制定和修改有关莱茵河航运事务的制度和规定,如船只检查、检疫制度、危险品运输条例、水上警务的警察规定等,以确保莱茵河航运事业的安全与繁荣。

"莱茵河委员会"的有效运作带动了其他领域国际行政联盟的问世。1856年,流经国家更多、管理流域更大的多瑙河委员会成立。此后,国际电报联盟(International Telegraph Union)于1865年成立(1934年改名为国际电信联盟),总部设在瑞士日内瓦。万国邮政联盟(1874年成立,总部设在瑞士首都伯尔尼)和国际铁路货运联盟(1890年成立)等国际行政组织纷纷建立。这些组织为欧洲各国日益频繁的经济、社会和人员交往,提供了协调合作和解决问题的国际机构与多边机制。

有学者统计,1870年以前,全球的国际组织只有11个,1871—1900年间则迅速发展至80个。②因此,也有学者认为,如果说18世纪是国际会议出现的世纪,那么19世纪可以称为是"国际组织诞生的世纪"。

---

① 陈世材.国际组织——联合国体系的研究[M].北京:中国友谊出版社,1986:14.
② 蒲傅.当代世界中的国际组织[M].北京:当代世界出版社,2002:33.

到第一次世界大战前夕，全球的国际组织已经多达 200 多个。其间，除了国际行政联盟类国际组织，其他类型的国际组织也先后诞生。例如，为增进美洲国家经济和贸易往来的泛美联盟于 1890 年建立，为促进各国议会和议员交往的国际议会联盟于 1889 年建立。

二、 国际联盟的诞生

如果说第一次世界大战以前的国际组织主要还是单一目的、单一功能和局部性的国际行政组织，那么第一次世界大战则催生出人类历史上第一个综合性、多功能、世界性的政府间国际组织，这就是 1919 年建立的国际联盟（League of Nations，简称国联）。

20 世纪刚刚来临，第一次世界大战就燃遍欧洲大地。战火让欧美各国的有识之士再次重温几个世纪以来由格劳秀斯、卢梭、边沁和康德①等先贤倡导的人类和平、全球政府和防止战争的伟大理想，一次次发出了创建防止战争灾难、建设人类和平之国际组织的倡议。1918 年 1 月 5 日，英国首相劳合·乔治（Lloyd George，1863—1945）在前任首相和外交大臣建议的基础上正式提出："我们必须通过建立某种国际组织来设法限制军备的负担和减少战争的危险。"②3 天后（1 月 8 日），美国总统威尔逊（Thomas Woodrow Wilson，1856—1924）在美国国会会议上，发表了被誉为"十四点和平建议"的著名讲演。在讲演中，威尔逊总统提出了组建国际联盟的具体方案和原则。在讲演的最后，威尔逊再次强调："必须根据旨在保证不论大小国家的政治独立和领土完整的特殊盟约，组建一个普遍的国

---

① 格劳秀斯（Hugo Grotius，1583—1645），荷兰法学家，通常被公认为现代国际法的奠基人。其著作《战争与和平法》1625 年被出版。

卢梭（Jean-Jacques Rousseau，1712—1778），法国哲学家。1762 年其著作《社会契约论》被出版。另外，其著作《科西嘉宪政规划》和《关于波兰政体的思想》先后被出版。在这些著作中，卢梭阐述了他关于"国际秩序""国际公约"和建立"欧洲联盟"的思想。

边沁（Jeremy Bentham，1748—1832），英国政治哲学家。其著作《道德和立法原则概述》于 1789 年被出版，在其"求善避恶"原则的基础上，提出"最大幸福原理"和反对战争、倡导人类和平的思想。

康德（Immanuel Kant，1724—1804），德国哲学家。在其 1795 年被出版的《论永久和平》中，提出了"世界公民""世界联盟"和人类永久和平的"理想世界"的思想。

② ［英］华尔脱斯.国际联盟史·上册[M].汉敖，宁京，译.北京:商务印书馆，1964:26.

家联合体。"①他的建议迅速得到美国人民和世界各国政府和人民的支持。1918
年11月第一次世界大战结束,战争灾难强烈刺激了各国政府和社会舆论,几乎所
有的交战国和中立国都一致呼吁:"必须立刻建立一个国际组织,以便使未来不再
会有战争发生"②。1919年1月25日,出席巴黎和会的32个国家的代表通过了
建立国际联盟的决议:

　　为了维持参战国目前会议所要求达到的世界安定,必须建立一个国际联盟
来促进国际合作,保证公认的国际义务的实施和提供防止战争的保证。

　　这个联盟的建立应该作为和平条约中的不可分割的一部分,凡相信可以促
进它的目标的文明国家都可以参加。

　　联盟会员国应该定期举行国际会议,并应设立一个常设的组织和秘书厅,在
会议期间处理国联事务。③

　　1919年4月28日,作为代表委员会主席的威尔逊在巴黎和会上向全体会议
提出了国联盟约的最后文本。经由英国外交大臣罗伯特·塞西尔(Robert Cecil
1864—1958)提议和全体大会的批准,英国高级外交官员德鲁蒙德被任命为国际
联盟的第一任秘书长(Sir James Eric Drummond, 1876—1951,正式任职期
1920—1933)。国际联盟的秘书厅也在德鲁蒙德的领导下开始运行。根据各国议
会的批准,《国际联盟盟约》(*The League of Nation Covenant*,以下简称《盟约》)在
1920年1月20日生效,国际联盟正式履行其组织职能。

　　根据国联《盟约》的规定,国联宣称的主要职能是:限制军备、防止战争、保障
成员国领土完整和政治独立、对违反者实行制裁、维护世界和平和发展国际公益
事业等。④在国际联盟鼎盛时期,其成员遍布欧洲、美洲、亚洲、非洲、拉丁美洲、中
美洲的63个国家。但是,由于美国国会始终心存疑虑,拒绝批准其他国家参加国
联,也由于国联对第一个苏维埃国家的恐惧而将苏联拒之门外,国联在其续存的

---

　　① 威尔逊(Thomas W. Wilson, 1856—1924),美国政治家、学者,第28任总统,曾任普林斯顿大学
校长。

　　② Walters, F.P. *A History of The League of Nations*. Vol.1. London: Oxford University Press, 1952,
p.7.

　　③ 同上书,pp.40—41.

　　④ 同上书,pp.52, 53, 56.

26 年间,对维护世界和平所做的实际贡献很有限。20 世纪 30 年代,第二次世界大战的烽火再起,国联难有作为,1946 年正式宣告结束。

　　作为国际与比较教育领域的一本小册子,笔者还不得不遗憾地指出,国联虽然在人类社会生活的一些重要领域建立了自己的下属机构①,并通过这些机构力图为各国开展力所能及的服务,但是国联却未能建立旨在促进世界教育发展的组织。其实,在国联创建之初,法国、美国、西班牙、意大利、加拿大和海地等国代表,以及当时的两个国际妇女团体都曾多次提出,应该在国联下设"国际教育委员会"或者"国际教育局",但是这些建议屡屡被国联的全体会议、行政院、秘书厅及"巴黎和会"搁置,甚至连"教育"一词也都被各份文件回避甚至删除。这"是否由于各国之恐惧国际干涉教育?"我国著名比较教育家王承绪先生发现,当时的南非驻国联代表称"第五委员会之所以删除教育一语,乃为避免国联干涉各国教育嫌疑之故"。②作为一种妥协与折中,国联最后建立了"国际学术合作委员会"(International Committee on Intellectual Cooperation)以及与该委员会职能一致的"国际学术合作研究所"(International Institute of Intellectual Cooperation)。③这两个国联下属机构,实际上曾应成员国政府的邀请,通过他们的研究和咨询,有限地参与促进各国和国际教育发展。1932 年他们就曾经应民国政府的邀请,来华调查中国教育发展的状况,并为民国政府提供教育发展决策咨询。

　　尽管如此,国联还是对人类的发展,尤其对国际组织的发展,做出了三大重要贡献。第一,国际联盟在人类历史上第一次向世界宣告:一个国家的政府不再是其行为的至高无上的唯一裁判,国家的联合体(国际组织)无论在道义上、法律上和实践上,都有权站在人类命运的立场上讨论和评判每一个成员国的国际行

---

　　① 《盟约》第 23 条宣布,国联愿意作为处理和平生活正常范围内极为复杂的国际关系的工具。特别是愿意介入可能突破国家疆界的事务,如财政、贸易、陆海空运输、疾病防治与卫生、贩毒、卖淫、社会罪恶等方面的问题,并建立相应国际机构。第 24 条处理国联成立前就已经存在的万国邮政组织等机构管理问题。第 25 条保证国际红十字会在各国继续开展活动。
　　② 徐小舟.王承绪文集[M]南京:江苏教育出版社.2010:24—25.
　　③ 同上书。p25.在不同的文献中这两个机构的译法不同,民国政府的相关文件中的译法为"国际文化合作委员会"和"国际文化合作研究所",在 1986 年联合国教科文组织的《信使》中文版中则译为"国际智力合作委员会"和"国际智力合作研究所"。

动。例如,一个国家若胆敢发动侵略战争,那么联合起来的每一个国家都有权利和义务去评判、谴责和反对这种行动,因为侵略战争不仅危害被侵略国家的人民,也是对全人类的罪行。第二,国联为人类建立全球性、普遍性的国际政府间组织提供了基本的组织方式。国联所建立的三重结构,即国联的全体成员大会(Assembly)、行政院(Council,或译为"执行局"和"理事会")和秘书厅(Secretariat,或译为"秘书处"),以及国际法院(Court of International Justice),为现代国际组织提供了基本的组织规范和运作范式。第三,国联建立的国际公务人员制度和相应的工作机制,为以后的国际组织的人才建设和国际公务人员标准的建立提供了模板。

史末资将军(Jan Christiaan Smuts,1870—1950),先后担任过南非国防部长和总理、英国一战时期内阁大臣和巴黎和会代表,为国联、联合国和英联邦的创建做出过巨大贡献。这位国际组织的倡导者称赞说:"国际联盟不仅是可能防止战争的工具,而且它更应该是文明的和平生活的伟大机构,应该是在战争废墟上建立起来的新的国际体系的基础","在这历史上最伟大的时刻,人类的管理也应该做出一次最大的迈进!"[①]

三、 联合国的建立

第二次世界大战催生了覆盖全球的国际政府间组织——联合国(United Nations)。它是在世界反法西斯联盟的基础上,为了防止人类战争、维护世界和平、发展各国人民友谊、促进人类社会进步、保障人权、改善人类生活而创建的。

1943年的《中苏美英四国关于普遍安全的宣言》指出,建立联合国的目的是"根据一切爱好和平国家主权平等的原则,建立一个普遍性的国际组织。所有这些国家不论大小,均得加入为会员国,以维护国际和平与安全"[②]。1945年10月24日,中、苏、英、美、法5个国家和其他24个国家批准了《联合国宪章》,联合国正式成立。此后,联合国的成员国不断增加,逐渐成为一个普遍性的国际政府间组

---

① [英]华尔脱斯.国际联盟史·上册[M].汉敖,宁京,译.北京:商务印书馆,1964:34—35.
② 仪名海.中国与国际组织[M].北京:新华出版社,2004:23.

织。1945 年,作为创始国的联合国成员国一共有 51 个。德国和日本于 1951 年、西班牙于 1953 年被批准加入联合国。20 世纪 60 年代,十几个新独立的非洲国家先后加入了联合国。

中国是联合国的发起和创始国之一,但 1949 年以后的一段时间内,中国在联合国的席位由国民党政府非法占据。直到 1971 年,中国才恢复了在联合国的合法地位。20 世纪 90 年代,随着苏联的解体,又有一批原苏联的新兴国家和东欧新国家加入了联合国。到 2007 年,联合国成员国已经增加到 193 个,另有 6 个"准成员"①。2015 年,联合国迎来了自己的第 70 个生日,也迎来了全球治理的时代。

参照国际联盟创建的组织构架,联合国首先设立了六大首脑性机构,或者说主要机构。居于中心位置的权力机构是联合国的全体大会(General Assembly),联合国的行政机构为联合国安全理事会(Security Council)和经济与社会理事会(Economic and Social Council)。另外,联合国设立了国际法院(Court of International Justice)、托管委员会(Trusteeship Council, 1994 年以后该委员会已经停止其行政托管功能),以及处理联合国日常事务的秘书处(Secretariat)。在联合国成员国不断增扩的同时,联合国的功能日臻丰富和完善,目前联合国已经发展成为一个普遍性、全球性、多功能、多层次的"伞形组织",其中许多组织和机构都与教育发展有关,如图 1-2 所示。

作为联合国的日常办事机构,联合国秘书处拥有一支 4 万人左右的、庞大的工作人员队伍,他们在联合国总部以及遍及世界各地的上百个联合国机构履行联合国的各种使命与职责。联合国秘书长必须由联合国安理会提名,并由联合国全体大会批准任命。秘书长的任期为五年一届,可以连任一次。联合国秘书长是秘书处的行政首长,在负责处理联合国的日常事务的同时,聘用和管理联合国秘书处庞大的国际公务员和所有工作人员队伍,保证秘书处的有效运转。

---

① 这 6 个"准成员"是:阿鲁巴岛、英属维尔京群岛、英属开曼群岛、中国澳门、荷属安德烈斯群岛和托克劳群岛。

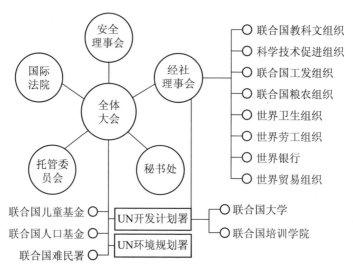

图 1-2　联合国系统中的首脑机构以及涉及教育的重要机构

资料来源:作者根据联合国资料绘制。

除了上述首脑机构和主要机构,在这一庞大的伞形的联合国大家庭(UN Family)中,还有 3 类不同性质的 80 多个联合国下属或者相关联的国际机构和组织。

第一类机构被称为"基金与方案"(funds and programmes)。基金与方案均需由联合国大会批准设立,性质属于联合国大会的下属机构。在中文翻译中,主持基金的机构都被翻译为"基金会",例如"联合国儿童基金会"(UNICEF)、"联合国人口基金会"(UNFPA)。联合国中主持方案(programme)的机构多被翻译成"署",例如"联合国开发计划署"(UNDP)、"联合国环境规划署"(UNEP)和"世界粮食计划署"(WFP),等等。

第二类机构被称为专门机构(specialized agency)。专门机构是通过专门的协议和安排与联合国建立联系的,例如联合国教科文组织(UNESCO)、世界卫生组织(WHO)、联合国粮农组织(FAO)、联合国工业发展组织(UNIDO)、世界银行(WB)和国际海事组织(IMO)等。值得注意的是,一些早在联合国创建前就已经存在的国际行政性联盟和国际组织,也在联合国建立后,经过谈判协商,归属到联合国专门机构之中,例如"万国邮政组织"(UPU)、"国际电信联盟"(ITU)和"国际

图 1-3　联合国系统组织构架图

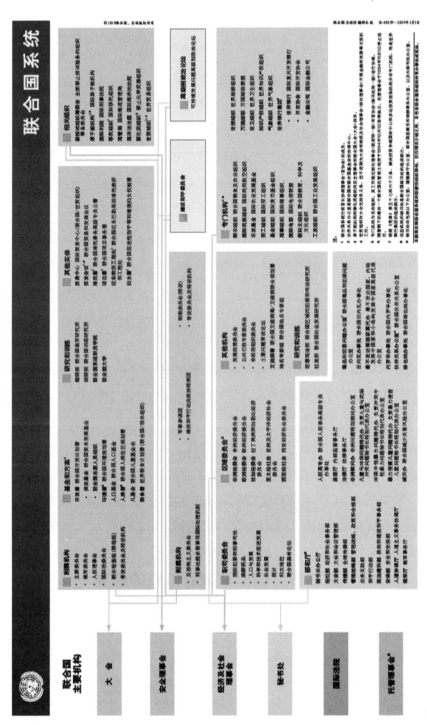

资料来源：联合国官网[EB/OL].[2019-01-12].https://www.un.org/zh/index.html.

劳工组织"(ILO)等。联合国专门机构多数与人类社会和经济发展相关,因此,大部分专门机构都由联合国经社理事会负责管理和联络。专门机构也必须根据特定的制度安排,向联合国经社理事会或者联合国大会报告。

第三类为其他实体和相关机构。一些其他实体和相关机构下属于联合国大会,例如"联合国难民署"(UNRA)和"联合国妇女署"是联合国大会的其他实体,而世贸组织(WTO)和禁止化学武器组织(OPCW)等是联合国大会联系的相关机构。还有一些其他机构由联合国经社理事会联络和管理,如联合国社会发展研究所(UNRISD)。这些其他机构和相关机构有的具有特殊使命,使命完成后,这些机构将会被撤销。有些机构是联合国与别的组织联合设立的,如国际贸易中心就是由联合国和世界贸易组织联合建立的独立法人实体。还有一些机构则是一些具有特定工作目标的委员会。

这三类机构中,第二类和第三类机构在组织人事、财政规划和工作规程上具有更大的自主权。它们的人事编制、薪酬标准、招聘晋升、专业标准等制度安排往往由这些机构的理事会和全体成员国大会决定,不同于联合国秘书处的相关规定。联合国秘书处的人事、薪酬制度是根据联合国大会通过的相关决议和规章确定的。

第二次世界大战以后,除了联合国及其属于该系统的国际政府间组织,还相继诞生了一批在世界社会经济发展事务中具有举足轻重影响的国际政府间组织,其中一些组织至今仍然发挥着重要的国际或者地区性功能。本书将分设专章介绍经济合作与发展组织(OECD)和欧盟以及这两个组织的人才与人事政策。

第三节　国际非政府组织的嬗变

第二次世界大战以前,国际组织的类型不多。第二次世界大战以后,尤其是20世纪70年代以后,国际组织不仅数量急剧增多,而且类型日趋多样。其中,发展最为迅速的是国际非政府组织。这些组织通常也被称为社会组织、民间组织、非营利组织、志愿组织或慈善组织等。

一、 应运而生

与国际政府间组织诞生的时间相似,国际非政府组织也是在 19 世纪出现的。学术界经常提及、成立时间早、国际影响巨大的国际非政府组织当属国际红十字会(International Committee of Red Cross)。

国际红十字会的建立缘于瑞士银行家杜南特(Jean Henri Durrant, 1828—1910)1859 年的一次出差旅行。杜南特途经意大利伦巴底时,遭遇了奥地利军队与法国及萨丁尼亚联军的战斗。作战双方死伤惨重、伤兵哀号、死者遍地、无人照顾、惨不忍睹。杜南特见此惨状,怜悯之心由生,写下了《索尔费里诺回忆录》。他先是将回忆录分送给好友传阅,后于 1862 年在瑞士出版。在此书中,杜南特建议各国签订神圣的国际协议,建立战地伤病员救护制度和团体,以便战时由救护团体中立地对各方伤员开展救治。1863 年杜南特的建议受到了一些日内瓦公民的支持,决定成立民间的“救援伤员国际委员会”。同年 10 月,瑞士政府和欧洲多国政府宣布支持该委员会。1864 年,瑞士政府邀请了 12 个国家的政府代表,在日内瓦召开国际会议,会议签署了《日内瓦公约》,即《陆军部队伤员境遇公约》,扩大了“救援伤员国际委员会”。为了感谢杜南特先生和瑞士政府对该组织创建做出的贡献,会议还决定,将该组织的会旗采用瑞士国旗的相反色,即“白底红十字旗”。随着时间的推移和该组织功能的扩大,该组织也正式更名为国际红十字会。到目前为止,国际红十字会已经有国家和地区性会员(包括红新月会会员)177 个。

19 世纪后半期,一批文教、科技类国际民间组织和专业团体也相继建立。例如,国际文学艺术家协会于 1878 年诞生,国际奥林匹克委员会(International Olympic Committee)于 1894 年经法国教育家、体育活动家顾拜旦(Pierre De Coubertin, 1863—1937)的大力倡导而成立,国际动物学会(International Society of Zoological Sciences)则创建于 1895 年。

19 世纪中后期,欧洲还出现了一批国际性政党组织。最初的“共产主义者同盟”(Communist League)和“国际工人协会”(International Working Men's Association)都诞生于此时期。1847 年,马克思和恩格斯受德国“正义者同盟”的委托,在将该组织改组为跨国家的"共产主义者联盟"的过程中,为新的同盟起草纲领。1848年,马克思和恩格斯完成了起草纲领的工作,撰写了划时代的文献《共产党宣言》。马克思和恩格斯向全世界工人阶级发出了号召:"全世界无产者联合起来!"从此开辟了国际共产主义的伟大事业。

1864年,英、法、德、意4国工人代表齐聚英国伦敦,决定创建一个以实现社会主义和共产主义为目标的工人阶级的国际组织,以联络、协调和指导各国的工人团体和工人运动。马克思应邀作为德国工人代表参加了会议和组织的筹建。这次伦敦会议将新的国际工人组织定名为"国际工人协会"。"国际工人协会"虽然仅仅存在了13年,但是它对国际工人运动和国际共产主义运动的发展产生了广泛而深远的影响。作为第一个国际性、共产主义的工人组织,各国工人阶级和共产主义政党都把该组织誉为"第一国际"。以后,国际工人运动和共产主义运动中,还先后建立过"第二国际"(1889)和"第三国际"(1919)。到20世纪初的第一次世界大战前,国际非政府组织已经增加到200多个[1]。

国际非政府组织从自发性、专业性和行业性的团体,转变为国际社会提供服务并参与制订国际规则的组织,一个标志性的分水岭出现在1919年。当年,国际联盟体系中的专门机构——国际劳工组织(International Labour Organization)成立。该组织的组织原则是:每个成员国都各派4名代表,其中2名是政府代表,另2名分别是雇主代表和职工组织代表。这样,国际劳工组织就成了第一个为各国政府、企业和员工代表共同设立论坛的组织,各国政府、企业和工人代表共同商讨有关劳工权益的国际公约[2]。这样的组织构架无意中开创了一条让非政府的代表有可能参与国际事务的渠道。

到了20世纪20、30年代,随着国际联盟的成立,国际非政府组织与国际联盟关系也日益密切,它们不断向国际联盟及其所属的各个下属机构发表演讲,提交报告,参与讨论。在此期间,大量的学术性、专业性国际组织在发展学术、推进公益和反对战争的旗帜下迅速成长。不过,好景不长,从20世纪30年代中期开

---

① 蒲傅.当代世界中的国际组织.[M].北京:当代世界出版社,2002:33.

② Lewis, D. and Kanji, N.. Non-governmental organizations and development. London: Routledge, 2009, pp.32—33.

始,随着欧洲局势的紧张和第二次世界大战的爆发,国际联盟渐趋消沉,非政府组织对国际事务的参与也进入了"暂停期"。

二、 崭露头角

直到 1945 年联合国成立,国际非政府组织才重新回到人们的视野中。当时,美国代表团邀请 42 个非政府组织派出代表,以顾问身份参加联合国在旧金山的成立大会。更重要的是,联合国在其成立之初通过的《联合国宪章》第 71 条中,确立了非政府组织的咨商地位,指出"联合国经济与社会理事会可以就有关事务并根据它们的能力,与相关非政府组织的咨商作出安排"。这表明非政府组织开始和联合国建立正式联系。对非政府组织而言,获得"咨商地位"是参与国际决策的正式途径[①],表明这些组织具有国际信誉和合法性,能够为联合国及其他政府间组织等提供专业知识与技能。根据《联合国宪章》和联合国大会的安排,联合国经社理事会于 1948 年确定了第一批 40 个具有联合国咨商地位的非政府组织。为了促进非政府组织的成长,协助其参与联合国的活动,联合国秘书处还于 1975 年设立"非政府组织联络服务处"(United Nations Non-Governmental Liaison Service),为这些组织提供信息、咨询服务和学习机会。

随着咨商地位的确立与巩固,国际非政府组织的活动趋于频繁,在世界上的声音也日渐响亮,这首先表现在 20 世纪 60 年代至 70 年代的环境保护运动中。在这场全球性运动中,国际非政府组织在倡议和游说方面的功能及影响得到了充分与成功的发挥。1960 年,世界自然保护联盟(International Union for Conservation of Nature)首先注意到,大量的动物和植物因人类的国际贸易活动而濒临灭绝。1968 年,国际智库组织"罗马俱乐部"(Club of Rome)将环境污染列入人类面临的"世界性问题"。1969 年,瑞典科学家发现,瑞典的湖泊中大量鱼类死亡,罪魁祸首是"跨国酸雨"——西欧地区空气污染的长途转移。在世界自然保护联盟、世界自然基金会(World Wide Fund for Nature)和瑞典政府的倡导下,

---

[①]　Martens, K. NGOs and the United Nations: Institutionalization, Professionalization and Adaptation. Basingstoke: Palgrave Macmillan, 2005, p.134.

各国政府终于同意召开"世界生物圈大会",联合国也决定于 1972 年召开"人类环境大会"。

三、 快速增长

20 世纪 80、90 年代是非政府组织增长加快的时期,它们也因而被称为世界上"发展最快的市民社团形式"①。

当时,"政府失灵"在西方国家催生了民众对所谓精英政治的抱怨和新自由主义思潮兴起。不少捐赠人不满于官僚气息浓厚、效率低下的政府间援助项目②,非政府组织作为社会服务自由化的代表之一,被认为不仅比政府部门更高效地提供服务,经费来源也更加灵活,而且更加民主,更能有效地与穷人建立联系③,激发民众参与的积极性。20 世纪 90 年代初,以苏联解体和柏林墙倒塌为标志的东欧巨变,进一步加剧了各国民众对"政府失灵"的抱怨和批判。人们对政府垄断资源分配、计划经济、政府官僚腐败都怨声载道,要么认为政府辜负了民众期望,无法改善民生、实现良治,要么认为过度依靠政府自上而下的管理统治,必定会产生腐败,导致"政府失灵",甚至政府倒台。这就为利益相关者、普通民众以及由他们结成的社团参与社会治理提供了现实的需求。此时,美国政治经济学者埃莉诺·奥斯托罗姆(Elinor Ostrom, 1933—2012)的著作《公地的治理》出版。④书中,她提出了由利益相关者通过充分协商,兼顾利益分享、构建公认规制、严惩违规行为的"集体行动"原则,为普通民众的社会参与、共商治理规制、维护公共利益提供了有力的理论依据,大大激发了非政府组织的组建动力。

在此阶段,社会的另一大认知是,在"政府失灵"的同时,市场也并不能解决社会问题,而且也往往陷入"市场失灵"的状态。一方面,市场竞争和唯利是图时常

---

① 丽莎·乔丹,彼得·范·图埃尔.非政府组织问责:政治、原则与创新[M].康晓光等,译.北京:中国人民大学出版社,2008:3—20.

② Lewis, D. and Kanji, N.. Non-governmental organizations and development. London：Routledge, 2009, p.16.

③ Ebrahim, A.. NGOs and Organizational Change：Discourse, Reporting, and Learning. Cambridge: Cambridge University Press, 2003, p.1.

④ 埃莉诺·奥斯托罗姆(Elinor Ostrom, 1933—2012)的作品《公地的治理》(*Governing of the Commons*).

造成环境污染、价格飙升、民不聊生、寡头垄断等问题；另一方面，市场也会出于盈利的需要，无法或不愿提供社会需要的基本生活产品。另外，奥斯托罗姆发现，有些事务(如海洋、空气和水)在本质上是难以通过市场来买卖分配的。对这些问题，人类更需要靠协商规制和分享治理。

于是，不仅奥斯托罗姆本人赢得了诺贝尔经济学奖，成为世界上第一位，也是至今唯一的女诺贝尔经济学奖获得者。她的治理学说更极大地推动了全球对"治理"(governing, governance)概念的运用，并为"全球治理"理念的形成和国际非政府组织爆发式地增长做出了理论贡献。1992 年，联邦德国原总理勃兰特倡导建立"全球治理委员会"。他提出，世界上许多经济、社会、环境和发展的问题，都需要在全球视野下，通过各国人民的共同参与、相互守望、维护社会正义才有可能解决。"全球治理委员会"获得了联合国的认可。

与数量发展相伴，非政府组织的影响力在这一时期有所增强，有学者甚至指出，"非政府组织影响力的增强是国际事务最重大的发展之一"[①](Yaziji and Doh, 2009)。特别是 20 世纪 90 年代初，"冷战"结束后，国际性、地区性和次地区性的非政府组织在发展中国家、东中欧、亚太地区、非洲和拉美地区迅速发展，它们越来越关注人类面临的全球性问题，并越来越直接地影响联合国等国际政府间组织和各国政府的议事日程与决策。1992 年，联合国在里约热内卢召开环境与发展大会，非政府组织不仅派员出席大会，还参与了大会的筹备与组织。大会通过的重要政策文件《面向 21 世纪行动计划》(*Agenda 21*)以前所未有的高度，正式强调联合国"在政策与项目的设计、实施和评估中，需要依靠非政府组织的专业知识与见解"[②]。在这一时期召开的其他重要国际会议和世界峰会中(如全民教育大会、世界儿童峰会、人口与发展大会、世界妇女大会、世界经济论坛、社会发展论坛)，非政府组织也都承担了重要职能。为此，联合国调整了与非政府组织的关系。联合国经社理事会，形成了《1996/31 决议》。这份文件的第一部分首先确定了联合

---

① Yaziji, M., Doh, J. *NGOs and Corporations: Conflicts and Collaboration*. Cambridge: Cambridge University Press, 2009. p.147.

② Lewis, D. and Kanji, N.. *Non-governmental organizations and development*. London: Routledge, 2009. p.33.

国以及经社理事会同非政府组织建立咨商关系的 17 条原则,其中最为重要的原则有:

这些非政府组织应该有能力关注联合国经社理事会及其下属机构所关注的事务。

非政府组织的宗旨与目标应该与联合国宪章的精神、目标和原则相一致。

非政府组织应该根据其组织宗旨、目标和性质并在其能力和活动范围内,为联合国的工作提供支持,并促进联合国的精神和行动。

与联合国宪章、原则以及现行标准相一致,联合国将与国际、地区、次地区和国家层面的非政府组织建立咨商关系。在审定咨商地位时,经社理事会的非政府组织委员会应该确保来自各个地区——特别是来自发展中国家——的非政府组织的参与。委员会还应该特别注意那些具有经社理事会需要的专业知识与经验的非政府组织。

非政府组织应该已经设有自己的总部和常任人员,还应该有民主产生的章程,并向联合国秘书长备案。章程应该有通过全体大会、会议或者其他代表机构进行决策的机制,以及向决策机构负责的执行机构。

授予、暂停或撤销咨商地位,以及对此类事务的规范和决定作出解释,都由经社理事会以及其非政府组织委员会负责。

在这份文件的第二部分,经社理事会再次明确和标准化地把非政府组织与联合国的咨商关系固定为三类。第一类是具有"全面咨商地位"的非政府组织(non-governmental organizations with general consultative status)。这些组织"关注联合国经济与社会理事会及其下属机构的大部分活动,并且是能够对实现联合国相关领域目标做出持续的和实质性贡献的非政府组织,且它们所代表的地区和成员确实与人类的经济和社会生活有密切联系"。

第二类是具有"专门咨商地位"的非政府组织(non-governmental organizations with special consultative status)。它们是"关注联合国经济与社会理事会及其下属机构所涵盖的某些活动领域,并具有专门能力"的组织。

第三类是"列入注册名单"的非政府组织(non-governmental organizations in a list to be known as the Roster)。文件指出,"对其他没有全面咨商或者专门咨商

地位的非政府组织,如果联合国秘书长、联合国经济与社会理事会或者联合国经济与社会理事会的非政府组织委员会认为它们有时有能力对联合国组织、联合国经济与社会理事会的工作做出有用的贡献,可以将它们列入注册名单"。值得说明的是,进入注册名单并不是非政府组织获得全面咨商地位或者专门咨商地位的前提条件或者资格。

非政府组织获得的咨商地位不同,其在联合国的活动空间也不同。获得全面咨商地位的组织可以出席经社理事会及其下属机构的会议,发表 2 000 字的书面和口头声明,并对理事会及其执行机构的临时议程提出建议。具有专门咨商地位的组织不能发表口头声明,也不能对议程提出建议,但有时可以发表不超过 1 500 字的书面声明。列入注册名单的组织只能出席与其专业领域相关的会议,而且只有在受到秘书长邀请后,方可发表 500 字以内的书面声明[①]。

《1996/31 决议》发布后,获得咨商地位的非政府组织数量激增,当年即达 1 226 个。更重要的是,非政府组织对联合国的影响开始超出经社理事会的范围。1997 年起,联合国安全理事会(以下简称安理会)定期与非政府组织代表会面,听取其对当前局势的介绍。它还成立"安理会非政府组织工作小组",成员包括来自 30 个不同领域(如人权、人道主义救援、裁军、全球治理与开发)的非政府组织,每周组织一次情况汇报。

联合国经社理事会的《1996/31 决议》调整了国际政府间组织与国际非政府组织的关系,也极大地促进了非政府组织数量上的成倍增长。据学者统计,其数量增长了 400%。20 世纪 90 年代初以来,国际非政府组织的规模持续扩大,2004 年达到 6 600 个。据权威的《国际组织年鉴》统计,截至 2015 年,世界上各类非营利性国际组织已经达到 69 000 多个,其中较活跃的国际组织达到 37 000 个[②]。

国际组织活动已经遍及政治、经济、军事、人权、宗教、慈善、文化、教育、环保、

---

① Martens, K. NGOs and the United Nations: Institutionalization, Professionalization and Adaptation. Basingstoke: Palgrave Macmillan, 2005, pp.127—128.

② Union of International Associations. Yearbook of International Organizations. Brussels: Union of International Associations, 2016, p.9.

妇女、儿童、扶贫与救灾等各个领域,传递着各类利益相关者的诉求,研究、协调并保护着各种相关者的利益和关系,成为国际社会活动和全球治理中最活跃的团体。与此同时,国际政府间组织的数量却由 20 世纪 80 年代顶峰时期的 309 个,下降到 2004 年的 238 个。20 世纪 80 年代,国际非政府组织和国际政府间组织的比例为 15∶1,21 世纪初,这一数字扩大到 28∶1[①]。

就影响力而言,当今世界中的非政府组织已全面参与全球重大公共政策的讨论,在公共政策、法律和规章的制定中扮演着举足轻重的角色。在此背景下,联合国前任秘书长科菲·安南对非政府组织提出了新的观点。他指出,"《联合国宪章》一开头就写道:'我联合国人民。'这就再清楚不过地表达了联合国不只属于国家,也不仅是各国政府的机构。联合国是全人类共同遗产的一部分,它属于每一个人。对我们每一个人来说,联合国是一个独特的组织,它是将我们大家建设更美好世界的努力联系在一起的一种机制。联合国的存在表明了人类对未来的信念和信心"。在谈到 21 世纪维护人类共同利益的时候,安南指出:"我们必须与民间团体结成崭新的伙伴关系。我们必须努力争取私利和公益的新共生,鼓励把创业精神和市场方法与社会和环境责任相结合。"[②]

2000 年,在联合国制定《千年发展声明》(*UN Millennium Declaration*)的过程中,联合国成员国已经认识到非政府组织、民间社会力量、私人企业和人类个体在社会生活与发展中的意义,一致同意给非政府组织更多的实施联合国项目的机会,使其为实现联合国的发展目标发挥更大作用。2005 年,安南还在联合国大会第 61 次会议上提出:"今天,如果没有市民社会的政策建议、独特的倡议和推动,我们这样的政府间会议和大会,已经是不可思议的了。市民社会的参与明显增强了国际政府间组织决策的合法性、问责性和透明性。"联合国第八任秘书长潘基文在他对经社理事会的第一次演讲中也指出:"今天,除非获得来自市民社会的支持,联合国为发展所做的任何努力——不管是对一项宏大事业的倡

① Martens, K. NGOs and the United Nations: Institutionalization, Professionalization and Adaptation. Basingstoke: Palgrave Macmillan, 2005, p.2.

② 联合国新闻署.联合国新闻部与非政府组织[EB/OL]. [2007-12-03]. http://www.un.org/chinese/aboutun/ngo/.

导,还是支持实现某个具体目标——都无法真正实现。"有学者和联合国官员认为,非政府组织正在从联合国决策的边缘走向中心,从"咨商者"演变为"参与者""合作者""共同实施者"甚至"监督者",成为联合国系统中不可或缺的一部分。[①]

在联合国的认可与推动下,获得联合国咨商地位的非政府组织迅速增加,到2012年,具有3种咨商地位的非政府组织已经达到3 744个,如表1-3所示。

表 1-3　1948—2012 年具有联合国咨商地位的非政府组织

年份	全面咨商	专门咨商	注册地位	合计总数
1948	13	26	1	40
1968	15	78	85	180
1992	18	297	409	724
1998	100	742	66	1 505
1999	111	918	909	1 938
2000	122	1 048	880	2 050
2005	136	1 639	944	2 719
2012	146	2 611	987	3 744

数据来源:Untied Nations. NGO Branch.http://www.un.org/esa/coordination/ngo/

2000 年 4 月,联合国首次召开了"阿芮拉框架"(Arria Formula)会议,开始定期听取非政府组织领袖、个人和政府代表的意见。2002—2004 年间,非政府组织在这些会议上发表意见的次数从 3 次增加到 6 次。在教育、科学和文化领域,为了加强同相关非政府组织的联系,联合国教育、科学及文化组织(以下简称教科文组织)制定了《与非政府组织关系指南》,据此,和 305 个非政府组织以及 27 个基金会建立了"正式合作关系"(official cooperative relationship)和"操作性关系"(operational relationship)。在这 305 个组织中,最著名的有"国际大学协会""国际大学校长协会""国际教育成就评价协会""世界比较教育协会""国际工程师继续教

[①] Lewis, D. and Kanji, N.. *Non-governmental organizations and development*. London: Routledge, 2009, pp.33—34.

育协会"和"国际教育与生涯指导协会"。

在联合国的影响下,欧洲安全与合作组织(Organization for Security and Co-operation in Europe)和欧洲委员会(Council of Europe)等诸多重要的国际政府间组织也仿照联合国的做法,制定了同非政府组织合作的规章。①

可以说,国际组织(包括政府间和非政府组织)已经在国际社会生活中发挥了巨大的作用,而且必将发生越来越巨大、越来越直接的影响。学者们认为,尽管目前国家仍然是国际社会生活的基本政治实体,但国际组织已经在国家体系中发挥着日益增强的作用。例如,在第二次世界大战后的 70 多年中,以联合国为首的国际组织通过一次次艰苦谈判和"维和行动",防止战争爆发或者阻止战事扩大,努力维护着人类和平。中国已经成为联合国安理会 5 个常任理事国中派出维和部队最多的国家。联合国也越来越成为解决争端、化解危机的重要机构,《联合国宪章》越来越成为解决国际冲突的重要准则。国际组织还加强了各国的多边协调与合作,促进了各国的经济发展,为"冷战"后建立新的国际经济秩序作出了重要贡献。国际组织通过国际论坛、学生交流、体育大赛、遗产保护与国际救援等活动,增进了人类的相互理解和共同发展。国际组织还不断地为解决人类自身以及人类面临的共同问题进行不懈地探索、研究与呼吁。因此,国际组织已经不仅是各国政府和人民讨论问题、阐述各自观点的论坛,也不仅是分配国际利益的谈判所,而且已经成为人类共同制止战争等危险行动、解决危机、克服冲突、摆脱贫困的重要机制,成为人类共同进步和持续发展的研究与倡导机构。

卡恩斯和明斯特指出:"'9·11'事件已经把恐怖主义者全球网络的威胁推到美国人民和世界人民的面前。还有许多类似的复杂问题同样向我们提出严峻的挑战。它们包括艾滋病、大规模杀伤性武器(核武器、化学、生物武器)、中东与巴尔干地区持续不断的战争冲突、印度与巴基斯坦的紧张关系、全球金融市场与危机、日益壮大的全球经济、信息技术和互联网、难以消除的贫困、气候变暖等环境

---

① Martens, K. *NGOs and the United Nations*: *Institutionalization*, *Professionalization and Adaptation*. Basingstoke: Palgrave Macmillan, 2005, p.4.

威胁、全球鱼类枯竭、种族冲突以及国家崩溃等。所有这些问题中没有一个能够靠一两个主权国家的单独行动来管理,即便是美国这样的超级大国也无可奈何。所有这些问题,有的需要通过全世界各国政府与越来越多的非国家组织的某种合作来解决;有的问题需要通过普通公民的积极参与来解决;还有的需要靠建立新型的国际监督机制或者国际谈判规则来解决。"①全球治理的时代已经到来,国际组织已经成为全球治理过程中不可或缺的组织和力量。2016 年以来,虽然有少数几个政治领导人和极少数几个国家动辄叫嚷本国利益优先、动辄以退出国际组织相要挟,但全球治理和人类命运共同体的共商共建已经成为世界发展的大趋势,国际组织的继续发展也是任何人都难以阻挡的。

第四节　国际组织人事制度的演进

20 世纪 50 年代以来,随着国际组织的全球影响力的增大和参与国际组织活动国家的增多,国际组织的内部管理制度和国际组织的人事制度逐渐受到各国学者和政府机构的重视。从各国已有的文献看,国际组织的人事制度,特别是国际公务人员制度,是一个形成、发展的过程。

一、 国际组织的常驻人员

美国学者马施逊指出:"国际组织的秘书处和国际公共事务部门基本出现在 20 世纪。在此之前,国际公务员根本就不存在。"②那么,国际组织的人事制度从何而来? 国际公务员从何而来呢? 这从一个侧面提示我们,国际组织的用人方法、人事制度也经历了一个发展过程。

学界比较公认的观点是,最早出现的几个现代国际组织,如国际红十字会、国际电报联盟和万国邮政联盟等,并没有常驻的国际工作人员,也没有真正的国

---

① Karns, M. and Mingst, K. International Organizations: The Politics and Process of Global Governance. London: Lynne Rienner Publisher, 2004, p.3.

② Mathiason, John. 2007.Invisible Governance: International Secretariats in Global Politics. CT. USA: Kumarian Press, p.25.

际公务员。其主要原因是,这些组织当时多设在中立国瑞士,所聘工作人员也因此多由瑞士国民担任[①]。还有学者认为,最早聘用国际工作人员的组织可能要数天主教会和基督教会,这些跨国宗教团体之常设管理机构通常由各国各地的主教、牧师、传教士和辅助性人员组成。但由于他们都服务于共同的宗教信仰,因此,他们也非世俗性国际组织的国际公务员,而是拥有同一宗教信仰的、来自各国的神职人员。

国际组织的国际常驻人员开始于两个国际行政组织和一个国际协会。这两个国际行政组织分别是前文已经提到的、成立于1815年的莱茵河航运中央委员会和1856年成立的欧洲多瑙河委员会。这两个委员会的主要职能是,组织协商和管理莱茵河和多瑙河流域国家水资源分享和船舶航行事务。莱茵河流经5个国家(比利时、荷兰、法国、德国和瑞士)。多瑙河是欧洲流经国家最多、又十分繁忙的河流,其主流和支流共流经16个国家。因此,这两个委员会需要处理的航运和水资源事务自然也很繁杂,时常还夹杂着疾病防疫和违禁品贩运等问题,这样委员会就不能没有常设机构和常驻工作人员。于是,这两个委员会就出现了常聘国际工作人员的需要。莱茵河委员会和多瑙河委员会形成了独特的机制。一方面组成小规模的秘书处,秘书处的常驻工作人员由委员会任命与招聘。另一方面,由各国政府推荐和派遣代表和专家进入这两个国际组织下属的常设专门委员会和工作小组。

具体地说,根据成员国代表的协商决定,莱茵河中央航运委员会的每个成员国都拥有否决权,主席由成员国代表轮流担任,每轮两年。委员会按照协商一致的原则处理重大事务。委员会设立负责日常工作的秘书处,委员会和秘书处的运行经费由5个成员国共同分担。委员会最初的秘书处规模有限,仅为15名工作人员。秘书长由委员会任命,秘书处其他工作人员分别由各国推荐,实际上每个国家会有3名人员参加。莱茵河委员会的总部和秘书处最初设立于德国城市美因茨,后几经辗转,才于1920年迁移到法国斯特拉斯堡。然而,莱茵河委员会一

① Mathiason, John. 2007.Invisible Governance: International Secretariats in Global Politics. CT. USA: Kumarian Press, p.26.

直发挥着它的基本功能,其组织构架也基本稳定。莱茵河中央航运委员会的总部至今仍然坐落在斯特拉斯堡共和国广场的莱茵宫。目前,莱茵河委员会的秘书处有 20 位国际公务员和其他雇员。其中,秘书长、副秘书长和总工程师由委员会直接任命,其他成员由秘书长按《雇员条例》规定聘任。莱茵河委员会还设立 10 个委员会和 15 个工作小组,委员会每年召开两次会议,各下属专门委员会和工作小组召开 50 多次会议。相对于其他国际组织而言,莱茵河委员会秘书处每年的预算很少,目前仅为 250 万欧元。莱茵河委员会的下属 10 个专门委员会的成员都由每个国家 3 位代表和专家组成,预算由各成员国分担①。

限于当时的经济条件和成员国间的协商妥协,莱茵河委员会和多瑙河委员会虽然都聘任了秘书长,确定由秘书长领导处理委员会的日常事务,但是,秘书处工作人员都主要由成员国政府推荐和派遣。这些工作人员常驻国际组织,参加委员会和秘书处的日常事务管理,同时又维护着各国的利益,在国际组织中发挥着各国的影响。因此,这两个委员会的工作人员尽管服务于国际组织,开启了国际组织常驻国际工作人员的先河,但在本质上,这些国际工作人员仍然是各国派驻的外交官员和专业技术人员。

另一个值得一提的国际组织是联合国粮农组织(FAO)的前身国际农业协会(International Institute of Agriculture)。该组织是由欧洲犹太移民、美国农业生产实业家和连锁店先驱大卫·鲁宾(David Lubin, 1849—1919)先生发起的。该协会的宗旨是有效保护农民,争取各国社会对农民和农业生产销售的支持。鲁宾首先在美国进行大量游说活动,但并没有获得足够的支持,于是他转向欧洲。在意大利,他获得了当时意大利国王维多利诺·埃玛钮尔三世(Vittorio Emaneule III)的认同、支持和资助,并于 1905 年在罗马召开国际大会,大会获得了 40 个国家政府的支持,并于 1908 年正式成立了国际农业协会。为了便于各国工作人员的来往和工作,意大利国王决定给予国际农业协会驻罗马总部的国际工作人员与各国驻意大利的外交官同等的特权和待遇。这不仅保证了国际农业协会的国际性和

---

① CCNR. Central Commission for the Navigation of the Rhine [EB/OL]. [2018-05-20]. https://www.ccr-zkr.org/11060000-en.html.

独立性，而且也为以后的国际公务人员应该在国际组织总部和工作驻地的相关国家享有外交人员待遇提供了示范①。为了纪念大卫·鲁宾和意大利国王的决定，联合国粮农组织成立并常设于罗马后，将其罗马总部的图书馆被命名为大卫·鲁宾纪念图书馆。

因此可以说，从这 3 个国际机构开始，国际组织有了常驻的国际工作人员，来自各成员国的工作人员开始为共同的国际组织工作。然而，由于当时这 3 个国际组织的工作人员还都是由相关国家派遣的，拿着派遣国政府提供的薪俸，他们本质上仍然是各个国家的公务员和技术专家。他们在服务于国际组织的同时，仍然向各国政府负责。所以，这些国际工作人员是国际组织的常驻工作人员，但并不效忠于国际组织，也还称不上"国际公务员"。

二、 国联与国际公务员

国际公务员是 20 世纪的产物，更是国联的创新。的确，国际公务员的出现直接来源于国联的诞生。国联虽然在国际政治事务中并没有实现其创建之初的抱负和理想，但是这个人类第一个世界性组织还是在国际组织的机构建设、制度建设等方面做出了巨大贡献，为人类发展留下了重要遗产。与本书密切相关的是国联秘书处的建设和国联开创的聘用国际公务员的范例。

《盟约》的第六条创造性地提出：国际联盟应设立国际联盟大会（即全体成员国代表会议）、行政院、国际法院，以及永久常设的秘书处。这是人类历史上国际组织的第一个常设秘书处。国联决定将其秘书处设在日内瓦，秘书处下设 8 个部门，处理各方面的国际事务。国联全体大会和《盟约》还规定，国联秘书处设 1 位秘书长、9 位高级官员和一批秘书处工作人员。秘书长和秘书处高级官员应该由国联理事会（Council，又译"行政院"）协商并正式任命②。可以说，国联的第一任秘书长也就是世界上第一位由国际组织聘任的高级国际公务员。他既是整个国联的秘书长，又是国联秘书处的行政首脑，领导组织秘书处工作。《盟约》还规定，

① Doeve, Anton. Opening Speech of the 38th Secession of the FAO General Assembly. Roma. 2008 [EB/OL]. [2018-07-18]. http://www.doc88.com/p-6611238000051.html.

② Mathiason, John. 2007. *Invisible Governance*：*International Secretariats in Global Politics*. CT. USA：Kumarian Press, p.27.

秘书处的工作人员由国联秘书长直接聘任,秘书处工作人员可以来自所有成员国,这也成为国际组织成规模聘任国际公务员的开端。聘任国际公务员的原因其实并不复杂,主要由于常设秘书处需要大批工作人员来处理各种国际和日常事务,秘书处工作人员的公正和效率又会直接影响国联在国际事务中的效益和形象。

然而,如何建设国联的秘书处? 国联秘书处应该依照什么条件和准则来聘任其工作人员呢? 这些自然就成了国联和国联秘书处的一大挑战。在巴黎和会期间,国联挑选和任命了第一任秘书长,他就是英国资深公务员和高级外交官埃里克·德鲁蒙德爵士(Sir Eric Drummond, 1876—1951, 1919—1930 年任国联首任秘书长)。德鲁蒙德爵士在进入国联之前,已有 19 年英国外交部任职的丰富经验,谙熟英国的文官(公务员)制度,深知对公务员的管理方法。另外,德鲁蒙德爵士从 1915 年起就对国际组织有兴趣,因此受英国外交部派遣,参与了国际联盟的组建和《盟约》的起草工作。

德鲁蒙德走马上任后的第一件大事就是组建第一个世界性(以前的国际组织多为欧洲或者美洲的区域性组织)、综合性(以前多为单一领域和功能的行政性组织)、国际政府间组织的秘书处。他力排众议,一定要把国联秘书处建成一个真正的国际机构。他认为,秘书处决不能只是一个供各大国代表及其秘书们清谈或者争执的场所,而应该是一支全新的国联公务员队伍。这些人应该忠于国联,中立、公正,才能高超。唯有这样的秘书处,才能使这个国联的中枢机构团结共事、办事高效。这在当时被认为一定是件"史无前例"的事,也一定会是件"困难重重"和"不可想象的"的事[①]。然而,德鲁蒙德爵士成功了,1920 年 8 月,国联秘书处就正式成立。在德鲁蒙德的主持下,秘书处下设行政命令科、财经科、政治科、社会科、交通信息科、法规科和国际事务局等部门。德鲁蒙德在人员选拔和聘任的过程中,提出了忠诚国际组织(而非各成员国),中立、公正(不接受本国政府和其他权威当局指示),才干高效的国联公务员的聘用原则,以及为体现国联国际性而不被少数国家左右的"按地区分配"的原则。结果,德鲁蒙德为国联秘书处聘用了来

---

① [英]华尔脱斯.国际联盟史·上册.[M].汉敖,宁京,译.北京:商务印书馆,1964:87—88.

自30多个国家、最多时630位的工作人员,其中155位是根据"按地区分配"原则招聘的①。

德鲁蒙德强调,国际公务员的工作效率和效益源于他们的才干与忠诚。他认为,国际公务员必须受聘于秘书长暨国际联盟,他们是国际公仆,具有国际性,即需要忠诚于国际联盟这一国际组织。对于国家来说,国际公务员应被允许"具有政治上的独立性"。德鲁蒙德特别解释说:"什么是国际忠诚性?国际忠诚性并不是说一个人(担任国联秘书处职务后)就没有了祖国。而是相反,这是一种信念,即促进每个国家和地区的安全与福祉,才是自己国家最崇高的利益所在。"德鲁蒙德还称赞,国际公务员往往是化解国际争端、处理各国冲突的无名英雄。他说:"那些获得公众称赞的人并不总是应该被衷心感谢的人,而那些不为公众知晓而由幕后人员处置的工作,往往才是获取成功的重要因素。"②

在德鲁蒙德的有力领导、教育和管理下,这些来自各国、所受教育训练不同、政治理念不同、宗教信仰不同、种族肤色不同、使用语言也不同的国际工作人员逐渐形成了一支团结、中立、忠诚、高效和具有才干的国际公务员队伍。作为首任秘书长,德鲁蒙德的国际公务员聘任思想逐渐融进了国联1933年正式出版的《国联秘书处人员管理条例》。该《条例》第一条就明确指出:

国联秘书处官员均纯属国际官员,其职责非为国家的,而系国际的。从受任之日起,他们就须保证承担国联之职能,以国联之要求和利益来约束自身行为。在工作过程中,他们必须服从秘书长之权威,必须为其履行的国联职能负责。……他们不得寻求或接受来自国联以外的任何国家政府或者组织当局之训示③。

常设的国联秘书处成为国联为联合国留下的一项重要遗产。德鲁蒙德对国

① [英]华尔脱斯.国际联盟史·上册.[M].汉敖,宁京,译.北京:商务印书馆,1964,pp.87—89.

② Royal Institute of International Affairs. *The Consultation Report for United Nations*. London:Chatham House, 1944, p.18.

③ Mathiason, John. 2007. *Invisible Governance*:*International Secretariats in Global Politics*. CT. USA:Kumarian Press, p.66.

联秘书处人员聘用的原则和对国际公务员制度建设的设想,特别是德鲁蒙德在1944 年为联合国筹备机构撰写的秘书处人事制度建议,更成为联合国秘书处人员聘用与职责以及当今国际公务员的基本准则。

除了"忠诚""中立""公正"和"才干"等行为标准,国际联盟还形成了确定国际公务员薪酬待遇的"诺贝尔梅耶原则"(Nobelmaire Principles)。"诺贝尔梅耶原则"是由 1920 年国联建立的一个以法国政治家和外交官乔治·诺贝尔梅耶(Georges Noblemaire,1867—1923)主持的国际联盟公务员薪酬调查委员会提出的。诺贝尔梅耶委员会认为,为了保证国联秘书处既能够招聘到国际一流人才,又能保证国联工作人员的才干、高效、忠诚和清廉,必须按照国际最高的公务员待遇标准给予国联国际公务员工资和养老金待遇①。1921 年该委员会在其调查报告第 18 段中提出:"我们承认,我们提出的薪酬体系建立在全世界最高的公务员薪酬体系之上……"诺贝尔梅耶委员会还要求,这个薪酬体系还应该包含三项明晰的具体要素:第一,国联必须采用工资最高国家的公务员薪酬体系(参照英国文官薪酬标准);第二,必须承认收入最高国家的生活成本与国际联盟总部所在地以及实际工作地点的差异;第三,必须考虑国联工作人员离开本国、出国工作的因素②。

诺贝尔梅耶委员会的这些建议在一开始曾经受到一些质疑。当时有国联代表提出,薪酬过高,但不一定会带来预期效果,也有代表担心这样的薪酬标准可能给国际联盟带来沉重的财政负担。但在诺贝尔梅耶委员会的坚持下,在各国代表团的妥协中,国际联盟最后还是尽可能地参照了当时工资待遇最优厚的英国文官薪酬标准,确定了国际联盟秘书处高级国际公务员和技术专家的薪酬。此后,坐落于瑞士的其他国际组织,如国际劳工联盟(ILO)等,也都先后运用或者参照了这一标准来确定国际公务员的薪酬。从此以后,诺贝尔梅耶委员会提出的国际公务员薪酬体系原则就被称为"诺贝尔梅耶原则"。

为了能够招收到最富才干、忠诚国际使命、办事中立公正的国际公务员,并

---

① [英]华尔脱斯.国际联盟史(上册)[M].北京:商务印书馆,1964:152—153.
② FICSA. The Nobelmaire Principles[R]. FICSA Council.Geneva, 2004, p.1.

防止国际公务员的贪污腐败,国际联盟提出的"诺贝尔梅耶原则",至今一直为联合国等国际组织沿用。其间,虽然,有组织和成员国提出各种新的建议,如"市场原则""外交官原则"等,但"诺贝尔梅耶原则"精神一直未变,唯一重要的更改只是将参照英国文官的薪酬标准改为参照美国联邦公务员的薪酬标准。

三、 联合国与国际公务员制度

1945 年,联合国成立,随之联合国下属的专门机构和相关机构也不断成立。建立联合国系统的组织人事制度、特别是国际公务员制度,成为联合国内部组织管理中的当务之急。

联合国首先承袭了国际联盟对国际公务员征聘、任用的基本原则,基本沿用了《国联职员守则》的话语,并在其《联合国宪章》中明确设立一章(即第十五章)5条(即 97—101 条),规定了联合国秘书长的产生办法、工作职责以及秘书处工作人员的委派任命、聘用标准、忠诚联合国原则,以及各会员国不得影响秘书处人员的要求:

第十五章　秘书处

第 97 条　秘书处设置秘书长 1 人及本组织所需办事人员若干。秘书长应由大会经安全理事会之推荐委派之。秘书长为本组织之行政首长。

第 98 条　秘书长在大会、安全理事会、经济及社会理事会及托管委员会之一切会议,应以秘书长资格行使职务,并应之行各该机关所托付之其他职务。秘书长应向大会提送关于本组织工作之常年报告。

第 99 条　秘书长得将其所认为可能威胁国际和平及安全之任何事件,提请安全理事会注意。

第 100 条

一、秘书长及办事员执行职务时,不得请求或接受本组织以外任何政府或其他当局之训示,并应避免足以妨碍其国际官员地位之行动。秘书长及办事人员专对本组织负责。

二、联合国会员国承诺尊重秘书长及办事人员之专属国际性,绝不设法影响其责任之履行。

第 101 条

一、办事人员由秘书长依大会所定章程委派之。

二、适当之办事人员应长期分配于经济及社会理事会、托管委员会,并于必要时,分配于联合国其他之机关。此项办事人员构成秘书处之一部。

三、办事人员之雇用及其服务条件之规定,应以求达效率、才干及忠诚之最高标准为首要考虑。征聘办事人员时,于可能范围内,应充分注意地域之普及。①

同时,联合国积极开展国际公务员及人事管理制度的调查研究与设计编制。1946 年,联合国大会就通过了由秘书处研究起草的《工作人员暂行条例》;1952 年联合国第六届大会以 590 号决议案正式批准了《联合国工作人员条例》(*Staff Regulations of the United States*, 1952)。②该工作人员条例分为 12 章 39 条,以及 4 个附件。首次明确规定了"联合国秘书处的工作人员系国际公务员"因而他们的"职责不属国家而完全属于国际性质"③。该条例的 12 章分别是:联合国工作人员的职责义务与特权、工作人员类型与等级、工资与津贴、任命与晋级、年假与特别假、社会保障、旅费与搬运费、工作人员关系、离职、纪律处分、申述与一般规定。70 多年过去了,《联合国工作人员条例》的 12 章基本格局没有改变,对国际公务员的性质、职责、义务和权利的基本规定也没有变,它奠定了国际公务员制度的基础。

1949 年,联合国大会通过决议,设立国际公务员制度咨询委员会(International Civil Service Advisory Board, ICSAB)。国际公务员制度咨询委员会成员由国际公务员代表、联合国聘请专家组成,有一位专职人员,联合国另派遣一位工作人员担任秘书和联络工作。委员会能够充分发表国际公务员们的意见建议,同时形成共同的同行规范,向联合国大会提出涉及国际公务员的行为标准、福利保障和奖惩规约。如果说,联合国制定的工作人员条例是联合国大会和成员国从该国

---

① 联合国.联合国宪章.第十五章[EB/OL]. [2018-05-26]. https://un.org/zh/sections/un-charter/chapter-xv/index.html.

② United Nations. Staff Regulations of the United States.1952[EB/OL]. [2018-05-25]. https.//www.refworld.org.docid/3b00f47a0.html.

③ 同上书,第一章 1 条。原文为"Members of the(UN) Secretariat are international civil servants. Their responsibilities are not national but exclusively international"。

际政府间组织的视角,对其秘书处和各下属机构国际公务员提出的职责规范和福利承诺,那么国际公务员制度咨询委员会则从国际公务员个体和行业共同体的视角,于1954年制定了《国际公务员行为标准》(*Standards of Conduct for the International Civil Service*, 1954)。《国际公务员行为准则》不仅重申和认同了联合国系统国际公务员的聘任标准、操作规范、薪酬福利和对会员国的要求,而且突出强调了每位国际公务员必须遵循和履行的行为守则、权利使用范围、联合国资源使用范围、与各国政府机构、公众媒体关系等做出规定,以保证每个国际公务员了解行为准则、履行职责义务、防治滥用权力、防止贪污腐败①。

1974年,联合国决定将国际公务员制度咨询委员会更名为"国际公务员制度委员会"(International Civil Service Commission, ICSC),并赋予该委员会更大的权力,全面负责联合国国际公务员的聘用、管理、晋升、薪酬、福利、奖励和惩处制度的建设、审查与调整管理工作。该委员会先后制订和修订了《国际公务员行为标准》(2001, 2012),建立了《联合国薪酬津贴福利共同制度》(*United Nations Common System of Salaries*, *Allowance and Benefits*, 2015, 2018)。该委员会还与联合国其他相关机构一起制定了《人力资源管理框架》(2001)。

至此,联合国建立了比较完善的人力资源管理和国际公务员管理制度。相关制度不仅规约着联合国秘书处国际公务员和各类其他人员的聘用、管理、晋升、薪酬、福利、奖励和惩处办法,而且全面覆盖所有联合国系统之中各个下属机构、专门机构和相关机构工作人员的行为规范和薪酬制度。作为世界上最大的综合性国际政府间组织,联合国的人事规章制度还成为其他各区域性、功能性国际政府间组织制定本组织人事制度的基本参照和依据。在国际政府间组织,唯一的例外是世界银行(集团),联合国大会特批准该集团的国际机构可另行制定其国际雇员的薪酬和福利标准。

随着21世纪的来临,全球经济社会发生了巨大变化、信息技术极大进步和全球治理理念日益深入人心,联合国和国际公务员委员会也顺应联合国改革的要

---

① International Civil Service Committee. Standards of Conduct for the International civil Service. [EB/OL]. [2018-05-24]. http://www.doc88.com/p-6387092804059.html.

求,于 2003 年制定了《联合国反腐败公约》(2005 年生效),并在最近十几年中,对相关文件和标准进行了修订。目前,各国际政府间组织执行的基本上都是 2010 年后修订的文件和标准。《联合国工作人员条例和细则》和《国际公务员标准》是 2016 年修订的,《国际公务员共同制度》也于 2013 年做了修订。经济合作组织现行的《工作人员条例与细则》也是 2015 年修订的。在这些文件中,男女平等原则、区域配给原则、反贪污腐败原则、忠于使命原则得到了进一步的加强[①]。

---

① International Civil Service Committee. Standards of Conduct for the International civil Service. [EB/OL]. [2018-05-24]. http://www.doc88.com/p-6387092804059.html. 2018.5.24.

第二章
国际组织人才

国际组织人才(personnel for international organizations)是近年来我国运用较频繁且内涵丰富的概念,但在联合国等国际组织的文献中难以找到对应的词语。在国际组织的文献中,通常使用的相关词语有国际公务员(international civil servant)、国际雇员(international employee)和国际职员(international staff)等。我国近年来所用的国际组织人才既涵盖了上述三词所指的相关人员,但似还包括了其他为国际组织服务和在国际组织中承担一定职责的人员。例如,各国驻国际组织的代表、国际组织的理事会成员、国际组织的志愿者、国际组织聘用的驻在国人员、国际组织聘用的专家顾问,以及国际非政府的学术、专业和社会组织中的服务人员等。因此,我国文献中所称的国际组织人才应该是指,能够以自身才干和某种方式,如受雇任用或者义务服务、长期聘任或者临时邀请、国际组织任命或者国际同行推选等,为各种国际组织及其成员提供专业和管理服务的人才。

既然国际组织人才涵盖多种类型和承担不同使命的人员,我们就有必要对国际组织人才做大致的梳理,以便认识不同类型人员在各种国际组织中的职责、地位、身份、待遇和功能。本章将分两节分别阐述国际公务员和其他国际组织人才,包括国际组织权力机构成员、国际组织志愿者与见习生、国际组织驻在国人员以及国际非政府组织工作人员等。然后专设一节,归纳了国际组织人才,特别是国际公务员应该具备的核心素养。但对国际组织临时聘用的大量专家、顾问和临时聘用人员,由于他们种类繁多、形形色色、条件不一,本章就不作专门论述了。

第一节　国际公务员

在国际组织人才中,居于中心位置的无疑是国际公务员。国际公务员履行国际组织的职能、维持国际组织的日常运作,是国际组织不可或缺的人才,也是各个国际政府间组织中队伍庞大、人数众多的群体。联合国就有 76 000 多名国际公务员,欧盟也有 30 000 多名国际公务员。国际公务员也是我国在参与全球治理和建构人类命运共同体进程中需要大力培养的重要人才。

一、　国际公务员的定义

简单地说,国际公务员是指,在联合国及其他国际政府间组织中工作的各类办事人员,他们受国际组织聘用、受国际组织负责人领导、向国际组织负责、为国际组织全体成员国服务。事实上,各国学者对国际公务员的概念界定做过大量研究,给出了许多不尽相同的定义与解释。早在国联初创时期,首任国联秘书长德鲁蒙德就提出:“(国联)秘书处办事人员一旦应任,即不复为本国的公仆,而成为国联的公仆,其职责并非国家性质,而纯属国际性质。”[1]法国学者巴德旺认为:“所谓国际公务员,是这样一些人,即通过国际条约建立的国际组织,并由这些国际组织任命,来为本组织的利益行事,同时接受国际组织管辖的保护。”[2]我国学者认为,国际公务员指“在国际政府间组织工作的职员”[3]。国际公务员不受任何国内法管辖,而接受国际组织内部工作人员管理条例的管治。所有与国际公务员事务有关的争议都应由该国际组织的专门法庭处置,或者由联合国国际公务员委

---

① 李铁城.联合国里的中国人 1945—2003 · 上册[M].北京:人民出版社,2004:3.
② Goel, S. *International Civil Service*: *Principles*, *Practice and Prospects*. New Delhi: Sterling Pub, 1984, p.44.
③ 宋允孚.国际公务员与国际组织任职[M].北京:中国人民大学出版社.2016:7.

员会的具体规定处置。我国学者赵劲松认为,国际公务员是"履职于国际组织,具有超国家的国际性和独立性,只对本国际组织负责,为实现本组织的宗旨而行事的公务员"[1]。

从上述解释和梳理中,我们可以看到,国际公务员有以下四大特质。第一,国际公务员是一种特殊类型的、从事公务活动的人员。他们有别于各国普通的国家公务员。国际公务员履行的不是各国政府赋予的使命任务,而是国际政府间组织指定的职责,国际公务员承担的是国际使命。国际公务员不接受任何国家和政府的指令,完全为聘任他/她的国际组织办事工作,即根据该组织的宗旨和授予的任务,为该组织本身和该组织全体成员国服务。而每个国家的公务员仅为本国政府、本国利益和本国人民从事公共事务,被本国服务。即便是出现在国际舞台上的各国外交官也是各国的国家公务员,他们参与国际政府间组织的活动时,也仍然承担代表着国家、履行着政府赋予的使命。第二,国际公务员与各国的国家公务员的区别还在于,国家公务员是各国"依法履行公职、纳入国家行政编制、由国家财政负担工资福利待遇的工作人员"[2]。这就是说,各国的公务员由本国政府按照行政人员编制招募,并通过国家和地方的财政预算、按本国相关部门制定的标准提供俸禄待遇。然而,国际公务员不是由各国政府聘任派遣的,而是国际政府间组织依据其组织章程、人事制度、人员编制、财政预算和实际需要,由国际组织自行聘任公务人员。第三,国际公务员的薪酬和福利待遇由国际政府间组织批准的待遇标准发放提供,国际公务员不得再获取和接受其他任何国家政府或者组织团体提供的资金、收入和福利。第四,国际公务员主要指国际组织中的文职官员,他们从事着行政管理、专业事务和日常运行事务。国际公务员与国际维和部队的军人与警察所承担的使命和职责不同,他们的人身安全受到相关国际条约的更多保障。鉴于上述特性,国际公务员通常指,在国际政府间组织及其下属机构中具有正式编制、按照国际公务员制度的基本规范聘任、履行国际组织的职责使命、服务国际组织与国际组织成员的公务人员。

---

[1]　赵劲松.国际公务员与现代国际法的发展[J].时代法学.第六卷,2008(5):103—110.

[2]　全国人大常委会.中华人民共和国公务员法[M].北京:人民出版社,2019:1.

按照各国学者的说法,国际公务员还可以分为"狭义的国际公务员"和"广义的国际公务员"。"狭义的国际公务员"特指"联合国及其下属机构或专门机构长聘的办事人员"[①],甚至特指联合国聘任的专业职类雇员,或称"文职官员"。广义的国际公务员则包括由联合国以及其他全球性、区域性、综合性和专业性国际政府间组织按相关章程、规定和标准长期聘任的所有国际公务人员。

二、 国际公务员的职类职级

联合国第72次大会以"人力资源"议题的秘书长报告指出,到2016年6月30日,联合国及下属实体机构实有各类工作人员有76 234人,其中秘书处及相关实体有各类工作人员40 131人,同年12月31日工作人员数为39 651人[②]。在秘书长的此份《秘书处的组成:工作人员统计数据》报告中,联合国秘书处的工作人员分为"专业及以上职类"和"一般服务及相关职类"两大类和若干次类,每个职类的人员又分别定为若干职级。

(一) 行政首长

行政首长是联合国"专业及以上职类"国际公务员中的一个次类,特指联合国系统中各重要组织首脑人员和部门行政主管人员。联合国文献经常把他们称为 D 级(Director)及以上职务的人员。

行政首长中首先是重要组织的首脑和行政负责人,通常他们是"非叙级高级官员"。"非叙级高级官员"包括首席行政官员以及他们的副手。联合国的首席行政官员是联合国秘书长(Secretary General)。另外,联合国各专门机构也有它们各自的首脑,如联合国教科文组织总干事(Director General)、世界卫生组织总干事、联合国发展计划署署长、联合国世界粮农组织总干事等。这些高级官员由联合国全体大会或者由联合国专门机构的全体大会,按组织章程和推选程序选举产生。这些官员的工作任期、薪酬待遇等均按大会批准的章程和相关协议合同决定,再经过各国际组织与当选高官共同签署后执行。

---

① 日本国际法学会.国际法辞典.[M].北京:世界知识出版社,1985:485.

② UN Secretariat. Composition of The Secretariat: Staff Demographics.(A/72/123)[EB/OL]. [2018-06-15] http://www.un.org/documents.

首席行政官员(首脑)的副手包括联合国秘书长任命的副秘书长(USG, Under Secretary General)、助理秘书长(ASG, Assistant Secretary General)和同一级别的特使和代表。联合国各专门机构的行政首长也会任命他们的副总干事(DDG, Deputy Director General)、助理总干事(ADG, Assistant Director General)、副署长、助理署长、总干事代表等。

国际组织的部门负责人是国际组织的行政主管,联合国称为 D 级官员(Director)。由于各个部门的名称不同,有的叫"部"(department),有的叫"办公室"(office),有的叫"中心"等,在汉语中就会把"Director"翻译为"部长""局长""主任""司长"或"所长"等。担任国际组织行政部门主管的国际公务员往往都长期供职国际组织,国际经验丰富,专业能力很强,受到同行认同,他们的地位相当于我国的国家各部委的司局长和省市厅局长等。在联合国系统中,行政主管(Director)又细分为两级,称为 D1 级和 D2 级,如表 2-1 所示。

表 2-1　2016 年 12 月底联合国秘书处及相关实体的高级行政官员人数

职类/等级	部/厅	区域/法庭	外地行动	共计
USG	43	4/1	25	73
ASG	45	1	38	84
D-2	105	9	42	156
D-1	328	60/4	146	538
合计	521	79	251	851

资料来源:UN Secretariat. Composition of The Secretariat: Staff Demographics.(A/72/123)[EB/OL]. [2018-06-15].http://www.un.org/documents.

需要说明的是,联合国秘书处及相关实体中还不包含联合国教科文组织、世界卫生组织、世界贸易组织及许多联合国专门机构。他们的总干事的地位也往往与联合国副秘书长(USG)相当。例如,联合国教科文组织的行政负责人构架是:总干事 1 人、副总干事 1 人、助理总干事 7 人等。联合国教科文组织的各个部门和下属的研究所也都有经总干事任命的部门行政主管。他们的英语称呼都为"Director",但汉语有的译为"局长",有的译为"所长"或者"主任"。

（二）专业职类人员

专业职类人员即专业人员(Professional)，也被称为专业官员或者业务人员，他们是国际组织开展工作、履行使命的人员主体。2016年底，在联合国秘书处工作的此类人员达到 12 800 余人。联合国采取全球招聘专业人员的办法来聘任这类人员。国际公务员中的专业人员通常都具有坚实的专业知识背景、高超的语言沟通能力、精湛的专业技术能力和一定的国际沟通能力和团队协作意愿。在联合国秘书处，来自各国的法律、外交、规划、财务、人事和翻译人才相对比较集中。在联合国教科文组织、世界卫生组织等联合国专门机构，来自相应专业的人士，如来自科学技术、医学卫生、信息技术、经济学、社会学、文化遗产和教育等领域的专业人才较多。

联合国和国际公务员协会把专业职类人员分为5级，即 P1、P2、P3、P4和P5。P1 和 P2 为初级专业人员，P3 和 P4 为中级专业人员，P5 为高级专业人员。有学者将联合国公务员之专业人员的职级与中国公务员的职级相对应。P1 为科员级、P2 为高级科员、P3 相当于科长、P4 相当于副处长、P5 相当于处长级[①]。目前，在联合国秘书处及相关实体中，属于 P3 职级的人员在"专业职类"人员中人数最多，2016年底为 4 317 人，如表 2-2 所示，他们是联合国秘书处工作的中坚力量。

表 2-2　2016 年底联合国秘书处专业职类各级人数构成

专业类职级	部、厅	区域委员会	法庭	外地行动	合计
P-5 级	1 162	164	25	390	1 741
P-4 级	2 523	261	70	935	3 789
P-3 级	2 714	286	111	1 206	4 317
P-2 级	896	146	69	217	1 328
P-1 级	14	3			17

资料来源：联合国秘书长.秘书处的组成：工作人员统计数据[M].纽约：联合国，2017：23.

---

① 牛仲君.国际公务员制度.[M].北京：北京大学出版社.2015：19.

专业人员的等级并不只是招聘时的评价尺度,还包含着联合国对不同等级专业人员的不同职责要求、评价奖励的标准。所有专业职类人员都必须按联合国的相关标准去努力发展自己。联合国发展计划署(UNDP)就明确规定,为了使每位国际公务员能够承担起他们所肩负的使命和职责,所有 P1-P5 和 D1-D2 级国际公务员都必须具备五大"核心素养"。同时,联合国发展计划署(UNDP)又细化了对不同等级工作人员在每个"核心素养"领域又应该达到的专业程度。例如,在"领导力"方面,联合国发展规划署就要求[①]:

P1 级人员应达到水平 1:**为自己的工作负责**——对自己的工作质量负责;有效运用资源、方法、合作伙伴和信息;能够作为一个个体贡献者行动。

P3 级人员应达到水平 3:**决策中采取包容态度**——发现并赏识个人的贡献;鼓励团队成员为投入工作进行对话和行动;预见和处理矛盾;包容不同意见,并将这些意见视为改进的机会;信任他人以及对资源、方法、伙伴、信息和解决方案做出适当的决策。

P5 级人员应达到水平 5:**赋权个人和团队独立开展工作**——保障个人和团队成为成功的资源;使规划和行动透明;提升团队对实质性机会和风险的意识;能够促进个人成长和承担责任;对工作人员进行问责;赋权团队确认和解决问题;对个人超出预期的贡献予以奖励;为团队的进步扫除障碍或提供资源;创造相互学习和赋权的文化。

D1-D2 级人员应该达到水平 6:**激励本组织迎接新挑战、达到更高效能**——激励团队成员达到新高度;将可见的愿景传输给团队成员和服务对象,并制订实现愿景的明细路径图;把本组织建构成一个专业化和有影响的机构;激励本组织成为能够跨越地域阻隔和重大障碍的高效团队。

(三)一般职类人员

一般职类(general service)人员主要指在国际组织中从事文秘、后勤、安保、出纳、维修等辅助工作的工作人员。他们中的长聘人员是国际组织的雇员,包含在广义的国际公务员中,但也有学者认为,这些国际组织聘用的后勤服务人员并不

---

① UNDP. Core Competency Framework.[DB/OL]. [2018-06-16]. http://undp.org/documents/en.

是严格意义上的国际公务员。

在联合国秘书处以及相关机构中,一般职类人员也是一支极其庞大的队伍,其人数甚至超过了专业职类人员。联合国秘书处 2016 年底统计的"一般职类及有关"人员数达到 22 908 人,占总数的 58％;"专业职类及以上"人员为 12 849 人,占 32％①。联合国秘书处把一般职类人员分为 7 级,其中 G4 级人员最多,达到 5 875 人。

表 2-3　2016 年底联合国秘书处一般职类人员各级人数构成

职级	部/厅	区域委员会	法定	外地行动	合计
G-7	592	226	8	28	854
G-6	2 202	382	92	438	3 314
G-5	2 024	298	138	2 242	4 902
G-4	1 499	201	75	4 100	5 875
G-3	438	59	55	3 258	3 810
G-2	425	36	3	1 284	1 748
G-1	12	—	—	28	40

资料来源:联合国秘书长.秘书处的组成:工作人员统计数据[M].纽约:联合国,2017:27—28.

此外,联合国秘书处还聘用数千其他人员,如聘用"外勤服务"类(FS)人员近 3 900 人,通信、安保、语言教师等技术人员近 500 人。

二、 国际公务员的薪酬待遇

国际公务员的薪酬待遇因各个国际组织的经济状况和薪酬制定原则而不同。然而,作为全球最大的国际政府间组织,联合国的公务员薪酬待遇制度对全球各国际组织具有示范效应。特别是 2001 年国际公务员委员会制定了《联合国薪酬津贴福利共同制度》,除了世界银行和国际货币基金组织,28 个联合国及其下属机构和专门机构形成了共同原则和标准②,涉及全球近 10 万联合国系统的国

---

① 联合国秘书长.秘书处的组成:工作人员统计数据[M].纽约:联合国,2017:11,23.

② ICSC. *UN Common System of Salaries*, *Allowances and Benefits*. New York: UN Press, 2018, p.1.

际公务人员。因此,联合国的薪酬待遇制度也对全球其他国际组织的薪酬政策产生了巨大影响,成为各国际组织制定国际公务员薪酬待遇制度的参照和效仿的对象。

从《联合国薪酬津贴福利共同制度》看,联合国系统国际公务员的薪酬待遇大致可以分为两大职类、三个部分。两大职类指"专业及以上职类"人员薪酬待遇标准和"一般服务及相关职类"人员薪酬待遇标准。三个部分即为薪酬、津贴和保险。专业及以上职类人员与一般及其他人员的薪酬待遇标准根据不同的原则和政策设计。

(一)专业职类人员薪酬待遇

联合国系统的国际公务员中,专业职类及以上人员的工资标准是在国际联盟于 20 世纪 20 年代确定的"诺贝尔梅耶原则"演进而来(详见第一章第四节)。联合国创建时,联合国筹建委员会根据此原则明确提出:"联合国及其各专门机构职员的工资和津贴标准应该优于那些支付薪酬最高的国家,因为必须考虑影响他们为联合国服务的特殊因素"[1]。1954 年,联合国委托的国际公务员咨询委员会(ICSAC)正式按"诺贝尔梅耶原则"设计制订了"联合国国际公务员专业及以上职类人员的工资等级和标准"[2]。此后,联合国先后委托国际公务员咨询委员会和国际公务员委员会多次检讨国际公务员的薪酬标准。如 1974 年联合国第 29 届大会邀请国际公务员委员会对公务员薪酬制度进行检讨,1975 年国际公务员委员会即向联合国 30 届大会报告,"尚无其他可用其他方案",应继续按照"诺贝尔梅耶原则"以全球最高的公务员薪酬标准和"同工同酬"(为来自不同国家的公务员提供同样标准的薪酬)制定和调整联合国系统的专业及以上人员的工资标准。1976 年,国际公务员委员会再次向联合国 31 届大会报告,肯定继续采取"诺贝尔梅耶原则"的必要性[3]。

1. 工资标准

联合国专业及以上职类人员的工资标准包括基本工资标准和驻地调整标

---

① FICSA. The Nobelmaire Principles. [R]FICSA Council. Geneva, 2004, p.1.

② ICSC. International Civil Service Commission history[EB/OL]. [2019-01-15]. https://icsc.un.org/Home/History.

③ FICSA. The Nobelmaire Principles[R]. Geneva: FICSA Council, 2004, p.2.

准。国际公务员委员会(ICSC)最新调整的"专业及以上职类人员"的基本工资标准(2019年1月起执行)分为副秘书长与助理秘书长(USG与ASG)、行政主管(D1与D2)和专业人员3个层次,专业人员分为P1—P5五级。另外,对D1和P1-P5人员的薪酬又按照工作年资,分为13档次。例如,新入职的P1级专业人员的1档基本工资的年毛收入为43 792美元,净收入为36 347美元;P1级13档的工资年毛收入为60 437美元,净收入为49 432美元。新入职或新晋级的P5级专业人员的1档工资年毛收入为108 633美元,P5级年资最高的13档工资年毛收入为136 203美元。联合国专业及以上职类人员的工资标准由总工资(Gross)、总养恤金(Gross Pens.)、实际工资(Total Net)、实际养恤金(Net Pens.)和非养恤比(NPC)等构成。本章仅将总工资标准和实际工资列出[①],如表2-4所示。

联合国专业及以上职类人员的薪酬随任职资历的提升政策是,按职级层次不同,职等台阶(step)多少和递升年资要求也各不相同。对于P1—P5人员来说,每一职级的工资都分为13档。在任职的第一到第七年中,专业员工在通过员工年度评估的前提下,每年增加一档工资,至第7档;第八年起每两年递升一档工资,至第13档。对D1人员来说,工资也分13档。他们在任职的第一至第六年中,每年提升一档工资,至第6档;以后每隔一年提升一档,至第13档。对D2人员来说,工资分为10档。每两年可以提升一档,直至第10档。助理秘书长和副秘书长的工资没有多个等级,就是同一个标准。

由于联合国工作人员的工作地点不尽相同,除了在纽约总部和日内瓦欧洲总部以外,还有许多工作人员在巴黎、维也纳、罗马、曼谷等地联合国以及下属实体和专门机构工作,联合国还授权国际公务员委员会调查各地的工资水平、消费价格水平,制定相应的工资调整。换句话说,表2-4所显示的只是按照纽约的工资水平和生活价格指数确定的专业及以上职级人员的工资标准。驻在不同地点的联合国工作人员,所得实际工资具有一定的差异,但购买力大致相同。

---

① ICSC. Professional Category and Above: Annual Salaries and Allowance. [ED/OL]. [2018-11-26]. https://icsc.un.org/Home/DataSalaryScales.

表 2-4 联合国系统专业及以上职类人员年薪标准表(2019 年)

(单位:美元)

Level		I	II	III	IV	V	VI	VII	VIII	IX	X	XI	XII	XIII
USG	Gross	194 329												
	Net	143 757												
ASG	Gross	176 292												
	Net	131 853												
D-2	Gross	140 984	144 059	147 133	150 223	153 488	156 750	160 011	163 273	166 535	169 795			
	Net	108 189	110 341	112 493	114 647	116 802	118 955	121 107	123 260	125 413	127 565			
D-1	Gross	126 150	128 851	131 554	134 257	136 951	139 654	142 356	145 053	147 757	150 483	153 347	156 209	159 074
	Net	97 805	99 696	101 588	103 480	105 366	107 258	109 149	111 037	112 930	114 819	116 709	118 598	120 489
P-5	Gross	108 633	110 930	113 230	115 524	117 824	120 119	122 420	124 716	127 013	129 310	131 609	133 903	136 203
	Net	85 543	87 151	88 761	90 367	91 977	93 583	95 194	96 801	98 409	100 017	101 626	103 232	104 842
P-4	Gross	89 253	91 295	93 337	95 379	97 421	99 462	101 636	103 853	106 069	108 284	110 506	112 717	114 936
	Net	71 332	72 884	74 436	75 988	77 540	79 091	80 645	82 197	83 748	85 299	86 854	88 402	89 955
P-3	Gross	73 225	75 114	77 005	78 893	80 784	82 674	84 563	86 457	88 345	90 234	92 128	94 016	95 908
	Net	59 151	60 587	62 024	63 459	64 896	66 332	67 768	69 207	70 642	72 078	73 517	74 952	76 390
P-2	Gross	56 542	58 233	59 922	61 612	63 304	64 996	66 688	68 375	70 067	71 757	73 446	75 139	76 828
	Net	46 472	47 757	49 041	50 325	51 611	52 897	54 183	55 465	56 751	58 035	59 319	60 606	61 889
P-1	Gross	43 792	45 106	46 419	47 734	49 046	50 395	51 829	53 264	54 699	56 134	57 568	59 001	60 437
	Net	36 347	37 438	38 528	39 619	40 708	41 800	42 890	43 981	45 071	46 162	47 252	48 341	49 432

Abbreviations: USG, Under-Secretary-General; ASG, Assistant Secretary-General.

资料来源:ICSC. UN Common System of Salaries, Allowances and Benefits. New York: UN Press.,2018. Professional and Higher Categories: Salaries and Allowances 2019; p.21.

2. 各类津贴

由于国际公务员大部分常驻国外,岗位又具有一定的流动性,这就涉及诸多不便和家庭问题,如举家搬迁、配偶工作生活、子女入学教育以及去往艰苦或危险地区工作等。联合国委托国际公务员委员会根据《联合国薪酬津贴福利共同制度》确定的制度安排,为专业职类人员制定赡养津贴、教育津贴与房租津贴,以及一些特殊津贴(如危险和艰苦地区津贴)的标准。国际公务员委员会还会就这些标准每隔若干年就进行一次调查,并根据调查结果提出调整标准方案。再由该委员会将调查结果报告于联合国秘书处协商,最后经联合国大会通过批准后执行。限于信息和标准的不断更新,本节只介绍赡养津贴、教育津贴和房租津贴。

(1) 赡养津贴　根据《联合国薪酬津贴福利共同制度》(以下简称《共同制度》)的规定,联合国专业及以上职级人员的被赡养者,主要指配偶与子女,可以获得赡养津贴(dependency benefits)。按照 2018 年的标准,工资收入没能达到一定标准以及未就业无工资收入的工作人员配偶,每年可以获得相当于该工作人员年工资收入(基本工资和地区津贴)6%的生活津贴。如果该工作人员本人是单亲家长,其第一个孩子也可以获得相当于工作人员年工资收入 6%的赡养津贴[1]。

《共同制度》专门设立了子女津贴(children allowance),以保护儿童权利。2018 年的标准规定,专业及以上职级工作人员 18 岁以下的子女每人每年可以获得相当于 2 929 美元的津贴。另外,18—21 岁以下的子女如果仍在学校和大学接受全日制教育,也可以获得该项津贴[2]。对于工作人员的残疾子女,联合国也可提供子女津贴额外的子女残疾津贴。

另外,如果无法确定受赡养的配偶,《共同制度》规定,可以向被工作人员赡养的一位直系亲属,如父母、兄弟等人,提供相当于子女津贴的 35%的赡养津贴,按目前标准为每年提供 1 025 美元。

(2) 教育津贴　鉴于国际公务员出国工作,他们的子女需要随父母出国学习,联合国向每位由专业职类及以上工作人员抚养的子女提供教育津贴

---

[1][2]　ICSC. *United Nations Common System of Salaries*, *Allowances and Benefits*. New York. UN Press, 2018, p.5.

(education grant),用于支付其子女在国外接受教育的费用(见表 2-5)。教育津贴通常提供到每个子女 18 岁完成学校教育,以及继续学习全日制中学后教育四年或第一级学位课程的子女,年龄不超过 25 岁。子女教育津贴的金额数量规定比较复杂,按实际学费的总数多少,分段按一定比例计算后,再作实际支付。

表 2-5 子女教育津贴

学费金额(美元)	津贴比例(%)
1—11 600	86
11 601—17 400	81
17 401—23 200	76
23 201—29 000	71
29 001—34 800	66
34 801—40 600	61
40 601 and above	—

资料来源:ICSC. UN Common System 2018,p.26.

另外,若一名联合国专业公务员去艰苦和危险地区工作,导致其子女无法与父母共同生活和上学,需要去其他地区的寄宿制学校学习,那么这名工作人员还可以根据《共同制度》的相关规定,获得每个子女每年入住寄宿制学校的 5 000 美元寄宿费。同时,学生家长有权获得每学年一次的交通补贴,以便探望子女。该交通补贴经费,仅用于从艰苦危险地区到子女寄宿学校或者从学校回国的交通费用。

(3) 房租津贴 国际公务员的工作性质和地点流动性强,需要在工作地点租用房屋。《共同制度》规定,联合国的房租津贴是根据工作人员的专业职级、工资收入和各地房价来调整确定的。通常,国际公务员的住房租金有房租租金门槛。租金门槛与专业及以上人员的职级职等相关联,专业 P4—P5 级人员的月房租门槛为相当于工资的 30%。例如,一名 P4 工作人员的月薪为 10 842 美元,又无配偶和子女同住,那么租金门槛相当于其月薪的 30%,就是 3 253 美元。如果此名专业公务员每月所付房租低于 3 253 美元,那么他不能得到房租补助。但如果房租金额超过这一门槛,同时又在联合国规定的总量之中,那么该公务员就可以获得超过租金门槛的那部分房租的房租补贴。房租补贴的金额标准是超出门槛部分租金的80%。例如,一名P4级员工的房租金额是每月3 500美元,超出该员工房租金额3 253美元的门槛,超出金额为247美元。如按照第一年80%的比例计算,该员工获得的房租补助金额为每月198美元,全年1 400美元。

3. 社会保险

联合国系统的社会保险(social security)包含两个部分,即医疗保险和养老保险。专业及以上职级人员的医疗保险(health and life insurance)指联合国及下属机构为所有专业及以上职类人员以及他们的赡养人购置的团体健康保险(group health insurance),此项保险的资金全部由联合国相关机构缴纳,用以支付员工的医疗费用。享受医疗保险的员工可以在全球各地就医,资金由联合国及下属组织委托的保险机构支付(或报销)。另外,联合国还为员工们办理了团体生命与意外伤害保险(group life and accident insurance),而此项保险由员工自愿决定是否参加,所需保险资金亦由员工自行缴纳。

专业人员的养老保险以及发放金额的管理计算则计算复杂、周期很长,所以联合国特别设立了名为"联合国职员养老金联合基金会"(英文简称UNJSPF),并通过该基金会为成为这项基金会成员计算和收取应该缴纳个人养老保险金额、运作管理此项资金、保证资金保值增值,并负责在员工退休离职后,在全球范围中为他们提供应该享有的退休金、伤残金和抚恤金。《共同制度》规定"凡是被联合国连续聘任6个月以上,并在期间未连续中断30天以上的专业及以上职类员工"就可成为联合国职员养老金联合基金会的成员。每个成员实际获得的养老金金额则需要根据《共同制度》规定的基本原则和基金会管理办法,在按照每个员工的职级、职等、年资、年收入,以及每个人实际缴纳给基金会的资金等多个因素计算确定。2018年退休的人员实际可以获得的养老金估算金额可见表2-6。

专业及以上职类员工的养老保险资金由3个部分构成,即联合国为员工缴纳的资金、员工自己缴纳的资金以及UNJSPF基金投资赢利的资金。联合国与员工每年共同投入的总资金额相当于员工年收入的23%,其中2/3由联合国机构

表 2-6　联合国专业及以上职级人员 2018 年养老金估算表(美元)

Level	STEPS												
	I	II	III	IV	V	VI	VII	VIII	IX	X	XI	XII	XIII
USG	311 276												
ASG	287 705												
D-2	233 802	239 233	244 671	250 109	255 540	260 976	266 410	271 845	277 278	282 711			
D-1	207 980	212 583	217 446	221 906	226 365	230 815	235 274	239 953	244 733	249 511	254 281	258 586	263 184
P-5	180 942	184 732	188 523	192 321	196 110	199 903	203 692	207 489	211 279	215 072	218 864	222 666	226 731
P-4	147 697	151 352	154 999	158 648	162 307	165 953	169 606	173 261	176 909	180 557	184 206	187 870	191 515
P-3	121 389	124 491	127 589	130 682	133 785	136 880	139 979	143 081	146 324	149 714	153 101	156 486	159 875
P-2	94 047	96 819	99 587	102 365	105 131	107 904	110 675	113 445	116 216	118 985	121 759	124 531	127 298
P-1	72 214	74 566	76 919	79 270	81 623	83 975	86 327	88 679	91 031	93 384	95 735	98 087	100 439

资料来源：ICSC.UN Common System 2018. Annex XI，p.33.

缴纳,1/3 由员工个人缴纳。如果员工退休离职时,子女尚未成年,子女仍然可以领取子女津贴。如果员工病故或者牺牲,抚恤金可以由配偶、子女或直系赡养亲属领取。

(二)一般职类人员薪酬待遇

联合国还建立了"一般及相关职类"(general service staff and relevant category),包括文员、辅助员工、安保、维修工、语言教师等人员的工资待遇类别。确定一般及相关职类工作人员工资的原则称为"弗莱明原则"(Fleming Principle)。即招聘一般工作人员主要以联合国工作机构所在地本国居民为主,因此一般及相关职类人员的工资标准主要根据联合国各办公地点当地的同类工作最佳工资待遇标准来设定。这样,联合国各工作地点的一般及相关职类人员的实际工资收入相差较大。

1. 工资标准

在纽约总部工作的一般及相关职类人员的工资标准共分为 G1—G7 七个等级,并同样设有年资档次,共分为 11 档。2018 年,联合国大会也通过了由国际公务员委员会修订的最新标准。表 2-7 提供了纽约地区联合国及下属机构一般工作职类的工资标准①。

由于一般及相关职类人员主要在联合国工作机构所在地招聘。他们的工资薪酬都用所在国货币计算和发放。一般及相关职级人员的工资增长通常根据每年的"服务满意度评估"结果来提升,提升幅度比当地同等工作的薪资提升幅度略有优势或相当。当地同等工作的薪酬状况由国际公务员委员会的调查确定。一般职类人员工资标准由总工资(Gross)、总养恤金(Gross Pens.)、实际工资(Total Net)、实际养恤金(Net Pens.)和非养恤比(NPC)等构成。本章仅将总工资(Gross)和实际工资(Net)列出。

表 2-7　联合国一般工作职类人员的工资标准(2016 年,美国纽约)

(单位:美元)

职级		I	II	III	IV	V	VI	VII	VIII	IX	X	XI
G7	Gross	73 935	77 030	80 126	83 222	86 317	89 413	92 509	95 604	98 700	101 796	104 891
	Net	56 015	58 151	60 287	62 423	64 559	66 695	68 831	70 967	73 103	75 239	77 375
G6	Gross	66 248	69 042	71 836	74 630	77 425	80 219	83 013	85 807	88 601	91 396	94 190
	Net	50 711	52 639	54 567	56 495	58 423	60 351	62 279	64 207	66 135	68 063	69 991
G5	Gross	59 303	61 778	64 304	66 830	69 357	71 883	74 409	76 935	79 461	81 987	84 513
	Net	45 884	47 627	49 370	51 113	52 856	54 599	56 342	58 085	59 828	61 571	63 314
G4	Gross	53 416	55 550	57 684	59 818	62 093	64 381	66 670	68 958	71 246	73 535	75 823
	Net	41 528	43 107	44 686	46 265	47 844	49 423	51 002	52 581	54 160	55 739	57 318
G3	Gross	48 062	49 997	51 932	53 868	55 803	57 738	59 673	61 725	63 800	65 875	67 951
	Net	37 566	38 998	40 430	41 862	43 294	44 726	46 158	47 590	49 022	50 454	51 886
G2	Gross	43 258	45 008	46 758	48 508	50 258	52 008	53 758	55 508	57 258	59 008	
	Net	34 011	35 306	36 601	37 896	39 191	40 486	41 781	43 076	44 371	45 666	
G1	Gross	38 931	40 472	42 055	43 639	45 223	46 807	48 391	49 974	51 558		
	Net	30 777	31 949	33 121	34 293	35 465	36 637	37 809	38 981	40 153		

资料来源:UN Secretariat. *Revised salary scales for staff in the General Service and related categories at Headquarters*, 2016.

---

① ICSC. General Service Category:Annual Salaries and Allowances(New York, USA). [EB/OL]. [2018-11-26] https://icsc.un.org/Home/DataSalaryScales.

2. 各类津贴

根据《共同制度》的规定,联合国一般及相关职类人员也可获得各类津贴,主要包括以下几种。

(1) 超时和夜班津贴 与专业及以上职级人员不同,一般及相关职级人员可以获得超时津贴,也可以将超时时间累加,获得相应的休假。一般及相关职级人员的夜间工作,除非在招聘中说明的夜间工作岗位,其他人员的夜间工作可以得到夜班补贴。超时津贴和夜班补贴的资金用当地标准和当地货币发放,不记入养老津贴的年薪工资收入计算。

(2) 语言津贴 联合国为一般人员提供工作需要的"语言津贴"和"第二语言津贴"。由于联合国工作机构遍布世界,当地招聘的一般工作人员不仅需要与本国人员交流合作,还需要与来自各国的联合国专业人员合作交流、一起工作。因此,在联合国机构招聘测试时,通常都包括语言测试。被招聘的一般员工如果能用母语以外的一种联合国工作语言(英语、俄语、汉语、法语、西班牙语和阿拉伯语)交流且通过相关测试,可以获得一份"能计入养老保险收入"的"语言津贴"。2014 年纽约地区的语言津贴金额为 2 268 美元;如果员工能够在母语以外,用两门联合国工作语言交流,就可以获得"第二语言津贴",津贴金额相当于"语言津贴"的一半,同年纽约的标准为 1 134 美元。

(3) 赡养津贴 与专业及以上职级人员相同,一般人员也享受"受赡养者津贴"。这项津贴包含配偶和子女津贴;如果该员工无配偶,可以确定一名直系亲属获此津贴。2014 年,纽约地区的配偶津贴为 3 727 美元;每个孩子的津贴为 2 389 美元,最多津贴 6 人;其他直系亲属中的 1 人可津贴 1 359 美元。如果在赡养者中有残疾儿童,该儿童可获得的津贴比普通儿童多 1 倍。该项津贴也用当地货币支付,且不记入养老津贴的年薪计算范围。

(4) 非本地工作津贴 如果一般及相关职级员工应工作需要受聘于其他国家的联合国工作机构,该员工将获得与当地一般职级员工同样的工资以及联合国秘书长所规定的非本地工作津贴。单人前往的津贴为每年 2 400 美元,带配偶或子女前往的津贴为 3 000 美元。此外,在非本地工作的员工还将获得相应的房租津贴和交通津贴。如果子女需要随父母赴国外上学,也可以获得与专业人员相同的子女教育津贴。

3. 社会福利

根据《共同制度》的规定,联合国也为一般及相关职级员工提供社会福利,主要包括医疗保险和养老保险。联合国也为在本地招聘的一般员工提供"团体医疗保险"。一些下属机构为一般员工购置的医疗保险与专业人员的医疗保险相同,但更多的联合国下属机构为一般人员提供更多的补助。一般员工的生命保险(life insurance)与专业人员的生命保险是相同的。一般人员的工伤、因公疾病和因公至死所获的补助金也与专业人员相同。

一般员工也参加养老基金,他们的参保条件与专业人员的参保条件相同。一般人员的养老金收入也是按照他们的年薪总收入和其他可算入年薪津贴(如语言津贴)计算出来的,金额用美元计算确定,但用当地货币支付。

(三)其他人员薪酬待遇

除了专业及以上职类人员和一般及相关职类人员,联合国还因工作和任务需要招聘一些其他职类的工作人员。其中数量较大的是"外勤职类"(Field Service Category)人员和"本国专业官员职类"(National Professional Officer Category)人员。

外勤职类人员是根据联合国维和使命和特殊政治使命(如冲突地区特使团、大选监督团等)设立的。共同制度的参与机构和其他一些国际组织也依据它们的特殊需要设立了"外勤职类"这一特殊职类群体。这个群体的人员履行行政、管理、专业、技术、后勤、安全等职能。他们都是从世界各国招聘来的专业人才,具有奉献精神和使命感,又往往工作在艰苦、危险的环境中。因此,他们的薪酬、津贴和社会福利都基本参照"专业职类"人员的标准。1990年以前,他们的薪酬标准依据美国"外勤人员"的标准实施,目前已经与联合国专业及以上职类人员标准融合。有所不同的是,所有人都可以按实际状况获得"艰苦地区津贴"和"危险工作津贴"。但"外勤职类"中低级职务人员还可以享受一般职类的"超时津贴"和"语言津贴"。他们的医疗保险、生命保险和养老保险与专业人员的保险也都是一致的。

第二节　其他国际组织人才

国际政府间组织聘用大量"国际公务员",2016年底联合国秘书处和联合国其他实体机构共聘用了76 234名国际公务员[①]。但这并不意味着国际政府组织的所有工作人员和为这些国际政府间组织服务的人员都是"国际公务员"。

一、国际组织权力机构成员

从权力关系看,全体成员大会(简称"大会",英文为general conference或者assembly)是国际政府间组织的权力来源。国际组织的权力是由共同签署协议的成员国及其成员国政府让渡而来的。因此,全体成员大会就是各个国际政府间组织的最高权力机构。出席全体大会的各国驻国际组织的代表和大使则是各国利益的代表、各国政府在国际组织中的代言人。各国代表们既需要通过讨论协商,达成符合全体成员国根本利益乃至全体人类利益的决定、宣言、公约和章程。但他们又可能在不同的问题和情景中,坚持本国立场、维护本国利益、反对国际组织将采取的某些行动。因此,他们并不总是以维护国际组织本身之利益的高级官员,因此他们也不是国际公务员。各国驻国际组织的大使和代表仍然是各国的外交官员,是各国政府派出的国家公务员。

(一)国际政府间组织大会主席

国际政府间组织全体大会的大会主席通常由各国代表选举产生,也可以根据国际组织章程的规定由成员国代表轮流担任。在任职期间,国际政府间组织的全体大会主席是国际组织的高级官员(high-ranking officer)。他们被要求坚持公正与中立立场,而不再代表某个国家的利益。他们被赋予的权力和职责主要是与成员国代表协商决定大会的议程与议题,按国际组织的相关法规主持会议,并保证会议议程的顺利进行。为了保证大会议程的顺利进行,全体大会主席可以运用

---

① UN. Secretariat. Composition of the Secretariat: Staff Demographics, Report to the Secretary-General (A/72/123)[EB/OL]. [2018-06-15]. http://un.org/documents/en/.

他们的地位和授权,游说影响各国代表与相关各方协商,以达成共识。为了保证大会主席的公正性,保证他们秉公办事,大会主席还被要求根据各组织的相关规则不参与大会投票。

联合国就制定了专门文件,对联合国大会主席和安理会主席等重要工作人员的特性、地位、行为和待遇做出了详细的规定。《联合国大会议事规则》35 条规定,大会主席的权力包括:"①应宣布本届会议每次全体会议的开会和散会、主持全体会议的讨论、确保对本规则的遵守、准许发言、把问题付诸表决并宣布决定。""②应就程序问题作出裁决,并在遵守本规则的情况下,全面掌握每次会议的进行和维持会场秩序。""③在讨论某一项目期间,他可向大会提议限制发言者的发言时间、限制每一代表发言的次数、截止发言报名或结束辩论。""④可提议停会或休会或暂停辩论所讨论的项目。"[①]

国际组织大会主席虽然担任了国际组织高级职务,在其履职期间是国际组织的高级官员,在国际组织中配有专门办公场所和秘书人员,但大会主席不是"国际公务员",不享受国际公务员的薪酬福利,国际组织只是给予大会主席必要的交通、住宿、办公和生活津贴。国际组织的大会主席通常不需要在国际组织中常年全职工作,他们往往仍然担任各国政府的高级职位。例如,2013 年 11 月,我国的郝平教授当选为联合国教科文组织大会主席,为期两年;郝平教授即便在任教科文组织大会主席期间也不是国际公务员,仍然是中国教育部的副部长兼中国联合国教科文组织全国委员会主席。

国际组织大会的代表和主席虽然都属于非国际公务员的高级成员,但是由于他们具有国际组织权力机构的工作经验,深谙国际组织的议事规则,在国际组织中积累了广泛的人脉,甚至妥善处理过棘手的国际问题,因而也会赢得国际组织广大成员的信任与尊重,被各国政府推荐并通过国际竞选,成为国际组织最高级别的国际公务员,担任国际组织的秘书长、副秘书长、总干事、副总干事等领导职务。联合国前秘书长德奎利亚尔(*Javier Perez de Cuellar*, 1920—

---

① 联合国.联合国大会议事规则[EB/OL]. [2018-12-20]. https://www.un.org/zh/ga/about/ropga/rule5.shtml.

2020,于1982—1991年担任联合国两届秘书长)就曾长期担任秘鲁驻联合国代表团成员和秘鲁驻联合国大使(1971—1975)。联合国教科文组织前总干事博科娃女士也曾经多年担任过保加利亚驻法国大使和联合国教科文组织的大使衔代表。

(二)理事会主席和成员

国际间政府组织的执行局(Executive Bureau,或译为执委会)或者理事会(Board)是国际组织的常设决策机关。它们的功能通常由国际组织的宪章、组织法等文件规定,并经全体大会授予。国际组织的执行局(执委会或理事会)通常负责筹备全体大会,包括提出大会的议题和议程等;经大会赋权在大会休会期间在其权力范围内处理和决定有关问题,包括执行该组织大会作出的各项决定、监督该组织办事机构的实施进程、向全体大会提出为了实现大会提出的任务而需要采取的措施和建议。为了履行其职责,国际组织的理事会或者执行局每年需要至少召开一次或多次会议。例如,联合国教科文组织规定,每年通常在4月和10月召开两次执行局会议。联合国开发计划署(UNDP)规定每年召开一次年度会议和两次常规会议。

国际组织执行局的组成人员通常需由大会推选产生。大会选举确定的是进入执行局(理事会)的成员国,而成员国的代表人选则多由当选国的政府推荐。由于执行局人数有限,常常按照"地区平衡"等原则由各区域内国家代表先协商推荐,再得到该国际组织大会的正式批准。有的国际政府间组织在推选执行局成员时,也会考虑文化多样性以及经济发展水平等因素。例如,联合国教科文组织的执行局成员由190多个成员国的代表协商选举产生。协商的办法首先是按"地区平衡原则"和"文化多样性原则"把所有成员国纳入6个地区组别,然后按每个组分别推选若干国家的代表,再经大会的批准通过。联合国教科文组织的执行局总共有来自58国的代表组成,每届任期4年,成员国及其代表都可以连任执行局成员。联合国五大常任理事国的代表通常自然成为联合国教科文组织执行局的成员,中国自恢复在联合国教科文组织合法地位以来,一直是教科文组织执行局成员。而美国在宣布退出教科文组织后,就不再是该组织的成员国,当然也就丧失了成为该组织执行局成员的可能。教科文组织的执行局成员的构成还同时考虑文化多样性和代表性①。世界卫生组织的常设机构称为"执委会",执委会的成员为 34 人,任期 3 年,每年改选 1/3,执委会成员先由世界卫生大会选举产生成员国,再由成员国政府委派本国公共卫生官员或者医学卫生专家参加②。

各国际组织的执行局(理事会)主席通常先由执行局成员推荐,再由全体大会批准并任命。联合国开发计划署(UNDP)的理事会组织构建与其他联合国机构有所不同,联合国开发计划署的执行委员会(The Executive Board)根据成员国按英语首字母轮流的原则,每届有来自 36 个国家的代表组成。然后执行委员会再按照地区平衡原则,按五大区域各推选 1 位代表进入其执委会常设局(Bureau of Executive Board);最后,再从常设局的 5 人中,选出 1 名主席和 4 名副主席③。联合国儿童基金会的理事会与执行局的结构与联合国开发计划署相似。首先由儿基会所有成员国按五大地区选出各地区的 36 个进入理事会的成员国,其地区分配的比例是:非洲 8 人、亚洲 7 人、东欧 4 人、拉美 5 人,西欧与其他地区 12 人。再由 36 位理事会成员推选出各地区 1 人,共 5 人组成理事会执行局。这 5 人中 1 人为主席,其他 4 位任副主席,他们都是联合国儿童基金会的高级官员,并有秘书处为理事会和执行局服务④。

与国际组织全体大会的主席一样,担任理事会(执行局)主席的人士虽然在任职期间肩负重任、履行使命、处理重大问题,在履职期间具有国际组织高级官员的身份,但他们也不是国际公务员,仍然是来自各国的高级官员或者代表。例如,2005 年 10 月,时任中国教育部副部长、中国联合国教科文组织全国委员会主任

① UNESCO. UNESCO Executive Board[EB/OL]. [2018-12-20]. https://en.unesco.org/about-us/governance.

② WHO. Governance[EB/OL]. [2018-12-20]. https://www.who.int/about/governance/executive-board.联合国教科文组织的成员国地区分组为:西欧与北美组、东欧组、拉美与加勒比组、亚太组、非洲组与阿拉伯组。

③ UNDP. UNDP Executive Board. [EB/OL]. [2018-12-16]. https://www.undp.org/content/undp/en/home/executive-board.html.联合国开发计划署的五大地区分布为:亚太地区、非洲地区、拉美与加勒比地区、东欧地区、西欧与其他地区。

④ UNICEF. UNICEF Executive Board[EB/OL]. [2019-12-06]. https://www.unicef.org/about/exec-board/.

章新胜先生当选联合国教科文组织执行局主席,任期 2 年。

国际组织理事会(执行局)主席责任重大,被理事会成员推选的人士都经验丰富、受人尊敬。如果在任期间,他们还能够赢得国际社会的广泛推崇,就有可能被推荐担任国际组织的秘书长、总干事等职。联合国教科文组织前总干事维托里诺·韦罗内塞(Vittotino Veronese,意大利籍人,第四任总干事,1958 年—1961年)担任过教科文组织的执行局成员和主席,前总干事马赫塔尔·姆博(Amadou-Mahtar M'Bow,塞内加尔籍,第六任总干事,1974—1988)也曾经担任过教科文组织的执行局成员。因此,各国驻国际组织的代表(全体大会成员)、国际组织的大会主席和国际组织理事会(执行局)的成员和主席,往往更有可能成为国际组织的高级国际公务员和国际组织秘书处的领导人。

(三)下属机构理事会成员

一些国际政府间组织还设有下属机构。例如,联合国教科文组织下设 8 个教育类研究和培训机构,包括国际教育规划研究所(IIEP)、国际终身学习研究所(UIL)、国际教育局(IBE)、教育信息技术研究所(IITE)、国际非洲能力建设研究所(IICBA)和国际职业教育培训中心(UNEVOC)等。为了保证这些机构的宗旨得以践行并高效运行,监督这些机构履行联合国教科文组织赋予之使命与任务的状况,这些国际机构都设有理事会或者管理委员会。理事会或管理委员会的成员和主席通常按照"区域均衡""文化多样""个人才干"和"国际经验"的原则和要求,经过推荐和遴选产生。

这些理事会的成员通常是来自成员国的本专业、本领域的专家或者行政经验丰富的官员。他们通常还需要得到设立该机构的上级国际组织首脑的批准和任命。这些国际机构的理事会成员也须每年一次或者多次出席理事会,审定本国际机构的规划、预算、人员编制和工作方案,评价、监测和督察国际机构的工作进展和预算执行情况,并就机构负责人的人选、遴选结果、发展方向、工作评价向上级国际组织提出报告和建议。在履职期间,他们具有国际组织"官员"的性质,但他们不是国际公务员,不列入国际组织人员编制,不领取国际组织薪酬福利。国际组织仅为他们履职提供交通、住宿和生活等津贴。

　　简言之,国际政府间组织中的部分"高级官员",包括全体大会代表、大会主席、理事会(执行局)成员和主席、国际组织下属专业或分支机构的理事会成员和主席,都为国际组织使命和功能的实现做出特定的、不可或缺的贡献,然而由于他们仍然在一定程度上代表着成员国或特定地区或特定群体的利益,不是国际组织聘任的国际公务员,而是经本国政府推荐,或者经全体成员国代表选举推荐的代表。他们通常仍然是各国的外交官员、公务员和专业人员。这些国际组织"官员"尽管不是国际公务员,但却是每个国家不可缺少的高层次国际组织人才,他们需要既对国家高度忠诚,又善于与各国代表交流协商;既需要高度的专业知识和判断力,又能具备高超的外交能力、善于灵活又有原则地应对各种复杂局面,以促成国际组织为人类的和平、进步和发展事业履行其使命,实现其目标。他们中的许多人也会因为其深谙国际规则,有广泛国际人脉、丰富国际经历和高超危机处理能力赢得国际社会的推崇。他们是各国宝贵的高级国际组织人才,各国政府推荐进入和国际组织领导者的有力竞选者。他们中的许多人最后都众望所归地成为国际组织的秘书长、副秘书长、总干事、领导者、掌门人。

二、 志愿者、实习生和本地雇员

　　志愿者和实习生是国际政府间组织人数众多的群体。他们为国际组织工作,为国际组织从事各种专业的服务。在很大程度上,他们也是国际组织不可或缺、作用独特的力量。他们虽然并不是国际公务员,但是他们也是重要的国际组织人才。他们中的许多人从志愿者、实习生做起,成为国际组织重要的人力资源和后备力量。

(一)国际组织的志愿者

　　所谓志愿者,就是指志愿贡献个人的时间及精力,在不为任何物质报酬的情况下,为改善社会、促进社会进步而提供服务的人。志愿工作具有自愿性、无偿性、公益性等特征。为国际政府间组织志愿服务的人员,以及按照国际组织的要求去指定地区提供服务的国际志愿者,他们的工作具有强烈的国际性,同时也具有强烈的自愿性、无偿性和公益性。

1. 国际志愿服务的发展

志愿者和志愿服务的现代起源与苏联早期的"共产主义星期六义务劳动"有关。十月革命后,苏维埃俄国一方面遭遇外国列强的干涉和白匪军队的叛乱,另一方面国内生产能力又严重不足,新政府的各种物质供应都难以满足社会需要。于是,莫斯科—喀山铁路干线上莫斯科调车站的 200 多名共产党员和工人在 1919 年 4 月 12 日星期六发起了"共产主义星期六义务劳动"。他们不取报酬、抢修机车、装卸物资。列宁将此称为"伟大的创举"。当天,在该火车站有 205 位员工,总共工作了 1 044 小时。他们修理了 4 台火车机车、16 列客货车,装卸了数千普特的货物。列宁说,"普通工人一起来克服极大的困难,奋不顾身地设法提高劳动生产率,设法保护每一普特粮食、煤、铁及其他产品",特别值得指出的是,这些铁路员工所生产的"这些产品不归劳动者本人及其'近亲'所有,而归他们的'远亲',即归全社会所有,归起初联合为一个社会主义国家然后联合为苏维埃共和国联盟的千百万人所有"①。列宁由衷地赞扬,这是一种共产主义的精神、志愿服务的精神、是一项与人类赢得第一次世界大战一样重要的伟大创举!第二年的 5 月 1 日"劳动节"恰逢星期六,列宁亲自参加了这一天的"星期六义务劳动"。这也成了世界现代史上形成"义务劳动"和"志愿服务"的重要起点和事件。

与此同时,第一次世界大战也使许多欧洲国家满目疮痍、民不聊生、百废待兴。受苏联"共产主义星期六义务劳动"的启发,欧洲逐渐形成了国际性的"义务劳动营运动"(Volunteer Working-camp Movement),在人类历史上首次出现了大批国际义务劳动者和国际志愿者。1934 年,热心国际志愿服务的国际联盟官员和欧洲多国的有识之士促成了"民间服务国际"(Service Civil International)的创建,促进各国的志愿者服务他国,重建受灾国家和地区。

国际志愿服务不仅贡献着志愿者的时间和才智,甚至不惜牺牲他们的生命。现代国际志愿服务史上最为壮烈的一幕出现在 1936—1937 年。1931 年,西班牙爆发了资产阶级民主革命、推翻了君主制,建立了共和国。但革命后,阶级矛盾极为尖锐,共和国的社会基础非常薄弱。左派各政党组成人民联合阵线,并于 1935

---

① 列宁.列宁全集·37 卷·伟大的创举[M].中央编译局,译.北京:人民出版社,1986:1—26.

年建立了新的共和政府。而以弗朗西斯·佛朗哥为首的右派军人,在德国希特勒和意大利墨索里尼的武装下,阴谋策划叛乱,颠覆新生的共和国。1936 年 7 月,叛军发动政变,并很快控制了军队。在西班牙国家危难时刻,西班牙人民得到了世界上 54 个国家的反法西斯主义者的支持声援,更有 3.5 万多名志愿者在共产国际的号召下,冒着生命危险,跋山涉水亲赴西班牙、先后组成 7 个"国际纵队"。其中法国志愿者最多,超过 10 000 人;波兰 5 000 人,苏联 3 000 人,美国 2 800 人,南斯拉夫和捷克各 1 500 人①。他们在誓词上签名:"我志愿来到这里,为了拯救西班牙和全世界的自由,如果需要,我将献出最后一滴血!"中国也有 100 多位旅居在欧美各国的华工和学生赶赴西班牙加入了"国际纵队",周恩来、朱德和彭德怀同志为他们赠送了一面上写"中国人民联合起来,打倒人类公敌法西斯!"的锦旗。在西班牙的这场内战中,共有近 5 000 名各国志愿者为西班牙的进步与自由献出了生命②。

1945 年联合国成立。为了医治战争创伤、救济平民百姓、恢复战后重建,联合国大会决定建立"救济与重建管理局"(UN Relief and Rehabilitation Administration,简称 UNRRA)。UNRRA 一开始就欢迎国际志愿者参与各国的救济和重建工作。为了向志愿者提供最基本的生活保障和交通经费,也为了吸引更多的志愿者参与联合国的和平发展事业,联合国于 1946 年专门设立了志愿者基金。1970 年,联合国大会根据伊朗代表 1968 年的提议,通过 2659 号决议,正式设立"联合国志愿人员组织"(UN Volunteer Program,简称 UNV)。UNV 由联合国开发计划署(UNDP)负责管理,并提供志愿者专项基金。联合国认为,联合国志愿者为联合国维护世界和平和可持续发展事业和行动做出了重要贡献。

UNV 最初的工作机构设在纽约联合国总部,随着其业务量从首批派出 35 位国际志愿者发展到每年派出 7 000 名左右志愿者,其办公地点也从纽约迁至日内瓦。1995 年,UNV 又应德国政府邀请,入住德国波恩的原西德议会大厦的办公楼。

---

　①　[英]马丁·吉尔伯特.二十世纪世界史·第二卷(上).[M].西安:陕西师范大学出版社.2001:110—111.

　②　叶君健.西班牙国际纵队中的中国勇士.[EB/OL].[2013-06-05].https://www.guancha.cn/YeJun-Jian/2013_06_05_149317.shtml.

2017 年,联合国志愿人员组织总部共有员工 150 多人,共派出志愿者 6 501 人[①]。

2. 联合国志愿者

联合国志愿者人员组织(UNV)规定,联合国系统的志愿者均需与联合国下属机构或者专门机构签署协议,联合国的下属和专门机构负责招募联合国志愿者、提供志愿服务岗位。联合国志愿者与这些联合国机构的公务员一起到第一线工作。联合国志愿人员组织负责为志愿者提供必要的生活津贴、国际机票和交通费用,各用人机构和 UNV 还为志愿者提供必要的上岗前和在职期间的专业培训。但是,联合国志愿人员组织强调,联合国志愿者并不是联合国招聘的国际公务员,联合国志愿者提供的是不取薪酬的志愿服务。

目前,联合国 6 500 多名志愿者在联合国 38 个部门、下属机构和专门机构中服务。按照志愿者在联合国各机构的分布人数计算,2017 年任用志愿者最多的前五个联合国机构分别是:联合国秘书处维和部/政治部(DPKO/DPA)2 169 人、联合国开发计划署(UNDP)2 056 人、联合国难民事务高级专员办事处(UNHCR)834 人、联合国儿童基金会(UNICEF)350 人和联合国妇女署(UN Women)183 人。另外,在我们比较熟悉的联合国环境规划署有志愿者 82 人、在世界卫生组织有志愿者 59 人、在联合国教科文组织有志愿者 14 人。联合国志愿者来自 150 多个国家,目前在 160 个多个国家服务[②]。(UNV:2017,3)

联合国志愿者去服务的国家大多数为欠发达国家、灾后重建国家或者战后重建国家。联合国希望志愿者在维护和平、增进安全、拓展人权和人道主义等方面提供支持和服务。与此相应,从联合国志愿者实际承担的工作任务看,他们从事的主要工作是:基本社会服务、卫生医疗服务、救灾与灾后重建、人道主义救助和维护和平与建设。

3. 联合国志愿者的类型

联合国志愿人员组织根据志愿者工作的特性与对志愿者的工作要求,把联合国志愿者分为以下 5 类[③]。

---

① ② UNV. *AnnualReport2016*. New York:UN, 2017, 2.

③ UNV. Become a UN Volunteer[EB/OL]. [2018-10-25]. https://www.unv.org/2018.

国际志愿者(international volunteer)。赴其他国家服务的志愿者,他们主要是大学本科及以上学位、能够用联合国 6 种工作语言之一和其他语言工作的专业技术人员。他们具有承担志愿服务所需要的专业知识与技能。国际志愿者通常具有 5—10 年的专业工作经验,平均年龄 36 岁。目前,联合国志愿人员组织与联合国相关机构每年总共招募 2 000 名左右联合国国际志愿者,其中 57％为男性志愿者。他们在 130 多个国家为维护世界和平与可持续发展服务。

国内(当地)志愿者(national/local volunteer)。由联合国下属/专门机构招募的、在本国和本地区服务的志愿者。他们通常拥有承担志愿服务的专业知识和技能。他们容易融入当地社区、没有语言和文化障碍,能够在第一时间或者迅速达到紧急需要的现场,能够在当地社区民众和国际组织工作人员、国际志愿者之间建立沟通的桥梁。在灾后救济、战后重建、传染性疾病突发地区,联合国志愿人员组织与联合国机构通常会招募一些当地志愿者。他们服务时间的长短往往取决于紧急救援或者危机处理所需的时间。

短期志愿者(short-term volunteer)。联合国机构临时招募的、应对特殊需要的志愿者,例如翻译志愿者、向导志愿者、特殊护理志愿者等。他们的工作时间通常不超过 3 个月。由于人才需要的特殊性,短期志愿者的年龄限制放宽,甚至可以是拥有专门知识和技术的已退休人员。

青年志愿者(young volunteer)。联合国志愿者署规定,青年志愿者的年龄限制在 18—29 岁,即不超过 30 岁。青年志愿者的服务期限为 6—24 个月。2017 年联合国青年志愿者共有 1 820 名,其中 66％为女性志愿者。联合国青年志愿者通常具有本科及以上学历,拥有一定的专业知识和技能,工作经验不超过两年。UNV 以及联合国用人机构会在青年志愿者工作前、工作期间和工作结束后提供必要的培训,以便给他们更多的自我保护和安全防范能力,提升青年志愿者的工作效率、促进来自各国的青年志愿人员的融合。

青年志愿者则可以通过他们志愿服务活动与经历,开阔国际视野、提升国际交往能力、运用专业知识技能、了解世界和平与可持续发展的现状与使命。志愿服务也为有志于成为国际公务员的青年积累经验、建立人脉、开辟道路。UNV 规定,青年志愿者中 25—29 岁、有硕士博士学位和特殊技能的志愿者可以注册进入联合国志愿人员组织的"全球人才库"(UNV Global Talent Pool)。他们是联合国国际公务员的后备人才。

网上志愿者(on-line volunteer)。随着互联网、人工智能在国际事务和现实生活中使用的日益频繁和广泛,联合国志愿人员组织从 2000 年开始招募"网上志愿者"。这些志愿者无须飞赴国外,去救灾第一线工作,而是根据用人机构的要求,运用自己的信息交流技术,通过互联网,在网上提供相关信息服务。目前,UNV 在世界各国已经有 20 000 多名网上志愿者,通过 18 000 多份任务协议开展网络志愿服务。

除了各种与具体志愿服务工作相关的专业知识、技能与语言能力以外,联合国志愿人员组织在招募志愿者时提出的最基本的四个问题即四项要求是:

(1) 您对世界和平与发展是否具有使命感?

(2) 您是否具有强烈的国际服务动机和热情?

(3) 您是否准备为其他国家且在你不熟悉的情景中志愿服务?

(4) 您对志愿服务工作是否真有兴趣?

联合国是招募国际志愿者人数最多、影响也最大的国际政府间组织。事实上,许多国际政府间组织和非政府组织每年也招募大量国际志愿者。这些国际志愿者也会为履行某些国际义务、执行某些国际人道主义援助项目,赴各国提供各种专业的志愿服务。

国际志愿服务不仅是志在参与国际组织事业的重要渠道,也可以为正式加入国际组织和人类发展事业做好准备、积累经验,国际志愿服务更是青年人为人类和平与发展做出贡献的重要践行方式。在世界各地,每年都活跃着成千上万的国际志愿者用自己的青春、汗水、智慧和劳动为全球各地需要救助的人们提供着各种不可或缺的专业服务。

(二) 国际组织的实习生

实习(internship, practice),顾名思义,就是在实践中学习,实习的目的是将学到的理论知识试用到实际工作和情景中。在高等教育过程和现代社会中,实习已经遍及各个专业、学科和行业。医学生在从业前需要当实习医生,师范生在从教前需要经过教学实习。各个专业的毕业生先需要到工厂、企业和机关经过实习，甚至经过实习后的考核，才能进相关单位工作。在实习期间，实习者并非医院、学校、企业和机关的正式职工，他们的身份是实习生(又译"见习生")，即处于实习过程中的学生，或者是已经完成学业而处于实习过程中的人员。同理，在国际组织实习的人也不是国际组织的正式雇员，而是到国际组织去实习。本节关注的主要是国际政府间组织的实习生。

1. 实习生的价值

许多国际政府间组织，包括联合国及其下属机构、欧盟、经济合作与发展组织、东盟等国际组织都设有实习生(intern students，简称 interns)项目或方案。联合国及其下属机构都设立了大量的实习生计划和方案。通过深入探究国际组织提供国际实习生项目和岗位的原因，我们可以发现：所有的国际组织都需要源源不断的，志在四方、远赴他乡、服务人类的青年才俊；所有国际组织都需要不断观察、发现和培养适合在本国际组织中工作的未来人才。先招募实习生，再通过实习生项目，然后考察实习生，显然是一条非常便于观察和发现人才的渠道。同时，不可否认的是，招募和使用大量实习生，也是国际组织的一种降低人员成本、提高日常事务处理效率、以利长远发展的战略。

国际组织对实习生的需要，也与许多大学毕业生的个人发展需要相契合。对个人而言，实习是一名大学生深入了解其理想、兴趣、学识、能力与职业选择、工作要求、生活环境是否吻合的过程。在国际组织中实习的大学生可以在实习过程中，真实体验国际组织服务于全球的性质、和平发展的使命、跨国工作的环境、与多国同事的协作、与不同的国际语言交流，从而锻炼自身的语言沟通能力、实际工作能力、与人相处的能力，激发自身的潜能和使命感，从而更理智地选择自己的未来职业与前途。

实习生需要自己承担一切费用，甚至承担一定风险，他们并不属于联合国等国际政府间组织的国际公务员，也不是各国政府的雇员，但是每年要求去联合国及其下属机构实习的学生仍然络绎不绝、成千上万。其中最重要的个人原因是，在国际组织的实习经历对于准备投身外交事业，特别准备从事多边外交工作的青年来说，确实是非常宝贵的；对准备服务人类和平与发展、为改善各国教育卫生状况、为保护人类自然环境的有志青年来说，是不可多得的宝贵机会。正如联合国秘书处指出："如果你想进入外交和公共政策世界，那么到联合国当实习生是理想的开端。联合国实习生计划的宗旨是给你在联合国日常工作环境中的第一印象。你会获得与联合国工作人员真正一起工作的机会。作为我们工作团队的一员，你会在杰出而有感召力的专家和高层管理者的指导下工作，你将能进入高层大会、参与会议、为分析工作问题甚至为联合国政策的诞生做出贡献。最初你可能只是承担一些你能够担负的责任，但是成长的潜能将促进你的发展。"①

2. 对实习生的要求

联合国秘书处提醒准备去联合国及其下属机构当实习生的青年学生，必须清楚地了解下列情况。第一，联合国系统的实习生计划通常为2—6个月，而且一经录用，就必须在毕业前或者毕业的一年中加入实习。第二，联合国对实习生不支付任何成本。所有成本包括旅费、保险费、住宿费和生活支出，都必须由实习生自己或者实习生资助机构支付。第三，实习生还需要自己办理相关签证、支付签证费用。第四，实习生还需要自己出资、安排去往联合国指定的实习地点。第五，联合国还规定，实习生需要自己购置医疗保险，对在实习期间自己可能受到的伤病负责，所以每个实习生都必须出示已经购置了全球通用且有效的医疗保险证明。第六，为了保证联合国事业的顺利开展，实习生必须保守秘密，在实习期间不发表任何尚未公开发表的文件以及作为文件依据的信息。第七，实习生的实习学分由实习生所在的大学颁发，因此联合国建议，实习生应事先查明所在大学对联合国实习的学分确认政策。第八，联合国实习生的经历并不是未来受聘联合国及其下属机构的自然路径和通道。②但是，确有许多实习生在完成学业、获得经验、符合招聘所需要求后，与联合国及其下属机构签署了就业协议，成为国际公务员。那么，什么人才有可能成为联合国的实习生呢？首先，必须满足以下基本条件：

已经进入硕士或者博士学习过程，或者正处在本科学习的最后一年，另外，

---

① UNV. *Annual Report 2016*. New York：UN, 2017, p.2.

② UN. UN Internship Information[EB/OL]. [2019-04-16]. https://www.un.org/zh/internship/.

也可以是学士、硕士或博士刚刚毕业不满一年的青年。

英语或者法语相当优秀的人才。

父母不是联合国秘书处的正式职工（以避免利益冲突）。

除了在联合国总部各部门、在联合国秘书处各部门当实习生，大量的联合国实习生实际由联合国下属各实体机构、专门机构选聘。联合国的下属所有机构几乎都招募实习生。除了各个机构在专业上的不同要求，前文所提到的八条原则都基本相同并贯彻执行。

例如，联合国的专门机构世界卫生组织每年发布两次实习生招募信息。世界卫生组织设立实习生项目具有三方面的目的。第一，为各种学术背景的学生提供一个世界卫生组织各种项目所需的人才框架。在这些世界卫生组织项目中，学生的教育经历将会在项目实施中得到加强。第二，拓展学生与世界卫生组织的工作联系。第三，为世界卫生组织项目提供来自各个专业领域学生的协助。大部分实习生会从事与卫生医疗相关的工作，但有些实习生也可能从事交际、联络、财务和人力资源方面的工作。世卫组织的实习生通常会受到工作区域中的一位专家的指导，按照项目协议确定的职责范围和工作技能开展工作。世界卫生组织实习生的工作职责范围通常会涉及各种医学专业以及下列职责[①]。

评议各种文件及开展文件研究。

开展专题性或专门领域或地区的网络研究和数据收集。

准备数据和文件。

参与开发工具与指南性文件。

协助起草、构建和编辑政策简报、工具说明，客人引导和体力工作，分发资料、介绍和报告。

协助组织工作坊、会议、大会和活动。

参与所在部门开展的项目。

世界卫生组织对实习生的基本技能要求是：团队协作能力、尊重个体和文化

---

① WHO. WHO Internship Programme[EB/OL]. [2019-04-16]. https://www.who.int/careers/internships/en/.

差异、交流沟通能力。具体地说,所有实习生都应能够具备:有效地进行书面和口头交流沟通的能力;显示出愿意从错误中学习的能力;形成和传播高质量成果的能力;与团队成员合作工作的能力;能熟练运用 Word、Excel、Powerpoint 等常用程序的能力,以及运用计算机各种统计软件的知识和能力,如能运用 XLStat 等迅速发展的软件。

世界卫生组织还希望实习生已经拥有参加科研和撰写报告的经历;通过学术活动或研究,已经具备某些世卫组织需要参与的专门领域或学科的经历;在发展中国家或者灾难现场的经历;数据分析、统计软件包使用、图标设计展示,以及用国际比较的观点分析医疗卫生信息的能力,如比较分析一个医疗卫生系统绩效评价的经历,等等。

3. 对实习生的资助

一些国际组织会为实习生提供生活津贴、保险或者津贴(如世界卫生组织对部分实习生提供生活津贴和医疗与事故保险,但不提供交通费),还有一些国际组织仅提供实习机会,需要由成员国政府、基金会、大学或其他慈善机构为实习生提供经费。然而,为了培养具有世界胸怀、掌握专业知识、知晓国际规则、善于跨国沟通的青年人才,许多招募实习生的国际组织和一些国家的政府、著名大学以及一大批慈善基金机构都愿意出资,为国际组织实习生提供资金支持,解除实习生的经费困难和后顾之忧。较早有组织、有计划地为实习生提供财政支持的有瑞典、瑞士、丹麦等北欧国家,20 世纪 70 年代起,日本政府就通过其"国际组织人才中心"每年一方面向大学和学生提供国际组织需要实习生的信息,另一方面又向去国际组织当实习生的学生提供财政支持。

我国政府从 2017 年正式开始为中国高校应届本科毕业生和在校研究生提供去联合国等国际组织实习的财政资助。我国人力资源与社会保障部于 2015 年专门开设了国际组织人才服务中心平台网。在该网站上,可以找到各国际组织的招聘和考试信息和我国政府的国际组织人才服务政策信息。①国家留学基金管理委员会(CSC)颁发了《留学基金资助全国普通高校学生到国际组织实习选派管理办

---

① 其网址是:http://www.mohrss.gov.cn/SYrlzyhshbzb/rdzt/gjzzrcfw/gywm/。

法(试行)》,从 2017 年 9 月 1 日起,公开受理各高校学生的申请。获得国家留学基金委资助的学生将获得国家留学基金资助一次往返国际旅费、资助期限内的奖学金和艰苦地区补贴。奖学金包括伙食费、住宿费、交通费、电话费、医疗保险费、交际费、一次性安置费、签证延长费、零用费等。具体资助方式、资助标准等以录取文件为准。资助期限为 3—12 个月[①]。

三、 驻在国本地雇员

随着联合国和国际组织事业的日益扩大,联合国在各国的工作机构增多,联合国及下属机构聘用的"本国雇员"(National Staff)也逐渐增加。例如,2016 年底,联合国秘书处及其相关机构共聘用本国专业官员 2 125 人,联合国国际开发署聘用本国雇员 1 490 人,[②]联合国儿童基金会聘用本地雇员 4 040 人,联合国儿童基金会聘用的本地雇员比例已经超过了该组织聘用的国际专业职类人员。[③]联合国人口基金会(UNFPA)雇佣 2 000 名本地雇员。[④]

国际组织聘用的驻在国本地雇员又可细分为两类。一类是"本国专业官员"(National Professional Officer,简称 NPO),另一类是"本国一般人员"(National General Staff)。本国专业官员主要任务和作用是,在国际组织驻在国或者项目实施国协助开发相关项目、落实推进项目实施、推介处理公共信息、维护国际组织与利益相关方的公共关系等各种事务。这些专业人员需要有丰富的知识与经验,能够在本国顺利开展工作,帮助国际组织实现其工作目标,也有助于本国的社会事业能够在国际组织的援助下得到发展。本国专业官员是国际组织正式聘用的专业人员,但是由于他们都在本国受聘、在本国服务(无须到国外工作),既履行国际

---

① 国家留学基金管理委员会.国家留学基金资助全国普通高校学生到国际组织实习选派管理办法(试行).2017.8.1.

② UNDP.联合国开发计划署介绍及征聘指南[EB/OL]. [2017-04-12]. http://www.mohrss.gov.cn/SYrlzyhshbzb/rdzt/gjzzrcfw/jpzn/201610/W020161028673143136825.pdf.

③ UNICEF. Work with UNICEF[EB/OL]. [2017-04-12]. http://www.mohrss.gov.cn/SYrlzyhshbzb/rdzt/gjzzrcfw/jpzn/201611/W020161102571801000254.pdf.

④ UNFPA. Careers in International Development[EB/OL]. [2017-04-12]. http://www.mohrss.gov.cn/SYrlzyhshbzb/rdzt/gjzzrcfw/jpzn/201610/W020161031613177968827.pdf.

组织赋予的使命任务,又为本国发展服务,因此,他们不属于国际公务员。鉴于"本国专业官员"职能和工作地点的特殊性,联合国和国际公务员协会都未将他们的薪酬福利待遇归于国际公务员和其中的"专业及以上职类"人员,而是主要采用"一般及相关职类"人员的薪酬福利标准。同时,为了确保能够在当地聘请到最优秀的员工,国际组织通常采用"同类最优"原则,为本国专业官员提供高于当地,或者属当地最优的薪酬待遇标准。联合国及其下属机构的"本国专业官员"的薪酬待遇标准,虽然低于国际公务员专业职类人员,但也相当于一般职类人员的高端,在各国都高于同类人员的薪酬待遇。本国专业官员的薪酬与津贴标准分为 A、B、C、D 四类,11 级,如表 2-8 所示。

表 2-8　联合国聘用中国本地专业人员年薪及津贴　　（单位:人民币）

职类职级	1 级	3 级	5 级	7 级	9 级	11 级
A 类总额	433 943	491 451	548 958	606 465	693 972	721 480
除养老金	330 671	370 351	410 031	449 551	489 391	529 071
B 类总额	601 675	679 610	756 945	834 397	91 224	989 849
除养老金	446 406	499 974	553 542	633 894	660 678	714 246
C 类总额	828 113	932 922	1 090 135	1 142 539	1 247 348	1 352 157
除养老金	602 648	674 966	783 443	819 502	891 929	964 238
D 类总额	959 123	1 056 581	117 712	1 297 642	1 441 245	1 561 775
除养老金	693 045	776 211	859 377	942 543	1 025 709	1 108 875

资料来源:联合国.联合国驻在国本地雇员薪酬待遇体系手册[M].纽约:联合国,2016.

"本地雇员"中的一般人员,包括本地的后勤、出纳、安保、清洁、维修等人员。他们的薪酬待遇低于国际公务员中的"一般职类人员"收入,但仍然按照"本地同类最佳待遇"的原则确定薪酬待遇。本地一般人员分为 1—7 级 11 等。其中 1 级 1 等为年薪总额为 107 021 元,扣除养老金为净年薪为 86 687,1 级 11 等年薪为 166 125 元,净年薪为 132 917 元,7 级 1 等总年薪为 355 428 元,净年薪为 275 517 元;7 级 11 等总年薪为 545 671 元,净年薪为 407 763 元[①]。

---

① 联合国秘书处.联合国驻在国本地雇员薪酬待遇体系手册[M].纽约:联合国,2016.

由于本国雇员在实践与工作中容易加深对国际组织的使命任务与工作方法的认识,了解国际组织的工作方式,并为国际同事所熟悉,许多本国雇员特别是年轻有为的青年本国专业官员,往往工作几年后就被招聘进入国际公务员队伍,赴世界各国到更加广阔的国际舞台上展现个人的才能,为各国人民服务,也为人类发展作出更重要的贡献。

四、 国际非政府组织工作人员

所谓国际非政府组织是指,"由一国或者多国公民或者公民团体志愿组成的非官方的、非营利的自治团体"[1]。本书第一章已经详细介绍了出现最早、影响最大、全球闻名的世俗性国际非政府组织"国际红十字委员会"。该组织成立于1864年。到21世纪初,"国际红十字委员会"已经有成员组织180多个。第二次世界大战以后,特别是20世纪80年代以来,国际非政府组织发展非常迅猛,到21世纪初已经发展到17 000多个[2]。在人类活动的几乎所有领域,都活跃着形形色色的、专业的和民间的国际非政府组织。它们往往由各国的同行、学者、专家、公益人士和慈善人士志愿组成,探讨共同感兴趣的全球挑战,促进学术发展,关注人类面临的问题。

考虑到许多国际非政府组织对人类社会发展和世界和平的关注、对人类面临问题的真知灼见,考虑到世界性的问题的解决需要人类的共同参与,需要各国政府、国际政府组织、市场经济机构和全球公民社会的多方协作、共同治理,联合国在其《联合国宪章》第71条就中明确提出:联合国"经济及社会理事会得采取适当办法,俾与各种非政府组织会商有关于本理事会职权范围内之事件"[3]。1946年,联合国第一届经社理事会会议就专门安排了与非政府组织关系的委员会,并批准一些组织为在联合国中具有"咨商地位"的国际非政府组织。

---

① 张贵洪.国际组织与国际关系[M].杭州:浙江大学出版社,2004:297—299.

② Keohane, Robert & Nye, Joseph Jr. *Governance in a Globalizing World*. Washington DC: Brookings Institution Press, 2000. p.22. 各国学者对国际非政府组织的数目有很多争议.

③ 联合国.联合国宪章[EB/OL]. [2018-04-20]. https://www.un.org/zh/sections/un-charter/chapter-x/index.html.

联合国前秘书长加利曾经指出："国际非政府组织的活动与联合国的活动相互补充，是非常重要的。"①已故联合国秘书长安南在 2007 年进一步提出："联合国曾经只与各国政府打交道，但现在我们已经懂得没有伙伴的参与和创新，就不可能实现和平与繁荣。伙伴包括政府、国际组织、商业社会和公民社会，当今世界我们相互依赖。"他还说："我们生活的时代里，尽管国家仍然是国际法中最基本和最重要的行为主体，但是国家已经不再是主宰国际事务的唯一角色。"联合国的参与者应该"包括非政府组织、国家议会、私营公司、大众媒体、大学、知识分子、艺术家以及认为自己是人类大家庭一部分的每一个男人和女人"②。

既然是组织，就必然有组织的形态、存在方式和工作人员。但由于国际非政府组织并不具备国际法所规定的主体地位，也就不可能像各国政府及政府组织那样依法聘任公务员和"国际公务员"。然而，国际非政府组织仍然需要招聘和任用他们的工作人员。从总体上说，国际非政府组织的工作人员主要是志愿服务者。对大部分国际非政府的学术和专业组织来说，由于他们的经费有限，学术活动也相对有限，因此往往仅聘用几位秘书和工作人员，而组织的主席、理事往往由各国学者兼任。

例如，世界比较教育协会大会的理事会主席就一直在各国著名的比较教育家中遴选产生，他们的本职往往是某著名大学的教授，同时作为大学教授"社会服务功能"的一部分，承担理事会主席的职务。他们本人并不从该国际非政府组织中取酬，而是义务为各国同行服务。同时，该主席的所在大学还要同时承担起支持该组织秘书处开展日常工作的责任，大学和学院免费为该组织提供办公场地和条件，通过财政支持来支付秘书和助手薪酬工资。在会费比较充裕、业务又特别繁忙的时候，经理事会决定，该组织可能从会费或其他有限的收入中提取少量资金，作为秘书处服务人员的津贴。这些国际非政府学术和专业组织的会长、副会长、其他理事也都在国际同行中遴选。他们都不从组织活动中获得收入，他们都为世界各国的同行提供义务、志愿性的专业服务。

---

① 　王杰,张海滨,张志洲.全球治理中的国际非政府组织[M].北京:北京大学出版社,2004:44.

② 　UN. The UN and Civil Society[EB/OL]. [2007-07-10]. http://www.un.org.issues/civilsociety.

在国际非政府组织中比较特殊的是一些国际慈善基金会。由于一些国际慈善基金会实力雄厚、资金充裕、事业庞大,按照欧美许多国家的慈善基金会和慈善机构的法规,基金会每年可以提取总量不超过总收入或总支出的特定比例,用以雇用基金会和慈善机构的工作人员,并用慈善基金为工作人员支付工资和津贴。据美国《1969 年税制改革法》规定,在美国注册的慈善基金会(国际组织、公益团体、非营利机构等)每年必须将总收入中的部分资金用于相应的慈善和公益领域,并且至少是当年收入的 5%。另外,可以有部分资金用于行政和管理经费,最多不超过年度支出的 12%。在这部分资金中,有 65% 左右的开支可以用于工作人员的工资福利。

各种国际非政府组织的领袖、领导机构成员、秘书处工作人员、理事和为这些组织承担实际工作和慈善事业的工作人员,不管他们是不是获得政府组织的聘任、是否获得非政府组织提供的薪酬和福利待遇,他们虽然在从事某种国际事业,是某个方面的国际组织人才,属于某个国际组织的人员,但都不是国际公务员。

国际非政府组织的领导人、执行机关和秘书处的工作人员都不是国际公务员,国际非政府组织在全球事务中的影响力也无法与国际政府组织相提并论,然而,许多国家的政府仍然十分关注国际非政府组织人才的培养和发展,甚至为本国学者在国际非政府组织中的发展,以及为他们在国际非政府组织中的工作业绩提供帮助、便利与条件。这是因为,国际非政府组织的人才往往会通过他们在这些组织中的历练,增长才干、积累人脉、知晓国际规则,为他们日后进入国际政府组织积累丰富的经验和条件。而且国际非政府组织的高层专家和领导,更会由于他们在组织中做出的国际成就,为他们赢得了崇高的国际和专业的声望,为他们成为国际政府间组织的高级专业人员和高级公务人员铺平道路。例如,联合国第六任秘书长加利是一位杰出的外交家、法学家和学者。在他担任联合国秘书长之前,就曾既担任过埃及外交国务部长,又曾是多个国际法学和政治学非政府组织的重要成员,如"国际法学家委员会"委员、"非洲政治学会"理事会成员、"国际和平学会科学委员会"委员和"社会主义国际"的副主席等。又如,香港大学教育学院前院长马克·贝磊(Mark Bray)教授是一位英国籍的比较教育专家,长期在香港工作,但他热心发展中国家、欠发达小国岛国的教育发展,经常应国际组织和各国政府的邀请,为 40 多个发展中国家的教育决策、教育改革和教育援助做出过重要贡献。在学术研究中,贝磊教授又多次获得欧美多国大学和学会的奖励,因此他曾先后两次当选"世界比较教育学会理事会"(World Council for Comparative Education)的秘书长和主席。2005 年,马克·贝磊教授因其对国际教育发展所做的贡献和在国际比较教育界的威望,被联合国教科文组织总干事任命为"联合国教科文组织国际教育规划研究所"的所长(D2 职位)。

第三节　国际组织人才的核心素养

要成为国际组织人才,要成为国际公务员,就需要具备国际组织人才和国际公务员的素养。那么国际组织人才的核心素养又包含哪些重要内涵? 这些值得我们去探究和认识。

一、 语义分析与框架比较

"素养"一词古汉语中就有。《汉书·李寻传》有"马不伏枥,不可以趋道;士不素养,不可以重国"之说。"素养"即"经常修习涵养"[①],意为通过长期磨炼和经常修炼而获得的担当重任所需的才干与修养。在英语中,"素养"难以有完全对应之词,比较接近的是近年来众多国际组织经常用的"competence"和"competency"[②]。从英语权威辞典看,"competence"的本意指"成功或有效从事某项事业的才能"(the ability to do something successfully or efficiently)[③],而素养在汉语中不仅包含着经过修炼而形成的才能,也包含着修炼而成的品性、修养与价值观念。值得关注的是,经济合作与发展组织等国际组织已经扩大了"competency"的含义,开始强调,"competency 应是一个涵盖知识、技能、态度和价值观的整合概念",其内涵应该"比'技能'更为深广"。而"core competency 是指在不确定的情景中、

---

①　夏征农,等.辞海.第三卷[M].上海:上海辞书出版社,1999:3300.

②　国际组织也经常用"Competence"的另一种名词形式为"competency",其形容词形式"competent"。

③　Pearsall, J., Hanks, P., Soanes, C. & Stevenson, A.原版主编,本词典编译出版委员会编译.新牛津英汉双解大词典.[M].上海:上海外语教育出版社,2007:430.

为应对复杂要求或解决问题而能够整合并启用知识、技能、态度和价值的综合内涵"[1]。这就使 competency 的内涵包容了态度与价值观,英语"competence"一词与汉语"素养"一词的含义也就更为接近了。由此推理,国际组织人才的"核心素养"(core competence)可以理解为,国际公务人员承担的国际组织的使命、胜任组织赋予的职责、完成组织交予的任务所应该具备的内在品性、价值观念、专业知识和经验才干的综合素养。

自国际联盟首任秘书长德鲁蒙德爵士提出,国联秘书处工作人员应该是国际公务员,以及他们应该具备"忠诚、才干和正直"之品性以来,国际联盟、联合国及其下属机构和众多国际政府间组织都不断强调,国际公务员和国际组织人才的招聘、任用和晋升都需要符合国际组织的用人原则与行为准则。1954 年,国际公务员咨询委员会制定的《国际公务员行为标准》对国际公务员的组织忠诚、国际意识、公平独立、沟通能力及品性行为都提出了具体要求。20 世纪 70 年代,欧美学者开始深入研究"素养"(胜任力)的内涵与结构,哈佛大学麦克科雷兰德(David C. McClelland)提出了胜任力的"六维分析方法"[2],1993 年又有学者提出"competency"是"个体在工作中能够产生高效率的潜在特征",应该不仅包括工作领域的专门知识和行为技能,而且还可以包括动机、态度和价值观等因素[3]。在上述研究成果的影响下,人类进入 21 世纪以来,众多国际组织,如联合国开发计划署、联合国教科文组织和世界卫生组织等,也都更明确地提出了国际公务员和相关工作人才应该具备的核心素养,并着力提升本组织人才的核心素养[4],以提高国际组织人才的工作效率,确保国际组织的目标得以实现。这些国际组织还都为了方便员工们修炼核心素养、全面提升工作才干,也为了在招聘、评估国际公务员有章可循,在表彰国际公务员和相关工作人员有理有据,和先后制定了"核心素养框架"和相关标准(见表 2-9)。

---

① OECD. *OECD Future of Education and Skills 2030*. Paris: OECD, 2019, p.6.
② 哈佛大学麦克科雷兰德(David C. McClelland)于 1973 年最早提出:competence 应该包含影响工作绩效水平的知识、技能、社会角色、自我认知、个人特质和行为动机六方面要素的复杂组合。
③ 李忠民、刘振华,等.知识性人才资本胜任力研究[M].北京:科学教育出版社,2011:16—17.
④ UNDP. *Core Competency Framework*. New York: UNDP, 2017.

表 2-9 部分国际组织的核心素养框架

国际组织名称	文件名称	一级指标	一级指标	一级指标	一级指标	一级指标
联合国教科文组织	《联合国教科文素养框架》	①核心价值观:忠诚、正直、尊重、多样、专业主义(4项二级指标)	②核心素养:负责、创新、团队合作,结果至上,计划组织,分享知识与持续改进(6项二级指标)	③管理才能:动力与管理变革,战略思维,建立高质量决策,领导组织,分系,领导与赋权他人,绩效管理(6项二级指标)		
联合国开发计划署	《联合国开发计划核心素养框架》5项一级指标6层次	①领导才能:6层次	②创新素养:6层次	③人员管理:6层次	④交流沟通:6层次	⑤经验与结果传导:6层次
世界卫生组织	《世界卫生组织核心素养指标体系》15项一级指标,4个层次	①技术精专:3个二级指标 ⑥创设高动机环境:3个二级指标 ⑪有效使用资源:2个二级指标	②工作态度:1个二级指标 ⑦自我管理:4个二级指标 ⑫建立伙伴关系:2指标	③团队协作:1个二级指标 ⑧产出成果:8个二级指标 ⑬带领组织走向成功:3个二级指标	④尊重多样:2个二级指标 ⑨变革中前进:3个二级指标 ⑭促进创新与学习:2个二级指标	⑤交流沟通:4个二级指标 ⑩树立榜样:2个二级指标 ⑮增进全球健康领导力:4个二级指标
联合国儿童基金会	《联合国儿童基金素养详解》20个二级指标,3个水平	①核心价值:多样性,正直宽容,廉洁忠诚使命等3个二级指标	②核心素养:交流沟通,合作共事,结果至上等3个二级指标	③基本素养:14个二级指标	④知识技能:按工作领域与层次分类	

资料来源:作者根据各国际组织 2015—2018 年颁布的各组织素养资料编制。

从表 2-9 中,我们可以发现,各个组织虽然表述方法不同、具体规定详略不一,有的组织还对不同等级各国际公务员提出了多水平的素养要求。然而,各组织的核心素养框架中都包含着对国际组织人才,特别是国际公务员在政治价值观念、专业知识技能、人文品性修养和领导管理才能等方面的基本素质和能力要求。这就提示我们,如果我国政府和高等院校希望培养国际组织人才,如果青年才俊希望能够成为国际组织的可用人才,特别是成为有作为的国际公务员,就必须深刻认识国际组织人才所需具备的核心素养,并且培养造就和修炼国际组织人才的核心素养。

从《联合国宪章》、联合国《国际公务员行为准则》、联合国发展计划署《核心素养框架》、联合国教科文组织《工作人员条例与细则》和《联合国教科文组织素养框架》(三大类素养)、世界卫生组织《世界卫生组织伦理与专业守则》《世界卫生组织素养框架》(三类四级素养指标)、《联合国儿童基金会素养详解》(四类三水平)、世界银行《雇员雇佣政策、原则与雇员条例》以及经济合作与发展组织《工作人员条例、细则与说明》等重要文献来考察,国际组织人才,特别是国际公务员,需要具备政治、专业、管理和人文四大方面的核心素养。这四大方面的核心素养又可以细化为若干具体的素养和才能要求。

二、 政治素养

国际组织,特别是国际政府组织,是一种承担着成员国共同约定之使命的跨国机构,需要通过协调各国利益,才能够共同促进人类和平发展。国际组织的使命崇高,任务艰巨。因此,国际组织的公务人员就必须具备不同于一般国家公务员和一般外交人员的政治素养。在此方面,国际组织首先要求国际公务员具有国际素养、为人类的根本利益和世界的和平发展服务,并因此忠诚于其受雇的国际组织,公正对待各成员国,包括自己的祖国,履行作为国际组织人员的使命与职责。具体地说,国际组织人才应该具备以下政治素养,按照国际组织规定的行为准则开展工作。

(一)国际使命(Commitment)

国际公务员及相关人员的国际素养不仅要具有国际视野、能够按照国际通行规则办事,而且要求所有国际公务员深刻地意识到,他们所承担的工作不再是任何"国家职责"(not national responsibilities),"而完全是国际职责"(but exclusively international)①。即不再仅仅为本国利益服务,而必须为各成员国、为世界各国、为全人类服务,为国际组织履行职责与义务。国际公务员所承担的使命和履行的职责是"体现世界人民最崇高的愿望,其宗旨在于使后代免遭战祸,使所有男女和儿童有尊严地和自由地生活",是"为和平、为尊重基本权利、为经济和社会进步、为国际合作而服务"的②。

因此,从每位国际公务员的授命之日起就必须通过宣誓,"表示他们承诺仅以组织的利益履行职责并且规范自己的行为"。这就是说,每个国际公务员都必须自觉铭记并恪守人类和平、进步和发展的理念,具有为国际组织和人类和平发展事业奉献一切的胸怀。正如国际公务员委员会受联合国大会委托修订的《国际公务员行为准则》指出的那样,"联合国及其专门机构代表着全世界人民的最高理想。旨在将人类世世代代拯救出战争的苦难,让每个男女和孩子都能够有尊严、和平地生活",而国际公务员的根本使命就是将这些"理想转变为现实"③。联合国教科文组织也强调,国际公务员必须具备承担国际组织职责的国际素养,是因为他们肩负着"人类和平、尊重人类基本权利、经济繁荣与社会进步"的崇高使命,是因为他们正在为人类创造"正义与和平的世界"④。

也正因为如此,国际公务员应能秉持国际使命至上、人类和平发展至上的理念。当国际公务员在人类根本利益和国际组织的使命和宗旨与个人利益和本国要求发生矛盾时,也应该与国际组织的人类理想保持一致,不应损害国际组织的利益与声誉。当然,投身于国际组织的事业,并不排斥每个人的国家观念、民族感情,以及政治和宗教信仰,而是要求他们能够意识到国际组织的人类理想与本国最高利益的一致性,意识到他们的国际组织职责所在,始终保持理性与克制的态度。正如联合国教科文组织的《工作人员条例与细则》规定:"虽然不期望国际公

① UNESCO. *Staff Regulations and Staff Rules*. Paris: UNESCO, 2019. p.12.

②③ ICSC. *Standards of Conduct for the International Civil Service*. New York: UN Press, 2013, p.3.

④ UNESCO. *Standards of Conduct for the International Civil Service*. Paris: UNESCO, 2014, pp.13—14.

务员放弃民族感情或政治和宗教信仰,但是他们应始终牢记国际公务员身份要求他们具备的克制和机智。"①联合国教科文组织在对《国际公务员行为准则》的《实施问答案例》中还做了典型回答。

样题 21. 你能否在一份支持你本国某政治候选人的请愿书上签名,或者为一位候选人谋职背书?

答案: 可以,但要在一定的条件下。如果你具有选举资格、参加了一个政党,你可以在支持你本国某位政治家的请愿书上签字,或者为某位候选人谋取职位背书。条件是,你这样做并不会引起公众对你在联合国教科文组织中之身份的关注,也不会使本组织处于尴尬的地位,或者使组织的利益受到损害②。

(二)忠诚组织(Loyalty)

国际公务员的人类使命感与忠诚于国际组织的"最高标准"紧密地联系在一起。这是由于,国际公务员是通过承担国际组织在各个时期、各个地区的具体工作,有效完成国际组织的每一项工作任务,来实现国际组织的整体目标和人类和平发展的崇高理想的。但要完成有效工作、实现最终理想,每位公务员就必须在理念和行动上忠诚于他/她所服务的国际组织。这也是确保国际组织工作效率和目标实现的前提条件和基本保障。因此,自国际联盟秘书处招聘国际公务员之日起,"忠诚"于国际组织就一直是国际公务员的最重要的素养和最高标准。《联合国宪章》101条明确规定:"办事人员之雇用及其服务条件之决定,应以求达效率、才干及忠诚之最高标准为首要考虑。"③

忠诚于国际组织的涵养至少包括三个方面的要求。第一,每个国际公务员都应该高度认同其所在国际组织的使命。唯有忠诚于国际组织及其使命,才能够确保国际组织公务人员将国际组织的利益置于个人利益和所在国利益之上,才能够自觉并负责任地使用该国际组织的资源,才能够为实现国际组织的理想与使命而敬业奉献,甚至不惜牺牲个人的一切。第二,忠诚于国际组织的宗旨和使命,还要求每个国际组织公务员敬畏国际法律和遵从组织规约,以国际法规和本组织行

---

① UNESCO. *Staff Regulations and Staff Rules*. Paris: UNESCO, 2019, pp.12—13.

② UNESCO. *Standards of Conduct for the International Service*. Paris: UNESCO, 2014, pp.36—37.

③ 联合国.《联合国宪章》(70周年纪念版)[M].纽约:联合国出版社.2015,第十五章,101条.

为准则和伦理规范来规约自己的行为举止。例如,联合国的国际公务员就不仅仅被要求狭隘地忠诚于自己所在的部门,他们还应该忠诚于整个联合国系统,以及联合国及其专门机构的宗旨和使命。唯有如此,联合国各部门、各专门机构的工作人员才有可能为着共同的目标协作奋斗、不谋私利。第三,忠诚于国际组织还要求国际公务员自觉听从于其所在组织的行政命令和工作指示,而"不得请求或接受本组织以外任何政府或其他当局之训示,并应避免足以妨碍其国际官员地位之行动"[①]。经济合作与发展组织的《工作人员条例、细则与说明(官员使用)》也明文规定"(本组织的)官员不得寻求或接受本组织任何成员国或本组织外部任何机构的任何指示"[②]。国际公务员不应屈从于任何外部势力的压力和控制,不为各种利益所诱惑,竭力保持独立、恪尽职守、忠实履行国际组织赋予的职责。

忠诚于国际组织,不主动寻求任何政府的指示,也不被动接受任何政府和机构的指示等内容,现已成为许多国际组织要求新员工宣誓的内容。例如,联合国教科文组织要求所有新公务员做如下宣誓:

本人郑重承诺以所有的忠诚、审慎和良知来行使联合国教科文组织委托给本人的国际公务员职责,只以组织的利益履行这些职责并规范本人的行为,不寻求或接受组织以外的任何政府或主管部门下达的有关本人职责履行的指示[③]。

为了减少成员国政府对国际公务员的干扰,联合国在成立之初就在《联合国宪章》中明确要求规定"联合国各会员国承诺尊重秘书长及办事人员责任之专属国际性,决不设法影响其责任之履行"。然而,遗憾的是,干预联合国工作人员的事件和丑闻仍然时有发生。在 1953 年到 1956 年间,来自美国的联合国教科文组织雇员就曾多次收到美国政府的"劝说",要求他们清查教科文组织中的"国际共产主义"。随后,就有 7 名办事不力的美国雇员受到了麦卡锡主义的以"与国际共

---

① 联合国.《联合国宪章》(70 周年纪念版)[M].纽约:联合国出版社.2015,第五章,第 100 条。

② OECD. *Staff Regulations, Rules and Instructions Applicable to Officials of the Organization*. Paris: OECD, 2018, p.8.

③ UNESCO. *Staff Regulations and Staff Rules*. Paris: UNESCO, 2019, pp.12—13.

产主义有联系"为名的政治迫害,最后这 7 名美国雇员不得不辞职。时任联合国教科文组织总干事的美国学者和政治家伊万斯(Luther Evans,美国前国会图书馆馆长)也深感羞愧,出面为这 7 名雇员辩护。然而,他本人也遭到美国常驻联合国教科文组织的大使兼代表劳奇(Henry C. Lodge)在《纽约时报》上的公开指责和批判。为此,联合国教科文组织中的另一位美国雇员贝尔斯多克(Julian Berhstock)挺身而出,坚决不辞职并做好受到政治迫害的准备,并以第一人称和事实为基础,撰写和出版了《第八案例》(*The Eighth Case*),揭露了这起令美国籍国际公务员和美国公众感到羞耻的事件①。

(三) 独立公平(**Independence and Impartiality**)

国际公务员面对的往往是纷繁复杂的国际问题,涉及各国的政治经济等各种利益,除了在思想和理念上忠诚于国际组织,国际公务员还以客观、公平的态度对待各种问题,在行动上保持中立、一视同仁和秉公办事。

从各国际组织对国际公务员的相关要求看,国际公务员的独立、公平至少包括三方面的内涵。第一,国际公务员只能接受国际组织的指示和行动命令,并在行动中完全按照国际组织的规则和要求办事,"必须与组织外的任何权力机构保持独立",而绝不接受其他组织和个人的指示。世界卫生组织的《世卫组织伦理与专业行为守则》明确规定:"严禁在任何情况下,寻求或者接受来自任何政府官员以及世卫组织以外的其他权威当局的指示,或不适当的帮助。"②

在一些特定的项目和方案实施过程中,需要当地国家和地方政府协作,可能会因此接到当地政府的正当要求与建议,但是这不应该影响到国际公务员的独立性和专业判断。但是,如果当地政府或其他机构的要求和指示已经威胁到国际公务员的独立性,他们就必须征求上级的意见。《国际公务员行为准则》还特别规定,"独立性"的要求不仅适用于国际公务员,而且"也同样适用于从各国政府长期借调者"和其他受到国际组织临时聘用的各类人员③。

---

① Wanner, R. *UNESCO's Origins*, *Achievements*, *Problems and Promise*: *An Inside/Outside Perspective from the US*. Hong Kong: University of Hong Kong, 2015, p.43.

② WHO. *WHO Code of Ethics and Professional Conduct*. Geneva: WHO, 2016, p.2.

③ ICSC. *Standards of Conduct for International Civil Service*. New York: UN, 2013, p.4.

第二,独立和公平需要国际公务员时刻保持中立,对任何宗教信仰、意识形态都保持开放和中立的态度,也不能以自己的政治信念和宗教信仰作为对待不同国家和群体的好恶依据,甚至导致对某些不同信仰和理念的歧视偏见。在实际工作中,特别是在与两个及更多利益相关群体相处的过程中,更不能偏袒利益相关的任何一方,而应能够不偏不倚地、一视同仁地公平对待每一个利益相关方,甚至不能偏袒自己的国家。

第三,国际公务员的独立性还要求国际公务员意识到:他们不是其本国政府和利益的代表,他们无权也不应当去充当联合国系统某个组织与他们本国政府之间的联络员。《国际公务员行为准则》第 8 条就规定,"国际公务员绝不是政府或其他实体的代表,也不是其政策的代言人,这一点无论如何强调都不为过"[1]。自觉或者不自觉地充当本国利益的代表,将会导致国际公务员丧失独立性和中立立场,而滑向对本国或者本国政府人士的偏袒,或者使国际组织的利益受到损伤。

为了预防国际公务员丧失独立公平的立场、影响国际组织的形象,《国际公务员行为准则》和几乎所有联合国系统的机构都通过其工作人员守则和核心素养框架要求:国际公务员未经行政首长批准,不得接受组织以外任何来源给予的任何荣誉、勋章、馈赠、薪酬、好处或者超过标价的经济利益[2]。

三、专业素养

联合国把国际公务员主要分为"专业 1—5 级"(P1—P5)和"行政 1—2 级"(D1—D2)。这显示出国际公务员主要为专业人员,即便是普通业务人员,也主要都属于财务会计、法务审计、信息技术和翻译、礼宾人员。这些国际公务人员也属于广义的专业人员(professional staff),因此,国际公务员委员会和联合国各下属机构都十分强调国际公务人员的专业素养,联合国教科文组织在其核心素养框架中,对教科文组织、世界卫生组织、国际民航组织、联合国儿童基金会都在他们的人事管理文件中,对雇员明确提出了"专业主义"(professionalism,又译"专业化")

---

① ICSC. *Standards of Conduct for International Civil Service*. New York: UN, 2013, p.4.
② ICSC. *Standards of Conduct for International Civil Service*. New York: UN, 2013, pp.4—8.

的要求①,世界卫生组织甚至将其公务员守则命名为《世卫组织伦理与专业行为守则》。从各国际组织提出的要求看,国际公务人员的专业主要包括以下诸个方面。

（一）精益求精（Expertise）

以与时俱进、精益求精、实事求是的态度对待自身的专业知识与技能,不断进取,掌握最新专业知识,了解和研究相关知识技术以及它们的发展趋势,以应对知识技术的日新月异和国际组织的专业判断要求,都是各国际组织对国际公务员和相关雇员提出的基本要求。因为唯有如此,国际公务人员才能够在工作中识别关键问题,提出科学合理的处置方案,采取有效可行的方法技术,完成工作任务和实现国际组织的既定目标。也唯有如此,国际公务员才能迅速应对全球事务的不断变化、坚定稳妥地面对不确定的世界,也才能够在日常工作和关键时刻,为组织提供高质量的服务、方案和决策建议。

为此,世界卫生组织把"专业技术的精益求精"(technical expertise)列为《世卫组织核心素养框架》的第一条。其总体规定和要求为:所有国际公务员都"通过持续的专业发展,专精各自技术,力求精益求精,持续增长与工作相关的理论和实践知识,提升专业水平,并加深对不同业务和功能领域事务的理解",如表 2-10 所示。世卫组织还将专业技术上精益求精的总体要求,分解为不同专业和领导层次人员应该达到的 4 个水平的 3 项分指标,以促进和提升世卫组织所有国际公务人员的专业精神与业务水平。

联合国儿童基金会一方面在核心素养框架中单列了"知识技能",并特地标明知识技能应该"按工作领域和层次"提出具体的专业水平要求,另一方面又在面向全体雇员的"基本素养"中,提出了一项包括 3 个水平的"运用专业素养"的指标。这个指标的基本内容是:"运用专业技术才能,通过持续的专业发展,研发工作知识和理论与实践的专业知识,解释本组织各部门的功能。"对初级员工的水平 1 的要求是:"具有本工作领域的良好技能和相关知识;根据需要更新知识与技能;与他人分享知识技能,并提供如何完成任务的指导;了解本组织其他部门与自

---

① UNESCO. *UNESCO Competency Framework*. Paris: UNESCO, 2016, p.11.

表 2-10　世卫组织核心素养框架中的专业技术精益求精指标

素养名称	素养内核与行为指标	水平 1：G1—G4 人员	水平 2：G5、P1、P2、本国 A 级人员	水平 3：G6—G7、P3—P4、本国 B—D 人员	水平 4：P5 及以上级别人员
专业技术精益求精	通过持续的专业发展，专精自身技术，力求精益求精，持续增长与工作相关的理论和实践知识，提升专业技术水平，并加深对不同业务和功能领域事务的理解	任务实施导向 在需要和相关工作领域表现出所任务要求的技能	过程操作导向 表现出扎实技能和本工作领域中（国家层面的可靠过程知识）所需的相关知识	政策执行导向 表现出技术知识与专业精湛；能够提供解决方案，并能解答他人的技术问题	战略发展导向 在本领域中表现出既精细又综合的专家水平，成为本组中可依靠的咨询专家，持续保持对世界卫生问题的综合知识财富
		持续获取本工作领域的新技能	表现出投身于专业工作，确保持续不断更新自身的技能与知识	通过积极争取机会，参与专业与技术发展，持续提升自身的技术技能与知识	参与管理、技术研讨和重大事件，提升自身水平，发展组织愿景，投身世界领先的研发事业
		显示出对本组织各功能领域的深刻认识，为相关专业技术领域的工作提供有成效的协助	为他人传授技能与知识，保证达成目标辅导同事获得成功	开放地和免费地传授知识与专业技术，为他人提供指导、教练，在技术领域提供咨询	为了实现组织的目标，在技术工作领域中，展现创建"最佳实践案例"和发展战略的专业才能

资料来源：WHO. WHO Competence Framework. ［EB/OL］. ［2019-10-22］. https://wwwwho.int/employment/who-competencies-EN.pdf?ua＝1

身领域相关的工作。"对中级人员的水平 2 的要求包括："①具有本领域所需的详尽知识和才能；能够回答他人提出的技术问题；具有与相关问题和领域的知识。②通过寻找持续的专业发展机会，提升自己的技术、技能和知识。③开放和免费地分享自己的知识和才能，在技术问题上提供适当的指导、辅导和建议。④熟悉儿童基金会各部门的活动与功能，并知道如何作为一个整体与各部门一同工作，能够在儿童基金会中与各部门相互依靠。"对高级员工的水平 3 的要求是："①拥

有本领域中详尽而又全面的知识,被本组织各领域的同事都视为专家,对外部相
关问题拥有综合性的知识,了解本领域研究开发的最新进展。②参与本行业和跨
行业的研讨和活动,努力增进对本人和儿童基金会当前和未来发展的思考,努力
积极投身于世界领先的研究与开发。③保证本组织具有与他人开放免费分享专
业知识技术的必要结构与程序;把分享知识放在本组织的优先位置。④对本组织
各部门的全部功能有广泛而深刻的认知;了解它们如何衔接融合,并作为一个有
机整体发挥功效"。①

(二)创新素养(Innovation)

世界的急剧变化和知识革命,国际组织面对的层出不穷、前所未有的各种挑
战与问题,国际公务员也必须树立创新意识、提升创新能力。具备创新素养的人
不会鼠目寸光、只顾眼前、局限于当前工作,而是目标远大、面向未来、勇于首创,
并以新观念、新方法、新技术去尝试解决问题、开创新的境界。创新素养既包含着
面向未来、勇于尝试的精神,又需要分析问题、将问题概念化、构建有效计划、运用
新方法的能力。创新素养不仅需要愿景式的理念与概念性思维,而且需要把理想
变为现实和行动的实践能力。

联合国教科文组织对国际公务员创新素养的总体要求是:"展现首创精神和
创造力、在需要时研发新理念、新方法,并采取新行动。"教科文组织还具体要求本
组织和下属机构的国际公务员:①积极主动完善项目、行动、工作方法和过程;②
为解决问题或者满足客户需要,提供新的、非同一般的备选方案;③鼓励和方便他
人思考新的理念和方法;④"跳出圈子"思考问题,勇于按照新的非同寻常的理念
采取经过计算的"冒险"行动;⑤在行动中,对新理念、新方式保持兴趣②。

联合国开发计划署还对不同层次的工作人员提出了不同水平的创新素养具
体要求。例如,水平1的基本创新要求是"为执行和正确而研究",包括以批判的
眼光评估工作、以发现和提出问题来思考、参与工作过程和解决问题的方案制订;
水平2的基本要求是"分析与提议",包括分析复杂的技术资料(数据),提出简明、

①　UNICEF. *UNICEF Competencies Definitions*. New York：UNICEF, 2017, p.14.
②　UNESCO. *UNESCO Competency Framework*. Paris：UNESCO, 2016, p.17.

适切的建议,对知识生产服务和转移做出贡献,及时验证和提出潜在的挑战并制订出行动计划,在自己的领域中发现可立即改善的机会和具体办法。水平4的基本要求是"独立创造",包括建立个人的使命感、兴奋点和追求卓越的精神,勇于采用复杂概念,创造新的适用理念并领导他人一起实施,向决策者提出权威性的建议,有目标地挑战陈旧的传统习俗。水平5的基本创新要求是"协作与融合",包括以实质性的行动去塑造卓越、激励出色表现,创造全新机会,将不同的贡献融合成一项有效服务,调整战略以服务传播要求,使创新实现更大影响,将战略联成一系列可行创新,并考虑本组织各部分的总体影响。有趣的是,联合国开发计划署还提醒工作人员不要采取4种有碍于创新的行动。它们是:不思考工作以外的事情;不要想当然地以为战略规划必然与实际工作相适合;不要以为无须改进或无须变革就能完成任务;主动抵制变革①。

(三)目标至上(Get Things Done)

国际公务人员首先要能够深刻认识到,完成各项任务、获得既定结果对本组织实现总体目标的意义。国际公务员的日常工作和职责本分就是要在肩负国际使命的基础上,善于想方设法、利用一切资源、排除艰难险阻,努力为实现每一个既定工作目标、圆满完成每一项任务、获取每一项预期结果而奋斗。联合国儿童基金会对该组织所有长期和临时雇员明确要求:儿基会就是要"在最艰难的地方,为儿童提供最需要的帮助"。为此,所有雇员都必须竭尽全力、不惧艰险、完成组织赋予的各项任务。为了完成国际组织交付的任务,实现服务人类的使命,国际公务人员应该志愿奉献个人的一切。

当然,国际公务人员也要学会完成任务、达到目标的工作策略。例如,要学会为工作和活动设定质量标准和现实的完成日期,要善于排除干扰、始终如一地聚焦既定目标,要在困难面前坚定不移、创设让团队成员兴奋的工作环境、鼓励团队成员共同行动,学会高效管理时间提高工作效率,学会负责任地使用优先资源,学会在工作中找出问题,并能创造性地、有效地解决问题,还要学会过程监测、适时适当地应对变化和模糊不清的状况。联合国儿童基金会关于目标至上、获取成

---

① UNDP. *UNDP Core Competency Framework*. New York: UNDP, 2016, p.13.

果的指标最为详尽,分为 3 个水平,每个水平又分 7 个 3 级指标。例如,对中级人员水平 2 的指标要求是:①勇于挑战自己和团队,以实现更高质量和更大产出;②强调和监测自己和他人的工作效能;③对自己和本团队的工作及项目制定系统而有效的步骤;④确保团队的目标与儿童基金会更大项目的目标一致,不断推进项目实施与目标的实现,通过项目团队合作不断取得高质量成果;⑤为实现预期成果开展系统且有支持、有秩序的工作;⑥积极了解和预见组织内外伙伴的需求,主动了解合作者的反馈;⑦乐意迎接重大目标任务,战胜艰巨挑战,不断获得成功①。另外,为了帮助儿童基金会员工能够努力实现工作目标,获得既定成果,儿童基金会还在基本素养中设立了"抗压"、"抗挫"能力指标,要求员工"在工作中保持积极乐观,在压力和危机中高效工作,面对困难能控制情绪,接受批评并从中学习,平衡工作与生活"②。

世界卫生组织还为不同层次的专业人员和高级官员设定了考察指标。如世界卫生组织要求初级专业人员"产出高质量成果,并按客户要求作出可行方案""确定高效时间表,独立工作、产出新成果""能够甚至在环境不明、指示不清的情况下,在面对挑战的时候,仍然保持高产出"。高级专业人员及行政主管则应该"不断寻找发展机会,鼓励团队成员实现和超越组织的预期与目标""为团队成员做出表率,发挥每个成员的潜能,以成功获取本组织期待的成功"③。联合国开发计划署也要求高级公务员能够为服务项目创造各种机会,提升团队合作能力,在整个组织中创建结果导向和客户至上的效率文化,要求自己和管理人员为本团队的工作结果负责④。

(四)学习能力(Learning)

学习能力是国际公务员和所有国际组织相关工作人员的基本专业素养。几乎所有的国际组织工作人员都会在异国他乡、人地生疏的环境中工作与生活。生

---

① UNICEF. *UNICEF Competency Definitions*. New York: UNICEF, 2017, p.9.

② 同上书, p.2.

③ WHO. WHO Competency Framework[EB/OL]. [2019-10-22]. https://wwwwho.int/employment/who-competencies-EN.pdf?ua=1.

④ UNDP. *UNDP Core Competence Framework*. New York, 2016, p.18.

活环境、工作内容和服务对象的变化，要求国际组织工作人员都能够在较短时间内迅速适应变化，迅速与合作者、服务者合作，并做出有效的判断，及时开展工作，这一切都与国际组织工作人员主动学习的态度和善于学习的能力联系在一起。

学习能力首先需要国际公务员具备积极、主动的学习态度。面对"唯一可以确定的就是不确定"的世界，每一位国际组织工作人员都要为了适应变化、驾驭变化，积极、主动地面对各种挑战，面对各种不熟悉的事务、对象、工具和要求，相信唯有不断学习，方能完成国际组织交给的各项任务，友好、高效地与不同的人群合作，实现国际组织的崇高使命。在知识日新月异、新技术不断更新、新理念层出不穷、新矛盾扑面而来的全球化时代和全球治理时代，积极、主动的学习态度和能力，甚至不只是有效完成工作任务的必备条件，而且已经成为国际组织工作人员安身立命的基本前提。

有了积极主动的学习态度，还要善于运用有效的自主学习方法。作为国际组织的工作人员，每个人都已经得到指令，却没有太多的提示、指南和辅导。在大多数情形中，国际公务员必须依靠自己、独当一面，自主地寻找相关学习资料与信息，再从资料信息中搜到关键的信息，有计划地而又不得不利用"零星碎片"的时间积极向同事、客户，以及其他人学习分享，学习相关知识技能，运用有效方法技术履行职责，开展工作，完成任务。

国际组织工作人员主动学习的内容，当然首先是与工作直接相关的专业知识和技能，例如，作为世卫组织的流行病医疗专家，就必须不断地学习阻断最新传染病如埃博拉病毒传播的防治手段、方法与药物，甚至还要研究开发新的解决方案。作为联合国教科文组织的教育信息技术专家，就必须跟踪人工智能对教育和学习的影响，形成人工智能技术在使用中对教师学生的伦理保护意识，并且学会在不同条件和环境中传播新的信息技术。

不仅如此，国际组织工作人员还必须学习国际时事政治、了解全球经济发展趋势、关心人类生存环境，使自己的世界观能够引领自己和团队的工作。当然，不断学习和更新国际知识，也包括有意识地学习和掌握国际法规、联合国以及本国际组织的公开政策声明和内部管理规则，以便使个人和团队的言行符合国际组织的规范，特别是国际组织对其管理规则和对外宣誓做出重大变化的时候，更要学深、学透,以免对个人和组织造成伤害。另外,国际组织工作人员还要学习各国的风土人情、文化传统、宗教信仰、礼仪习惯,这是到不同宗教、文化的国度开展工作的必要准备。这不仅是开展工作的条件,也是尊重文化多样性的具体要求。例如,一位长期在中国工作的国际雇员突然应总部要求,调任"东非教育领袖专家"(Lead Educational Specialist)。她就必须立即学习东部非洲的历史人文知识、研究东部非洲生产方式和东部非洲的教育需求,研究世界银行的东非教育援助政策、联合国教科文组织的"非洲优先发展战略"和《2030 可持续教育发展行动框架》,否则她就难以开展工作,做出业绩。随着信息交流技术和人工智能的迅速发展,学习信息技术及相关知识技术已经成为国际组织工作人员的又一学习领域,而且国际组织的普遍要求已经从一般的"使用办公软件"提升到"信息技术素养"和"以精专技术高效完成任务"的水平[1]。

对于中高层次国际组织人才,学习能力还包括在组织机构中培育终身学习的文化。联合国教科文组织要求说,中高级官员在团队中创建"知识分享、持续改进的学习文化"[2]。世界卫生组织要求"建立组织内部的学习和发展的文化",具体地说,中层人员(P3—P4)"要在团队中创造学习与发展的机会,并向其他组织学习,要认识到学习是确保提高绩效的关键动力,要鼓励团队成员相互学习,不断提升团队能力和效能";高级官员"要保障学习和知识分享遍及全团队,……通过教学与指导在组织中建立鼓励学习与发展的文化"[3]。

四、 人文素养

(一) 尊重多样(Respect Diversities)

对于国际组织工作人员来说,文化包容首先就意味着尊重人类在种族、文化、传统、宗教、习俗和语言等方面的多样性,尊重每个不同的个体。《国际公务员行为准则》指出:世界是一个由不同民族语言、文化、习俗和传统多元结合组成的家园。尊重多样的观念和素养是每个国际公务员必须遵循的,每个国际公务人员

---

① UNICEF. *UNICEF Competencies Definitions*. New York: UNICEF, 2017, p.16.
② UNESCO. *UNESCO Competency Framework*. Paris: UNESCO, 2016, p.20.
③ WHO. *WHO Competencies*. Geneva, 2018, p.10.

都应树立"容忍和谅解"的基本价值观。因为国际公务人员的职责之一就是:为人类和平,为各国、各民族和每个人的基本权利,为每个人能有尊严地和自由生活,而开展工作和国际合作服务的[①]。作为天职,每个国际公务员都必须一视同仁地、平等尊重和对待每一个人。世界卫生组织要求其所有雇员,包括所有一般服务人员、专业人员、行政主管和高级官员,以及驻在国当地的专业官员,都必须"能够与具有不同背景与倾向的人们一起开展建设性的工作,尊重差异,确保每个人都能够做出贡献"。世卫组织还要求所有雇员都"把多样性视为本组织的财富""尊重和有尊严地对待所有人,与来自不同文化、性别、倾向、出身和地位的人士和睦相处,检查自身行为、避免陈规陋习,以尊重他人和价值多元的维度思考问题"[②]。

从各国际组织关于尊重多样性的要求看,国际公务员和其他国际组织人才都应该形成至少四个层面的修养。首先,从理念上认识到世界由不同的男女个体、不同的民族种族、不同的国家社会、不同的文化传统、不同的宗教价值融合而成,人们有不同的性别、不同的肤色、不同的语言、不同的传统、不同的信仰,但是每一个人都应该受到尊重,都应该得到公平和有尊严的对待。其次,国际公务员不能仅仅在口头上反复表示尊重不同国家、尊重不同文化、促进两性平等,而必须在切切实实地日常工作中,与来自不同家庭背景、文化传统、性别性向的人员一起工作,友善、礼貌和尊重地对待每一位同事和客户,克服个人偏见、不冒犯他人,不因自己的言语和行为让他人感到不适、压抑或者歧视,从而使不同背景的同事都能够做出自己的贡献。再次,国际公务人员不只是被动地接受尊重多样性的观念和行为准则,还应该主动创设维护多样性、尊重多样性的工作环境,努力学会与怀有各种文化习俗的同事友善相处、协作共事,学会与不同发展水平国家的政府官员交流沟通,学会为不同宗教习俗的各国平民百姓服务,学会把多样性与差异视为组织和团队的财富。

为此,联合国教科文组织特别提醒工作人员,必须建立尊重人类多样性的理

---

① ICSC. *Standards of Conduct for the International Civil Service*. New York: UN, 2013, p.3.
② WHO. *WHO Competencies*. Geneva, 2018, p.2.

念,并尊重所有来自不同背景的人士,与他们一起高效地工作;以开放和同情之心去理解与我们自身不同的人;经常检查自己言行和认识,以防产生偏见和成见;在工作场所应该自觉防止以偏见伤人,保持宽容之心;增进多样性,以增强个人和团队的工作效率,争取最大成功①。为了防止国际雇员出现不尊重他人的言行,世卫组织还特意作出了 7 条具体规定,包括有修养地、礼貌地、尊重地对待他人,时刻意识并抑制做出可能会被认为是不必要地冒犯他人的言行,维持良好的工作关系、保持礼貌和相互尊重的工作氛围,戒绝和反对任何形式的骚扰包括言语、非言语、书面或者身体伤害性的骚扰,反对搬弄是非、流言蜚语,等等②。

(二) 交流才能(Communication)

人际交流才能是国际公务人员必备素养,这是由于国际组织的职能和任务特性使然。国际组织由各成员国组成,又都要在各成员国开展业务。这就使国际公务人员必然一方面需要与来自各个国家、各种文化和各种宗教信仰的同事合作共事,另一方面又要求他们与成员国、服务对象国的政府官员、专业人士甚至平民百姓一起工作。因此,卓越的言语沟通、人际交往能力就成为每个国际公务人员的必备素养和前提条件。

要进行人际交往活动,就需要掌握交往的语言。对国际公务人员而言,首先就必须掌握开展跨国交往的语言,至少掌握一两种国际通用语言。为此,几乎所有的国际组织在人员招聘信息中,都会明确要求应聘者能够精通一门国际通用语言,即联合国工作语言(英语、法语、俄语、汉语、西班牙语和阿拉伯语),甚至规定特定地区的工作语言。许多人员招聘信息还要求应聘者能准确使用这些语言作为书面交流和口头交际的工具。还有一些招聘广告中还说明,精通两门或者多门工作语言的应聘者优先,部分员工的工资或者津贴也会因运用多种或者特定的语言而增加。为了保证国际公务员、青年实习人员和志愿人员的语言交流能力,联合国、欧盟、东盟等国际组织都在初、中级雇员招聘中,组织包括语言测试在内的招聘考试。唯有测试通过者才有可能应聘各种国际工作岗位。正如曼德拉所言:

---

① UNESCO. *UNESCO Competency Framework*. Paris: UNESCO, 2016, p.26.

② WHO. WHO Code of ethics and professional conduct[EB/OL]. [2019-10-22]. http://www.who.int/about/ethics.

"如果你用一个人听得懂的语言与他交流,他会记在脑子里;如果你用他自己的语言与他交流,他会记在心里。"学习、掌握和运用国际通用语言是国际组织的工作人员必备条件。学习、掌握和运用工作所在国家的语言,会让国际组织工作人员如虎添翼。

其次,掌握国际工作语言是国际公务人员的前提条件,国际公务人员还要提升与来自各国的同事交流、与服务国家的官员、专家和民众交流的能力。因为掌握一门语言,并不自然意味着能够用这种语言与人充分地交流、交往。

再次,随着信息通信技术的迅速发展,国际组织越来越依赖现代通信技术迅疾地在全球范围内传递信息。是否掌握和善于运用最新信息技术已经成为众多国际组织对新聘中青年国际公务员、实习生和志愿者的入门的信息交流能力的条件。

从各个国际组织近年来设定的核心素养框架和内容看,国际公务员仅掌握国际通用语言和信息交流技术还不够,还必须善于在跨文化的语境中,通过不同而有效的言语交流方式,与来自他国的同事交流合作,向不同国家的顾客(被服务者)讲解演示,以达成工作目标和组织使命。联合国开发计划署认为,国际公务人员良好的跨文化交际才能可以使团体内外的分散个体形成"大于各部分之和的总体"[1]。联合国教科文组织认为,所谓跨文化交际能力,包括能够对不同的听众和顾客及时调整交流的方式、内容和语态语气,能够妥善处理和过滤纷繁复杂的信息,能够及时和适当地传播信息,提倡和鼓励双向交流,愿与他人分享相关信息,有效运用交流渠道、工具和方式[2]。它可以使来自五湖四海的同事们都能感受到尊重、能够有效交流与工作、服务对象愿意接受组织的方案、个人的智慧和经验能得到分享、组织内外都能建立可持续的友好关系、组织目标因此能够圆满实现。

为此,联合国开发计划署要求:初级国际公务员能够积极倾听他人想法,准确解释需传达的信息,正确理解任务说明并按照指示行事,在组织内部进行交流互动,乐意独立工作但在需要时又能请求帮助,对邀约积极回应但又不贸然邀约

---

① UNDP. *UNDP Core Competence Framework*. New York, 2017, p.15.

② UNESCO. *UNESCO Competency Framework*. Paris: UNESCO, 2016, p.15.

他人,及时回应团体内外的他人请求。中级国际公务员则应能尊重并倾听不同意见,发现不同成员间有助于处理问题的共同立场,在交流中获取同事、伙伴和被服务者的信任,以特定有效方式向他人说明复杂的概念与思想,并获得他人的赞同(同事之间、团队成员与顾客之间的关系不是"命令"关系,而需要靠相互信任与说服),以多种方式与特殊的听众开展交流,在团队内外建立非正式的网络联系并将网络视为增强价值的一部分,通过经常的顾客反馈形成对顾客需求、问题、优先事项的精细认识,认识团队工作与顾客期望之矛盾,肯定和表扬他人的成功。

对于高级公务员,联合国开发计划署要求他们能够代表组织、激励和影响团队成员、改变难以控制的局面。为此,高级公务员应能够:在交流中建立组织间的专业伙伴关系,改变成员想法和行为,说服和影响决策者,建立互信和正直的组织文化,在管理、政治和利益相关者层面代表组织,处理组织间的矛盾,成为组织功能的楷模,尤其在危机中成为具有号召力的代言人,提供以顾客为中心的观点,又能说服和领导本组织[1]。

(三) 正直清廉(Integrity and Honesty)

《国际公务员行为准则》指出,正直(Integrity)的概念是《联合国宪章》明文规定的,正直的概念涵盖了国际公务员行为的各个方面,又包含着诚实、实事求是、公平和廉洁等品质。联合国教科文组织提出,"我们的所有行动和决策都应以诚实、公平和透明为指南。我们必须遵守《国际公务员行为准则》,将联合国教科文组织的利益置于我们的个人利益之上,我们还应该在履行职能的过程中保持公正、不偏不倚"[2]。

为此,许多国际组织都要求工作人员:保持以高度的伦理道德标准规范自己的言行;以公平、透明、尊重和客观的态度对待他人,不滥用权利或者权威;不允许用个人、社会、经济和政治的观点和不适当的压力去影响决策;对不专业和不道德的行为采取迅速和有效的行动;自觉尊重国际组织的条例规范,并按照相关条例规范行事。

---

① UNESCO. *UNESCO Competency Framework*. Paris: UNESCO, 2016, pp.17—18.
② UNESCO. *UNESCO Competency Framework*. Paris: UNESCO, 2016, p.9.

国际公务员委员认为,国际组织通常并不干预国际公务人员的私人行为和家庭生活。但是在一些情境中,国际公务人员的言行确有可能影响国际组织,因而国际组织工作人员必须铭记于心:他们的言行举止,即便是在工作场所以外、与官方职责无关的言行举止,也可能影响国际组织的形象和利益,因此他们务必谨言慎行、以伦理道德的高标准约束自己。这种情况甚至可能由于国际公务人员家属的行为而产生,因此国际公务人员还应该负责使其家属认识到这种职责①。

21世纪以来,反对腐败、保持清廉成为国际组织关注的一大焦点。2003年联合国大会正式通过《联合国反腐败公约》,各国际组织在该公约生效后修改的国际公务员、官员、雇员和工作人员的行为准则、条例规制中,都明显加强了反腐败和规范利益行为的条款。以联合国批准的《国际公务员行为准则》(2013年版)为例,国际公务员委员会在最初不收受礼品、荣誉和报酬的基础上,特别强调了"利益冲突"条款,以防国际公务人员产生腐败问题。国际公务员委员会认为:当国际公务员的个人利益影响了他/她履行公职的行为表现,或者使其作为国际公务员履行公平、独立和公正义务的质量产生疑问时,利益冲突就会产生②。

利益冲突的情况包括国际公务员直接或者间接地获得不正当的利益,或者让第三方在他们与国际组织的联系中获益。利益冲突还可能产生于他们个人、家庭成员与第三方个人、受益人或者其他机构的联系合作中。联合国还要求:国际公务员应避免帮助私人机构或个人与组织打交道,若这可使他们得到实际或表面的优惠。这点在采购事务中或在谈判预期招聘时尤其重要。国际公务人员履行公务和处理私事的方式都应能维持并加强公众对公务员自身的正直及其组织的完整信心。

21世纪以来,涉及资金最多、涉及人员众多的联合国工作人员贪污丑闻案莫过于"石油换食品"案。"石油换食品"是两伊战争时期(1996—2003年)联合国为了对伊拉克实施人道主义援助,允许萨达姆政权在10年间通过出售价值640亿美元的石油,换取国民维持生计所需的粮食和药品。在实施过程中,联合国"石

---

① ICSC. *Standards of Conduct for the International Civil Service*. New York:UN, 2013, p.11.

② ICSC. *Standards of Conduct for the International Civil Service*. New York:UN, 2013, p.6.

油换食品"计划前负责人贝农·塞万逃亡塞浦路斯,前采购高官亚历山大·雅科夫列夫投案认罪,原安理会事务司主管史蒂芬·奈兹因此丑闻被开除,联合国朝鲜特使莫里斯·斯特朗被停职。有人估计,因贪污、回扣、假竞标、索要"好处"、接受"贿赂"等造成近亿美元损失,严重伤害了联合国的国际形象。作为此案最初的联合国维和行动办公室的前主审计员埃德温·尼利齐约还在退休前著书说,"联合国每年因内部腐败和欺诈行为流失数亿英镑"[①](1 英镑约合 1.87美元)。

五、 管理素养

众多国际组织,包括联合国以及下属机构都特别关注国际公务员,特别是中高级国际公务员的管理素养(Management Competencies)。联合国教科文组织注意到,国际公务员的许多工作都与项目管理、协调关系、带领团队共同工作有关,而且国际组织公务人员的管理水平的高低,往往会直接决定国际组织项目和任务是否能够成功高效地实施。于是,联合国教科文组织提出了六项具体的管理才能,联合国发展计划署提出的五大核心素养中也有两大核心素养("领导才能"与"人员管理")就完全属于管理素养;世界卫生组织也列出"管理素养"和"领导素养"并再细分为 6 个分项。

(一) 领导才能(Leadership)

领导才能是各国际组织最看重的管理素养。联合国发展计划署把领导才能分为 6 个水平,初级工作人员(P1—P2 人员)首先要对自己的工作负责,包括为自己的工作质量负责、有效地使用资源、方法、信息,并与工作伙伴有效合作。中级公务员(P3—P4 人员)要达到 3 级水平,应该在决策过程中采取包容的态度,包括寻求和组织每个团队成员的贡献,鼓励各方对话和投入行动,善于预见和处理矛盾,包容各种观点并把它们视作改进工作的机会,信任团队成员,善于对资源利用、对信息方法和合作伙伴等做出适当的选择和决策。对于高级专业人员和行政主管(P5 和 D1—D2)则要达到 6 级水平,他们要善于鼓励团队组织接受新的挑

---

① 颜颖颖.联合国被指每年亏空数亿英镑 腐败欺诈丑闻见光.[N].北京:新京报,2006-10-10.

战、做出更高的绩效、实现更高的目标。高层专业人员和管理人员还要鼓励团队成员开辟新的天地，能够为团队成员和相关者创设可预见和实现的事业愿景，将团队建设为一个专业化和具有影响的中心，善于组织一支能够跨越地域障碍和直面严峻障碍的可持续、高绩效发展的团队①。

在领导才能中，联合国教科文组织还要求中级及以上的专业人员和公务员能够赋权、赋能于团队成员②，包括善于激励团队成员创造性地实现团队使命，了解团队成员的个性优势和发展空间，从而促进团队个体的潜能发展，保证对所有成员一视同仁、决策公开透明，以行动为团队成员提供高超的领导才能，善于劝说和鼓励团队成员和他人积极面对挑战、采取必要行动。

领导才能还包括善于建立和维护长期有效的伙伴关系和网络关系。各国际组织都强调，建立伙伴关系是领导管理团队和开展工作的重要基础。为此，中高级国际公务员和其他专业人员都应该努力在各自的组织和团队中建立有效的伙伴关系。在此方面，首先是要善于识别组织内部和外部关键的利益相关者，并以开放和信任的态度与他们建立工作和人际联系。其次，要在此基础上，或者在新的工作情境中，迅速建立新的伙伴和盟友关系，为成功实现组织目标创造条件。此外，还要善于支持和促进跨部门的合作伙伴联系，认识环境的复杂性并创建多赢互利的合作关系。值得注意的是，作为领导者和管理者还要鼓励和支持其他人与自身及本团队建立合作伙伴和网络关系。

（二）战略思维（Strategic Thinking）

对每个国际组织和工作团队而言，主要领导者/管理者的战略思维品质高低，对国际组织目标的实现至关重要。因此，不管是联合国发展计划署还是联合国教科文组织都十分强调中高级国际公务员的战略思维能力。

世界卫生组织和联合国教科文组织都认为，高级管理和专业人员应该深刻认识事关组织变革的内部和外部影响，善于多维度思考可能的因素和风险、预见形势造成的后果，特别是善于看到组织行为即时结果所产生的长远影响，并能够

---

① UNDP. *UNDP Core Competence Framework*. New York, 2017, p.9.
② UNESCO. *UNESCO Competency Framework*. Paris：UNESCO, 2016, p.26.

在这样的判断的基础上将战略转变为行动,在组织的优先战略和宏观计划的广阔背景中处置各种问题、采取适当行动①。

有了高品质的战略思维,还要善于做出坚定且高质量决策。领导者要在宏观战略思维的框架中积极寻找决策的相关、具体的信息;有了信息又要在复杂的信息中迅速识别出关键问题;形成解决问题所需采取的行动链,并做出环环相扣的行动决策;领导者还要勇于担当,既在决策中预防风险,又勇于为自己的决策负责,甚至在必要时,勇于为顾全组织利益做出棘手和艰难的抉择。

战略思维还要求中高级专业人员和行政主管善于编制规划。编制发展规划要能够编制既具有抱负又系统周全的中长期规划、切实可行的年度工作计划和便于实施的项目行动方案。规划过程中,应该通过预测分析和过程设计,提出工作目标、确定优先事项、有效配置资源、达成目标路径过程等基本内容。在规划过程中,要善于与各利益相关方交流沟通、吸取各方建议,要为研制和实施计划绘制工作路线图;在规划中,还要能预见风险障碍、预估偶发事件,为完成任务安排必要适当的时间、空间、资源与环境;在规划实施过程中,开展过程性评估监测,及时调整工作重点、人员资源、时空安排,确保规划目标顺利达成。由于规划编制涉及众多过程性知识,联合国教科文组织专门设立了国际教育规划研究所(IIEP),专门研究规划编制问题,为联合国教科文组织、下属机构及其成员国提供能力建设研究培训。

(三)人员管理(Personal Management)

在管理素养中,人员管理是国际公务员和其他专业人员最基本的能力。国际公务员每天都要与同事、上司、下属、客户等打交道,他们在执行和完成国际组织交付的每项任务、每个项目中都要与人沟通交流,发挥每个人的独特作用,因此,学会人员管理、提升人员管理能力是对每个国际公务人员的基本要求。

对一般服务人员和初级专业人员来说,人员管理首先意味着"自身管理",包括认识自己的个性、特长与弱点,认识个人在团队中的作用,认识个人与所在团队在执行任务和实现目标过程中的职能,还包括学会管理时间、问明职责任务与指

---

① UNESCO. *UNESCO Competency Framework*. Paris: UNESCO, 2016, pp.23—24.

示、严格按照组织规约履责工作、积极面对工作和环境压力。即便面对挑战仍然保持积极和建设性的态度，不以抱怨等方式把压力转嫁给他人。对于中高级专业人员和行政主管应该注意"自身管理"，包括善于有效控制自己的情绪、避免不妥地显露个人情绪、乐见同事和他人取得成功、在面临挑战和压力时仍然与他人保持一贯的合作态度，甚至在面临巨大挑战和压力的情景中仍能以积极、有助稳定团队的姿态开展工作，让团队成员得到必要的指导与支持。

人员管理的重要内容是"鼓励成员协作、提升团队表现"。对于初级国际公务人员来说，首先要树立乐意并积极参与团队活动，学会与同事一起工作，不与他人造成矛盾，有矛盾时也乐意努力消除矛盾和误会。对于中级人员来说，要积极倡导目标导向的团队合作精神，主动与团队成员协作开展工作，在别人要求时乐于提供帮助，愿意与团队成员分享成功、分担责任。团队合作并非庸俗、无原则地一团和气，而是要在完成国际组织的使命任务中，同心协力、协同努力、合作共赢。为此，联合国发展计划署要求其中级专业与管理人员：要促使团队成员全心投身事业、形成团队主人翁意识、促使团队成员参与工作过程的每个阶段、要做好本职工作又相互支持、激励全体成员为实现团队共同目标而奋斗[1]。

近年来，国际组织越来越意识到，实现团队合作的最佳途径还在于，鼓励国际公务人员发现和表彰每个成员的特长创新，肯定和表扬成员行为的改善，鼓励团队成员相互分享实践知识，为团队成员的发展和晋升既提供一视同仁的机会，又为每个人提供个别化的目标。对于高级专业人员和管理人员，开发计划署还要求：指导全体成员适当分享知识，不断提升组织标准，鼓励成员为争取卓越而奋斗，为个别成员设立具有挑战性的发展目标，不仅告诉他们应该做什么，而且为他们解释为什么要去做。[2]

此外，人员管理和团队协作还要求国际公务人员与本组织的其他部门、项目用户、当地工作人员结成良好的工作关系。项目实施国的政府、官员、工作人员和国际组织临时聘请的专家，在许多情况下决定着项目实施的进展与质量，国际组

---

① UNDP. *UNDP Core Competence Framework*. New York：UNDP, 2017, p.18.

② 同上书，p.19.

织公务人员与他们建立真诚相待和既有原则又有灵活性的伙伴关系,对项目的顺利实施建立友好、有效的团队合作关系是至关重要的。为此,联合国儿童基金会和世界卫生组织都提出了相关要求。如"在项目设立时,就确定利益相关各方的绩效要求""在本组织中和组织与外界利益相关机构间建立旨在改进工作绩效的合作机制",在本组织内各部门间以及与外界利益相关方"建立有效而宽松的工作网络关系和工作改进机制"。如有必要,还应该"建立战略伙伴关系,团结各方形成同盟,确保本组织的既定目标能成功实现"[①]。

(四)绩效管理(Performance Management)

在联合国和众多国际组织的改革声中,绩效管理已经提升为人们追求的核心素养。各国际组织首先强调,对待绩效问题必须公平、建设性地处理;绩效评价与管理应有利于国际公务员和相关人员的生涯发展和流动,为此要善于为被评者提供客观和定期的反馈;而且绩效反馈也应该有助于提升绩效,在绩效管理中必须认定和表彰团队成员所做的努力和成就[②]。

除了制度管理,还要鼓励团队成员提升工作绩效,包括增强团队成员的责任意识和主人公意识,发现和肯定团队成员的创新创意和专业精神,提升团队成员的使命感和工作投入度,在团队中创新有效工作方法,对团队成员可见的工作改进予以肯定和表扬,为团队成员的个体发展设定目标,并提供发展机会。这些都将有力地提升员工和团队的绩效表现[③]。

世界卫生组织专门设定了"产出成果"(Producing Results)一级指标,其总体要求是:"产出和传播高质量成果,以行动为导向,以获得产出为义务"。在3个二级指标和31个三级指标中,有一项"有效工作"3级指标。它要求水平1的一般服务人员"以完成任务"为导向,"及时听取领导的指示与建议,争取获得成果";对水平2的初级专业人员要求"以过程实施为导向""积极采取行动,按需调整行动,有效并建设性地解决问题";对水平3的中级专业人员和本国专业人员的要求是"以政策实施为导向""按照本组织的使命与目标设立和调整项目,不断地有效

---

① WHO. *WHO Competencies*. Geneva, 2018, p.8.

② UNESCO. *UNESCO Competency Framework*. Paris: UNESCO, 2016, p.27.

③ UNDP. *UNDP Core Competence Framework*. New York, 2017, p.12.

解决自己和团队面对的问题";对水平 4 的高级专业人员和行政主管则要求,"以战略发展为导向""有效地管理和监督本团队和部门的各个项目,以确保获得各项目的最佳实践效益以及在本组织层面上的积极影响"。①

绩效管理不仅是实现目标、取得成果、获得影响力,而且也包含着合理有效地使用有限的组织资源。世界卫生组织的素养框架中就专门列出了"确保有效使用资源"的要求,并要求在各个项目的实施过程中做到"监测过程、用好资源"。对一般服务人员的具体要求是,"按照领导要求、监测自己工作过程、用好资源、确保开展行动";对初级专业人员的要求是,"能在意想不到的情景中重设优先事项,按计划采取行动监督资源使用,寻找成本—收益比较高的处置方法,为完成自己的工作计划选定所需资源,包括预算、人力和技术";对中级专业人员的要求是,"预见和指出本团队和部门潜在的问题困难,根据已定时间节点,监测自己和团队的工作进度,为自身和团队工作作出符合成本—效益的决策";对高级专业人员和行政主管的要求是,"预见变化,并在意外情况和挑战发生时挑战自己和团队的项目;按本组织关键目标制订项目进程与资源使用的监测标准,作出符合成本—效益原则的解决方案"②。

---

① WHO. WHO Competencies. [M]. Geneva, 2018. p.6.
② WHO. WHO Competencies. [M]. Geneva, 2018. p.8.

第三章
联合国教科文组织的人才特征

联合国教育、科学及文化组织(United Nations Educational, Scientific and Cultural Organization, 缩写为 UNESCO,简称教科文组织)是联合国系统中最大的专门机构,也是全球各国政府商讨教育、科学和文化事务的平台,通常被誉为"思想实验室"和"联合国的精神中心"。世界银行(Word Bank)按照国际组织的基本功能把国际组织大致区分为"倡议性组织"(advocacy organizations)和"操作性组织"(operational organizations)两大类。一些国际组织的主要功能是,为推动和实现某一事业,极力"倡导"某些理想、理念、观念和主张,经常向各国政府和联合国及其他国际组织提出倡议(advocacy),以影响其他国际组织和各国政府的政策制定与实践探索,称为"倡议型组织"。而另一些国际组织则通过设计、策划并实施某些相关项目,致力于实践和操作(operation)某些理念和目标,称为"操作型组织"①。根据世界银行的这一分类,在联合国系统中,联合国教科文组织可谓是更具"倡导"功能的国际组织,它在过去半个多世纪中,先后提出并倡导了"终身学习""学习社会""全民教育""学会学习""可持续发展教育"和"人文主义教育"等一系列重要的教育理念,对全球教育改革实践和各国政府教育政策的制定产生了显

---

① 徐莹.当代国际政治中的非政府组织[M].北京:当代世界出版社,2006:21.

著的影响。

第一节　联合国教科文组织的概况

1942 年 11 月,第二次世界大战还未结束,在"建设未来世界秩序要求教育和文化成为文明的力量,促进和平、人权和物质福利"理念的引导下,英国学校理事会主席理查德·巴特勒(Richard Bulter)召集流亡伦敦的法国、波兰、捷克等政府教育负责人,召开了第一次"盟国教育部长会议"(Conference of Allied Ministers of Education, 简称 CAME)。该会议对如何重建第二次世界大战后的教育体系,如何对"轴心国"国民进行再教育等现实问题,共同商议了通过让渡部分权利、创建永久性国际教育组织,以共同防止战争重演、维护持久和平、增进人类福祉等事宜,提出"战争起源于人之思想,故毋须于人之思想中筑起和平之屏障"[①]的倡议。经过多次盟国教育部长会议磋商,随着第二次世界大战的结束和联合国的成立,1945 年 11 月 16 日,37 个国家的代表签署了《联合国教育、科学及文化组织法》,标志着联合国教科文组织的建立。同年 12 月,联合国教科文组织正式成为联合国的专门机构。1946 年 11 月 9 日至 12 月 10 日,联合国教科文组织在巴黎举行了第一次大会,包括中国在内的 30 多个国家的代表参加了会议。首届大会选举了教科文组织理事会,做出了设立若干专门委员会的决议,并选举英国科学家朱利安·赫胥黎(Julian Huxley, 1887—1975)作为联合国教科文组织的首任总干事。

重建与发展被战争摧毁的各国教育文化事业、促进国际理解及国家间的和平合作是联合国教科文组织成立伊始就秉持的两个重要目标。尽管联合国教科文组织在世界格局跌宕起伏的 20 世纪遭遇了"冷战"和财政紧缩等困难,但它从未停下践行其宗旨和目标的步伐,一直致力于促进教育、科学及文化方面的国际合作。70 多年来,联合国教科文组织为人类教育发展和认识和平事业发挥了不可替代的作用。学会生存、学会求知、学会做事、学会共同生活的理念、全民教育

---

① 张民选,夏人青.全球治理与比较教育的新使命[J].教育发展研究.2017(17):1—9.

的倡议都是由联合国教科文组织所倡导,《人类千年发展目标》中的普及小学教育、促进男女儿童的教育平等都是由联合国教科文组织促进实施,人类遗产和非物质遗产的保护也是由联合国教科文组织倡导和认定,人类文化多样性和人类生存环境保护的倡议和行动中也经常看到联合国教科文组织的身影。自建立伊始,联合国教科文组织作为联合国系统中最大的专门机构,也是各国政府商讨教育、科学和文化事务的平台、人类新兴教育思想的"实验室"、信息交流中心、教育标准的制定者、各国教育能力的建设者和国际合作的促进者,其不遗余力地推行教育公平,为人类文化、教育和科学发展与人类和平事业做出了不可或缺的巨大贡献[①]。

一、 联合国教科文组织的主要机构

作为一个庞大的政府间的国际组织,联合国教科文组织有其独立的章程、独立的预算和自己的内部管理机构,同时,它还享有在联合国成员国中自行招聘工作人员的权利。联合国教科文组织总部设在法国巴黎,根据《教科文组织组织法》,联合国教科文组织内部设立有 3 个中央行政机构,即大会(general conference)、执行局(executive board)和秘书处(secretariat)[②]。此外,为兼顾不同地区、国家和专业领域的需要,它还设立了大量地区性机构。它在全球拥有多个办事处和机构。同时,为研究教育领域和科学文化领域的问题,联合国教科文组织还组建了一批专业研究培训机构。

全体大会是教科文组织最高权力机构,由所有会员国的代表组成(每一成员国政府最多指派 5 名代表,代表人选的确定必须征询已经建立的全国委员会或教育、科学及文化团体的意见)。全体大会每两年举行一次"常会",会议的参加者包括会员国和准会员国(associate members)的代表。大会还邀请非会员国、政府组织、非政府组织和基金会作为观察员参加会议。按照"一国一票"的原则,每个国家无论大小和缴纳会费多少,均享有对教科文组织的双年度方案和预算的一票表

---

① 张民选,夏人青.全球治理与比较教育的新使命[J].教育发展研究.2017(17):1—9.

② UNESCO. What is it? What does it do? (chi). [EB/OL]. [2009-09-03]. http://unesdoc.unesco.org/images/0014/001473/147330c.pdf.

决权。大会决定教科文组织的政策和主要工作方针,通过教科文组织下个双年度的"计划与预算",选举执行局委员,并根据执行局的建议,每4年选举一次任命教科文组织总干事。

执行局是联合国教科文组织的常设决策管理机构,执行局根据教科文组织的章程、组织法和相关文件的规定以及全体大会的委托,在大会休会期间全面负责教科文组织的决策与管理职能。执行局的其他任务源自教科文组织与联合国及其专门机构,以及其他政府组织签订的协议。执行局每年4月和10月召开两次会议,另外在每届全体大会后,执行局随之还举行一次例会,以履行其职责、开展其工作。执行局的具体职能和工作可以分为三个方面。首先是执行局要为每两年一届的全体大会做准备,包括提出大会议题与议程,保证大会的顺利召开。执行局的第二项重要职能是,完成全体大会委托的任务、确保大会通过的决议得到有效落实,包括将大会的各项决议转化为决议的实施方案、确定每年的财政预算、组织教科文等各领域中的重大项目、对重大国际问题作出研判回应、研究全体大会要求执行局解决的问题,等等。第三方面的重要职能是根据大会授权,对教科文组织秘书处和下属机构的日常工作和预算执行情况进行审议监督。

联合国教科文组织的执行局成员由全体大会按普遍性、文化多样性和区域均衡三大原则选举产生。每届58位委员来自不同的58个成员国。每位执行局成员的任期为4年,成员国和委员个人都可以连任。中国自恢复联合国教科文组织的合法地位以来,一直是教科文组织执行局的成员国,并且一直由中国常驻教科文组织代表团的大使兼代表担任执行局委员。其他联合国安理会的常任理事国也一直都是教科文组织执行局的成员(美国退出联合国教科文组织后,也就失去其执行局成员的资格)。每届执行局成员国和委员诞生后,再由执行局委员们选举产生执行局主席,执行局主席每届任期为两年。

秘书处是联合国教科文组织的日常办事机构,由教科文组织总干事和全体工作人员组成。总干事是联合国教科文组织的行政首长,负责提出落实大会和执行局决定的建议,编制双年度计划与预算草案,工作人员负责实施核准的计划。教科文组织的总干事由执行局根据教科文组织的组织法和全体大会规定提名,再由全体大会选举任命。2001年,联合国教科文组织大会第31届会议决议规定,从下一任联合国教科文组织总干事选举起,总干事任期改为 4 年,总干事可以再次任职 4 年,但随后就不得再连任①。秘书处的基本任务是,在总干事的领导下,实施全体大会批准的教科文组织的战略、计划和预算,并且负责与总部外地区组织、专门机构、各国的全委会以及非政府组织联络。秘书处下设总干事办公室、教育办公室、科学办公室等近 20 个部门,负责处理教科文组织的专业职能事务和日常管理事务。教科文组织秘书处的工作人员约为 2 000 人,来自 170 多个国家,他们分为专业人员和一般事务人员②。700 多人在教科文组织的世界各地的办事处工作。

作为一个负责多个领域的"伞形"国际组织,在联合国教科文组织大会、执行局和秘书处下设有 52 个性质不同的地区办事机构和 11 个研究机构③(见图3-1)。地区办事机构是教科文组织决策和工作的主要执行者。这 52 个地区性办事机构可以分为以下四种类型:第一类是"联络处"(Liaison Office),分别设在纽约和日内瓦(2 个),负责联系和协调联合国教科文组织的下属机构,并与重要国际非政府组织代表进行沟通。第二类是地区局(Regional Bureau),负责处理联合国教科文组织在本地区的教育、科学、文化和信息等各方面的所有事务(11 个),其中四个为"地区教育局"(Regional Bureau for Education),专门负责教育工作。第三类是"中心办事处",每个"中心办事处"负责若干个国家的教育、科学、文化和信息交流事务(共计 29 个)。第四类是"国家办事处",负责一个国家的教科文组织事务(共计 20 个)。教科文组织这些分散在不同国家和地区的办事处和联络处组成了庞大的全球网络,为各成员国提供专业的咨询服务。此外,联合国教科文组织还在教育、自然科学等领域,设立了九大统计、研究和培训机构(称为"一类机构")。其中有为联合国教科文组织和成员国服务的教科文组织统计研究所(UNESCO Institute of Statistics,简称 UIS)。在自然科学领域,教科文组织设立了理论物理研究中心(ICTP);在教育领域,教科文组织设有七个研究所和中心,

---

① 在此之前,曾有教科文组织总干事任职十年以上。

② UNESCO. UNESCO in brief-Mission and Mandate. [EB/OL]. [2019-10-18]. http://www.unesco. org/new/en/unesco/about-us/who-we-are/secretariat.

③ 张民选.国际组织与教育发展[M].上海:上海教育出版社,2010:93.

如国际教育规划研究所(IIEP)、终身学习研究所(UIL)、非洲能力建设研究所(IICBA)和教育信息技术研究所(IITE)等,以协助教科文组织和各成员国跟踪研究全球特别关注的教育问题,提供决策咨询。联合国教科文组织共有 2 200 名雇员,其中 1 070 名在巴黎总部工作,760 名在世界各地的办事处工作,还有 370 人在研究培训机构工作①。

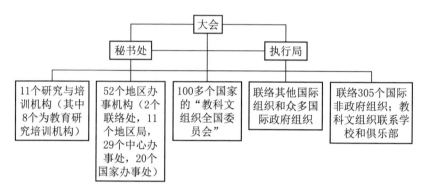

图 3-1 联合国教科文组织结构图

资料来源:张民选.国际组织与教育发展[M].上海:上海教育出版社,2010:94.

除了联合国教科文组织的地区性机构和研究机构以外,大多数成员国还成立了联合国教科文组织全国委员会(National Commission for UNESCO,简称"教科文全委会"),负责本国与联合国教科文组织的联系,为本国的有关行动提供咨询等。各国教科文全委会的规模不一,形式各异,但多数隶属于本国教育部。目前,联合国教科文组织共有 199 个教科文全委会遍布全球。②

另外,截至 2019 年 4 月,联合国教科文组织在全球设立有 115 个国际和地区性的二类(Category 2)机构或中心③,作为其全球网络组织的重要组成部分。二类机构是成员国为支持实现联合国教科文组织使命和发展目标而申办,获得教科

---

① UNESCO. Financial Accountability [EB/OL]. [2019-10-18]. https://en. unesco. org/about-us/financial-accountability.

② UNESCO. Member States List. [EB/OL]. [2013-05-11]. http://en. unesco. org/countries/national-commissions.

③ UNESCO. Category 2 Institutes[EB/OL]. [2018-10-26]. http://www. unesco. org/new/fileadmin/MULTIMEDIA/HQ/IOS/pdf/Category_2_Audit_ExecSum_7_april_2017.pdf.

文组织大会批准设立的实体机构。这些二类机构分布在教育、自然科学、社会科学与人文科学、文化、战略规划、沟通与信息、政府间海洋学委员会等七个领域。尽管这些二类机构或中心不是联合国教科文组织的法定组成部分,但其设立必须获得联合国教科文组织大会的批准,并接受联合国教科文组织的指导和监管①。

二、 在全球教育发展中的使命

在众多国际组织中,无论从法律地位还是从政策影响范围来看,联合国教科文组织都扮演着全球教育领导者和倡导者的角色。作为政府间的国际组织,其拥有产生理念、明确问题、设定议程、说服疑虑、制定行为准则以及确立国际准则的力量。它参加全球教育治理的方式可以归纳为:提出新思想和新理念。

联合国教科文组织对世界教育的贡献,首先是原创性概念与思想的提出。例如,举世瞩目的两大教育报告《学会生存:教育世界的今天和明天》(1972年)和《学习:财富蕴藏其中》(1996年)确立了"终身教育"和"终身学习"的理念,以及最新的报告《反思教育:向"全球公共利益"的理念转变》(*Rethinking Education-Towards a Global Common Good？*)(2016年),强调教育的人文主义原则,提出教育和知识应被界定为需要社会集体努力的"共同利益"。其次,积极推动教育新思想在全球范围的推广和实践。联合国教科文组织与其他国际组织建立合作伙伴关系,引领其他国际组织在教育方面的工作;召开各种国际会议,应对教育国际化以及教育全球化的挑战;牵头发起世界全民教育计划等。再者,通过国际法、国际公约和宪章,制定国际治理的原则。通过制定的"外部决议"对自觉、自愿的绝大多数国家进行建议、号召、倡导等,体现出联合国教科文组织"文治"式的治理方式②。

在联合国系统中,教科文组织的使命最宏大。联合国教科文组织的基本精神集中体现在其组织法的导言中:"战争起源于人之思想,故务须于人之思想中筑起保卫和平之屏障。"其宗旨在组织法第一条中得到明确表述:"本组织之宗旨是:

---

① UNESCO. Category 2 Institutes. [EB/OL]. [2016-08-19]. http://en.unesco.org/international-networks/category-2-institutes.

② 王建梁,单丽敏.全球教育治理中的"全球教育伙伴关系组织":治理方式及成效[J].外国教育研究,2017(8):63—75.

通过教育、科学及文化来促进各国间之合作,对和平与安全作出贡献,以增进对正义、法治及联合国宪章所确认之世界人民不分种族、性别、语言或宗教均享人权与基本自由之普遍尊重。"①

联合国教科文组织在教育领域坚持五大基本定位,即"思想实验室"(Laboratory of Ideas)、标准制定者(Standard-setter)、信息交流中心(Clearing House)、能力建设者(Capacity-builder)和国际合作促进者(Catalyst for International Cooperation)。

"思想实验室"一向是教科文组织的基本定位,并被全球广泛认同。很多被世界各国认同的理念,如"终身学习""学习社会""全民教育""学会学习""可持续发展教育"和"人文主义教育"等一系列重要的教育理念都是由联合国教科文组织率先提出并组织推动而得到世界范围内的全面普及②。特别值得指出的是,联合国教科文组织将促进教育家、科学家与决策者的对话作为一项重要职能,明确提出,"教科文组织(通过对各供资机构做工作)向各国政府提供建议和技术援助,以便使其能够拟定和执行科学和技术领域的有效政策和战略",这是实现职能的途径,对于促进世界各国政府的决策者更加重视科学技术起到了积极作用。联合国教科文组织虽然提供有限的财政资助、教育培训和技术支持,但它主要不是"操作性"的捐资获得援助机构,更多的是"倡议性"的国际组织。

当下,教科文组织基于人道主义理想,以全球视野审视全球优质教育的建设,它始终坚信教育在人类、社会和经济发展中发挥着根本作用,力求保障每个人的受教育权。根据其组织理想和信念,教科文组织提出四大教育目标:①支持全球实现全民教育六大教育目标;②提供全球和区域领导力;③在全球范围内为幼儿至成年教育建立起有力的体系;④通过教育发展应对全球挑战。为了实现上述目标,教科文组织一直活跃于学前教育至高等教育各学段,技术和职业培训、非正规教育以及成人学习等各领域,积极配合联合国扫盲运动,致力于实现联合国可持续发展目标4(SDG 4)。在全球教育发展中,教科文组织充当着"智力合作的领

① 教科文组织组织法[EB/OL]. [2016-09-12]. http://old.moe.gov.cn//publicfiles/business/htmlfiles/moe/A23_qtgkxx/201001/xxgk_81409.html.

② 人民网.联合国教科文组织科学报告中文版首发[EB/OL]. [2017-04-03]. http://scitech.people.com.cn/n/2012/1107/c1007-19519796.html.

导者"和"教育公平的代言人"。

（一）智力合作的领导者

教科文组织是联合国系统内最大的智力合作组织,它的前身组织之一是国际智力合作研究所(the International Institute of Intellectual Co-operation, 1926—1946)。在其成立之后曾为一些小型的教育援助项目提供资金,然而在需求远远超过供给的情况下,教科文组织把它的重心重新安放在促进国际的智力合作方面①。20 世纪 70 至 80 年代,教科文组织从提供教育援助逐渐转向与会员国建立合作伙伴关系,智力合作成为教科文组织对会员国援助的主要方式。根据国际21 世纪教育委员会提交的"德洛尔报告",即《教育——财富蕴藏其中》,无论是接受援助的国家还是提供援助的国家,都在寻求真正建立在交流和互利基础上合作的新形式。这种交流与合作主要以派遣教育专家、召开国际会议和地区研讨会、制订国际准则和倡导新理念、组织人员培训以及进行实地研究等途径展开。其中,筹划和组织会议是教科文组织推动智慧合作、推进教育发展与改进教育实践的主要方式。教科文组织召开的组织大会、其他国际会议和地区性会议有助于各会员国主流教育思想和观点的交流和碰撞。这些会议多聚焦国际社会或某一地区面临的共同问题。例如,为实现 2030 教育可持续发展目标,教科文组织及其合作机构在国家层面组织了一定周期的区域会议,西非和中非、亚太地区和阿拉伯地区国家先后举行区域会议商讨教育的优先发展领域,审查各自的合作和监督机制,以期促进国际理解和合作②。根据国际会议的议题,一些代表性的国家也会向大会提交国家报告。这些报告往往是了解各国各级各类教育情况的最新资料。通过国家报告和官方发言,教科文组织组织代表对全局性课题进行深入的学术探讨,为各会员国的下一阶段的教育发展提供有力的建议和决策。教科文组织作为"联合国扫盲 10 年(2003—2012)"和"联合国教育促进可持续发展 10 年(2005—2014)"的牵头机构,是促成国际对话、形成共识的重要平台,这也为教科文组织推进智力合作提供契机。联合国扫盲 10 年,既是普及教育的一部分,也是实现全民

---

① 沈俊强.中国与联合国教科文组织教育合作关系的研究——以"全民终身教育"为视角[D].华东师范大学,2009:88—89.

② UNESCO.UNESCO 2015[EB/OL]. [2017-03-20].http://en.unesco.org/system/files/244834e1.pdf.

教育目标的关键。在 10 年的扫盲运动中,教科文组织积极与有关的联合国机构协商,以求建立有效的面向目标的合伙关系。在此过程中,教科文组织与世界银行等其他国际组织合作,实施联合国的战略和计划,除了注重扫盲教员的培训外,还在特定国家的一些区域加强能力建设。

(二)教育公平的代言人

从 20 世纪 40 年代发起的"基本教育"运动到 70 年代风靡全球的"终身教育"思想,保障每个人的基本受教育权,促进教育公平已成为教科文组织内在的精神追求,全民教育理念更是将这一追求推向了高潮[①]。在《联合国教科文组织中期规划(2014—2021)》(*UNESCO Medium-Term Strategy for 2014—2021*)中,教科文组织把保证到 2030 年实现全球公民能够享受公平地接受教育和"终身学习"的机会当作 2015 年之后的首要目标。强调教育作为人的一项基本权利是教科文组织的一贯主张,正如教科文组织教育助理总干事唐虔所说,在整个人生过程中享受优质教育,是每位妇女、儿童和男性天生的权利。教育,特别是对女童和妇女的教育又能推动所有发展议程的进展。《世界人权宣言》宣布的人人拥有接受教育的权利(第 26 条)是教科文组织使命的核心,实现全世界范围内的全民教育是教科文组织不懈奋斗的目标。1990 年《达喀尔行动纲领》确定了 2000—2015 年的发展目标后,全民教育成为教科文组织在教育领域中的首要目标。教科文组织自 2002 年起发布《全民教育全球监测报告》(*EFA Global Monitoring Report*),跟踪各国和国际社会全民教育的进展,以此来促进全球合作,同时为会员国实现六项全民教育目标以及教育相关的联合国千年发展目标提供帮助。认识到部分国家的扫盲工作存在不足,为达成 2000 年"达喀尔世界全民教育论坛会议"制定的《达喀尔行动纲领》中确定的目标和任务,即到 2015 年实现成人识字率提高 50%,教科文组织积极进行调整并制订了 10 年运行的主要行动框架,以加速国家层面的扫盲运动,降低不能实现全民教育目标的风险。同时,在 2005 年举行的第 33 届组织大会上,教科文组织发起了"扫盲增能倡议"(Literacy Initiative for Empower-

---

① 滕珺.迈向教育公平的革命性理念——联合国教科文组织"全民教育"政策的话语实践分析[J].比较教育研究,2010(12):58—62.

ment,简称 LIFE),成为全民教育的核心倡议之一。根据终身学习研究所发布的扫盲增能倡议中期评估报告,在 35 个参与国中,大多数国家的成人识字率有所提高,但研究数据同时也表明了在教育质量和妇女教育中仍存在一些问题。但毫无疑问,教科文组织在扫盲运动中的广泛活动向国际社会展示了它领导协调全球教育运动的能力,它也通过《全民教育全球监测报告》以及教科文组织统计研究所和国际教育规划研究所提供的数据和规划,为全球决策者实现教育公平和全民教育目标提供了全面政策援助。

　　教科文组织的教育实践与其思想实验室的基本定位是一致的。它在成立之初,就下设教育机构从事教育政策的研究、咨询与传播等工作,具备国际教育智库的显著特征[①]。教科文组织通过建设一类机构和二类中心形成有效的专家网络,促进信息交流。在实际工作中,教科文组织通过邀请国际上有影响力的专家学者和政界人士组成高层次的小型智囊机构,对当代的重大问题进行深层次的专题研究,提出解决的建议并最终形成报告,这些报告具有相当高的权威性[②]。这些报告往往与全球教育价值取向紧密相联。2015 年,在教科文组织成立 70 周年之际,它针对教育发展中面临的新挑战和核心议题发布了一份新的教育报告《反思教育:向"全球共同核心利益"的理念转变》,这是继《学会生存:教育世界的今天和明天》和《教育:财富蕴藏其中》两份报告之后教科文组织的第三份重量级教育报告,是教科文组织"终身学习"理念在新时代知识社会背景下的发展。该报告开篇部分就指出,密切关注全球社会变革,促进公共政策辩论是教科文组织的职责之一。在新的发展形势下,它呼吁各利益相关人加深理解,积极对话,同时号召国际社会用人文视野看待教育和发展[③]。在这份报告中,教科文组织再次论述了人文主义理念,倡导用人文主义教育观来应对教育发展中的挑战,实现可持续教育发展,同时也强调全球教育治理已步入全球共同利益阶段。人

---

　　① 周洪宇,付睿.国际教育智库与全球教育价值取向的演变——以联合国教科文组织下设教育机构为例[J].国家教育行政学院学报,2016(12):11—17.

　　② 谢喆平.中国与联合国教科文组织的关系演进:关于国际组织对会员国影响的一项经验研究[M].北京:教育科学出版社,2010:18—19.

　　③ UNESCO. Rethinking Education-Towards a Global Common Good? [EB/OL]. [2017-03-20]. http://unesdoc.unesco.org/images/0023/002325/23255e.pdf.

文主义教育理念是教科文组织自成立之初便积极倡导和推行的,它符合教科文组织作为联合国智力机构在建设和平和可持续发展中,倡导人们依赖智力与创新的力量,支撑起对新的人文主义的希望的诉求。

教科文组织以较小的成本孕育新思想,随后通过发表教育宣言、制定行动纲领等方式来推行它的教育理念,促进改革教育实践。例如,为全面实现《达喀尔行动纲领》的六项全民教育目标和联合国千年发展目标的教育目标,教科文组织在 2015 年第 38 届大会上通过了《教育 2030 行动框架》(*Education 2030 Framework for Action*)。这一纲领的最终形成经历了长期广泛的磋商。通过这一纲领,教科文组织再次呼吁国际合作,以实现全球教育目标,确保全纳、公平的优质教育,使人人可以获得"终身学习"的机会。这是教科文组织实现"全民教育"和"终身教育"进程中的又一个重要纲领,为各国落实教育 2030 议程提供了行动指南。

第二节　中国与联合国教科文组织的合作进程

2014 年 3 月,国家主席习近平对联合国教科文组织总部进行了历史性的访问,并发表演讲。中国是教科文组织的创始会员国之一,同时也是教科文组织的重要合作伙伴。这一合作并不是一蹴而就的,一方面,作为主权国家博弈场所的国际组织并不是一成不变的,教科文本身及其活动具有复杂性和多变性;另一方面,也受到复杂的国际形态和中国自身政治历史因素的影响。因此,在双方合作的进程中,中国经历了漫长的探索过程,可以说,中国既是教科文组织及其活动的受益者,也是它的推动者。随着中国综合国力和国际地位的提高,中国已经从教科文组织的旁观者转变为全面参与者,在教科文组织的一些重大事务中发挥了关键的作用。

一、 中国与教科文组织的合作进程

中国作为教科文组织的创始国,也是最早签署同意该组织成立协议的 14 个国家之一,但由于政治历史原因,新中国一直被排除在联合国体系之外,直到 1971 年中国才重返联合国。在中国重返联合国四天之后,教科文组织就恢复了

中国的合法地位,它也是联合国系统中第一个向中国伸出橄榄枝的专门机构。
1978 年上半年之前,中国与联合国教科文组织的合作几乎为零。1978 年,时任教
科文总干事的马赫塔尔·姆博(Mahtar M'Bow)访华并与中国领导人会晤。在访
问结束之后,他与中国教育部门的主要领导人签署了备忘录。这是中国与教科文
组织的官方正式交往的起点。至此,中国与教科文组织合作正式开始。1979 年,
国务院批准成立"中华人民共和国联合国教科文组织全国委员会",教科文组织开
始在中国开展工作。在它的协调下,中国和教科文组织的合作进入快速发展时
期,我国多次派遣政府高级官员参加教科文组织的重要会议,参加它在专业领域
的活动项目。同时,在 20 世纪 80 年代,中国也广泛地同其他政府国际组织建立
联系,加入了联合国体系中大部分重要的政府国际组织。

　　上述一系列事件表明,以某个或几个关键事件为标志,中国与教科文组织的
关系在不断发展变化。如果按照关键节点对这一进程进行系统的划分,则可以分
为四个时期:①中国与教科文组织关系的发端(国民政府时期,1946—1949)。这
一时期的里程碑是 1946 年中国加入联合国教科文组织。②中国与联合国教科文
组织关系的探索(体制内的旁观者,1971—1978)。这一阶段的里程碑是 1971 年
新中国重返联合国教科文组织。③中国与联合国教科文组织关系的发展(全面学
习者,1979—1998)。发展期的标志是中国联合国教科文组织全国委员会的成立。
④中国与联合国教科文组织关系的深化(不均衡的深度参与者,1999—　　)。深化
期的节点是若干里程碑时间的集合,如 2005 年中国官员章新胜当选教科文组织
执行局主席①。正如中国问题专家杰克逊(Jackson)和奥克森(Oksenberg)在研究
中国与国际货币基金组织的关系进展时指出,尽管有许多重复某些阶段有可能同
时发生,但大体可以分为四次序相联的四个阶段,即接触、最初参加、相互调整和
成熟的伙伴关系②。这四个阶段同样也适用于中国与教科文组织的合作进程。

---

　　① 谢喆平.中国与联合国教科文组织的关系演进:关于国际组织对会员国影响的一项经验研究[M].
北京:教育科学出版社,2010:39—40.

　　② Jackson H K, Oksenberg M. *China's participation in the IMP, the Word Bank, and GATT :*
Toward a global economic order. Ann Arbor: The University of Michigan Press, 1990:107. 转引自:谢喆平.
中国与联合国教科文组织的关系演进:关于国际组织对会员国影响的一项经验研究[M].北京:教育科学出
版社,2010:38—39.

联合国教科文组织是中国参与国际社会的重要平台,受自身历史文化传统以及利益的影响,我国与教科文组织的合作在各个时期也形成了特有的路径和特色。在探索时期,我国把活动重心放在向教科文组织派出大会代表团和常驻代表团,开始建立与教科文组织合作的国内工作机构。改革开放之初,中国以受益者、旁观者的身份参与教科文组织的活动,积极参与教科文组织的国际会议和国际项目。20世纪80年代,教科文组织项目向1 000多名中国专家学者提供资金支持,鼓励他们参与到120多个教育计划中,并派遣他们参加专业会议和国外视察活动。这一时期教科文组织提供的学业奖学金、专家资助、培训,以及国际公共资源大大促进了我国教育事业的发展。但正如前文所说,教科文组织是智力合作的领导者,并不是单纯意义上的援助机构,而是通过协调、合作等方式形成共识,推行其新思想、新理念。20世纪90年代之后,接受援助已不是双方合作的重心,中国在不断拓展双方合作的领域和形式,学习和借鉴教科文组织的先进理念,以促进我国教育实践的改革是这一时期的重点,中国深受教科文组织政策理念的影响,不断提高自身的文化软实力,参与教科文组织全民教育运动可谓是中国在该时期最重要的活动。根据教科文组织2014年发布的报告,中国在提高识字率方面表现优异,过去20年来,中国成人文盲人数已下降了70%。在进行大面积扫盲和发展我国基础教育的同时,我国也积极参与教科文组织的项目,在一些重大计划下,中国为教科文组织提供了大批专家帮助教科文组织展开活动,支持它在专业领域的行动。总体来说,我国对国际组织的态度经历了尝试性接受、相对排斥、有限参与和积极参与四个阶段①。对教科文组织的态度也是如此,教科文组织在人权、台湾问题等方面也曾做出一些干涉中国内政的决定,给双方的合作造成了不良的影响。但不可否认的是,中国是教科文组织及其活动的受益者,教科文组织为中国提供技术支持和教育援助是切合中国发展实际的。21世纪以来,中国与教科文组织的合作进入了新阶段。我国从把教科文组织视为反殖民反霸斗争的会场、教育援助的提供者、培训专家的输出机构,到全面参与教科文组织的各项事务(设立各种与教科文组织相关的机构和国际中心、向教科文组织输送咨询委员

---

① 刘宏松.中国的国际组织外交:态度、行为与成效与成就[J].国际观察,2009(6):1—8.

会的专家、学者等),并通过教科文组织实现和增进中国对世界的影响力①。这一合作是颇具成效的,极大地推动了中国在教育、科学、文化领域的能力建设。1993年 10 月,在教科文组织第 27 届组织大会上,184 名会员国代表达成共识,批准了中国政府在中国设立"联合国教科文组织国际农村教育研究与培训中心"的提议。该中心是教科文组织唯一一个在发展中国家运行的研究机构以及在中国设立的第一个二类机构。它的成立为中国在全球教育领域从"输入"向"输出"的转型奠定了基础②。中国开始为国际社会提供更多的援助,通过举办培训班和研讨会,开展研究活动,出版了研究著作、论文和资料,在世界各国教育、科学、文化领域的互动与交流中发挥了重要的桥梁作用。

二、 合作成效与挑战

在中国与教科文组织关系不断深化的时期,国家综合实力的提升加强了我国在国际事务中的话语权,同时,全球化要求中国对全球事务做出迅速反应,提高国际参与度,中国逐渐成为教科文组织全方位的参与者,无论在合作方向、身份角色、关注重点、合作政策方面都进行了积极的调整和推进。

进入 21 世纪以来,中国全面参与教科文组织事务的指标之一是,逐步对教科文组织提供并且增加了资金支持。中国对联合国教科文组织的深度参与的集中表现则是竞选教科文组织的高层职位③。联合国教科文组织自身没有大量资金来资助具体项目,它的大部分正常预算用于举行会议、制订计划和倡议活动。其大多数活动的实际费用来自每个国家的资金支持,而非来自教科文组织的预算。教科文组织的正常预算资金来自会员国缴纳的会费,该会费是依据各会员国的经济实力来计算的。20 世纪 90 年代开始,随着我国经济实力和综合国力的提高,我国已经成为教科文组织的会费缴纳大国,尤其是在教科文组织最大资金来源的

---

① 沈俊强.中国与联合国教科文组织教育合作关系的研究——以"全民终身教育"为视角[D].华东师范大学,2009:61.

② Lu Rucai. China and UNESCO: Advance Hand in Hand. *China Today*, 2015(10):26—28.

③ Anthony Seeger. Understanding UNESCO: A Complex Organization with Many Parts and Many Actors[J]. Journal of Folklore Research, 2015(52):269—280.

日本和美国一度拒绝向教科文组织缴纳会费(美国从 2011 年起因反对巴勒斯坦加入教科文组织而拒绝缴纳会费。2016 年,日本也因"南京大屠杀档案"问题而拒向教科文组织缴纳会费,拖欠数月之后才缴清)的情况下,处在会员国缴纳会费第三位的中国显然已成为教科文组织重要的资金国。

除了缴纳会费,我国也为教科文组织教科文计划、项目以及教科文组织在我国的二类机构提供了额外的资金支持。例如,我国在教科文组织中设立"孔子扫盲奖",以支持教科文组织在农村地区的扫盲教育和针对失学儿童的教育项目。联合国教科文组织国际农村教育研究与培训中心成立之后,我国教育部也投入了大量人力和物力支持其运行。2012 年,我国启动了为期 4 年的"联合国教科文组织——中国信托基金项目"(UNESCO-China Funds-in-Trust,简称 CFIT)。该项目是教科文组织利用信息技术提高教育质量,推动教育公平系列项目之一,投资总额为 800 万美元,旨在利用信息通信技术来改善科特迪瓦等 8 个非洲国家核心教师培训机构的教师教育质量。该项目作为我国第一次通过联合国教科文组织成立信托基金,开创了通过与国际组织合作来帮助发展中国家教育发展的新模式,在国际社会产生了广泛影响,尤其是向非洲国家的教师教育提供了宝贵的中国经验。可以说,"联合国教科文组织——中国教育信托基金项目"是中国进行对外教育援助的一座里程碑。它既使参与项目的非洲各国在加强地方层面的具体实施、国家层面的宏观管理、国际层面的分工合作等方面收获了大量经验,又极大地促进了中国对外教育援助在多边和双边的互利合作,有力地提升了中国的国际影响力[1]。

2016 年 10 月 17 日,我国政府与联合国教科文组织签订合作备忘录,我国政府将出资 560 万美元支持联合国教科文组织官方杂志《信使》(UNESCO Courier)复刊。《信使》杂志是联合国教科文组织 1948 年创办的旗舰性期刊,长期致力于宣传教科文组织促进文化多样性、推动文明间对话、构建和平文化的理念,是传播教科文组织理念、倡导文明对话的重要载体[2]。《信使》是一座象征联合国教科文组织跨文化理解与合作的灯塔,尤其是在传播联合国教科文组织反对种族歧视、

---

[1] 薛莲.教师教育机构的转型:非洲的经验——来自中国——联合国教科文组织教育信托基金专题研讨会的观点[J].世界教育信息,2016(1):16—19.

[2] 联合国教科文组织《信使》杂志中文版首刊发布[N].光明日报,2017-5-14.

推动普及关于遗产和全纳文化观的价值方面发挥了重要作用。由于教科文组织遇到财务困难,《信使》杂志于 2006 年停止纸质版出版,于 2011 年被迫停刊。在签约仪式上,联合国教科文组织总干事博科娃(Irina Bokova)表示,《信使》杂志的复刊将向全世界传递教科文组织的和平理念,也标志着教科文组织与中国之间业已存在的密切合作在不断加强。在教科文组织面临严重财务危机的情况下,中国出资支持《信使》杂志复刊具有重要的现实意义。这是中国支持教科文组织克服财务危机的具体行动,也是教科文组织与中国进一步加深密切合作的体现①。

我国作为国际社会中日益崛起的大国,其发展越来越离不开国际组织。但参与到国际组织当中,对我国来说,是风险与机遇并存的。在我国日益强盛的背景下,我国的国际威望不断提高,这是美国以及西方国家不得不承认的事实,我国在国际合作和国际组织中的重要作用也日益显现②。但同时也需认识到,尽管 21 世纪以来,我国更加重视与国际组织的合作关系,尤其是深度参与教科文组织引领全球教育发展的活动,为教科文组织提供预算外的资金支持,同时加大了教育援助的力度,展现了大国风范,但是目前登上国际舞台任职于教科文组织等重要国际组织为全世界服务的中国籍人才的数量却并不可观。我国在国际组织的影响力与中国应有的国际地位不相称,在重要的国际组织中,还缺少高层次的专家担任重要职务,没有形成一定规模、不同年龄层次、在国际组织中十分活跃的并有一定影响力的优秀人才队伍③。

伴随着国家层面与教科文组织合作的纵深发展,中国籍的官员陆续登上教科文组织的舞台并发挥重要作用。2005 年,教育部副部长章新胜以竞选方式当选教科文组织执行局主席,他的任职是中国与教科文组织关系的一次重大突破。2013 年,中国教育部副部长、中国联合国教科文组织全国委员会主任郝平当选联合国教科文组织第 37 届大会的大会主席。这是教科文组织成立以来中国代表首

① 中国政府资助教科文组织《信使》杂志复刊[EB/OL].[2016-10-19].http://edu.people.com.cn/n1/2016/1019/c1053-28791591.html.
② 蔡鹏鸿.强国之路和中国参与国际组织[J].社会科学,2004(4):28—35.
③ 员智凯,张昌利,侯小娅.中国专家参与国际组织活动的对策研究[J].北京理工大学学报(社会科学版)2005(7):71—73.

次成功获得这一职位。中国联合国教科文组织全国委员会秘书长杜越表示,中国人担任大会主席职务意味着中国能在相关国际政策和规则的制定方面发挥重要作用,将为中国与教科文组织合作提供新空间和新道路①。2010年,在教科文组织任职多年的中国职员唐虔被任命为负责教育事务的助理总干事,他是中国在联合国教科文组织负责教育的最高官员。尽管如此,我国专家在教科文组织的管理层中的参与度还不够,甚至没有达到教科文组织分配给我国的国际职员人数,难以向教科文组织输送优秀人才是当下我国与教科文组织的合作中面临的首要问题,因此深入探讨教科文组织人才的特征及培养机制对我国深度参与教科文组织活动极具意义。

第三节　联合国教科文组织秘书处构架与人力资源需求

如上文所述,联合国教科文组织是联合国系统内的一个多边的政府机构,目前拥有195个会员国和10个准会员国。联合国教科文组织大会为其主要决策机构,每两年召开一次,审批教科文组织的计划与预算,并在执行局的推荐下,每4年选举并任命一次总干事。执行局由58个成员国代表组成,每年召开春、秋两次会议,负责审查总干事提交的计划与预算之执行报告,确保大会决议和执行局决定的落实。秘书处是常设机构,负责执行大会和执行局的决议和决定,处理日常事务。

一、秘书处的组织与人力结构

联合国教科文组织秘书处的最高行政负责人为总干事,通常下设副总干事1名,8名助理总干事。他们分别负责教育、自然科学、人文与社会科学、文化、信息与传播、行政管理、非洲优先事务与对外联系和政府间海洋学委员会等部门和领域。在教科文组织秘书处的领导团队中还有四位局长(D2级),他们分别是:总干事办公厅主任、战略规划局局长、国际标准与法务局局长、性别平等局局长和内部监测服

① 尚栩,石序.专访"中国与联合国教科文组织的合作将开辟新篇章"——访中国联合国教科文组织全国委员会秘书长杜越.人民网,[2013-11-06].[EB/OL]world.people.com.cn/n/2013/1106/C157278-23452413.html.

务局局长。另外,秘书处的内部管理部门还有财务预算局、人事管理局、知识管理局、会议与翻译局等部门,这些部门的行政主管也为 D1 和 D2 级高级国际公务员。

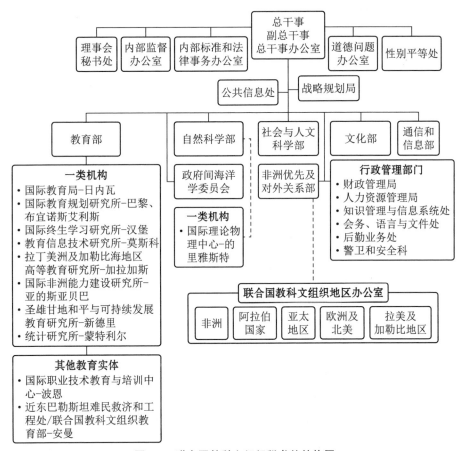

图 3-2　联合国教科文组织秘书处结构图

资料来源:http://unesco.org

目前,现任总干事为奥黛丽·阿祖莱女士(Audrey Azoulay)。阿祖莱女士毕业于法国国立管理学院和国立政治学院,并拥有英国兰卡斯特大学管理学硕士学位。在 2017 年被联合国教科文组织第 39 届大会选举为总干事以前,阿祖莱女士曾任法国文化部长,曾大力推动法国公共电视系统的建设,也曾任法国驻欧盟的文化官员。现任副总干事为中国籍的曲星博士,在 2018 年被任命为副总干事前,曲星曾获得法国国立政治学院博士学位,曾任中国外交学院副院长、中国驻法国大使馆公使和中国驻欧盟大使等职。负责教育事务的助理总干事是斯蒂芬妮·贾尼尼(Stefania Giannini)女士,负责自然科学的助理总干事是奈尔-贝杜埃勒(Shamila Nair-Bedouelle)女士,负责政府间海洋事务的副总干事是弗拉基米尔·里亚比宁(Vladimir Ryabinin)先生,负责人文和社会科学的是加·拉莫斯(Gabriela Ramos)女士,负责文化事务的助理总干事是奥托内(Ernesto R. Ottone)先生,负责信息技术的助理总干事仍在招聘中暂由曲星副总干事代理,负责非洲优先及对外联络的助理总干为费敏·马突库(Fimin E. Matoko)先生,负责行政管理事务的是尼古拉斯·杰弗里斯(Nicholas Jeffireys)先生。这十位高级官员为联合国教科文组织的"非铨叙"国际公务员。

据报道,联合国教科文组织现有 2 200 名雇员。其中共有 D1 级以上高级国际公务员 82 人,国际专业职类人员 976 人,他们合占总人数的 53%;一般服务职类人员 956 人(46%);另外教科文组织雇有驻在国本地专业人员 186 人。在这 2 200 名雇员中,有 1 070 人在巴黎总部工作,另外 51% 的人员分布于总部之外的全球 50 余个办事处、中心和研究所中,其中 760 人在地区办事机构中,370 人在九个一类研究培训机构中。

联合国教科文组织的职员按照成员国资格系数(65%)、会费系数(30%)、人口系数(5%)来确定各会员国职员的名额分配。[①]联合国教科文组织的职员来源渠道广泛,且由于各会员国经济社会发展水平不同,教科文组织职员的受教育程度、意识形态、工作能力、成长环境、文化背景、经济状况等都存在着不同程度的差别。另外,联合国教科文组织十分关注性别平等问题。因此,目前教科文组织秘书处的 2 200 位雇员来自 171 个国家(占成员国的 79%);在所有雇员中,女性雇员占 56%,其中女性专业国际公务员占 52%,女性 D1 及以上高级公务员占 50%。[②]

就部门而言,教科文组织的教育部门最大,雇员也最多。由负责教育的助理总干事领导的教育部门下设办公室、按阶段类型设立的基础教育司、中等教育与职业教育司和高等教育司以及跨学段的教育战略规划司和质量保障司等 6 个司,

---

① 洪天华.联合国教科文组织激励机制探析[J].中国科学院院刊,2007(03):258—261.

② UNESCO. UNESCO Staff at a Glance[EB/OL]. [2020-02-26]. https://en.unesco.org/about-us/financial-accountability.

相应配置 6—10 个 D1 级职位。另外,教育部门还设有 8 个一类教育研究培训机构(共配 8 个 D1 和 D2 级职位)。每个司再下设若干处和相应的 P5 级职位。教育部门的雇员数接近教科文组织雇员总数的 1/4,D 级职位占教科文组织 D 级职位的 1/5 左右。

二、 人才职位要求

根据联合国教科文组织人力资源管理局(Bureau of Human Resources Management, HRM)在其官网发布的招聘信息来看,目前,联合国教科文组织主要招聘以下五类职员,一是专业人员(Professional Staff),主要为国际专业人员(International Professional Staff)。教科文组织也招聘少量本国专业人员(National Professional Officers),不属于国际公务员。二是一般服务人员(General Service Staff)。三是青年专业人员(Young Professional),包括青年专家项目(YPP)和初级专业人员/助理专家项目(JPO/AE)。四是实习项目参与人员(Internship Programme)。五是顾问(Consultant),主要是教科文组织临时聘用的项目助理或顾问人员[①]。

(一)专业人员的职位要求

专业人员包括国际专业人员和驻在地本国专业人员(见表 3-1)。国际专业人员是指在全球范围内聘请的具有高级专业技术水平的专业人员,他们是国际公务员,由教科文组织提供薪酬待遇,担任专家或管理职务,并被派往全球各地工作。本国专业人员则是熟悉当地情况、具有专业知识和经验的驻在国本国公民。他们主要在本国内工作,由教科文组织按驻在国的最优标准提供薪酬待遇,也不是国际公务员。但联合国教科文组织对这两类专业人员的职位任职要求是基本相同的。

(二)青年专业人员的职位要求

青年专业人员的职位包括青年专家项目(YPP)和初级专业人员/助理专家项目(JPO/AE)。联合国教科文组织对两者并无工作经验的强制性要求,但在国籍、

---

① UNESCO Careers[EB/OL]. [2017-03-21]. http://en.unesco.org/careers/.

表 3-1 专业人员职位的基本申请资格要求

教育背景	获得教育、文化、科学、人文社会科学、通信、工商管理或相关专业硕士或博士学位
语言能力	熟练掌握英语或法语(或 UNESCO 的两种工作语言),具备其他工作语言知识,掌握阿拉伯语、中文、西班牙语或俄语则更有优势
个人经历	初级专业人员(P1/P2 或 NOA/NOB)需要 2—4 年工作经验;中级专业人员(P3/P4 或 NOC/NOD)要求具有 4—10 年工作经验;高级专业人员(P5 及以上或 NOE)要求更高,需要 10—15 年工作经验(包括管理经验)
专业领域	教育、科学、文化、通信信息、行政管理、社会科学
核心价值观及个人品质	(1) 诚信、专业、尊重多样性,对联合国教科文组织的任务具有高度使命感 (2) 有能力、有活力,对文化多样性能够公平、公正对待,拥有创造性思维,对问题积极主动回应

资料来源:作者根据联合国教科文组织有关资料绘制。

年龄、语言能力方面有不同的要求。青年专家项目(YPP)主要是为来自无人任职和低于任职限额国家的青年毕业生和专业人员提供工作机会,促使任职人员在地域上合理分布,促进员工之间的性别平等,培养年轻的公务人员,增强组织的多样性。青年专业人员的薪酬待遇主要由相关成员国与教科文组织共同解决。青年专业人员的具体职位要求如表 3-2 所示。

表 3-2 青年专业人员职位的基本申请资格要求

	青年专家项目(YPP)	初级专业人员(JPO)/助理专家项目(AE)
国籍	联合国教科文组织无人任职或低于限额的成员国	联合国教科文组织资金援助国的国民。发展中国家的申请人员经援助国支持也可以参与
年龄	32 岁以下	一般情况下,申请时需低于 32 岁
教育背景	获得教育、文化、科学、社会科学和人文科学,通信,或国际组织管理和行政直接相关领域的大学高级学位	
语言能力	熟练掌握英语或法语,具备两种工作语言知识更佳,掌握西班牙语、俄语、阿拉伯语或者汉语则更具优势	熟练掌握英语或法语,具备其他一门工作语言知识;掌握阿拉伯语、汉语、西班牙语或俄语则更具优势

资料来源:作者根据联合国教科文组织有关资料绘制。

初级专业人员/助理专家项目(JPO/AE)是地区办事处或总部为青年毕业生和专业人员提供多国项目和课题的技术合作与行政管理方面的培训和工作机会。该项目人员招聘需根据联合国教科文组织和援助国的双边协定进行,一般持续2—3年。

(三)一般服务人员的职位要求

一般服务人员(General Service Staff)主要是指秘书、文员及其他辅助性岗位和后勤岗位工作人员,由总部或办事处/机构在当地招聘。一般服务人员的职位要求是:① 教育背景。中学、技术或职业学校学历,根据不同岗位需具备秘书、业务或商业资质。② 语言能力。熟练掌握英语或法语(联合国教科文组织的工作语言),具备其他工作语言知识,掌握阿拉伯语、汉语、西班牙语或俄语则更具优势。③ 个人经历。初级(G1/G3):1—3年工作经验;中级(G4/G5):3—7年工作经验;高级(G6/G7):8年以上工作经验。④ 个人品质。诚信,专业尊重文化多样性,对教科文组织的任务具有高度使命感。

(四)临时助理或顾问的职位要求

为了应对短期超负荷或需要临时引进专门知识的临时性任务,UNESCO有时需要除自己的长期工作职员以外的人员提供临时或短期合同服务,主要包括临时任命、顾问、外地办事处的历史助理、短期合同制语言工作人员。

(五)实习生项目要求

联合国教科文组织实习项目旨在通过实习为实习生提供扩展知识的机会,同时促使他们对联合国教科文组织的任务和项目有更好的了解。实习项目一般持续6—12个月。该项目还能够使双语秘书学校/技术机构学生在国际组织中获得实践经验。联合国教科文组织实习生的薪酬待遇通常由派出实习生的成员国提供,教科文组织有时会依据项目特点和工作艰苦程度和危险程度,提供一些津贴和保险。实习生项目的申请要求如表3-3所示。

需要指出的是,尽管联合国教科文组织没有对实习生项目申请者提出明确的工作经验的要求,但根据2016年教科文组织发布的实习项目岗位申请要求来看,具有相关工作经验的申请者会被教科文组织优先考虑。此外,具备硕士或博

表 3-3 实习生项目的基本申请资格要求

教育背景	申请者在申请时需为大学或同等机构的在读研究生或博士。如申请者所在国家的高等教育未划分本科和研究生两个阶段,申请者需在大学或同等机构完成 3 年全日制的学习并能够获得学位 ① 联合国教科文组织的专业领域,如教育、文化、科学、信息及社会科学 ② 联合国教科文组织工作的相关领域,如法律、人力资源管理、管理学及国际关系学等
语言能力	能够熟练读写一门联合国教科文组织的工作语言(英语或法语),掌握其他语言知识更佳,在总部担任秘书/助理职务的实习生,需掌握另外一门语言
年　　龄	年满 20 岁
计算机技能	能够熟练使用计算机系统、邮件和相关办公软件(MS office)

资料来源:作者根据联合国教科文组织相关资料绘制。

士学位,掌握包括英语、法语在内的第三种(尤其是西班牙语)语言能力,以及熟练的通信与信息技术、数据统计和分析技术水平也具有较大的竞争力。2014 年,中国国家留学基金委在全国共选拔 21 人进入联合国教科文组织实习项目,其中仅有 6 名为本科生。

根据以上联合国教科文组织公布的职位要求信息来看,其招聘类型可主要分为正式招聘和参与性项目,如正式招聘项目包括专业性职位(professionals)、翻译类职位(translators or interpreters)、行政服务职位(general service)和临时助理类(temporary assistance)职位。参与性项目形式的招聘则主要包含青年专家项目(YPP)、助理专家项目(AE)和见习项目(internships)等。对于正式招聘而言,这些大的分类下面还会有具体职位,例如,临时助理类这一大类下,会有秘书、技术助理、运营助理、通信助理等具体职位。

另外,从教科文组织公开的职位要求信息来看,基本上可以分为一般性要求和专门性要求。一般性要求是指所有职位都须具有的一些基本素质和技能要求。教科文组织所有职位都强调了语言能力、教育背景和工作态度。首先在语言能力方面,掌握两门语言及以上者优先考虑,不但要精通联合国教科文组织工作语言(法语、英语)其中之一,而且该组织另外几种官方语言(阿拉伯语、汉语、俄语、西

表 3-4　联合国教科文组织实习岗位一览表（2016 年）

序号	实习地点	部门	岗位	实习时间（月）	语言要求	学历要求	专业要求	工作经历要求	其他要求
巴黎总部									
1	巴黎总部	教育	全民教育项目（EFA）	12	英语/法语，双语者优先	应届硕士/博士毕业生	教育或社会科学领域	具备相关工作经历者优先	—
2	巴黎总部	教育	联系学校项目网络（ASPnet）	12	英语/法语，双语者优先	应届硕士/博士毕业生	教育及相关领域，如社会科学国际关系、传播或人类学	具备相关工作经历者优先	—
3	巴黎总部	自然科学	水科学部门	12	英语，掌握其他外语者优先	应届硕士/博士毕业生（硕士优先）	—	具备在国际组织相关工作经历者优先	—
4	巴黎总部	文化	文化习俗公共服务部门	12	英语，掌握其他外语者优先	应届硕士/博士毕业生（硕士优先）	国际相关专业	具备在国际组织相关工作经历者优先	具备社交媒体的网页内容设计和管理知识
5	巴黎总部	传播与信息	知识社会部门传媒发展工作	12	英语，掌握其他外语者优先	应届硕士/博士毕业生（硕士优先）	信息与知识管理、传媒、信息技术或计算机专业	具备网络研发及网络服务应用程序和技术、社交媒体及相关技术等工作经历	—
6	巴黎总部	人力资源管理局	伙伴关系部门	12	英语/法语，双语者优先	应届硕士/博士毕业生	人力资源专业优先	具备相关工作经历者优先	—

序号	实习地点	部门	岗位	实习时间（月）	语言要求	学历要求	专业要求	工作经历要求	其他要求
7	巴黎总部	对外关系和公共宣传	亚洲及大洋洲协议部	6—12	英语和法语，同时掌握其他联合国语种者优先	应届硕士/博士毕业生	相关专业，如国际关系	具备对外关系工作经历者优先	一
或7	巴黎总部	对外关系和公共宣传	线上服务部门	12	英语，掌握其他外语者优先	应届硕士毕业生	传播、新闻及线上媒体	具备相关网络及社交媒体管理工作经历者优先	一
8	巴黎总部	国际教育规划研究所（IIEP）	教育规划项目传播/研究工作	12	英语（写作能力突出），同时掌握其他联合国语种者优先	应届硕士/博士毕业生	传播、公共管理、教育或者其他相关专业	具备相关工作经历者优先	掌握计算机技术及办公软件、网络工具知识；同时具备DTP软件知识者优先
地区办事处									
9	德国汉堡—终身学习研究所（UIL）	教育	教育支持项目	12	英语，同时掌握法语、西班牙语或者阿拉伯语者优先	应届本科/硕士毕业生	成人教育、继续教育等方向	在国际组织中或从事国家级教育研究和（或）教育项目实施经历者优先	

（续表）

序号	实习地点	部门	岗位	实习时间（月）	语言要求	学历要求	专业要求	工作经历要求	其他要求
10	德国波恩—技术及专业教育与培训国际中心（UNEVOC）	教育	技术职业教育和培训（TVET）	12	英语	应届本科/硕士毕业生（硕士优先）	教育、知识管理、职业教育、社会科学或其他相关专业	应具有两年知识发展领域的工作经历	要求突出的计算机能力
11	黎巴嫩贝鲁特办事处	教育	基础教育	12	英语,同时掌握阿拉伯语者优先	应届本科/硕士/博士毕业生	教育领域特别是教育规划、基础教育、全纳教育、师范教育	具备基础教育、高等教育、文化领域的工作经历优先	
12	肯尼亚内罗毕办事处	教育	创新教育	12	英语	应届硕士/博士毕业生	教育、初等教育、社会科学领域国际发展援助方向	具备相关工作经历者优先	要求突出的计算机能力
13	津巴布韦哈拉雷办事处	教育	教育项目技术职业教育方面（TVET）	12	英语,同时掌握法语者优先	应届硕士毕业生	教育及相关领域	—	要求突出的计算机能力
14	泰国曼谷办事处	教育	促进性别平等教育	12	英语,同时掌握其他亚太语言者优先	应届本科/硕士/博士毕业生	教育、性别、社会科学领域国际发展援助方向	具备性别、女性人权工作或发展人权领域相关工作经历者优先	要求熟练运用办公软件、数据库和网络,同时具备特殊计算机能力（如平面设计）优先

序号	实习地点	部门	岗位	实习时间（月）	语言要求	学历要求	专业要求	工作经历要求	其他要求
15	加拿大蒙特利尔—教科文组织统计所(UIS)	教育	教育指标和数据分析部门	12	英语，同时掌握其他联合国语种者优先	应届硕士/博士毕业生	统计、教育或计算机	—	熟练运用办公软件（特别是EXCEL）、Stata，数据可视化，同时具备国际教育议程和教师质量的基本知识
16	瑞士日内瓦—教科文组织国际教育局(IBE)	教育	全球公民教育(GCE)	6—12	西班牙语流利，英语优秀	应届本科/硕士/博士毕业生	教育学	具备研究、编辑等经历者优先	熟练运用办公软件及Prezi（报告演示软件）
17	埃塞俄比亚的斯亚贝巴办事处	教育	非洲能力建设国际中心	12	英语，同时掌握其他联合国语种者优先	应届硕士毕业生	教育或社会科学领域	具备相关工作经历者优先	要求突出的计算机能力
18	加蓬利伯维尔办事处	自然科学	科学项目管理	12	法语精通、英语流利	应届本科/硕士毕业生（硕士优先）	环境科学领域（如森林、生态等），同时具备环境政策/环境法及环境管理方面的培训经历者优先	具备在多元文化环境中的工作经历者优先	要求突出的计算机能力

（续表）

序号	实习地点	部门	岗位	实习时间（月）	语言要求	学历要求	专业要求	工作经历要求	其他要求
19	印度尼西亚雅加达办事处	自然科学	水和环境科学部	6—12	英语，同时掌握其他联合国语种者优先	应届硕士/博士毕业生	—	具备水、环境及自然资源管理等工作经历者优先	熟练运用办公软件和计算机知识
20	意大利佩鲁贾办事处	自然科学	世界水评估项目（WWAP）	12	英语，同时掌握意大利语或其他联合国语种者优先	应届本科毕业生	水文学、环境科学、自然科学、工程、地质学、化学专业；或目前从事工作与以上专业领域相关	具备组织会议、培训等活动经验的经历者优先	要求突出的计算机能力
或20	意大利威尼斯办事处	文化	文化部门	12	英语和法语；要求较强的英语写作能力，以及法语理解能力	应届硕士毕业生	文化经济、文化管理、文化研究、文化遗产保护或相关领域	参与文化及文化遗产管理、具备文化可持续发展影响等方面的学术经历者优先	要求突出的计算机能力，特别是文字处理、报告演示、数据表单等方面
21	纳米比亚温得和克办事处	文化	文化部门	12	英语，同时掌握法语或其他联合国语种者优先	应届本科/硕士毕业生（硕士优先）	文化政策、文物保护和管理、社会科学、文化人类学、文化产业、包容性社会/经济发展及类似专业	具备在多元文化环境中的相关专业工作经历者优先	要求突出的计算机能力

资料来源：国家留学网.[EB/OL].[2016-01-08].http://www.csc.edu.cn/article/421.

班牙语)至少也要熟练掌握其中一种;教育背景方面,一般都要求大学本科学历及以上,一些职位会要求硕士学历或者博士学历,而对于学校声誉地位以及学科专业的排名等则没有公开要求;在工作理念方面,所有职位都要求应聘者具备对多元化世界的多层面认识,投身于国际公共服务的意愿,开放的性格,善于沟通、善于协作的团队精神,理解与包容性等。

除了上述 3 项之外,其他如经验要求、专业要求等则根据职位的不同而各有不同。例如,教科文组织的专业岗位招聘对工作经验有具体要求,新晋初级专业人士(junior professionals)需要 2—3 年工作经验,中级专业人士(middle-ranking professionals)需要 4—8 年工作经验,管理级别的专业人士(management professionals)需要 10—15 年工作经验,其中包括管理经验。但联合国教科文组织的参与性项目,如青年专家项目(YPP)则对工作经验不做要求。在专业技能方面,如一般性职位招聘中的秘书岗位就强调了对办公自动化软件的使用,网站维护员的招聘则强调应聘者应该接受过网站设计和维护的最新培训。

年龄要求、来源国要求等,都是根据具体岗位的不同而设置。一般正式招聘中不会对年龄和来源国有特殊要求。只有参与性项目形式的招聘中才会有限制,比如联合国教科文组织的青年专家(YPP)项目要求申请人在 32 岁以下;来源国方面,联合国教科文组织的助理专家项目要求申请人所在国家必须是与联合国教科文组织签署过"助理专家项目"协议的国家。

但从教科文组织公开的招聘信息来看,对人才的表层要求与跨国企业的招聘十分类似,如对语言能力和沟通技能的要求,团队合作与适应跨文化工作理念的要求,以及具体职位对具体专业技能等的要求等。在实际的应聘与选拔过程中,竞争的激烈程度与跨国企业相比有过之而无不及。国际组织招聘大多是面向全球范围,因此满足这些基本要求的人数要远大于职位所需人数。但最终入选的人才究竟比其他人胜在何处,或者说,在满足了这些基本要求之后,教科文组织真正需要的人才还须具备何种出类拔萃的素质呢,是需要我们深入探究的地方。

三、 教科文组织总干事群体特征分析

总干事是联合国教科文组织的行政首长。纵观联合国教科文组织的发展史,总干事在推动联合国教科文组织愿景和行动计划的落实中发挥着决定性作用,并在革新和创新教育理念发面也起着引领性作用。例如,《学会生存——教育世界的今天与明天》《教育:财富蕴藏其中》等对全球教育改革发展和教育理念产生重要影响报告均是在总干事的领导下完成的。2015 年 11 月,联合国教科文组织发布了成立 70 周年以来的第三份重要的教育报告《反思教育:向"全球共同利益"的理念转变》重申人文主义教育观和发展观。现任总干事伊琳娜·博科娃(Irina Bokova)正是新人文主义的倡导者。伊琳娜·博科娃 2009 年当选为总干事,并于 2013 年再次当选。她是教科文组织首位女性,也是第一位来自东欧的总干事[1]。博科娃毕业于莫斯科国立国际关系学院,并曾在马里兰大学(华盛顿)和哈佛大学(肯尼迪政府学院)学习。她的职业生涯始于保加利亚外交部联合国司,曾任保加利亚外交部代理部长、保加利亚驻法国、摩纳哥及教科文组织大使,主管保加利亚常驻纽约联合国代表团的政治与法律事务。她曾两次当选议员,并担任政府首任欧洲一体化事务秘书。作为欧洲政策论坛的创始人和主席,她努力克服欧洲分裂,促进对话、多样性、人类尊严和人权的价值观[2]。作为教科文组织总干事,博科娃积极投身于促进全民优质教育、性别平等以及保护世界文化遗产的国际行动,并将保护世界文化遗产作为加强持久和平之根基的人道主义要务和安全问题。她牵头开展全球性宣传及活动,遏制青年激进化问题和预防暴力极端主义、仇恨言论和歧视。2016 年,她入选《福布斯》杂志"世界最具影响力女性排行榜"。博科娃获得过世界多国的国家级荣誉,还是一些顶尖大学的荣誉博士。除母语外,她还会讲英语、法语、西班牙语和俄语。

2017 年 10 月 13 日,教科文组织执行局选举决定奥黛丽·阿祖莱(Audrey

Azoulay)女士为总干事候选人。11月10日上午,教科文组织大会在巴黎第39届大会通过阿祖莱女士为教科文组织总干事的任命。

自联合国教科文组织成立以来,先后共有9任总干事[1]。我们可以利用"集体传记"(prosopography)的研究方法,以联合国教科文组织历任总干事为研究对象,探讨其共同的背景特征,如表3-5所示。集体传记是基于传记合集(collective biography)或类似的史料,通过对历史中一群人的生活的集体研究,对之共同的背景特征的探讨。它采用的方法是:先确定研究的范围,然后提出一组相同的问题,如关于生卒、婚姻与家庭、社会出身和继承的经济地位、教育背景、职业、宗教信仰、任职经历等。通过对这些范围中个人的各种类型信息的并列和组合,通过对重要变量的考查,所要研究的既包括这些变量内的关联,也包括它们与其他行为或行动方式的关联[2]。

根据联合国教科文组织官网公布的历任总干事简历,从性别来看,历任联合国教科文组织总干事中,包括代理总干事泰勒(John Taylor)在内,男性达到9位,仅前任总干事博科娃和现任总干事阿祖莱为女性。历任总干事来自英、美、日等发达国家的占比达到一半之多,其中来自美国的有2位、英国1位、法国1位、日本1位。大部分总干事出任之时年龄在50岁以上,平均年龄为53岁。其中年龄最大者为来自日本的第八任总干事松浦晃一郎(Koïchiro Matsuura)。松浦晃一郎于1999年任职时为62岁。而来自墨西哥的海梅·托雷斯·博德(Jaime Torres Bodet)任职时仅有45岁,也是历任总干事中年龄最小的一位。20世纪60年代以前,由于受世界政治经济格局变化的影响,联合国教科文组织的总干事任期都比较短,大都少于5年。随着冷战的结束以及世界经济的好转,自1961年来自法国的勒内·马厄(René Maheu)出任总干事后,教科文总干事基本都是两个任期,任期都在10年以上。由于目前联合国教科文组织改变了总干事选任和任期规定,即每届任期为4年,最多连任一届。由此可见,以后总干事的任期最多可达8年。

---

① 约翰·W.泰勒(John W. Taylor)于1950年担任教科文组织副总干事,并于1952年海梅·托雷斯·博德辞职后被任命为代理总干事。

② 刘兵.关于科学史研究中的集体传记方法[J].自然辩证法通讯,1996(3):49—54.

表3-5　1946年以来 UNESCO 所有总干事基本信息

姓名	性别	国籍	出生年份	任期	任职年龄	任期	届别	学历学位	最高学历获得学校	经历
朱利安·赫胥黎（Julian Huxley）	男	英国	1887	1946—1948	59	2	第一任	博士（理学）	牛津大学	动物学家、哲学家、教育家
海梅·托雷斯·博德（Jaime Torres Bodet）	男	墨西哥	1903	1948—1952	45	4	第二任	文学学士	墨西哥国立自治大学	教育部部长、外交部部长
约翰·W.泰勒（John W. Taylor）	男	美国	1906	1952—1953	46	1	代理	哲学博士	—	路易斯维尔大学校长、副总干事
卢瑟·埃文斯（Luther Evans）	男	美国	1902	1953—1958	51	5	第三任	—	—	政治学和国际关系问题专家、执行局委员
维托里诺·韦罗内塞（Vittorino Veronese）	男	意大利	1910	1958—1961	48	3	第四任	法学博士	罗马大学	执行局委员、主席
勒内·马厄（René Maheu）	男	法国	1905	1961-1974	56	13	第五任	哲学学士	—	助理总干事、副总干事
马赫塔尔·姆博（Amadou-Mahtar M'Bow）	男	塞内加尔	1921	1974—1987	53	13	第六任	名誉博士（北京大学）	巴黎	执行局委员、助理总干事
费德里科·马约尔（Federico Mayor）	男	西班牙	1934	1987—1999	53	12	第七任	博士（药学）	—	副总干事、特别顾问
松浦晃一郎（Koïchiro Matsuura）	男	日本	1937	1999—2009	62	10	第八任	经济学学士	哈佛大学	日本外务省副大臣、世界遗产委员会主席
伊琳娜·博科娃（Irina Bokova）	女	保加利亚	1952	2009—2017	57	—	第九任	硕士（国际关系）	国立莫斯科国际关系学系研究院	政府间保护非物质文化遗产委员会第二届特别会议主席

资料来源：作者根据联合国教科文组织官方网站信息整理。

另外,从联合国教科文组织历任总干事的最后所得学位看,博士学位获得者有 5 位,达到一半之多。所获学位学科领域中,哲学有两位,文学、理学、法学、经济学、药剂学等各 1 位,没有教育学学位获得者。历任总干事最高学位获得高校不乏世界知名大学,如首任总干事朱利安·赫胥黎毕业于牛津大学、松浦晃一郎毕业于哈佛大学、博科娃毕业于国立莫斯科国际关系研究院、马赫塔尔·姆博获得了北京大学的名誉博士学位等。从历任总干事先前任职经历分析,有 5 位在任职总干事之前为副总干事或者助理总干事。如果将任职经历范围扩大至联合国系统,则出任总干事之前有 8 位在联合国系统内有过工作经验。此外,有两位分管过本国的外交事务,仅有一位出任过本国的教育部长。如松浦晃一郎曾担任日本外务省经济合作局局长(1988)、日本外务省北美局局长(1990)和日本外务省副大臣(1992—1994),还曾担任了一年(1999)教科文组织世界遗产委员会主席。通过以上分析可以简略地勾勒出联合国教科文组织总干事的基本画像,即具有在联合国系统中任职经历(尤其是具备副总干事或助理总干事任职经历者)、获得博士/硕士学位、年龄在 50 岁以上但不超过 60 岁的男性,更有可能出任总干事一职。

四、 教科文组织职位能力要求特点

通过对教科文组织人力资源管理局对不同职位的能力要求、总干事群体的特征分析,以及国际公务员基本能力的梳理,我们可以在联合国教科文组织人才招聘需求特点上看出以下共性。

(一)语言能力是基础,沟通能力很重要

作为联合国系统重要的政府间国际组织之一,国际化的工作环境是鲜明的特点,因此,在教科文组织任职或实习,必须具备熟练的语言能力,尤其是需要掌握英语、法语、西班牙语等在联合国教科文组织工作语言中具有优势的外语,并具备掌握两三门外语的语言能力。语言是沟通的基础,在具备外语能力的基础上,要具备良好的沟通交流能力,以便清晰表达自己的观点,并准确明晰他人的意愿表达。

（二）具有国际视野，尊重多元文化

任职于国际组织的国际公务员作为与来自不同国家、不同民族，具有不同宗教信仰、不同文化传统、不同肤色，使用不同民族语言的人一同工作，处理来自不同国家和地区的事务，设置被派往不同国家和地区工作，因此，作为国际公务员一类的联合国教科文组织任职人员需要具备广阔的国际视野，具有尊重、理解和包容不同文化传统的多元价值观。

（三）专业知识和技能是关键

作为联合国系统的"思想实验室"，以及随着教育、科学等领域的问题日益复杂，教科文组织协调、处理的问题越来越需要专业的知识和技能支撑。同时，《联合国宪章》人员招聘的基本原则也清晰的表明，专业知识与技能是国际组织人员参与工作、获得发言权的有力保障和立足基础。

（四）强调相关工作经验

具备先前工作经验是国际组织招聘人才时强调的基本素养之一，如图3-3所示。2013年国际公务员制度委员会发布的联合国工作人员薪酬评估报告显示，在进入联合国系统工作之前，超过90％的人员具备工作经验，其中具备在其他国际组织工作经验的比例达到15.7％。此外，由上文教科文组织招聘不同职位人员的要求可明显看出，对高级职员的工作经验要求最为明确，甚至在招聘实习生时也强调具有相关经验者具备优先录用的优势。总干事群体任职履历也显著表明，大多数（约一半）的总干事在出任总干事前具有在联合国系统的工作经历，甚

图3-3　入职联合国系统之前的工作机构类别

资料来源：ICSC. 2013 Global Staff Survey.

至担任副总干事或助理总干事等职。

（五）通信和信息技术要求加强

通过上文对 2015 年联合国教科文组织实习岗位的要求来看，对通信和信息技术(ICT)的要求越来越突出。大部分岗位都要求掌握计算机技术及办公软件，还有网络工具知识，甚至不仅仅是简单地掌握邮件和相关办公软件(MS office)，而是具备 DTP、Stata 等数据可视化专业软件的熟练使用能力。

此外，合作能力、管理和领导能力，以及持续学习能力也是包括教科文组织在内的主要国际组织在招聘职员时尤为关注的重要能力。

第四章
世界银行人才构成及特征

世界银行(简称世行)又称国际复兴开发银行,成立于 1945 年 12 月 27 日,1946 年 6 月开始营业,是世界上最大的政府间国际金融与发展机构之一,总部设在美国首都华盛顿。世界银行成立初期的宗旨是致力于第二次世界大战后的欧洲经济复兴,1948 年后转向全球性的发展援助,即通过向生产性项目提供贷款和对改革计划提供指导,帮助欠发达成员国实现经济发展。作为政府间国际金融合作与国际发展组织,世界银行已发展为一个拥有 5 个机构组成的世界银行集团,包括世界银行(国际复兴开发银行)、国际金融公司(简称 IFC, 1956 年成立)和国际开发协会(简称 IDA, 1960 年成立)、解决国际投资争端中心(简称 ICSID, 1965 年成立)和多边投资担保机构(简称 MIGA, 1988 年成立)。目前,世界银行有 189 个成员国。我国于 1945 年加入世界银行,是该组织的创始国之一。

第一节　世界银行领导层人才构成及特征

一、　理事会与执行董事会

世界银行是一个拥有 189 个成员国的大型政府间国际金融组织。这些成员国或股东国的集体代表是世界银行的理事会。从原则上讲,所有理事是世界银行的最终决策者。他们每年在世界银行集团春季会议①期间集中一次,对世界银行当财年的重要事务进行表决。世界银行的理事会由每个成员国任命的一名理事和副理事组成。理事职位通常由该国财政部长、中央银行行长或级别相当的一名高级官员担任,副理事多由各国财经部门副部长级或者司长级官员担任。他们是各国政府的代表,不是世界银行的国际雇员。理事和副理事任期均为 5 年,可以连任。

世界银行集团章程规定,成员国任命的理事和副理事同时也担任世界银行集团下属的国际金融公司和国际开发协会理事会的理事和副理事。除非另有说明,否则他们还将担任国际投资争端解决中心(ICSID)行政理事会的国家代表。但是世界银行集团下面的多边投资担保机构(MIGA)的理事和副理事则是单独任命。

按照章程,世界银行的所有权力由其最高决策机构理事会掌管。具体权力包括:①接受成员和中止成员国资格;②增加或减少核定股本;③决定世界银行净收入的分配;④对执行董事提出的申诉进行裁决;⑤做出同其他国际组织合作的正式和全面部署;⑥决定是否终止世界银行某项业务;⑦增加当选执行董事人数;⑧审批《协议条款》修正案。

除了上述权力之外,理事会将其他权力下放给了世界银行的执行董事会。执行董事会共有 25 名执行董事,他们与世界银行行长组成执行董事会。执行董事会在世界银行位于美国华盛顿特区的总部办公。25 名执行董事的构成是:世界银行最大的 5 个股东国(目前为美国、日本、德国、法国和英国)均委派一名执行董事,中国、俄罗斯联邦和沙特阿拉伯任命各自的执行董事,其余 17 名执行董事由其他 181 个成员国选出。世界银行执行董事会通常每周至少开两次会,对世界银行业务进行监督。其职责包括审批贷款和赠款、新政策的实施、管理预算、国别援助战略以及借款等。由世界银行行长主持执行董事会会议,通常行长无表决权,但在赞成票和反对票持平的情况下有决定性的一票。未经执行董事会明确授权,执行董事不能单独行使任何权力,也不能代表世界银行单独作出承诺或其他

①　春季会议一般在每年的 5 月。世界银行的财年是从前一年的 7 月 1 日到第二年的 6 月 30 日。春季会议相当于年会,所有分布在世界各地的世界银行职员都会集中到华盛顿总部参加相关会议。

约定。如遇执行董事缺席，副执行董事可全权代表执行董事行使职权。此外，世界银行的高级顾问和顾问协助执行董事开展工作，他们可以顾问身份和副执行董事一起出席大部分执行董事会会议，但无表决权。

二、 世界银行行长

世界银行的行长由世界银行执行董事会选出，任期为 5 年，可连任，而且行长之下设立有各地区和职能机构的副行长。但是世界银行的行长选聘一直存在争议，大部分联合国下属组织的领导都是基于平衡平等的原则来任命的，一些国家也希望世界银行能按照这个模式，但一直没有实现[①]。美国在世界银行最初成立时认缴的会费比例最大，影响也最大。

美国认为，世界银行行长的核心任务是："增加世界银行的贷款资本来源，并且知道如何最好的去运用这些钱。"世界银行的首脑被认为必须能够"跨越地域限制来与其他世界各地的同仁们交流工作，必须具有不可置疑的出色能力来推动世界银行成为一个高效和具有卓越能力技能的国际组织"。有学者认为，世界银行行长拥有至高无上的权力，是整个机构的核心。这主要是由于世界银行行长与联合国其他组织的首脑不同，没有那么多政治约定来约束他，尤其是世界银行自己运行的成本（比如硬件投入、员工薪酬、国家投入、研究经费等）都是直接来自组织的运行收益，因此世界银行行长在管理预算方面是独立的。经济上的独立很大程度上赋予了世界银行行长至高无上的权力。一个前世界银行副行长曾经说，"没有行长的认可什么都不可能实现，世界银行其实是被印上了历届行长们的个性和权威的痕迹"[②]。

众所周知，自世界银行成立至今，行长都按不成文的惯例由美国国会提名，经执行董事会选举产生，是世界银行行政管理机构的首脑。行长在执行董事会有关方针政策的指导下，负责银行的日常行政管理工作，任免银行高级职员和工作人员。行长同时兼任世界银行集团主席和世界银行董事会主席，但在一般情况下没有投票权，只有在执行董事会表决中双方的票数相等时，才可以投下关键的一

---

①② Phillip W. Jones. *World Bank Financing of Education*：*Lending*，*Learning and Development*. London：Routledge，1992：p.8.

票。行长往往具有长期的金融和财政工作经验,对于经济市场、世界经济及社会发展趋势有很强的判断力。

世界银行自成立之日至今,一共有 12 任行长。所有行长均是美国人,而且有 8 位行长都具有经济、金融学相关背景。例如第一任行长,尤金·艾萨克·迈耶(Eugene Isaac Meyer)是美国金融家,进入世界银行之前曾任《华盛顿邮报》出版人、美国联邦储备委员会主席。第三任行长,小尤金·罗伯特·布莱克(Eugene Robert Black, Jr.),任世界银行行长之前也曾任美国联邦储备委员会主席。

还有 4 位世界银行的行长没有直接相关的经济学背景,例如,世界银行的第五任行长罗伯特·斯特兰奇·麦克纳马拉(Robert Strange McNamara)。在其担任世界银行行长之前,曾是美国国防部长。世界银行的第七任行长小巴伯·本杰明·科纳布尔(Barber Benjamin Conable, Jr.)是美国军人、政治家,曾任美国众议院议员。世界银行的第十任行长保罗·沃尔福威茨(Paul Wolfowitz)。担任世界银行行长之前,保罗·沃尔福威茨曾是美国国防部副部长,美国国防部军事策划人之一,也被评论认为是美国小布什阵营中著名“鹰派”①人物之一。沃尔福威茨毕业于芝加哥大学,获哲学博士学位。1977 年进入美国国防部,负责外交关系,后历任美国国务院助理国务卿、美国驻印度尼西亚大使、助理国防部长。2001—2005 年,任美国国防部副部长。2005 年 6 月 1 日,他获得美国总统小布什提名,出任世界银行行长。沃尔福威茨以强势的工作风格著称,在小布什出任美国总统时,沃尔福威茨已提倡攻打伊拉克。他出任世界银行行长一职时,一些欧洲国家和国际组织批评其“作风强硬”。还有一位没有经济学背景的行长就是现任的金墉,2012 年 7 月,金墉成为世界银行历史上第十二任行长。2016 年 9 月 27 日,世界银行执行董事会一致同意,任命现任行长金墉连任第二个任期,为期 5 年,新任期从 2017 年 7 月 1 日开始。

金墉曾任美国达特茅斯学院校长,是一位公共健康专家。这位韩裔美国医生和人类学家此前曾在发展中国家花数十年时间进行对抗结核病和艾滋病等疾病的

---

① “鹰派”和“鸽派”是美国国内存在的两种主要势力。主张用武力解决争端的一派被称为“鹰派”,主张用和平手段解决问题的被称为“鸽派”。

研究。金墉的就任,打破了长久以来挑选有政府或金融工作经验的人士出任世界银行行长一职的传统。世界银行第十一任行长佐利克称,现任行长金墉拥有在发展中国家工作的经验,作为运营达特茅斯学院这家大型机构的负责人,也需要进行艰难的管理和财务抉择,他注重绩效的精神将推动世界银行更好地帮助成员国开展减贫事业。

表 4-1　世界银行历任行长简况

任期数	姓　名	简　历
第一任行长	尤金·艾萨克·迈耶	美国金融家,1895 年毕业于耶鲁大学。他曾在纽约的拉兹·弗雷雷斯银行(Lazard Freres)银行大楼工作,这所银行于 1901 年在纽约证券交易所上市。他在华尔街作为投资基金和创新者的经理,取得了良好声誉。他具有很强的公共责任感,曾参与凡尔赛和平会议,为联邦农场贷款委员会和重建金融公司服务。1933 年,他担任《华盛顿邮报》出版人,在第二次世界大战期间在国防调解委员会任职。1946 年成为世界银行行长。
第二任行长	约翰·杰伊·麦克罗伊	毕业于哈佛大学法律专业,保守的共和党人,对外交国际事务比较感兴趣。在第二次世界大战之前,他被任命为战争助理部长,在动员美国经济战争中发挥了关键作用。他参与了战争的大部分重大决策的制定,包括在欧洲和日本使用原子弹和占领政策。在麦克罗伊来到世界银行的时候,他已经作为律师、战时经理和顾问,获得了巨大的声誉。1947 年,他被任命为世界银行行长。
第三任行长	小尤金·罗伯特·布莱克	美国人,毕业于美国佐治亚大学,曾加入美国海军并在第一次世界大战时在北大西洋执行任务。第一次世界大战后他加入了哈里斯 & 福布斯公司的投资公司,很快开了亚特兰大公司的第一个南部办事处。1933—1934 年间曾任美联储主席。1933 年加入了大通国家银行,被任命为副总裁,最终被提拔为高级副总裁,负责大通国民银行大型投资事务,并成为早期管理世界银行的三位主要领导人之一(行长约翰·麦克罗伊和副行长罗伯特·加纳)。1949 年,布莱克被任命为世界银行行长。
第四任行长	乔治·伍兹	美国银行家。1901 年在马萨诸塞州波士顿出生,父母是犹太人。他完成高中课程后,在债券包销商哈里斯 & 福布斯当办公室杂务员。在公司提议下,他上夜校修读银行学及金融学。他后来当上包销部的买手,26 岁升上副总裁的位置。1930 年,其公司被美国大通银行收购,他任新公司的副总裁。后来他成为第一波士顿的副总裁及董事会成员。第一波士顿能够晋身成为美国最大的投资银行之一,伍兹居功不少。1947 年,他成为两位执行副总裁之一。1948 年升为执行委员会主席。1951 年升为董事会主席。1963 年被任命为世界银行行长。

（续表）

任期数	姓名	简历
第五任行长	罗伯特·麦克纳马拉	美国商人、政治家，美国共和党人，毕业于加里福尼亚大学伯克利分校经济学专业。1937年在哈佛商学院学习，并且形成了他独特的管理方式。1960年被任命为福特汽车公司总裁，不久，他被新肯尼迪政府提拔为美国国防部部长，被约翰逊总统任命为世界银行行长。
第六任行长	阿尔登·克劳森	1944年加入美国陆军空军。他在明尼苏达大学学习法律，并在1949年通过了司法考试。在洛杉矶做兼职工作时，他发现自己喜欢银行业务，于是开始了银行执行培训计划。1966年，他成为高级副总裁，然后晋升为执行副总裁和银行首席决策委员会成员。1968年，负责银行的国际贷款业务。1970年，他成为Bank America的总裁兼首席执行官，使其成为美国最有利可图的银行之一。1981年被任命为世界银行行长。
第七任行长	巴尔伯·康纳伯	是第一位被任命为世界银行行长的职业政治家，也是唯一没有华尔街或华盛顿经验的人士。生于纽约，来自法律背景的家庭，获得康奈尔大学法律学位。曾参加过第二次世界大战和朝鲜战争。之后，他在纽约开展了律师业务，然后选择了政治生涯。于1962年，他成为纽约州参议院的共和党成员。
第八任行长	雷维斯·普瑞斯顿	生于纽约，他在第二次世界大战期间参加美国海军陆战队。于1951年获得哈佛大学历史学位，并于1948年担任奥运曲棍球队队长。于1951年加入摩根大通，担任实习生。1966年任伦敦办事处主任。1968年被任命为国际银行执行副总裁。于1976年担任摩根董事会副主席，1978年任总裁，1980年担任董事长兼首席执行官。他于1989年辞去首席执行官职务，但仍然担任执行委员会主席，直到1995年离开世界银行。
第九任行长	詹姆斯·戴维·沃尔芬森	沃尔芬森是纽约华尔街的一位享有国际声誉的投资银行家。1933年生于澳大利亚，获悉尼大学学士学位和法学士学位。后移居美国，获哈佛大学商学院工商管理硕士学位。早期在发展中国家做了许多投资银行生意。1990年任华盛顿地区肯尼迪艺术中心总裁。1995年任世界银行行长。1999年，世界银行董事会一致通过对沃尔芬森连任行长的提名。2005年5月31日卸任。
第十任行长	保罗·沃尔福威茨	1973年进入美国军备控制和裁军署工作，先后任署长特别助理、助理署长帮办和限制战略武器谈判的特别助理等要职。1977年进入国防部，任部长帮办。20世纪80年代末期，出任美国驻印度尼西亚大使。1989—1993年出任美国国防部负责决策的副部长。1994年开始担任约翰斯·霍普金斯大学高级国际问题研究学院院长。2001年，他再次出任美国国防部副部长。2005年出任世界银行行长。

（续表）

任期数	姓　名	简　历
第十一任 行长	佐利克	1991—1992 年任布什总统参加七国集团首脑会议的私人代表。1993—1997 年任联邦抵押协会执行副总裁，还曾任美国外交顾问(副国务卿衔)、负责经济的副国务卿、白宫办公厅副主任等职。1997—1998 财政年度任美国海军学院国家安全事务教授。2001 年出任美国贸易代表。2005 年接替阿米蒂奇出任美国副国务卿。2006 年 6 月份辞去副国务卿职务，出任华尔街著名投资银行高盛集团国际副总裁。2007 年 7月 1 日就任世界银行第十一任行长。现为哈佛大学学者。
第十二任 行长	金　墉	曾在哈佛医学院、哈佛公共卫生学院和波士顿的布里格姆妇女医院担任教授和系主任，曾任哈佛大学的弗朗索瓦·格扎维埃·巴尼乌健康与人权中心主任。1985—1988 年，在美国财政部任职，其职位包括部长詹姆斯·贝克的顾问、财政部执行秘书、财政机构政策助理部长帮办。1987 年与他人共同创建"卫生伙伴组织"，2009 年 3 月担任达特茅斯学院院长，曾担任世界卫生组织(WHO)艾滋病防治部门主管。自 2012 年 7 月 1 日起，他担任世界银行集团第十二任行长。

　　世界银行宣称，与理事会和执行董事会的法律地位不同，世界银行行长完全向世界银行负责，而不对其他官方政府负责。世界银行行长为"中立的世界银行职员"的首长。世界银行行长由执行董事会以简单多数选出，出席并主持执行董事会议但并不享有表决权，只有当意见抵触的双方投票数相等时，行长才能投出决定性的一票。行长任期 5 年，虽然《世界银行协定》并没有赋予世界银行行长明确的权力，但实际上，在世界银行的工作中，行长起着非常重要的作用，行长的态度对于世界银行在重大分歧上的决策有举足轻重的影响。

　　首先，行长的权力可以表现在执行董事会的表决程序中，虽然根据《世界银行协定》，执行董事会的决议以董事投票方式决定，然而，实践中，执行董事会的一种长期建立起来的决议方式——协商一致(sense of meeting or consensus)经常代替正式投票表决方式，此时，世界银行行长往往能以其执行董事会主席的地位决定决议的最终结果。即使在执行董事会的决议中出现严重分歧，行长也可以拖延或推迟议程直至反对意见减少到勉强同意为止。甚至很多时候，以董事会主席身份出席会议的行长对于举手反对的董事视而不见径直宣布通过表决①。

---

①　范宇.论世界银行决策机制的改革[D].外交学院,2001:101.

其次,行长及职员负责起草决议并为董事会的政策决议提供建议或方案。世界银行的所有贷款都是由世界银行行长领导下的世界银行官员完成项目的立项、考察、评估、谈判等程序,并上报执行董事会最后通过,其间要经过一到两年时间,而且方案都已经相当成型,因此,董事会很少否决提交上来的贷款计划。因此,行长在贷款中起着非常重要的作用。事实上,从1993年起,世界银行的执行董事已经越来越集中于世界银行的发展战略与经济政策,关于具体贷款主要由行长领导的职员负责。

总之,世界银行行长的地位与其他国际组织中的执行主席(通常被称为秘书长、总裁、总干事等)完全不同。行长在世界银行中绝不是谨慎的最终裁决者、理事会决议的执行者,或者是行政事务总管,他就是世界银行的实际领导人。有的评论干脆称执行董事会才是世界银行行长的"橡皮图章"(Rubber Stamp)[①]。这种事实上的领导地位除了沿袭了历史传统、美国政府的任命权,而且还通过每任行长的自身风格强烈地表现出来。

在世界银行成立之初,执行董事控制了几乎世界银行的一切权力,并监督世界银行的一举一动。由于与美国执行董事科拉多意见相左,首任行长尤金·迈耶(1946.6—1946.12)上任半年便无奈辞去行长职务。第二任行长麦克罗伊(John Jay McCloy,1946—1949)上任前便提出要求,美国执行董事必须由他亲自挑选,以后的布莱克(Eugene Robert Black,1949—1963)、伍兹(George David Woods,1963—1968)、麦克纳马拉(Robert Strange McNamara,1968—1981)也都牢牢控制了董事会。而且行长沃尔芬森(James D. Wolfensohn, 1995—2005)一上台就显出强硬的态势,紧紧地把握世界银行管理与决策[②]。因此,实际上,世界银行长期处在以经济大国组成的执行董事会的管理决策和监督下,由美国人担任的行长居于极重要的地位,并且长期受到美国国会及其他非政府组织构成的非正式政治渠道的决策影响。[③]

---

① ③ 丁玉敏.世界银行决策机制研究[D].中国政法大学,2005:46.

② Devesh, John P. Lewis, Richard Webb, The World Bank: In First Half Century, Brookings Institution, 1997:p.23.

三、 世界银行副行长

目前,在行长之下,世界银行设有 30 名副行长级官员,其中含 6 名高级副行长(Senior Vice President)和 1 名独立监察小组主席、1 名独立评价局局长、1 名首席执行官,以及 21 名副行长(Vice President)。他们共同组成了世界银行日常管理的核心领导团队(见表 4-2)。世界银行现行的内部组织结构主要是在普瑞斯顿行长(Lewis Preston)和沃尔芬森行长交接时期,即在迎接世界银行建行 50 周年期间(1994 年前后)革新构建的。这两任行长将原先以地区为主的"单向管理体制",改变为地区分部与专业网络相结合的"矩阵管理体制",即在世界银行传统的非洲、亚太、拉美、南亚、中东、北非和欧洲、中亚几个地区分部之外,再设立"可持续发展""运行政策与国家服务""人类发展""减贫与经济管理"以及"金融与私营部门发展"5 个全球性专业网络。这样,每个世界银行专家既是某一网络和专业领域的专家,又相对固定地为某个地区和某些国家服务,使世界银行的整个业务更专业,对不同地区和国家的服务更科学、合理。金墉上任后,对世界银行内部结构做出改革,设立全球实践发展局,将原有的专业部门,如农业、教育、卫生、能源、环境、金融等都归属在全球实践发展局之下,设立全球实践发展局局长。

表 4-2　世界银行第 12 任行长时期高级官员一览表

序号	职　务	姓　名
1	行长	金墉
2	常务副行长兼首席财务官	若阿金·莱维
3	常务副行长兼首席行政官	杨少林
4	首席经济学家兼高级副行长	保罗·罗默
5	世界银行首席执行官	克里斯塔利娜·格奥尔基耶娃
6	高级副行长兼总法律顾问	桑蒂·欧科罗
7	高级副行长,主管 2030 年发展议程、联合国关系及合作伙伴事务	马哈默德·穆辛丁
8	副行长,主管预算、绩效管理与战略规划事务	安东内拉·巴萨尼

序号	职　务	姓　名
9	独立监察小组主席	冈萨洛·卡斯特罗
10	副行长兼世界银行集团首席道德官	奥斯曼·迪亚加纳
11	副行长，主管非洲地区事务	马克塔·迪奥普
12	副行长，主管南亚地区事务	安妮特·狄克逊
13	副行长，主管拉美和加勒比地区事务	豪尔赫·法米利亚·卡尔德隆
14	世界银行集团代理首席信息官、副行长，主管信息管理与技术	丹尼斯·罗比塔伊
15	副行长，主管中东和北非地区事务	哈菲兹·加尼姆
16	副行长，人类发展	凯斯.汉森
17	独立评价局局长	卡罗琳·海德
18	副行长，主管东亚和太平洋地区事务	维多利亚·克瓦
19	副行长，集团主计官	伯纳德·劳威尔斯
20	副行长，主管机构廉政事务	里奥纳多·麦卡锡
21	副行长，集团人力资源	肖恩·麦格拉思
22	副行长，欧洲与中亚	西里尔·穆勒
23	副行长兼审计长，内部审计	仲浩史
24	副行长兼司库	阿伦玛·奥特
25	副行长，世界银行集团机构对外关系	希拉·雷泽皮
26	副行长，主管运行政策和国家服务	哈特维希.谢弗
27	副行长兼集团首席风险官	拉克什米·希亚姆-桑德
28	副行长，主管金融发展	阿克塞尔·冯·托森伯格
29	副行长兼机构秘书长	伊冯娜·齐卡塔
30	副行长，可持续发展	劳拉·塔克
31	副行长，公平增长、财政金融与制度	扬·瓦利泽尔

四、 世界银行领导层人才特征

(一)教育背景

世界银行成立自 70 多年来,世界银行领导层人员的学历均为硕士及以上,其中大部分为博士,在国际顶尖著名学术机构任教或在学术机构担任过领导职位,有较高的学术造诣,出版过多本专著,发表过多篇有影响力的论文,在学术领域有一定的专业权威性。例如,世界银行行长金墉获得过哈佛医学院医学博士学位,担任过达特茅斯学院院长、哈佛医学院、哈佛公共卫生学院和波士顿的布里格姆妇女医院教授和系主任,也曾任哈佛大学的弗朗索瓦·格扎维埃·巴尼乌健康与人权中心主任。世界银行首席执行官克里斯塔利娜·格奥尔基耶娃获得过经济科学博士学位,曾担任过索菲亚国家经济和世界经济大学的副教授,发表了上百篇关于环境和经济政策的专题,其中包括一本微观经济学教科书。

对世界银行 31 名副行长的学历结构进行统计发现,其中具有博士学历的高层管理人员有 15 名,占总人数的 48%;具有硕士学历的高层管理人员有 8 名,占总人数的 26%;具有学士学历的高层管理人员有 5 名,占总人数的 16%;其他没有明确学历信息的高层管理人员有 3 名,占总人数的 10%,详细结果见图 4-1。

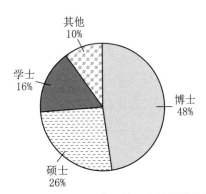

图 4-1　2017 年世界银行高层管理人员学历结构统计

备注:笔者根据收集到的世界银行高层人员简历信息统计。

通过以上数据,我们可以看出,世界银行高层管理人员的整体学历水平较高,具有硕士、博士学历的人数所占比例高于总人数的 2/3。世界银行的高层管理人员基本上都是高学历人才,保证了世界银行能够拥有较高的管理水平。

除去 3 名没有明确学历信息的世界银行高层管理人员外,对另外 28 名世界银行高层管理人员最后学历的专业进行统计,排名在前三名的专业分别为经济学、法学与金融,其中最后学历为经济学专业的高层管理人员共有 13 名,最后学历为法学专业的高层管理人员共有 3 名,最后学历为金融专业的高层管理人员共有 2 名,详细结果见图 4-2。

图 4-2　2017 年世界银行高层管理人员最后学历的专业统计

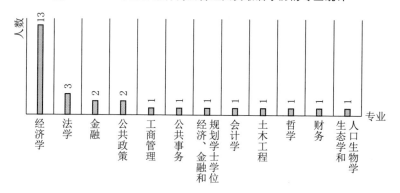

备注:笔者根据收集到的世界银行高层人员简历信息统计。

通过以上数据可以看出,世界银行高层管理人员最后学历的专业以经济学为主,约占总人数的一半;其他各专业人数较为均衡,均为 1—3 人,这与世界银行的主要业务有很大的关系。同时,在世界银行高层管理人员中,经济学专业人才所占比例最高,能够保证世界银行专业、准确地分析形势,做出合理的决策。虽然世界银行的业务主要与经济有关,但是我们也可以注意到,世界银行的高管中,也不乏其他专业的优秀人才。

(二) 社会声望

世界银行大多数高层领导人才都有较高的社会声望,如获得荣誉性奖章,或者被授予全球或本地区某方面的卓越贡献奖,或者是被知名媒体评选为最有影响力的几大人物。在进入世界银行之前,他们就已经在专业领域取得了卓越的社会影响力。

例如,世界银行高级副行长兼世界银行集团总法律顾问桑蒂曾获得 2014 年欧洲商会卓越成就奖之"法律专业突出贡献奖",她曾被英国《卫报》列为"改变金融城面貌十大女性"之一。作为"多元化倡导者",她名列《布鲁梅尔》*Brummell Magazine* 杂志 2015 年秋季版"金融城最励志女性";被 *City AM* 列入"最具影响力百名女性";也被英国《金融时报》列入"百名杰出少数族裔高管",排名第 30 位;与此同时,她还被《2016 年度富时指数企业女性董事报告》列为"值得关注的百名女性"之一,并于 2016 年 11 月获得英国黑人律师网授予的终身成就奖。此外,世界银行行长金墉博士于 2003 年获得麦克阿瑟"天才"奖,2005 年被提名为《美国新闻与世界报道》"25 个最佳领导人",2006 年被提名为《时代》周刊"百名最具影响力人物"。世界银行首席经济学家兼高级副行长保罗·罗默因创新对经济增长贡献的相关研究荣获莱顿沃德经济学奖。

(三)职业路径

世界银行领导层人员的职业路径主要分为两类,一类是一开始就在多个国际组织的基层工作,因为出色地完成任务,工作能力突出,一步一步被提拔到领导层。这一过程一般需要 15—25 年。例如,世界银行首席执行官格奥尔基耶娃从 1999 年开始在世界银行工作,任环境经济学家。2004 年,格奥尔基耶娃担任世界银行俄罗斯联邦局局长,常驻莫斯科;后担任世界银行环境战略、政策及贷款局局长;再后来担任东亚太平洋地区环境与社会发展局局长。2007—2008 年间,格奥尔基耶娃任世界银行可持续发展局局长,2008—2010 年间担任副行长兼机构秘书长,还担任过联合国秘书长人道主义融资高级别小组联合主席。又如,世界银行副行长阿尔巴曾任世界银行拉美和加勒比地区战略与业务局长。他拥有超过 25 年的跨地区工作经验,包括中等收入和低收入国家经验,多次担任世界银行重要管理职务。1999—2000 年,他担任东欧和中亚地区负责加入欧盟事务的副局长兼首席经济学家等。2000—2004 年,他担任中东和北非地区减贫与经济管理副局长。2004—2005 年,他担任贝宁、尼日尔和多哥国别局长。2005—2007 年,他担任布隆迪、刚果(布)、刚果(金)和卢旺达国别局长。2007—2010 年,他担任阿根廷、智利、巴拉圭和乌拉圭国别局长。2010—2012 年,他担任俄罗斯国别局长。阿尔巴还曾在世界银行发展经济学部门、南亚地区及非洲地区任职。

另外一类是在原国家担任要职,并具备国际组织相关的工作经历。在职期间,其工作能力突出,效果显著,受到一致认可,逐渐被提拔到领导层地位。例如,世界银行副行长杨少林,曾担任中国财政部国际财金合作司司长,主管中国与国际金融机构及外国政府的经济金融合作事务。在此职位上,他在亚洲基础设施投资银行和新开发银行的创建中发挥了重要作用。在国际组织方面,他曾担任世界银行中国执行董事。在此期间,他也曾担任治理与执行董事行政事务委员会主席,监管一些机构治理改革措施的制定与实施。杨少林还曾担任设在菲律宾马尼拉的亚洲开发银行中国副执行董事。最近,他同时担任亚洲基础设施投资银行和新开发银行董事会成员,以及国际农业发展基金中国副理事[①]。

(四)领导才能

世界银行的领导层人才具有较强的领导力。例如,金墉博士在担任世卫组织艾滋病防治部门主管时,领导了"三五目标"行动,这是有史以来制订的首个治疗艾滋病的全球目标。此项雄心勃勃的计划于 2003 年 9 月启动,到 2007 年底前最终实现了目标。

格奥尔基耶娃在 2008—2010 年担任副行长兼机构秘书长。其间,她负责世界银行集团高层管理班子、执董会与股东国之间的沟通。2008 年全球金融危机之后,她在世界银行治理改革及增资中发挥了关键作用。

高级副行长兼世界银行集团总法律顾问桑蒂·欧科罗作为其专业领域的领袖人物,于 2011 年 7 月被任命为设在海牙的国际金融市场知名专家小组(P.R.I.M.E.)管委会及专家小组成员,协助解决复杂金融交易中的国际争端。她在金融危机中、特别是在交易对手风险缓释中发挥了领导作用。

现任世界银行发展融资副行长阿克塞尔·冯·托森伯格在 2009—2013 年,担任发展融资(DFI)前身世界银行优惠融资与全球伙伴关系副行长,领导了国际开发协会的政策谈判和增资过程,包括 2010 年 12 月完成的 IDA 第 16 次增资,创增资 493 亿美元的历史新高。

[①] 此部分关于行长和高层管理人员简历的信息都来自世界银行官网,不再一一标注来源。

第二节　世界银行中层专业人才特征：以教育专家为例

世界银行不是一家普通的银行，其重要功能是将成员国缴纳的会费、投入的资金和获得的盈利收入，为各国的社会和经济事业的发展提供贷款、赠款和技术等支持。自1961年以来，世界银行一直为世界各国，特别是发展中国家的教育发展提供财政和技术支持。因此，世界银行拥有一支教育专家团队。

一、世界银行教育专家学历结构分析

据官网信息显示，截至2017年7月，世界银行共有20名头衔中含有"教育"的专家，其中具有博士学历的教育专家13名，占总人数的65％；具有硕士学历的教育专家5名，占总人数的25％；其他没有明确学历信息的教育专家2名，占总人数的10％。通过以上数据可以看出，世界银行具有博士、硕士学历的教育专家居多，其中1/2以上的世界银行教育专家具有博士学历。

如果再对20名教育专家的最后学历作所学专业统计，排名在前三位的专业分别为经济学、教育学与比较教育学。其中最后学历为经济学专业的教育专家共有6名，教育学专业的教育专家共有3名，比较教育学专业的教育专家共有2名，详细结果如图4-3所示。

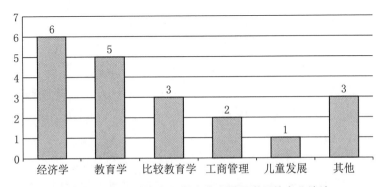

图4-3　2017年世界银行教育专家最后学历的专业统计

备注：笔者根据世界银行官网显示的教育专家简历信息进行统计

通过以上数据可以看出,世界银行教育专家最后学历的专业以经济学大类和教育学大类为主,几乎各占一半。这说明世界银行教育专家队伍与世界银行作为通过金融手段,与支持各国包括教育在内的社会事业发展的组织特征高度契合。这样的人才结构能够保证世界银行在选择和确定各国教育发展援助项目时的教育与财经两方面判断的专业性。这也与世界银行招聘原则相吻合。这两方面专业人才的结合有可能产生更高的工作效率和竞争优势,能够保证世界银行在教育领域,能够以不同的视角及宽阔的视野来制定决策及分析问题。同时,这也提醒我们,国际组织不仅需要了解国际组织和国际规则的外交人才,而且更需要专业能力强又善于国际合作交流,并能够投入国际发展事业的复合型人才。

二、 世界银行教育专家案例

案例一:教育学专业背景的中国籍世界银行教育专家

梁晓燕博士,世界银行首席教育专家。她在哈佛大学获得教育学博士学位之后,入选世界银行1998年的青年专业人才(YPP)项目,于1998年正式加入世界银行。她曾负责世界银行在中国、马来西亚、韩国和蒙古的教育项目,以及世界银行与东盟的部分合作项目,如韩国和东盟政府机构合作的“东盟＋技能发展论坛”。

2014—2016年,上海在经合组织的PISA测评中连续两次取得世界第一的好成绩,引起了世界银行的关注。世界银行东亚及太平洋区教育局的高级教育专家梁晓燕博士,带领团队与上海师范大学张民选教授团队合作,开展“世界银行SABER视角下上海基础教育发展经验研究项目”,获得了重要发现,项目报告《上海是如何做的》(*How Shanghai Does It*)将上海基础教育发展经验放置在世界银行SABER的框架下进行呈现,引起很多发展中国家的关注,并成为世界银行备受好评的报告之一。

2016年下半年,梁博士由高级专家升职为首席(leader)专家。据世界银行官网信息显示,她负责领导和管理世界银行在非洲、拉丁美洲和东亚地区实施的政策对话、研究和教育计划。梁晓燕博士在幼儿教育、职业技术教育和技能发展、教育财政以及教师教育等方面拥有扎实的教育政策研究、项目开发和实施经验,并在各类教育主题的杂志、报纸上发表了众多文章。她最近的工作包括“云南幼儿教育的挑战和机遇”和“中国经济转型与社会和谐的发展”。梁晓燕博士目前主要负责世界银行的非洲东南部卓越高等教育中心项目、非洲卓越技能中心、应用科学工程技术合作项目。

案例二:教育学专业背景的教育高级管理人员

贝文斯特(Luis Benveniste)博士是世界银行教育全球实践执行总监(Practice Director for the Education Global Practice of the World Bank)。他也是《2012年世界发展报告:性别平等与发展》(*World Development Report 2012: Gender Equality and Development*)的合著者。贝文斯特博士的研究兴趣主要集中于教师政策和学生评估实践,其他著作包括《柬埔寨的教学》(*Teaching in Cambodia*, 2008)、《老挝的教学》(*Teaching in Lao PDR*, 2008)、《评估的政治结构:与国家权力机构谈判和合法性》(*The political structuration of assessment: Negotiating state power and legitimacy*)、《教育:全球化与社会变革》(*Education: Globalization and Social Change*, 2006)和《其他人都平等》(*All Else Equal*, 2003),等等。

贝文斯特博士之前也曾在非洲、东亚和太平洋地区开展过各种各样的世界银行教育项目,先后获得了哈佛大学心理学学士学位以及斯坦福大学国际比较教育博士学位。

案例三:非教育学专业背景的教育高级管理人员

2016年,世界银行进行改革,设立了全球实践局。目前,杰米·萨维德拉·钱杜维(Jaime Saavedra Chanduvi)领导世界银行集团的教育全球实践。钱杜维拥有哥伦比亚大学经济学博士和秘鲁天主教大学经济学学士学位。他在2013—2016年期间担任秘鲁政府教育部长。在他的任期内,秘鲁教育制度得到了显著的改善。

钱杜维在职业生涯中,在贫困和不平等、就业和劳动力市场、教育经济学以及监测和评价体系等领域开展了开创性的工作。他曾在多个国际组织和智库中担任过职务,其中包括美洲开发银行、拉丁美洲和加勒比经济委员会、国际劳工组织、法国国家劳工组织和秘鲁全国劳工委员会。他还在学术界担任教学和研究职务,并发表了大量的论文。在担任秘鲁教育部长之前,他曾在世界银行工作10年,2016年重新回到世界银行。

三、 世界银行中层专业人员特征分析

在世界银行担任中层职位的专业人才数量众多。世界银行的主要决策都依靠中层人员实现,因此,分析世界银行中层职位的专业人才的特征具有一定意义。本部分选取了教育领域的中层人员的简历信息作为样本。综合来看,世界银行的中层专业人员具有以下几个方面的特征:

（一）基于工作经验的问题解决能力

工作经验丰富并能够运用经验进行团队指导。作为中层专业人员，世界银行的教育专家一般要求具有一定年限的工作经验。不同专业对经验的要求不一样，一般要有2—8年及以上的相对应的工作经验或者在国际机构工作过的经验。除了经验之外，还要求有能力指导缺乏经验的工作人员如何在相关领域应用相关技术处理问题。

（二）跨文化交往能力

世界银行的中层专家普遍担任具体项目的管理和咨询工作。世界银行一直强调以"客户"为中心，即以世界银行集团服务的对象国为中心，能识别并满足他们的需要，与他们经常保持联络，并对他们的反馈进行及时回应。在与不同性别和文化背景的人交往的过程中，要坚持尊重、真诚、互利合作、理解、平等原则。同时，世界银行还特别强调"目标取向"的思维方式，工作时必须目标明确，并鼓励在不同的团队层面共同合作，确保及时优质地完成任务。在这样的工作流程之下，世界银行的中层专业人员的沟通人际交往能力就显得极为重要。

（三）快速融入当地文化的能力

世界银行要求中层人员要具备灵活掌握与各国政府打交道的程序，并能快速融入当地文化的能力。世界银行的中层人员打交道最多的就是各国政府，对当地政府及其运作体系的深入了解，有利于工作的顺利开展。此外，中层人员在实际工作中会遇到一些世界银行组织规定中没有出现的情况，也没有可以参照的先例，因此，这些情况特别考验中层人员灵活处理、随机应变的能力以及对当地社会文化背景快速融入的能力。

（四）独立决策力

世界银行的中层专业人员在处理各种各样繁忙的事务时，能够根据事情的紧急重要程度确定事情的优先级，并能在高度的压力下，综合多种因素，做出正确的判断，对客户国的要求做出迅速、有效的回应，对于突发事件能灵活沉稳地应对，并能独立做出合理决策。

（五）领导力

世界银行认为，领导力不仅仅是具备管理职责的领导层人才应具备的能力，中层专业人才尤其应具备,主要表现为:能够建立和促进团队合作,具备复杂环境下对未来的洞见,并能高效地决策,学会授权并信任下属,学会自我管理,学会主动地分享成功并承担风险。

第三节　世界银行青年专业人员:选拔过程与启示

世界银行自 1963 年实施青年专家项目(Young Professionals Program,以下简称 YPP)以来,该项目已面向全球招募了来自近 90 个不同国家的 1 500 多名青年博士生。如今,这些青年精英的任职范围包含了世界银行副行长、世界银行各业务局局长、跨国公司 CEO、会员国政府高层官员以及国际专业机构负责人等。世界银行指出,YPP 的培养目标是各行各业未来的全球领袖。也正因如此,YPP 每年的应聘竞争十分激烈,以 2010 年度世界银行 YPP 招聘为例,全球投递简历的应聘者达到 28 000 名,有资格进入第一轮筛选的只有 1 000 名,经过三轮选拔后最终入选者仅有 30 名。由于 YPP 要求申请者年龄必须在 32 周岁以下,具有博士学位或博士在读经历,因此,对该项目的选拔要求、选拔过程以及最终入选的人才特质进行分析,将会为我国提高博士生质量、培养高级精英人才带来有益思考与启示。

一、 世界银行 YPP 招聘要求分析:"T"型人才

世界银行指出,YPP 需要的是"T"型人才。这里的"T"指的是"广度"与"深度"兼具的人才。分析来看,"广度"应主要包括两个方面内涵,第一是工作能力方面,候选人应具备整体观和大局观,能在准确把握世界银行宏观指导战略与运行理念的基础上,善于与世界银行的"客户"沟通,并具备极强的组织能力和领导才能,能带领团队协同共事;第二是知识基础方面,候选人除了精通本专业领域的知识,也应该对其他领域,如经济、政治等方面的重要常识与信息有所了解,即具有宽广的知识领域、全面的知识结构、开阔的学术视野和综合的知识素养。人才的"深度"则比较容易理解,主要指候选人在本专业领域的精深造诣。

世界银行对"T"型人才的这一要求,尤其是对人才"广度"的重视,不仅反映在其官方招聘公告中,而且在接下来的层层选拔中均有体现。以第二轮面试为

例,一名专业背景为工程学的候选人在进入面试房间后,5 位面试官向他提出的问题,分别包含了世界经济走向、政治局势、能源问题和减贫问题等①。

此外,即使是最终被 YPP 项目录取后,世界银行对青年博士生们的培养与考核,也依然紧密围绕"广度"与"深度"进行,其中仍以"广度"为首要条件。例如,新晋的青年专家们首先需要在世界银行进行为期 24 个月的多部门轮岗实习,以获得不同领域的实践工作经验。该实习分为两个阶段,第一个阶段(历时 12 个月)被称为"提升阶段",青年专家们在不同的部门实习中学到各种专业技能和工作经验,该阶段的重点在于参与、学习和领悟。这一阶段也被认为是提升人才"广度"的体现。第二个阶段(历时 12 个月)被称为"工作阶段",经历了第一个提升阶段并考核通过后的青年专家们,将加入世界银行在发展中国家(通常都是最贫困、任务最具挑战性的国家或地区)的团队进行现场作业。直到此刻,青年专家们才从事与自己所学专业直接相关的工作。世界银行认为,只有这些艰苦环境和高度挑战下的现场任务,才会为青年专家带来全球发展挑战的第一手经验和宝贵的成长历练,同时,青年专家们将通过这一途径真正熟悉和了解世界银行的生存之本——了解世界银行的客户、了解客户的问题、解决客户的问题②。

二、 世界银行 YPP 招聘过程分析

世界银行如何从众多的候选人中选拔出符合要求的优质人才,即怎样的人才符合世界银行的招聘要求,值得我们重点关注。

(一)第一阶段,28 000 名进入前 1 000 名:重"名"

本阶段的选拔依据主要是候选人提交的个人简历(Curriculum Vitae, CV),包括教育背景、研究经历、主要成果、教学或实践经历以及证明人信息。其中教育背景的"博士在读或已获博士学位"是硬性条件。尽管招聘信息中对学校排名、声望等均没有公开要求,但对最终成功入选的 30 名 YPP 候选人教育背景进行统

① Word Bank. YPP[EB/OL]. [2013-09-08]. http://siteresources.worldbank.org/EXTHRJOBS/Resources/1058432-1304013341703/ypp_at_a_glance.html.

② Word Bank. YPP[EB/OL]. [2013-09-08]. http://siteresources.worldbank.org/EXTHRJOBS/Resources/1058432-1304013341703/program_features.html.

计,所有的成功入选者来自世界名校或本国数一数二的高校。而且,相比于博士在读的候选者,世界银行更倾向于已获得博士学位者。博士在读的候选者若成功被选中,基本上都具有两项条件,一是都有 3 年左右的在发展中国家从事与发展援助事业直接相关的工作经验。二是硕士毕业于国际上或本国内非常知名的高校,而且掌握多种语言。另外,在研究或实践经历中,如果有为国际组织、本国或他国政府决策服务的经历,入选的可能性会更大。

由此可见,这一阶段,世界银行对候选人的了解基本上从所在学校、个人简历等外在信息而来,因此,所在学校具有国际知名度或在本国内排名前列的候选人,以及简历中能反映出具有为国际组织、本国或他国政府决策服务经历的候选人,入选的可能更大。

(二) 第二阶段,1 000 名进入前 200 名:务"实"

本阶段的选拔依据是候选人提交的材料,包括一张问卷、一篇小论文以及三名推荐人的推荐信。问卷的内容主要是对个人信息的深层了解,如个人研究方向、博士论文题目与内容摘要、硕士与博士学习期间的学科成绩等。小论文的题目很开放,即候选人为什么要申请世界银行的 YPP 项目? 被选中之后,你能为世界银行做出什么贡献? 三名推荐人的推荐信被要求推荐人直接发送到世界银行的指定邮箱。在这些提交的材料中,世界银行声称,知名人士的推荐不是决定因素,问卷中的个人信息仅起参考作用。唯一值得关注的是,已有赴美签证的申请者优先,或者正在美国或法国等地留学、访学的申请人更好。因此,小论文被候选者一致认为是决定此环节成败的关键。小论文的开放题目看似简单,却极容易导致候选人泛泛而谈,不着边际。经分析成功入选者的小论文答卷可发现,他们回答"为什么要申请 YPP"简明扼要,一笔带过。但在回答"如果被选中后能为世界银行做出什么贡献"时,却直奔主题,有观点、有实例。例如,一名入选者的回答就包含"如果我被选中,我将利用我的专业知识,帮助世界银行改进发展中国家国债发行市场……降低国债发行利息"①。

① World Bank. YPP 2010[EB/OL][2012-12-21]. http://www.econjobrumors.com/topic/world-bank-ypp.

由此可见,在这一阶段,世界银行对候选人的要求非常务实,就是要候选人清晰、具体地展示出其自身所具备的优势,以及凭借这些优势究竟能在世界银行中承担什么样的工作、为世界银行做出什么样具体的贡献。

(三) 第三阶段,200 名到前 30 名阶段:求"广"

经过第二阶段的选拔,前 1 000 名中入选的 200 人将在这一阶段接受面试,选出前 50 名,本阶段选拔依据的是候选人的面试表现。由世界银行人事官员和专家组成的面试评估组一起进行面试和评估。120 人在法国巴黎面试,80 人在美国华盛顿特区面试。面试形式分为直接的问答和小组辩论两种。由于具体的面试问题被要求保密,因此只能从个别候选人那里了解到一些大概的信息。首先,问题都是开放式的,而且面试考官都极其亲和、宽松,因此,参与面试的大部分人都自我感觉良好,但最后却没有中选。其次,候选人不管是什么专业背景,都会被问到社会科学、可持续发展减贫等领域的问题。再次,与政策相关的工作经验十分重要(参与政府部门工作),如果有服务国际组织的经验则更好。最后,在该年度的整个招聘周期结束之后,人事官员会给那些面试未中选的人一份正式反馈。反馈文本由简明扼要的人力资源术语组成,如表达能力不突出,千篇一律;缺少国际工作经验;缺乏足够的自我激励能力(self-motivation);刚毅、果断(assertive)不足;专业深度够,但广度不足等[1]。

由此可见,这一阶段,世界银行对候选人的要求除了对表达能力和沟通能力的一般性考核之外,重点依然回归到最初对人才"广度"的需求上,对候选人知识结构和实践经历的宽广性都十分看重。

三、 YPP 候选人案例分析

(一) 进入前 1 000 名的候选人个案

候选人 A,来自中国,申请年份 2010 年,从 28 000 名进入前 1 000 名。基于上述对世界银行招聘要求的分析,该候选人主要在以下几个方面胜出:①跨学科教育背景。候选人 A 的本科专业为经济学,硕士与博士专业为教育学。②

---

① The World Bank. *Young Professionals Program Policy Paper 2010*[R]. Washington, DC. 9.

为政府决策服务的研究经历。候选人 A 在硕士与博士就读期间,参与了多项国家级与省市级重点课题,其中包括《国家中长期教育发展规划纲要(2010—2020)》的研究起草。③与国际组织有若干工作来往。候选人 A 在博士就读期间,组织和接待过国际组织人员来访与交流,翻译并出版了国际组织的学术出版物。④来自中国,且性别为女,符合世界银行对女性优先和发展中国家优先的指导方针。

基于上述对世界银行招聘要求的分析,候选人 A 止步在前 1 000 名,未能进入前 200 名的原因主要有:①缺乏国际学习经历或跨国工作经验;②缺乏国际刊物上发表的或其他足够证明其卓越性的学术成果;③尚未取得博士学位,而硕士就读学校尚缺乏国际知名度。

(二)进入前 200 名的候选人个案

候选人 B,来自南美,申请年份 2009 年,从 28 000 名进入前 1 000 名,又从前 1 000 名进入前 200 名,获得了面试机会。基于上述对世界银行招聘要求的分析,该候选人主要在以下几个方面胜出:①工程学专业背景,具有参与国际组织发展援助项目的相关实习经验。②虽未获得博士学位,但硕士就读学校为美国常春藤名校。③小论文回答中,用大量实证阐述了进入世界银行后能服务的部门和能做出的贡献。④虽然不是美国公民,但本人在美国学习,不需要办理签证(注:签证问题在世界银行的问卷中有特别提问,显示出他们在同等条件下更加倾向于已有赴美或赴法签证,或正在美国、欧洲等地访学、进修的候选人,这样不会因为签证被拒问题而导致面试名额浪费)。

基于上述对世界银行招聘要求的分析,以及世界银行人力资源小组给予的官方反馈,候选人 A 止步在前 200 名,未能进入前 30 名的原因主要有:①在面试中被问及专业知识之外的领域,如可持续发展、世界经济趋势等问题时,被认为"回答比较浅表,不具有自己的观点",从而被认为不符合世界银行对人才"广度"的要求。②虽然从事过大量的研究工作,也具备国际实习经验,但未曾有"独当一面"的角色,领导才能体现不足。③在小组辩论环节,被认为"过于表现自己,不能及时觉察周围伙伴的感受,团队能力不足"。

（三）进入最终人选 30 名的候选人个案

候选人 C,来自中国,申请年份 2000 年,最终进入前 30 名,获得了进入世界银行的机会。基于上述对世界银行招聘要求的分析,该候选人主要在以下几个方面胜出:①有国内一流高等院校与跨学科教育背景。候选人 C 本科毕业于在国内化学专业比较领先的南开大学化学系,硕士和博士则就读于被视为全国经济专业翘楚的中国人民银行研究生部。②有宏观决策服务的研究与工作经历。候选人 C 毕业后进入中国人民银行工作,主要从事金融监管、国有银行不良资产处置与国有银行商业化改制、金融改革开放政策及金融法规的起草与制定工作。③有独当一面的工作才能。候选人 C 为中国人民银行做出过很多开创性贡献,他是中国人民银行首套外资金融机构监管报表与电脑化监管体系的主要设计者,并主导编写了首部非现场监管手册等。④有卓越的学术成就,候选人 C 在业界最先提出了中国金融风险性监督理念,硕士与博士就读期间发表了 30 多篇关于金融监管和金融改革与开放的文章。

四、 世界银行 YPP 项目招聘的启示

（一）关注"广度":培养跨学科拔尖博士生

世界银行对青年专家的要求是"T"型人才,将人才的"广度"放于首位。这里"广度"既是指宽广的知识领域和全面的知识结构,也是指开阔的学术视野和综合的知识素养。以 2010 年的申请者为例,在申请 YPP 成功的案例中,100% 候选人具备了跨学科教育背景。这不仅是世界银行对高级人才的要求,也是全球化背景下各国对高级人才需求的总体趋势。2004 年以来,麻省理工学院积极鼓励跨学科博士生招生,要求入学者不仅需要具备跨学科领域的相关知识储备,而且还须具备娴熟的语言表达能力、书面表达能力和动手操作能力。学生入学后将面临众多的跨学科课程学习,还必须在不同院系担任助研、助教工作,熟谙多学科的研究方法,还要参加各种学术会议,了解跨学科研究领域的最新发展状况。2005 年欧洲联合会(EUA)召开了来自 25 国的 49 所大学参加的萨尔兹堡会议,最终形成《萨尔兹堡十项原则》,其中第一条就提出:博士生训练的核心是通过原创性研究增进知

识,同时也应该满足学术界之外更广阔的劳动力市场的需求。随着政府、市场和知识创造之间的关系呈现复杂化,对知识的要求越来越趋于多样化,博士生教育和研究训练的"知识"也不再以纯粹单一的知识探究为旨趣,其范围正在不断扩大①。

中国对博士生培养目标的定位可追溯到1982年原国家教委颁布的《关于招收攻读博士学位研究生的暂行规定》,其中明确规定博士生的培养目标是:"德智体全面发展,在本门学科上掌握坚实、宽广的基础理论和系统深入的专门知识,具有独立从事科学研究工作的能力,在科学或专门技术上做出创造性成果的高级科学专门人才。"②这一规定说明了我国将博士生的培养目标主要限定在对本门学科和专业的掌握上,一定程度上不利于人才"广度"的拓展与加强。江泽民同志指出,"科学研究应更加重视与人类前途命运攸关的全球性问题,尤其要加强跨学科交叉研究……形成新科学的重要生长点"③。武汉大学在2011年底建立全国首个博士研究生跨学科拔尖创新人才培养试验区,招收进入试验区的博士生将拥有"大师＋团队"的集体指导,且每个人的人才培养方案均是"量身定做",学位证书与毕业证书也将"特制"④。

随着近年来博士生教育规模扩张引起的质量下滑问题日益显现,培养模式应该尽快从规模扩张转向结构调整。其中,着眼于通过跨学科方式培养拔尖创新人才、重点培养科学帅才与战略科学家,将不失为一个最佳突破口。

(二)审视"深度":完善博士生学术评价标准

除了"广度"之外,世界银行要求青年专家具有足够的"深度",即在本专业领域具有显著的学术成就,拥有卓越的专业造诣。而这里的显著与卓越又该如何体现?评价标准如何?首先,在世界银行招聘青年专家过程中并不看重学术成果的数量。在世界银行笔试问卷的"学术成果"一栏中,仅要求候选人填写最具代表性的学术成果,并且限制了字数与行数,旨在请候选人展示其成果中最精华的部分,

---

① 王东芳.博士生教育质量评价——新情境下的挑战与启示[J].学位与研究生教育,2012(2):14—19.
② 张英丽.我国博士生的学术职业选择与准备[J].学位与研究生教育,2009(2):1—4.
③ 江泽民.论科学技术[M].北京:中央文献出版社.2001:214.
④ 程墨.武汉大学建博士跨学科拔尖创新人才培养试验区[N].中国教育报,2011-6-21.

而不是靠量取胜。其次,世界银行请候选人阐述出学术成果的创新性或者在本行业内的前沿性,并不要求阐述发表刊物的影响因子、排名或其他声誉等。最后,世界银行甚至不要求候选人的成果一定公开发表或出版,只要候选人能提供证明人和项目名称等可供查证的信息。毋庸置疑,世界银行心目中的"显著与卓越",是指那些具有创新性、前沿性的学术成果。世界银行深知,知识的特性决定了知识的复制和传播比较容易,而知识的生产却相当困难。因此,在信息技术发达、学术交流频繁的今天,只有新知识才有价值。"一个有创意的错误,胜过一打老生常谈",独创性工作有助于开启新的知识增长源和新的学术疆域,真正推动社会进步的正是"创新与前沿"。

目前中国对包括博士生在内的研究人员群体常用的学术评价手段主要是"文献计量法"。"文献计量法"主要以引用率和影响因子来衡量成果的学术水平和刊物的学术水平。事实上,一则在短时间内引用率是不能有效反映成果的学术水平的,尤其是对那些刚发表不久的成果而言;二则某些高水平的学术成果也存在着曲高和寡的情况。正如2002年美国《科学》杂志总编指出,"《科学》杂志上发表的一些优秀论文很少被引用,而一些不那么重要的论文却被广泛引用"[①]。著名经济学家张五常也指出:"数文章发表的多少,评定文章发表的学报的高下,甚至计算文章在国际上被引用的次数,都是做不得准的。就我所知的国际上最优秀的经济系而言,没有一家采用这些准则。"[②]

诚然,博士生的学术发表能力包含在研究能力范畴之内,而且对提高学术水平、促进探索发现具有不可替代的意义,但"文献计量法"所具有的缺陷却十分不利于博士生学术能力的提升,反而容易将博士生引入到"为发表而发表"、针对学术期刊偏好"量身撰文"的不良方向中去。世界银行对青年专家学术成果"创新性"和"前沿性"的强调也提醒我们,应该建立以创新力度为重要评价标准的新型学术评价方法,以创新论成果,将创新力度作为评价的重要标准,弥补原有"文献计量法"和"同行评议法"等学术评价方法的不足,从而显著提升学术评价的客观

---

① 唐纳德·肯尼迪.锦标赛、奖金和《科学》杂志[N].[2002-02-15].http//:www.Survival99.com/entropy/paper/p60.htm.

② 张五常.学术上的老人与海[M].北京:社会科学文献出版社,2001:37.

性,以更加完善和高效的学术评价标准树立创新导向,培养卓越人才。

(三)充实"经历":建立博士生实践机制

入选世界银行青年专家项目的候选人,都具有丰富的实践经历。以进入前200名、获得面试机会的候选人为例,他们全部具有参与大型研究项目、为政府决策服务或参与国际组织发展援助项目、服务于公益事业等实践经历。就中国实际情况来看,博士生参与实践主要有以下两个方面特点:

第一,博士生参与实践的形式较为单一,多以参与课题研究为主。尽管常有博士生社会活动的消息见诸报端,如"博士生进社区、博士生进山区、博士生下企业"等,但参与这些活动的博士生数量与中国博士生总数量相比,仅是冰山一角。例如,2011年10月,浙江大学联合组织食品、动物科学等专业8名博士生走进浙江偏远欠发达县,开展科普宣传、科技培训等,而2011年浙江大学在校博士生总数为7 398人[①]。又如,2009—2011年间,清华大学共有1 686名博士生参与除科研项目之外的社会实践,可谓成绩不俗,但也仅占清华大学2011年在校博士生总数量7 808人的21%左右。而与此相对的是,清华大学70%以上的博士生在校期间参研两项以上"863"计划、"973"计划、国家自然科学基金项目等重大课题[②]。由此可见,中国博士生在校期间的社会实践仍然以参与科研课题为主。

第二,博士生参与课题项目的类型比较单一,以横向课题居多,纵向课题较少,而为政府决策服务的或国际组织发展项目、公益事业项目等课题较为缺乏。导致这一现象的主要原因是机制问题,如人员经费。在中国自然科学基金项目中,人员费用基本都严格控制在15%以下。例如,2011年某自然科学基金项目资助额度约为60万元,研究年限为3年,根据规定,人员经费应为8万元,平均每年不到3万元,而课题组博士研究生和博士后至少有三四名。更有甚者,国家科技重大专项在2011年前还没有人员费用相关规定。正如某博士生导师所说:"如果没有横向课题支撑,导师支付博士生与硕士生的费用会非常吃力。"除了上述情况

---

① 浙江大学研究生院. [EB/OL]. [2014-08-07]. http://www.zju.edu.cn/redir.php?catalog_id=1000021.

② 清华大学研究生院.[EB/OL].[2014-08-07].http://www.tsinghua.edu.cn/publish/th/6178/index.html.

之外,那些在申请国家大型课题、纵向课题和横向课题项目中不具竞争力的高校或者专业的博士生,在社会实践方面则更为欠缺。

只有能理论联系实践的学术才具有生命力,一方面,中国高校应充分认识博士生社会实践的重要意义,将博士生社会实践纳入博士生课程的必修环节中,设立专人和专门机构负责组织执行,将博士生社会实践机制化和机构化,将博士生社会实践与专业体验紧密结合,与劳动就业紧密结合,提高参与社会实践的博士生数量,拓展博士生社会实践内容。另一方面,中国政府应改革课题经费使用规定,拨出专项经费作为博士生人力报酬,提高博士生参与纵向课题尤其是政府决策课题以及公益事业项目的积极性。此外,加大在"国家建设高水平大学公派研究生项目"中设立专项奖学金的力度,既鼓励博士生利用学校国际交流平台到国际组织实习、工作,也鼓励博士生积极申请参与国际组织发展援助项目,做研究人员或志愿者,为第三世界国家服务。

第四节　世界银行基层人才构成与特征分析

一、来源国区域和工作区域

(一)员工来源国区域

据世界银行官方网站 2017 年公布的统计数据,世界银行现有员工约 1.6 万人,来自美国和加拿大(United States & Canada)有 3 100 人,来自拉丁美洲和加勒比海(Latin American & the Caribbean)有 2 100 人,来自中东和北非(Middle East & North Africa)有 837 人,来自非洲(Africa)有 2 230 人,来自南亚(South Asia)有 2 390 人,来自欧洲和中亚(Europe & Central Asia)有 3 050 人,来自东亚太平洋(East Asia &Pacific)有 2 200 人。其所占比例如图 4-4 和图 4-5 所示。

(二)员工工作区域分布

据世界银行官方网站 2017 年公布的统计数据,世界银行在美国和加拿大(United States & Canada)工作的员工有 9 108 人,在拉丁美洲和加勒比海(Latin

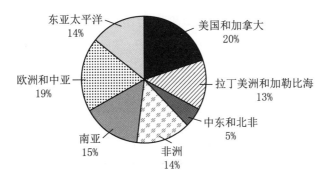

图 4-4 2017 年世界银行员工区域分布①

American & the Caribbean)工作的员工有 717 人,在中东和北非(Middle East & North Africa)工作的员工有 508 人,在非洲(Africa)工作的员工有 1 677 人,在南亚(South Asia)工作的员工有 1 479 人,在欧洲和中亚(Europe & Central Asia)工作的员工有 1 256 人,在东亚太平洋(East Asia & Pacific)工作的员工有 1 257 人。所占比例如图 4-5 所示。

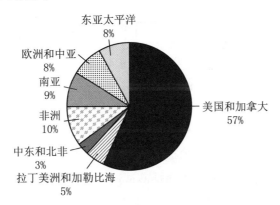

图 4-5 2017 年世界银行员工工作区域分布②

二、 人才职位分级与上岗流程

(一)职位分级

世界银行采用独立的一系列人员职位等级系统,区别于联合国其他机构。

---

①② 资料来自世界银行官网 https://www.worldbank.org/en/work-with-us.

目前,世界银行使用10个等级来强化世界银行的员工劳动力,分别用字母GA—GJ 来表示职位等级,各等级有相应的职位责任、技能与要求,如图4-6所示。

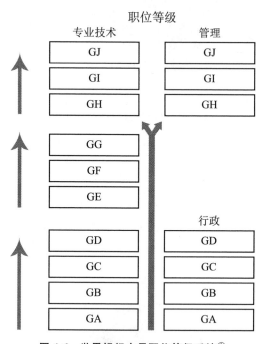

图4-6 世界银行人员职位等级系统①

行政工作(administrative jobs)等级用GA—GD表示,该类工作支持银行业务功能,其中典型的工作包括办公室助理、办公室经理、行政助理等。

专业技术工作(professional & technical jobs)等级用GA—GJ表示,工作重点是技术专长和知识、先进的学术成就和/或技术专业证书。如硕士或博士,一般至少有5年的相关经验。典型工作是投资经理、业务主管、项目经理、知识管理人员,技术专家/高级技术专家、经济学家/高级经济学家、金融专家等。

管理工作(managerial jobs)等级用GH—GJ表示,世界银行管理人员负责对员工的日常管理、工作计划和预算,并且为员工提供思想指导、愿景和良好的环境,以热情和专业的精神完成世界银行的使命。自下而上分别是:部门经理、部门

① 资料来世界银行官网 https://www.worldbank.org/en/work-with-us.

主管、区域经理、区域主管、高级顾问、副总裁等。

（二）新员工上岗流程

世界银行新员工上岗流程是将新员工融入机构的过程。从员工招聘开始，通过入职逐步熟悉世界银行集团，这一系列为期 6 个月的活动，旨在加深新员工对世界银行、单位及团队的逐步了解。

世界银行新员工上岗的具体流程：

● 新员工上岗的第一天，世界银行集团将举行新员工的欢迎仪式，并介绍进入总部和办事处的基本原则。

● 新员工入职第一个月，世界银行会组建专门的新员工支持团队，由人力总监、人力资源职员及同伴帮助新员工了解他们的角色和工作计划，并帮助其融入世界银行的企业文化。

● 新员工入职第二个月，新员工了解世界银行的组织愿景和使命，明确世界银行的定位，新员工加深对区域、个人单位以及世界银行各级机构职能的了解，并且学习如何获取网络和信息资源，以提高工作效率。

● 新员工入职第三个月，新员工部门主管与新员工一起讨论个人成长计划，并战略性地确定学习路线，以提高新员工的技术、操作、行为和领导能力。

● 新员工入职第四个月，安排新员工与世界银行高层领导会面，并帮助其了解世界银行的挑战与期望。

● 新员工入职第五至六个月，通过有效的监测和评估框架收集新雇员的反馈意见，世界银行根据这些意见回应新雇员的需求和疑问。

三、 人才福利及流动政策

（一）人才福利

世界银行为员工提供有竞争力的薪酬和福利，以吸引更多的人才。薪金的水平具有较强的国际竞争力，主要以学历资格和专业经验为基础。此外，世界银行的员工福利主要包括健康、人寿、意外和其他保险计划、养老金计划、搬迁、安置和外派福利、带薪休假等，如世界银行总部的工作人员可以自费选择额外的人寿和意外保险。

此外,世界银行还向所有员工免费提供残疾和工伤补偿保险。世界银行为全体员工提供全面的养老保险计划。对于被任命国际职位的工作人员,世界银行将对其发放搬迁及安置津贴。同时,对于被任命到总部职位并且符合条件的外籍工作人员,世界银行将给予流动性费用。被任命到非总部职位的工作人员,也有资格获得其他外派人员的福利。世界银行的新员工每年累计享有 26 天的年假和 15 天的病假。

在协调员工工作与生活关系方面,世界银行基于机构的业务需求以及个人具体情况,努力为员工提供灵活的工作安排,使员工能够更好地在工作和个人生活中取得平衡。采取的措施主要包括远程办公、弹性工作时间等。此外,世界银行总部还提供其他服务来协助员工实现工作与生活之间的平衡。例如,卫生服务部门(Health Services Department)在工作日为世界银行员工提供轻微疾病或受伤的咨询和治疗,以及与工作相关的临床服务(如职前评估和旅行医学)和预防保健服务。该部门有一个健康促进计划,为世界银行员工提供持续性的计划和定期活动,以鼓励员工和家庭养成良好的健康习惯。世界银行的健身中心提供最先进的健身器材、更衣室、淋浴、桑拿等,以促进和维持员工的健康、士气和工作效率。在儿童保育方面,世界银行认识到许多员工高度重视优质的儿童保健服务,为此世界银行儿童中心在这方面致力于高品质的服务质量,并且对于需要紧急或临时照看儿童的工作人员提供后备儿童看护。

(二)内部流动及支持政策

世界银行集团从世界各地招募员工,包括国际招聘人员和本地招聘人员。国际招聘人员需要具有全球流动性和国际经验,本地招聘人员则不需要。世界银行员工通常可以续约留任,任用期限最低为 1 年,最长为 5 年。不受任期限制的情况很少,视具体情况而定。国家办事处的职位通常是本地招聘的,如果不能在当地找到具备所需技能的候选人,或者全球流动性和国际经验至关重要,那么可能会进行国际招聘。

世界银行致力于为员工提供必要的资源和支持,以帮助他们进行搬迁和工作流动。员工及家属搬迁的成功对世界银行集团消除极端贫困和促进共同繁荣的使命至关重要。全球员工流动团队帮助世界银行员工搬迁到国家办事处或华盛顿特区,他们为整个搬迁周期提供指导,包括住房、教育、托儿、配偶、具体国家的资源和信息等,并向薄弱和受冲突影响地区的工作人员提供专门的支持。

四、 基层人才需具备的能力特征

(一)学习能力与热情

基层人才需积极主动学习相关政策,以及程序和发展中的新技术。世界银行组织大部分工作职位都需要跨专业领域的知识,同时在日新月异的国际组织和社会中,没有主动学习的心向,终会落伍。所以,世界银行要求员工必须要有强烈的学习意愿和持续学习的能力,对待学习持开放的心态,学会及时地分享知识、更新知识,特别是根据任务需求寻求所需的新知识,并快速学习。

(二)语言能力

世界银行一般要求员工具备良好的英文写作能力和口语表达沟通能力,掌握英语口头和书面沟通技巧,注重细节,能够简洁地传达复杂的信息和外交用语,具有在短时间内和在压力下进行分析和简明地进行写作的能力。非英语国家的员工要精通两种(本地语言和英语)语言。在所有的招聘语言要求中,英语和法语最为常见。

(三)尊重多元文化的价值观

世界银行集团是一个不同文化汇聚的大家庭,每个人都有自己的文化背景、宗教信仰和风俗习惯。要在这个大家庭中和谐共处,就必须学会尊重不同的文化价值,尊重并理解多元化的观点,了解并包容不同文化,在多元文化工作环境中有效沟通和工作,并以合适的方式与不同文化背景的人互动。此外,作为平等的表率,世界银行集团特别注重残疾人的地位,比如在招聘启事中,特别强调鼓励残疾人申请相关职位。

(四)优秀的行政技能

员工应能够熟练应用办公软件,具有熟练使用数据处理和分析工具等的经验和知识,包括 Microsoft Office(Word、Excel、PowerPoint)、Project 等。同时,他们应具有协助部门领导组织、优先排序、计划和协调工作和活动的能力。

第五章
经济合作与发展组织人才构成与特征

经济合作与发展组织(Organization for Economic Co-operation and Development,简称经合组织或 OECD)于 1961 年 9 月在巴黎正式成立。进入 21 世纪以来,通过开展决策研究、制定国际规范、推进同行审议和拓展国际合作等,OECD 已经由主要服务少数成员国、侧重于经济政治的国际组织,演变成具有全球重要影响的综合性国际组织。OECD 的蓬勃发展离不开其高度专业化和国际化的专业技术人员队伍的支撑。因此,有必要对 OECD 专业技术人员队伍特点及其遴选与聘任要求进行总结与分析,这对我们打造国际化的人才队伍,向有关国际组织输送人才具有重要的借鉴意义。

第一节　机构基本情况

OECD 的前身为 1948 年 4 月成立的欧洲经济合作组织(OEEC)。欧洲经济合作组织是出于协调落实第二次世界大战后欧洲恢复重建的"马歇尔计划"而成立的,当时有英国、法国、意大利等 18 个欧洲成员国家。成立之初,该组织就具有强烈的意识形态特点,所有成员国都是资本主义、西方民主的发达国家。通过美国的援助支持,加强国家间的合作,该组织推动了欧洲重建和稳定发展。1960 年

12 月,欧洲经济合作组织的使命基本完成,欧洲 18 个成员国即与美国、加拿大共 20 个国家签署《经济合作与发展组织公约》,决定成立经济合作与发展组织以取代欧洲经济合作组织。该公约于 1961 年 9 月在巴黎生效,经济合作与发展组织正式成立①。

一、 核心价值与成员国

依据 1960 年签订的《经济合作与发展组织公约》,OECD 的宗旨是:①使成员国维持财政稳定,最大限度地实现经济和社会的可持续发展,提高就业和生活水平。②帮助成员国以及非成员国实现经济良性发展。③遵照国际义务并在多边和非歧视基础上促进世界贸易发展②。OECD 的使命是推广发展经济和改善民生的政策,即良策造福民生(Better Policies for Better Lives)。OECD 核心价值包括以下方面:①客观。独立做出基于证据的分析和建议。②开放。鼓励通过商讨达成全球关键性议题的共识。③进取。敢于从自身做起,挑战传统观念。④开拓。确立并解决不断出现的各种新挑战和长期挑战。⑤信誉。公信力建立在信任、廉正和透明基础上③。

1961 年,OECD 的创始成员为 20 个国家,即英国、法国、德国等西欧资本主义国家加上美国与加拿大。1964 年后,在美国的鼓动下,日本、韩国两个亚洲国家,澳大利亚、新西兰等大洋洲国家,墨西哥和智利等拉美国家先后加入了OECD。20 世纪 90 年代以后,苏联解体、东欧剧变,原来以苏联为首、欧洲社会主义国家参与的“经济互助委员会”(简称“经互会”,成立于 1949 年)不复存在(1991 年解散),作为“新欧洲”成员的匈牙利、波兰、捷克和爱沙尼亚等东欧国家也分别加入了 OECD。2018 年 5 月 3 日和 25 日,成员国先后一致同意邀请立陶宛和哥伦比亚加入 OECD。在完成必要的法定程序后,这两个国家分别成

---

① OECD. History of OECD [EB/OL]. [2017-09-08]. http://www.oecd.org/about/history/.

② OECD. Convention on the Organisation for Economic Co-operation and Development [EB/OL]. [2017-09-10]. http://www.oecd.org/general/conventionontheorganisationforeconomicco-operationanddevelopment.htm.

③ OECD. About the Organization for Economic Cooperation and Development.[EB/OL]. [2017-09-20]. http://www.oecd.org/about/.

为 OECD 第 36 和第 37 个成员国。另外,依据 OECD 章程第一补充条款,欧洲委员会可以全面参与 OECD 的各项工作,但没有投票权。OECD 成员国虽然数量不多,但涵盖了"七国集团"国家(包括美国、英国、法国、德国、意大利、加拿大和日本)、绝大多数欧盟国家(欧盟 28 个成员国中 23 个为 OECD 成员国)和超过半数的"二十国集团"国家(该组织 19 个成员国中 11 个为 OECD 成员国),是"发达国家的俱乐部",在全球经济和贸易方面具有重要影响,并且地域上具有广泛代表性。

OECD 理事会对扩展会员秉持一种开放而又谨慎的态度,其目标不在于单纯扩大会员规模,而在于能够在全球范围内推广实施其有关政策和标准。OECD 对申请加入的国家主要有以下审核标准:①意志相近,指该国必须与成员国具有相似的价值观,最基本要素是"开放与透明的市场经济和基于法制与人权的民主原则",还要考虑基本经济状况、社会治理和法律状况等。②有影响力,指该国必须具有一定的实力,能够与现有成员在经济、社会和环境政策方面能够相互影响,能够对区域或世界经济秩序的建设做出贡献。③互惠互利,一国的加入既要符合其自身利益,也要符合已有成员利益。④全球代表性,即要适当考虑将来成员的地域多样性和覆盖面。在收到申请后,OECD 有关委员会对申请国有关领域政策和实践进行审核,以评估其与 OECD 各种决议、标准和要求之间的相符性。最后,理事会将依据审核结果决定是否接受申请国成为 OECD 成员[1]。例如,哥伦比亚 2013 年受 OECD 邀请开启准入过程。其间,该国接受了 OECD 23 个业务委员会深度评审,依据 OECD 标准对以下领域的法规、政策和实践进行了重大改革:劳动就业、司法体系、国有企业公司治理、反腐败和贸易等,并在工业化学品和废弃物管理等方面制定了新的政策[2]。

二、 经费情况

OECD 经费预算收入主要包括两大部分:第一部分主要为成员国分摊的常规费用和自愿捐赠费用,第二部分为部分成员国及非成员国参加特定项目的费用、

---

① OECD. Framework for the Consideration of Prospective Members[EB/OL]. [2017-09-12]:7—10. https://www.oecd.org/mcm/documents/C-MIN-2017-13-EN.pdf.

② OECD. OECD countries agree to invite Colombia as 37th member. [EB/OL]. [2018-06-10]. http://www.oecd.org/newsroom/oecd-countries-agree-to-invite-colombia-as-37th-member.htm.

养老金费用、出版物销售费用等。2017 年年度预算总金额为 3.7 亿欧元,其中第一部分费用约为总预算的 53％,由成员国依据经济规模的大小进行分摊的常规费用约为 1.3 亿欧元,分摊费用最多的 10 个国家依次为:美国(20.6％)、日本(9.4％)、德国(7.4％)、英国(5.5％)、法国(5.4％)、意大利(4.1％)、加拿大(3.6％)、韩国(3.1％)、澳大利亚(3.1％)和西班牙(3％),其中前七位是七国集团国家(G7),其总份额达到 56％。22 个国家(占国家总数 62.9％)分摊费用的比例不到2％,其中匈牙利、斯洛伐克、卢森堡和冰岛分摊的费用不到 1％[①]。

为了保持 OECD 长期稳定的经费来源,调和经费贡献大国对于费用分摊比例悬殊的不满,OECD 2008 年部长级理事会通过了财务和预算改革方案。该方案自 2009 年 1 月起实施。新方案基本原则为:在考虑通货膨胀情况下保持 2008年的实际预算水平;分摊的费用包括平均分配的基准性费用(不超过预算经费30％)和考虑支付能力的大部分费用(不低于预算经费 70％);为了缓解由于改革对经济体量较小国家的冲击,平均分摊 30％的份额将在 10 年内,即 2018 年年底逐步达到等。2009 年实施新的财务改革原则以来,经济体量较小国家分摊的费用将有所上升,经济体量较大国家分摊费用将有所下降,差距将有所缩小。2017年在 35 个成员国当中,4 个新增成员国采用相对固定的份额;相对 2008 年,22 个成员国承担份额有所增加,平均增长了 0.556％,其中新西兰、澳大利亚和土耳其增值比例较高,分为 0.784％、0.871％和 1.102％;"七国集团"国家和西班牙承担的份额都有所下降,平均下降了 2.405％,其中美国、日本和德国下降比例分别为4.375％、6.606％和 2.115％,并且预计美国的份额持续下降,2018 年和 2025 年份额将分别为 20.4％和 17.8％[②]。

三、 组织架构

OECD 组织架构包括理事会、委员会和秘书处三部分。理事会为 OECD 最

---

① OECD. Member Countries' Budget Contributions for 2017. [EB/OL]. [2017-09-12]. http://www.oecd.org/about/budget/member-countries-budget-contributions.htm.

② OECD Council. The 2008 Financing Resolution and New Members. [EB/OL]. [2017-05-10]. C2017 (73): 6—10.

高决策机构,由每一个成员国和欧洲委员会(欧洲委员会没有表决权)各派一名代表组成。理事会定期召开常驻代表会议,每年召开一次部长级会议,确定 OECD 工作重点,采取协商一致方式表决通过一系列重大决议①。

理事会下设常设机构(包括执行委员会、预算委员会和外部关系委员会)、特设机构(包括评价委员会、审计委员会和养老金与储备金管理理事会)和业务委员会。直接受理事会领导的委员会为一级委员会。根据具体业务开展的需要,一级业务委员会可以下设二级工作组和三级工作小组。据不完全统计,截至 2018 年 6 月,OECD 有 44 个一级委员会、154 个二级工作组、94 个三级工作小组②。教育领域有 4 个一级委员会,分别为教育政策委员会、教育研究与创新中心管理委员会、学生能力国际测评项目(PISA)管理委员会和教师教学国际调查项目(TALIS)管理委员会。其中,教育政策委员会和国际学生评估项目管理委员会分别开设了九个和两个二级工作组,部分工作组又分设了工作小组,如教育政策委员会下设的教育指标体系工作组下面又开设了两个工作小组。

每个委员会、工作组和工作小组在全体一致同意的基础上,依据公开、公正原则指定主席、副主席等若干人作为主席团成员,如表 5-1 所示。主席团成员的职责包括起草会议议程、会议总结、预先讨论有争议的问题、编制经费预算和工作项目等,其中主席负责主持会议,确保会议程序符合既定规范③。可以说,这些人对各委员会、工作组和工作小组的具体决策相对普通成员具有更多话语权。从整体上来看,目前"七国集团"成员国等发达国家代表担任主席、副主席或相当职位人数居于前列,其中来自美国的人数远超其他国家。并且各国主席和副主席数量与其分摊的会员费具有一致性,尤其是"七国集团"国家具有高度一致性。

---

① OECD. Who drives the OECD's work [EB/OL]. [2017-09-12]. http://www.oecd.org/about/who-doeswhat/.

② OECD. On-Line Guide to OECD Intergovernmental Activity[EB/OL]. [2018-06-10]. https://oecdgroups.oecd.org/Bodies/ListByNameView.aspx?book=true.

③ OECD. Rules and Procedures of the Organization, October, 2013 [EB/OL]. [2017-09-12]. 15—17. https://www.oecd.org/legal/Rules%20of%20Procedure%20OECD%20Oct%202013.pdf.

表 5-1　OECD 委员会、工作组和工作小组主席、副主席或相当职位人数统计

国　家	主席	副主席或相当职位	合计	国　家	主席	副主席或相当职位	合计
美　国	47	52	99	巴　西※	—	2	2
日　本	12	58	70	挪　威	12	11	23
法　国	22	33	55	西班牙	6	13	19
加拿大	14	40	54	芬　兰	6	12	18
英　国	18	26	44	墨西哥	5	10	15
意大利	14	22	36	葡萄牙	6	7	13
德　国	10	21	31	奥地利	5	8	13
瑞　典	14	14	28	新西兰	4	7	11
比利时	10	18	28	丹　麦	6	4	10
瑞　士	13	14	27	智　利	4	4	8
荷　兰	12	15	27	匈牙利	2	6	8
澳大利亚	9	16	25	南　非※	4	2	6
欧　盟	7	17	24	斯洛文尼亚	3	3	6
韩　国	4	20	24	土耳其	1	5	6
俄罗斯※	—	6	6	拉脱维亚	—	2	2
捷　克	2	3	5	阿尔巴尼亚※	1	—	1
爱尔兰	2	3	5	哥伦比亚※	1	—	1
波　兰	1	4	5	巴巴多斯※	—	1	1
以色列	—	5	5	开曼群岛※	—	1	1
OECD 秘书处	4	—	4	科特迪瓦※	—	1	1
斯洛伐克	3	1	4	爱沙尼亚	—	1	1
新加坡※	2	1	3	希　腊	—	1	1
印　度※	1	2	3	哈萨克斯坦※	—	1	1
卢森堡	1	2	3	摩洛哥※	—	1	1
中　国※	—	3	3	罗马尼亚※	—	1	1
肯尼亚※	2	—	2	泰　国※	—	1	1
阿根廷※	—	2	2	合　计	290	503	793

备注：1. 2018 年 3 月 27 日查询 OECD 组织机构数据库（https://oecdgroups.oecd.org/Bodies）数据编制。

2. OECD 成员国当中仅冰岛没有代表担任主席或副主席职务。

3. 标有※为非 OECD 成员国，共有 18 个。

为了增进对全球治理的影响力,OECD近年来邀请和允许非成员国参与其活动,并同意非成员国代表担任一些二级委员会的主席、副主席和工作组的主席。目前,共有17个非OECD成员国有代表担任了24个委员会的主席或副主席,如表5-2所示,其中中国、俄罗斯、南非、印度、新加坡、阿根廷和巴西等数量较多,主要集中在发展中心理事会、农业委员会下设的工作组、全球论坛有关工作组、税收和核能相关工作组等。这些委员会和工作组都与发展中国家关系紧密,或者负责

表 5-2 OECD教育类委员会、工作组和工作小组主席和副主席等国别分布情况

国　家	主席	副主席或相当职位	合计	国　家	主席	副主席或相当职位	合计
美　国	1	7	8	韩　国	—	2	2
日　本	—	5	5	新西兰	—	2	2
荷　兰	2	1	3	新加坡*	—	2	2
爱尔兰	1	2	3	西班牙	—	2	2
加拿大	—	3	3	丹　麦	1	—	1
瑞　典	—	3	3	葡萄牙	1	—	1
英　国	—	3	3	奥地利	—	1	1
澳大利亚	2	—	2	巴　西*	—	1	1
挪　威	2	—	2	捷　克	—	1	1
瑞　士	2	—	2	爱沙尼亚	—	1	1
比利时	1	1	2	芬　兰	—	1	1
法　国	1	1	2	卢森堡	—	1	1
匈牙利	1	1	2	斯洛伐克	—	1	1
斯洛文尼亚	1	1	2	土耳其	—	1	1
意大利	1	1	2				
德　国	—	2	2	合　计	17	47	64

备注:1. 国际成人能力调查项目理事会采用共同主席的办法,即一个理事会有两个主席。

2. 智利、以色列、拉脱维亚、希腊、冰岛、墨西哥和波兰没有代表担任主席或副主席。

3. 巴西和新加坡为非OECD成员国,但他们分别在国际学生评估项目(PISA)理事会和教师教学国际调查项目(TALIS)理事会担任了副主席,作为这些理事会的全面参与者,享有和OECD成员国一样的权利和义务。

研究处理全球共同关心的问题。在教育领域,目前有 16 个委员会、工作组和工作小组,28 个成员国有代表担任了主席或副主席,其中美国和日本代表担任主席和副主席的数量明显比较多。这些委员会成员基本来自各成员国政府高级官员或有关方面资深专家。他们不仅对 OECD 秘书处有关工作提出要求,带来丰富的经验,并对有关项目立项、进展和预决算等进行审议,如图 5-1 所示。在教育类委员会、工作组和工作小组当中,俄罗斯、巴西和新加坡等非成员国比较活跃,新加坡代表还担任了教师教学国际调查项目(TALIS)理事会和国际成人能力调查项目(PIAAC)理事会的副主席,巴西代表担任了国际学生测评项目(PISA)理事会副主席。

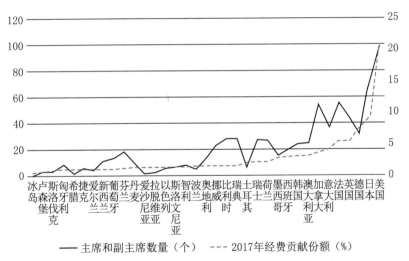

图 5-1 OECD 成员国在决策委员会当中主席和副主席数量与经费贡献关系图

OECD 秘书处主要负责采集数据、研究分析,提出政策建议,配合委员会完成理事会确定的工作。秘书处设秘书长一人,副秘书长两至三人。秘书长由成员国代表不记名投票产生,然后由理事会任命,每届任期 5 年。秘书长是 OECD 法人代表,承担政策制定、行政和管理责任。秘书长是大使级理事会会议主持人,承担着各国使团和秘书处沟通的桥梁作用。同时,他会不定期与常设委员会和业务委员会的主席进行沟通交流。秘书长由理事会选举产生,副秘书长由秘书长提名,理事会进行任命。自 1961 年成立以来,OECD 共产生了 5 位秘书长和 33 位副秘书长,其中来自美国(13 位)、日本(7 位)和法国(4 位)的秘书长或副秘书长数量最多,如表 5-3 所示。可以说,除了短暂几个月的衔接时间,自 OECD 成立至 2017 年 10 月,每年都至少有一位副秘书长来自美国,其中 1988—1998 年同时有两位副秘书长来自美国;自 1961 年成立至 1996 年,基本上每年都有一位秘书长或副秘书长来自法国;自 1990 年以来,每年都有一位副秘书长来自日本。现任秘书长安赫尔·古里亚(Angel Gurría)为墨西哥人,2006 年初次上任,目前为其第三个任期,于 2021 年结束。古里亚在新一届任期提出"21 条行动计划",积极推进 OECD 进行转型,强调以下几个方面的行动:主动为成员国和伙伴国家政策改革提供针对性支持;调整增长话语,把人的福利置于中心;锁定新的政策挑战,加强理解能力和解决能力;支持全球议程和共同的政策行动;借助多学科知识进一步推动生产力和竞争性议程;强化与最大化现有标准的影响,确定有待开发新标准的领域;持续加强组织的全球性特点和确保组织内部高效、有效的财务、行政、沟通和管理实践①。

表 5-3　1961 年以来 OECD 秘书长和副秘书长来源国家情况

国　　家	秘书长	副秘书长	合计	国　　家	秘书长	副秘书长	合计
美　国	—	13	13	丹　麦	1	—	1
日　本	—	7	7	芬　兰		1	1
法　国	1	3	4	冰　岛	—	1	1
德　国		2	2	墨西哥	1	—	1
意大利		2	2	挪　威		1	1
荷　兰	1	1	2	瑞　典	—	1	1
比利时		1	1				
加拿大	1		1	总　计	5	33	38

资料来源:依据 OECD. List of OECD Secretaries-General and Deputies since 1961[EB/OL].
[2018-10-20],资料整理而成。http://www.oecd.org/about/secretary-general/listofoecdsecretaries-
generalanddeputiessince1961.htm.

---

① Angel Gurría."21 for 21"—A Proposal for Consolidation and Further Transformation of the OECD.
[EB/OL]. [2017-12-20]. https://www.oecd.org/about/secretary-general/21-for-21-A-Proposal-for-Consoli-
dation-and-Further-Transformation-of-the-OECD.pdf.

OECD 秘书处设有 12 个业务司局,包括发展合作司、经济部、教育与技能司、就业劳动与社会事务司、中小企业地方发展与旅游中心、环境保护司、金融与企业事务司、公共治理司、科学技术与创新司、统计司、税收政策与管理中心和贸易与农业司。这些司局承担 OECD 在各相关领域的工作。例如,教育与技能司力图解答以下问题:教育应当培养哪些技能,如何培养这些技能以及如何把这些技能转换为更好的工作和更好的生活;如何优化教育资源配置以支撑经济和社会发展;如何为每个人提供适当机会,使他们在每个年龄段的潜力都得到充分开发。教育与技能司下设四个部门,分别为:幼儿与学校处、教育进步测评处(其中包括教育研究与创新中心和教育系统指标中心)、政策咨询与实施处和学校以外技能处(内含国际成人素养评估项目)。每个处都有若干个项目组开展具体工作,比较有代表性的如国际学生评估项目、国际教育概览、国别教育政策分析与评价和创新与批判性思维的培养与测评等。

另外,OECD 名下还有四个相对独立的国际组织,包括发展中心、国际运输论坛、国际能源局和核能局。他们拥有自己的成员体系,其中除了国际能源局要求其会员首先是 OECD 会员以外(即它的成员为 OECD 成员的子集),其他三个组织都向非 OECD 成员国开放,例如,发展中心 2017 年有 52 个成员,其中 25 个为中国、印度、南非、越南等非 OECD 成员国;核能局目前 33 个成员中俄罗斯和阿根廷不是 OECD 成员。

第二节　机构的主要活动

OECD 在成立 50 周年时提出口号:良策造福民生(Better Policies for Better Lives)。这简要地概括了 OECD 的目标与追求。OECD 做了大量的决策咨询研究和实践,已经成为推动公平与发展政策设计的世界引领者。同时,在深入研究和广泛听取意见的基础上,OECD 也推出了一系列广为人们接受的最佳实践做法、指导意见和法律文书。而同行审议则是 OECD 推动合作与变革的手段,也是其运作的典型做法。面对全球化的时代到来,OECD 不只局限于成员国的小圈子,而是积极采取一系列措施扩展在全球的影响力。

一、 开展以证据为本的决策咨询

OECD 秘书长安赫尔·古里亚认为,OECD 已经成为最有活力、最有影响力和最具前瞻性的国际组织代表,在领导人心目中树立了良好形象:善于对当前和未来的国内外挑战提出对策,能够提供基于国际最佳实践和实证研究的结构性改革政策建议,能够提供多个政策领域与高成就国家的比较分析。OECD 近年来通过决策咨询为有关国家重大政策改革做出了贡献,包括西班牙和意大利的劳动力市场改革、日本的税收改革、墨西哥通信和能源等方面改革、希腊竞争法和监管框架改革、英国和澳大利亚银行业改革、法国有关创新和监管改革等。同时,OECD 引领国际政策前沿议题的讨论,并做出了突破性贡献,如全球价值链、贸易增值、基于知识的资本和网络经济等。在网络经济方面,OECD 提出了一套政策设计原则,即确保网络是一个免费、开放和分散化的平台,以此来推进交流、协作、创新和经济发展①。

在教育领域,为了更好地使各国政府了解自身的教育状况,在世界范围内进行跨文化比较,为教育的发展制定更加科学、合理的教育政策,OECD 先后开发并实施了一系列项目:国际学生能力评估项目(PISA),研究 15 岁学生状况和义务教育质量:教师教学国际调查项目(TALIS),关注教师专业发展和学校教学;国际成人能力测评项目(PlAAC),了解 16—65 岁成人认知能力和工作技能的水平。在这三项测试当中,PISA 的影响最深远,参与的国家或地区从 2000 年的 43 个增加到 2018 年的 80 个。PISA 测评将学生测评成绩数据与学生个人特征,以及学校内外影响学习的关键因素联系起来分析,发现不同背景的学生、学校之间,以及不同类型的教育体系之间的成绩差异,并找出那些取得好成绩并且教育机会分配公平的学校和教育体系的特点,指出什么政策起作用,为什么起作用,以及哪些类型的政策改革可能是最有效的。由于 PISA 在研究方向上,考虑各国政府代表所提出的政策优先领域,在研究设计中调动全球的专家资源,在研究实施中保证数

① OECD. Transforming the OECD Impact, Inclusiveness and Relevance[EB/OL]. [2017-9-12]. 3—4. https://www.oecd.org/about/secretary-general/Transforming-the-OECD-Secretary-General-Gurria-Major-Achievements.pdf.

据采集的严格可比性,所以 PISA 发展为一项具有权威性的研究。OECD 依据
PISA 等研究结果所提出的政策建议对各国政府很有影响力。墨西哥、美国、法
国、德国、爱尔兰、意大利、澳大利亚和波兰等国都把 PISA 研究作为推动课程改
革、加强评价和问责的依据①。例如,德国参照 PISA 对素养的理解与对精熟度的
设定,形成了类似 PISA 评价框架的基础教育阶段自然科学能力二维模型,并且
采用与 PISA 测试相同的测试工具,在初等教育和中等教育结束期进行大规模测
评。又如,上海在参加 PISA 测评后推出了自己的评价体系——绿色指标②。

　　在长期以证据为本的政策研究基础上,OECD 建立了使各国受益的文献和数
据资源库。OECD 每年约有 250 种新出版物,包括良策系列、概览类系列、OECD
见解系列和工作报告系列等。如良策系列是针对成员国和伙伴国的战略优先领
域提供具体和及时的政策建议,聚焦于使改革得以成功。该系列目前有近 40 本
书籍,如《数字化:韩国下一轮工业革命的动力》《印度:保持高速和包容性增长》和
《智利:又好又快发展的政策重点》等。OECD 目前是世界上较大的、较可靠的经
济和社会类数据库之一,每年更新涵盖经济、贸易、教育、劳动力、能源等 40 多个
领域的统计数据库。OECD 统计数据涵盖 35 个成员国及其选择的其他国家,既
有这些国家的年度数据和历史数据,也包括主要经济指标数据,如年度经济产出、
就业和通货膨胀等。教育类数据包括教育概览数据、国际学生能力测评(PISA)
数据、教师教学国际调查(TALIS)数据和国际成人能力测评项目(PlAAC)等。作
为重要的教育资源库,OECD 的"教育 GPS"利用这些数据,向世界提供开放的教
育研究资源和可视化的数据定制服务。"教育 GPS"中有各种数据表格、地图、条
形图、散点图、雷达图等多种形式,用户可自由选择感兴趣的一个或多个国家或地
区进行数据结果的比较呈现,并且具有数据检索与下载、图表绘制与编辑、结果导
出等功能,无登录权限限制,方便公众使用。这便于教育研究者与政策制定者参
与国际教育统计数据挖掘,进行政策证据的产生与反思③。

---

① 陆璟.PISA 研究的政策导向探析.教育发展研究[J]. 2010(8):20—24.
② 李刚,陈思颖.PISA 的政策影响:类型、方式及其启示.外国教育研究[J]. 2014(7):3—10.
③ OECD. Education GPS[EB/OL]. [2017-10-10]. http://gpseducation.oecd.org/IndicatorExplorer.

二、 制定广为接受的法律文书

OECD 理事会有权通过决议和建议等法律文书。这些文书是有关委员会进行充分讨论,秘书处进行深入研究和分析的结果。OECD 现有法律文书 238 件,涉及 34 个领域,包括农业、反腐败、化学、竞争、消费者保护、公司治理、发展援助、数字经济、教育、就业劳工与社会事务等。OECD 框架内法律文书可以分为以下三大类:①

(一) 决议(decision)

决议是指由 OECD 理事会通过的、对所有 OECD 成员国以及缔约的非成员国都有约束力的法律文书。尽管决议不是国际条约,其中涵盖的法律义务却与国际条约项下的义务是同一类别,缔约方必须采取必要措施执行决定。目前 OECD 决议有 25 件,如《关于资本自由化流动准则的决议》等。

(二) 建议(recommendation)

建议是 OECD 理事会通过的、无强制约束力的法律文书,但惯例赋予了建议巨大的道德力量,代表缔约方的政治意愿,缔约方被期望尽其所能执行建议。OECD 目前有建议 167 件,如《关于公司治理原则的建议》和《关于提供优质跨境高等教育指导原则的建议》等。

(三) 其他法律文书

宣言列出了缔约方同意遵守的相对严谨的政策承诺。目前 OECD 有宣言 26 件,如《关于经济和社会变化背景下未来教育政策的宣言》。

安排和谅解不具有法律约束力。它们是部分成员以及非成员在 OECD 框架下磋商或接受的法律文书。目前 OECD 有安排和谅解 6 件,如《官方支持出口信贷的安排》。

国际公约可以在经合组织框架下达成,对缔约方具有法律约束力,可能包括成员和非成员。目前 OECD 有 8 项国际公约,如《禁止在国际商业交易中贿赂外

---

① OECD. Legal Instruments[EB/OL]. [2017-10-10]. http://www.oecd.org/legal/legal-instruments.htm.

国公职人员公约》。

OECD 的这些法律文书都得到了成员国及部分非成员国的认可和接受。受"二十国集团"委托,由 OECD 制定的《实施税收协定相关措施以防止税基侵蚀和利润转移(BEPS)多边公约》代表了 OECD 有关法律文书获得了国际社会的普遍认可。该公约是第一个在全球范围内就跨境所得税收政策进行多边协调的法律文书,有利于促进主要经济体之间协调一致,开展务实高效合作,构建公平和现代化的国际税收体系,促进世界经济包容性增长。2017 年,OECD 成员国和俄罗斯、印度、阿根廷等 67 个国家和地区成为该公约首批签署方。到 2018 年有近 100个国家和经济体签署这一公约①。

三、 借助同行审议推进变革与合作

OECD 有效性的核心是通过政府间"同行审议"带来"同行压力"和"同行学习"的模式,说服和督促有关国家调整政策、执行规范、实现目标等。同行审议是指由其他国家系统地分析和评估某一国家某一领域的政策和做法,并将审议结果和建议公开,以此给被审议国家一种压力,帮助成员国改进政策,OECD 确立的标准和原则得以遵守。该机制的目的不是为了消除不同国家之间的差异性,而是鼓励通过非对抗性质的公开对话建立一种争端解决机制。所有参与主体之间都是平等的,审议方式也较灵活。它的这种"软法"性质使其更容易获得被审议国的认可和配合。OECD 自创始之时,就开始采用这个方法,目前同行审议已经成为该组织在多数政策领域的工作特色,而 OECD 成员国的均一性和相互高度依赖为同行审议提供了便利②。

同行审议是由理事会总负责,主要由相关委员会或者工作组、其他成员国人员进行审议,秘书处提供必要支持。通常所有成员国均要接受同行审议,某些同行审议已经被视为成员的义务。此外,一些国家愿意将同行审议作为促进国家政策和常规改革的手段。被审议者需要承担与审议者和秘书处合作的义

---

① OECD. BEPS Actions[EB/OL]. [2017-10-10]. http://www.oecd.org/ctp/beps-actions.htm.

② OECD. Peer Review: An OECD Tool for Cooperation and Change[EB/OL]. [2017-10-10]. 8—9. https://www.oecd.org/dac/peer-reviews/1955285.pdf.

务,按照审议要求提供文件和数据,为各种接触提供便利并接待实地考察等。审议者的选取一般要考虑与审议主题有关人员的知识专长,同时要在成员国之间轮换。审议者任务包括审议文件,参与被审议国家和秘书处的讨论,必要时到被审议国家进行考察,并在该委员会讨论中担任汇报人。审议过程中,秘书处的职责是信息整理和开展分析、组织会议和考察团组、促进讨论和明确一贯的质量标准等。秘书处工作的独立、透明、准确和分析质量是同行审议程序效率的本质所在。OECD审议标准包括:①政策建议。上一轮同行审议产生的政策建议将成为本次同行审议的根本依据。这种同行审议也可以包括检查该国国内政策的一致性和连续性。②具体指标与参照点。例如,在环境表现审议、法规改革与发展援助审议中就利用了指标与参照点。③OECD法律文书的要求。例如,在OECD《禁止在国际商业交易中贿赂外国公职人员公约》框架内,反行贿工作组将评价被审议者把公约规定的原则纳入其国家法律的情况,并评价其贯彻和执行情况。

OECD的明星产品"经济调查"的产生就是同行审议过程。OECD秘书处的经济部工作人员会收集被审议国家有关经济数据和相关政策,然后做出初步分析报告草案。秘书处应使审议者及被审议国家了解草案内容,有正当理由时可以修改报告草案。然后报告草案将提交给OECD所有成员国和欧洲委员会代表,并在经济发展委员会会议上审议。整个会议是闭门会议,审议者国家代表需要引领整个讨论,鼓励委员会所有成员积极发言。被审议国家代表也可以对有关情况做出解释和辩护。讨论之后,报告草案可能会进行必要的修改。委员会将以协商一致形式通过最终报告。OECD将出版最终报告,还会向媒体通报主要情况和审议结论。

整个过程中的压力主要来自以下方面:①秘书处和审议者国家代表提出一系列反馈和建议。②OECD公开审议结果,甚至国家排行。③有关新闻媒体和舆论跟进。同行审议的结论公布于众时,随着媒体介入和公众关注,同行审议产生的同行压力最大。同行审议也是一个学习过程,成员国基于秘书处提供的信息和数据,在反复协商和交流中不断比较和借鉴,以寻求更好的社会政策,达成共识并予以实施[①]。

四、 积极拓展全球影响力

20 世纪 90 年代以来,OECD 面临着国际影响力下降的挑战,这是因为:①随着发展中国家和新兴经济体的经济崛起,OECD 成员国在全球贸易和产出中所占份额有所下降,成立初期 OECD 成员国国内生产总值占全球的 80％,2011 年约占全球的 60％,到 2035 年将下降到 40％左右。并且成员国和非成员国之间经贸等联系日益紧密,很多问题也很难局限在成员国当中解决。②其他国际经济组织日益活跃,世界银行、国际货币基金组织和世界贸易组织等本身就属于全球性组织,并且又有着经费援助和良好的争端解决机制,更是加大了他们的影响力。欧盟、非盟和亚太经济合作与发展组织等区域性组织对本地区事务和成员国意志更熟悉,因而在协调成员国合作方面也更有效。同时不同国家政府之间也开始了直接对话与合作,如"二十国集团"也为处理国家间共同关心等问题提供了平台。对此,OECD 从自身优势出发,通过以下方式进行全球扩展,打造全球政策网络(towards a global policy network)。

(一)扩充新成员

除了 20 个创始成员国,OECD 后期增加的 15 个会员国中有 11 个是在 20 世纪 90 年代以来加入的,并且新增的成员当中墨西哥和智利的经济实力相对较弱。2018 年 7 月 5 日立陶宛正式加入 OECD,成为第 36 个成员国。哥伦比亚正在办理最后的准入程序,也在 2018 年年内加入。另外,哥斯达黎加等正在接受 OECD 入门审核。

(二)通过多种方式加强与 100 多个非成员国的交流与合作

OECD 众多项目都对非成员国开放,例如,50 多个非成员国家或地区参加 OECD2018 年学生能力国际测评项目;OECD 全球论坛搭建了 OECD 与非成员国对话交流的平台,目前有教育、农业、知识经济等 13 个主题;非成员国可以成为

---

① OECD. Peer Review：An OECD Tool for Cooperation and Change [EB/OL]. [2017-10-10]. 10—11. https://www.oecd.org/dac/peer-reviews/1955285.pdf.

OECD 发展中心、国际运输论坛和国际原子能机构的成员；非成员国还以观察员或全面参与者身份①参加 OECD 的有关委员会或工作组活动，从而直接观察或参与 OECD 的决策管理活动。另外，中国、印度、印度尼西亚、南非和巴西于 2007 年以来被 OECD 列为"增进接触计划"国家，可以更加深入地参加 OECD 一些委员会或工作组的工作。同时，"二十国集团"当中非 OECD 和非"增进接触计划"国家，如俄罗斯、阿根廷和沙特阿拉伯也是重要的合作伙伴。

（三）积极加强与国际组织的合作

这些组织包括世界银行、国际货币基金组织、世界贸易组织、联合国教科文组织、国际劳工组织以及区域发展银行等，一起积极推进区域行动计划，包括东南亚、东南欧、高加索和中亚、中东和北非以及拉丁美洲和加勒比海地区。多个国际计划的秘书处也设在经合组织，如反洗钱金融行动特别工作组。

（四）加强与"二十国集团"的合作

自参加 2009 年匹兹堡峰会以来，OECD 一直是"二十国集团"的亲密伙伴。OECD 参加了"二十国集团"高层领导人峰会、部长级会议以及技术层面几乎所有的工作组会议，并提供了政策建议、标准制定和技术支持等方面服务。例如《"二十国集团"领导人杭州峰会公报（全文）》便提到，由经合组织起草 2016 年"二十国集团"创新报告，以及参与制定《关于基础设施和中小企业融资工具多元化政策指南文件》《公司治理原则》等政策文件②。与"二十国集团"的紧密合作强化了 OECD 政策建议提供者和标准制定者的形象，极大提升了 OECD 的全球影响力。

五、 OECD 与中国

OECD 与中国的关系是 OECD 与非成员国关系的具体案例。1995 年 10 月，

---

① 观察员是非成员国应邀参加特定委员会或工作组会议，在会议上可以就某一议题进行陈述，但没有表决权，不能在议程上增加议题，不过观察员也不受 OECD 决议、建议或任何决定的约束；全面参与者应邀能够参与特定委员会、工作组的大多数工作，包括有关法律文书起草或修订工作，通常与 OECD 成员国拥有基本相同的权利和义务。参见 OECD. 与中华人民共和国积极互动[EB/OL]. [2017-11-20]. P.58. http://www.oecd.org/china/Active-with-China-CH.pdf.

② 新华社.《二十国集团领导人杭州峰会公报（全文）》[EB/OL]. [2017-10-10]. http://news. xinhuanet.com/world/2016-09/06/c_1119515149.htm.

OECD 启动了与中国的对话和合作项目,逐步扩展到众多政策领域。之后,中国
先后于 2001 年和 2004 年作为观察员参加了科技政策委员会和财政事务委员会。
2005 年 4 月,中国正式签署了 OECD/亚洲开发银行(ADB)亚太地区反腐败行动
计划。2005 年 9 月,OECD 首个关于中国的经济调查报告出炉。它是 OECD 对
中国进行的首个经济调查,也是中国政府首次允许而且主动配合对国内整个经济
运行状况所作的调查。随后 OECD 又发布了四期《中国经济调查报告》(2010 年、
2013 年、2015 年和 2017 年)。这些报告对改革开放以来,中国经济社会发展的巨
大成就和经济体制改革取得的显著进展给予了高度评价,对中国的经济发展前景
做了积极展望。

　　2007 年 5 月,OECD 理事会决定把中国列为"增进接触计划"的五个国家之
一。2015 年 7 月适逢中国与 OECD 合作 20 周年,李克强总理出访 OECD 并发表
主旨演讲。其间,中国与 OECD 签署《中国与 OECD 合作中期愿景及 2015 年至
2016 年工作计划》,这是中国与 OECD 开展合作的详细计划表,未来双方将在 20
个政策领域加强合作,包括结构改革、监管和公共治理、绿色增长等。同时,中国
正式加入 OECD 发展中心,这一举措为中国与 OECD 的合作带来了新的机遇。
2016 年,在中国举办二十国集团峰会期间,OECD 与中国的密切合作使双方的伙
伴关系迈上了新台阶。《中国与经合组织 2015—2016 年共同工作计划》的落实,
也在广泛的政策领域加强了这一伙伴关系。

　　经过 20 多年的发展,中国与 OECD 的合作领域拓展到宏观经济观测、贸易
和投资、竞争政策、科学技术、农业、环境和可持续发展、财政、教育、社会政策等方
面。截至 2017 年 10 月,中国以成员/全面参与者身份参加的委员会或工作组有
17 个,如数字经济工作组、煤炭产业咨询委员会和交通研究委员会;以观察员身
份参加的委员会或工作组有 15 个,如财政事务委员会和教师教学国际调查项目
(TALIS)管理委员会。中国已经签署了 8 项 OECD 的法律文书,如《税收事务行
政互助多边公约》《关于修改农林拖拉机官方试验标准规则的决议》《援助实效问
题巴黎宣言》等①。中国已经先后加入了 OECD 名下的国际运输论坛(2010 年)和

---

① OECD. Decisions, Recommendations and other Instruments of OECD by Non-member [EB/OL].
[2017-10-10]. http://webnet.oecd.org/OECDACTS/Instruments/NonMemberCountriesView.aspx.

发展中心(2015年)。OECD于2012年设立了"中国政府官员赴经合组织短期借调项目",为中国官员设置了就其各自工作领域相关的具体任务,在OECD巴黎总部秘书处工作若干个月的机会。自2012—2016年,该项目共吸收了39位中国十多个重要部委和机构官员,包括国家发展和改革委员会、国务院发展研究中心、商务部、财政部、原农业部、科技部、国家税务总局和中国人民银行等。通过借调,中方官员可以让所在部委更好地了解OECD及其工作能对中国的改革给予哪些支持,借调官员也帮助OECD更好地将中国的视角融入其分析之中①。中国在税收透明度、宏观经济监测、科学与技术、贸易、投资和农业政策等领域为OECD工作做出了积极贡献。

OECD与中国在教育领域也有着较长时间的深入合作,尤其是21世纪以来,双方合作更加紧密。在基础教育方面:中国上海2009年和2012年先后两次参加OECD学生能力国际测评项目(PISA),2013年参加了OECD教师教学国际调查项目(TALIS),并于2018年再次参加;2015年中国4个省市(北京、江苏、广东和上海)参加了PISA测评项目,并于2018年继续参加(其中广东调整为浙江省,其他省市不变);2016年11月,OECD在中国举办了"教育2030"国际教育会议第四次非正式工作组会议。在高等教育方面,2007年中国接受并配合OECD完成了对中国高等教育的评审项目,随后OECD在2009年发布了《中国高等教育评审》的报告。在职业教育方面,2009年中国接受并配合OECD完成了对中国职业教育的评审,随后OECD在2010年发布了《为工作而学习——中国的备选方案》的报告。另外,中国教育的相关数据一直被OECD纳入年度旗舰出版物《教育概览》。中国与OECD教育合作不断增加,使得中国更好地辨认在国际教育坐标体系中的位置,更加清醒地认识到教育改革与发展的成就和不足,从而促进中国教育相关领域的改革,增进世界对中国教育的了解,也为世界教育发展贡献中国智慧与经验。同时这也提升了OECD在中国的影响力,实现了双方的共赢。

---

① OECD. 与中华人民共和国积极互动[EB/OL]. [2017-10-10]. 9—10. http://www.oecd.org/china/Active-with-China-CH.pdf.

第三节　OECD 专业技术人员核心胜任力及其选聘

一、人员基本情况[①]

OECD 工作人员一般分为四类:①正式工作人员,可分为领导管理类人员、政策研究与咨询类和运营管理类,其中前两者属于专业技术人员,即 A 类人员;②临时工作人员,包括短期(一般最多一年)服务的咨询专家或辅助人员,他们由OECD 支付服务费用;③关联人员,包括由派出机构付费的借调人员和实习生等;④在非成员国当地聘请的人员,主要出于加强与非成员国联系或者具体项目的需要[②]。

2016 年年底,OECD 秘书处有 3 369 名工作人员,其中正式工作人员为 2 881人,临时工作人员为 286 人,关联人员为 202 人(包括 95 位借调人员和 107 位实习生)。在正式工作人员当中,1 650 人为专业技术人员(即 A1—A7 各个专业等级的人员),占正式工作人员数量的 57.27%。OECD 对专业技术人员国别没有配额限制,而是本着机会均等的原则,聘用来自各个国家、拥有不同经验的高素质人才[③]。目前,这些专业技术人员国籍涵盖各个成员国,人数较多的国家近年来稳定为七国集团和澳大利亚、西班牙等国家(近 3 年具体数据如表 5-4 所示)。领导管理层 A5—A7 级 190 位人员的国籍涉及 26 个成员国,人数较多的国家仍然主要是七国集团,法国(17.37%)、英国(14.21%)、美国(10.53%)、德国(7.89%)、意大利(7.37%)、加拿大(6.84%)和日本(4.74%)。瑞士、丹麦、希腊三个首批成员国和捷克、以色列、爱沙尼亚、拉脱维亚、斯洛伐克和斯洛文尼亚六个新近成员国在 2016 年没有人员进入领导管理层。2016 年,秘书处来自非成员国的工作人员

---

① 这里的人员是指 OECD 秘书处的工作人员,但不涉及 OECD 理事会、委员会、工作组和工作小组的人员,因为这些人员通常是各个成员国的选派人员。——笔者注。

② OECD. Review of the Employment Framework - Phase I Regulations, Rules and Instructions[EB/OL]. [2017-10-10]. http://intranet.oecd.org/Executive-Directorate/Hrm/Manuals-Tools-Forms-Procedures/Pages/Default.aspx.

③ 张民选.国际组织与教育发展[M].上海:上海教育出版社,2010:242.

有118人,其中正式工作人员有25人。这些人员主要分布在税收政策与管理中心(5人)、统计司(5人)、金融与企业事务司(2人)等与非成员国业务联系较多的部门以及发展中心(4人)、核能局(4人)、国际运输论坛(3人)等含有非成员国的相对独立组织①。

OECD的实习生项目和部分学者项目,如教育领域的托马斯·亚历山大学者项目也都对非成员国开放。托马斯·亚历山大学者项目是为了纪念OECD教育与技能司长托马斯·亚历山大而设立的,经费由开放社会基金会提供。该项目旨在鼓励利用OECD的国际学生能力测评项目(PISA)、教师教学国际调查项目(TALIS)和国际成人能力调查项目(PIAAC)数据开展有关新兴经济体和教育与技术公平方面的量化研究,为有关教育政策和实践证据支撑,从而更好地服务学生学习。项目申请人一般来自大学、科研机构和政府部门等,需要具有量化研究和大规模调查经验,发表过相关研究论文。该项目每年有春季(3月中至5月中)和秋季(10月中至12月中)两次申请机会,每次可以资助两到三人。自2012年秋季项目设立以来,已经有三位在海外获得博士学位的中国人获得了该项目资助②。

表5-4　近三年OECD专业技术人员国籍(前12名)分布情况

国　籍	2014 年	2015 年	2016 年	国　籍	2014 年	2015 年	2016 年
法　国	21.69%	21.11%	21.34%	日　本	4.39%	4.57%	4.32%
英　国	10.88%	10.17%	9.60%	澳大利亚	3.49%	3.54%	3.83%
美　国	9.34%	9.27%	8.81%	西班牙	3.63%	4.05%	3.83%
德　国	7.60%	8.75%	8.51%	墨西哥	2.37%	2.25%	2.37%
意大利	7.88%	7.72%	7.84%	爱尔兰	1.95%	2.19%	2.13%
加拿大	5.30%	5.28%	5.47%	比利时	2.30%	2.32%	1.95%

数据来源:OECD. Staff Profile Statistics 2015〔EB/OL〕. 〔2017-10-20〕. Available at: http://intranet. oecd. org/Executive -Directorate/Hrm/HRM%20Reference%20Material/Staff%20Profile%20Statistics-en.aspx.

①　OECD. Staff Profile Statistics 2015〔EB/OL〕. 〔2017-10-10〕. http://intranet. oecd. org/Executive -Directorate/Hrm/HRM%20Reference%20Material/Staff%20Profile%20Statistics-en.aspx.

②　OECD. Thomas J. Alexander Fellowship〔EB/OL〕. 〔2017-10-10〕. http://www. oecd. org/fr/edu/thomasjalexanderfellowship.htm.

表 5-5　教育创新与研究中心部分专业技术人员简历

政策分析员 PA1　他属于教育创新测量项目组，曾短期参与国际学生能力测评项目的工作。他拥有西班牙胡安·马奇研究所社会学硕士学位和牛津大学社会学博士学位，并在普林斯顿大学做过富布赖特学者。在进入 OECD 之前，他曾经在国际学校做过语言和历史教师，并在伦敦做过管理咨询工作。

政策分析员 PA2　她目前在 21 世纪儿童项目组工作，此前曾在国际学生能力测评项目组和教育与社会进步组工作。她拥有康奈尔大学政策分析与管理博士学位、威廉与玛丽学院公共政策学硕士学位和加州大学伯克利分校经济学学士学位。

政策分析员 PA3　他属于教育发展趋势项目组，此前在 OECD 做过两年青年专业研究人员。他拥有英国华威大学政治学学士学位和荷兰阿姆斯特丹大学政策科学硕士与博士学位。他曾经在海牙战略研究中心做政策分析员。

政策分析员 PA4　她属于为了有效学习的教学改革项目组。她拥有英语教学学士学位和数学教学硕士学位，目前正在斯特拉斯堡大学撰写有关教学专业发展动力方面的博士论文。她之前在布达佩斯一家非政府组织工作，承担一项受欧盟资助的有关学校领导能力框架的研究项目。她还曾做过中学教师。

政策分析员 PA5　他目前属于社会与情感技能组，此前曾在基于 PISA 面向学校的测试项目组。在加入 OCED 之前，他是西班牙奥维尔多大学心理学系教师，并且曾经为西班牙阿斯图里亚斯自治区政府教育部提供有关教育评估的数据分析服务。他拥有西班牙奥维尔多大学心理测量学博士学位，曾在美国马萨诸塞大学安姆斯特分校教育政策系和剑桥大学心理测量系做访问学者。

政策分析员 PA6　她属于学生创新能力与批判性思维培养与测评项目组。她拥有欧洲大学佛罗伦萨研究院法学博士学位、荷兰莱顿大学语言学硕士学位和巴塞罗那大学认知与语言学硕士学位。她的研究处于社会科学、人文科学和新技术的交叉点上，发表的论文集中在开放数据和语言技术方面。在加入 OECD 之前，她曾在西班牙巴塞罗那自治大学和意大利博洛尼亚大学工作，并为巴拉圭教育部做过双语教学材料的评价工作。

资深政策分析员兼项目经理 SPA1　她目前正在主持以下项目：为了有效学习的教学改革、21 世纪儿童、教育发展趋势和复杂教育系统治理等。她拥有加拿大麦吉尔大学文学学士学位，美国东北大学心理学硕士和博士学位，曾在加拿大不列颠哥伦比亚大学做博士后研究人员。她曾荣获美国心理学会优秀研究论文奖。

项目经理 SPA2　她目前负责三个项目：儿童的早期社会和情感学习、认知技能学习和学龄儿童情感与社会技能发展。在加入 OECD 之前，她是新西兰教育部学生成就处副处长。她拥有奥克兰大学经济学硕士学位。

项目经理 SPA3　她目前负责教育战略治理项目。她在 OECD 工作多年，曾经负责 OECD 成员国学校资源使用的评议项目、2006 年国际学生能力测评项目中学生对科学学习态度的分析报告，以及教育成就概览的数据统计等多项工作。

资深政策分析员兼项目经理 SPA4　他目前负责教育和培训创新战略和未来高等教育项目。他负责了高等教育国际化和开放学习等方面的项目，主持出版了《2030 年高等教育》等研究报告。他拥有哲学硕士和经济学博士学位，并且是玛丽·居里学者和新世纪富布赖特学者。加入 OECD 之前，他曾经先后在巴黎第十大学和伦敦政治经济学院担任教师和研究人员。

领导管理者 L1　她于 2017 年 9 月起任教育创新与测评处处长，并兼任教育研究与创新中心和教育系统指标中心主任。2007—2017 年，她曾先后担任教育与培训政策处和校外技能处的处长。她主持了国际成人素养评估项目和 OECD 技能概览等重大项目。1993—2007 年，她在 OECD 经济部工作，主要负责跨国和国别经济与社会福利政策的研究与分析。在加入 OCED 之前，她一直在新西兰政府部门工作。

资料来源：OECD. Who's who in CERI. Available at：http://www.oecd.org/edu/ceri/who-is-who-in-ceri.htm. Oct. 22, 2017.

为了更加清晰、直观地呈现 OECD 专业技术人员的基本情况,笔者在 OECD 教育研究与创新中心每个项目抽取了一位 A1—A3 级专业技术人员以及四位项目经理(A4 级)和一位中心主任(A5 级)的简历进行了整理(具体如表 5-5 所示)。教育研究与创新中心是 OECD 教育与技能司的下设部门,主要做一些前瞻性教育研究,以寻求和激发教育创新,推动有关知识与经验的国际交流与共享。该中心目前有 25 名专业技术人员,承担的项目包括教育发展趋势研究、教育创新测量、21 世纪儿童、创新能力与批判性思维的培养与测评、为了有效学习的教学改革和社会与情感技能研究等。

从简历可以看出这些人员具有以下特点:①绝大多数都拥有博士学位,基本上都毕业于国内或世界一流大学;②虽从事教育方面的研究,但专业背景多样,包括社会学、心理学、经济学、管理学等,有些人本身就具有多学科或交叉学科背景;③具有国际化的求学和(或)工作经历,在进入 OECD 之前有一定的教学、研究或管理经验;④项目经理和领导管理者都负责过重大项目,具有丰富的团队管理经验。这些特点表明 OECD 专业技术人员受过良好的学术训练,具有多学科的专业背景,能够有效支撑国际性、前瞻性、实证性和综合性研究项目。

二、 OECD 人员核心胜任力框架

OECD 认为的核心胜任力是指渗透在工作和生活当中的个性特点或基本品质,他们与具体岗位技能一样是完成工作必不可少的部分,但他们更有通用性和可迁移性。这既是 OECD 招聘环节的重要要求,也是对在职人员进行绩效考核的依据。OECD 核心胜任力框架包括以下三类 15 项能力。[①]

(一)成果交付类能力

结果导向能力。能够对行为负责,把握时机采取有效行动,在时间节点内完成任务。

---

① OECD. Competency Framework[EB/OL]. [2017-10-10]. 4—20. https://www.oecd.org/careers/competency_framework_en.pdf.

分析思考能力。能够识别不同情形之间的共同模式，透过复杂表象找到关键或基本问题。

文字表达能力。能够通过文字表达提供令人信服的观点和有用信息，以获得理解并产生预期效果。

灵活思考能力。能够理解和欣赏相异和对立的观点，主动调整或有效适应人员、场景或组织的变化。

资源管理能力。能够结合人力、财力和物力资源状况构建有效的项目流程，提升整个组织的绩效。

团队合作与团队管理能力。能够作为团队成员与他人相处，并能够发挥团队领导作用，营造合作氛围，围绕共同目标、共同价值和共同规则进行有效合作。

（二）人际关系构建类能力

客户导向能力。能够理解 OECD 内部和外部客户(如委员会、工作组和国家代表等)短期乃至长期需求与关切，并能够提出切实的建议与方案。

社会交往能力。能够把握他人部分或完全没有表达出来的观点、情感和关切，尤其是具有跨文化的敏感性；能够控制个人情绪，克制负面行动，即便是在面对别人反对、敌视或高压情况下也如此。

影响力。能够以真诚、尊重和得体的方式去说服别人认同一个目标，或者产生预期影响。

谈判能力。在谈判中能够理解对方，并知道如何做出回应，核心是实现增值。

组织知识。能够理解组织内外部的权力关系，包括正式的规则和结构，例如辨识真正的决策者以及能够对他们产生影响的人。

（三）未来战略规划类能力

开发智力。能够营造一种鼓励个人成长和专业发展，并向他人分享知识的氛围。

服从大局能力。能够把组织使命置于个人偏好或利益之上，愿意根据组织需要、发展目标等调整个人行为，并积极推动组织目标的实现。

战略网络能力。能够构建和维系一种友好、信任和开放内外部关系网络,所涉及的人员是实现战略目标的潜在重要人员。

战略思考能力。能够以一种大视野看待组织使命,综合考虑竞争优势与威胁、新兴技术、市场机会和各方关切,找到团队聚焦点,明确如何投放重要资源,并能够把组织愿景和理念融入日常活动。

整个框架适用于所有正式工作人员,但不同类别和职级的侧重点有所差异。对于每一项能力,OECD 也依据人员工作类别和职级划分了五个层次的行为指标:第一和第二层行为指标适用于行政助理、秘书、统计人员、后勤人员等运营管理类人员;第三和第四层行为指标适用于政策研究与咨询类人员,其中第三层针对经济学家、政策分析员和信息工程师等,对应职级为第一至第三级;第四层行为指标面向资深经济学家、政策分析员和项目经理等,对应职级为第四级;第五层行为指标适用于部处和司局领导等领导管理类人员,对应职级为第五至第七级。本文主要介绍适用于专业技术人员的第三和第四层行为指标,这也是与高校国际组织人才培养的联系最为密切的能力要求(具体行为指标要求请见附件1)。

三、 OECD 的专业技术人员招聘

OECD 专业技术人员招聘的基本要求:①国籍。需要为 OECD 成员国公民,少数例外主要发生在与非成员国联系较为紧密的部门和名下相对独立的国际组织。②语言。精通英语或法语,部分岗位同时熟练掌握其他语言将会加分。③工作经验。初级 A1 级岗位至少需要两年相关工作经验,中级 A2—A3 级岗位一般要 5 年,高级 A4 级至少要 8 年,领导管理类岗位 A5 以上最少要 10 年。④岗位技能。根据具体岗位有具体要求。⑤软件工具。根据具体岗位有所差异,一般常见的是数据统计分析软件工具,如 Stata 和 SPSS 等。⑥核心胜任力。遵循共同的框架,但依据岗位类别和层级而在具体要求上有所侧重[①]。

依据 2014 年对专业技术岗位应聘者获取最高学历院校的统计信息,数量最

---

① OECD. Job Description Template[EB/OL][2017-10-10]. http://intranet.oecd.org/Executive-Directorate/Hrm/HRM%20Forms/Job%20description%20template%20-en.aspx.

多的前四所高校依次为:伦敦政治经济学院、巴黎政治学院、巴黎第一大学和美国哥伦比亚大学,并且这个顺序与 2013 年的相同(具体信息如表 5-6 所示)。这些大学都是所在国国内甚至世界一流大学。依据 2014 年对专业技术岗位应聘者申请时所在单位的统计信息,在排名靠前的单位当中,大多数都为国际组织,包括世界银行、欧洲委员会、欧洲委员会联合研究中心、联合国发展规划署和联合国粮食及农业组织等。其他单位主要包括:①政府机构,如美国国务院、意大利税务局等;②跨国企业,如安永会计师事务所和法国巴黎银行等(具体信息如表 5-7 所示)。可以说,这些应聘者的毕业院校和工作单位表明了在 OECD 工作具有非常强的吸引力,同时一定程度上也代表了 OECD 应聘者乃至在职人员普遍受过良好的专业训练,并且具有丰富的国际公共管理方面的研究和实践经验[①]。

表 5-6   2014 年 OECD 专业技术岗位申请人获取最高学历院校
(按人数多少排序前 20 名)

序号	大 学	所在国家	申请人数量	2013 年排序
1	伦敦政治经济学院	英 国	457	1
2	巴黎政治学院	法 国	426	2
3	巴黎第一大学	法 国	385	3
4	哥伦比亚大学	美 国	201	4
5	巴黎第九大学	法 国	167	11
6	博科尼大学	意大利	139	7
7	马德里大学	西班牙	136	6
8	巴黎第三大学	法 国	132	30 名以后
9	约翰·霍普金斯大学	美 国	123	14
10	罗马第一大学	意大利	110	8
11	巴黎第二大学	法 国	107	10
12	哈佛大学肯尼迪政治学院	美 国	104	18

---

①   OECD. 2015 Diversity Annual Report[EB/OL]. [2017-10-10]. 100—101. http://intranet.oecd.org/ Executive-Directorate/Hrm/Employment-Life-Work/Diversity-Inclusion/Pages/Annual_Reports.aspx.

序号	大　学	所在国家	申请人数量	2013 年排序
13	乔治城大学	美　国	103	15
14	巴黎高等商学院	法　国	103	15
15	欧洲学院	比利时	102	5
16	伦敦大学学院	英　国	96	12
17	埃塞克商学院	法　国	91	30 名以后
18	巴黎第十大学	法　国	90	30 名以后
19	欧洲商学院	法　国	87	30 名以后
20	巴塞罗那大学	西班牙	87	13

资料来源：OECD. 2015 Diversity Annual Report. ［EB/OL］. ［2017-10-21］. http://intranet. oecd. org/Executive-Directorate/Hrm/Employment-Life-Work/Diversity-Inclusion/Pages/Annual_ Reports.aspx.

表 5-7　2014 年 OECD 专业技术岗位申请人当时单位情况

（按人数多少排序的前 20 名）

序号	单　位	类　别	申请人数量	2013 年排序
1	世　行	国际组织	282	2
2	欧洲委员会	国际组织	210	6
3	欧洲委员会联合研究中心	国际组织	158	3
4	联合国发展规划署	国际组织	144	1
5	联合国粮食及农业组织	国际组织	102	7
6	联合国	国际组织	96	8
7	联合国教科文组织	国际组织	93	5
8	联合国劳工组织	国际组织	92	9
9	非洲开发银行	国际组织	80	16
10	安永会计师事务所	跨国公司	61	11
11	国际货币基金组织	国际组织	54	20
12	美洲开发银行	国际组织	51	12
13	法国电力集团	国有企业	50	13

（续表）

序号	单　　位	类　　别	申请人数量	2013 年排序
14	加拿大政府	政府机构	50	17
15	美国国务院	政府机构	49	23
16	联合国工业发展组织	国际组织	45	22
17	欧洲中央银行	国际组织	43	10
17	欧洲议会	国际组织	43	18
19	法国原子能委员会	政府机构	42	30 名以后
20	法国巴黎银行	跨国公司	37	26
21	毕马威会计师事务所	跨国公司	37	19

第六章
欧洲联盟的人才构成与特征

自从欧洲联盟(简称欧盟)于 1993 年正式成立以来,该机构逐步从地域内部合作组织转变成为国际舞台上的积极行动者。在这个过程中,机构工作人员扮演着至关重要的角色,他们提出并执行欧盟名义下的一切决策,选择与欧洲内部利益相结合的工作方式,展现欧盟内部团结和自由民主的国际化形象。作为一个独特的政治实体,其成员国政府在各重大领域通过集中权力来实现共同目标,即赋予所有成员国公民民主生活的权利。

当下正值世界格局动荡变革的时代,欧盟正在经历前所未有的政治和社会变化,尤其面临着英国脱欧、难民问题、债务危机以及第四次工业革命和全球化趋势的内部压力与外界考验,对于欧盟未来走向的质疑此起彼落。此外,随着千禧一代逐步进入劳动力市场,与上一代人相比,对工作的期望也产生了重大变化,长期来看,对欧盟机构的运作方式会产生深远的影响。在此背景下,本章通过对欧盟员工体制、公务体系以及相关政策的研究分析,试图阐释该机构的存在意义以及未来发展战略趋势。

第一节 欧盟的组织发展

欧盟是根据 1993 年生效的《马斯特里赫特条约》建立的经济政治联盟,目前由 28 个成员国组成,拥有 24 种正式官方语言。作为世界第一大经济实体,该联盟成员国通过适用于所有成员的标准化法律体系确保人员、货物、服务和资本在内部市场的自由流通,并保障各区域的全面平衡发展。

一、 发展沿革

第二次世界大战结束后,欧洲各国之间仍旧弥漫着紧张气氛,如何改善战后欧洲环境、避免重蹈覆辙,成为国家政府的当务之急。1951 年,在时任法国外交部长舒曼的提议下,欧洲煤钢共同体(European Coal and Steel Community)成立,包括法国、西德、比利时、荷兰、卢森堡和意大利 6 个国家,为欧盟的雏形。1957年,在该联盟的基础上,六国首脑和外长在罗马签署《欧洲经济共同体条约》和《欧洲原子能共同体条约》,成立了规模更为庞大的合作组织,即欧洲经济共同体(European Economic Community, EECC),目标是逐步取消关税和关卡,建立共同市场,从而促进商品、服务、资金和人员的自由流动。经济一体化使得国与国之间的边界日益模糊,初步实现了和平发展的融合局面。1986 年在海牙签署的《欧洲单一法案》(*Single European Act*)订立了欧洲共同体建立单一市场的目标,同时首次将欧洲政治同盟写进法律条文,也成为欧盟共同外交与安全政策的前身。1992 年,欧洲共同体 12 国在荷兰签署《马斯特里赫特条约》①,并于 1993 年 11 月1 日正式生效,该条约为建立欧洲政治联盟和经济与货币联盟确定了目标与步骤,并在经济领域之外,鼓励欧洲各国在其他领域的积极合作,如气候变化和文化交流等,欧洲经济共同体正式更名为欧洲联盟(European Union)。1999 年生效的《阿姆斯特丹条约》对《巴黎条约》《罗马条约》和《马斯特里赫特条约》进行了修订,

---

① Council of the European Communities. Treaty on European Union. [EB/OL] [2018-11-22]. https://europa.eu/european-union/sites/europaeu/files/docs/body/treaty_on_european_union_en.pdf.

并将民主、尊重人权、自由与法治等原则作为条约的基础①。2001 年 2 月 26 日，欧盟会员国领导人正式签署《尼斯条约》。该条约对欧盟委员会的成员以及理事会表决票数等议题做出了重要规定，扩大了"有效多数制"的应用范围，旨在提高机构决策效率②。从联盟以来，欧盟就迈入了逐步扩张的阶段，1995 年，芬兰、瑞典、奥地利加入联盟；2004 和 2007 年又陆续经历了两次扩张；截至 2013 年，欧盟成员国增加至 28 个。2009 年 12 月 1 日，《里斯本条约》正式生效，联盟体系重新调整，试图增进欧盟委员会和欧盟理事会的执行效率，并且赋予欧洲议会和各成员国议会更大的发言权以增加欧盟的民主正当性③。纵观欧洲近 70 年来的历史变迁，从战火纷飞到第二次世界大战后的萧条，再到而今的协作共赢，欧盟在其中起着决定性作用，欧盟也因此于 2012 年获颁诺贝尔和平奖。

目前，欧盟是全球规模较大的区域性经济合作的国际组织，虽然不是真正的国家，但其成员国已经将部分在经济领域的国家主权移交该组织，使得欧盟在某种意义上相似于一个联邦制国家。《里斯本条约》第一条第八项也允许欧盟成为欧洲委员会的成员国之一④。在社会经济领域，欧盟的发展水平世界领先，虽然其人口仅占世界人口的 7.3%⑤，但地区 2016 年生产总值达 16.477 亿美元，占全球总量的 22.2%。根据联合国开发计划署的数据，几乎所有欧盟国家的人类发展指数（human development index）都非常高。在国际外交领域，该联盟通过建立共同外交和安全政策，与世界很多国家和组织形成战略伙伴关系，在世界各地都设立有外交机构，并向联合国、世贸组织、七国集团和二十国集团等国际组织派遣欧盟代表，以不断深化其全球影响力。在教育科研领域，欧盟制订出台了"伊拉斯谟

① EU Commission. Fundamental rights and non-discrimination. [EB/OL] [2018-11-22]. https://eur-lex.europa.eu/legal-content/EN/TXT/?uri=LEGISSUM:a10000.

② Peter Katz. *The Treaty of Nice and European Union Enlargement: The Political, Economic, and Social Consequences of Ratifying* [J]. Pen Law Journals, 2003, 24(1):226.

③ Kristin Archick, Derek E. Mix. *The European Union's Reform Process: The Lisbon Treaty* [J]. Congressional Research Service, 2009(9): 2.

④ Council of the European Communities. Lisbon Treaty. [EB/OL] [2018-11-22]. http://www.europarl.europa.eu/ftu/pdf/en/FTU_1.1.5.pdf.

⑤ W Lutz. European Demographic Data Sheet. [DB/OL] [2018-08-29]. http://pure.iiasa.ac.at/id/eprint/15059/1/European_Demographic_Data_Sheet_2010.pdf.

计划"(erasmus program)以及一系列教师培训、职业教育和"终身学习计划"(life long learning program，2007—2013)，在全欧洲推行统一的标准和高质量的教育资源。此外，通过欧盟框架计划(framework program)来推动地区科研发展，涉及新能源等多个新兴领域。

二、 组织机构

作为一个庞大的国际组织，欧盟采用的是一种独特的跨国、跨政府的运作系统。与许多西方国家的政府组织更为类似，欧盟设有立法机构(欧洲理事会、欧盟理事会、欧洲议会)，行政机构(委员会)和司法机构(法院)。在欧盟的立法、行政和司法机构中又下设了许多相应的部门。

欧盟共有七大决策机构，如图 6-1 所示，它们分别是：欧洲理事会(各国元首组成)、欧盟理事会(各国政府代表组成)、欧洲议会(各国公民选举产生)、欧盟部长委员会(各国部长组成)、欧洲法院、欧洲中央银行和欧洲审计院七个机构，以及其他专门负责某一领域事务的专事机构(如欧洲对外事务部、欧洲经济与社会委员会、欧洲投资银行等)。欧盟理事会和欧洲议会之间共享审查和修改立法的权力，而执行任务则由欧盟委员会执行。欧洲理事会的执行能力有限。欧元区的货币政策由欧洲中央银行决定。欧盟法院和条约的解释和适用由欧盟法院保证。欧盟预算由欧洲审计法院审查。欧盟机构的权力是通过建立成员国谈判和批准的条约来规定的。在条约未涵盖的政策领域，各国政府可以自由行使自己的主权。

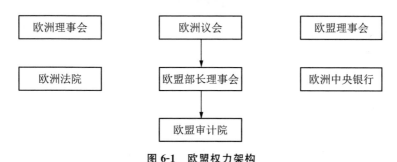

图 6-1 欧盟权力架构

（一）欧洲理事会

欧洲理事会(European Council)是欧盟立法机构之一，也是欧盟的最高决策机构。欧洲理事会是由欧盟成员国的国家元首或政府首脑与欧盟委员会主席,以及各国外长等共同参加的首脑会议,欧盟高级外交和安全政策代表也参与其工作。其中以成员国政府代表和欧盟委员会成员身份参加欧洲理事会会议的人数最多为20人。欧洲理事会于1974年正式成立,欧洲理事会的正式会议一年至少召开4次,每次最多2天。此外,欧洲理事会主席国也可以在其国家召开欧盟领导人非正式会议,由担任欧洲联盟理事会主席的成员国国家元首或政府首脑担任非正式会议主席。旧时的欧洲理事会实行轮值主席国制,根据2004年于罗马签订的《罗马条约》①,欧洲理事会主席改为通过选举方式产生,而后签署的《里斯本条约》②进而提出理事会主席为"常任主席",任期为两年半,可以连任一次。理事会主席主要负责理事会正式会议的筹备和正式会议的连续性。

欧洲理事会正式会议的首要职能是:制定欧洲统一的发展方针,确定欧盟的共同外交与安全政策,确立不同议题的处理次序,以及就一些只能在最高层级才能解决的问题达成共识,如欧盟对别国的制裁措施。尽管在条约规定的情况下可以进行表决,但大部分决定原则上是以协商一致方式做出的。虽然欧洲理事会会议不对外公开举行,但是会后将公布投票结果、随附的各国声明。会议记录会列出提交的文件、批准的提案、做出的决定以及欧盟领导人的声明,理事会会议的决定会发表在欧盟官方公报上。

欧洲理事会下设总务委员。该总务委员主要负责为会议编制议程项目,并确保会后必要行动。总务委员至少在欧洲理事会会议前4周审议附加说明的议程草案,并在理事会会议前的最后5天完成会议的筹备工作。理事会主席在每次会议后向欧洲议会提交报告。

(二)欧盟理事会

欧盟理事会(Council of the European Union),可以被视为欧盟立法机关的上

---

① European Council. Treaty establishing a Constitution for Europe. [EB/OL][2018-11-22]. https://eur-lex.europa.eu/legal-content/EN/TXT/? uri=uriserv:OJ.C_.2004.310.01.0001.01.ENG&toc=OJ:C:2004:310:TOC.

② European Council. Lisbon Treaty. [EB/OL][2018-11-22]. http://www.europarl.europa.eu/ftu/pdf/en/FTU_1.1.5.pdf.

议院,由来自欧盟成员国政府部长组成。他们有权以各国政府的名义投票,与欧洲理事会共为欧盟主要决策机构。

欧盟理事会根据不同的工作领域分为9个司,分别为:主要事务和外交事务司,经济和贸易事务司,法律和内政事务司,就业、社会政策、卫生和消费司,竞争力司(内部市场,工业,科研),交通、通讯和能源司,农业和渔业司,环境司,教育、青年和文化司。其中,主要事务及外交事务司负责确保理事会各司工作的一致性,同时负责欧盟的外部行动,包括外交政策、国防、安全、发展合作和人道主义援助。

每个成员国在欧盟理事会中都拥有1名理事,但每个理事依据其代表国家,拥有的投票数不同。理事会设有1名主席和1名秘书长,理事会曾实行轮换制,主席每6个月轮换一次,由各成员国代表轮流出任。自2009年《里斯本条约》生效后,改为由成员国选举任命,任期为两年半,可以连任一次。

欧盟理事会的首要任务是整合欧盟各成员国之间事务,制定欧盟法律和法规。欧盟理事会的日常办事机构有两个。一是常驻代表团委员会(committee of the permanent representatives),由各成员国驻欧盟的使团长和副使团长组成。每周举行例会,负责欧盟理事会的筹备工作,并执行理事会指定的任务。二是政治和安全委员会,是处理欧盟共同外交与安全政策的"轴心",由各成员国驻欧盟代表、欧盟委员会代表和理事会秘书长的代表组成。政治与安全委员会主席是其工作的核心人物,负责提出理事会活动方案草案,该方案必须经过常驻代表团委员会的审查,然后提交理事会批准才能通过。

欧盟理事会代表处设立在布鲁塞尔,每年4月、6月和10月在卢森堡举行会议。投票前必须检查法定人数,即必须大多数理事会成员在场,才达到投票表决的要求,就其主席的提案进行表决。如果理事会以多数支持通过提案,还需要支持提案的成员国人口至少占欧盟总人口的65%。在理事会就立法草案做出决定时,审议和投票情况是公开的,理事会通过的立法必须在欧盟官方公报上公布。

(三)欧洲议会

欧洲议会(European Parliament)可以被视为是欧盟立法机关的下议院,亦属于欧盟的主要决策机构。欧洲议会也是唯一由欧盟成员国公民直接选举产生的机构,直接代表着欧洲公民的利益,自《里斯本条约》签订之后,逐步成为与欧盟理事会平等的立法机构。根据《里斯本条约》①的议席分配原则,欧洲议会议员必须是欧盟成员国公民,各成员国议员人数应按照该国人口数量设定(6—96 席)。本届欧洲议会(2014—2019)共有 751 个议席。这些议席大致按每个成员国的人口平均摊分,再由成员国符合资格的选民选出代表他们的欧洲议会议员。议会内的座席是按照党派而非国籍来划分的,最新一届的选举结果如表 6-1 所示。

表 6-1 欧洲议会座席分布情况

党 派	人数	比例
欧洲人民党团 EPP(Group of the European People's Party)	221	29.43%
欧洲社会党团 S&D(Group of the Progressive Alliance of Socialists and Democrats)	191	25.43%
欧洲保守派和改革派党团 ECR(European Conservatives and Reformists)	70	9.32%
欧洲自由民主联盟 ALDE(Alliance of Liberals and Democrats for Europe)	67	8.92%
欧洲联合左翼/北欧绿色左翼 GUE/NGL(European Union Left/Nordic Green Left)	52	6.92%
绿党与欧洲自由联盟党团 Greens/EFA(Group of the Greens/European Free Alliance)	50	6.66%
自由和民主欧洲党团 EFDD(Europe of Freedom and Direct Democracy Group)	48	6.39%
无党派人士 NI(Non-attached Members)	52	6.92%

资料来源:*European Union*,*European Parliament*:*2014—2019*

欧洲议会议员必须遵守 2005 年出台的欧洲议会议员规定和其他法律义务,议员以无记名投票方式选举 1 名主席、14 名副主席和 5 名专员,任期为两年半。欧洲议会主席负责指导议会各项行动的总体方向,确保议员遵守规则并维持议会秩序,把控会议的流程,包括主持辩论和监督投票环节,把关修正案的可接受程度以及报告提案是否符合规则。副主席则拥有权力在必要时替换主席。副主席有特定的职

---

① European Council. Lisbon Treaty. [EB/OL][2018-11-22]. http://www.europarl.europa.eu/ftu/pdf/en/FTU_1.1.5.pdf.

责。专员主要负责与议员相关的行政和财务事宜。主席大会由议会主席和政治集团主席组成,负责组织议会的政治工作,并决定规划立法;委员会主席会议由所有常设和特别议会委员会主席组成,其就委员会工作和全体会议议程提出建议;代表大会主席由世界各地议会所有代表团的主席组成。它可以就代表团的工作提出建议。欧盟国家选出至少 25 个议员,根据其政治倾向来组建政治团体。这些小组根据其规模获得议会的财务和行政支持。有些议员不属于任何政治团体,来自不同政体的议员也可以就社会福利等具体议题组成跨党派小组。

自《里斯本条约》签订之后,欧洲议会的权力在很多政策领域逐步增强,其主要任务包括:审议及决定是否通过欧盟委员会提出的草议和财政预算;监察欧盟委员会的运作,必要时可提出不信任动议,如动议得到 2/3 的欧洲议会议员支持,欧盟委员会便须解散;考察欧盟成员国的人权状况,对于人权问题进行讨论与调查,从而维护欧盟国家的公平、包容以及多元和谐。

(四)欧盟委员会

欧盟委员会(European Commission)是欧盟的一个超国家行政机构,主要承担欧盟体系中的行政任务,也是在欧盟立法程序中唯一拥有制定行政法规的独立机构。委员会主要有以下职责:提出草案、管理欧盟的财政预算、监督各成员国对欧盟法律的执行情况、代表欧盟公民的整体利益。

欧盟委员会主席由欧盟理事会和成员国政府首脑共同决定,并且需要得到欧洲议会的批准。主席需要与各成员国政府共同商榷决定该委员会的人选。在欧盟委员会主席选举的开始阶段,欧洲理事会向欧洲议会推荐主席候选人。在此过程中,理事会必须考虑欧洲议会选举的结果并做出选择。为了赢得欧洲议会的任命,候任主席应该在议会投票选举前向议会提交其任期的政治指导方针,供议会议员研究讨论、交换意见。欧洲议会再对欧洲理事会提出的主席候选人进行投票,并正式任命。

一旦当选,欧盟委员会主席将联系成员国政府领导人、酝酿人选、组建欧盟理事会。根据 2003 年签订的《尼斯条约》①,欧盟各成员国选派一名候选人,并接

---

① European Commission, Treaty of Nice. [EB/OL] [2018-08-29]. https://eur-lex.europa.eu/eli/treaty/nice/sign.

受欧洲议会的审查。欧洲议会通过审查后,在当选主席的同意下,提出委员会28位委员的名单。欧盟委员会主席决定委员会内部的组织架构,分配这28位委员的职责领域,因此欧盟理事会委员也被称为负责各专门领域的"专员"。28位委员各自的工作范畴是:主席、欧盟外交及安全政策高级代表、竞争专员、运输专员、数码议程专员、相互制度关系及行政专员、内务市场及服务专员、能源专员、经济货币事务及欧元专员、环境专员、发展专员、教育文化、多语主义及青年事务专员、税务关税与统计账目核准及反欺诈专员、贸易专员、研究创新及科学专员、海洋事务及渔业专员、国际合作、人道救援和危机应对专员、区域政策专员、气候行动专员、欧盟扩张及欧洲邻里政策专员、就业、社会事务及融合专员、农业及郊区发展专员、健康卫生专员、消费者政策专员、工业及企业专员、公义、基本权利及公民专员以及财政及预算专员。

值得注意的是,这28位专员虽然经成员国的元首协商、且通过欧洲议会审查后推选出来,但他们一旦宣誓就任,便须摒弃其国家的利益立场,而为欧盟整体谋福祉。一旦明确了委员和专员的身份职责,他们每个人都须参加与其负责领域相关的议会专门委员会的公开听证会。在那里,议会专门委员会对于他们是否适合担任这个职位以及他们的专业知识提出质疑。议会随后对新的委员会团队进行投票。该团队一旦获得批准,将由欧洲理事会任命。欧洲议会对欧盟委员会有监管权力,议会是唯一可以通过谴责议案在其5年任期内解散委员会的欧盟机构。

(五)欧洲法院

欧洲法院(European Court of Justice)是欧盟最高司法机构,其主要任务是解释欧盟法律和确保欧盟法律在各成员国间平等适用。1952年,欧洲法院于卢森堡正式设立。目前欧洲法院共有28名法官和9名检察官。欧洲法院的法官是由各欧盟成员国推举选派组成,每一名法官和检察官的任期为6年。根据条约规定,这些法官和检察官必须在法律专家中选出,且他们必须要能够保持其独立性,同时必须具备有被指派到各国最高司法单位的专业能力,此外每个成员国所提名的法官还必须获得其他全体欧盟成员国批准。

大部分情况下,普通的法庭多由 3—5 位法官组成。每个法庭各自选出该庭的庭长。庭长任期根据法官人数而定。欧洲法院只有在由法院规则所规定的特定案件中,才会由全体法官组成大审判庭加以审理。另外,若欧洲法院认为该案件特别重要,亦会由全体法官组成大法庭加以审理。每个法庭各自选出该庭的庭长。在由 5 人组成的法庭中,庭长的任期为 3 年;由 3 人组成的法庭中,庭长的任期为 1 年。欧洲法院采取合议判决形式,从而确保判决中不会有不同意见的存在,参与审理的所有法官都必须在该判决上签名,表示意见一致。

欧洲法院有自己的诉讼规则。该规则包含了书面审理阶段和言词辩论阶段的规定。虽然在起诉阶段,当事人可以自由选择使用欧盟成员国中的任何一种官方语言,法官和当事人的陈述将被同步翻译。不过,在法院内部的工作语言,包括法官间的讨论、初步报告和判决的草拟,都是使用法语。这使得法语成为欧洲法院和普通法院这两个国际法院唯一的工作语言。

(六)欧洲中央银行

欧洲中央银行(European Central Bank,简称欧洲央行)成立于 1998 年 6 月 1 日,总部位于德国法兰克福,主要负责欧盟欧元区的金融和货币政策。欧洲央行设有董事会主席和理事会。其成员来自董事会成员和各成员国的中央银行代表。执行董事会包括 6 名成员,负责为欧洲央行制定战略政策。其中 4 个席位为欧盟四大中央银行国家(法国、德国、意大利和西班牙)持有。

欧洲央行是欧元区的中央银行,是一个独立的欧盟(EU)机构,代表了欧洲中央银行体系的核心。欧元体系由欧洲央行和欧元区国家的国家中央银行(NCB)组成。而欧洲经济委员会由欧洲央行和所有欧盟国家的国家协调机构组成。只要欧元区之外有欧盟国家,欧元体系和欧洲央行就会共存。

欧洲央行的主要目标是维持价格稳定,即保障欧元的价值。在不妨碍其主要目标的情况下,它也支持欧盟的总体经济政策。欧洲央行的基本任务是:界定和执行欧元区的货币政策;进行外汇业务;持有和管理欧元区国家的官方外汇储备;促进支付系统的顺利运行。此外,欧洲央行与国家协调机构合作收集统计信息以执行其任务,并拥有授权在欧盟境内发行欧元纸币的专有权。2014 年起,欧洲央行与国家监管机构一起,在单一监管机制内对欧元区和其他参与国进行银行监管,以促进信贷机构的安全和稳健以及金融体系的稳定。

欧洲央行的决策机构是理事会,执行委员会和总理事会。作为主要决策机构的理事会由执行委员会成员和欧元区国家协调机构的主席组成。执行委员会负责货币政策执行和日常运作,由主席和副主席以及其他四名成员组成。执行欧洲央行任务的总理事会为欧洲央行的政策制定策略,由欧盟国家的总统和副总统以及国家协调机构的总裁组成。

监事会是在单一监管机制的基础上成立的,负责执行与银行监管有关的任务。它由主席、副主席、四名欧洲中央银行代表以单一监管机制参与国家的每个国家监管机构的一名代表组成。

(七)欧洲审计院

欧洲审计院(European Court of Auditors)是欧盟主要下设机构之一,于1975年在卢森堡成立。该机构主要负责审计欧盟及其所属机构的账务以及财政收支。此外,审计院还可对接受欧盟援助的非成员国进行审计。审计院成员需要欧盟议会协商通过,且由欧盟理事会任命,任期为六年。审计院主席由选举产生,任期为三年,允许连任。

欧洲审计院负责审计欧盟(EU)的收入和支出,审查欧盟及其机构收支的合法性和规范性,以及欧盟预算的财务管理,以确保欧盟对纳税人的责任。根据《欧盟运作条约》(*Treaties on the Functioning of the European Union*)第287条①,审计院制定自己的议事规则,然后由理事会批准。规则包括审计院的组织(任命、任期、机构职责、选举主席)和业务流程(法院和分庭会议,法院、分庭和委员会的决定,审计和编写报告、意见和陈述)。

审计院是一个合议机构,即其成员共同对所做的决定和采取的行动负责。它由来自欧盟国家的28个成员组成。成员任期六年。被任命的成员必须属于或已经属于他们自己的欧盟国家的外部审计机构或拥有资格担任这个职位,完全独

---

① European Commission. Treaties on the functioning of the European Union. [EB/OL] [2018-08-22]. https://eur-lex.europa.eu/legal-content/EN/TXT/?uri=celex%3A12012E%2FTXT.

立地在审计院履行职责。成员选举其中一人为主席,任期三年。审计院主席的职责有:主持法庭会议;确保审计院的决定得到执行;确保审计院的各个部门,包括定书和访问、通信、法律事务和内部审计,运作良好,各项活动得到妥善管理;指定代理人代表法院参与诉讼;代表审计院参与其对外关系和与其他欧洲机构的关系。审计院设有秘书长,负责法院秘书处的日常运作,以及行政、财务和支持、人力资源、信息技术和翻译。审计院还由分院和委员会组成。分院通过审计意见、特别报告和具体的年度报告。审计院的下设委员会(如行政委员会和审计委员会)负责处理有关沟通和战略问题的行政事宜和决策。

审计院每年都会通过一项工作计划,列出审计任务方面的优先事项。该方案由审计院院长提交给欧洲议会预算控制委员会进行审查。审计院没有司法权力,因此没有权力实施制裁。每个财政年度结束后,它制定一份年度报告,并在官方公报上发布。报告涉及主管机构对欧盟预算和欧洲发展基金的管理,是欧洲议会向委员会提供预算的决策过程的重要参考。审计院还根据相关规则和条例向理事会和议会提供证明,说明账目的可靠性并证明预算得到了充分利用。此外,审计院还可随时根据具体问题提交建议,尤其是以特别报告的形式提出,并应其他欧盟机构的请求或主动提出审计意见或其他的提案。

（八）专业办事机构

除了上述立法、行政、司法和审计机构外,欧盟还下设的一系列办事机构和部门,具体负责处理某个领域的事务。这些机构包括欧洲对外事务部(European External Action Service)、欧洲经济与社会委员会(European Economic and Social Committee)、欧洲投资银行(European Investment Bank)、欧洲监察署(European Ombudsman),以及欧洲人员选拔办公室和欧洲行政学校(European School of Administration),等等。后两者与本书主题息息相关,将在后文详细阐述。

欧洲对外事务部是欧洲联盟的外交部及军事统筹机构,职责执行欧盟共同外交与安全政策。该部于《里斯本条约》签订后筹组成立,并从2010年12月开始正式运作。该机构致力于处理欧盟的危机应对机制,与欧盟委员会在该领域共同合作。对外事务部只有提议和执行欧盟外交的权利。外交决策权在欧盟理事会属下欧盟外交事务委员会和外交安全政策的高级专员手里[①]。

欧洲投资银行是欧盟的金融机构,1958年根据《罗马条约》创立,总部设在卢森堡,同时在布鲁塞尔、巴黎、罗马、赫尔辛基、雅典、柏林、里斯本、伦敦、马德里、华沙、伊斯坦布尔、布加勒斯特、突尼斯、达喀尔、拉巴特、内罗毕、法兰西堡、悉尼、比勒陀利亚和开罗设有办事处。

欧洲监察署是欧洲联盟中的申诉机构,位于法国斯特拉斯堡的欧洲议会。欧洲监察署的专员由欧洲议会派出,其任期由欧洲议会指定,可以连任。当监察署专员不再具有达成其职务所需要的能力,或是其有严重失职的情形时,欧洲法院有权将其解职。

欧洲经济与社会委员会是欧盟于1958年成立的咨询机构。其成员由雇主组织、雇员工会和其他利益代表组成。该委员会也根据《罗马条约》建立,旨在联合不同的经济利益集团来建立单一市场。该委员会为欧盟委员会、理事会和欧洲议会提供了听到不同利益集团声音的机会,因此自称为"欧盟组织与民间社会之间的桥梁"[②]。

三、 组织文化

组织架构在很大程度上影响着组织文化的建立。对欧盟这样的国际组织来说,机构人员皆来自于不同的文化和专业背景,因此通过共同的组织文化,有助于明确组织的核心价值体系,从而在人才选拔和雇用的过程中有针对性地建立评价标准,保障人才能够尽快适应与融入工作环境。

欧盟的组织文化起初受到德国和意大利主导文化的影响,如严格的多层次化的组织体系和官僚制度,即高层官员很大程度上决定了机构的发展和走向。此后,随着欧盟的不断扩张,来自新进国家的员工们开启了全新的局面,机构工作的导向逐步转向参与和协商,之前的官僚和层级制度被平等与民主所接替,并且这

---

① Andrew Rettmann, EU states near agreement on diplomatic service. [N/OL] [2018-02-01]. https://euobserver.com/foreign/28878.

② 欧洲联盟. 欧洲联盟运作体系. [DB/OL] [2018-08-22]. http://www.eeas.europa.eu/archives/delegations/china/documents/more_info/how_the_eu_works_2008_zh.pdf.

种平等的文化氛围日益浓厚。当前,欧盟的主导方针为"多元统一"(unity within diversity)。这个观念涵盖了社会生活、政策制定以及行政工作各个领域①。

然而,对于欧盟内部统一的组织文化也存在争议。为了建立共同的组织文化,欧盟公务员们被所谓的共同使命联合在一起。总干事无视专员们的意愿,自行拟定立法草案。此外,公务员们也被统一的工作流程紧紧约束着。一些批评指出,这样分化明显的行政架构导致各部门和专员们在相互竞争中浪费很多不必要的时间和精力,总干事和内阁合作紧密,总干事负责专员文件撰写等具体工作,内阁则负责给予专员政治指导。

欧盟是一个国际组织,就像联合国或北约一样,以其成员国之间的条约协定为基础。这些国家的政治领导人决定欧盟的总体方向和政治议程,国家部长是欧盟政策的主要决策者。然而,欧盟在其公民参与方面以及地方公共政策的力量远远超过其他国际组织。欧盟成员国公民直接选举欧洲议会的成员,欧盟委员会主席的选举则需要议会的批准,这体现出欧盟机构运作的民主基础。欧盟公民也可以通过公民倡议的方式来提议新的政策。欧盟不仅仅赋予各成员国一系列合法权利,也为欧盟公民创造了参与治理的政治生活环境。

然而,欧盟的民主参与仍然存在很多缺陷。例如,欧洲理事会和部长理事会仍然私下召开多次会议,但会后只部分公开其记录,很难知道谁说了些什么或个别国家如何进行投票。虽然正在逐步改善,欧盟法律的实施仍旧在不透明的规则体系中进行。此外,欧洲议会中缺乏与国会有关的权力,因此它不能正式提出新的法律。欧盟机构中缺乏明确的权力交替,欧洲议会中的席位分布不一定与欧盟行政部门——欧盟委员会和理事会的变化相匹配。欧盟运作制度的复杂性也很难确保欧盟的预算资金是否会被遗漏。

另外,作为一个国际组织,为了保证成员国和欧洲公民的广泛参与权和共同治理权,欧盟在政治、经济、外交和财政等许多方面,都不时显示出效率低下等问题。更由于各成员国的自身利益矛盾,他们难以作出共同决策,难以采取共同一致的行动。

---

① Irena Bellier. Spelling out unity and living in diversity. Organisational Culture in the Institution of European Union[J]. Magali Gravier, Vassiliki Triga(eds.), 2005:7.

无论如何,从欧盟机构的权力变迁中可以看到其正在努力走出当前的困境,在欧洲共同体面临瓦解的危机面前,欧盟正在试图建立某种特殊的跨国家治理方式,致力于寻求解决欧盟国家和人民需求两者间的矛盾,尤其在欧盟自身机构内部,在处理世俗社会和复杂政治问题之间取得平衡。

第二节　欧盟的员工体系架构

一、 体系概述

目前,约有 32 000 余名员工就职于欧盟委员会与欧盟议会等欧盟机构,他们以和平、自由、繁荣为发展目标,与各成员国政府紧密合作,努力维护 4.55 亿欧洲公民的共同利益。作为一个庞大的区域性国际组织,欧盟的人事体系比单一的国家或者私营机构要复杂得多,在不同的文化背景和各成员国的现存规制下,仍旧要去实现相同的人事管理目标,并且伴随着这个改革发展进程,欧盟自身也在不断扩张与变动。

西方国家的公务员体系从 20 世纪 70 年代开始提升效率、加强问责和打击贪腐的变革浪潮,欧盟内部的国际公务员体制也顺应趋势,对部门组织架构和工作流程进行了相应的调整,从而能够实现低成本和高效率的公共管理改革目的。21世纪以来,欧盟加大力度进行公务员制度改革,例如,巴罗佐委员会(Prodi Commission)的首要任务之一即为欧盟各机构制定现代化和高效率的国际公务员制度。近几年来,该委员会针对行政、体系、程序、财务和人力资源等各个层面进行了整改,以期建立一套现代高效的公共行政体系。这次改革也被认为是 1958 年欧盟成立以来最全面和最彻底的体系变动。

根据欧盟 2017 年发布的人力资源关键数据[①],就职于欧盟机构的员工数量总计为 32 546 名,其中 65.1% 的员工工作地点位于布鲁塞尔,将近 23% 的员工在

---

① European Commission. HR Key Figures Staff Members. [EB/OL][2018-11-22]. http://ec.europa.eu/civil_service/docs/hr_key_figures_en.pdf.

包括卢森堡在内的其余欧盟国家任职,余下约 12% 的人员就职于非欧盟国家,如表 6-2 所示。

表 6-2　欧盟机构员工工作地点分布

地 点	员工数	所占比例
布鲁塞尔	21 178	65.1%
卢森堡	3 802	11.7%
其他欧盟国家	3 630	11.1%
非欧盟国家	3 936	12.1%
总　计	32 546	100%

资料来源:European Commission, HR Key Figures Staff Members

此外,欧盟机构员工的职能分布较为集中,如表 6-3 所示,常设行政专业人员占比超过 60%(62.2%),中高级管理人员仅占 4.4%,助理文秘人员占 28.7%,合同制员工占全部人数的 21.7%,其余均为临时工作人员和地区员工。

表 6-3　欧盟机构员工职能分布

职　能	员工人数	所占比例
高级管理人员(Senior Manager)	359	1.1%
中级管理人员(middle Manager)	1 089	3.3%
行政专员(official AD)	11541	35.5%
临时行政专员(Temporary staff AD)	491	1.5%
常设助理(official AST)	8 685	26.7%
临时助理(temporary Staff AST/SC)	223	0.7%
合同员工(Contract Staff)	7 054	21.7%
特殊顾问(Special Adviser)	61	0.2%
当地雇员(Local Staff)	2 058	6.3%
本国专员(Staff under National law)	541	1.7%
合计	32 546	100%

资料来源：European Commission, HR Key Figures Staff Members

从员工年龄结构分布来看,员工群体呈现出多元化态势,从 35 岁至 60 岁之间的各年龄层员工比例几乎相同,其中 35 岁至 50 岁之间的员工数量占总人数的 54.4%,29 岁以下的人员占比仅为 2.0%,可见中青年是机构雇员的主要组成力量,如表 6-4 所示。

表 6-4　欧盟员工年龄结构

年　　龄	员工数	所占比例
<29	655	2.0%
30—34	2 430	7.5%
35—39	5 714	17.6%
40—44	6 009	18.5%
45—49	5 951	18.3%
50—54	5 352	16.4%
55—59	4 397	13.5%
>60	2 038	6.2%
总 计	32 546	100%

资料来源:*European Commission*,HR Key Figures Staff Members

相较于其他国家或组织,如英国税务和海关总署雇员就超过 80 000 名,美国联邦政府公务员人数高达 180 万人,德国仅联邦层级行政人员人数为 315 000 人,欧盟的公务体系显然兼具经济高效的特点。

(一) 公务员体系

对于欧盟来说,其公共服务体系涉及所有下属的机构和部门,包括欧盟委员会、欧洲议会等,各个机构和部门都负责构建各自的组织架构和人员体制,仅仅在人才招聘这一环节是交由欧洲人才选拔办公室(European Personnel Selection Office, EPSO)来统一进行的。

所有的欧盟机构必须遵守《工作人员条例》(*Staff Regulation*)。该条例载明了欧盟公务员制度的规则、原则、标准和工作条件,其中包括欧盟全体员工五项公共服务原则[①]:①为欧盟和成员国公民服务。公务员应该意识到联盟机构的使命,从而服务于欧盟和公民的利益以及实现"条约"的目标;应该提出建议和决定,以服务于这些利益,公务员应尽最大的努力履行职能,力争在任何时候达到最高的专业水平;他们应该注意他们对公众信任的立场,并为他人树立榜样。②诚实、正直。公务员应该在任何时候都要以公众监督为指导的方式行事,并辅以适度礼节,不能接受可能影响他们履行职责的任何财务或礼物,应该及时宣布任何与其职能有关的私人获利。公务员应该采取措施避免利益冲突。③客观性。公务员应该公正、开明,以实证为指导,愿意听取不同的观点,应该准备好承认并纠正错误。在涉及评估的程序中,公务员应该根据绩效和法律明文规定的其他因素做出建议和决定,不应歧视某个群体或加入自己的个人倾向。④尊重他人。公务员应该尊重对方和公民,应该彬彬有礼,乐于助人,善于合作,应该用真诚的语言去倾听别人在说什么,并且清楚地表达自己的观点。⑤透明度。公务员应该愿意解释他们的行为并为他们的行为提供理由,应该保存工作记录并欢迎公众对他们的行为进行监督,以保证他们遵守这些公共服务原则。

1. 人才招聘

欧洲人才选拔办公室(EPSO)负责为欧盟的机构和办事处选拔工作人员,包括欧洲议会、欧洲委员会、欧盟委员会、欧洲法院、审计院,欧洲外部行动服务处、经济与社会委员会、地区委员会以及欧洲监察署。上述各机构都能够在 EPSO 选拔出的候选人中招聘员工。EPSO 平均每年接收 6—7 万份职位申请,其中1 500—2 000 人能够成功入职欧盟机构。

欧盟员工的选拔招聘基于公平、竞争的原则之上。人才选拔办公室按照统一的标准,根据《欧盟机构工作人员条例》(*The Staff Regulations of the EU Institutions*)选拔常设公务员和合同代理员工。任何在正式竞争或选拔程序之外提交的职位申请和简历都是不符合规定的。欧盟招聘通知会列出各机构各岗位

---

① EU Commission. Staff Regulation. [EB/OL][2018-08-22]. http://ec.europa.eu/civil_service/docs/toc100_en.pdf.

的具体招聘信息,该通知刊登在欧盟官方公报(*The Official Journal of the European Union*)上,并且公示在 EPSO 的官方网站上,信息包括选拔标准、相关的工作内容和职责、职位数量、所需资格和经验以及选拔过程各个阶段的测试形式等。为了扩大申请者的数量和地域范围,EPSO 除了将公开招聘的信息在各成员国的新闻媒体和网络媒体上公布及传播之外,还会参与各国境内举办的高校毕业生招聘会。

招聘的具体流程要求视各类工作内容而定。作为最基本的申请要求,欧盟公民身份以及对欧盟语言的深入了解是必需的,只有实习生岗位可以接受非欧盟地区公民的申请。其次,申请者需要熟练掌握英、法、德三种语言之一,并且具备其他一门欧盟官方语言作为第一外语。对申请者的学历要求并未做严格规定,一般来说需要大学本科毕业及以上。此外,欧盟对职位候选者的能力极为重视,包括分析和解决问题、递送质量和结果、交流和沟通、学习和成长、决策和组织、团队协作、适应调整和领导能力[①]。

人才选拔流程于 2010 年进行了重大改革,每轮选拔的模式和类型都进行了相应调整。每个阶段的测试后,只有获得通行证的高分候选人(这个分数线通常是预设的)才能进入下一阶段。招聘正式启动后,欧盟公民可以通过在人才选拔办公室的官网上直接创建自己的个人账户进行电子申请,所有与候选人的沟通工作都是通过他们的电子账户进行的。通常情况下,人才选拔办公室会在各成员国的专业测试中心进行预选测试,因此,申请者可以在线注册时选择自己想要接受测试的地点。测试评估一般在布鲁塞尔或卢森堡进行。

人才遴选委员会由机构代表和工作人员代表组成,负责审核测试的书面和面试问题的内容以及对申请者进行评估。作为招聘的组织机构,人才选拔办公室负责确保选拔程序的公平和有效,在选拔过程中遵循机会平等的原则。此外,人才选拔办公室还应保障申请者的个人资料和信息将按照条例进行保护和处理。

---

① Michiel Humbelt. A career at the EU institutions. [R/OL][2018-08-22]. http://www.transuniv.eu/fileadmin/user_upload/2019-02-28_A_career_at_the_EU_institutions.pdf.

常设公务员的选拔一般通过计算机在线测试进行首轮筛选,包括申请者对欧盟相关知识的多项选择测试以及数字、口试和抽象推理能力和情景判断测试。在评估中心,通常有个案研究、口头表达、小组讨论和能力面试;对于合同代理人,预选阶段类似于常设职员公开招聘的阶段,包括语言、数字和抽象推理的测试。此外,申请者可能被要求参加第三次测试,以确定他们与职位相关的具体能力。

最后的招聘流程是各个欧盟机构的单独责任,人才选拔办公室会将合格的候选人备案名单交付各机构。选拔流程结束后,最高得分候选人将被列入储备名单,由各机构考虑特定职位。储备名单将公布在官方公报上,有效期1—3年。

2. 员工等级

根据欧盟委员会公布的数据,当前欧盟工作人员中约25 000人是常设专员和临时代理。此外,机构还聘用了9 000余名"外部人员",即合同代理人员,这些人大部分来自各成员国的行政部门或短期受训项目借调的工作人员。

员工合同分为永久合同(permanent contract)、实习生合同(contract of 3—18 months)和定期合同(fixed-term contract)。永久合同又可以分为三种职能组群,如表6-5所示,分别为行政专员(AD)、行政助理(AST)和助理秘书(AST/SC)。行政专员主要从事政策制定、业务交付、资源管理和翻译等工作,其等级跨度从最初级的行政专员AD 5一直到最高级别的总干事AD 16。一般大学本科毕业生入职级别即为AD 5,要晋升至AD 6或AD 7则需要应聘者有更专业的知识背景和相关工作经验,AD 9—AD 12则属于中层管理级别,这些职位的选拔和招聘需要候选者具备一定的管理工作经验[①]。

行政专员下设行政助理,且自2004年员工政策改革以来,行政助理也可以晋升为行政专员,但在实践中具有一定难度。行政助理主要负责行政和技术层面的工作,其级别涵盖了AST 1—AST 11共11级。新入职的行政助理通常级别为

---

① EPSO. How to apply, Careers with the European Union. [EB/OL][2018-08-22]. https://epso.europa.eu/how-to-apply_en.

AST 1—AST 3,一般来说,该评级除了参考候选人的学历和职业资格之外,还要考量其相关行业经验。

助理秘书主要从事办公室管理和辅助行政工作,也设有层级体系,范围从 AST/SC 1—AST/SC 6。

表 6-5　永久合同职能组群

	行政专员 AD	行政助理 AST	助理秘书 AST/SC
工作内容	政策、交付、管理、翻译	行政、技术	办公室、行政
等级范围	AD 5—AD16	AST1—AST11	AST/SC1—AST/SC6
起步等级	AD 5	AST1—AST3	

实习生合同是与实习生签订的,合同期限从 3—18 个月不等,且多为 5 个月,如表 6-6 所示。实习生在实习期间可以获得一定金额的补贴,约为 1 000 欧元每月,但是具体的工作期间、补贴金额和申请时间以各机构的具体规定为准。

表 6-6　部分欧盟机构实习岗位概况

机 构	期 限	补贴(欧元/月)
欧盟委员会	5 个月	约 1 100
欧洲议会	5 个月	约 1 200
欧洲外事部	12—24 个月	有
欧洲委员会	5 个月	大部分有
欧洲法院	5 个月	有
欧洲审计院	5 个月	约 1 100
欧洲监察局	4—12 个月	约 1300

资料来源:EPSO,Traineeships Guide.[1]

定期合同分为两类:3a 合同员工初入职时签订的是定期合同,之后可以转变为长期合同;3b 合同使用范围最广,其规定合同员工与一所欧盟机构最多签订 6

---

[1] EPSO. Traineeships Guide. [EB/OL][2018-08-22]. http://europa.eu/epso/doc/traineeshipsguide_en.pdf.

年。定期合同分为4四职能组群,分别为Ⅰ、Ⅱ、Ⅲ、Ⅳ。临时工作人员签订也属于分别针对各专业领域的定期合同。

3. 福利薪金

欧盟员工的工资包括基本工资和各种补充津贴。基本工资的主要组成部分是基本月工资,其根据每个员工的等级和阶段以及员工的职称而定。行政专员(AD)和行政助理(AST)的基本工资如表6-7所示。

表6-7　欧盟常任行政专员、行政助理等常任员工月薪资等级　　（单位:欧元）

级别	1 档	2 档	3 档	4 档	5 档
16	18 040.01	18 798.08	19 587.99	—	—
15	15 944.36	16 614.36	17 312.51	17 794.18	18 040.01
14	14 092.13	14 684.31	15 301.36	15 727.07	15 944.36
13	12 455.10	12 978.48	13 523.85	13 900.11	14 092.13
12	11 008.23	11 470.80	11 952.82	12 285.37	12 455.10
11	9 729.43	10 138.26	10 564.29	10 858.21	11 008.23
10	8 599.20	8 960.54	9 337.08	9 596.85	9 729.43
9	7 600.25	7 919.63	8 252.42	8 482.01	8 599.20
8	6 717.35	6 999.62	7 293.75	7 496.68	7 600.25
7	5 937.01	6 186.49	6 446.46	6 625.81	6 717.35
6	5 247.33	5 467.83	5 697.59	5 856.11	5 937.01
5	4 637.77	4 832.65	5 035.72	5 175.82	5 247.33
4	4 099.01	4 271.25	4 450.73	4 574.56	4 637.77
3	3 622.83	3 775.07	3 933.71	4 043.14	4 099.01
2	3 201.98	3 336.53	3 476.74	3 573.47	3 622.83
1	2 830.02	2 948.94	3 072.85	3 158.35	3 201.98

资料来源:ECDC, Salaries, taxation, pension and allowances afforded to staff within institutions and agencies of the European Union.[①]

---

① ECDC. Salaries, taxation, pension and allowances afforded to staff within institutions and agencies of the European Union[EB/OL][2018-08-22]. https://www.ecdc.europa.eu/sites/portal/files/documents/information-on-salaries-taxation-pension-allowances-staff-European-Union.pdf.

表 6-8　欧盟文秘人员(SC)的基本月工资等级　　　　　（单位:欧元）

级别	1 档	2 档	3 档	4 档	5 档
SC6	4 600.96	4 794.30	4 995.76	5 134.74	5 205.69
SC5	4 066.48	4 237.36	4 416.04	4 538.26	4 600.96
SC4	3 594.10	3 745.11	3 902.49	4 011.07	4 066.48
SC3	3 176.57	3 310.05	3 449.16	3 545.10	3 594.10
SC2	2 807.56	2 925.54	3 048.48	3 133.29	3 176.57
SC1	2 481.41	2 585.68	2 694.34	2 769.29	2 807.56

资料来源:同上。

表 6-9　合同员工的基本月工资　　　　　（单位:欧元）

1/07/16		各级工资分档						
组别	等级	1 档	2 档	3 档	4 档	5 档	6 档	7 档
IV	18	6 218.85	6 348.17	6 480.18	6 614.94	6 752.51	6 892.93	7 036.27
	17	5 496.38	5 610.68	5 727.35	5 846.46	5 968.04	6 092.15	6 218.85
	16	4 857.84	4 958.85	5 061.98	5 167.25	5 274.71	5 384.41	5 496.38
	15	4 293.48	4 382.77	4 473.91	4 566.95	4 661.92	4 758.87	4 857.84
	14	3 794.69	3 873.61	3 954.17	4 036.39	4 120.34	4 206.01	4 293.48
	13	3 353.84	3 423.60	3 494.78	3 567.47	3 641.65	3 717.38	3 794.69
III	12	4 293.42	4 382.70	4 473.84	4 566.87	4 661.83	4 758.77	4 857.73
	11	3 794.66	3 873.56	3 954.11	4 036.33	4 120.27	4 205.95	4 293.42
	10	3 353.83	3 423.58	3 494.76	3 567.44	3 641.62	3 717.35	3 794.66
	9	2 964.22	3 025.86	3 088.78	3 153.02	3 218.59	3 285.51	3 353.83
	8	2 619.87	2 674.35	2 729.97	2 786.73	2 844.69	2 903.84	2 964.22
II	7	2 964.15	3 025.81	3 088.74	3 152.98	3 218.57	3 285.51	3 353.84
	6	2 619.75	2 674.24	2 729.86	2 786.64	2 844.59	2 903.76	2 964.15
	5	2 315.36	2 363.51	2 412.67	2 462.86	2 514.07	2 566.37	2 619.75
	4	2 046.33	2 088.89	2 132.34	2 176.70	2 221.96	2 268.18	2 315.36
I	3	2 520.92	2 573.23	2 626.65	2 681.16	2 736.80	2 793.60	2 851.59
	2	2 228.59	2 274.85	2 322.06	2 370.26	2 419.45	2 469.67	2 520.92
	1	1 970.18	2 011.08	2 052.81	2 095.41	2 138.90	2 183.30	2 228.59

资料来源:同上。

除基本工资外,欧盟员工还可以享受各种津贴:①外派津贴。16％或外国居留津贴4％。上述比例指占基本工资＋家庭津贴＋子女抚养费的总额比。②家庭津贴。自2016年7月1日起,基本工资的2％＋181 82欧元。③受抚养子女免税额。自2016年7月1日起,每名受抚养子女获得397 29欧元。④学前子女津贴。自2016年7月1日起,每名学前子女获得9 705欧元。⑤教育津贴。报销每名受抚养子女学费269 56欧元(从2016年7月1日起),在某些情况下可以加倍。

在某些情况下,特别是在工作人员必须转变工作地点的情况下,欧盟机构也可以补贴各种费用,特别是装修津贴、日常生活津贴、差旅费,以及拆除家具、个人物品的搬迁费用和保险费用。

员工基本工资中的11.3％用来缴纳退休金①。退休金以最终基本工资的百分比形式支付,最高限额为70％,根据员工的服务年限来计算。员工的退休年龄也与其入职时间相关,2004年5月1日之前入职的员工退休年龄为60—65岁;2004年5月1日至2014年1月1日期间入职的员工退休年龄为63—65岁;2014年1月1日至今入职的员工退休年龄为66岁②。提前退休年龄可为58岁,但是退休之前每年将会有3.5％的退休金减免系数。为了缓解新员工政策造成的影响,2014年1月1日出台了过渡性退休金措施,其中包括将2014年1月1日55—60岁的员工的退休年龄定为60—61岁;2014年1月1日已满54岁或以上的员工可以在2014或2015年退休,也适用于提前退休的减免系数。

(五)员工监管

欧盟要求其机构员工严格遵守行为守则,并于2000年10月20日正式发布

---

① EU Commission. COUNCIL REGULATION. [EB/OL][2018-08-22]. https://eur-lex.europa.eu/legal-content/EN/TXT/?uri＝celex％3A32001R2157.

② European Commission. Summary document on changes relating to Staff Regulations Review. [DB/OL][2018-08-22]. http://u4unity.eu/document2/SR_summary_20130705.pdf.

《良好行政行为守则》(*Code of Good Administrative Behavior*)①,以此来监督员工的日常行为,规范其职业道德标准。行为守则涵盖了员工在履行职责时,必须遵守的一系列条约、道德和操守规则。

在 2017 年国情咨文演讲中,欧盟委员会主席容克(Jean-Claude Juncker)宣布了委员会成员的新行为准则,基于现代化进程,为欧盟员工的行为和道德规则制定了新的标准。现代化行为守则进一步通过制定更明确的规则和更高的道德标准,并在多个领域增加透明度。新守则于 2018 年 2 月 1 日生效,守则主要更改内容如下:②

离职后活动。行为守则将冷静期(cooling-off period)的期限,委员从现在的 18 个月延长到 2 年,委员会主席延长到 3 年。在冷静期,委员会前成员需要在接任新职前通知委员会,并且在某些活动中也会受到限制,如游说委员或委员会工作人员。

防止利益冲突。守则首次对利益冲突进行了界定,并且规定了委员避免利益冲突的方法,而且还规定了可能出现的情况。如果前委员打算从事他们以前工作领域相关的职业,首先需要咨询独立伦理委员会。

财务利益。更严格的规则也将适用于委员的财务利益。无论是否存在利益冲突,他们将不得申报超过 10 000 欧元的资金。由于专员的特殊资产而导致利益冲突,主席可请求处置。专员们应该在每年年初更新他们的声明。

透明度问责。专员的差旅费用应考虑成本效益。每位专员的差旅费用的信息将每两个月发布一次。

规则执行。在实施守则时,新的强化独立伦理委员会将予以监督。该委员会将能够就所有道德问题提出建议并提出与守则有关的建议。如果违反守则且其他人不能向法院上诉此事,委员会可以表示谴责并公布。

---

① EU Commission. Code of Good Administrative Behavior. [EB/OL][2018-08-22]. https://ec.europa.eu/info/sites/info/files/code-of-good-administrative-behaviour_en.pdf.

② European Commission. Commission Decision of 31.1.2018 on a Code of Conduct for the Members of the European Commission. [EB/OL][2018-08-22]. https://ec.europa.eu/info/sites/info/files/code-of-conduct-for-commissioners-2018_en_0.pdf.

第三节　欧盟的国际公务员培养

作为一个超国家的区域政治组织,欧盟为了保证其国际公务员能够超越各国利益,形成共同文化、共同利益,公正高效地履行职责,十分重视对欧盟人才的培养和培训,先后创立了欧洲学院和欧洲行政学院。本节以这两个学院为案例,探究欧盟培养该组织人才的方式与特性。

一、欧洲学院

欧洲学院(The College of Europe)是世界上第一所以欧洲研究为主要研究方向的独立研究生教育机构,并且至今仍然是独一无二的,其主校区位于比利时的布鲁日市。欧洲学院的起源可以追溯到 1948 年的海牙大会。当时,西班牙政治家、思想家和作家萨尔瓦多·德马达里亚加(Salvador de Madariaga)提出建立一所学院,以便来自不同国家的大学毕业生可以一起学习和生活。1949 年欧盟创始人萨尔瓦多·马达里亚加、温斯顿·丘吉尔(Winston Churchill)、保罗·亨利·温克拉克(Paul Henry Winclark)和阿尔西德·德·加斯佩里(Alcide de Gasperi),在海牙大会后提出“推动欧洲各国之间的互相了解和团结精神,为维护这些价值观的个人提供精英培训”①。欧洲知识运动领袖之一的布鲁格曼(Hendrik Brugmans)教授成为欧洲学院的第一任校长(1950—1972)。随着 20 世纪 90 年代苏东集团的解体,欧洲学院应波兰政府的邀请,欧盟又于 1994 年在华沙开设了第二个校园,因而学院现在运营模式成为“一学院、两校区”,但该学院大体上还是按照比利时的法律来运作。

世界各大媒体都给予欧洲学院以极高评价:《泰晤士报》将欧洲学院之于欧洲政治领域的意义同比于哈佛商学院之于美国商业社会;《经济学人》将该学院称为培养欧洲公务员的精英学校;英国广播公司将其称作欧盟自己的牛津剑桥。基于上述背景,对欧洲学院的学生培养模式进行梳理,能够帮助我们进一步了解欧

---

① Le rôle du Collège d'Europe[J]. Journal de Bruges et de la Province, 1950, 114(78): 1.

盟机构公务员的选拔要求。

（一）学生选拔

欧洲学院一般与各国外交部门合作进行学生选拔工作。由于招生规模有限，每年通常不超过 100 人，学院的入学竞争异常激烈，入学考试通常在春季进行。所有入学申请人都需要学习过大学经济学、法学、政治学或国际关系课程。入学申请者还应拥有相关的学历学位，即已经获得"博洛尼亚进程"统一后的硕士学位，或已获得"博洛尼亚进程"前的本专业学士和学士后的 240 个学分；持有学士学位的学生，如果能够证明其学术能力很强，也可以获得申请机会。符合条件的学生可以向国家选拔委员会提出申请。截至 2014 年，欧盟境内共设有 28 个选拔委员会。

学院授课采用双语模式，因此学生必须精通英语和法语。通过一年的课程学习，合格的学生将获得"高级硕士学位"。

（二）培养模式

欧洲学院一直延续着一项传统，即每学年都以欧洲政坛领袖的名字来命名。2017—2018 学年就是以欧洲议会第一位直接选举产生的主席西蒙娜·维埃尔（Simone Veil）命名的，她也是欧盟机构有史以来第一位女性领导人，一生为争取欧洲妇女权利和打击反犹太主义而奋斗，为欧洲统一事业做出了重大贡献。

学院课程设置与普通高校相似，一年制课程时间为第一年 9 月至第二年 6 月底，并以英语和法语授课。课程形式包括讲座、研讨和外聘专家的讲座、研讨会。欧洲学院的学术课程由荷兰佛兰芒州认证组织（NVAO）认证。每个学习课程共计 66 学分（ECTS）。学生必须在每学期结束时进行口头和书面考试，并以英语或法语提交 15 个欧洲学分互认体系（European Credit Transfer and Accumulation System）学分的硕士论文。撰写论文主要在第二学期进行，在教师的指导下，学生有机会进行个人研究。学习内容还包括赴欧盟机构以及邻近国家政府机构的实践活动，为学生日后从事公共事务领域的工作积累丰富的经验。得益于学院广泛的合作网络，学生们在学习期间还会获得很多机会与政策制定者、从业人员和商界代表交流。

欧洲学院主要开设三个学生学习项目,分别为:欧洲经济研究(即国际经济研究,重点是欧盟)、欧洲法律研究、欧洲政治和行政研究。近年来,学院陆续增设了更多的跨学科学生培养项目,包括欧洲国际关系与外交研究。在华沙校区,欧洲跨学科研究领域设有四个专业:欧洲公共事务与政策、欧盟全球化、欧洲历史与文明以及欧盟邻国和外交政策。

欧洲学院采取寄宿制,寄宿生活是学生体验的重要组成部分。通过学生宿舍生活,来自整个欧洲及其他地区的学生可以学会共同生活和工作。这种融教室、宿舍和整个学院为一体的学习生活有助于学生增加个人的国际融合经验,确保学生熟悉欧洲的文化和社会多样性,学会如何在国际环境中开展工作。欧洲学院的往届毕业生大量赴欧盟机构任职,如前欧洲议会副秘书长加埃塔诺·阿迪诺尔菲(Gaetano Adinolfi)、欧洲人权法院法官莱迪·比安库(Ledi Bianku)等都是欧洲学院的毕业生。学院以其学术独立、教师学生的多样性和多元文化为特点,创建了一个微缩的欧盟环境。

(三)研究发展

欧洲学院设有许多学术岗位,每年出版相关著作,学院还出版一份名为 *Collegium* 的学术期刊,不时发布上述学习领域的相关欧盟文件,学院致力于通过研究来推进欧洲一体化进程。

自成立以来,学院已举办过多次国际学术性会议。这些会议所讨论的主题与学院学术研究相辅相成,成为与各国际组织专家进行深入探讨的平台,如与红十字国际委员会合作组织的年度人道主义法论坛。此外,自20世纪80年代初以来,学院开展了相关的咨询活动,特别是在欧共体法律分析领域,学院开发办公室为咨询服务工作的研究团队设立合同。在过去10年中,欧洲学院一直在组织由欧盟各个计划资助的合作项目,包括与学术合作伙伴、公司和律师事务所的联盟。例如,在跨欧洲高校学习流动项目(Trans-European Mobility Program for University Studies,TEMPUS)计划下,成立了欧洲研究课程建设项目;随着欧盟的法尔计划(PHARE),各国共同福祉的技术支持计划(TACIS)和重建、发展稳固的社区帮助计划(CARDS 的进行),资助学院为几乎所有申请国,俄罗斯和独联体国家的欧盟事务提供了专业培训和咨询。此外,办事处还参与了欧洲援助基金会(Europe Aid)支持下的类似合作项目。

目前,学院发展处正积极参与在欧洲境内和国际上举办的专业培训项目和欧洲研究课题。学院也开始与专业人士、贸易协会、私营公司和行政部门等组织达成合作关系,就有关欧洲一体化问题开展专业培训课程和研讨会。欧洲机构和国家行政机关的官员也定期参加学院为其量身定制的培训计划。

二、 欧洲行政学院

欧洲行政学院(European School of Administration)是成立于 2005 年的欧盟下属机构。该机构的任务主要是为欧盟员工提供学习和发展机会,从而满足各部门的具体培训需求。原则上来说,学院的培训项目都是面向欧盟机构和办事处的员工,但也有少部分成员国政府机构的公务员可以参加一些特殊培训项目。其培训种类大致可以分为新员工入职培训、工作场所基本技能培训、管理和领导力培养以及福利公社。除了上述基本培训内容,学院每年还为 80 名助理员工开展年度培训,帮助其所在机构培养未来的管理人员。此外,每年学院都会组织各成员国的公务员进行短期访学,这些年轻员工大多从事国家政府和欧盟之间的相关事务。

(一)入职培训

学院为了帮助新员工尽快适应新的工作环境,专门设置了针对新入职员工的培训。入职培训包括为涉及欧洲一体化的历史进程和政治背景、欧盟近来发生的重大事件和未来挑战,以及关于各机构工作方式的短期研讨课程,让新员工了解各机构的基本知识并理解其存在的理由。此外,培训还包括为期半天的个人辅导,帮助新员工在经历职业生涯的重要转变过程中对所处情境形成客观认知,看清未来的困难和挑战。欧洲行政学院在 2018 工作计划中明确了要为新员工举办 50 场研讨会,主题围绕欧盟一体化进程、欧盟机构的关键任务和工作流程、个人融入工作环境的过程以及目前重大的欧盟议题①。

---

① European School of Administration. Management Plan. [EB/OL][2018-11-22]. https://ec.europa. eu/info/sites/info/files/management-plan-eusa-2018_en_0.pdf.

（二）技能培训

对于欧盟员工来说,分析和解决问题的能力极其重要。因此,学院通过组织小组协作来解决复杂问题,使学生能够识别问题的要素,了解自己解决问题的风格以及同事之间风格的多样性,从而更好地进行日常谈判。技能培训主要针对培训者的思考能力、表达能力、书写能力、团队协作能力和个人能力。

为了使培训者在谈判时更加自信,思考能力培训包括准备谈判并分析背景,根据谈判类型调整谈判方式,了解谈判风格及预判对方的反应;表达能力旨在让参与者在专业情境中交流时能够产生更多的视觉和口头影响,了解他们的沟通风格并根据情境进行调整,能够积极倾听;为了使参与者能够撰写具有吸引力的、有说服力的文件,书写能力培训使用系统性方法来撰写文件,做到思考先行,并使培训者能够制作清晰、专业的文件。

团队协作能力培训使得团队工作参与者能够采取有助于团队成功的方式,理解和提高他们对团队的贡献,并意识到团队成员可以扮演角色的多样性;个人能力培训让员工能够更有效地管理他们的个人工作流程,安排他们的工作空间,以提高效率,包括更有效地处理电子邮件、处理工作间断和避免拖延;沟通能力培训使培训者了解多语言交流的需求和限制,以及能够与口译员合作,并以最有效的方式在多语种会议中传达信息。

（三）管理培训

学院的管理培训针对各专业、各层级的员工展开,其中包括属于领导团队但不一定属于管理层级的员工以及新任命的高级管理人员,培训课程包括个人指导和团体授课。培训内容包括与员工的沟通、激励员工、规划和监测、指导和管理、高级管理等。学院基于以往的经验和实际情况,正在试图将这类培训转化成基于三大主题的短期课程模式,包括管理自己、管理团队和管理环境。

（四）访学交流

学院根据伊拉斯谟公共行政计划(Erasmus for Public Administration)为成员国的年轻公务员提供短期访学项目,帮助他们更多地了解欧盟机构的决策程序和运作方式,此外,该计划也为这些来自不同国家的公务人员提供了很好的交流沟通平台①。培训时长通常为一周半,培训形式包括会议、研讨课程、欧盟机构参观等。培训者还可以在欧盟机构中选择一处进行两个半天的就业实习。该培训项目每年举办三次,每次最多允许 45 人参加。学院根据成员国驻欧盟代表的提名来确定培训学员的名单。

第四节　欧盟的机构工作环境

一、多元与融合

长期以来,欧盟致力于推动机构内人员的多样性与融合度,从而使得每个工作人员都能够享受到平等的对待与机会。实践表明,建立多元化的员工队伍以及创建包容性的组织能够在机构运作中激发潜能以及提升绩效。作为国际组织,欧盟的成员国拥有不同的语言和文化,因此多元化是该机构的必要属性。然而,包容性的环境氛围则需要机构和员工共同努力去营造,努力让个体的差异被接受和尊重,并且可以进一步得到发展。欧盟委员会于 2017 年出台的《多元化与包容性战略》(*Diversity and Inclusion Strategy*)正是以上述目标为指导方针,旨在将欧盟变成真正具有包容性的多元化组织。

《多元化与包容性战略》主要面对四类人群,并根据这四类人群制定了具体的战略目标②:针对女性,委员会管理层中至少有 40％的女性代表;针对残疾人,全面实施"联合国残疾人权利公约"(UNCRPD);针对非异性恋者群体,确保他们感觉舒适的环境;对于年纪较大的员工,让他们感觉到自己的经验是有价值的。该战略期望通过具体措施为所有员工,尤其是上述人群创造更良好的工作场所,充分利用所有员工的才能与优势。该战略充分展现了委员会对欧盟职员多样性和包容性的支持,不论性别、种族、肤色、族裔、社会出身、语言文化、宗教信仰、政治倾向、残

---

① Publications Office of the EU. Erasmus for public administration. [EB/OL][2019-06-01]. https://op.europa.eu/en/publication-detail/-/publication/2f4d8040-5ccd-11e9-9c52-01aa75ed71a1/language-en.

② European Commission. Diversity and Inclusion strategy. [EB/OL][2018-08-22]. https://ec.europa.eu/info/sites/info/files/diversity-inclusion-charter-2017-07-19-en.pdf.

疾、年龄和性取向等因素,所有员工均应获得平等待遇和机会。其具体内容如下:

实施人才资源政策,将多元化视为丰富、创新和创造力的源泉,并通过工作与生活平衡的政策和灵活的工作安排,促进管理人员和全体员工的融入。通过适当的支持,特别是对代表性不足的行为,以及通过履行联合国"残疾人权利公约"规定的义务来实现。具体措施包括为残疾员工设置专有的大楼通达和交通设施等。

通过选拔和招聘程序的调整,在欧盟员工职业生涯的每一步确保机会均等。选拔和招聘都必须基于个体优势来进行,在尊重具体措施和规则的情况下,选拔和招聘过程必须消除偏见,从而改善各层级岗位的性别不平衡现象,并在委员会目前的任务授权范围内,实现"至少40%的高级和中级管理人员为女性代表"的目标。此外,欧盟将组织有针对性的培训课程和指导计划,提高机构内部对管理性别平衡的重要性认识。截至2017年5月1日,委员会中女性占所有高级管理人员的33%和所有单位首长的35%。这一着力于发展和支持女性人才的政策表明欧盟正在致力于实现性别平衡,让女性有机会充分发挥她们在委员会管理中的作用,让性别平衡的组织更具生产力和创新性,从而取得更好成果。

排除任何形式的歧视,并根据"工作人员条例"在委员会各级促进执行这项原则。委员会将继续完善现有的预防冲突规制,人力资源部门也将通过具体措施来提高认识,包括增加团队建设活动,加强团队协作以及提供咨询指导服务,增加解决冲突的培训课程,以确保最大程度消除分裂或不透明行为以及没有任何形式的欺凌或骚扰。

消除管理人员和人力资源服务机构对于少数群体歧视的意识。组织所有管理人员进行特殊活动和培训,打破陈规及思维定式,促进融合为更多元化和包容性的企业文化。

广泛地向每位同事宣传实施多样性和包容性政策的承诺,并定期对结果进行详细跟踪。①

---

① European Commission. Diversity and Inclusion strategy. [EB/OL][2018-08-22]. https://ec.europa.eu/info/sites/info/files/diversity-inclusion-charter-2017-07-19-en.pdf.

欧盟委员会调解处每年会向委员会提交一份总体活动报告。[①]该报告将针对机构内部员工案例的信息和经验提出相关建议,帮助机构制订未来全面的管理措施,从而改善工作人员和行政部门之间的关系,防止相似的冲突和矛盾再次发生。

二、 竞争与合作

自 20 世纪 60 年代以来,欧盟机构的人才选拔机制完全依据"竞争"原则来招聘员工以及评估其能力水平。虽然这种竞争机制存在较多问题,但是长久以来缺乏改变这种政策的政治意愿与决心。有学者将这种状态比喻成一只阻碍道路的受惊的公牛,其身后是腐旧的人员体系、传统文化以及消极惰性的共同维护[②]。

这一局面随着欧盟人员选拔办公室(EPSO)的成立而彻底颠覆。原先的招聘流程主要通过正式的笔试来进行,各个分支机构都各自负责人才招聘测试。欧盟于 2004 年迅速扩张,为了应对即将加入的 10 个新成员国,机构需要一次性增补上千工作人员。在这种巨大雇用压力下,各机构达成一致,决定设立一个招聘人员的独立机构,负责其他欧盟机构的人员招聘选拔工作。欧盟人员选拔办公室于 2002 年正式成立,其任务是组织和管理公开竞争,通过公开竞争选拔招聘欧盟所有机构的员工,特别是所有欧盟机构的常设工作人员。欧盟人员选拔办公室采用了欧盟一贯的竞争机制,仅仅做了一些形式上的调整。2010 年,欧盟人员选拔办公室对考试体系进行了改革,专业知识测试的比重降低,选拔过程将更看重候选人的能力和潜质。但是,当前的欧盟公务员选拔程序仍存在很多问题,如难以客观评测候选人的潜质和主观能动性,以及语言限制导致的公务员地理分配不公等问题。

从上述欧盟人才选拔政策的变迁可以窥得竞争在该体系中愈发重要的价

---

① European Commission. Communication of the Commission. A better workplace for all: from equal opportunities towards diversity and inclusion. [EB/OL][2018-08-22]. https://ec.europa.eu/info/sites/info/files/communication-equal-opportunities-diversity-inclusion-2017.pdf.

② Carolyn Ban. Recruiting and Selecting Staff in the European Institutions: Moving the Sacred Cow out of the Road[R]. Paper prepared for Annual Meeting of UACES Edinburgh. 2008, 1—2.

值。最初的招聘选拔标准大部分是基于个人简历的竞争。这造成了一定程度上精英阶层掌握着机构的实际权力。尔后开始的竞争机制体现了欧盟开始逐步向民主和公平过渡的态势,然而该时期的竞争仍旧缺少全面的公开和公平。21 世纪以来,随着欧盟人员招聘逐步形成统一的公开体系,个人的背景和特征在竞争招聘中渐渐弱化,能力与潜质成为评价的重要指标。

竞争机制为欧盟各个机构高效遴选优秀人才,协作机制则对增加机构工作运转效率具有重要意义。欧盟于 2016 年启动了《欧盟机构网络工作计划》(*Work Program of the Network of EU Agencies*)。该计划明确了欧盟各机构在 2016—2019 年期间加强网络协作领域的四大任务:分享服务和资源;创造机构间的互惠价值;对外沟通;网络内部治理①。

分享服务和资源是 2017—2018 年机构网络工作计划的重点领域。首先是协调人力资源的充分共享,协调组将分析目前各机构间合作的网络架构,力图精简现有的人力资源管理方法,分享能力探索新模式,包括招聘、能力管理、员工队伍规划、绩效评估、职业生涯发展等;其次是鼓励跨部门的人员流动,并且建立合作招聘机制,优化人才资源分配利用。考虑到各机构工作流程和运作模式的差异,促进各机构共同创造互惠价值是个具有挑战性的目标。实现该目标的具体措施包括进一步深化欧盟分布式机构绩效框架(EU decentralised agencies performance framework)和修订财务条例框架。此外,应鼓励各机构小组成员组织重点领域的专题活动,并考察记录各个专题小组的成效。网络的内部治理涵盖了从下而上的一系列举措,包括设立专门监管该协作网络的常设秘书处,并逐步扩大其职能范围;包括进行加强欧盟机构间技术领域合作的研究分析。

此外,欧盟还为其员工制订了一套完整的健康和福利计划——“适应工作”(Fit@work),帮助工作人员维持工作和生活的平衡,保护他们的健康和福祉,以便更好地满足所有员工的个体需求。为了实现工作与生活的平衡,计划通过灵活的工作安排,包括时间管理、划分工作实践和远程工作等方式来吸引和留住优秀

---

① EU Agencies Network. 2017—2018 Work Program of the Network of EU Agencies. [EB/OL][2018-08-22]. https://euagencies.eu/sites/default/files/agencies_work_programme.pdf.

人才。灵活的工作制度是调节生活和工作的最重要手段,弹性工作时间不仅增进了员工的身心健康,同时也打造了高效的团队。远程工作方式也丰富了员工工作模式的多样性。该计划还为员工提供了远程工作的专业课程培训,并为员工和管理人员出版分发如何进行远程办公的指导手册。此外,人力资源部门与信息技术部门也正在协作研究如何进一步改善在线视频会议和电子通信设施的前沿科技,来帮助工作人员与机构进行远程沟通,提升工作效率。此外,健康福利计划还包括增设兼职岗位,增加与家庭相关的特殊假期,如收养假、产假、陪产假、育儿假和家庭出游等。

通往更有效率的欧盟的路径是一个更加一体化的欧盟,而通向更加一体化的欧盟的路径是更加民主的欧盟。

三、 效率与透明

欧盟当前的行政体系显然是经济与高效的,相较于与欧盟用于成员国和其他国家的支出(94%),欧盟行政预算仅为 6%,如表 6-10 所示。

表 6-10　欧盟 2018 年预算

领　　　域	预算金额(百万欧元)
可持续发展	59 285.32
经济、社会和区域融合	55 532.24
发展与就业	22 001.45
行　　　政	9 665.51
国际化进程	9 568.84
安全和公民	3 493.24

资料来源:European Commission, EU annual budget life-cycle:figures.

21 世纪初开始,欧盟就其行政和人事体系进行了重大改革,改革的指导方针遵循降低成本和提高效率的基本原则。当前,欧盟主要通过四种手段来实现这一目标,分别为:

第一,明确优先事项,合理分配资源。为了确保欧盟机构能够满足当前和未来的需求,其应预先明确优先事项,并确保提供必要的资源。为此,欧盟实施了战略规划,首先要明确委员会工作的指导方针,进而由委员会与理事会进行讨论,决定下一年的政策优先事项,包括主要举措、资源分配和运营规划,然后由总干事提出工作计划并报告执行成效。这种做法使得非核心任务下放到执行机构和行政办公室,以便让核心部门能够集中精力着手重要任务。

第二,人力资源管理专业化。欧盟将其员工看作是机构运作的最重要资源,因此需要有效的人力资源管理。如上文所提及,2004 年 5 月 1 日,作为首个规定职员权益义务的立法文件《职员条例》正式生效,标志着欧盟人力资源政策建设迈入了现代化阶段。该条例引入了新的职业结构、评估体系和流动规则,旨在有效、公平地促进各员工的职业生涯发展,保障机构内部工作环境的健康和正向循环。

第三,财务管理分权制度。近年来,欧盟委员会对机构财务管理制度进行了现代化、精简化和分散化改革,其中权力下放是财务改革的重中之重。早前的财务管理制度下,各交易都必须得到中央财务部门的审批。自 2005 年起,欧盟财务制度从传统的收付实现制会计制度向权责发生制会计制度转变,现在财务申请者需要对自己申请的活动和行为负责,中央财务部门会为其提供专业支持和咨询。

第四,简化工作流程和手段。内部程序的简化大多采用自下而上的方式,涉及不同部门的各领域工作人员。欧盟委员会对 2003 年出台的《欧盟运作条例》(*Manual Procedure*)进行了大幅修改,在人力资源和财务管理领域实施了现代化的网络解决方案,并通过数字信息技术,从根本上改变了机构内与机构外的沟通方式。

另一方面,欧盟作为政府间国际组织,必须要保证其运作过程中的透明化和公正性。欧盟通过"透明度登记系统"(Transparency Register)以及与利益相关者的定期会议等具体手段,来实现这一透明政府的理想状态。"透明度登记系统"是2011 年 6 月以来欧盟议会和欧盟委员会共同运作的数据库。其中列出了能够影响欧盟机构法律制定和政策实施过程的组织,其覆盖范围不仅涵盖了游说集团,还包括律师事务所、非政府组织和智囊团。该登记系统显示了利益代表集团、上述组织企图影响的立法提案以及收到的欧盟资金数量等信息。只有在透明登记系统注册的组织才可以获得进入欧盟机构的通行证,而对于不符合规则的组织,将直接删除数据库中的注册信息并取消通行证。通过这种方式,登记系统可以进行公开审查,为公民和其他利益集团提供追踪说客活动的可能性。但是透明登记册制度目前仍处于评估阶段,欧盟议会正努力将这一制度转变为强制性,反腐败组织"透明国际"(Transparency International)也强调了强制性透明度登记的必要性,有助于增加公众对欧盟机构的信任。

作为委员会加强透明度举措的另一部分,欧盟机构职员,包括委员和总干事,都需要公布与组织或自雇人士举行的会议相关的信息。只有利益代表在欧盟透明度登记系统登记时,才能进行有关欧盟决策和执行的会议。2014年11月,欧盟委员会做出了两项决定:关于公布委员会成员与组织或个体经营者之间会议信息的决定①,关于公布委员会总干事与组织或自雇人士举行的会议的资料②。

① EU Commission. Commission Decision of 25 November 2014 on the publication of information on meetings held between Members of the Commission and organisations or self-employed individuals [EB/OL]. 2014[2018-08-22]. http://eur-lex.europa.eu/legal-content/EN/TXT/?uri=userv:OJ.L_.2014.343.01.0022.01.ENG.

② EU Commission. Commission Decisions on the publication of information on meetings held between Directors-General of the Commission and organisations or self-employed individuals[EB/OL]. 2014[2018-08-22]. http://eur-lex.europa.eu/legal-content/EN/TXT/?uri=userv:OJ.L_.2014.343.01.0019.01.ENG.

第七章
美国的国际组织人才培养与输送

第一节　美国与国际组织的关系演变

国际组织外交一度在美国对外战略中占有重要地位,外交战略既是影响美国与国际组织关系的主要因素,也是影响其面向国际组织培养与输送人才的主要因素。美国与国际组织的关系可以从纵向和横向两条脉络来分析。纵向脉络主要指美国对整体国际组织态度演变的历史考察,横向脉络主要指美国对于不同国际组织的态度和影响力差异。

一、美国对国际组织的踊跃期与质疑期

(一)踊跃期

国际组织的目标是追求超越国家利益的人类共同利益。理想主义者认为,随着国家间交往的发展,各国认识到它们之间的共同利益。比如,第一次世界大战使许多有识之士认识到,国家安全是相互依赖的。第二次世界大战则使更多的人认识到这点。共同利益的存在及被认识是国际组织得以建立的前提。同时,国际组织以国际规则为指导的运作,将形成一种内在机制,自动地促进国家利益共

性因素增长。最终,共同利益将成为主要的国家利益,人类共同福祉由此实现。

美国现实主义者之所以赞同国际组织作为国际新秩序的核心,是因为他们清醒地认识到,在非殖民化运动蓬勃兴起的 20 世纪,任何大国对他国的直接政治统治已变得不可能。美国必须借助国际组织这一中介,运用貌似合法性的工具将对世界的政治领导由"看得见的统治"转向"看不见的政府"①。因此,美国推动国际组织的发展,是根据国家利益作出的选择,这就是美国必须领导国际组织,由国际组织制定国际规则,塑造国家秩序。

第二次世界大战结束后,以反法西斯同盟的领导地位为基础,美国表现出比任何国家都多的热情,努力在反法西斯同盟的基础上建立一个"更广泛持久的普遍安全体系"——联合国,并致力于在各个领域建立国际组织和多边机制,以填补权力真空,重建国际秩序。为确保美国在联合国的领导地位,美国创建了"大国一致"(否决权)原则。美国认为,"否决权"有一箭双雕的功能:其一,"否决权"的另一面是"豁免权",将确保美国利益不受侵犯;其二,"否决权"保证着联合国的集体效力。美国可利用联合国的集体效力,为在全球范围内的利己行动披上"普世"外衣。对于这一点,美国政府官员直言不讳地说:"否决权主要是为了美国的利益。"②

因此,20 世纪上半叶,美国成为国际组织发展的主要推动力,一直处于建立国际准则、法律和机构运动的前列,是第二次世界大战后主要国际组织及国际机制的发起者和倡导者,为这个世界贡献了一些最积极的国际合作的倡导者和最具创造性的国际组织的缔造者,如国际联盟的主要发起人伍德罗·威尔逊(Woodrow Wilson)、建立联合国的主要倡议人富兰克林·罗斯福(Franklin Delano Roosevelt)和哈里·杜鲁门(Harry S. Truman)。美国推动了以经济和政治为主要维度的多边国际机制的建立及深入发展:在政治与安全领域,美国推动建立了联合国,确立了联合国安理会的权威和大国一致的原则;在经济领域,美国主导建立了国际货币基金组织、世界银行、关贸总协定等赖以管理和控制世界经济的制度体系,这些组织都以确保美国领导为前提。借助这些组织,美国构筑了

①② 刘传春.国际组织与美国的理想主义和现实主义[J].华中科技大学学报·社会科学版,2004(1):30—34.

保证美国政治经济利益的国际秩序。至今,这些国际组织和多边机制在建构全球秩序、维持美国霸权方面仍然发挥着重要的作用。

(二)质疑期

20 世纪 60 年代初开始,民意测验表明,美国公众对政府机构的信任度明显下降,1994 年达到最低点。美国公众对国内政府的质疑态度也影响到了对全球性管理机构和政府间机构的态度。美国对国际组织的态度渐渐进入质疑、批评、矛盾时期,对多边机制的怀疑情绪根深蒂固且日益增长,并且破坏了美国对国际组织的支持和热情。这在现实中屡屡造就了一种匪夷所思的局面——起初美国一次又一次地成为国际组织的创始人,然后常常变成国际组织最严厉的批评者甚至第一个抛弃它们。许多对美国参加多边机构批评得比较严厉的人认为,美国对国际组织的支持和加入,势必会削弱美国的主权,限制美国的自由。

国际组织如同一块硬币,一面体现着理想主义的"普世性"价值,另一面则是作为工具的现实主义。认识美国在国际组织发展中的作用,也必须从两面来看,摒弃任何一面,都不能获得全面理解。在国际组织内,美国常常为捍卫自己领导地位,不惜采取各种各样极端方式来攻击、反对国际组织。例如,在联合国中频繁行使否决权,导致联合国无法行动;拒交联合国会费,使联合国陷入财政危机;从一些专业性的国际组织中退出,使这些组织因缺少美国,而在普遍性和权威性方面打折扣;攻击一些成员国政府的不民主,导致国际组织的"不民主"发展;对中小国家进行威吓、利诱,以使这些国家屈从于自己的意志等。同时,美国需要国际组织。在与国际组织的抗争中,美国"从不走得太远"而使自己与国际组织的关系破裂。例如,1984 年美国退出联合国教科文组织,2003 年美国又再次加入联合国教科文组织。2011 年 10 月,联合国教科文组织接纳巴勒斯坦为其成员国,引起美国和以色列不满。作为回应,美国宣布中止向该组织缴纳会费。美方称教科文组织的做法"令人遗憾且不成熟,将损害为使巴以之间达成全面、公正和持久的和平而进行的努力"[①]。2013 年第 37 届联合国教科文组织大会在法国巴黎举行。会

---

① 刘铁娃.霸权地位与制度开放性——美国的国际组织影响力探析[M].北京:北京大学出版社,2013:89.

议传出消息,由于连续两年未缴纳会费,美国和以色列丧失了在该组织的投票权。据路透社报道,美国拖欠的会费高达 2.4 亿美元,由于美国的会费占教科文组织总预算的 22%,教科文组织的部分活动项目不得不中止。2017 年 10 月 12 日,就在联合国教科文组织新一任总干事即将选出、联合国教科文组织大会即将召开之际,美国国务院宣布,美国决定退出联合国教科文组织。2018 年 6 月 20 日,美国宣布,将退出联合国人权理事会。自美国前总统特朗普上任以来,包括巴黎协定、TPP(跨太平洋伙伴关系协定)、联合国教科文组织、伊核协议等在内,已有众多承诺被美国撕毁。

在现实主义看来,国际组织能以较小的成本保证美国的全球利益。美国所做的一切反国际组织行为,不过是为保证美国领导地位而向国际组织及其成员国施压。

二、 美国对不同国际组织的态度与影响力差异

美国对不同国际组织的主观态度存在明显差异。以联合国 18 个专门机构的国际组织为例,对经济、农业、教育等领域的国际组织,美国的参与热情和支持力度显然高于气象、海事、邮政、电信等国际组织。

例如,世界银行行长一贯由美国提名、由美国人担任。又如,美国人担任过联合国教科文组织两任总干事、担任过联合国粮农组织两任总干事、担任过国际原子能机构总干事,国际劳工组织首任总干事为美国人,现任的世界知识产权组织副总干事、国际货币基金组织副总干事也都是美国人。显然,在美国战略视野下,自有一份重要国际组织的"名单",这份名单上的国际组织是与美国政治、经济与国际战略的顺利推行紧密相关的,如世界银行、国际货币基金组织、世界粮农组织、联合国教科文组织,甚至联合国儿童基金会。值得研究的是,联合国儿童基金会自成立至今,总干事一直都是美国人担任。

除了对待国际组织的主观态度之外,客观上,美国对不同国际组织的影响力也存在差异。这种差异主要与美国自身实力的变化有关。当美国实力优势地位明显,并且该国际组织开放性较小,美国就在其中发挥关键性影响力。反之,美国在国际组织中的影响力就会降低。以美国与国际货币基金组织(简称 IMF)的关

系为例。1945—1965 年间,美国的实力居于顶峰地位,美元本位制度取代了黄金本位制度,美国在 IMF 中占有 33％的份额,没有美国认可的情况下基金组织不会做出任何重大决定。1965—1985 年间,美国卷入八年之久的越南战争,消耗了国家国力。同时,随着第三世界和苏联集团在各个国际组织和论坛中影响力的上升,美国国内对 IMF 的态度也日趋强硬,美国政府越来越难以从国会取得支持,为国际组织提供资源,导致了 IMF 为首的这些国际组织对美国的消极态度,降低了美国在国际组织中的威望与影响力。1985—2010 年,随着美国实力地位复兴,美国在 IMF 中的影响力显著恢复。例如,美国在很大程度上恢复了对 IMF 贷款决策的影响力,贷款的限制条件重新收紧,美国的意识形态倾向性在国际货币基金组织的贷款决定上发挥着导向作用。研究显示,IMF 成员是否容易获得贷款,和他们在联合国对美国提交的提案的投票状况密切相关[①]。

　　在已有研究中,有学者使用"关键性的""实质性的"和"一般性的"的术语来描述国家对于国际组织的影响力所能表现出来的不同层次。关键性的影响力是指,某国对于决策程序发挥决定性的影响,特别是这些国家通常能够成功地在很多重要的问题上得到足够的支持,以顺利推行它们的政策。实质性的影响力是指,某些国家在决策制定过程中有重要的影响力,虽然它们不能成功地在多数主要的问题上获得支持,但它们通常可以阻止多数对自己不利的提案获得通过。一般性的影响力是指,某国在国际组织的决策制定过程中发挥一般的影响力,它既不能够取得足够的支持以推行自身的政策,也不能否决对自己不利的提案,但它享有作为正式成员的法律权利。结合前面的理论分析,我们可以建立如下的假设:如果霸权国处于优势比较明显的地位,某国际组织又是相对封闭的,那么对霸权国来讲,在该组织中发挥关键性的作用就是相对容易的。如果霸权国处于优势比较明显的地位,但是某组织是相对开放的,那么霸权国可以通过多种手段实质性地影响该组织的决策过程[②]。与之相似,如果某国际组织相对封闭,那么霸权国可以通过某些既有的特权保证发挥实质性的影响力。如果霸权国处于相对衰落的时

　　①　Thacker, Strom C. *The High Politics of IMF Lending*. World Politics, 1999, 52(01):38—75.
　　②　刘铁娃.霸权地位与制度开放性——美国的国际组织影响力探析[M].北京:北京大学出版社,2013:89.

期,而国际组织又是相对开放的,那么霸权国就很难实质性的影响该组织的决策过程。

在霸权地位的演变方面,国际关系学者们普遍认为,美国在第二次世界大战后成了国际体系中的霸权国。如果美国是霸权国,或者说"一个具有领先地位的大国",原因就在于它的实力居于优势地位。

第二节　美国对国际组织人才的战略导向

任何国家的任何行为都存在着一个包含历史、文化、政治、经济等诸多因素在内的复杂动因,因此,美国对国际组织人才的培养与输送,也与其长期以来的霸权地位和大国外交谋略密切相关。本节对该问题的探讨主要从"抓高"和"放低"两个维度展开。

一、抓高:对国际组织高层职位的极力把控

"抓高",如文中所述,即对国际组织高层职位紧抓不放,用各种手段方法占据高位、排除异己。尽管美国人深知"国际公务员只对所在的国际组织负责,不能代表任何一个单一国家的利益",但美国人更加了解,任何一个国际公务员都难以割舍与其所在国家千丝万缕的联系。这种微妙的关系世人皆知,但真正有实力去争取和利用的还当属美国为首。在"抓高"方面,本节采用了纵向和横向两个维度来进行分析。纵向来看,不同时期的国际政治形势不同,不同时期的美国经济情势不同,美国对国际组织的利益诉求也随之不同,美国对国际组织的态度也存在高低起伏,有踊跃期和质疑期,也有若即若离的时期,因此,不同时期的"抓高"力度也就不尽相同。横向来看,美国对数量众多的国际组织也是有选择的"亲近",从历史数据来看,美国的"抓高",只抓那些与美国利益密切相关的国际组织的高层职位,而且对不同类型的国际组织也持有不同的态度,非常"势利"。尽管美国对国际组织的态度先踊跃后质疑、纠结重重,尽管美国在不同的国际组织上主观态度和客观影响力都存在差异,但有一点是确定无疑的,即得到了美国国内的大多认可,"重要的国际组织内必须要有美国人在活动"。因此,美国对国际组织的态

度直接决定了它面向国际组织培养和输送人才的行为做法。"抓高放低",是美国的一贯作风。对于自己重视的国际组织,美国势必用尽一切方法把控高层职位,安插本国公民或利益盟友,而对"异己"者则极力阻挠。据资料显示,以 IMF 为例,1999 年,时任 IMF 总裁康德苏(Michel Camdessus)突然辞职。原因之一是美国公开对其表示不满。2000 年,美国突然宣称下一届的 IMF 总裁是美国人,由此引发 IMF 内的激烈斗争。欧盟于 2000 年 2 月推举德国副财长韦泽作为欧盟唯一 IMF 候选人。然而,就在同一天,美国白宫发言人公开反对韦泽当选。欧盟在强大压力下只好再次进行内部协调,重新推举了欧洲复兴开发银行行长德国人克勒为新人选①。美国尽管同意了克勒就职,但条件是保留 IMF 现有的第一副总裁——美国人费希尔。在康德苏离任后,一直由他代理主持 IMF 的各项事务②。

在 1999 年世界贸易组织总干事的人选上,争斗更是表现得淋漓尽致。先是泰国推出了副总理兼商业部长素帕猜,得到许多发展中国家的热情支持。随后,新西兰方面推出了前总理穆尔,得到了美国的鼎力帮助。两阵对垒,支持素帕猜的国家多一些。双方相持不下,有人建议投票表决,票多者当选。对不利于己的事,美国当然不赞成,它开始讲"道理",说应该"协商解决"。于是出现穆尔先上任、下一任即为素帕猜、规定两人都不得竞选连任的结局。一次任命两届总干事,也算是该组织破天荒头一遭。

再以原子能机构总干事选举为例。2005 年初,国际原子能机构选举新一届总干事。美国白宫发言人麦克莱伦表示,美国反对巴拉迪谋求第三次连任。有媒体说,这是由于美国认为现任国际原子能机构总干事巴拉迪太偏向伊朗,不太听美国的话,因此目前正在千方百计要摘去他头上的"乌纱帽"。巴拉迪已担任了两届总干事,不久前他明确表示将谋求连任。但是,在巴拉迪表态后不久,美国国务卿鲍威尔就明确表示,美国反对巴拉迪连任国际原子能机构总干事。鲍威尔说,联合国各机构负责人的任期不应超过两届。不过,有分析家指出,巴拉迪的前任布利克斯连续当了 16 年的总干事,美国也没有说一个"不"字③。有分析人士指

---

① 孙恪勤.欧美 IMF 总裁之争[J].国际资料信息,2000(4):14—15.
② 刘洪.从国际组织领导人"难产"看美国的霸道[J].瞭望新闻周刊,2000(14):61.
③ 王海京.巴拉迪:美国压力下能否连任[J].瞭望新闻周刊,2004(51):42—43.

出,由于美国政府中鹰派得势,鸽派失势,美国在外交政策上表现出越来越明显的强硬姿态。再联系2004年那段时间美国打算把联合国秘书长安南赶下台的企图,不难发现,从"倒安"风波到"倒巴"风波,反映出美国政府"顺我者昌,逆我者亡"的霸道作风。

不过,随着发展中国家在推动世界经济复苏的进程中的作用不断增强,随着发展中国家杰出的国际化人才不断涌现,国际组织更多考虑发展中国家的利益和关切,美国的霸权地位也逐渐受到冲击。

以2012年世界银行行长竞选为例。韩裔美籍医学专家、美国达特茅斯学院校长金墉博士成为世界银行银行行长,以及在遴选过程中发展中国家首次提名人选,表明世界银行掌门人的"美国世袭制"至少遭受"三重"冲击波,发生"三重"突破。首先,白宫此次提名人选具有明显的国际化背景,首次不再囿于华尔街银行家和美国政府高官,而是选择了曾任世界卫生组织总干事前顾问及艾滋病司司长的技术型官员。世界银行驻中国前首席代表黄育川认为,金墉出生于韩国,就读于美国,任职于国际机构,他获提名向世界传递出全新的信息。世界银行于1945年成立以来,共经历了13位行长,包括现任行长在内,全部是"非富即贵"的美国籍男性,并带有明显的美国国内党派政治色彩,时任民主党或共和党总统通常会提名本党阵营的高官出任该职。正因如此,几十年来,世界银行掌门这一职位不仅"美国世袭",而且被视为华盛顿和华尔街的"自留地"。没有明显党派属性的金墉最终获世界银行执行董事会通过,成为下任行长,给世界银行高层人事构架带来新鲜空气,也会给今后世界银行行长遴选带来新的可能性。世界银行是西方主导的布雷顿森林体系的重要支柱。此次"美国世袭制"遭遇三重冲击,表明新兴经济体和其他发展中国家在全球的话语权逐渐增大,见证了这一体系因应这一背景的动态演进过程。

但这一进程和突破在2019年被颠覆,世界银行执行董事会在2019年1月9日讨论了现任行长金墉宣布2月1日离职后世界银行集团下一任行长的遴选流程。世界银行执董会确认对公开、基于业绩和透明的遴选流程的承诺。执董会一致同意候选人须致力于实施《世界银行集团2030年愿景前瞻》和《可持续融资促进可持续发展文件》中阐述的资本一揽子协议。候选人须符合以下标准:经过实践证明的领导力记录;具有管理大型国际组织的经验,熟悉公共部门;能够表达世界银行集团发展使命的清晰愿景;对多边合作的坚定承诺与赞赏;有效的外交沟通技巧;在履行职责时秉承公正性与客观性。在提名期截止后,执行董事会将决定包括最多三名候选人的短名单,并在征得入围候选人同意后公布其姓名。执行董事会将对所有入围候选人进行正式面试,在 2019 年春季会议之前选出新行长[①]。然而,2019 年 4 月 9 日,美国前财政部副部长戴维·马尔帕斯开启他长达五年的世界银行行长任期,现年 63 岁的马尔帕斯 2017 年 8 月出任美财政部负责国际事务的副部长,曾在美国乔治敦大学外交学院国际经济专业学习。美国财政部网站显示,马尔帕斯曾在里根政府中担任负责发展中国家事务的财政部副助理部长,之后在老布什政府中担任负责拉丁美洲经济事务的副助理国务卿,后在华尔街从事投资银行工作。在里根政府和老布什政府任职期间,马尔帕斯参与推动了 1986 年美国减税法案,参与应对了 20 世纪 80 年代拉丁美洲债务危机,并参与了美国与包括世界银行在内的国际多边机构的相关事务。此外,马尔帕斯还曾在美洲理事会、纽约经济俱乐部、美中关系全国委员会等机构任职。马尔帕斯被认为是特朗普贸易保护主义政策的忠实支持者,在减税和放松对企业的管制等议题上坚定支持特朗普。特朗普 2016 年竞选总统时,马尔帕斯担任他的经济顾问。在提名仪式上,特朗普对马尔帕斯不吝溢美之词。据美国媒体报道,马尔帕斯在被提名为世界银行行长之前,对国际多边机构的现状持批评态度,曾公开指责世界银行及其他多边组织。他称,世界银行贷款并没有给予最需要的国家,世界银行工作人员冗余、薪水过高、效率低下等[②]。

据英国《金融时报》报道,他 2017 年在国会曾表示,全球主义和多边主义已"走得太远"。但世界银行在遴选声明中明确表示,新行长候选人应该"坚定致力于并赞赏多边合作"。有分析人士质疑这一提名,并认为提名可能会遭到其他世界银行成员的反对。美国《纽约时报》引述国际货币基金组织前执行董事道格拉斯·雷

---

① 世界银行集团行长遴选.[EB/OL][2019-01-10]. https://www.shihang.org/zh/news/press-release/2019/01/10/selection-of-the-president-of-the-world-bank-group.

② 世界银行新行长马尔帕斯正式上任.[EB/OL][2019-04-10]. http://www.xinhuanet.com/2019-04/10/c_1124348642.htm.

迪克的话称,特朗普政府提名马尔帕斯参选世界银行行长不是任人唯贤的表现,而是为了在世界银行推进美国主导的议程,"这不是这一职位设立的初衷"①。

二、 放低:对国际组织基层职位的顺势而为

美国的"抓高放低"中的"放低"体现在国际组织的人事政策方面,主要是指美国放手鼓励其公民自由申请、自由竞争国际组织的中低层职位。在专业层面,美国积极派出智库专家或援外专家为国际组织服务,发挥专业优势,以学术能力影响国际组织的决策与行动。在一般职位上,以高等院校为依托,设置相关课程,增加学生到国际组织实习见习的机会,激励学生自发到国际组织需要的艰苦地区担任国际志愿者,增加国际履历。此外,美国吸引国际组织建立总部,提供国际组织基层服务人员,从而促进本地就业。

近年来,美国研究生教育的内容和体系国际化程度不断加深。许多高校不仅在专业课程方面鼓励学生参加其他国家或地区的国际研究项目,而且还开设具有国际意义的一般性研究课程。在专业教学计划中,不少高校进行了具有国际化倾向的调整和改革。针对国际化人才培养的需要,不少学校增加了国际经济、国际贸易、国际政治、国际法律等领域的内容。如耶鲁大学设有广泛的国际研究学科,为研究生提供了许多与国际或区域事务相关的课程。霍普金斯—南京中心文学硕士学位项目开设的课程主要集中在与国际政治、国际法、国际经济相关的内容,比如中美外交传统、比较中美法律文化、国际贸易理论与政策。

需要强调的是,在国际组织的中低层职位的人才培养与输送上,尽管美国没有像高层职位的争取那样以政府为主导,但趋势表明,国际组织在选择职员时更多地关注受过英语教育的人选,在美国或欧洲等国的高等机构受过学术训练的入选人占绝大比例。例如,在 IMF 中,虽然工作人员国籍不同,但在美国取得博士学位的是所具有博士学位工作人员的 90%,占压倒性多数②。因此,在国际组织

---

① 果然是他,世界银行新行长来了.[EB/OL][2019-04-06].中国经济网,https://baijiahao.baidu.com/s?id=1630061736497746630&wfr=spider&for=pc.

② Ian D. Clark. *Should the IMF Become More Adaptive*. USA:INTERNATIONAL MONETARY FUND, 1996:17.

的基层职位人才培养与输送上,美国完全可以采取"顺势而为"的态度。

美国国际组织人才培养和输送的"放低"则主要表现在对国际组织基层职位的态度上——美国政府的顺势而为和美国高校的积极进取。美国高校因大量国际组织落户美国而具备了先天的地缘优势,美国的知名大学对国际事务人才和公共政策人才的培养可谓多管齐下,成绩显著。哥伦比亚大学 MIA 的课程设置与国际组织关注方向高度契合,并且具有非常系统科学的类似金字塔式的课程体系,基础课程—主流学科—专业课程—合作项目,既层层递进又能首尾呼应、互相补充,主旨鲜明,目标明确。马里兰大学公共政策学院则充分挖掘一切"政策"资源,为学生打造全面、深入、细致和真实的政策研究环境。马里兰大学公共政策学院将国际政策与国内政策研究相结合,将政策研究和组织管理相结合,将国际化的"广度"和专业化的"深度"相结合,旨在将学生培养成多元化、复合型的国际高端人才。在这一切之外,学校还配备有强有力的就业指导服务,涵盖个人职业发展咨询指导(包括面试一对一指导、简历评估等)、导师制、常驻专家、校友名册,以及极具特色的"职业人脉之夜"。一系列就业服务包罗万象却又万变不离其宗,紧密围绕一个目标——将政策和管理专业的学生送到可以发挥所长的位置,学以致用。普林斯顿大学的伍德罗·威尔逊学院着重培养学生"敏锐的理解力",强调以多学科的方式理解政策事件,具备全球化的视野。因此,普林斯顿大学伍德罗·威尔逊学院的师资队伍是最多元的,囊括了当今政策事件会涉及的各个领域,包括科学家、工程师、心理学家和法律学者,另外还有经济学家、历史学家、政治学家和社会学家等。政策领域的从业者也是学院师资队伍的重要组成部分,他们把真实世界的政策经验带入课堂。从业者都是在政府的各个层面、多边组织和非营利组织中担任领导岗位的。除了师资之外,伍德罗·威尔逊学院课堂之外的实践活动也极具特色,如伍德罗·威尔逊学院政治性网络(Woodrow Wilson Political Network,WWPN)、公共和国际事务杂志(JPIA)、性别问题和政策网络(GPN)等。这些公共事务领域的课外实践活动丰富了正式课程的学习,让学生们可以频繁接触政策制定的重要人物和校内外的倡议者,将课堂中的学习应用到实践中,学会从广阔的视角去理解具体的政策议题。耶鲁大学杰克逊全球事务研究所不仅只为本研究所相关专业的学生服务,还为耶鲁大学全校提供资源和课程,旨在激发耶鲁学生对"全球性领导与服务"(global leadership and service)的兴趣并为之做好工作准备。其中极具特色的顶石项目,要由一名耶鲁教师监督,学生需要在一个8—10人的小组里工作,为客户完成一个公共政策项目。这些客户可以是国内外的政府机构、非营利组织、非政府组织以及私营企业。这些项目的设计旨在帮助大学四年级学生获得一线公共政策的项目经验。例如,2013年秋天的顶石项目,共有五个客户方(包括国际美慈组织、美国国务院——首席经济学家办公室、美国国土安全部海关与边境保护、国家情报局及美国财政部—恐怖主义和金融情报办公室)提供了项目。

第三节　美国培养和输送国际组织人才的政府行为

一、吸引国际组织"落户":以纽约市为例

联合国宪章于1945年10月24日生效后,联合国开始寻找永久居所。在联合国代表决定将总部设在美国东部以后,费城、波士顿等城市都竞相争取联合国落户。纽约市之所以在最后一刻成为联合国总部的永久居所,主要是缘于1946年末,洛克菲勒家族对联合国总部土地的捐赠。因此,在纽约皇后区法拉盛草地举行的联合国历史性会议上,联合国成员国以压倒多数的方式投票选举纽约市成为联合国的总部落户城市①。纽约市如今已经是全球性国际化大都市,在1995年联合国50周年庆典之际,时任纽约市市长朱莉安尼(Rudy Giuliani)不无自豪地说:"正是因为联合国总部的存在,纽约才当之无愧地被誉为'世界之都'。"②联合国主要机构,即联合国大会、安全理事会、经济社会理事会、托管理事会、国际法院和秘书处,除国际法院在荷兰海牙外,其他都在纽约办公。联合国常设辅助机构中也有近一半在纽约。其他如联合国开发计划署、联合国儿童基金会等总部也

---

①　UN Visitors Centre. Fact Sheet: History of the UN Headquarters. [EB/OL][2013-02-20]. www.un. org/wcm/webdav/site/visitors/shared/documents/pdfs/FS_ UN% 20Headquarters _ History _ English _ Feb% 202013.pdf.

②　Clyde Haberman. Act Globally, Get Stuck Locally. *New York Times*, 2005-02-25.

都在纽约。2016 年纽约现任市长比尔·德·白思豪(Bill de Blasio)在一份《联合国对纽约经济影响报告》中表示,纽约已经成为拥有包括联合国总部在内的联合国主要机构数量最多的国际社区[①]。

　　落户在纽约的国际组织享有纽约政府的财政支持和诸多优惠政策。例如,在 2011 年财政预算中,纽约市政府投资 544 亿美元致力于城市建设,其中环境保护、教育以及城市服务等很多方面都与国际组织密切相关。按照传统国际法的观点,国家间契约是国家间关系的反映,政府间组织通过条约建立,其法律性质、职能范围均决定于国家在条约中的授权。换言之,国际组织本身没有自主性的权力,其法律结构和法律功能均是被动地反映国家之间的主权关系。但一般国际组织落户城市都会相应完善地方法律,给予法律保障支持。纽约在法律上也为国际组织开展工作提供便利,比如在联合国工作的各国外交官受到国际法保护,享有司法豁免权。纽约政府对国际组织中的非政府组织,尤其是民间组织制定了详细的法律。纽约政府对国际组织的资金流向进行检查,并监督其非营利性。纽约地方法规明确要求每一个国际组织、每一个基金会,都需要报告它的收入、支出和税务情况,很细致。报税单设计科学,如要附上有收入的项目合同,税务局对待定目标要做严格核实,这样政府就清楚地了解各个组织的经济来源和支持者及组织的运作目标。

　　由于国际组织很大一部分承担的是国际或国内公益性服务,因此纽约市政府积极推进完善城市公共服务体系建设,制定政府购买公共服务的有关政策。纽约的国际组织和非政府组织都被纳入纽约市政府公共服务统筹考虑,很多民间组织开展的公益服务项目被列入政府购买的社会建设公共服务清单,通过规范方式购买公益性服务。据美国霍普金斯大学的调查数据显示,纽约的国际组织平均收入来源结构为:服务收费占 37%,政府资助占 48%,慈善捐助占 15%[②]。此外,美国《公益事业捐赠法》明确做出法律规定,社会公益组织可以接受社会捐赠,捐赠单位可以享受到相应的税收优惠。可以看出,纽约政府对国际组织在财政资金上

　　①　The Mayor's Office for International Affairs. United Nations Impact Report 2016[R]. New York: 2016.
　　②　李培广.国际组织落户纽约对北京城市发展的启发[J].中国市场,2010(33):79—83.

给以足够的优惠支持。

二、 设立国际组织职业中心

美国国际事务局的官网主页上清楚写道,"美国是把与国际组织的多边合作作为推进美国国家利益的关键工具"。国际组织职业中心(International Organization Careers),是由美国国务院下属的国际组织事务局(以下简称 IO)负责的。IO是代表美国政府与联合国及其他一系列国际机构和组织的主要对话者。IO 负责积极推动美国与国际组织的多边合作,涵盖了包括和平与安全、核不扩散、人权、经济发展、气候变化和全球卫生等诸多重要全球性问题。IO 网站上的表述显示,美国是联合国和大多数其他国际组织的最大财政捐助国,并由于这些国际组织会执行对于美国政策而言重要的多边发展和援助项目,因此美国政府在这些国际组织工作人员的构成中有着既得利益。国际组织职业中心的存在,可以帮助对这些就业机会感兴趣的美国人(此处美国人,指的是美国公民)申请国际组织的职位,并提升美国在这些组织中的代表性。国际组织职业中心主要有以下职能。

(一)为个人申请者提供指导

根据《联合国宪章》(The UN Charter)和国际组织的其他人事政策,职业中心对个人申请者有详细的指南。例如,建议申请者为所申请的岗位量身定制简历。联合国和其他 IO 在填补职位时寻求"完美匹配",重要的是列出个人的技能,而不只是工作经验或在以前的工作职责,并强调解释技能如何与正在申请的工作相关,以及如何开始工作。此外,熟悉该国际组织的工作和在申请者所擅长的专业领域的目标,从而突出专长与相关的经验。

大多数国际组织遵循联合国共同制度专业职位等结构。需要说明的是,表7-1 中提到的"多年的经验"是在本科学位完成后的多年相关经验——除非在个别职位说明中另有说明。由于这些职位非常具有竞争力,因此建议个人申请工作时能列出多年经验,提高竞争成功率。

国际组织职业中心建立了较成熟的国际组织职位招聘数据库,供感兴趣的美国申请人搜索。在搜索时,申请人可以选定特定组织、级别、专业字段和所在地

表 7-1 申请职位所需工作经验年限①

级别	评分	所 需 经 验
初级	P-1	0—2 年的工作经验
初级	P-2	最低 2 年工作经验。如果申请青年专业人员计划,不需要经验
初级	P-3	最低 5 年工作经验
中级	P-4	至少 7 年的工作经验
中级	P-5	最少 10 年的工作经验
高级	D-1	至少 15 年的工作经验
高级	D-2	15 年以上的工作经验

理位置来缩小搜索范围。数据库会剔除过期信息,不断更新,申请人仅可以搜索到国际组织公布的近一年左右的职位招聘信息。

(二)为大学生提供实习信息

国际组织职业中心还列出几乎所有重要国际组织的实习计划,并详尽告知申请人,在整个联合国系统和其他国际组织中,有许多不同类型的实习计划。因为这些实习计划各不相同,所以需要申请者去了解每个计划的具体信息和它们各自的申请截止日期。这些申请过程竞争非常激烈,因此,国际组织职业中心强调,申请者需要仔细根据实习要求并投入时间撰写申请。也有些国际组织并不宣传它们的实习信息,需要申请者主动联系具体的国际组织来获得信息。通常,地方办事处的职位竞争小于总部的职位。同样,需要注意的是,在一些组织中,如联合国秘书处,在招聘实习和全职岗位之间设置职位限制。总而言之,申请者需要参考具体国际组织各自的实习政策。以联合国秘书处实习计划(UN Secretariat Internship Program)为例,国际组织职业中心指出,实习通常是全职的,持续时间在3—6 个月之间,并且可能在一年的某些时段进行,请注意申请的截止日期,因为申请的时间因空缺而异。

---

① 此表根据美国政府官网信息整理。[EB/OL][2017-02-11]. https://www.state.gov/bureaus-offices/under-secretary-for-political-affairs/bureau-of-international-organization-affairs/2017-02-11.

二、 提供初级专业官员/助理专家信息

初级专业官员和协理专家计划[junior professional officer and associate expert programs(JPOs/AEs), JPO/AE]是由国际组织成员国赞助的人员服务计划,方便成员国的年轻专业人员为国际组织工作。因此,为了让美国公民申请这些计划,美国政府必须签署一份谅解备忘录并提供资金,以支持在该国际组织中安排初级专业人员。国际组织职业中心列出了美国政府已与哪些国际组织签署了《初级专业人员/协理专家计划谅解备忘录》。申请人可以访问这些国际组织各自的网站,了解每个组织计划的具体细节。由于这些计划依赖于美国政府提供的资金,职位将特别公布。申请人可以通过订阅 IO Careers 招聘提醒以接收 JPO/AE 招聘公告,并经常访问网站(如下)以了解未来的职位发布:联合国—美国国务院、联合国(UN)—美国国际开发署/OFDA、粮食及农业组织(粮农组织)、国际原子能机构(原子能机构)—保障、国际原子能机构(原子能机构)—所有其他部门、国际移徙组织(移徙组织)、联合国难民署(UNHCR)、世界粮食计划署(粮食计划署)。

(一)为青年申请者提供青年职位信息

虽然联合国和其他国际组织发布的大多数专业职位需要多年的工作经验和高阶学位,但是也设置了一些职位去帮助高素质的大学生和年轻的专业人员入门,包括实习、初级专业官员/专家助理岗位以及青年专业人员计划。青年专业人员计划目前已经成为“成员国青年专业人员成为国际组织专业雇员”的主要渠道。青年专业人员计划通常包括两年合同,以及各国际组织在提供的各种培训机会,可以使青年专业人员参与多边事务,快速成长,并成为国际组织中层及以上管理岗位的储备人才。国际组织职业中心列出了以下主要的国际组织,指出这些国际组织都有自己独特的计划和资格要求,请访问具体国际组织网站了解更多信息和申请程序。例如,非洲开发银行青年专业人员计划、粮农组织(粮食及农业组织)初级专业人员计划、美洲开发银行青年专业人员计划、国际民航组织(国际民用航空组织)青年航空专业人员计划、经合组织青年专业人员计划、联合国青年专业人员计划、教科文组织青年专业计划、儿童基金会新兴和新兴人才计划(NETI)、难民署(联合国难民署)入门级人道主义专业计划(EHP)、世界银行青年专业人员计划。

国际组织职业中心指出,对于年轻的申请人来说,国际组织有时也提供全额奖学金,具体信息可以查询感兴趣的特定国际组织。同时还指出,如果申请人的背景还达不到上述项目的理想要求,通常建议去为相关的非政府组织、非营利组织工作或申请做和平队(the peace corps)志愿者来积累经验。如果工作经验不够相关,申请者的竞争力也会处于弱势。同时,积极获取技术和语言技能,并且尽可能获得机会与领域内的联合国官员一起工作。上述努力可以帮助申请人在未来获取国际组织职位时更具竞争力。

(二)为机构派遣人员提供详细信息

根据《美国联邦法典》第 5 章的 3581—3584 和行政命令 11552,在收到一个国际组织提出的雇员服务的书面请求后,机构可以批准并授权雇员在任何期限内派遣到该组织,美国政府联邦机构可以派遣或调动雇员到国务院指定的任何国际组织,详见表 7-2。虽然表 7-2 未列出的其他国际组织美国政府也可能是会员国或参与者,但参与程度可能不足以能够为该组织派遣或调动人员。

表 7-2　美国可以直接派遣联邦员工的国际组织①

组织类别	
联合国组织	联合国秘书处 联合国资本发展基金 联合国儿童基金会(UNICEF) 联合国妇女发展基金(UNIFEM) 联合国开发计划署(UNDP) 联合国环境规划署(UNEP) 联合国难民事务高级专员(难民专员办事处) 联合国人类住区规划署(UN HABITAT) 联合国国际训练研究中心(训研所) 联合国毒品和犯罪问题办公室(UNODC) 联合国人口基金(UNFPA)

① 该表来自联合国网页.[EB/OL][2017-09-21]. https://www.state.gov/bureaus-offices/under-secre-tary-for-political-affairs/bureau-of-international-organization-affairs/2017-09-21.

组织类别	
联合国组织	联合国近东巴勒斯坦难民救济和工程处(近东救济工程处) 联合国大学 联合国志愿人员 国际法院(ICJ) 国际公务员制度委员会 前南斯拉夫问题国际刑事法庭(前南问题国际法庭) 卢旺达问题国际刑事法庭 国际提高妇女地位研究训练所(提高妇女地位研训所) 联合国艾滋病毒/艾滋病联合规划署(艾滋病规划署) 世界粮食计划署(粮食计划署) 注:由于联合国有资格作为一个国际组织,美国政府参与经修正的公法89—554的意义,联合国的机关和特别方案通常也符合规约。因此,该列表是说明性的,而不是详尽的。请与我们联系,询问联合国其他机构或特别方案不在上述名单中是否符合规约。
联合国和有关组织的专门机构	粮食及农业组织(粮农组织) 国际癌症研究机构(IARC) 国际原子能机构(原子能机构) 国际民用航空组织(ICAO) 国际农业发展基金(农发基金) 国际劳工组织(劳工组织) 国际海事组织(IMO) 国际电信联盟(ITU) 联合国教育,科学及文化组织(教科文组织) 万国邮政联盟(UPU) 世界卫生组织(WHO) 世界知识产权组织(WIPO) 世界气象组织(WMO)
国际金融机构	国际清算银行(BIS) 国际货币基金组织 北美开发银行(NADB) 联合国区域开发银行 非洲开发银行 亚洲开发银行

（续表）

组织类别	
国际金融机构	欧洲复兴开发银行(EBRD) 美洲开发银行 世界银行集团 国际复兴开发银行(IBRD) 国际投资争端解决中心(ICSID) 国际金融公司(IFC) 多边投资担保机构(MIGA)
美洲组织	边境环境合作委员会 美洲税务管理员中心(CIAT) 美洲印第安人研究所(IAII) 美洲农业合作研究所(IICA) 美洲全球变化研究所(IAI) 美洲热带金枪鱼委员会(IATTC) 美洲国家组织(OAS) 泛美卫生组织(泛美卫生组织) 泛美地理与历史学院(PAIGH) 泛美铁路会议协会(ACPF)(阿根廷) 美洲邮政联盟,西班牙和葡萄牙(PUASP)
其他区域组织	亚太能源研究中心(APERC) 科伦坡计划委员会 大湖区渔业委员会 国际能源机构(IEA) 中东海水淡化研究中心(MEDRC) 北大西洋大会(NAA) 北大西洋公约组织(北约) 核能机构(NEA) 经济合作与发展组织(经合组织) 太平洋共同体秘书处(SPC)
其他国际组织	国际林业研究中心(CIFOR) 环境合作委员会(CEC) 劳动合作委员会 南极海洋生物资源保护委员会(CCAMLR) 全面禁止核试验条约组织筹备委员会(禁核试组织) 濒危野生动物和植物物种国际贸易公约(CITES)

组织类别	
其他国际组织	COSPAS-SARSAT（搜救卫星系统） 能源宪章会议（ECC） 全球生物多样性信息机制 全球基金（抗击艾滋病、结核病和疟疾）（TGF） 海牙国际私法会议（HCOPIL） 关于维持红海某些灯的国际协定 常设仲裁法院国际局（PCA） 国际工业产权保护局 国际海关关税局公布 国际衡重局（BIPM） 国际干旱地区农业研究中心（ICARDA） 国际文化财产保护和恢复研究中心（ICCROM） 国际咖啡组织（ICO） 国际大西洋金枪鱼养护委员会（ICCAT） 红十字国际委员会（红十字委员会） 国际棉花咨询委员会 国际海洋勘探理事会（ICES） 国际刑事警察组织（刑警组织） 国际半干旱热带作物研究所（ICRISAT） 国际发展法组织（IDLO） 国际能源论坛秘书处（IEFS） 国际化肥发展中心（IFDC） 国际谷物理事会（IGC） 国际人类前沿科学计划组织（HFSP） 国际水文组织（IHO） 国际棉花研究所 国际统一私法学社（统法社） 国际移动卫星组织（IMSO） 国际法定计量组织（OIML） 国际移徙组织（移徙组织） 国际最高审计机构组织（INTOSAI） 国际植物遗传资源研究所（IPGRI） 国际可再生能源机构（IRENA） 国际橡胶研究组（IRSG） 国际科学技术中心（ISTC）

（续表）

组织类别	
其他国际组织	国际种子测试协会(ISTA)
	国际农业研究国际服务(ISNAR)
	国际通信卫星组织(ITSO)
	国际贸易中心(ITC)
	国际热带木材组织(ITTO)
	国际信用和投资保险公司联盟(伯尔尼联盟)
	国际捕鲸委员会
	各国议会联盟
	伊朗—美国索赔法庭
	ITER 国际聚变能组织(ITER)
	朝鲜半岛能源发展组织(KEDO)
	多国部队和观察员(MFO)
	北美环境合作委员会(CEC)
	北太平洋溯河鱼类委员会
	禁止化学武器组织(禁化武组织)
	欧洲安全与合作组织(欧安组织)
	太平洋航空安全办公室(PASO)
	常设国际航行会议协会(PIANC)
	中欧和东欧区域环境中心(REC)
	乌克兰科技中心(STCU)
	塞拉利昂特别法庭
	世界海关组织(WCO)
	世界遗产基金
	世界动物卫生组织(OIE)
	世界贸易组织(世贸组织)

第四节　美国大学与国际组织人才

本书对联合国教科文组织(UNESCO)、联合国儿童基金会(UNICEF)、联合国国际教育局(IBE)、国际教育规划研究所(IIEP)、教育信息技术中心(LITE)、联合国终身学习中心(UIL)、国际非洲能力建设研究所(IICBA)、国际技术和职业教育培训中心(UNEVOC)、联合国训练研究所(UNITAR)、世界粮农组织(FAO)、世界银行(WB)、国际货币基金组织(IFM)、世界卫生组织(WHO)和世界经济合作与发展组织(OECD)14个著名国际组织2017年公布的160位高级官员的履历进行案例分析之后,发现其中有63人(39.4%)拥有美国高校的教育背景。

一、 美国教育背景的国际组织高级官员

这些美国大学培养的国际组织的高层次人才中,存在两种倾向。

第一种倾向是,本身就是美国公民在美国接受的高等教育,统计中有29人(占46.0%)。例如,儿童基金会的执行主席安东尼·雷克(Anthony Lakes)是美国人,1961年毕业于哈佛大学,取得文学学士学位,1974年在普林斯顿大学伍德罗·威尔逊学院(Woodrow Wilson School)获得国际公共事务专业获得博士学位。世界粮农组织领导人施静书(Josette Sheeran)是美国人,毕业于美国科罗拉多大学。世界银行首席经济学家兼高级副行长保罗·罗默(Paul Romer)是美国人,在芝加哥大学获得数学学士学位和经济学博士学位,并在麻省理工学院(MIT)和女王大学完成研究生学业[①];OECD的经济部首席经济学家凯瑟琳·曼(Catherine L. Mann)是美国人,在哈佛大学获得经济学学士学位,在麻省理工学院获得经济学博士学位。值得注意的是,活跃在世界组织中的美国高层次人才中还有一批少数族裔的美国人。例如,前世界银行行长金墉(Kim Yong)就是韩裔美国人,1982年以优异成绩毕业于布朗大学,1991年获得哈佛医学院医学博士学位,1993年获得哈佛大学人类学博士学位。再比如,世界银行独立监察小组主席冈萨洛·卡斯特罗(Gonzalo Castro de la Mata)具有美国和秘鲁双重国籍,获得宾夕法尼亚大学生态学和种群生物学博士学位。

第二种倾向是,很多非美国公民从世界各地聚集到美国接受高等教育,代表原来国家到国际组织中去工作。这一情况在国际货币基金组织中特别突出,在2018年其网站上公布的30个高级官员中,有11位是有美国求学经历的外国人。例如,国际货币基金组织副总裁张涛是中国人,本科毕业于清华大学,在加利福尼

---

① 世界银行.世界银行集团领导层.[EB/OL].[2020-08-30]. http://www.shihang.org/zh/about/leadership/managers.

亚大学(圣克鲁斯分校)获得经济学的硕士和博士学位[①];亚太部主任李昌镛(Changyong Rhee)是韩国人,在美国哈佛大学获得经济学博士学位;能力发展研究所所长沙米尼·库里(Sharmini A. Coorey)是斯里兰卡籍,在哈佛大学取得经济学学士和博士学位,后曾在乔治华盛顿大学艾略特国际事务学院做访问研究员[②];公关部主任杰拉德·莱斯(Gerard Rice)英国人,在哈佛大学获得硕士学位并在肯尼迪学院担任访问学者[③];人力资源主任卡帕纳·科赫(Kalpana Kochhar)是印度人,在布朗大学获得经济学硕士和博士学位,并在进入 IMF 之前在乔治华盛顿大学担任助理教授等[④]。另外,世界卫生组织突发卫生事件规划执行主任彼得·萨拉马(Peter Salama)是澳大利亚国籍,在哈佛大学医学和公共卫生专业获得学位[⑤]。联合国训练研究所研究办公室主任,莎拉·库克(Sarah Cook)有英国和美国双重国籍,伦敦经济学院求学之后,她又在哈佛大学获得公共政策的博士学位,专门研究中国社会问题。这些在美国接受高等教育深受美国文化和价值观熏陶的非美籍人才,即便代表自己国家到国际组织任职时,无疑也扩大和强化了美国在国际组织中的文化输出和影响力。

研究发现,这 63 位具有美国大学教育背景的官员履历丰富,在跨界的领域和行业中表现出非凡卓越的能力。据不完全统计,有的在政府部门工作政绩突出,有的原本是优秀的商界精英,也有的长期在不同的、世界各地的国际组织中工作,有效胜任国际组织这样一个跨界、多元、需要不断适应变化的工作环境。共同之处便是,他们往往具有很强的研究能力和问题解决意识,至少 68.3% 拥有博士学位,其中很多本身就曾经担任过美国大学的研究员、访问学者或者教员,与美国大学有着千丝万缕的联系。

例如,儿基会前执行主席卡罗尔·贝拉米(Carol Bellamy)毕业于盖茨堡

---

① IMF. Tao Zhang. [EB/OL]. [2020-08-30]. http://www.imf.org/external/np/omd/bios/tz.htm.

② IMF. Sharmini Coorey. [EB/OL]. [2018-08-30]. http://www.imf.org/external/np/bio/eng/sc.htm.

③ IMF. Gerry Rice. [EB/OL]. [2020-08-30]. http://www.imf.org/external/np/bio/eng/gr.htm.

④ IMF. Kalpana Kochhar. [EB/OL]. [2020-08-30]. http://www.imf.org/external/np/bio/eng/kk.htm.

⑤ 世界卫生组织.突发卫生事件规划执行主任.[EB/OL]. [2020-08-30]. http://www.who.int/dg/executive-director/zh/.

(Gettysburg)文理学院,获得纽约大学法学学位,成为纽约一家律师事务所的合伙人,还是和平队(The Peace Corps)的一名志愿者,之后进入政府部门发展,成为首名纽约市议会主席;在1985年竞选纽约市长失败之后,进入商业企业工作,在摩根士丹利工作4年,并在另一家公司担任总经理;还曾担任哈佛大学肯尼迪政府学院的研究员。再如,世界银行主管预算、绩效管理与战略规划事务的副行长佩德罗·阿尔巴(Pedro Alba)是印度人,拥有康奈尔大学应用经济学博士和硕士学位、比利时布鲁日欧洲学院欧洲研究学位、马德里自治大学经济学学位;在进入世界银行工作之前,曾在马德里理工大学担任经济政策助理教授,并有在马德里理工大学、莫斯科国立高等经济学院和康奈尔大学任教的经历;并拥有25年跨地区(包括中等收入和低收入国家)工作经验:东欧和中亚地区负责加入欧盟事务的副局长兼首席经济学家(1999—2000),中东和北非地区减贫与经济管理副局长(2000—2004),贝宁、尼日尔和多哥国别局长(2004—2005),布隆迪、刚果(布)、刚果(金)和卢旺达国别局长(2005—2007),阿根廷、智利、巴拉圭和乌拉圭国别局长(2007—2010),在世界银行担任俄罗斯国别局长(2010—2012)等,撰写多篇世界银行报告和学术文章,多次获得学术奖项①。再如,国际货币基金组织的经济顾问、研究部主任茅瑞斯·奥伯斯法尔德(Maurice Obstfeld)虽在一路是研究领域的学者,但他任职于美国一系列顶级大学,在麻省理工获得博士学位之后到哥伦比亚大学、宾夕法尼亚大学任教,还曾在哈佛大学做访问学者;在进入国际货币基金组织之前是在伯克利任教,担任经济系的系主任,还长期担任政府的智库高参②。上述分析可以发现,很多国际组织的高层人才往往在丰富职业积累后选择在国际组织作为终身的职业追求,而不是相反地将国际组织作为其他职业发展的中间跳板。

研究还发现,在众多国际组织中,高级官员的教育背景有着一定的交集,比如国际货币基金组织中有多人来自哈佛大学和乔治华盛顿大学。虽无从考证相互之间的人脉关系,鉴于美国大学普遍重视校友网络建设,我们**有理由相信举荐**

---

① 佩德罗·阿尔巴.[EB/OL].[2020-08-30].http://www.shihang.org/zh/about/people/p/pedro-alba.

② IMF. Maurice Obstfeld.[EB/OL].[2020-08-30].http://www.imf.org/external/np/bio/eng/mo.htm.

会在一定程度上发挥优势,让那些在国际组织中已有校友担任高级官员的大学不断积累竞争优势。比如哈佛大学法学院就在其网站上向学生介绍各种国际组织(总体介绍、人员经验和技能要求、见习机会等)信息,并提醒学生:假如想要申请兼职的部门中有同学、家人或者校友,应该让他们知晓;负责招聘的人会高度重视来自可靠来源的坦诚建议①。

二、培养国际组织人才的大学与专业

基于上述美国大学在国际组织人才输出中发挥的隐性影响力,我们进一步对 63 位高级官员在美国就读的大学统计发现,他们本科、硕士或博士学位多获得自一系列名牌大学,如图 7-1 所示,其中 24 人毕业于哈佛大学(有 8 位曾就读于哈佛大学肯尼迪学院),所占比例最高;10 位毕业于加利福尼亚州大学(3 位伯克利分校,另有 2 位来自戴维斯分校、洛杉矶分校和布法罗分校,1 位圣克鲁兹分校)。

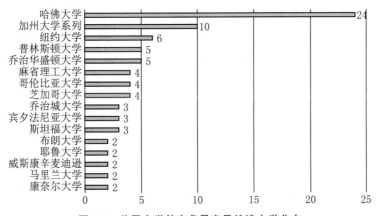

图 7-1　美国大学教育背景官员就读大学分布

资料来源:笔者根据研究结果绘制。

对这些官员的专业背景聚类分析发现,经济学(包括国际经济、金融、经济统计等)和公共事务(包括公共政策、公共管理)是两类最集中的专业,第三类是教育学,研究领域集中于教育经济学和教育政策学,其中有 5 名是比较教育研究者,如

---

① HLS. Other Paths to International Practice. [EB/OL]. [2017-04-10]. http://hls.harvard.edu/dept/opia/what-is-public-interest-law/public-international-law/other-paths-to-international-practice/.

图 7-2 所示。

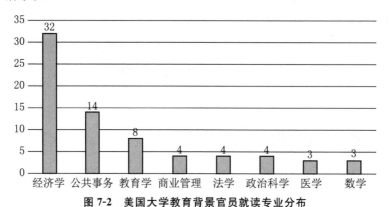

图 7-2　美国大学教育背景官员就读专业分布

资料来源:笔者根据研究结果绘制。

根据 2017 年"美国新闻和世界报道大学排名"(USNWR 排名)和"泰晤士高等教育世界大学排名"(QS 排名),哈佛大学在这两类专业中名列前茅:①USNWR排名中在经济学领域哈佛大学为全美第一[①],在公共事务领域,公共政策分析和社会政策排名全美第二。②QS 排名中,哈佛大学的经济学与计量经济学(排名世界第二)、社会政策(世界第一)、管理以及发展研究(世界第一)和教育学(世界第一)等专业均在全世界前列[②]。

综上研究显示,无论是相关学术专业排名,还是实际向国际组织输出高层次人才的情况,哈佛大学都在美国独占鳌头,在世界范围内领先,值得我们去探究和分析。由此,本研究进一步对以培养服务于公共事务的领导者为使命的哈佛大学肯尼迪学院进行案例研究。

第五节　案例:哈佛大学肯尼迪学院

在国际组织人才普遍的专业背景培养和输送方面,无论是美国本土还是世

---

①　U.S. News & World Report LP. Graduate School Search[EB/OL][2017-10-10]. https://www.usnews.com/best-graduate-schools/top-humanities-schools/economics-rankings.

②　QS Quacquarelli Symonds Limited. QS World University Rankings by Subject. [EB/OL]. [2017-10-01]. https://www.topuniversities.com/subject-rankings/2017.

界范围,无论从学术地位、教学水平还是从任职的国际组织官员背景看,哈佛大学肯尼迪政府学院在相关领域内是受到公认推崇的。

一、 历史发展中的公共服务性

哈佛大学肯尼迪政府学院原来是哈佛大学公共行政管理研究生院,创立于1936年。当时美国正处在严重的经济危机之中,第二次世界大战爆发的前夜,其是科南特当校长时为哈佛大学增建唯一一所学院①。由于发展的历史渊源,这所院校与哈佛大学的经济和政治专业有着深厚的渊源。在 20 世纪 50 年代时,该学院的教员大都是从经济和政治系借用的。来自经济系的爱德华·梅森(Edward S. Mason)院长(学院的第二任院长,任职于 1948—1958 年)敏感地留意到各类基金会对国际关系和世界发展的浓厚兴趣,从而创新地争取到了福特基金会的资助,使得学院得到了很大的发展②。1958 年上任的第三任院长唐·普莱斯(Don K. Price),1958—1977 年任哈佛大学公共行政管理学院院长,就曾任福特基金会的副主席。普莱斯院长在他上任第一年的年度报告中就曾写到,美国是唯一一个没有专业公仆的国家,美国的领导人往往都是来自特殊领域或专业,如法律专业,而且公共行政管理专业可以承担培训职业官员的重任。普莱斯指出了公共服务专业的重要性,认为学院应该"为那些期望升职到负责整个政府计划的基本方向的人提供教育指导",成为权利和责任的发动机。而这观点与 1960 年上任的约翰·F.肯尼迪总统政府推动民权的主张不谋而合。1966 年,学校管理委员会组织正式授权,公共行政管理学院更名为约翰·F.肯尼迪政府学院(John F. Kennedy School of Government,或被称为 Harvard Kennedy School,简称肯尼迪学院)。此举强化了这位极力主张民权的总统所拥有的富有朝气、质疑一切、敢于开拓和公众服务的情结,成为学院的精神内核。

肯尼迪学院认为其使命就是教育和培养未来的公众领导者,解决公共性的

---

① HKS. History. [DB/OL]. [2017-04-15]. https://www.hks.harvard.edu/about/history.
② 莫顿凯勒,哈佛走向现代美国大学的崛起[M].清华大学出版社.2007:390—391.

问题;通过严格的教育计划和充满竞争力的前沿研究,肯尼迪学院试图影响和发展政府,使得各层面的公共政策更加智能①。肯尼迪学院在其宗旨的陈述中指出,每一代人都会面临机遇,并有责任面对当下的挑战。今天面临的最大全球性问题是:核武器、环境问题、贫困等方面的威胁。这些都是错综复杂、非常紧迫且有相互关联的,需要大胆地思考和充满激情的领导者、具有勇气和精神气质的人去追问该如何行动,并把想法付诸行动②。

肯尼迪学院在教育领域的卓越地位和已经建立起来的顶级国际关系网络,不断吸引着来自各大洲和专业部门的独特且多样化的学生群体。这些学生对公共利益的事业具有高度的责任感。学院通过学者和实践者、官员、社会活动家、教育者与学生之间公开的对话,运用多学科的方法和不断地研究孕育了灵活、充满活力的教学氛围。这一独特的学习环境提供了具有激励性的机制,培养高水平的公共领导者,提供创新解决问题的方案,影响社会并最终促进人们生活的改善③。

通过强大的号召力和影响力吸引各国的社会精英,至今肯尼迪学院的校友已经遍及世界 200 多个国家和地区,超过 46 000 人;通过专业的课程、教学、研究和氛围营造,肯尼迪学院下设 15 个研究中心,开展着 30 多种教育并授予学位④。在各个领域中培养有责任心、敢于担当、有实践能力的世界领导者——或者说新型的世界公仆,从而改变现实、造福人类。

二、 不断探索中的领导力培养

肯尼迪学院在发展壮大过程中在研究与教学等方面都与时俱进地开创了一系列重大的里程碑。⑤

在学科布局方面,1966 年政策研究院(Institute of Politics, IOP)与公共行政

---

① ② Harvard Kennedy School. Master's Programs Admissions. [DB/OL]. [2018-02-15]. https://www.hks.harvard.edu/degrees/admissions/.

③ HKS. Why Harvard Kennedy School?. [DB/OL]. [2018-02-15]. https://www.hks.harvard.edu/about/why-hks.

④⑤ HKS. History. [DB/OL]. [2017-04-15]. https://www.hks.harvard.edu/about/history.

学院共同归入肯尼迪政府学院;1969 年学院创立公共政策硕士(MPP)学位,该学位特别强调运用经济学和分析的方法。1999 年肯尼迪学院与国际发展研究院(Harvard Institute for International Development,现更名为国际发展中心,Center for International Development, CID)进行了密切合作①,肯尼迪学院开始授予国际发展专业的 MPA 学位。现在肯尼迪学院授予 MPP、MPA/ID、MP 和 MC/MPA 四类硕士学位。

在学生培养方面,1958 年的哈佛大学公共行政管理学院来自发展中国家的有潜力的领导者参与职中培养计划,这些人被称为梅森学者(Mason Fellows),真正开启了从培养美国本土领导者向为世界培养领导者转变的新篇章。1974 年 HKS 形成了案例课程,注重运用案例教学的方法,并成为政策研究最多的案例提供者和最大的受益者。

在研究的方法论方面,1960 年学院的托马斯·谢林(Thomas Schelling)教授将博弈论运用于分析社会冲突之中。在"水门事件"丑闻引起了人们对于政府广泛信任危机之后,1972 年格雷厄姆·阿利森教授(Graham Allison,第四任院长,任职期时 1977—1989)撰写了《决策的本质》一书,开启了决策制定研究的新范式。1989 年柏林墙倒塌,"冷战"结束,"9·11"事件之后,肯尼迪学院更关注如何在新时期解决全球的矛盾和紧张局势,提出在国际事务中转向运用"软权力"(soft power)。

在肯尼迪学院,领导力是其培养的核心能力。20 世纪 60 年代,肯尼迪学院深受现代经济学的基础理论之一——博弈论的影响,尽管目的是寻求一种共存的均衡,但其强调以最小的付出换取最大的利益,内涵的竞争性和对抗性最终导致双输的局面,难以在社会关系中可持续发展。70 年代后,肯尼迪学院受到决策理论影响,主张将系统科学、运筹学、计算机科学等多种理论综合运用于管理决策,但是日常的管理与领导要比突发的、重大的、危机的事件决策的范畴大得多、复杂得多。自 1983 年起,作为培训项目的延伸,学院开始尝试传授领导力(lead-

---

① Wikimedia Foundation, Inc. Harvard Institute for International Development. [DB/OL][2017-04-10]. https://en.wikipedia.org/wiki/Harvard_Institute_for_International_Development.

ership),随着"冷战"结束,20 世纪 90 年代以来,肯尼迪学院更注重对各类领导者的培养:加深这些未来的领导者对于重大实质性公共选择问题的认识,服务于号召领导者致力于政策问题的关键环节,直至后来的"软权力",亦算是对有效领导力的深入探索。

在教学方法方面,哈佛大学肯尼迪学院综合了 19 世纪和 20 世纪以来,特别是 1980 年代后的研究成果,形成了以下五种教学方法。

第一种是特质教学法(Trait Approach)。该教学理论认为,一位成功的领导者会由于个人的领导特质而对周围产生有效的影响,如忍耐能力、主导支配能力、个人智慧,甚至说话的语音语调。而这些特质或是天赋异禀、与生俱来并不可改变的,也可能是后天开发的。根据这种理论,培养领导力需要像培养专业运动员一样对有潜力的候选人进行甄别和筛选,然后有效地对领导特质进行强化和完善。特质法的具体培养技术包括:研究伟人的传记、为领导候选人配备一对一导师、要求大学生选修特定的人文学课程。①

第二种是情景教学法(Situational Approach)。该教学理论认为,一位成功的领导者具有影响力是因为他能够达到追随者的期望。对于特定情景的应对会造就领导者的特质,即所谓的"时势造英雄"。因此,情景教学法将领导力放在最首要的位置,领导力培养需要让受训者对周围的情景敏感起来,不断适应周围情景的改变。具体的技术包括:通过团队训练扩大受训者在各种情景中的应变能力、用工作坊的研讨对具体情景建立分析模型并模拟地展开行动。②

第三种是随机应变法(Contingency Approach)。该教学方法基于对可测的领导力素质的表现性评估,认为一位成功的领导者能够在情景中施加影响,选择性地回应有利或擅长的方面。随机应变法本质上是对前面两种理论方法在实践中的融合,将情景类型与个人特质的类型匹配形成模型,为受训者明确其能发挥领

① Ralph M. Stogdill. Personal Factors Associated with Leadership: A Survey of the Literature. *The Journal of Psychology*, 1948, 25(1):35—71.

② Blanchard K H, Zigarmi P, Zigarmi D. Leadership and the one minute manager: increasing effectiveness through situational leadership. *In with the New: Why Excellent Public Leadership Makes a Difference to Partnership Working*, in *The British Journal of Leadership in public services*, Volume 2, Issue 1, 1985, 23(5):39—41.

导特质的适应情景。具体的培养技术包括：受训者参加一组个性化的能力测试（包括梅耶的五项人格测试），反馈哪些情景是符合其领导特质的，而哪些情景是相悖的；之后针对受训者的起点开发培训课程，提升领导素质，使其在组织中可能发挥相应的作用。①

第四种是交互法（Transactional Approach）。该教学方法强调，一位成功的领导者通过自我调适、实现追随者的期望来扩大其影响。与前三种理论不同，该理论基于社会交往，领导者从自己的社会地位影响中获利，同时作为交换，以行动为追随者提供方便，以此降低社会系统中交往的不确定性。在这个交互的过程中，领导者不仅影响追随者，也会受到追随者的影响，领导者最终能随着时间的推移不断保持和积聚影响力。用这种方法培养领导人包括教会这些受训者评估自身影响是否能够满足追随者期待的方法，具体的技术包括对政治、民意调查、激励、团队建设等方面进行学习。②

第五种是案例教学法（Case Study）。作为对挑战的回应，肯尼迪学院建立了案例实验室（"case-in-point" laboratories），开发和测试各种新的理论——让学生自己寻找案例建立与课程之间的关系。一直到现在，案例教学是肯尼迪学院教学的重要特色。案例教学背后的基本原则是，最好的教训是自我教育，通过自我的奋斗，许多有效的理解和判断不是来自于别人的说教，而是来自于自己的实践经验。③每个应用的案例来源于真实的情景，呈现公共领域的官员或管理者需要思考和权衡的问题和压力，从而激发学生去认真思考解决问题的方法，解决方案对于情景的实际影响。④学生被要求从以往的专业实践中寻找、分享和准备案例，而其中最困难、最关键的一步是搜集证据和数据，肯尼迪学院已经开发了教学生撰写案例的课程。除此之外，在课堂上还会直接用到学生在分

---

① VH Vroom, PW Yetton. Leadership and Decision-Making. *Administrative Science Quarterly*, 1973, 18(2): I.

② B. J. Crowe, S. Bochner and A. W. Clark. The Effects of Subordinate Behavior on Managerial Style. *Human Relations*, 1972 (3):215—237.

③ HKS. Learning by the Case Method[R/OL]. [2020-08-30]. https://case.hks.harvard.edu/content/1136_0.pdf

④ HKS. Curriculum[DB/OL]. [2018-04-08]. https://exed.hks.harvard.edu/HKS_Advantage/Curriculum.aspx

析和应用理论过程中的各种直接经验。例如,在课堂上分小组讨论,某位学生提出了有挑战性的想法,组长就要做出回应,如果组长不能有效回应,那么形成了一个在团队中无法解决问题的无效领导的案例,那么这样的课堂情景让学生产生了领导力的直接经验和教训,结合问题分析和讨论,深入学习和反思相关理论。

三、 领导力培养的理念与课程

以上五种教学方法和对应的技术是肯尼迪学院领导力课程发展的基础,在实际开发领导力课程时学院将之提炼融合,形成一套自己的理念体系。

(一)领导力培养的课程理念

首先,肯尼迪学院坚信个体对人类历史发展的重要作用,领导者素质是可以培养的。其次,采纳了情景法的观点,领导者的行为须根据不同的社会情景而不断调整的。第三,正如随机应变法所指出的,当情景与领导者的特质倾向相符的时候,会高效率地解决问题,产生积极的影响。第四,承认先天遗传和后天习得,在确定了受训者的天赋才华和缺点不足时,适切的教学的内容框架便形成了。第五,认同互动理论,领导者不仅影响其追随者,同时也受到其追随者的影响,运用科学的方法能有效实现对领导力的分析。①

值得注意的是,在社会系统中,领导力的实现可能需要"权力"资源的支持,领导力背后的领导权可以分为正式或非正式。两者有区别,前者可称之为权力,是一种正式授权的产物,而后者则可称之为影响力,非正式授权的产物。两者亦有共同之处,都可以有效推动人们去工作或解决问题。具体而言,拥有权力与职位是应然的领导者,但并不实然具有领导力,而能够运用自身的权力和影响解决问题才是领导力的关键维度。肯尼迪学院将领导力界定为,有价值指向,服务于修复或维持社会系统(包括小团体、组织、关系网络、整个社会)的平衡,即紧张局势不再加剧,通过自身的正式权力或非正式影响,让人们面对或融入现

① Heifetz R A, Sinder R M, Jones A, et al. Teaching and Assessing Leadership Courses at the John F. Kennedy School of Government. *Journal of Policy Analysis and Management*, 1989, 8(3):536—562.

实之中有效工作能够直面棘手的问题、确定问题、转变态度、付诸行动化解风险或解决问题。①

在一个系统中,如果能够清晰地界定问题,那么形成最有效解决方案相对容易;但现实情况十分复杂的,比如公共政策中的各类问题,国债、贫困、种族主义、吸毒等,问题都难以界定清楚,在这样的情况下往往没有完美的解决方案,任何解决方案都会受到众所非议。解决这类问题需要融合各方观点不断明确主要矛盾,将不一致的态度统一起来。一旦各方的思路和关系得到调整,就会产生好的变化,缓解不平衡的状态需要系列正确分析和决策。例如联邦赤字在利益相关者之间进行无数次调整,涉及国防、纳税人、劳动者权利等各方;调整中各利益相关者一定会经历内部紧张的局面。如果是过度的不平衡,那么人们会非常愤怒,导致整个系统的颠覆。为了能够渡过难关,领导力必须在动态的紧张局势中掌握不平衡状态,激励情景中的利益相关者去工作,而不是被困难所吓到。如果领导者是集领导权和领导力于一身的话,那么在实践中能够很大程度避免问题上升到无法容忍的紧迫程度。

可以看出,肯尼迪学院的理论是规范性的,不鼓励领导者以保全职位出发去应对问题;而是以领导力为结果导向的,主张直面问题,阻止问题的恶化,进一步消除不平衡,以改进社会为评价标准。为此,肯尼迪学院在领导力培养中特别关注分析能力、伦理判断、决策力、管理能力等方面。

(二)领导力课程所涉方面

肯尼迪学院对于领导力的培养不仅仅停留培养对公共领域问题的描述和分析能力,而是培养在理论的指导下于现实世界具有强大的行动力。20 世纪 80 年代之前,有关领导力培养的理论都是描述性导向和规范性导向的,不足以向实践者们教授领导力,并且相关的用来说明问题的实证数据也十分缺乏。因此,在创立领导力课程之初,肯尼迪学院面临着一系列的挑战,不仅仅要建立符合自己理念的课程理论,还要寻找能够检验和展示理论的证据,制定教学内容、选择有效的

---

① Heifetz R A, Sinder R M, Jones A, et al. Teaching and Assessing Leadership Courses at the John F. Kennedy School of Government. *Journal of Policy Analysis and Management*, 1989, 8(3):536—562.

教学方法,使得学生能够将理论与实践结合起来。

1. 课程设计

肯尼迪学院的课程设计采用了结果导向,如图 7-3 所示的斯坦福的教学通则
(stanford teaching commons)①。要求教师在设计课程时:第一步明确学生在课后
应该习得什么或完成什么,即明确至少五项学习结果②。第二步确定主要的知识
目标和能力目标,清晰制定评判学生已经学会的标准,建立反馈和评价体系③。
第三步设计安排促进学生发展相关教学活动,包括阅读内容、课堂练习等;第四步
搜集学习达成的证据,关注学习类型的分类。

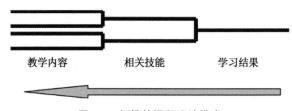

教学内容　　　　相关技能　　　　学习结果

图 7-3　倒推的课程设计模式

资料来源:Stanford University. Designing Courses Backwards. [EB/OL][2017-04-15]. ht-
tps://teachingcommons.stanford.edu/resources/course-preparation-resources/course-design-aids/
designing-courses-backwards.

所有的课程都是开放的,不断接受学生评估和校友后效评价:检验理论基础
是否能达成课程目标,检验所应用案例是否符合现实情景中的问题解决,检验校
友走上工作岗位后能否运用所学得到的知识发挥工作实效,并据此不断进行调整
与改进。

2. 主题内容

在整理和分析了 2016—2017 学年肯尼迪学院开设的学分超过 4 分的课程后④

---

① HKS. Planning a Course[DB/OL]. [2017-05-01] https://www.hks.harvard.edu/degrees/teaching-
courses/teaching/slate/teaching-resources/planning-a-course.

② Stanford University. Designing Courses Backwards [DB/OL]. [2017-05-01] https://teachingcom-
mons.stanford.edu/resources/course-preparation-resources/course-design-aids/designing-courses-backwards.

③ Stanford University. Writing Learning Goals [EB/OL]. [2017-05-01]. https://vptl.stanford.edu/
teaching-learning/teaching-practices/evaluation/stanfords-new-course-evaluations/writing-learning.

④ HARVARD Kennedy School. Courses. [EB/OL]. [2017-10-01]. https://www.hks.harvard.edu/
courses.

发现,学院把领导力培养分解为一系列分支能力,针对每一种能力目标开发了丰富的教学内容,如图 7-4 所示。

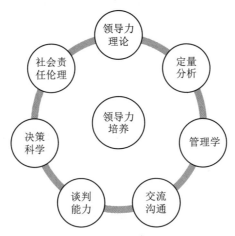

图 7-4   领导力培养的主要课程

资料来源:笔者分析肯尼迪学院网站课程信息后绘制。

(1) 领导力培养。肯尼迪学院在领导力的培养中将各领导力理论综合支持教学实践。例如,"历史视野下的领导者和领导力"(Leaders and Leadership in History),学生学习一系列(主要是 20 世纪)各国的历史人物案例,考察在具体背景中,哪些因素让领导者脱颖而出,历史对其成败的评价等,从而培养学生历史思维和批判能力,逐步认识"领导力"的本质。另一门"真正的领导力开发"(Authentic Leadership Development)启发学生应用"随机应变理论"发展个性化领导特长,引导思考"做些什么能让世界变得更美好",以及对应自我提升的路径。还有从"交互法"阐释领导力的课程,如"权力和影响力(Power and Influence)"。

(2) 社会责任和伦理。这为领导力提供了一套规则系统。"公共行动中的责任感"(The Responsibilities of Public Action)课程,旨在从哲学视角审视民主政策中公共政策制定者的职责,让学生思考政府应有的作为和公共原则,将学生引向善的、公正、合法的公共政策;让学生思考政策执行者应有的作为,这个问题涉及规范政府内、外的行动者的强制性义务,特别当人们对于善、公正、合法的价值导向产生分歧时的领导力的运用。"公共生活中的伦理学"（Ethics in Public Life）课程，运用跨文化方法学习职业伦理。学生将被分成小组分析和评价世界各地专业生活中的各类案例，洞察发展中的道德心理学，将西方和东方的传统经典与当代伦理理论融会贯通；强调在创造公共价值时要平衡专业伦理与个人道德之间的关系；为学生构建有能力的人应该为他人和世界服务的观念。

(3) 量化分析。 肯尼迪学院所强调的培养理性、科学领导者最为重要的基础能力具体分为两方面：①学院对硕士生的经济学知识要求极高，要达到经济学博士的理论难度，且强调学生将理论与实践紧密结合，有效应用于政策发展。进阶的教学是这样设置的：微观经济学分入门和高级课程，以及宏观经济学的入门和高级课程。"高级微观经济分析"（Advanced Microeconomic Analysis）为两个学期课程，教授消费者与生产者、不确定性下的风险与行为、一般均衡、博弈论、福利经济学等理论，并在学习中结合应用于各地区发展的政策开展具体分析。"市场和市场失灵"（Markets and Market Failure）课程运用个别化的教学方法将宏观经济学的理论（经济激励和组织、经济行为模型、市场干预以及价格体系）用于分析公共议题、对应政策与政策程序。再如，"公共政策的经济分析"（Economic Analysis of Public Policy）课程则是分析政府干预经济的基本原理，并评估政府政策的效率、激励和分配效应。②基于统计和实证的量化分析能力。"定量分析和实证方法"（Quantitative Analysis and Empirical Methods）课程介绍概率和统计（贝叶斯规则、不确定性决策、统计推断、假设检验等）和决策分析的方法，演示这些方法或算法通过计算机软件分析后在实际政策中的应用。"实证方法"（Empirical Methods）作为前项课程的进阶，通过让学生分析一些数据库学习多元回归、虚拟变量和二进制相关变量以及程序评价，最后学生有机会应用所学评估、分析一个综合、开放的现实项目。在偏向理论的学习之后，学院还会开设更加综合、偏向应用的课程，如"政治与政策：统计学能告诉我们什么"（Politics and Policies：What Can Statistics Tell Us?），通过案例研究让学生洞察和思考统计数据的背后的伦理问题，了解有些数据是可比的，有些数据则不具有可比性。

(4) 决策科学　是指用于个人或集体层面决策的各种定量技术的总和①。"博弈理论和战略决策"(Game Theory and Strategic Decisions)课程,运用博弈论研究现实世界中的战略行为,涉及激励机制和策略论等在一系列政策问题中的应用;还会介绍来自各领域(管理学、国际谈判等)的案例,探索如何在战略环境中有效行动。另有一门课"新近危机中的决策制定"(Decision Making in Recent Crises),探讨过去的十余年来针对伊拉克、阿富汗和巴基斯坦的十几个历史性的具体外交政策,通过正、反例子让学生学习在不完善的信息和各种限制下,采用有效分析工具和框架来全面理解和评估外交决策。

(5) 管理学　是人们增强领导力的重要工具,学院为学生提供了通识和定向管理学内容。"管理学问题:领导力、策略以及做成事情"(Management Matters: Leadership, Strategy and Getting Things Done)以世界各地教育和医疗领域的案例为载体,介绍不同层面领导者成功解决问题所运用的管理思维框架,探讨领导公共部门组织时可能面临的挑战;公共领导者应具有的管理态度和价值观,如何有效实现合理、合法的权力运用等。"做成事情:发展情境中的管理学"(Getting Things Done: Management in a Development Context)课程,结合理论学习、案例和模拟体验,重点让学生讨论腐败、参与式发展、市场规模扩大、社会服务交付和应急响应等管理学热点。对定向管理学的教学,有"为了公共目的的策略管理"(Strategic Management for Public Purposes)"在非营利性组织中管理经济资源"(Managing Financial Resources in Non-profit Organizations)"发展中国家的管理、金融和公共设施管制"(Management, Finance, and Regulation of Public Infrastructure in Developing Countries)等课程。

(6) 谈判能力　领导力不是孤立运作的,必须建立有利、有力的联盟,谈判学有助于争取到利益相关者的支持。肯尼迪学院设计一系列的谈判教学,比如谈判分析(Negotiation Analysis)、求同存异的商谈(Negotiation Across Differences)、谈

---

① HARVARD Kennedy School. Decision Sciences[EB/OL]. [2017-05-01]. http://healthpolicy.fas.harvard.edu/decision-sciences/.

判中的行为科学(Behavioral Science of Negotiations)、谈判与外交(Negotiation and Diplomacy)等。以"多方谈判和争议解决的高级研讨会"(Advanced Workshop in Multiparty Negotiation and Conflict Resolution)为例,通过案例与实战,在课上帮助学生学会管理复杂的多方谈判,深入分析谈判局势,设计有效的应对策略;针对公共和非营利部门的管理人员所面临的挑战,研究跨文化差异和伦理困境,实现谈判冲突的解决;教学形式是分小组进行密集练习,参与者将获得个性化的指导与反馈。

(7) 交流与沟通　是肯尼迪学院学生培养中一项重要技能。"沟通的艺术"(The Arts of Communication)课程,旨在提升学生在公共情景中的语言表达能力,特别当应对棘手和有压力情况时;其中有大约一半的课时会向学生介绍沟通的策略和公共演讲技巧;另一半课时是组建若干工作坊,让学生实战演讲练习。除开通过课程形式以外,肯尼迪学院每学期还举办近60次不设学分的沟通研讨会,分享供学生自学的资料(主题涉及提升公共演讲能力,提升报告撰写能力,以及有效使用社会媒体宣传发布的能力);配有提供指导的教师[①]。

教师们在每门课的教授中都广泛使用了案例教学法,并尽可能将教与学、理论和实践紧密结合起来。

三、　知行合一的优秀教师团队

在肯尼迪学院,各项研究、教学、出版和活动由15个实体研究中心来资助、支持和具体执行,教师除了分属于不同的专业(系)之外,还隶属于以上15个研究中心,以及60个项目团队[②]。肯尼迪学院的教师不是仅仅只能钻在书斋里的学者,而是与现实世界发展紧密结合、行动于公共领域的巨擘。教师具有与研究和理论与时俱进的专业知识,用新的方法来深入思考面临的挑战,寻找可行的政策或领导方案。许多教师积极参与各类政策的制定,为国际组织的高层和各国政府的首

---

①　HARVARD Kennedy School. Communications Program[EB/OL]. [2018-04-08]. https://www.hks.harvard.edu/more/about-us/leadership-administration/offices-deans/academic-deans-office/communications-program.

②　HKS. Centers & Programs[DB/OL]. [2017-10-01]. www.hks.harvard.edu/centers-programs.

脑提供咨询,他们拥有着实践的第一手信息,并对取得公共领域成功的必要知识与技能有着透彻的理解①。

(一)国际发展研究领域为例

根据肯尼迪学院网站公布,国际发展研究领域有教员 17 位,其中教授 9 位②。这 9 位教授中至少有 8 位具有跨国学习、研究和生活背景;都在一个或多个国家政府、国际组织、研究机构有工作经历;往往长期致力于研究世界上某个地区的发展,在国际发展研究领域获得大奖或者具有很强的公众影响力。

表 7-3　肯尼迪学院国际发展研究领域的教授

教　授	研究方向	学术和研究背景
弗兰克尔·杰弗里 (Frankel Jeffrey A.)	James W. Harpel 资本组成与增长教授	在美国经济研究局负责国际金融和宏观经济学的项目,克林顿政府内阁成员,曾在美国经济顾问委员会任职;来哈佛大学之前,在加州大学伯克利分校任经济学教授,研究领域有国际金融、货币政策和财政政策
格林德·梅瑞里 (Grindle Merilee S.)	国际发展 Mason 名誉教授	哈佛大学戴维洛克菲勒拉丁美洲研究中心的主任,是发展中国家的政策制定、执行和公共管理的比较分析专家,提出的政策管理和政策改革建议曾引起社会轰动,文章屡屡获奖
汉娜·雷玛 (Hanna Rema)	Jeffrey Cheah 东亚研究教授	麻省理工学院经济学博士毕业,曾在纽约大学担任公共政策和经济学副教授,是肯尼迪学院东南亚研究的教授,政策设计实证(EPoD)研究项目的负责人之一,美国国家经济研究局的副研究员
希瓦贾·阿西姆·伊贾兹 (Khwaja Asim Ijaz)	Sumitomo-FASID 国际金融与发展教授	获得麻省理工学院经济学硕士和计算机科学方向的数学硕士学位,哈佛大学经济学博士学位;拥有巴基斯坦、英国和美国三国的国籍,在多个发展中国家有长期生活的经历,擅长结合广泛的实地考察、严谨的实证分析和微观经济理论来分析政策问题,积累了较大的媒体影响力

---

① HKS. Faculty[DB/OL]. [2017-10-01]. https://exed. hks. harvard. edu/HKS_Advantage/Faculty. aspx.

② HKS. International Development[DB/OL]. [2017-10-01]. https://research.hks.harvard.edu/publications/academic_area.aspx?LookupCode=DEV.

教 授	研究方向	学术和研究背景
劳伦斯·罗伯特 (Lawrence Robert Z.)	Albert L Williams 国际贸易与投资 教授	彼得森国际经济研究所的高级研究员,美国国家经济研究局的副研究员,在耶鲁大学获得经济学博士并曾在那里任教,主要研究方向是贸易政策。劳伦斯曾在国会预算办公室、海外发展委员会和美国太平洋贸易和投资政策委员会的顾问委员会任职
潘德·罗西尼 (Pande Rohini)	Mohamed Kamal 公共政策学教授	本科毕业于印度德里大学,在牛津大学取得硕士学位,在伦敦经济学院获博士学位。主要研究方向是发展中国家的经济成本和机构效益,及其政策影响。美国国家经济发展研究局副研究员、执行委员会成员,美国金融管理和研究院(IFMR)董事会成员,贾米尔贫困行动实验室(J-PAL)的政治经济和政府组联席主席
帕金斯·德怀特 (Perkins Dwight H.)	Harold Hitchings Burbank 政治经济学名誉教授	曾任哈佛大学亚洲研究中心主任,东亚研究中心副主任,经济系系主任,哈佛国际发展研究院院长。曾担任韩国、马来西亚、中国、越南、印度尼西亚、巴布亚新几内亚等多个国家政府的顾问,还曾担任世界银行、福特基金会和美国政府很多机构的长期顾问。美国哲学协会的成员。康奈尔大学的学士和哈佛的经济学硕士、博士
普利切特·兰特 (Pritchett Lant)	国际发展实践教授	全球发展中心高级研究员,《发展经济学》杂志主编。从麻省理工学院经济学博士毕业之后加入世界银行,1991—1993 年任世界银行副行长,2000年到肯尼迪学院任讲师,2004 年又回到世界银行工作 3 年,起草了许多世界银行的重要报告。2007年起受聘为哈佛教授。曾前往世界上 50 多个国家工作和旅行,并在阿根廷、印度尼西亚和印度驻留
罗德里克·丹尼 (Rodrik Dani)	福特基金会国际 政治经济学教授	在经济发展、国际经济学、政治经济学等领域都有广泛的研究成果,目前的研究主要集中在发展中国家的工业化和结构变化,自由民主的决定因素,以及在政策变化的思想与利益的互动;反对全球化的主张;是美国社会科学研究委员会颁发的促进经济思想的前沿的阿尔伯特·赫希曼奖第一位得主

资料来源：HARVARD Kennedy School. International Development[EB/OL]. [2017-05-01]. https：//research. HKS. harvard.edu/publications/academic_area.aspx?LookupCode＝DEV.

（二）国际和全球事务领域为例

国际和全球事务研究领域有教师 20 位,其中教授 16 位[①]。虽然这些教授研究方向各有不同,包括国防安全、可持续发展、外交事务、神学伦理、应用物理、法学,但是他们都是国际事务领域叱咤风云的人物,在政府部门、跨国商界、国际组织、学术领域之中长期不懈地实践,并产生了联动性的影响,是国家研究院的院士或是研究机构的成员,很多都荣获一系列的成就殊荣。特别是值得注意的是,很多教授都是世界级著名智库(比如**布鲁金斯学会**、三边委员会,阿斯平战略集团、科恩集团)的成员,甚至有的教授会组建一些非营利性的研究机构,或是担任一系列政府、非政府组织或机构的咨询顾问,或是著书立作来输出自己的理念和主张,有效地引领国际事务的发展方向,如表 7-4 所示。

表 7-4　国际和全球事务研究领域的教授背景

教　　授	研究方向	学术和研究背景
格雷厄姆·艾莉森 (Graham Allison)	Douglas Dillon 政府学教授	哈佛贝尔弗科学与国际事务研究中心主任,美国国家安全和国防政策(核武器、恐怖主义等特殊利益及相关决策)首席分析专家。任克林顿第一届政府国防部长助理,两次被授予国防部颁发的最高公民奖,荣获杰出公共服务国防奖章。美国国家利益委员会组织者,外交关系委员会主任。哈佛大学学士、牛津大学硕士、哈佛大学政治科学博士。国防政策委员会成员,美国国务卿、国防部长和中央情报局局长的咨询委员会成员。石油、能源等商业公司董事,大通银行、化学银行、国际能源公司顾问
马修·邦恩 (Matthew Bunn)	实践教授	研究兴趣包括核盗窃和恐怖主义,核扩散及其控制措施,核燃料循环及促进能源技术创新政策。曾担任白宫科学和技术政策办公室顾问,在美国国家科学院研究室主任,《今天的武器控制》杂志编辑。25本书作者或合著者,发表超过 150 篇文章。当选为美国科学促进会会员,美国物理学会的 Joseph A. Burton 论坛奖获得者,美国科学家联合会汉斯·贝特奖获得者

---

① HKS. International and Global Affairs[DB/OL]. [2017-10-01]. https://research.hks.harvard.edu/publications/academic_area.aspx? LookupCode=IGA

教　授	研究方向	学术和研究背景
尼古拉斯·伯恩斯 (Nicholas R. Burns)	Roy and Barbara Goodman Family 外交与国际关系实践教授	在美国政府任职 27 年,一位职业外交官,在小布什和克林顿任期内都担任重要职务,曾在美国驻耶路撒冷总领事馆工作(1985—1987),国务院发言人(1995—1997),美国驻北约大使(2001—2005),2005—2008 年任美国负责政治事务的副国务卿。美国阿斯平战略集团的主任、科恩集团的顾问,还担任多个非营利性组织的董事。美国迪奇里(Ditchley)基金会副主席、英国皇家国际事务研究所的资深顾问小组成员。美国大屠杀纪念馆委员会成员、美国艺术与科学学院院士
威廉·克拉克 (William C. Clark)	Harvey Brooks 国际科学、公共政策与人类发展学教授	生态学家。他的研究主要集中在可持续发展科学,制度安排如何持续影响知识和行动。曾主持多个世界级的科学计划。美国国家科学院学报编委会成员、美国国家科学院院士、美国科学促进协会成员;麦克阿瑟奖、洪堡奖、HKS 杰出教学奖、哈佛大学卓越教学奖得主
布莱恩·赫希尔 (Bryan Hehir)	Parker Gilbert Montgomery 宗教与公共生活实践教授	曾在乔治城大学和哈佛大学神学院任教。研究伦理学、外交政策,以及美国社会中宗教的作用。波士顿大主教辖区医疗保健和社会服务的秘书长
迈克尔·伊格纳蒂夫 (Michael Ignatieff)	Edward R. Murrow 实践生活教授	国际著名的学者、教授、作家和新闻从业员,曾任加拿大自由党党魁,被公认为人权、民主、公共安全、国际事务的资深专家。2000 年受任哈佛大学任命为卡尔人权政策学院院长,拥有哈佛大学博士学位
希拉·杰萨诺夫 (Sheila Jasanoff)	Pforzheimer 科技研究教授	开放科学和技术领域的先驱,研究科学和技术在现代民主国家的法律,政治和政策的作用;康奈尔大学 STS 系的主席、古根海姆奖学金①得主、根特大学萨顿讲席,奥地利政府"国家文化与科学荣誉十字勋章"获得者,美国科学促进会主任和科学社会研究协会会长,哈佛大学法学和哲学博士

---

　①　由美国国会议员西蒙·古根海姆及妻子于 1925 年设立,为世界各地的杰出学者、艺术工作者、艺术家提供奖金以支持他们继续他们在各自的领域的发展和探索,涵盖自然科学、人文科学、社会科学和创造性艺术领域,不受年龄、国籍、肤色和种族的限制。

教　授	研究方向	学术和研究背景
卡列斯托斯·朱玛 (Calestous Juma)	国际发展实践教授	Belfer 中心科学、国际事务主任,梅森学者计划首席教授,负责比尔·梅林达·盖茨基金资助的非洲项目。曾任联合国《生物多样性公约》的执行秘书,非洲技术研究中心的第一任领导,非盟科学、技术和创新高级别小组成员。伊丽莎白女王工程奖、非洲工程创新奖和非洲食品奖的评委。伦敦皇家学会、美国国家科学院、世界科学院、英国皇家工程院、非洲科学研究院院士。相关可持续发展的研究获得多项国际奖项
大卫·基思 (David Keith)	公共政策教授, 应用物理学教授	工程物理与应用科学学院的应用物理学专家,在气候科学、能源技术和公共政策相关领域工作逾25年;曾在加拿大国家物理考试中获得第一名,获得了麻省理工学院实验物理奖,被《时代》杂志评为环境英雄
弗雷德里克·罗杰维尔 (Fredrik Logevall)	Laurence D. Belfer 国际事务教授	历史学教授,土生土长的斯德哥尔摩人,美国对外关系史和20世纪国际史专家;曾任康奈尔大学历史系教授、国际研究中心主任;在此之前执教于UCSB,在那里创立冷战研究中心;著书9部,曾获普利策历史奖等奖项;散文和评论多见于《纽约时报》等很多知名出版物。美国对外关系史学家协会的前任主席,美国对外关系委员会和美国历史学家协会成员
文卡泰什·纳拉亚纳穆蒂 (Venkatesh Narayanamurti)	Benjamin Peirce 技术与公共政策研究教授	兼任哈佛大学工程与应用科学学院教授、创始人之一,贝尔弗中心科学技术和公共政策项目主任,曾任物理科学系主任,研究通信技术、能源技术创新等。曾创立 UCSB 工程与应用科学学院,物理系教授、系主任。曾任美国桑迪亚国家实验室副主任和贝尔实验室固体电子研究主任。康奈尔大学物理学博士,名古屋大学荣誉博士。美国艺术与科学院、美国国家工程院和瑞典皇家工程科学院院士,美国物理学会会员,美国科学促进会成员。曾供职于联邦政府、研究型大学和工业界众多的咨询委员会
约瑟夫·奈 (Joseph S. Nye)	哈佛大学杰出成就教授	HKS 前院长。主要研究领导力。普林斯顿大学学士、牛津大学硕士、罗德奖学金得主、哈佛大学政治科学博士。他曾担任国防部长国际安全事务秘书,美国国家情报委员会主席,国务卿秘书。美国艺术与科学学院、英国科学院院士,美国外交研究院成员。在关于国际关系学者的调查中,被评为美国外交政策最有影响力的学者、全球百名顶尖思想者

教　授	研究方向	学术和研究背景
梅根·奥沙利文 （Meghan O'Sullivan）	Kirkpatrick 国际 事务学教授	HKS 能源地缘政治主任。乔治城大学的学士，牛津大学经济学硕士、政治学博士。研究包括能源地缘政治和中东问题、国家建设、镇压叛乱。2004—2007年，小布什总统的特别助理，伊拉克和阿富汗国家安全顾问。曾在美国国家安全委员会负责南亚和西亚战略计划的高级总监；北爱尔兰和平进程首席顾问、总统特使，**布鲁金斯学会①成员**，外交关系委员会的高级研究员，国家情报委员会顾问；美国赫斯公司董事长兼首席执行官的战略顾问。她也是小布什研究院妇女项目咨询委员会成员。三边委员会和阿斯平战略集团战略成员。被授予国防部颁发的最高公民奖，荣获杰出公共服务国防奖章，3 次被授予美国国务院的高级荣誉奖
约翰·吉拉德·拉杰（John Gerard Ruggie）	Berthold Beitz 人 权和国际事务教 授	兼任哈佛法学院国际法研究教授，企业社会责任计划的首席教授。对于国际关系研究有重大贡献，主要研究全球化对于全球规则制定的影响。美国艺术与科学研究院院士，曾获得国际研究协会"杰出学者奖"，美国政治科学协会颁发的休伯特·汉弗莱奖②以及古根海姆奖学金。《外交政策》杂志调查中被评为美国和加拿大前 25 位最有影响力的国际关系学者。担任联合国和美国联邦政府许多机构的顾问，1997—2001 年，担任当时的联合国秘书长的策略规划顾问；2005—2011 年任联合国秘书长商业与人权特别代表；致力于很多联合国工作的推进。担任纽约和伦敦两个非营利性机构的主席；建议各国政府和公司执行《联合国指导原则》；最近被受命于国际足联；最新著作《商业：跨国公司和人权》被翻译成中、日、韩、葡萄牙和西班牙 5 国文字

---

　　① 研究公共政策的非营利性组织，美国著名智库，被誉为美国"最有影响力的思想库"，是华盛顿学术界的主流思想库之一。其有 3 个目标：捍卫美国民主；确保所有美国人获得经济繁荣、加强社会保障、维护公共安全带来的机遇；推进一个更加开放、安全、繁荣和合作的国际社会。

　　② 专门颁发给作出杰出公共服务贡献的政治科学家。

教　授	研究方向	学术和研究背景
凯西·西金克 （Kathryn Sikkink）	Ryan Family 人权政策教授	兼任拉德克利夫高等研究院教授,致力于国际规范和制度的研究。获得哥伦比亚大学的硕士和博士学位。著作颇丰,一本合著的书因观点有利于提升世界的秩序而获得格文美尔奖,以及国际研究协会颁发的 ISA Chadwick Alger 奖评为国际组织领域最好的。阿根廷的富布赖特学者和古根海姆研究员。她是美国哲学学会、美国文理学院和对外关系委员会成员,也是《国际研究》季刊、《国际组织》和《美国政治科学评论》编委会成员
斯蒂芬·沃尔特 （Stephen Walt）	Robert and Renee Belfer 国际事务教授	曾任教于普林斯顿大学和芝加哥大学,担任社会科学学院部院长。美国艺术与科学学院院士。卡耐基和平基金会的常驻研究员,布鲁金斯学会的访问学者,担任国防分析研究所、海军分析中心和美国国防大学顾问。任《外交政策》《安全研究》《国际关系》和《冷战研究杂志》的编委会成员,同时兼任《康奈尔大学安全事务研究》合作主编,有多本著作

资料来源：HARVARD Kennedy School. International and Global Affairs[EB/OL][2017-05-01] https：//research. HKS. harvard.edu/publications/academic_area.aspx?LookupCode＝IGA.

　　每一位教授都传递着肯尼迪学院的理念和精神,运用跨专业、不拘一格的方式、方法,成为各国政府、商界和市民社会的思想领袖,践行着"学而优则仕,仕而优则学"。他们既是学者,也是实践者,在相关领域有着非凡的成功经历,而且在教学的过程中仍然不懈地活跃在社会公共事务的前沿,以全球的视野、创新的思维、高超的专业能力、强烈的社会使命感、科学实证的效用引领全球思想的潮流,改变着现实世界,影响或推进着公共事业的实际发展,增加人类的福祉,成为学生终身生涯发展的鲜活榜样。

四、 招生要求及各专业概述

　　肯尼迪学院致力于推进公共利益,并以此为目的培养能真正影响世界的领导者。为了实现这一目标,学院招生要求申请人是阳光、开朗,热情投入,有强烈责任感,并在领导和公共服务方面有一定的经验和培养潜力。肯尼迪学院特别看重申请者在大学期间及毕业后的专业经验和志愿者工作经历,特别是在所工作的领域表现出高超的水平、特别的深度和发展的潜力。除此之外,成功的申请者还需要具备出色的写作和沟通能力[①]。肯尼迪学院在招生简章上还注明,课程要求很高,期待申请者有较高的水平来选择和管理自己的课程学习。课程的要求会不断改进,但定量研究的课程是必修的。

(一)人才招募与储备

每年二月,肯尼迪学院都要举行公共政策和领导会议(PPLC),招募富有才华、怀揣理想和多样不同的一年级或二年级本科生,特别欢迎来自始终处于弱势或不受重视的社区,鼓励他们投身公共服务领域,攻读研究生学位,成为未来的领袖。

参与者必须递交简历,证明自己具有较高学术水平、有志致力于公共服务、担任过学生领袖、积极参与学校和社区志愿者活动。被选拔与会的学生的差旅费、食宿都是由肯尼迪学院来承担。会议会向学生介绍肯尼迪学院研究生院的学习环境,给适合的学生提供各类竞争性的实习职位,职位有的在联邦政府、有的在州和地区政府部门,也有的在国际政府组织、非政府组织、非营利性组织、国际研究机构以及社会企业。学生还可以参与肯尼迪学院各种项目,并有机会获得研究资助奖学金[②]。

(二)各专业情况概述

肯尼迪学院开设四个硕士专业,分别是公共政策硕士(MPP)、国际发展公共管理硕士(MPA/ID)、公共管理硕士(MPA)以及 MC/MPA。公共政策硕士(MPP)主要致力于政策分析、公共经济、公共管理和政策设计等方面。就 2016年的招生情况分析,MPA/ID 与 MC/MPA 两个专业的留学生比例较高,如表7-5所示。公共管理硕士(MPA)课程分两种:①为工作 7—15 年的职业人开设的为期一年的课程,②为毕业不久的职业人士开设的为期两年的课程。公共政策硕士和公共管理硕士交叉学习,是肯尼迪学院课程的一项特色。学院还设有四个博

---

①　HKS. Student Life[DB/OL][2017-05-01]. https://www.hks.harvard.edu/gateway/prospective-students.

②　HKS. Public Policy and Leadership Conference[DB/OL][2017-05-01]. https://www.hks.harvard.edu/degrees/diversity/pplc.

士学位专业:公共政策(PEG)、政治经济和管理(PPOL)、卫生政策和社会政策。

表 7-5　2016 年的肯尼迪学院硕士学位招生情况

专业类别	MPP	MPA/ID	MPA	MC/MPA
入学人数	221	68	74	207
平均年龄	27	29	30	39
曾工作年限	3	4	5	13
性别	52％男 48％女	53％男 47％女	62％男 38％女	64％男 36％女
国际学生	28％	74％	54％	55％
美国学生中非白人比例	37％	43％	41％	29％
是否联合培养	是	是	是	否

资料来源:Master's Program Admissions. www.hks.harvard.edu

另外,肯尼迪学院还提供一些非学位教育,融合了丰富的资源、顶级的教师、动态的课程,为有志于投身公共事业的优秀人才提供短期的培训,让他们迅速增长见识、提升能力。例如,世界卫生组织助理总干事任明辉是中国人,1993 年在哈佛大学公共卫生学院获得公共卫生硕士,2004 年获得哈佛肯尼迪政府学院公共政策和行政管理高级管理培训证书。

(三)联合培养的专业

肯尼迪学院与哈佛大学及其他大学的 19 个学院建立了并行硕士的并行学位(concurrent degrees)制度,学分互认。哈佛大学中有神学院、设计研究生院、医学院和牙科学院。哈佛大学之外,商学类的学院有麻省理工学院斯隆管理学院、斯坦利福尼亚福商学研究生院、达特茅斯塔克商学院、宾夕法尼亚大学沃顿商学院,法律类的学院有加州大学伯克利分校法学院、哥伦比亚大学法学院、杜克大学法学院、乔治城大学法学院、纽约大学法学院、西北大学法学院、斯坦福大学法学院、密西根大学法学院、宾夕法尼亚大学法学院和耶鲁法学院,医学类的学院有加州大学旧金山分校医学院等。并行学位的专业条件是[1]:①须是专业型硕士学位

---

① HKS. Concurrent Degrees[DB/OL]. [2017-05-28]. https://www.hks.harvard.edu/degrees/masters/joint-degrees/concurrent-degrees.

(不能是学术型硕士或博士学位)。②学制至少长达两年。因此,在肯尼迪学院的4个硕士学位中,除了一年学制的国际发展公共管理硕士专业外,其他3个专业都接受并行学位。③必须是与肯尼迪学院具有合作关系的学院,学生需要至少在肯尼迪学院学习满3个学期。

对于攻读博士学位的学生,肯尼迪学院也建立了联合培养机制,如卫生政策博士就是与哈佛医学院和商学院共同培养。

为学生提供联合培养机会和便利的同时,肯尼迪学院也设置了明确的规范和严格的要求,使得那些学有余力的学生能够有更多的收获。通过联合培养,肯尼迪学院的优秀生源也得到扩展,能够吸引各个领域中的优秀之士,在已有专业的基础上,增强领导能力,从而培养全球的领袖。

五、 理论与实践相结合的学习

(一)公共政策硕士

公共政策硕士(Master in Public Policy, MPP),学制两年,具有紧凑、严格的课程计划。学生需要修满72个学分,通过必修和选修课程在其相关领域发展专业性,其中34学分来自核心课程。第一年,学生都需要统一完成七门核心课程,包括经济学、伦理学、管理与领导力、谈判学、政治学、政策分析、定量分析①。作为公共政策硕士核心课程的补充,学生被要求在某一政策领域有一定的深度和聚焦,最终生成完成政策分析实习(PAE)。

1. 主要的政策研究领域

学生在参与学习核心课程并参与春季实习的过程中,会被要求探索公共政策中的不同领域,并在第二学期开始之前最终选择一个主攻的政策领域(Policy Area of Concentration, PAC),成为其深入进行政策导向实习(PAE)的方向。五个公共政策的领域分别是:②**商业和政府政策**(Business and Government Policy,

---

① HKS. Curriculum[DB/OL]. [2017-05-01]. https://www.hks.harvard.edu/educational-programs/masters-programs/master-public-policy/curriculum

② HKS. PACs and Concentrations[DB/OL]. [2017-05-01]. https://www.hks.harvard.edu/degrees/masters/mpp/curriculum/pacs-and-concentrations

BGP):研究企业与政府组织之间的关系,政府政策与企业和行业决策之间的互相影响,在日益一体化的全球经济中的经济问题。**民主政治机构**(Democracy, Politics and Institutions, DPI):致力于研究美国或世界上其他国家中的治理问题,包括政策执行和主要机构。**国际和全球事务**(International and Global Affairs, IGA):培养下一代的政策领袖和政策制定者,解决全球化世界的复杂问题,将为学生提供密集的培训,涉及国际安全、人权、能源安全、环境和资源系统、公共卫生和信息系统等方面,为其今后在国家、区域和地方政府机构、国际组织、非政府组织和跨国公司中应对国际和全球的挑战和治理做好准备[①]。**政治和经济发展**(Political and Economic Development, PED):聚焦经济和社会发展的重大政策进行研究,如公共财政的设计实现;和增长的决定因素,波动性和不平等。**社会与城市政策**(Social and Urban Policy, SUP):涉及一系列政策领域,诸如,健康、教育、劳动、贫困、犯罪、住房、城市土地利用规划和城市经济的发展等,推进城市繁荣、增加社会的包容性,促进世界可持续发展和提高人类社会福祉等具有高度关注性的问题。

在第二学年中,公共政策硕士学生在所主攻学习的政策领域参加一年的研讨会,帮助学生了解特定领域的关键问题,对相关政策进行辩论,并指导学生撰写政策分析实习报告。

2. 春季实习

第一年的学习以春季实习为高潮。这项实习是为期两周的模拟挑战活动。主题围绕公共政策硕士核心课程所学,对学生个体知识与技能的整体考核和理论实际应用进行考察。实习设计一个具有现实意义的复杂主题,曾围绕的主题有海地的恢复与重建、社会保障改革、中美关系的处理、全球饥饿问题的解决、气候变暖的应对、非洲艾滋病防御,药物安全等[②]。

---

① HKS. International and Global Affairs Concentration[DB/OL]. [2017-05-01]. https://www.hks.harvard.edu/degrees/masters/mpp/curriculum/pacs-and-concentrations/iga-concentration.

② HKS. Spring Policy Exercise[DB/OL]. [2017-05-01]. https://www.hks.harvard.edu/degrees/masters/mpp/curriculum/spring-exercise.

在实习中,五名学生成为一组,在特定的情境中,扮演高级决策者,开展研究,聆听专家小组的介绍——核心课程教师会把相关主题与课程学习内容联系起来,花费大量时间与团队成员攻克难题,权衡潜在的解决方案,最终将理论转化为实践运用的核心工具和概念,面对复杂问题开发一系列有详细数据支持的政策建议,还要为高级政策制定者撰写一份简报①。春季实习的整个过程就是对真实政策制定过程的模拟,是学生从第一年的核心课程过渡到第二年的政策分析实习及走向之后职业生涯的重要桥梁。

3. 政策分析实习

学生在第二年的学习重点便是政策分析实习(Policy Analysis Exercise)。这是一项以客户为导向,根据主攻政策领域分组的团队合作互动实习,大多数学生会从暑假就开始着手准备。这一实习需要学生首先确定主题,然后被分配一位指导教师,直接面对客户,与客户合作确定具体的、现实存在的、公共或非营利性的政策或管理问题。理解问题,提供分析和咨询,整合或应用学生通过课程习得的专业经验和知识,设计研究策略、收集数据、制定和评估选项,根据要求开发出具体、可行的解决方案,撰写长达 40 页或 10 000 字的应用性论文②。

应该说,政策分析实习与春季实习都是旨在促进学生将所学知识付诸实践。后者又是前者的延续和发展,更加注重在真实情景中与客户的沟通、政策的分析以及方案的形成,从而开阔学生的视野,有效为学生过渡到未来致力于改善世界的事业中去。其政策分析实习曾涉及如下主题:①对于国际非营利性组织给予政策建议,以促进他们在能源行业中开展最佳的人权的实践。②为美国社会的警察部门提供社会媒体战略。③为发展中国家总统办公室提供高科技发展计划。④分析美国联邦政府机构的教育技术方案对移民子女学习的影响。公共政策硕士的毕业生都把政策分析实习看作肯尼迪学院教育中的

---

① HKS. The Expertise of Problem Solving[DB/OL]. [2017-05-01]. https://www.hks.harvard.edu/educational-programs/masters-programs/master-public-policy.

② HKS. Curriculum[DB/OL]. [2017-05-01]. https://www.hks.harvard.edu/educational-programs/masters-programs/master-public-policy/curriculum.

亮点。

4. 国际和全球事务的培养案例

由于全球关系日益复杂与相互依赖,各国和国际组织都需要突破"孤岛"的境地,更加专业地增强自身在全球治理中的参与度和有效作用发挥。国际和全球事务就是肯尼迪学院对准备致力于国际和全球治理的事业(包括安全、人权、环境、能源和其他资源系统,以及贸易和金融工作)的公共政策专业硕士生,给予着眼于全球利益的强化培训,便于他们今后从事国家机构、国际组织或非政府组织的政策制定工作[①]。

当代国际和全球事务将是一个个特别复杂和迅速变化的领域,而且又是与大众福祉利害攸关。秉持这样的观点,肯尼迪学院确信必须让学生受到严格的训练,并根据毕业生应该知道什么,学生过去的专业经验,以及未来的最佳职业来设计课程。

国际和全球事务(International and Global Affairs,简称 IGA)研究方向,按照预设学生的能力体系,课程设计中有三个层次结构,如图 7-5 所示[②]。**最底部是核心课程**,其中有 1/3 是有关方法论的课程,旨在培养胜任政策制定及事务治理应具备的基本能力:历史思维能力、交流能力、跨文化能力和复杂系统处理能力。**中间层**是以全球共同面临的挑战为主题:①安全。包括战争和武器,恐怖主义和安全组织。②金融与贸易。包括全球化市场的问题与机遇。③人权。包括难民和儿童的困境以及与安全的联系。④环境。健康和资源,包括环境污染问题、气候变化、大范围流行性疾病、移民和人口增长,能源食品和水等。课程要求学生结合热点,使用习得的科学知识和创新技能来演练政策的制定和影响的评估。**顶层**代表学生最高的能力水平,即针对特定的地理位置,将某个国家或区域放置于具体的历史和社会环境中,讨论背后的意识形态、政治制度和政策制定。整个课程逐

---

① HKS. International & Global Affairs Area[DB/OL]. [2017-05-01]. https://www.hks.harvard.edu/content/download/81446/1827688/file/iga-fact-sheet_AY17version%202.0.pdf.

② HKS. The Concentration in International & Global Affairs(version 2.0)[R/OL]. [2017-05-01]. https://www.HKS.harvard.edu/content/download/81446/1827688/file/iga-fact-sheet_AY17_version%202.0.pdf.

步聚焦深入,最后指向培养特定国家政府、地方机构,或国际组织中具有全球视野和实践能力的专业政策人才。

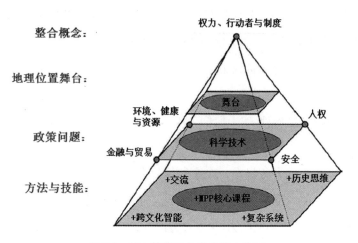

图 7-5　IGA 的课程及学生能力体系

资料来源:HKS. HARVARD Kennedy School. International & Global Affairs Area [R/OL] [2017-05-01]. https://www. HKS. harvard. edu/content/download/81446/1827688/file/iga-fact-sheet_AY17_version%202.0.pdf.

以上三个层次最终需要概念整合:提供了人们在国际和全球舞台思考治理挑战与机会的方式方法,并最终集中到三个关键点:①**权力**。长期以来,权力一直是国际关系研究的重点。最近,关于它"硬"和"软"的讨论,以及是如何产生影响,以及在错综复杂、相互依存的问题和在国际舞台受到的影响。②**行动者**。国际舞台上的各种关键参与者。他们已不再是传统的行动者,仅理解国家这个概念已经远远不够了;还需要了解非政府机构、国际组织、跨国行动者、社区的专家、市场和企业。所有这些都在塑造动态的世界中发挥越来越重要的作用。③**制度**。包括全球治理过程中所涉及的规则、规范和实践。特别是制度化地安排将生产和传播科学知识和技术创新能力作为全球公共产品。

(二)国际发展公共管理硕士(MPA/ID)

国际发展公共管理硕士(Master of Public Administration in International Development),学制为两年,学生需要修满 76 个学分。它是肯尼迪学院中最新的专业。定位于培养新一代引领国际发展的领导者,以经济学为中心且涉及多学科交又。该专业的终身教授普利切特·兰特(Lant Prichett)这样描述:"我们将传授所有经济理论方法及经济学家应具备的技能,使得我们的毕业生能够与经济学家平起平坐,在各种情境中慎独地开展探讨;我们希望通过经济学的训练方法培养扎根于现实发展的实践者。"①

这个专业相当国际化,有3/4的学生和教师来自美国以外的国家。学院特别鼓励发展中国家和转型经济国家的公民来申请,但要求申请人必须具备在经济和定量分析方面的能力以及在国际发展中的领导能力。大多数成功的申请者至少有3年在政府、中央和区域银行、国际开发机构、非营利性组织、研究机构或私营企业的工作经验。

以案例教学为特色,辅以传统的演讲学习,学生以小组为团队、相互合作,围绕项目进行学习。培养计划中有对定量或定性分析方法的严格训练,强调胜任政策的制定与实施。学位申请者必须在经济学和定量分析方面达到相当高的水平,并且展示出在国际发展中具有担任领袖的潜力。大多数被录取的考生至少有三年的在发展中国家或经济转型国家中的工作经历②。

1. 以经济学中心的课程设计

国际发展公共管理专业的课程以富有挑战性和跨学科综合著称。其三大支柱为:一是在第一学年中,学生要必修习微观经济学、宏观经济学、计量经济学等核心课程。这些与顶级的经济学博士第一年的课程同等难度,强调的不是纯理论的学习,而是与政策应用和发展紧密结合的。二是在组织、治理和管理领域中跨学科课程的培训方法,相关课程包括高级微观经济学,高级宏观经济学,高级统计与计量经济学,经济发展的理论、实证及政策设计,发展环境中的管理学,发展中的组织机构,优化治理(Good Governance),国际发展中的案例及应用等。三是专业导向,学生通过案例研讨和系列讲座来获得专业知识。不仅如此,学生还需要

---

① HKS. Lant Prichett[EB/OL][2017-05-01]. https://www.HKS.harvard.edu/degrees/masters/mpa-id/curriculum.

② HKS. Master in Public Administration/International Development[DB/OL]. [2017-05-01]. https://www.hks.harvard.edu/degrees/masters/mpa-id.

参加暑期实习、完成一篇论文,以及其他一系列整合性的活动,如发展领域的选修课等,如表 7-6 所示①。

表 7-6 国际发展公共管理专业及公共管理专业核心课程类别②和相关学分③

课程名称	内　　　容	学　　分
微观经济学系列课程	消费者与生产者理论、不确定性下的风险与行为、一般均衡、博弈论、福利经济学、信息经济学	第一学期:4 分,第二学期:4 分
宏观经济学系列课程	增长理论、代际模型、消费、储蓄和投资、短期波动模型、在小型开放经济中的货币和汇率政策、金融危机理论	第一学期:4 分,第二学期:4 分
定量分析法	解决政策问题的定量工具和统计推理,包括优化分析、概率论、实验设计、线性统计模型及其扩展、计量经济的规范和测试	第一学期:统计学 4 分,第二学期:计量学 4 分
关于经济发展的课程	政策导向介绍研究生水平的关于经济发展的理论与实证概论,具体内容涉及经济一体化和发展模式、生产力和技术进步、贫困和不平等、健康和教育、人口学、产业化、国际融合、近代经济发展史等	第一学期:理论与实证 4 分,第二学期:利用分析框架设计智能政策 4 分
发展领域的制度	从不同学科的理论和经验洞察制度对于经济发展的影响,课程特别关注基本公共物品的供给,例如卫生、法律和秩序,以及自然资源的维护	第二学年:3 分
发展环境中的管理学	介绍组织理论,公共管理和发展实践等关键概念,使学生能够理解在良好的管理和治理中个人与组织架构的重要性,从而促使事情做成	第二学年:4 分
政府优化和民主化	政府优化课程介绍关于优化政府原则和问题的理论、概念工具和比较方法;民主政治课程考察了不同国家在较长时期内民主政治的演变过程,着重探讨民主国家扩张或收缩的社会条件	两门课中至少选修一门。第一学年:政府优化 4 分,第二学年:民主政治 4 分

　　① HKS. Curriculum[DB/OL]. [2017-05-01]. https://www.hks.harvard.edu/degrees/masters/mpa-id/curriculum

　　② HKS. Core Courses[DB/OL] [2017-05-01]. https://www.hks.harvard.edu/degrees/masters/mpa-id/curriculum/core-courses

　　③ HKS. Master in Public Administration/International Development[DB/OL][2017-05-01]. https://www.hks.harvard.edu/degrees/registrar/procedures/requirements/mpaid

（续表）

课程名称	内　　容	学　分
国际发展的案例及其应用	学生每周除了学习来自各国和各个行业的案例之外,还要聆听来自世界各地的演讲嘉宾所传递的发展领域中的理念和实践。案例研究与研讨会的主题包括增长诊断、金融危机的管理,气候变暖,教育,性别歧视,贸易政策,养老金改革,社会共同财产资源管理,分权制度设计	为期一个学年,第一学年:4分
政策分析论坛	学生与论坛的指导教师合作,将客户的问题概念化,运用各种跨学科的工具对政策和制度问题进行分析,为政策制定者提供技术严谨、具有操作性的策略建议,撰写研究报告,实现学生对课程学习的整合,还要求学生有良好的写作和表达呈现能力①	为期一个学年,第二学年:6分
选修课	可选的课程有:民主政治、选举公平、拉丁美洲的政治与政策制定、责任及其表现:会议政治生活的要求、民主理论、中东政治与政策、中国转型过程中的政治经济,社会制度与经济发展。学院每年会微调课程,使学生能通过高层次的经济和实证分析对于制度现实和可行性有深刻理解	第二学年:需要至少选修6门,每门4分

资料来源：HKS. Master in Public Administration/International Development［DB/OL］［2017-05-1］. https://www.hks.harvard.edu/degrees/registrar/procedures/requirements/mpaid

2. 国际发展系列演讲

国际发展领域的系列演讲是"国际发展领域案例及其应用"课程的一部分。该课程有两项教学目标:①展示对其他国际发展公共管理专业核心课程学习概念和技术的应用情况。②通过介绍低收入和中等收入国家面临的各种问题和挑战,让学生在真实的发展情境中理解变化的本质。由于发展变化时有发生,假如经济行为、政策过程和组织能力之间能够很好地协调,那么将会发生"技术上正确"的变化,即形成"经济概念一致""政治力量有支持"以及"管理上可行"的政策三角。

国际发展领域的系列演讲则是增强学生政策制定能力手段,通过来自世界各地的演讲嘉宾,让学生直面和思考各种不同的观点和实际经验。演讲者将为学生留出大量的提问和讨论时间。

---

① HKS. PED-250Y C: Second-Year Policy Analysis Seminar［DB/OL］［2017-05-1］. https://www.hks.harvard.edu/degrees/teaching-courses/course-listing/ped-250y-c

2016 年,国际发展公共管理专业一共举办了 22 次有关国际发展的演讲,演讲嘉宾都是与经济学密切相关的、来自政府管理部门、国际组织、商业界、学术界或者跨界的做成一番事业的实践者,如表 7-7 所示。演讲的主题是以国际发展为中心的对于一系列成功行动的经验介绍和相关反思。

表 7-7　2016 年部分演讲嘉宾及演讲主题

演讲嘉宾	演讲主题
玻利维亚经济和财政部长路易斯·阿尔贝托·阿塞卡塔科拉(Luis Alberto Arce Catacora)	玻利维亚的经济政策
牛津大学贫困和人类发展行动计划负责人萨比纳·阿尔凯尔(Sabina Alkire)	全球贫困的多维指数 2014:方法和结果
印度议员、农村发展部前部长杰伦·兰密施(Jairam Ramesh)	环境与经济增长之间的权衡:对于"先发展后偿还"的新模式
约翰·霍普金斯大学高等国际研究院教授,开普顿大学教授布莱恩·利维(Brian Levy)	个性化竞争行动:赞比亚发展的双刃剑
非洲发展银行总裁唐纳德·卡贝鲁卡(Donald Kaberuka)	当代非洲发展面临的挑战
阿尔巴尼亚总理埃迪·拉马(Edi Rama)	阿尔巴尼亚发展的挑战
国际发展中心主任里卡多·豪斯曼(Ricardo Hausmann)	发展诊断:共用知识
印度政府的首席经济顾问阿文德·苏布拉曼尼亚(Arvind Subramanian)	从学界到政策顾问的角色转变
印度身份管理局前主席,Infosys(信息技术公司,印度历史上第一家在美国上市的公司)的 CEO 南丹·尼勒卡尼(Nandan Nilekani)	在公共领域成就事业:印度的独特的身份识别项目
世界银行集团全球治理实践的首席制度经济学家乔尔·海尔曼(Joel Hellman)	各种方法用于冲突后的国家重建
哈佛肯尼迪学院及麻省理工学院教授,世界银行前任副总裁伊莎贝尔·格雷罗(Isabel Guerrero)	对于发展和领导力的反思

资料来源：HKS. Speaker Series[DB/OL]. [2017-05-1].https://www.hks.harvard.edu/degrees/masters/mpa-id/curriculum/speaker-series

这项教学活动,不仅向学生传播各种有利于推动发展的新观念和新做法。与此同时,演讲嘉宾正是国际发展公共管理专业希望培养的人才——具有扎实的应用研究基础,在国际发展舞台活跃的学术性实践者,而这些在国际发展中成功的案例正是对学生生涯发展的启蒙。

3. 令人激动的暑期实习①

国际发展公共管理专业的学生在第一学年和第二学年之间的暑假被要求在发展中国家或转型经济国家参加发展项目实习。实习给学生机会,在真实的情境中检验第一年所学的知识和技能的掌握情况,同时通过实践将开拓发展的视野、了解新的一些组织、发掘自己所感兴趣的领域,从而探索世界上之前不熟悉的地区和未知领域,思考在肯尼迪学院完成学习后适合从事的职业。

学生可以通过集中有效的渠道寻找实习机会:遍布世界各地的强大的校友网络,以及师兄师姐实习后留下的关系网。学生也可以向正规的机构(如世界银行)申请实习,或直接联系他们所感兴趣的项目或组织。当然,有些实习是有偿的,也有一些是无偿的。但是如果学生在公共或非营利性组织服务会得到学校的奖助金,从而降低实习成本。

对于雇主来说,无论是多边国际机构、银行金融机构、政府部门、研究机构,还是私营企业,为国际发展公共管理专业的学生提供实习机会,也是与那些在国际发展领域未来的政策制定者和领导者建立关系,况且来实习的学生个个都是卓然不群、才华横溢的。

2016 年的学生暑假实习项目和单位就有 45 个之多。比如,非洲治理项目、斯里兰卡发展项目、OECD 金融和企业事务局、塞拉利昂的食品与农业局(FAO)、全球农业和食品安全计划、日内瓦国际贸易中心。部分学生会在实习经历的基础上撰写毕业论文——第二年的政策分析报告。

4. 政策分析报告(SYPA)

第二年的政策分析报告,是国际发展公共管理专业课程中的重要组成部分。

---

① HKS. Internships[DB/OL][2017-05-01]. https://www.hks.harvard.edu/degrees/masters/mpa-id/internships

旨在:①确定和概念化一个重要的发展问题。②解释问题是如何与潜在的变化过程相互关联。③应用技术的方法(自由地运用定量或者定性的工具,融合政治学、经济学、管理学、政策分析、制度研究的方法)分析各类挑战,评估实施的策略。④开发一系列具体、可实际操作的、有说服力的政策建议;通过书面和口头的方式开发有效的交流工具。这是提供学生运用课程所学知识与技能的机会,整合课程内容,增加经验,在具体的情境中,让学生针对发展问题设计和呈现政策性建议。对于许多学生来说,这是对暑假实习工作的拓展、深化和延续[①],如表7-8所示。

报告是第二学年的政策分析研讨会相结合的,政策分析研讨为学生研究政策问题提供了很好的环境,每一位学生都需要寻找确定一位对其主题感兴趣的指导教师,不断与之探讨论文的方法论等问题,教师需要对他们所呈交的框架和草稿提供修改反馈;学生要在第二年9月确定指导教师,在秋季学期内完成论文提纲,春季学期开始时提交论文初稿,在之后的半年内不断修改、准备答辩、撰写决策专报[②]。

表 7-8　2016 年政策分析报告撰写进度要求

截止日期	完成工作	评分比重
2016 年 9 月 1 日	主题选择	——
2016 年 9 月 22 日	指导教师确定(开展研讨)	10%
2016 年 11 月 7 日	提交 SYPA 框架	15%
2017 年 1 月 29 日	提交 SYPA 初稿	15%
2017 年 3 月 13 日	提交 SYPA 终稿	50%
学期结束前	决策专报	10%

资料来源:PED-250 Second Year Policy Analysis Seminar Course Syllabus for 2016—2017 [DB/OL][2017-05-1]. https://www.hks.harvard.edu/syllabus/PED-250YC.pdf.

整个政策分析报告的研讨活动包括:①课程简介,推荐图书馆可以查到的相关书籍、杂志、文章、数据库、政府出版物、智库等资源。②介绍之前优秀的报告成

---

① HKS. Second Year Policy Analysis(SYPA)[DB/OL][2017-05-01]. https://www.hks.harvard.edu/degrees/masters/mpa-id/curriculum/sypa

② HKS.PED-250 Second Year Policy Analysis Seminar Course Syllabus for 2016—2017[DB/OL][2017-05-01]. https://www.hks.harvard.edu/syllabus/PED-250YC.pdf.

果、学院的评分标准,每个学生可以准备一个有兴趣深入的主题与教师讨论。③
指导教师会展示在不同主题的政策分析中通用的方法。④根据主题把 3—5 个学
生分为一组,开展最初的文献研究,对各自的报告主题进行概念化(提交指导教师
选择意向)。⑤介绍证据,对于具体的政策问题开展实证调查,搜集定量和质性的
证据。⑥学生政策分析报告的实证策略研讨,每位学生准备 2—4 张 PPT 讨论设
计的定量和质性数据搜集策略。⑦由一名教授讲授对于政策分析的有效呈现。
⑧呈现准备研究的问题、假设,以及与客户之间的联系情况(提交政策分析报告框
架)。⑨将政策分析、管理及其领域的内容引入到政策分析报告之中,学生确定政
策研究方法、开展具体行动和结果评估,与"将事情办成"课程相结合(提交政策分
析报告初稿)。⑩安排和准备口头陈述和答辩,接受各方的质疑和反馈(提交政策
分析报告终稿和决策专报)[①]。政策分析报告学习的最终产品是一份有说服力的
报告,最长 40 页,包括执行摘要、问题描述和政策建议三部分。学生需要在政策
分析报告项目中达到 B 级以上的成绩才能毕业。定义一个主题后,学生熟悉相
关文献,收集和组织相关的数据,制定适当的方法,识别和评估行动的过程,并提
出建议。

　　之前学生的政策分析报告主题有:调查乌干达的女性企业家,她们往往来自
低工资和低附加值的行业,促进中国向埃塞俄比亚在制造业领域的投资,改善秘
鲁社会项目的预期结果,评估马来西亚偏远地区的经济服务的潜在需求,评估和
干预墨西哥农村的小额贷款。

(三) 公共管理硕士(MPA)

　　两年学制的公共管理硕士学位是为有一定工作经验(至少三年以上)且修过
研究生课程(至少已完成四门与公共管理硕士核心课程相似的研究生课程,特别
是需要修过定量分析的课程),具有卓越的能力、开阔的视野、深入的洞见、有潜力
胜任领导者,解决公共领域的问题[②]。

---

①　PED-250 Second Year Policy Analysis Seminar Course Syllabus for 2016—2017[DB/OL][2017-05-01]. https://www.hks.harvard.edu/syllabus/PED-250YC.pdf.

②　HKS. Master in Public Administration[DB/OL].[2017-05-01]. https://www.hks.harvard.edu/degrees/masters/mpa.

公共管理硕士课程的设计非常灵活、自由,允许学生自行制定个性化的 64 学分的学习计划(学院会为每一位学生分配导师给予指导、提供咨询),其中 48 学分可以用并行学位的学分来充抵——这反映了对学生学术兴趣、个性和专业抱负的尊重。也允许学生选择学院中教员所开设的任何一门课程,加以深入研究。学生需要在三门课程:经济学和定量分析、管理和领导力、政治思想与制度中选修两门,每门课四个学分。另外,需要学习:伦理学、谈判、政策分析、政治与宣传以及战略管理等课程。学生还可以在主要的政策研究领域(商业和政府政策、民主政治与制度、国际和全球事务、政治和经济发展以及社会与城市政策,见表 7-6)选择两门选修课[①]。具体核心课程类别和相关学分与国际发展公共管理专业重合。

在公共管理硕士学位课程中,在职公共管理学位(Mid-Career Master in Public Administration, MC/MPA)课程极具影响力。该课程始于 1958 年,是肯尼迪学院最早推出的硕士学位计划,又被称为爱德华·梅森计划。毕业生被称为梅森学者。这也是肯尼迪学院影响国际辐射最重要的标志。哈佛大学最有成就的学生中很多来自在职公共管理专业。

该专业每年从美国和世界各地(现已超过 60 个国家和地区)招收 200 多名学生,其中大约有 80 名来自发展中国家、新兴工业化和转型经济国家的领导人。为期一年的密集性硕士学位为那些处于职业中的获得很高成就的领袖和专业人员提供灵活的课程。学院充分尊重学生已有经验的价值,并在此基础上提升他们的技能,特别是培养广泛的分析能力与领导能力,让其对职业领域有新的认识,能创造性地应用公共领域的问题解决方法,从而应对世界上最引人注目的、极其复杂的发展性挑战,或主导和推进重大的政治、社会或经济变化[②]。

梅森学者为哈佛大学铺垫了殷实的背景,同时也积累了丰富的经验。来自非洲、亚洲、拉丁美洲、加勒比海、中东、东欧和中欧以及苏联的梅森学者,在经济、社会和政治发展方面有着深厚的基础。一名典型的梅森学者可能是在教育、能

---

① HKS. Master in Public Administration [DB/OL]. [2017-04-24]. https://www.hks.harvard.edu/degrees/masters/mpa.

② HKS. Edward S. Mason Program[DB/OL]. [2017-04-24]. https://www.hks.harvard.edu/degrees/masters/mc-mpa/mason.

源、国防、住房、交通、外交、公共事业、城乡建设、环境保护、中央银行、新闻、政治和经济计划等领域经验丰富且担任领导角色。毕业生中有成为国家首脑、内阁部长、军队领导、外交官，有私营机构的 CEO，也有国际政府和非政府组织高级官员。

1. 在职的暑期活动

在职公共管理学位在专业活动的一开始就设置了两个夏季会议，为期五个星期，虽然没有分配学分，但活动的强度非常高。第一个会议安排在 7 月，又被称为"梅森学者夏季研讨会"（Mason Fellows summer seminar），参与者或使用肯尼迪学院开发的案例，或以自己以往工作中的案例为素材研讨领导力、策略管理、沟通和政策决策。第二个会议安排在 8 月，又被称为公共管理暑期项目（MPA summer program），要求参与者充分运用已有的经济学、定量分析和政治制度及全球化方面的知识。项目期间，白天学生在一个互动的环境中参与讨论，晚上要完成作业：阅读和讨论案例，准备材料，学术导师为学生提供建设性的反馈。每周还会举行交流，让学生了解他们同龄人的文化环境，不同职业、领域所面临的不同挑战[①]。

这两项活动的具体内容很大程度上由学生自行决定。在之前几周，学生要与同学和导师联系和协商，学院会为学生准备好资源平台。活动的目标是确定的，即在入学之前充分暴露已有的思想、态度、知识和技能，为在新学习中建立知识之间联系和进一步更新知识和技能奠定基础。导师会对每一位学生的学习情况予以反馈，目的在于帮助学生不断明确优势和兴趣，在之后短短一年的学习中能够制订适切的学业目标，有的放矢。

2. 课程计划与学分

在为期一年的在职公共管理硕士学习需要修满 32 学分，学生可以根据兴趣自由选择一些新兴的专业方向，学习相关新技能。在宏观经济学方面需要在三门课程：经济学和定量分析、管理和领导力、政治思想与制度。其中至少选修一门，

---

① HKS. Mid-Career Summer Program [DB/OL]. [2017-04-24]. https://www.hks.harvard.edu/degrees/masters/mc-mpa/curriculum/summer.

每门课四个学分,如表7-9所示。

表7-9 在职公共管理学位学术课程类别及内容

宏观经济学	关注财政、货币和国际收支问题
微观经济学	关注学习基本的微观经济概念,学习这些概念在解决公共政策问题上的重要性。这门课程以小组合作方式展开,结合材料阅读与日常作业
政策制度	研究美国政策制度的起源与功能,以及更宏大的治理和政治问题;回顾宪法史、政府部门,以及公民和政治团体的行为倾向
定量分析法	在学习中使用定量分析工具,通过分小组学习为学生复习和拓展在政策分析中可能会用到的数学基础和概率统计
工作坊、实验室	在有限的时间内,在教师的帮助下,让学生综合运用定量分析和经济学课程知识致力于解决问题
全球化趋势	从各种不同角度广泛思考我们所生活的、不断变化的全球环境;相关讨论的主题有环境、人权、信息技术、国际安全和国际贸易

资料来源:HKS. Academic Curriculum [DB/OL]. [2017-04-24]. https://www.hks.harvard.edu/degrees/masters/mc-mpa/curriculum/summer

(五)博士学位课程计划与培养方案

美国有一个名为"象牙塔内(inside the ivory tower)"的排名,对顶级大学国际关系专业的本科生和研究生课程进行比较分析。该研究隶属于威廉玛丽学院主持的项目,名为"教学、研究和国际政策"(Teaching, Research, and International Policy,简称 TRIP)的项目。通过综合国际关系专业的学者和教师的访谈和排名来获得结果,结果会刊登在一份名为《外国政策(*Foreign Policy*)》的杂志上,并受到《美国新闻和世界报道》刊物的承认。肯尼迪学院在 2012 年、2014 年的调查结果中有关国际关系的博士课程中蝉联世界第一[①]。

1. 培养目标

肯尼迪学院有四个博士学位:公共政策、政治经济和政府管理、卫生政策、社会政策。公共政策博士培养的对象是,致力于公共政策领域研究,在公共政策和社会科学领域培养下一代的教育者、研究人员以及实践者的导师,引领公共领域

---

① Wikipedia. Inside the Ivory Tower [DB/OL]. [2017-04-24]. https://en.wikipedia.org/wiki/Inside_the_Ivory_Tower

中高层次政策分析发展。尽管博士学位培养学术性人才,但是事实上,在国际组织的工作本身具有很强的研究性质,在其中不乏拥有肯尼迪学院博士头衔的高级官员,如货币基金组织欧洲办事处主任杰夫瑞·弗兰克斯(Jeffrey Franks)就曾获得肯尼迪学院政治经济与和政府管理专业的博士学位。

政治经理和管理博士培养的对象是,对学术和政策制定具有极大兴趣,并且在经济学和政治科学领域具备精深和前沿知识,同时研究经济学、政治科学、公共政策单一学科无法满足其需求的交叉学科学生。卫生政策博士是与哈佛医学院和商学院共同培养,培养在卫生政策领域中的研究者或相关教学人员。社会政策博士是政治科学与社会科学交叉培养的学位。

申请博士学位的学生必须先明确他们的学术路线,在攻读博士学位时须专注,一般是不允许改变自己研究方向的,最终达成一系列核心要求。

2. 课程设置

博士生在肯尼迪学院的前两年,一般要修完16门课程(每门课程都要持续一个学期),在宏观经济学、微观经济学、政治科学、定量方法等领域获得博士学位水平资格,从而对经济理论、政治或社会科学理论能开展深入的研究。在校第三年,学生需要学习和了解与其论文相关的其他两个实体性专业领域。在第三年的12月之前,博士生将完成口头考试,以确保他们已经学习的领域达到足够的专业水平。在校的第四年开始,在学生导师指导下开展研究、撰写论文、完成论文提交和答辩[1]。

以公共政策方向为例,该专业要求学生具有深厚的经济学、政治与管理等学科理论功底,以及方法应用能力,即掌握先进的方法论、分析和定量实证的能力,并对如下(不限于)领域有一定程度的研究:经济调控政策、环境与能源政策、国际发展、国际经济政策、国际安全关系、判断与决策以及科学技术政策[2]。取得公共政策专业学位的博士最大比例的是去世界一流的大学从事研究工作,其次就是去

---

① HKS. Master's Programs Admissions [DB/OL]. [2017-04-24]. https://www.hks.harvard.edu/degrees/admissions/.

② HKS. PhD in Public Policy [DB/OL]. [2017-04-24]. https://www.hks.harvard.edu/degrees/phd/ppol

国际货币基金组织、联合国开发计划署、世界银行、美洲开发银行、千年挑战公司、非政府组织和私营部门，从事与政策分析有关的工作。

政治经济和政府管理专业要求学生在经济学、形式理论和方法方面接受严格的培训，该专业会为学生两条学术路径——经济学和政治科学——提供充分的发展机会，并聚焦经济、政治体制和政策过程的相关领域。经济学方向的课程有微观经济理论、宏观经济理论、计量经济学，以及两门主要的经济学领域课程；政治科学方向的课程有四门政府学和政治科学课程，以及 2 门主要的政治科学领域课程、一门政府学研讨课程；另外，有 1 门研究工作坊课程（research workshops）①。不仅如此，专业还会涉猎国际经济关系、政治发展、政治和经济体制、体制发展与改革、经济绩效、环境资源政策和社会政治等多元领域。学生通常选修哈佛大学中其他的学院和系所的课程，从而在真正意义上实现跨学科的研究。这也是美国最古老的研究生培养计划，始于 20 世纪 30 年代②。该专业有着强大、多元的教师团队，为学生提供量身定制的学习服务，满足个性化的发展需求。政治经济学和政府管理专业博士的就业去向主要是一流大学或其他顶级学术机构，进行学术研究，其次就是在联邦储备银行、世界银行、非政府组织和私营部门工作。

3. 口试与论文答辩

博士生将接受多维度的考试，检验其对于相关领域的掌握是否达到专家水平。学院一般在第三年初举行笔试或口试。

以政治经济和政府管理专业为例，博士生将接受经济学和政治科学两个维度的考试，具体有三部分组成：①经批准的经济领域。②经批准的政治学领域。③基于毕业论文的学生整体的分析与研究能力。对于经济学方向的学生来说，第一部分将接受书面考试，由哈佛大学经济学系的教师来出题和评分。对于政治科学方向的学生来说，第一部分可以选择参加笔试，也可以选择参加 30 分钟的口

---

①　HKS. Coursework & Requirements [DB/OL]. [2017-04-24]. https://www.hks.harvard.edu/degrees/phd/peg/coursework-requirements

②　HKS. PhD in Political Economy & Government[DB/OL]. [2017-04-24]. https://www.hks.harvard.edu/degrees/phd/peg

试。第二和第三部分分别是长达 30 分钟的口试①。

公共政策专业的口试也分为三部分:理论部分、方法论和主攻的研究领域。博士生在递交了博士研究计划之后与导师探讨需要深入的领域,选择第一兴趣领域(主要研究方向)和次要兴趣领域(通常是方法论或一门学科)。对于这两个领域,学生要参加 60—90 分钟的口试,检验是否达到了专家水平,是否为撰写论文打下了扎实的基础②。

博士生通常在第四年参加论文开题,并需在开题后的两年内完成论文。论文必须显示该学生具有高水平的研究能力,且有能力对相关领域进行原创性和实质性的贡献。一旦学生通过了公开的论文答辩,他们将被授予文理研究生院的博士学位。

六、 促进专业发展的特色活动

学生们从各大洲和各个领域来到肯尼迪学院,具有共同的热情去帮助世界变得更美好,带来了不同的视角与经历。这种多样性创造了一个充满活力和求知欲的全球性思想共同体。学生之间相互激励在肯尼迪学院完成艰苦的学业,获得在公共服务领域(包括有关国际组织)行动所需的知识与能力,在丰富的校园生活中相互融入,建立持久、深厚的友谊和专业关系网络,为今后的工作积聚更多的资源。

肯尼迪学院为学生提供了富有挑战性、激励性的学习环境,学生自治会使得学生的自主性在其中发挥重要作用。70 多个学生俱乐部,让学生在课外深度参与各类活动,其范围从学生的公共服务协会到足球俱乐部。这些俱乐部会召开大会,也会有核心团队撰写和编辑期刊,致力于服务共同体。超过 80% 的学生,从开学起就会参加一年一度的公共服务日活动③。

---

① HKS. Coursework & Requirements [DB/OL]. [2017-04-24]. https://www.hks.harvard.edu/degrees/phd/peg/coursework-requirements

② HKS. Coursework & Requirements [DB/OL]. [2017-04-24]. https://www.hks.harvard.edu/degrees/phd/ppol/coursework-requirements

③ HKS. Student Life[DB/OL]. [2017-04-24]. https://www.hks.harvard.edu/degrees/life

肯尼迪学院长期以来由高度多样化的群体组成,不同思想碰撞亦给学院思想的活跃与前沿发展带来了巨大的好处。①学生多样化及全纳办公室(Office for Student Diversity and Inclusion,简称 OSDI)成立于 2012 年 7 月,教师职工和学生共同参与,解决学院各种文化差异和融合问题,促进各种族、性别、宗教、种族背景、年龄、性取向、身体或经济状况差异的学生都得到相应的资源和机会,促进其发展。②这个机构不仅保护弱势群体,各种差异化的优秀人才能够在哈佛得到培养和知识分享;更深层次的使命是在肯尼迪学院孕育和维持一种相互尊重、兼容并蓄、开放交流的环境,这是大学氛围形成和对学生价值观影响的重要方式;让学生形成多元、包容的价值观,有助于其之后在职业和生活中的国际化和开放性。

学生自治会(Student Government)协调全院各类活动,参与全员性的重大决策,不断将学生反映的问题反馈给学校的教师和管理者,并对学生团体给予认证、资助、支持,努力让每一位学生获得有意义的经验。学生自治会的成员由每个班级派代表,通过学生会议选举产生,学生自治会设 1 位主席、1 位执行副主席、9 位副主席分管:学术事务、沟通联络、多元差异、财务管理、内勤事务、国际学生事务、专业发展、学生活动、学生家属事务,以及技术和运作。③同时,肯尼迪学院的学生还伴有"学生公共服务"协会(Student Public Service Collaborative, SPSC)是由学生领导的组织,充分挖掘波士顿和剑桥社区的公共服务岗位,创设各种机会和方式让学院的学生融入社区,将课堂中所学付诸实践,也促进公共服务理念在肯尼迪学院以外更大范围内传播。在每年 4 月,肯尼迪学院都会鼓励学生参加为期 5 天的公共服务周活动,每年 8 月还有一天学院传统服务日(HKS Serves)。协会鼓励学生长期从事志愿者服务工作,并与所服务的单位保持长期合作关系。

在肯尼迪学院为学生提供的一系列课外活动中,学生根据兴趣自主形成了80 多个俱乐部,其中与国际组织和全球事务领域相关的俱乐部中有一些专业兴

---

① HKS. Diversity Statement[DB/OL][2017-05-01]. https://www.hks.harvard.edu/degrees/diversity/diversity-statement

② HKS. Office for Student Diversity and Inclusion[DB/OL][2017-05-01]. https://www.hks.harvard.edu/degrees/diversity

③ HKS. Kennedy School Student Government[DB/OL][2017-05-01]. https://www.hks.harvard.edu/degrees/life/kssg

趣委员会(Professional Interest Council)有：国际发展、国际和全球事务、国际安全、民主、教育、城市和地区、孩子与家庭福利、健康政策、商业与政府、网络安全、刑事司法、人权；在非专业俱乐部中，也有一系列关注国家或地区发展的俱乐部，如非洲、阿拉伯、阿拉伯湾、印度、亚洲太平洋、澳大利亚和新西兰、巴西、阿根廷、加拿大、哥伦比亚、德国、印度尼西亚、以色列、西班牙、欧洲、智利、日本、韩国、拉丁美洲、墨西哥、巴基斯坦、巴勒斯坦、土耳其等核心小组，还有一些以热点问题研究的俱乐部，如武装部队、农业食品、残疾人公正、美国对外政策等。这些俱乐部不断向学生传递着敏感的问题意识、对于弱势群体的关爱以及强烈的社会使命感。

哈佛大学肯尼迪学院有 9 个完全由学生自主运行的专业期刊和 1 份双周版的学生报纸，撰稿、编辑和出版流程全部由学生来操作。这不仅为学生提供了专业锻炼的平台，也能使他们有机会与其他学生、校友、政治家、记者、社区管理者和政策制定者等建立专业的人脉网络。具体的刊物有：①

《非洲政策杂志》(*Africa Policy Journal*)，创办于 2006 年，促进人们关于非洲的商业、文化、设计、教育、政府、卫生和法律等领域政策和时事方面的对话。

《亚裔美国人的政策评论》(*Asian American Policy Review*)创办于 1989 年，美国第一个无党派的学术期刊，致力于分析亚裔美国人和太平洋岛民的社区面临的关于政治、社会和经济方面的政策问题。

《公民》(*The Citizen*)，肯尼迪学院双周刊报纸，报道全球新闻、走势和各种视角，为学院成员提供实时、重要的观点和咨询。

《深红与黑色：黑人政策杂志》(*Crimson & Black：A Journal for Black Policy*)，旨在提供教育和领导研讨，影响和改善非裔美国人社区的公共政策，除了讨论学术和实践之外，杂志会涉及哲学、城市规划、文学等话题。

《人权政策杂志》(*Human Rights Policy Journal*)，创立于 2016 年，为学生、决策者、实践者、活动家和更广泛的社区提供研讨平台，尤其关注人权问题。该杂志

---

① HKS. Student Publications[DB/OL].[2017-05-01]. https://www.hks.harvard.edu/degrees/life/studentpubs

旨在成为洞悉和批判当今世界重大人权问题的重要一支。

《西班牙政策杂志》(*Hispanic Policy Journal*)，创立于 1985 年，是一个学术评论期刊，着重讨论影响拉丁美洲及拉丁裔社区的政策问题。

《中东政治和政策杂志》(*Journal of Middle Eastern Politics and Policy*)，对于复杂问题的处理提出分析和新观点，探讨当代中东和北非地区的发展趋势。

《肯尼迪学院评论》(*Kennedy School Review*)，创立于 2000 年，旨在提供分析和洞察力，针对现代性问题提出务实、创新的解决方案，很好地展示肯尼迪学院学生研究的深度。这份杂志中的文章已经对政策制定者、实践者产生了影响，引发了一系列公众讨论。

《拉丁美洲政策杂志》(*Latin America Policy Journal*)，希望建立一个新兴、强大和统一的拉丁美洲领导集团，讨论拉丁美洲民主化的挑战以及地区最紧迫的问题。

《LGBTQ 政策杂志》(*LGBTQ Policy Journal*)，创立于 2011 年，发表影响女同性恋、男同性恋、双性恋、变性人和酷儿(LGBTQ)社区的政策制定和政见。

《新加坡政策杂志》(*Singapore Policy Journal*)，刊载相关研究者撰写关于新加坡政策的严格分析，鼓励政策制定者和公众进行讨论。

此外，肯尼迪学院每年都会举办一系列有传统的、由学生全程组织的专业研讨会，2017 年中召开的会议有：①哈佛非洲发展年会，致力于促进非洲发展。②黑人政策会议，由世界顶级的专家和实践者共同参与，力图提出可持续的解决黑人社区问题方案的政策导向论坛。③哈佛欧洲会议，探讨推动欧洲长足发展的政治与商业理念。④哈佛德国会议，探索西方世界命运。⑤哈佛印度会议，向世界展示丰富多彩的印度。⑥国际发展会议，由肯尼迪学院主办、卡内基梅隆大学合办，致力于促进学术界、实践领域、决策制定者和学生之间开展建设性的跨界对话。⑦拉丁美洲法律、政策和商业会议，至 2017 年已举办了 18 届，邀请拉丁裔领导者一起探讨拉丁美洲社区的重要议题。⑧社会企业会议，由肯尼迪学院与哈佛商学院合办，具有商业和社会跨界影响力的世界顶级论坛①。这一系列促进学术

---

① HKS. Student-Led Conferences [EB/OL]. [2018-04-08]. https://www.hks.harvard.edu/more/events/student-led-conferences.

交流和研究深化的专业会议,在形式以及内容上都有助于让学生开阔眼界,进而参与到实践之中去。

七、 对于国际组织的人才输送

肯尼迪学院设有学生资助服务办公室(Student Financial Services Office),致力于帮助学生解决学费问题,以及职业发展办公室(Office of Career Advancement),为学生走上工作岗位提供有效指导。

(一)肯尼迪学院的各类学生奖助

肯尼迪学院为学生设立了 119 种不同名目的奖助学金[①],其中有相当一部分是与国际组织人才培养有关的奖学金。例如,最负盛名的总统学者和公共服务奖学金(Presidential Scholarships and Public Service Fellowships),是颁发给有志于在毕业后从事公共领域服务至少 3 年的优秀学生,给予学费全免和学习补贴[②]。肯尼迪学院研究中心则为参与特定项目研究的学生提供资助。比如:卡尔(Carr)中心为从事人权研究且有希望促进国际层面人权保护的学生提供的奖学金;贝尔佛(Belfer)中心则为以国际和全球事务政策为专业并能够完成项目研究的学生提供资助[③]。

为弥补从事公共服务工作带来的微薄收入,学院为那些毕业后在国际组织等非营利性机构工作的学生设置了奖学金和减免贷款归还项目。比如:"约翰·伯杰(John Berger)和小威廉·霍德森(William Hodson, Jr)奖学金"是专门颁发给在美国或国际公共机构从事国际事务研究和工作的毕业生。助学贷款偿还资助项目(HKS Loan Repayment Assistance Program, LRAP)是帮助毕业后在公共服务领域工作、家庭总收入未达到一定水平的毕业生,为他们偿还 5 年每月为

---

① HKS. Harvard/HKS Funding Resources in Alpha Order[R/OL]. [2017-05-28]. https://www.HKS. harvard. edu/content/download/82403/1847961/file/Harvard-HKS% 20Funding % 20Resources % 20in% 20 Alpha%20Order.pdf.

② HKS. Fellowships & Scholarships[DB/OL]. [2018-04-08]. https://www. hks. harvard. edu/admissions-aid/funding-your-education/funding-your-masters-education/fellowships-scholarships.

③ HKS. Harvard/HKS Funding Resources in Alpha Order[DB/OL]. [2017-05-28]. https://www.hks. harvard. edu/content/download/82403/1847961/file/Harvard-HKS% 20Funding % 20Resources % 20in% 20 Alpha%20Order.pdf

7 000—9 000 美元的贷款;学生还可以同时享受联邦政府提供的在公共事务部门工作满 10 年免除剩余贷款的助学项目①。这帮有志于从事国际组织工作的毕业生在经济上减轻了后顾之忧。

(二)职业发展指导和实习机会提供

鉴于学生兴趣的多样性,肯尼迪学院无论在课堂中还是在生活中,都不断输出支持学生职业发展的不同信息。学生周围的导师、研究中心、校友、同学都是其职业发展无价的资源。职业发展办公室(Office of Career Advancement, OCA)由 9 位专业人士组成,每位学生一入学就会得到专家会诊和提供可能的职业培训。每项培训都会针对学生独特的专业兴趣,鼓励他们与职业导师对接,获得量身定制的职业发展规划和策略。之后,职业发展办公室还会为学生提供指导职业发展的资源、培养求职技巧,提供潜在的雇主和校友的联系渠道,为学生的职业兴趣量身定制强有力的指导网络②。

职业发展办公室建立了一个肯尼迪学院岗位和职业系统(Jobs and Careers for the Kennedy School, JACK),一端向招聘单位开放,另一端向学生和校友开放,相当于职位和生涯管理银行,每年发布数千条高水平的工作岗位、奖学金项目和暑假实习机会。在 2014 年,职业发展办公室筛选并发布了 4 000 条相关信息③。

每年职业发展办公室会引入 100 个雇主进入校园进行职业宣讲和信息发布,还会将肯尼迪学院的成功校友请回学校,分享他们的专业知识,这也成为与校外信息沟通的重要联结。每天都会有许多业界人士或校友到研究中心分享职业建议,使学生从中受益。

(三)往届各专业人才输送情况分析

就纵向调查数据来看,国际政府组织/公共服务部门始终是肯尼迪学院毕业

① HKS. Loan Repayment Assistance and Forgiveness Programs[DB/OL]. [2018-04-08]. https://www. hks. harvard. edu/admissions-aid/funding-your-education/funding-your-masters-education/student-loans/loan-repayment.

② HKS. Alumni and the Office of Career Advancement[DB/OL]. [2017-05-28]. https://www.hks. harvard.edu/degrees/office-of-career-advancement/alumni

③ HKS. Search for a Job in JACK[DB/OL]. [2017-05-28]. https://www.hks.harvard.edu/var/index. php/degrees/office-of-career-advancement/alumni/search-for-a-job-in-jack

生的主要就业方向,特别是国际学生。2012—2016 年在国际政府组织/公共服务部门的就业比率分别是:48%、42%、47%、46%和40%,如图 7-6 所示。尽管从收入水平来说,在国际政府组织的收入相对低,只有 65 000 美元一年,私营部门的收入都要超过 10 万美元。

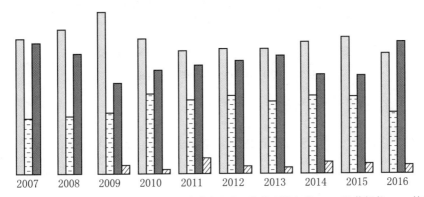

2007　　2008　　2009　　2010　　2011　　2012　　2013　　2014　　2015　　2016

▨ 国际政府组织/公共服务部门;□ 非政府组织/非营利性机构;▧ 私营机构;▨ 其他

图 7-6　HKS 毕业生往届就业部门比较①

资料来源:HKS. *2016 EMPLOYMENT OVERVIEW*[R/OL]. [2017-05-28]. www.hks. harvard.edu/career

就 2016 年的就业情况分析,毕业生将去往 61 个国家工作。虽然毕业生专业不同,但会有 4 个主要的职业流向:国际政府组织、非政府和非营利性组织、私营部门和政府部门,如图 7-7 所示。具体而言②:

公共政策硕士毕业生利用其核心知识、兴趣、技能等在各种组织中发挥重要作用,**3%去国际政府组织**,22%去了非政府组织或非营利性机构工作。与国际组织关系密切的毕业生就业有:国际组织中的政策分析师、国际政府组织中的项目负责人等。

国际发展公共管理硕士的毕业生在国际发展这一领域受到了培训,**16%的毕业生在国际政府组织工作**,21%毕业生会去非营利性组织或非政府组织。虽然学生的兴趣方向和研究重点各有不同,但相比于其他课程,该专业的毕业生的职

①　HKS. 2016 EMPLOYMENT OVERVIEW[R/OL][2017-05-28]. www.hks.harvard.edu/career
②　HKS. Master's Program admissions[DB/OL][2017-05-28]. www.hks.harvard.edu

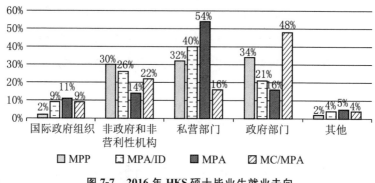

图 7-7　2016 年 HKS 硕士毕业生就业去向

资料来源:笔者根据肯尼迪学院网站资料绘制。

业类型和路径更趋同。与国际组织关系密切的毕业生就业有世界银行对口索马里的经济学家、澳大利亚国际开发署的经济学家、国际发展中心的高级政策分析师、世界银行年轻的专员等。

公共管理硕士的毕业生中,**10%在国际政府组织工作**,14%去非政府组织和非营利性组织。由于是联合培养,因此该专业的学生经常在进入肯尼迪学院之前就已经有了确定的学位方向和扎实的专业经验。他们能够通过一系列灵活的课程得到收益,明确其独特的兴趣取向。实际的证据表明,这些毕业生的职业生涯往往是跨界的、非常多元。与国际组织关系密切的毕业生就业有在国际发展银行中担任投资经理、在国际非政府组织中担任规划和计划开发干事等。

在职公共管理专业通过一系列灵活的课程对学生原有的兴趣和目标形成新的冲击,或是在原有的职业基础上加深知识和技能,或是开拓新的职业领域视野。**毕业生中 9%去国际政府组织工作**,22%去非政府组织和非营利性组织工作。与国际组织关系密切的毕业生就业有人权、全球扶贫或非政府组织的执行领导人,政府间组织政策干事。

平均每年直接进入国际政府组织工作的,公共政策硕士毕业生有四五人、国际发展公共管理硕士毕业生六七人、公共管理硕士毕业生有七至八人、在职公共管理专业近 20 人(该专业很多都是定向在职人员的深造)。另外,每年各专业分别有近 70、18、11 和 46 人进入非政府和非营利性组织。不仅如此,随着职业流动的开放性,国际组织对于人才往往要求跨界,国际组织的高官中不乏来自政府部门或私营部门中转行的有志之士。因此,毕业时的就业情况只能作为一个阶段性参考,肯尼迪学院学位计划和培养方案体现的却是对学生持久的,有效的,具有全球视野,以及公共服务理念和能力的塑造。

第八章
英国的国际组织人才培养与输送

英国是资产阶级革命最早的国家,也是工业革命的故乡。英国在历史上曾经在世界五大洲拥有 137 倍于其本土的殖民地,号称"日不落帝国",英国也是最早投身国际组织事业的国家,拥有长期且丰富的国际组织人才培养与输送的经验。

第一节　英国与国际组织的关系

国际组织兴起于 19 世纪的欧洲,而此时正是"大英帝国"工业革命和殖民事业如日中天之时,殖民地遍及五大洲。因此,在国际组织兴起于欧洲大陆时,英国虽然还不时采取"光荣孤立"的策略,但它也绝非袖手旁观。为了"永恒不变的利益",[①]英国不仅最早提出"欧洲协调"[②]的倡议,更不曾缺席国际组织——这一国

---

① 英国外交家帕美斯顿(Henry J. T. Palmerston, 1784—1865)有句名言:"没有永恒的朋友,也没有永恒的敌人。只有我们的利益是永恒不变的。这些利益才是我们应当遵循和追求的。"而恰恰在帕美斯顿当政期间,英国支持土耳其人对抗俄罗斯,以强大的经济与军事实力赢得了克里米亚战争,为英国进入多瑙河委员会,汲取英国在地中海、中东和东南欧的利益削除了障碍、铺平了道路。

② "欧洲协调"(Concert of Europe)又称"欧洲会议制度"(Congress System),指拿破仑战争结束后,欧洲列强以国际会议的方式协商处理欧洲重大问题的外交协商机制,开辟了通过国际会议解决国际争端的道路。作为战胜国,英国与奥地利、俄国和普鲁士发起,并于 1814 年在维也纳召开首次会议,会议达成一系列条约,如"储蒙条约""1815 年巴黎和约"和"维也纳协定",形成了"神圣同盟"和"四国同盟"。

际事务新主体的诞生。

一、 英国与多瑙河委员会

英国最早参与的国际组织之一是 1856 年成立的多瑙河委员会。当年欧洲大陆中的奥地利等多瑙河流域国家提出,应该创建一个类似于莱茵河委员会的流域性国际行政联盟性组织或国际协调机制,以便协调处理流域内国家的在航运、贸易、水资源利用等方面的矛盾,使各相关国家都能够在合作协调中共同受益。然而,作为一个欧洲大陆以外的岛国,英国也希望参与其中并从中获益。这当然需要英国的政治经济实力,也需要有能够说服多瑙河流域国家的理由。

英国的政治经济实力和现代先进工业技术通过克里米亚战争(1853—1856)充分展现出来。作为同盟国(英、法、土耳其和撒丁王国)一员,英国在战争中使用了蒸汽动力战舰、新式线膛步枪、铁路、有线电报等科技发明,英国的工程保障、战地医疗、后勤运输能力也令欧洲大陆各国和沙皇俄国刮目相看。英法首脑和军事部门还利用有线电报从千里之外指挥战争,这是人类历史上的第一次。因此,在 1856 年的巴黎和会上,英国的政治、经济和军事实力赢得了多瑙河流域国家和欧洲大陆国家的承认,也迫使俄国与英、法、土等国签署了停战协议。英国以实力和强权进入了多瑙河委员会,不仅在多瑙河委员会中获得了发言权和监督权,而且也借该委员会扩大了英国在地中海地区、东欧和中东的影响力。

英国又是一个善于创设"国际议程"和"国际准则"的国家。英国特别善于通过创设"国际准则",介入和影响国际组织。英国认为,在多瑙河治理问题上,俄国、土耳其和奥地利等国一方面未能控制本国境内的自然力量,即未能有效管控和治理各自的多瑙河流域的领土、河流和港口,因此也未能保证多瑙河河道疏通、航运安全和多瑙河三角洲地区的经济文化事业发展,使多瑙河下游地区长期处于野蛮状态。另一方面,这些国家也未能在道德和政治层面上为流域国家和欧洲其他国家承诺对多瑙河的河流管控、保证各国间的航运和贸易自由,为各国承担起国际义务。按英国学者和政府的说法,这些国家未能够达到"管控本国领土"和"承担国际义务"的"文明标准"。而"文明标准"应该成为欧洲协调和 19 世纪国际关系的新理念和新秩序。按此推理,英法两国作为文明进步的国家,应该有权按维护"文明标准"的要求加入多瑙河委员会,从而促进、监督和保证"多瑙河得到有效治理","多瑙河上贸易航行完全自由,对一切国家开放"。英国的罗塞尔勋爵说,让英国战舰改进黑海和多瑙河并"不是一种合适的解决方法",但是相关国家的"行政当局故意不作为"。英国人认为,"多瑙河应该在各国工程师和官员们的帮助下转变成和平有序之地,而多瑙河也应该成为一条让国家间进行文明交流的商业通道。"①于是,英国人把"文明标准"塞进了 19 世纪国际关系、国际治理和国际组织发展理论,也让自己堂而皇之地进入了多瑙河委员会。

二、 英国与国际联盟创建

第一次世界大战是英国殖民事业盛极而衰、"大英帝国"日薄西山的转折点。为了继续维护世界第一强国的地位,英国在第一次世界大战之前和大战之中,就积极倡导和建构国际组织。

早在第一次世界大战之前,英国就举起了"国际和平主义"的大旗。倡导者威廉姆·克里默(William R. Cremer, 1828—1908)②是位工人出身的传奇人物。克里默坚持倡导建立国际协调组织,通过国际仲裁解决各国矛盾、阻止国际战争,从而促进和维护世界和平。克里默还亲自尝试实践,组建了"国际工人和平协会"和"各国议会联盟",并因此获得了"诺贝尔和平奖"。时任英国外交大臣的爱德华·格雷(Edward Grey, 1862—1933)也在战前两次试图组织召开跨国的欧洲协调会议,但都没有成功。1915 年,格雷与英国首相阿斯奎斯(Herbert H. Asuith,

---

① Yao, Joanne,施榕译.征服野蛮:多瑙河委员会,国际秩序和将对自然的管控作为"文明标准"[J]. 原载于 European Journal of International Relations. Vol. 25, No. 4. 12-2019. 转引自《国政学人》[EB/OL] http://www.360doc.com/content/19/1013/13/33989007_866516386.shtml.[2019-12-10].

② 克里默(Sir William Randal Cremer, 1828—1908)是英国政治家、社会活动家、工人运动领袖、曾任英国下议院议员,国际工人联合会书记。克里默出生于英国西部的一个工人家庭,12 岁就开始在船厂工作,后到伦敦参加工会运动,多次领导过大罢工,并组全英术工行业工会。他积极参加组建国际工人联合会(第一国际),被推选为英国工人代表,并出席了 1864 年成立大会。克里默认为工人阶级应该有代表进入国家议会,声明工人阶级的主张,维护劳动者权益,此后长期代表工人阶级参加议会竞选活动。1886 年他当选了伦敦地区工人阶级代表,成为英国下议院议员。克里默还积极倡导国际和平运动,提倡通过仲裁寻求世界和平。他亲自组建了国际工人和平协会和国际议会联盟,为后来国际联盟和海牙国际仲裁法庭的建立提供了重要的思想与实践基础。1903 年,克里默因其国际和平主义和国际和平仲裁的思想与实践获得诺贝尔和平奖。

1852—1928)再次通过与各国领导的秘密通信,鼓励各国在伦敦成立一个非正式的"国际联盟协会"(League of Nations Society)。

在此基础上,继任首相劳合·乔治(David Lloyd George, 1863—1945)于1918年1月5日正式提出"我们必须通过建立某种国际组织来设法限制军备的负担和减少战争的危险",[①]英国的倡议获得了美国威尔逊总统的赞同。他们都希望通过创建国际联盟,阻止世界大战再次发生、维护各国领土完整、保护人类和平发展。威尔逊总统于1月8日在国会发表了著名的演说,提出了"十四点原则",其中最后一点就是"组织一个普遍的国家联会",各国互相保证彼此的政治独立、领土完整。[②]

经过美国、英国和法国与协约国近一年的协调,巴黎凡尔赛会议首先在1919年1月建立了以威尔逊总统为主席的盟约起草委员会,盟约起草委员会研究了美国、英国和法国的三大方案。作为盟约起草委员会副主席,英国内阁大臣塞尔西勋爵(E.A. Robert Cecil, 1864—1958)实际主持和支配了盟约的起草工作,经过三个月夜以继日的起草工作和各国列强幕后的争夺交易,最后终于在1919年4月28日出台了《国际联盟盟约》(凡尔赛条约的一部分)。也就在4月28日的凡尔赛会议上,在英国前大臣格雷、时任外交大臣贝尔福(Arther J. Balfour, 1848—1930)和塞尔西勋爵的强力推荐下,英国外交官、两位外交大臣的私人秘书德鲁蒙德爵士(Sir James Eric Drummond, 1876—1951)得了美国威尔逊总统和其助手豪斯上校的认同,经大会批准,成为国际联盟第一任秘书长,也成为人类历史上第一个全球性国际组织的掌门人。

由于各国公认英国外交大臣格雷是提出国际联盟的第一人,也由于威尔逊总统来回奔波于大西洋两岸,最后美国国会还拒绝批准国联盟约、拒绝加入国际联盟,使英国通过塞西尔勋爵和巴黎和会主持人英国外交官韩凯实际上操纵了国际联盟盟约的起草和国际联盟的诞生。国际联盟成立后,英国人德鲁蒙德爵士又作为首任秘书长,参考英国文官制度在国联秘书处建构了人类第一支国际公务员

---

① [英]华尔脱斯.国际联盟史上册[M].汉放,宁京,译.北京:商务印书馆,1964.23.
② 同上书,pp.25—26.

队伍,使英国长期把持了国际联盟的日常运作和国际联盟的发展。因此,在时任英国外交大臣奥斯丁·张伯伦(Austen Chamberlain, 1863—1937)的心中,国际联盟就应该是"英国外交政策的一个有用的附属物"。[①]

三、 英国与英联邦

在国际联盟成立的过程中,英国政府已经意识到,原先的英国殖民地、"白人自治领"南非、澳大利亚、新西兰和加拿大都纷纷要求以"自治领"和独立主权国家的名义参加国际联盟,一战以后更多的殖民地纷纷要求成为独立主权国家。为了挽救"大英帝国"的颓势、阻止它顷刻之间的分崩离析、又以某种方式维护英国在殖民地的影响力,英国政府于1926年被迫承认"自治领"和部分前殖民地获得内政方面的独立,同时提议建立一个由英国和自治领、殖民地和属地组成的国际组织"英联邦"(The Commonwealth of Nations)。英国政府提出,自治领与宗主国仅以"共同忠于(英国)国王"为前提,联合组成英联邦,英国与其他国家权利平等,互不隶属,但各国应能保持友好往来、互利合作。1931年,英国议会通过《威斯敏斯特法案》:"自治领为'独立平等'的主权国,共戴英王为国家元首;主权国家议会与帝国议会平等,不受帝国法律约束,未经主权国请求或同意,帝国议会对主权国无立法权;主权国外交自主,除纽芬兰外,在国际联盟内有自己的外交使团"。[②]此法案实际上成了英联邦的宪章,它实际上宣告了"大英帝国"名存实亡,英联邦正式建立。

英联邦不是一个国家,也没有中央政府,实质上是一个国际组织,仅承认英国国王是英联邦和英联邦成员国的君主与元首。英联邦不设权力机构,英国和各成员国互派高级专员为外交代表。应该说,英联邦是由英国和英国前殖民地和附属国组成的松散联合体。作为一个覆盖全球五大洲、拥有50多个成员国的国际组织,英联邦的主要组织机构有:联邦政府首脑会议、亚太地区英联邦政府首脑会议、联邦财政部长会议及其他部长级(如教育部长、卫生部长、司法部长、电讯信息

---

① [英]华尔脱斯.国际联盟史,上册[M].汉敖,宁京,译.北京:商务印书馆,1964.338.
② 靳文翰等主编.世界历史辞典[M].上海:上海辞书出版社,1985:482.

部长)专业会议。英联邦还于 1965 年设立了秘书处,其职责是促进英联邦各国的合作,筹划英联邦各级会议,秘书处设在英国伦敦。此外,英联邦还设立了一系列协调合作组织,如英联邦议会协会、英联邦商会、英联邦新闻联盟、英联邦广播协会、英联邦青年交流理事会、英联邦体育运动联合会、英联邦艺术协会以及英联邦基金会等。英联邦及其下属机构维系着英国殖民地之间的传统政治、经济和文化联系,为提供某些成员国之间的贸易便利、对国际事务作某种程度的沟通协调、对其中的发展中国家提供某些教育、文化和社会发展援助,因此,在英国已经沦落为二流大国的今天,英国仍然通过作为其元首的英国女王和一系列合作机制,主导着英联邦的发展和英联邦在国际事务中的基本取向;与此同时,英联邦也仍然拥有 53 个成员国,仍然在国际社会中具有独特的影响力。

有人说,英联邦是"一个帝国的背影",它存在的意义"不是让现在永续,而是体面地埋葬旧制度"。也有人说"英联邦是唯一在'二战'中幸存的国际政府间组织。它没有宪法、没有章程、没有程序规则",但这也许"正是它的幸存之道"。无论如何,英联邦至少"为英国和其他成员国家提供了一个低成本及现成的经济、社会和外交网络"。[①]

四、 英国与联合国

第二次世界大战一方面使英国的国力进一步衰弱,而同时又使英国获得了难得的机会,让英国有可能成为国际事务中的"三大国"(美、苏、英)和"世界警察"之一。1941 年 6 月英国政府就利用欧洲各国流亡政府暂驻伦敦的机会,组织召开了由 14 国代表参加的同盟国政府会议,尽管欧洲大陆此时正在遭受法西斯铁蹄的蹂躏,处于空袭炮火中的伦敦也到处是断壁残墙、千疮百孔,他们已经心怀战胜法西斯的信念、目光已投向战后的和平。英国政府向各国代表们呼吁:"我们得胜的目的仅仅是为了生活在对下一场战争的恐惧之中吗? 我们是不是应该确立一些比军事上的胜利更富创造性的目标呢? 我们有没有可能为所有国家和所有

---

① 徐箐箐.英联邦:一个帝国背影的变迁[EB/OL]. [2012-08-06]http://www.lifeweek.com.cn/2012/0806/38113.shtml.

人民创造更美好的生活,并斩断引发战争的根源呢?"他们联合发表了《圣詹姆斯宫宣言》(1941.6),提出了通过自愿合作、再建国际组织、摆脱战争侵略、实现持久和平的口号:"持久和平的唯一真正基础是,自由的人民在一个摆脱了侵略威胁、人人都可以享有经济与社会保障的世界中的自愿合作;我们为此目的,在战时和平时同其他国家的自由人民通力合作。"①两个月后,英国首相丘吉尔与美国总统罗斯福又在大西洋的军舰上签署了《大西洋宪章》,提出了"广泛而永久的普遍安全制度",②这一提法后来被战时同盟国普遍认同为国际组织的同义语。该宪章让人们看到了建立世界和平和联合国家组织的切实希望。以这两个文件为起点,英国政府积极投入了联合国的创建,丘吉尔本人亲自参与了敦巴顿橡树园会议和雅尔塔会议等一系列筹建联合国的重要会议,英国政府代表直接参与了《联合国家宣言》(1941.1)和《联合国宪章》(1945.5)的起草,对联合国宗旨的确定、组织构架的建立、安理会的组建和常任理事国的确定,都作出了重要的贡献。1946 年 1月 1 日,联合国第一次成员大会在伦敦举行。

为筹建联合国教科文组织的过程中,英国政府也同样十分积极主动。1942年 11 月,英国教育委员会主席巴德勒(R.A.Butler,即教育部长)就组织法国、希腊、比利时、荷兰等国流亡政府的教育部长和代表,在伦敦召开了"同盟国教育部长会议",交换分享情报、讨论共同问题、共商战后教育重建,并就建立永久性国际教育合作组织开展磋商。③1943 年,参加教育部长会议的国家继续增加,在英国政府的推动下同盟国教育部长会议明确提出了《教育与联合国》的报告,发起组建"联合国教育局"。1944 年,美国政府也派政府代表团参加了同盟国教育部长会议。会议中,英国和欧洲各国代表首先提出创建"联合国教育和文化重建组织"(United Nations Organization for Educational and Cultural Reconstruction)的建议。

美国政府代表表示愿意加入创建工作,但又进一步表示,应该吸取国际联盟未设教育机构的教训,在联合国中设立永久性的教育机构。美国的建议得到会议

---

①②　联合国.联合国的历史[EB/OL]. [2018-08-15]. https://www.un.org/zh/sections/history-united-nations-charter/1942-declaration-united-nations/index. html.

③　霍华德·布拉宾.一个理想的诞生[J].联合国教科文组织信使,1985(66):5—12.

的认同,并向联合国所有会员国和联系国散发。以后,美国国务卿又在旧金山联合国筹备会议上正式提出设立"联合国教育与文化合作"的正式议案。1945 年 11 月 16 日,同盟国教育部长、联合国成员国政府代表再次汇聚伦敦,英国著名科学家李约瑟则在广岛原子弹爆炸事件的影响下提出,科学应该造福人类、但必须防止科学技术加剧战争对人类造成的灾难,因此,该组织的名称中应该加上"科学"。会议正式召开了建立"联合国教科文组织"(United Nations Educational, Scientific and Cultural Organization,缩写 UNESCO)的大会,会议通过并草签了《联合国教科文组织宪章》,宣告了联合国教科文组织的诞生。

1946 年 11 月,经过整整一年的密集协商、对联合国教科文组织驻在地的确定和各国政府对《联合国教科文组织宪章》的批准,联合国教科文组织在巴黎召开第一次全体大会,英、美、法、中和四十多个国家的代表出席了大会。这第一次大会对战后各国教育事业的恢复与发展、文化艺术事业的建设、自然科学的发展、社会科学和人文学科的发展作出了众多重要的决议。在第一次全体会议上,几个大国也展开了激烈的利益角逐,法国获得了教科文组织永驻巴黎的保证,英国经过极其艰苦的努力和不懈的坚持获得了由英国科学家、教育家赫胥黎担任第一任总干事的任命。美国则提出首届总干事只得任期两年,而第二任总干事必须由美国人或美国推荐的人士担任的保证。[①]

20 世纪末,由丘吉尔提出的"三环外交"理论也已难以实现,但英国仍然梦想追随美国、成为"第二小提琴手",并通过国际组织维持其全球利益和昔日的辉煌。"冷战"结束之后,布莱尔首相(Anthony C. L. Blair)举起"第三条道路"旗帜,主张超越传统意识形态的束缚,在新的价值观念的基础上,回应全球化的挑战。他提出,要"重塑英国",使英国成为人们心目中的一个充满活力、创新自信的国家,从而使"英国再一次成为大国"。布莱尔深知,英国已经无法成为"军事意义上的超级大国,但是我们能够使世界感受到英国存在的影响"。[②]2007 年,英国外交大臣大卫·米利班德(David W. Miliband)也宣称,面对复杂多变的世界局势、面对为

---

① 王承绪.联合国教育科学文化组织会议的经过和观感.王承绪文集[M].南京:江苏教育出版社, 2010:702—705.

② 王振华.英国[M].北京:社会科学出版社,2003:439.

数众多、影响剧增的国际组织,英国不应该抽身而退,而应运用本国国力,成为国际上的一支"好"力量,为国际社会多做"好事"。"新一届英国政府的愿景是使英国成为'全球的中心',正如伦敦金融城是全球金融市场的中心一样,英国的城市、制度和思想也要成为科学、文化和政治合作的中心"。①

时至今日,英国已经走上"脱欧"之路,国力将进一步衰弱。但可以预见,英国将继续以创新理念、创设标准、发起组织、选派人才、提供资金等各种方式,积极参与国际组织、努力影响国际组织,从而保持英国的全球影响力。

第二节　利用"优势地位"培养推送人才

参与和影响国际组织离不开国际组织人才。英国在历史上充分利用了其在现代发展和国际事务中的先发优势和大国地位,同时也不惜余力地培养国际组织人才,为国际政府间组织和国际非政府组织输送英国的人才,同时也乐意为英联邦国家输送人才、乐见曾受过英国教育的人士进入国际组织。

一、　充分利用大国地位

第二次世界大战再一次大大削弱了英国的经济和军事实力,战争使英国的国民财富消耗了1/4,出口贸易额较战前减少了2/3,商船吨位总数减少28%,海外投资总额的1/4被变卖。②英国实际上已经无法再像二战以前那样主导国际事务,更不可能依靠其军事力量左右世界。因此,战时首相丘吉尔审时度势,按照新的历史条件和英国实力,为英国提出了在战后极力维护昔日"帝国"余辉、重振世界大国地位的构想,这就是所谓英国的"三环外交"战略。

1948年10月,丘吉尔在英国保守党年会的演说中说:"在这个关系到人类命运的变化时刻,当展望我国的未来时,我感到在自由和民主国家中存在着三个大环。……对于我们来说,第一环自然是英联邦和英帝国及其所包括的一切。其

---

① 叶江,徐步华.试论英国国际组织外交的演变[J].国际观察,2010(2):6—10.
② 王振华.英国[M].北京:社会科学出版社,2003:424.

次是我国、加拿大及其英联邦自治领在内,以及美国在其中起着如此重要作用的英语世界。最后是联合起来的欧洲。这三个大环同时存在。……现在假如你们想象一下,你们就会看到,我们是在这三个环中的每一个环里都占有重要地位的唯一国家。事实上,我们正处在三环的连接点上。"丘吉尔显然认为,这三个环连在一起,世界上"就没有任何一种力量或者力量的联合足以推翻它们,或者敢于向它们挑战"。①而英国在这三环中的关键地位、在通过这三环所产生的国际联系和在国际关系中的重要影响,足以使英国继续在国际政治中执其牛耳,发挥某种中心作用,至少可以充当不同国家、不同集团、不同地区之间的桥梁或者代言人。

　　丘吉尔的"三环外交"方针确实对战后英国的外交政策和国际多边事务产生了长远而深刻的影响。在国际组织中,英国利用二战后确立的国际秩序,利用其联合国安理会五大常任理事国的地位,不断派出强有力的外交高官担任联合国负责人道主义事务的副秘书长,努力把持国际事务中的道德高地与话语权。英国积极介入多边事务,在"北大西洋公约组织""经济合作与发展组织""七国集团"和"二十国集团"等重要国际组织中都继续极力充当举足轻重的角色,都努力占据这些组织的"事态发展的中心"。进入 21 世纪以来,英国仍然在联合国系统中保持 20—25 个高级国际公务员的位置。英国至今仍然是除了美国以外,在联合国中高级官员人数最多的国家。不仅如此,英国还努力争取往国际影响巨大的国际非政府组织中派遣高级官员。

　　在长长的英国籍国际组织高级官员名单中,最为著名的是联合国教科文组织的首任(1946—1948 年)总干事朱利安·赫胥黎。他出生名门、天资过人,13 岁荣获英国皇家奖学金,进入伊顿公学学习,18 岁进入牛津大学学习动物学。毕业后,他先后在英国牛津大学、美国莱斯大学、英国萨塞克斯大学和伦敦大学国王学院任教,他明确提出了人是由猿进化而成的理论,是现代进化论的创始人。经英国政府推荐,赫胥黎出任联合国教科文组织首任总干事,他还发表过《教科文组织:宗旨和理念体系》,为联合国教科文组织创建与发展起到了重要的作用。在他

---

① 王振华.英国[M].北京:社会科学出版社,2003:23.

卸任之后的二十多年里,他还创建了世界自然基金会(WWF)和自然研究与保护机构"世界自然保护联盟"(IUCN),为人类的教育发展、人类进化理论发展和世界自然物种保护和环境保护事业做出了巨大贡献。①

近年来,英国籍官员一直担任着负责联合国人道主义事务的副秘书长兼紧急救济协调员职务。2017年离任的是史蒂芬·奥布莱尔(Stephen R. O'Brien)。他是一位出生于坦桑尼亚的英国人,他在英国先后就读于切斯特、坎布里亚等著名公学,再进剑桥大学学习并获得学士学位。②接任他的是马克·洛科克(Mark Lowcock),他现在领导着联合国人道主义事务协调厅(OCHA)。洛科克拥有牛津大学经济和历史学士学位,以及伦敦大学经济硕士学位,他还是一名注册会计师。洛科克在领导和管理全球人道危机应对工作上拥有逾30年的经验,他于1985年开始在英国国际发展部工作,除了在总部担任领导职务,他还曾担任多类职务,包括在马拉维、津巴布韦和肯尼亚的外派职务。2011年,洛科克升任英国国际发展部的常务秘书(相当于副部长),在国际发展舞台和人道主义救助领域具备广泛和丰富的实践经验和战略领导力。

在世界银行系统中,英国官员也一直占据着重要职位,现任世界银行高级副行长兼世界银行集团总法律顾问桑蒂·欧科罗(Sandie Okoro),是英国籍高级国际公务员。她1985毕业于英国伯明翰大学(Birmingham University)法律与政治专业,随后进入林肯律师学院(Lincoln's Inn)学习。欧科罗善于在国际金融和法律危机中运用新的研究和处置方法,拥有丰富的国际金融和跨国银行工作的经验,鉴于她在商法界的职业成就和在志愿服务领域的实践、研究和影响力,伦敦城市大学(London Metropolitan Univesity)授予她荣誉法学博士称号。③

二、 用好英联邦及同盟国优势

英联邦一直处于英国外交政策的"三环"的核心之中,二战以后,英联邦更成

① Wikipedia.Julian Huxley[EB/OL]. [2018-01-15]. https://en.wikipedia.org/wiki/Julian_Huxley.

② Wikipedia. Stephen O'Brien[EB/OL]. [2018-01-15]. https://en.wikipedia.org/wiki/Stephen_O%27Brien.

③ 世界银行.桑蒂·欧科罗[EB/OL]. [2018-01-15]. http://www.shihang.org/zh/about/people/sandie-okoro.

为英国维护其世界大国地位的重要因素与工具。20 世纪 50 年代到 60 年代初，世界各国反殖民主义和民族独立运动的浪潮风起云涌。英国不得不采取现实、灵活的态度，迅速从印度次大陆撤退，承认印度、巴基斯坦和锡金(斯里兰卡)独立，接着又无奈地同意近十个非洲原英国殖民地国家先后宣布独立。但英国政府为了阻止大英帝国的彻底瓦解，设立了"帝国特惠制"等经济与贸易优惠和便利条件，加强原殖民地与文化教育联系，千方百计地促使各独立国家仍然保留在英联邦内，使英国海外的经济利益得到维护，也使英国能够形成国际战略网络，并在国际事务中表现出一个巨大的国家群体"首领"的地位。同时，英联邦又使其成员国家能够通过这个组织，在国际事务中获得多方面的相互支持和信息分享。因此，1965 年英国政府还与成员国一道改变其几十年的"无组织"状态，在伦敦建立了"英联邦秘书处"，组建起一系列英联邦成员国部长会议，到 90 年代加入英联邦的国家居然达到了 53 个国家，使英联邦成为世界上最大的综合性国际组织之一。

这样的英联邦战略，也为成员国官员进入联合国等综合性和专门性国际组织创造了相互支持的条件与便利。如今在联合国及其他重要国际组织中，来自英联邦成员的国际公务员众多，这与英联邦成员的战略联盟不无关系。目前在联合国及世界银行系统中任职、来自英联邦成员国、并曾在英国受过教育的高级官员有以下几位：

普姆齐莱·姆兰博-恩格库卡(Phumzile Mlambo-Ngcuka)女士出生于南非，现任联合国副秘书长级的促进性别平等和增强妇女权能署执行主任。姆兰博-恩格库卡于 1980 年获得莱索托大学社会科学和教育学学士学位，再到英国华威大学(University of Warwick)完成博士学位的学习。[①]姆兰博-恩格库卡长期从事妇女工作，曾在日内瓦担任"世界青年妇女基督教协会"的"青年妇女协调员"。"联合民主阵线"下属机构"妇女产后组织"于 1983 年 12 月成立时，她担任了首任主席。她还创办了 Umlambo 基金会，通过导师制和教师培训为南

① Wikipedia. Phumzile Mlambo-Ngcuka [EB/OL]. [2017-08-15]. https://en.wikipedia.org/wiki/Phumzile_Mlambo-Ngcuka.

非贫困地区的学校提供支持,该组织还与马拉维共和国当地的合作伙伴共同改善学校。

2017 年,联合国秘书长古特雷斯任命来自毛里求斯的普拉米拉·帕滕(Pramila Patten)女士为副秘书长级的负责冲突中性暴力问题特别代表。与英联邦的许多精英人士一样,帕滕女士也曾留学英国,拥有英国伊林高等教育学院法学学士和伦敦大学学院法学硕士学位,具有执业出庭律师资格。自 2003 年起,帕滕女士担任消除对妇女歧视委员会委员。她在性暴力、危及妇女、和平和安全问题的方面有着扎实而丰富的司法知识。联合国安理会曾就妇女、和平与安全问题通过第 1325(2000)号决议。自 2014 年起,帕滕女士担任高级别咨询小组成员,为针对该决议实施情况的全球研究提供建议。自 2010 年起,她担任联合国非洲经济委员会非洲妇女权利观察站的顾问小组成员。

英国还十分注意支持其盟国官员出任国际组织的高级官员。其中最为著名的是曾经长期担任国际奥林匹克委员会主席的迈克尔·莫里斯·基拉宁勋爵(Lord Michael Morris Killanin, 1914—1999)。基拉宁先生是爱尔兰人,但出生于伦敦,青年时期求学于伊顿公学,后在剑桥大学麦格达伦学院(Magdalene College, Cambridge)学习艺术,具有记者、自由撰稿人、导演等多样的工作经历,1950 年任爱尔兰奥委会主席。1952 年开始在国际奥委会工作,1972—1980 年任国际奥委会第六任主席,尔后成为终生名誉主席。因其为国际奥运事业和英国体育事业的杰出贡献,被英国女王授予爵士爵位。①

再如,世界银行主管 2030 年发展议程、联合国关系及合作伙伴事务的现任高级副行长马哈默德·穆辛丁(Mahmoud Mohieldin)出生于埃及,在英国华威大学获得发展经济学文凭,在约克大学(University of York)获得经济与社会政策分析硕士学位,在华威大学获得经济学博士学位。②世界银行现任主管集团人力资源的副行长肖恩·麦格拉思(Sean McGrath)也是爱尔兰人,曾在英国杜伦大学

① The Olympic. The Organisation[EB/OL]. [2018-01-15] https://www.olympic.org/about-ioc-institution#President.

② Wikipedia.Mahmoud Mohieldin[EB/OL]. [2017-08-15] https://en.wikipedia.org/wiki/Mahmoud_Mohieldin.

(Durham University)获得工商管理硕士学位。[①]

三、 积极开展国际发展援助

西方学者公认,国际"官方发展援助"(ODA)这一概念起源于第一次世界大战后的英国。第一次世界大战后,英国政府第一次感到,为了维护殖民地的统治、缓和国内外对殖民主义的批评、树立大英帝国的形象,英国必须调整殖民政策,政府每年应该从国库及殖民地的收入中拨出一小部分,以解决殖民地基本发展、基础设施建设、殖民人才培养、医疗条件改善等问题。第一次世界大战后的经济危机,直接促成了英国议会在 1929 年通过了《殖民地发展法》,该法允许英国政府拨款援助殖民地,并第一次正式通过政府拨款 100 万英镑,用以资助殖民地的交通、税务和卫生建设。同时,英国政府设立了"殖民地发展顾问委员会",专门就殖民地发展援助事务,向英国政府内阁提出建议和意见。20 世纪 30 年代,针对"英属西印度地区"(即加勒比地区)地区的工人罢工浪潮,英国政府于 1940 年再次通过《殖民地发展与福利法》,将英国政府支持殖民地发展的资金提升到每年 500 万英镑,用以改善殖民地的社会福利事业。1945 年英国再次修订《殖民地发展与福利法》,成立了英国海外发展署,确定政府在未来 20 年内拨款 1.2 亿英镑(即每年600 万英镑)援助加勒比地区殖民地。[②]

1961 年 3 月,英国作为一个积极的倡导者和成员国,签署了经济合作与发展组织(OECD)《关于共同努力提供援助的决定》。OECD 及英美等国提出,不仅应在成员国之间开展经济合作、促进成员国经济与社会发展,而且提出:为了满足部分欠发达国家的发展需求,经合组织成员国应通过共同的努力,以提供无偿援助资金和和优惠贷款的方式,为这些国家援助。他们专门成立了经合组织的"发展援助委员会"(Development Assistance Council,简称 DAC),最初有 16 个成员国参加。英美等发达国家投入资金、推动和参与 ODA 国际援助事业。

---

① The World Bank. People[EB/OL]. [2017-08-15]http://www.worldbank.org/en/about/people/sean-mcgrath.

② Wikipedia. Official Development Assistance.[EB/OL]. [2018-10-11]. https://en.wikipedia.org/wiki/Official_development_assistance.

21 世纪以来,英国在先前投入的基础上,于 2002 年通过《发展援助法》,在政府内阁中设立了具有独立地位的国际发展部,并在 G7 的七个大国中率先实现官方发展援助(ODA)投入资金超过国民人均收入总值(GNI)0.7％的经合组织标准,2013 年英国在全球提供 ODA 援助资金的国家中,提供资金总量达到第二位(178.8 亿美元);占国民收入总值比例达到全球第七位、G7 大国中的第二位(0.71％)。[①]

从英国政府的公开数据看,英国的 ODA 资金中 60％左右直接流向发展中国家,特别是前殖民地国家和英联邦国家,以利于巩固其在英联邦成员国中和其在全球的影响力。就援助领域而言,教育、人道和治理又一直是英国 ODA 援助资金的主要去向,"教育""人道"和"政府治理"等三个领域近年来一直稳居投入资金最多的前五位,占经费的 35—40％之间,资金数每年近 30 亿英镑。[②]

表 8-1　英国 ODA 资金"双边"投入前五位的领域

2013 年		2014 年	
1. 健康	19.2％	1. 健康	18.2％
2. 跨领域	14.2％	2. 人道援助	16.4％
3. 教育	13.4％	3. 跨领域	13.9％
4. 政府社会治理	12.4％	4. 政府社会治理	12.6％
5. 人道援助	12.5％	5. 教育	12.0％

资料来源:DFID(2015)*Statistics on International Development 2015*. p.41. & Table 9.

在英国提供的 ODA 教育援助资金中,一部分用于受援国基础教育的发展,还有一部分则用于提供英国政府奖学金,吸纳受援国精英赴英留学。在这些精英中日后有的加入了英国国籍、成为英国不可多得的人才,有的成为他们本国的高级官员和各界领袖,还有的成为国际组织的高级官员。这些曾经留学的精英人士通常都怀有对英国的感恩之心,或多或少地受到英国文化的熏陶、对英国的政治

---

①　OECD. Development Co-operation Report 2016: The Sustainable Development Goals as Business Opportunities. Paris: OECD. 2016. pp.125, 162.

②　DFID. Statistics on International Development 2015[R]. London: DFID. 2015, 40—41, 23, 24, 48.

理念、行政管理制度抱有好感,除了出于对祖国的感情,在国际场合会义无反顾地捍卫祖国利益,在许多国际活动中往往会倾向于英国立场、英国方案,采用英国式的行事方式。

我们发现,在国际组织中,有许多重要官员曾经获得英国政府的资助和奖学金、并在留学英国以后,一步步成长为国际组织的国际公务员。例如,沙姆沙德·阿赫塔尔(Shamshad Akhtar Detho)出生于巴基斯坦,1977 年赴英国萨塞克斯大学(University of Sussex)学习,获得发展经济学硕士学位,1980 年获得经济学博士学位。博士毕业后,她回到巴基斯坦,作为巴基斯坦公民进入世界银行驻巴基斯坦代表处工作。1990 年,阿赫塔尔进入亚洲发展银行工作,并成为东南亚局局长。她现在已任联合国副秘书长兼联合国亚洲及太平洋经济社会委员会执行秘书。①又如,现任联合国驻阿布扎比世博会代表,曾任联合国全球传播事务局局长的马希尔·纳赛尔(Maher Nasser)出生于巴勒斯坦拉马拉,后到英国华威大学(University of Warwick)学习,获得工商管理硕士学位。毕业后留在英国工作并加入英国籍,以后进入联合国秘书处及联合国多个部门工作,成为英国籍联合国高级国际公务员。②

除了直接援助发展中国家,英国每年还将大约 40%左右的 ODA 资金捐助给国际组织,如联合国粮农组织、联合国开发署、联合国儿童基金会、世界银行、世界卫生组织、欧盟和一些抗击疾病的国际医疗卫生组织。例如,2014 年捐助给世界银行国际开发协会的资金为 16.41 亿英镑,捐给欧盟的资金为 11.44 亿英镑,捐给全球抗艾滋病、结核病和疟疾病基金会 2.85 亿英镑,捐给全球气候战略基金会 2.74 亿英镑,捐给非洲开发银行 2.75 亿英镑,捐给联合国(粮农署、开发署、儿基会等下属机构)共 3.5 亿英镑。③

通过大量国际发展援助资金的投入,英国不仅维持了它作为一个世界大国

① 百度百科.沙姆沙德·阿赫塔尔[EB/OL]. [2017-08-15]. https://baike.baidu.com/item/沙姆沙德·阿赫塔尔.

② Wikipedia. Maher_Nasser[EB/OL]. [2018-01-15]https://en.wikipedia.org/wiki/Maher_Nasser.

③ OECD. Development Co-operation Report 2016：The Sustainable Development Goals as Business Opportunities. Paris：OECD. 2016. p. 276—277.

的形象、维护了它与世界各国的联系、扶植了一批追随英国的发展中国家，也为英国籍官员和亲英国的他国官员进入联合国、联合国下属机构和其他国际组织任职开辟了道路。

四、发挥英语和文化教育优势

英国政府一直把英语和英国文化视为其不可多得的重要资产。早在 1929 年英国的一位外交官在出使南非的时候就说，"有些人认为，扩大文化影响与商业贸易无关。我们的回答是，他们完全错了。贸易行为是对我们倡导之文化的精心教诲的反应，这是确定无疑、回应迅速的。"①更多的英国政客和外交家深感在英国国力下降、文化影响衰退、法西斯主义兴起的"世界不稳定"中，英国更需要建立扩大其文化影响的机构和机制。于是，经英国乔治六世国王批准，英国在 1934 年就建立英国文化委员会(British Council，简称 BC，原名 British Committee for Relations with Other Countries)，1938 年该委员会在海外设立首个办公机构，1940 年获得《皇家宪章》(Royal Charter)。该《皇家宪章》为英国文化委员会确定的职能目标是：

1) 增进文化关系，促进英国人民与各国人民不同文化之间的相互了解，

2) 广泛传播关于英国的知识，

3) 发展英语知识，

4) 鼓励英国与各国文化、科技和其他教育方面的合作，

5) 促进教育发展。②

80 多年来，英国文化委员会为英国增强海外英语教育、建立英国与其他国家的文化交流、传播英国文化教育、吸引各国青年留学英国、特别是为增强各国对英国的信任，为形成强大的文化软实力作出了重要贡献。从英国文化委员会《2018—2019 年年报》公布的数字看，英国目前在全球 100 多个国家开展英语教学、各级教育、文化交流、科技合作和民间交往活动。在此一年间，世界各国有

---

① Mitchell, J.M. *International Cultural Relations*. London: Allen & Unwind, 1986. p.19.

② British Council. *Royal Charter and Bye-laws 1993*. London: British Council, 1993, p.3.

8 000万人直接接受 BC 提供的面授和广播教学学习英语,间接参与 BC 组织活动和资料阅读的达到 7.91 亿人次。英国文化委员会承认,他们"把该委员会的日常工作原则与英国政府长期外交优先政策相结合",使之成为英国政府内阁称赞的"在增进英国知识、促进英国与各国人民理解"的"全球领袖性机构"。①

英国文化委员会主要开展三大项工作。第一项主要工作是在全球开展英语教学。2018—2019 年共为全球各国 42 万学生提供英语教学,390 万人提供了英语考试,其间还有 7.7 万教师参加了英语教师培训,使英语保持了"使用人数最多"的"国际语言"和"联合国工作语言"的地位,同时他们还在英语语言教学的过程中,将英国的文化、礼仪、制度和价值观传播到世界各地,提高英国在全球的声誉与地位。对英国文化委员会来说,英语教学和考试同时也是该委员会的重要收入来源,2018—2019 年其英语教学与考试收入为 72.7 亿英镑,占英国文化委员会总收入的 58%。②英国文化委员会的第二项重要工作是在开展国际教育活动。2018—2019 年英国文化委员会与世界各国 21 000 名高校教师学者合作,邀请他们到英国大学和科研机构交流或参加国际会议,还为 16.8 万名各国教师提供了除英语之外的各种培训。此外,英国文化委员会还与英国教育部、国际贸易部和英国的大学合作,在西班牙、俄罗斯、中东各国、拉丁美洲、东南亚和中国举办英国教育展,参加教育展的学生超过 200 万人,为英国吸引各国学生赴英国学习,为英国保持每年 40—45 万外国留学生在英学习立下了汗马功劳。英国文化委员会的第三项重要工作是开展文化交流活动,一年间就与世界各国 39 000 名艺术家和文学家及其机构开展合作交流,与 2 000 多个各国民间机构进行文化交流,邀请他们赴英国参加各种艺术节活动和交流演出;同时资助派遣 8 000 多英国艺术家到各国演出办展。③

美国卡内基·梅隆大学国际经济与政策教授辛格(J.P. Singh)评论说,英国文化委员会从援助发展、语言教育、组织考试、颁发证书、组织文化交流,到汇聚与结成伙伴网络、形成文化与贸易间的联系,再以文化传播促进贸易合作、推动旅游

---

① British Council. *Annual Report and Accounts* 2018—2019. London: British Council, 2019, p.3.

② 同上书,pp.18, 81.

③ 同上书,p.18.

业发展,到安抚相关国家、倡导某些主张、推进某些倡议与运动,表现出巨大的软实力。这不仅促进了一般意义上的英国与各国的文化交往(cultural relation),而且成为英国文化外交(cultural diplomacy)和公共外交(public diplomacy)重要组成部分。①

由于英国较早意识到,它已无法用军事实力等硬实力去征服世界,英国就不断用其语言、教育和文化去影响世界各国政府,影响各国精英,影响国际组织。因此,在联合国系统中,都有许多高官和公务员曾经在英国学习过英语或者接受过专业高等教育,受到较深的英国文化影响。例如,在 40 余位现任联合国副秘书长级官员中,就有 11 位非英国籍官员曾在英国高校中接受高等教育,并获得学士、硕士甚至博士学位。

例如,扎伊德·拉阿德·侯赛因亲王(Zeid bin Ra'ad Zeid al-Hussein)出生于约旦,目前他担任联合国副秘书长兼联合国人权事务高级专员。②他青少年时期就曾到在英国的寄宿制私立学校——里德学校(Reed's School)就读,以后又在剑桥大学继续深造,于 1993 年在剑桥大学获得博士学位。扎伊德·侯赛因亲王回国后曾两度担任约旦常驻联合国代表,长期从事国际刑事司法、国际法、维和事务、冲突后重建和平等领域的工作,为其出任联合国副秘书长兼联合国人权事务高级专员奠定了基础。③又如,阿希姆·施泰纳(Achim Steiner)是出生于巴西的德国人,他曾就读于英国牛津大学沃赛斯特学院(Worcester College, Oxford),获得学士学位,之后就读于伦敦大学亚非学院(SOAS),获得硕士学位,主要研究领域为经济发展、地区规划、国际发展、环境政策等。在联合国系统工作前,他曾担任世界信托组织秘书长、世界环境保护联盟(IUCN)总裁等,2015—2016 年之间,他还曾被任命为牛津大学马丁学院(Oxford Martin School)的院长。④施泰纳现任联合国副秘书长兼联合国环境规划署执行主任。再如,琼恩·克劳斯(Joan Closi

---

① Singh, J. P. *British Council and Cultural Relations：Betwixt Idealism and Instrumentality.* London：British Council, 2019, p.8.

②③ Wikipedia. Zeid Raad Al Hussein[EB/OL]. [2018-01-20]. https://en.wikipedia.org/wiki/Prince_Zeid_bin_Ra%27ad.

④ Wikipedia. Achim Steiner[EB/OL]. [2017-10-20]. https://en.wikipedia.org/wiki/Achim_Steiner.

Matheu)出生于西班牙,在巴萨罗那自治大学主修医学后,又赴英国爱丁堡大学(University of Edinburgh)学习公共卫生和流行病学。他曾在 1997—2006 年之间担任两任巴塞罗那市长,于 2010 年至今担任联合国副秘书长兼联合国人类住区规划署执行主任。[①]

在联合国以外的许多重要国际组织中,如经济合作与发展组织、欧盟、国际红十字会等,也有许多高级官员曾经就读于英国的大学,学习过与他们在国际组织中业务相关的专业知识。例如,经济合作与发展组织(OECD)现任秘书长安赫尔·古里亚(Angel Gurría)在墨西哥国立自治大学获得经济学学士学位后,再到英国的利兹大学(Leeds University)学习,获得经济学硕士学位。[②]欧盟经济与货币事务专员奥利·雷恩(Olli Ilmari Rehn)是芬兰人,1996 年在英国牛津大学圣安东尼学院获得哲学博士学位,他的博士论文题目为"小型欧洲国家的社团主义与工业竞争力"。[③]在 19 位瑞士籍现任红十字国际委员会大会委员中,马娅·赫蒂希·兰达尔(Maya Hertig Randall)和亚历克西斯·凯勒(Alexis Keller)二位委员都曾就读于剑桥大学,并获得法学相关学位。[④]

第三节　英国高校的国际组织人才培养

国际组织在全球治理中的关键作用是通过国际规范、价值和利益观念"使国家社会化",它塑造和限定着世界各国在国际事务和国际关系中的偏好方式。[⑤]受非政府主义影响,早期国际组织活动的倡导者多为科学家、学者和教育家等,很多全球发展的核心问题都由知识圈和学术界提出。因此,各国高等学校和研究机构日益为国际组织参与全球治理提供大量的人力与智力资源。对于世界秩序的发

① 百度百科.琼恩·克劳斯[EB/OL]. [2017-10-20]. https://baike.baidu.com/item/琼恩·克劳斯.
② OECD. Angel Gurría, OECD Secretary-General (CV)[EB/OL]. [2017-08-15]. http://www.oecd.org/about/secretary-general/angel-gurria-cv. htm.
③ Wikipedia.Olli Rehn[EB/OL]. [2017-08-15]. https://en.wikipedia.org/wiki/Olli_Rehn.
④ 红十字国际委员会.红十字国际委员会大会委员[EB/OL]. [2017-08-15]. http://www.icrc.org/zh/members-international-committee-red-cross?language=en.
⑤ [美]玛莎·芬尼莫尔.国际社会中的国家利益[M].袁正清,译.上海:上海世纪出版集团,2012:2—15.

展而言,高校不仅是世界文明与价值的代际传递者,也是已有知识的沉淀累积者,更是新知识的跨国界孵育者。[①]

英国是近现代大学教育的重要发源地,至今仍然是全球高等教育最为发达的国家之一。无论是牛津、剑桥等最为古老的著名学府,还是曼彻斯特、伯明翰等19世纪建立的"红砖大学"(如曼彻斯特大学、伯明翰大学、利物浦大学和利兹大学等),抑或是组合独特、联邦制的伦敦大学(其中有伦敦大学学院、帝国理工、伦敦政治经济学院、伦敦大学教育学院等近20所实力强劲的学院),以及20世纪60年代才创建的新大学(又称"玻璃房大学",包括华威大学、萨塞克斯大学、东英吉利大学等)都为世界各国、各地区和各国际组织培养出杰出的科学家、政治家、经济学家、社会学家和教育家等高端人才。20世纪的全球化浪潮中,英国高等教育也受到深刻的影响。英国高校培养的毕业生既拥有国际知识、又拥有国际眼光和国际交往能力,很多在毕业后进入国际组织工作,一些承担国际组织的重要职务,将自身所学所长奉献给国际事务的治理与服务。

一、 英国教育背景国际组织高官的履历特点

目前,英国共有高等教育及研究机构159所,其中有132所在英格兰地区。[②]除了白金汉大学(University of Buckingham)等极少几家私立大学以外,英国大部分高等教育机构都是公立大学。[③]从英国高校分类的情况上看,主要可以划分为四组。第一组是世界一流的顶尖研究型大学,这些高校多为罗素大学集团(Russell Group,共24所)盟校成员;第二组是英国高水平学术型大学,这类高校很多曾经是1994大学集团的盟校成员(1994大学集团已于2013年解散);第三组是1990年以后由多科技术学院升格而成的大学;第四组为具有独特专业性的高等教育学院或研究所等。

---

① Mittelman. James H. Global Governance and Universities: The Power, Ideas and Knowledge. Globalizations, 2016, 13(5),609.

② Higher Education Finance and Cost-Sharing in the United Kingdom[EB/OL]. [2013-07-29]. http://wenku.baidu.com/view/aa582cf1770bf78a65295483.html.

③ The Guardian. Diversity in the UK's Private Universities[N/OL]. [2018-01-04]. http://www.the-guardian.com/education/2013/sep/30/diversity-uk-private-universities.

本节中提及的 24 位国际组织高级官员履历显示出如下特点。第一,这些国际组织高官就读的学校多属世界顶级或者英国优秀大学和高校。他们曾在 19 所英国高等教育机构就读,主要分布于剑桥大学、牛津大学、爱丁堡大学、伦敦大学政治经济学院(LSE,简称伦敦经济学院)、曼彻斯特大学(QS2018 排名第 34;THE2018 排名第 54)、华威大学(QS2018 排名第 57;THE2018 排名第 91)、杜伦大学(QS2018 排名第 78;THE2018 排名第 97)、萨塞克斯大学(QS2018 排名第 228;THE2018 排名第 147)、伦敦大学亚非学院(QS2018 排名第 296;THE2018 排名第 401—450 之间)[①]和林肯律师学院(四大出庭律师培训机构),等等。[②]总体来看,这些国际组织高级官员在英国所就读的高校层次水平普遍较高,就读人次最多的前五所高校分别是:剑桥大学 7 人次、牛津大学 5 人次、华威大学 3 人次、伦敦大学各相关学院 3 人和萨塞克斯大学 2 人次。这些高校均是英国罗素大学集团(Russell Group)盟校成员,而且在 QS 世界大学排名和 THE 世界大学排名中均进入全球高校前 200 名,它们的办学理念、教学质量、科研影响力、毕业生雇主满意度等受到广泛认可。

第二,这些国际组织高级官员的岗位与所学专业匹配度很高。这些国际组织高级官员在英国高校就读的专业大多集中于社会科学领域。除联合国教科文组织的首任总干事朱利安·赫胥黎在剑桥大学研究动物学、前国际奥林匹克委员会主席迈克尔·基拉宁勋爵在剑桥大学学习艺术之外,其他 20 位高级官员就读的专业分布于经济学、法学、国际发展、国家或地区研究、战略研究、社会政策、现代史与政策、工商管理、教育规划等社科专业。其中,就读于经济理论、经济发展、国际经济、经济与社会政策等经济学专业领域的人次最多,为 8 人次;就读于法律与政策、国际刑法与司法等法学专业领域的人数紧随其次,为 6 人次;就读于国际关系、国际政治、国际战略研究、区域研究等国际发展专业领

---

①   QS Top University. University Rankings[EB/OL]. [2018-01-15]. https://www.topuniversities.com/university-rankings.

②   Times Higher Education. World University Rankings 2018[EB/OL]. [2018-01-15]. https://www.timeshighereducation.com/world-university-rankings/2018/world-ranking#!/page/0/length/25/locations/GB/sort_by/rank/sort_order/asc/cols/stats.

域的有 4 人次。

这在一定程度上受到本节所选取国际组织类型与职责的限制,因为这些高级官员多在联合国系统工作。联合国系统的国际政治、法律、人权、经济、社会和行政管理等事务复杂繁多,很多高级官员都是这些事务领域中的研究者和专家。世界银行和欧盟的国际经济事务也决定着其对经济学专业顶尖人才的需求。不过,从这些高级官员在国际组织工作的岗位与相关职责上可以看出,他们在英国高校就读的专业、获取的学位与其在国际组织中的工作职责与工作内容的匹配度是非常高的。

例如,经济合作与发展组织秘书长安赫尔·古里亚在英国的利兹大学获得经济学硕士学位。又如,联合国促进性别平等和增强妇女权能署执行主任普姆齐莱·姆兰博-恩格库卡,本科、硕士都是教育学和教育规划相关专业,在华威大学攻读博士学位时仍然关注全球教育,特别是发展中国家的教育发展问题,她博士论文的研究内容是通过移动科技支持欠发达国家的教师发展。[1]再如,联合国环境规划署执行主任阿希姆·施泰纳,就读于伦敦大学亚非学院(SOAS)时就非常关注经济发展与环境政策等问题,并将他对环境问题的关注延续到后来在柏林德国发展学院和美国哈佛大学的学习研究中。而且,他在世界信托组织、世界环境保护联盟(IUCN)和联合国环境规划署等机构的工作中,不仅作为行政主管,同时也作为环境政策的技术专家和资深顾问,领导了很多全球性自然资源管理和环境保护项目,推动了全球各国、各地区和众多环境与发展相关国际组织的合作。[2]另外,值得关注的是,曾经在英国高校接受教育的国际组织高官中,学习“发展研究”(Development Study)和“国际发展”(International Development)的人士在 20 世纪80 年代以来迅速增加,发展研究与实务人才,特别是对发展中国家经济社会、健康卫生、粮食农业、教育文化、气候变化和社会治理等方面的人才日益成为国际组织需要的国际公务人员。

---

[1]　Wikipedia.Phumzile Mlambo-Ngcuka[EB/OL].[2017-08-15].https://en. wikipedia. org/wiki/Phumzile_Mlambo-Ngcuka.

[2]　百度百科.阿希姆·施泰纳[EB/OL].[2017-08-15].https://baike. baidu.com/item/阿希姆·施泰纳/620413? fr=aladdin.

二、 英国高校的国际组织人才培养

国际组织的核心工作要务是在国际事务的全球化治理过程中,制定国际规则、协调多边事务、配置国际资源,并且提供知识精英、技术专家和管理专家的共同体支持。[①]国际组织各级各类职员招录一方面具有明显的领域性和专业性特点,要求职员具备扎实的专业能力和知识基础;另一方面,它们还要求职员是具有适应、沟通、合作等能力的复合型人才。[②]英国高等教育机构的学生培养目标就以学生的专业能力、综合能力为基础,而且,英国很多高校及其相关专业还非常重视培养学生树立承担全球发展责任与担当的理想与抱负,形成全球人类命运共同体的意识。

(一)对国际组织人才的专业培养

在英国,对于国际组织人才的培养与选送的专业,一定程度上集中于社会科学领域,特别是经济学、法学、国际关系和国际发展等。根据 2017 年 QS 世界高校专业排名中,梳理经济学、法学、发展研究和国际教育等领域在英国高校中排名前五的学校,以这些高校相关专业设置中的国际组织人才培养目标和路径为例,分析英国高校国际组织人才培养的模式。

表 8-2　QS2017 相关专业英国高校前五名

专业领域	英国高校相关专业排名(全球排名,英国排名)
经济学	伦敦经济学院(5,1)、牛津大学(8,2)、剑桥大学(11,3)、伦敦大学学院(17,4)、伦敦商学院(25,5)、华威大学(25,5)
发展研究	萨塞克斯大学(1,1)、牛津大学(3,2)、剑桥大学(4,3)、伦敦经济学院(5,4)、伦敦大学亚非学院(7,5)
法学	牛津大学(2,1)、剑桥大学(3,2)、伦敦经济学院(7,3)、伦敦大学学院(12,4)、伦敦大学国王学院(18,5)
教育研究	伦敦大学教育学院(1,1)、剑桥大学(4,2)、牛津大学(6,3)、诺丁汉大学(22,4)、伯明翰大学(25,5)、爱丁堡大学(25,5)

数据来源:QS Top University. QS World University Rankings by Subject[EB/OL]. [2017-10-20]. https://www.topuniversities.com/subject-rankings/2017.

---

① 阚阅.全球治理视域下我国的国际组织人才发展战略[J].比较教育研究,2016(12):17.

② 彭龙.全球治理体系变革与国际组织人才培养[J].社会治理,2017(4):10.

1. 经济学:以伦敦政治经济学院为例

伦敦政治经济学院、牛津大学、剑桥大学、伦敦大学学院、伦敦商学院和华威大学是英国经济学专业排名前五的高校。其中,伦敦政治经济学院(LSE,简称伦敦经济学院)创立于 1895 年,它是伦敦大学的一所专业性成员学院,又是一所专注社会科学研究,且在经济金融领域顶尖的世界一流大学。此外,伦敦政治经济学院的国际事务与外交战略研究被美国宾夕法尼亚大学《全球智库报告 2015》列为全球高校智库第三位,在国际事务中具有很重要的影响。[①]伦敦政治经济学院的师生与国际组织的发展具有深远的渊源。1932 年至 1953 年之间在伦敦政治经济学院任教的查尔斯·韦伯斯特勋爵(Sir Charles Webster, 1886—1961)就是联合国的重要创始人(《联合国宪章》的重要起草者)和推动者之一。[②]目前,伦敦政治经济学院的毕业生大多进入较高级的岗位,在政治、城市服务、商业、工业、以及国际组织等行业和领域工作。[③]

伦敦政治经济学院最负盛名的是经济学系(Department of Economics)的相关专业。在蒂尔堡大学经济学专业排名和 QS 专业排名中,伦敦政治经济学院的经济学专业均列全球第五位;在 ARWU 排名中列全球第八位;在 US News 排名中列全球第九位。伦敦政治经济学院经济学系设有本科、硕士和博士的课程。本科生培养上,分四个科学学士(BSc)学位,专业分别是经济学学士、计量与数理经济学学士、经济史学士、以及哲学、政治学和经济学联合学士。前三个专业学制三年,最后一个与哲学系联合培养的专业学制四年。本科生的班额为 15 人左右的小班型,学生每周至少要完成 12 小时的课堂学习和 6 小时的独立学习。授课型研究生可选择学制一年的经济学课程或计量与数理经济学课程,也可选择学制两年的经济学课程,完成后可获得科学硕士学位(MSc)。研究型研究生学制 3—6 年。他们的课程设置注重跨学科、跨区域的学习和研究,重视教学研相结合,在理论与实践之间保持良好的平衡。其中,博士生们第一年要学习宏观经济学、微观经济

① 单丽敏.伦敦政治经济学院国际事务与外交战略研究中心[J].上海教育,2016(32):27.

② Wikipedia. Charles Webster (historian) [EB/OL]. [2017-10-20]. https://en. wikipedia. org/wiki/Charles_Webster_(historian).

③ 郭德红.伦敦政治经济学院的发展模式[J].清华大学教育研究,2007(5):97.

学和计量经济学等经济领域基础课程,第二年则要学习财经市场、国际经济学、劳动力经济学、公共经济学、政治经济学和发展经济学等跨学科类的应用性课程。[①]

在师资力量上,经济学系吸引了一大批来自北美和欧洲、具有国际影响力的教师,保持教学与科研的高水平和高质量。现任的 69 位教学研究人员中,44 位在美国顶尖高校获得博士学位,其中 13 位在哈佛大学获得博士学位、8 位在麻省理工学院获得博士学位。这些学者将世界最先进的经济学理念在伦敦政经应用、传播。[②]

2. 法学:以牛津大学为例

20 世纪的两次世界大战和东西方冷战,国家间权力与武力的角逐下,国际组织应运而生。在国际组织化进程中,国际法、国际组织法、国际比较法的研究具有重大的意义,越来越多法学背景的毕业生进入各个国际组织和国际机构工作。牛津大学、剑桥大学、伦敦经济学院、伦敦大学学院、伦敦大学国王学院分别在QS2017 专业排名中法学专业名列前茅,这些世界一流高校也为各类国际组织选送了大量的法学人才。

以牛津大学的法学院为例,它建立于 14 世纪,是英国高校最大的法学院,牛津大学法学院的师资队伍来源非常多元化,而且设置了讲座教席来吸引海内外人才。如"钦定教授"席位(Regius Professorship)是由英国国王亨利八世早在 1540年就设立在牛津大学的。目前,牛津大学法学院仍设有 7 个讲座教授席位。[③]牛津大学法学院始终沿用中世纪以来的导师制,注重学生的学术积累、思辨能力的培养,同时也鼓励学生掌握更广博的社会科学知识,如学生的学位考试中,除了罗马法、法理学、英国法律史等内容外,还包括古典文学、希腊与罗马历史、古典哲学、数学等神学、哲学、文学甚至医学科目的内容。法学院会为每一位新学生选派固定的导师,学生从报到就开始跟着具有专业造诣的教授学习。这些导师要全面指导学生的学业和品行,协助学生做好学习计划的安排。[④]

---

① LSE.Courses[EB/OL]. [2017-08-15]. http://www.lse.ac.uk/economics/study/courses.
② LSE.Faculty[EB/OL]. [2017-08-15]. http://www.lse.ac.uk/economics/people/faculty-a-z.
③ 胡加祥.世界一流大学法学院比较与启示[J].河北法学,2007(8):14.
④ 何荣华.牛津大学导师制对我国法学教育的启示——基于卓越法律人才培养目标的视角[J].学术论坛,2015(10):177.

目前,牛津大学法学院能够授予的法学学位体系,包括三种法学学士、两种-四类法学硕士和法学博士。法学学士中,第一种为学制三年的普通法学学士(BA in Jurisprudence)。第二种为学制两年的高级法学学士(BA in Jurisprudence with Senior Status),这类学位的申请者必须在就读前已经获得一个法学以外的本科学士学位,法学课程内容与第一种完全一样,但是学习时间大为压缩。第三种是2年在牛津学习、1年在欧洲高校学习的与欧洲高校共同授予联合学位(BA in Law with Law Studies in Europe)的项目。

法学硕士分为授课型硕士和研究型硕士两类。授课型硕士细分为BCL学位和MJur学位两种,BCL学位适用于本科普通法背景的学生攻读,MJur学位适合本科为大陆法背景的学生攻读。研究型硕士又细分为法学硕士(MPhil Law)和法律研究硕士(Mst Law)。博士培养阶段授予的学位是法学博士(DPhil Law)。此外,牛津大学还会向已毕业三十年以上、且在各自领域中获得成果和影响力的法学专业毕业生授予法学荣誉博士(DCL)的称号。

3. 教育国际发展:以伦敦大学学院教育研究院为例

全球性国际教育组织,如联合国教科文组织、儿基会、世界银行、经合组织等,在传播平等、公正、发展、减少贫困、国际理解等价值和观念中,发挥了至关重要的作用。教育与国际发展的关系也越来越受到学界的重视。伦敦大学学院教育研究院(UCL-IOE,原来是伦敦大学直属的一个专业学院)连续几年蝉联QS全球高校教育学专业榜首,作为全球最重要的教育智库,它传播教育知识、培养实务人才、服务公共社会和提供决策咨询,将教育研究成果通过各种渠道呈现给其他研究者、实践者、决策者和普通公众。[①]除了为世界各国基础教育发展提供教师人才外,伦敦大学学院教育研究院为世界各国教育行政管理部门、公共事业部门、国际组织、教育研究机构培养教育事业志愿的服务者、教育理论与实践的研究者、教育政策的分析者、制定者和决策者。

在伦敦大学学院教育研究院的各系部专业中,教育实践与社会系的教育国

---

① 郭婧.英国高校教育智库运作模式及资源保障研究——以伦敦大学教育学院为例[J].中国高教研究,2014(9):72.

际发展中心(Centre for Education and International Development，CEID)对国际教育政策、国际发展研究的影响最大。它关注五大领域：①贫穷、教育和不平等；②教育、冲突与和平重建；③教育与健康福利改善；④教育与移民；⑤教育、性别平等与赋权，都是联合国教科文组织、世界银行等国际教育组织推动改善的全球性教育发展主题。教育国际发展中心的教育与国际发展专业共招收四大方向的硕士研究生，分别是教育与国际发展(EID)、教育、健康与国际发展(EHPID)、教育规划、经济与国际发展(EPEID)、教育、性别与国际发展(EGID)。在伦敦大学教育学院与伦敦大学学院合并后，非洲教育研究(ASE)专业也开始并入教育国际发展中心招收硕士研究生。①

表8-3 伦敦大学学院教育研究院教育与国际发展专业四大方向培养目标

专 业	培 养 目 标
教育与国际发展	从社会、经济、可持续发展、全球化等视角讨论国家和跨国教育行动背后的国际发展理念与挑战， 批判反思教育与国际发展相关的政策及其实践， 培养学生未来从事与教育国际发展相关工作的兴趣与能力
教育、健康与国际发展	批判地讨论健康促进、教育与国际发展相关的问题， 加强对健康促进与教育发展相关的政策、政治、社会、文化、经济背景的理解； 能够针对教育和健康促进的问题进行合适的教育发展规划， 运用健康教育、健康促进、社会发展等理论开展小型研究，促进政策和实践的改善
教育规划、经济与国际发展	为有志向在国际教育规划、国际教育管理等方面工作的研究生提供国际发展相关的知识和设计教育规划的技能， 批判地分析教育规划，掌握分析技术，更好地理解教育与国际发展的关系， 深入了解经济学理论和原则在教育规划中的应用， 掌握教育规划、经济与国际发展相关的研究方法
教育、性别与国际发展	丰富关于发展中国家和低收入国家教育政策、教育实践和教育发展的知识； 发展批判性分析性别与国际发展问题的技能； 提升对教育、性别和国际发展研究的能力。

资料来源：IOE.R.MA EID/EHPID/EPEID/EGID Handbook 2014—2015.London：2014，pp.5—10.

---

① IOE. Centre for Education and International Development[EB/OL]. [2017-08-15]. http://www.ucl.ac.uk/ioe/departments-centres/centres/education-and-international-development.

在教育国际发展中心为研究生设计的课程大纲中,还有一项为期一周的巴黎游学计划(Paris Study Tour)。巴黎游学计划的设计目标是通过赴设立在巴黎的国际教育规划研究所(IIEP)、联合国教科文组织(UNESCO)和经合组织(OECD)等国际组织进行实地考察,使研究生们对国际组织的工作性质、工作内容、工作中教育与发展的主题实践等形成更为深入的了解;帮助研究生熟悉和拓展他们毕业后可能从事的专业工作和相关的专业网络;要求研究生们在游学结束后,加强对相关国际组织的国际教育与发展使命、最受关注的国际教育发展问题、国际教育发展促进社会公平的作用等方面问题的认识、理解与思考。[①]

4. 发展研究:以萨塞克斯大学/发展研究所为例

发展研究(Development Studies,亦称发展学,Development Study)是 20 世纪 60 年代才兴起的新兴学科领域,以促进人类和社会"发展"、解决"发展"问题为目标,具有强烈的应用性和跨学科性。发展研究的学科发展与战后众多独立国家急需寻找经济社会发展途径,与联合国提出第一个"发展十年"战略(1960 年),努力缩小贫穷与富裕国家差距有着直接的联系。在这过程中,英国、美国、荷兰等国的一流大学纷纷建立相关研究机构和学科专业。创建于 1961 年的萨塞克斯大学(University of Sussex)选择了这一新兴、交叉学科领域作为这所新生大学的发展重点。英国政府也把握时机将其海外殖民地管理部门改设为国际发展部(Department for International Development, DFID),并指定 DFID 作为经费的主要投入部门,于 1966 年在萨塞克斯大学创建了一家财政独立的公益机构——"发展研究所"(Institute of Development Studies)。半个世纪以来,萨塞克斯大学和发展研究所通过不懈努力,已经使它们的发展研究学科及相关专业(Development Studies)发展成名列世界前茅的学科与智库。自 2015 年起,萨塞克斯大学/发展研究所已经在 QS 全球大学学科排名中,连续 5 年超越哈佛大学、牛津大学和剑桥大学等世界名校,列于全球第一。

萨塞克斯大学发展研究专业的本科生课程主要由苏塞克斯大学的全球研究学院开设,硕士和博士生课程主要由发展研究所(Institute of Development

---

① IOE.R.MA EID/EHPID/EPEID/EGID Handbook 2014—2015. London, 2014, p.31.

Studies, IDS)和全球研究院共同承担。在本科生层次,苏塞克斯大学全球研究学院创新培养理念,共开设了 8 种跨学科的学士学位课程。它们分别是:发展研究、人类学+国际发展、经济学+国际发展、地理学+国际发展、现代语言(如法语、德语、西班牙语等)+国际发展、国际关系+国际发展、社会学+国际发展和社会科学(国际发展)。这 8 种学士课程都需要学习三年,还强调学生必须参加国际合作交流实践。苏塞克斯大学全球研究学院还开设 20 种发展研究和国际发展方面的硕士课程。其中既有发展研究、国际发展等学科本位性硕士课程,也设有非洲发展、拉美发展等区域发展性课程,还设有大量需要本科专业基础的跨学科专业性很强的硕士课程,例如气候变化与发展政策、能源发展政策、环境发展政策、性别与发展、媒体与发展、教育与发展、粮食与发展等课程,另外还设立了一些与政治、国际政治相关的硕士课程,如全球主义与发展、治理与发展、人权与发展、权力、参与与社会变迁等。

　　发展研究所是一个通过公益基金维持的财政独立的研究机构和智库。现有 200 名在职人员,其中研究人员 100 多位。发展研究所下设 13 个科研簇群和团队,分布于商业市场与国家、城市发展、数字技术、健康与营养、冲突和暴力、性别、治理、环境政策、知识影响与政策、参与度、有权力与大众政治、资源政策、未来农村研究等发展研究领域。此外,发展研究所还有 300 多位研究生、360 家全球合作伙伴、3 300 多毕业校友。发展研究所的理念是:"希望通过研究发现世界、理解世界、改变世界,减少社会的不平等,促进社会的可持续发展,建立一个平等、包容的社会。力争在地区和全球范围内,每个人都可以享受安定的生活,都能够脱离贫困,享受社会公正的待遇"。①在《全球智库报告 2016》中,IDS 单独被评选为国际发展智库第四名。②

　　发展研究所对于很多国际组织的政策制定与转型影响极大。例如,现任所长美丽莎·里奇(Melisa Leach)教授是位剑桥人类学出身的发展研究专家,是《联合国妇女发展报告》首席作者、联合国教科文组织"可持续发展全球理解讲席教

---

　　①② IDS. Institute of Development Studies[EB/OL]. [2020-03-16]. https://www.ids.ac.uk/learn-at-ids.

授"、世卫组织(WHO)新冠疫情社会调查专家、UNDP《人类发展报告》顾问,对人类发展、世界妇女发展研究和非洲发展政策演变做出过重要贡献。她还长期关注中国发展及其影响力问题、成为中英发展研究合作项目和英国"中国发展锚定机构研究项目"的主持人。IDS 学者达德利·西尔斯(Dudley Seers)领导的贫困问题研究团队,引领着世界银行、学术界和国际政策界"将减贫行动纳入发展议程"的思维转型。[①]

发展研究所的人才培养目标是通过高水平硕士生和博士生的培养,打造新一代具有发展理念、制定发展决策、实施发展战略的未来领导者。[②]发展研究所自 1973 年开始正式设立第一门研究生课程,目前设有九个硕士点和一个博士点。发展研究所坚持问题分析、理论研究与实践能力培养相结合,坚持要求学生在学期间就赴国际组织和政府相关部门交流实习,国际组织人才培养卓有成效。

表 8-4　发展研究所研究生培养目标

专　　业	课　程　目　标	实　习　就　业
硕士研究生		
发展研究	了解主要的发展理论、发展概念及其论证历程,并将这些知识应用在专业工作中, 习得政治科学、经济学、社会学和人类学的批判性研究方法, 合作研讨全球发展挑战问题的知识与策略	通过论坛、咨询、项目运作等形式,让研究生接触到更多的国际组织、政府机构、非政府组织、政策决策者、发展问题研究者等,为研究生从事国际发展等相关领域的工作奠定基础。
食品与发展	研究饥饿问题、营养不良、粮食生产与安全、食品安全、可持续粮食与食品体系、农业与食品技术问题、粮食与环境可持续发展、食品政策与社会发展等问题和专业技术	该专业欢迎农业、粮食和食品专业的毕业生报考,通过论坛、咨询、项目运作和国际交流考察等形式,让研究生接触到国际政府间组织、非政府组织、政策决策者、农业与食品问题研究者,为他们将农业与食品知识技术与人类发展、消除饥饿和粮食食品政策制定的结合开辟道路。

---

① ［美］玛莎·芬尼莫尔.国际社会中的国家利益[M].袁正清,译.上海:上海世纪出版集团,2012:2—15, 93—94, 102—103, 7.

② IDS. About Us[EB/OL]. [2017-08-15]. http://www.ids.ac.uk/about-us.

（续表）

专　业	课 程 目 标	实 习 就 业
性别与发展	运用发展理论和政策批判性地分析性别问题， 具备能够综合提取性别与发展相关理论和概念信息的能力， 形成性别与发展相关的项目设计、政策分析等独创性能力与技能	通过论坛、咨询、项目运作等形式，让研究生接触到更多的非政府组织、政策决策者、性别与发展问题研究者等
全球化、商业与发展	理论学习、概念辨析， 辩证分析具体的国际发展事务中，商业发展对全球化的影响， 批判地评价微观和中观层面的商业发展政策， 与跨学科和多元文化背景的专家合作参与商业发展规划的设计	该专业的招生对象主要为具有非政府组织的管理人员、商业分析人员、政策研究人员、公务员等经历的候选人，毕业后的就业去向主要为非洲发展银行、世界粮食计划署、国际劳工组织、非洲农业研究论坛、亚洲备灾中心等国际组织和非政府组织
治理与发展	分析国家和非国家行为体在社会经济发展中的角色， 理解全球化过程中，地方、国家和国际组织的重要作用， 根据具体情境开发有效的、合法的治理框架	该专业的学生主要来自于各国政府部门、私营部门、非政府组织、双边或多边慈善机构、联合国相关国际组织和部门等该专业毕业的校友的工作岗位遍布全球150多个国家
参与、权力与社会变革	理论联系实践， 方法论的创新， 促进学习和能力的发展， 理解权力的内涵， 反思性实践， 挑战陈规实践与学说， 组织学习与变革	该项目的研究生需根据自身的背景，赴社区组织、非政府组织、政府部门、商业部门和咨询部门等，完成4个月的"工作本位"行动学习。行动学习要围绕农业、健康、预防艾滋、自然资源、气候变化、青年一代、性别、社区发展、教育、治理、规划、决策等主题开展
贫穷与发展	掌握关于减轻贫困的理论、概念、历史境迁等知识， 理解和运用关于减轻贫苦的理论与知识， 与其他多元社会科学背景的学者合作进行减轻贫困问题的研究， 能够运用定性和定量的研究方法分析问题	该专业的学生主要来自于各国政府部门、非政府组织、双边或多边慈善机构、民间组织、联合国相关国际组织和部门等，还有很多学生在完成一定时间的志愿工作或志愿实习后来此学习

专　业	课　程　目　标	实　习　就　业
气候变化、发展与政策	了解气候变化与可持续能源的相关理论，学习碳管理和气候风险管理相关的知识，学习地理信息系统等综合性、专业性课程	该专业学生的就业去向包括：国际组织（如联合国环境计划署、世界银行、泛美开发银行），非政府组织（如国际红十字会、反饥馑国际行动中心），各国政府部门，私营部门等
可持续发展	这是 2010 年以后新设的专业领域。要求学生学习发展经济学、发展的社会权利观与可持续发展政策，了解可持续发展与单纯经济增长的理论与争论，分析研究各国可持续发展政策与成效等	该专业欢迎已经具有可持续发展工作经验的人士和已学习经济、气候与环境专业的人士选读。该专业毕业生的去向：国际组织、国际非政府组织和各国政府部门
博士研究生		
发展研究	/	该专业的博士研究生主要就业去向包括：世界主要的发展研究机构和世界一流高校，各国的政府部门，重要的国际组织，如世界银行、联合国环境规划署、联合国开发计划署等

数据来源：IDS. IDS Study[EB/OL].［2020-05-16］. https://www.ids.ac.uk/learn-at-ids.

　　21 世纪以来，发展研究所的毕业生和全球影响力持续攀升。新一代的 IDS 毕业生已经崭露头角，在国际组织和各国政府中担任领导和重要职务。例如，2008 年发展研究专业博士格瑞尔-罗伯逊(Milasoa Gherel-Robson)担任了联合国贸易发展会议的经济事务官、2009 年硕士卡拉斯·奎萨拉(Carlas A. Quessaola)担任哥斯达黎加 48 届总统、2014 年硕士蒂菩提·阿梅塔(Deepti Ameta)担任印度 SOS 儿童村国际合作发展主任、2015 年硕士阿兹姆(Galib Albn ANwarul Azim)担任了联合国基建发展基金主任、2016 年硕士穆哈茂德·陂拉恰(Muham-mod M Piracha)担任了巴基斯坦驻世贸组织大使。①

---

① IDS. IDS Study[EB/OL].［2020-05-16］. https://www.ids.ac.uk/learn-at-ids.

（二）课程指导与就业服务

除了相关专业上的培养之外,一些英国高校还开设专门的课程、讲座、就业指导服务等,帮助学生广泛了解国际组织发展的相关理论、各类国际组织的职能、主权国家在参与国际组织活动时的意愿与缘由、以及国际组织的基本用人标准。

1. 开设国际组织专门课程

很多英国高校的政治学院、公共政策学院、国际发展学院专门开设国际组织相关的课程,向本科生和硕士生介绍国际组织运行的理论依据、采用的主要政策和开展的重要领域活动,扩展学生在全球化背景下对国际组织全球治理功能的认识与了解。

伦敦政治经济学院社会政策学院的哈坎·赛克埃尔金(Hakan Seckinelgin)博士为研究生开设了一门"全球社会政策和国际组织"课程(课程编号 SA4C8),这门课程由 10 学时的讲座和 15 学时的研讨组成。中国比较研究专业、健康、社群与发展专业、人权专业、社会政策与规划专业、社会政策与发展专业、社会政策与发展(非政府组织)专业的硕士生都可选修这门课程。课程的主要内容包括:探究全球化背景下,卫生、教育、社会关怀等领域的变化;评析影响发展中国家社会政策的双边或多边援助组织和非政府组织;评价政府间政策进程的影响;分析全球社会政策中宗教群体、社会运动和跨国企业的影响等。[①]

伦敦大学政治科学学院开设了"国际组织"(课程编号 POLS7014)和"国际组织理论与实践"(课程编号 PUBLG078)这两门课程,授课教师分别是罗德·阿布哈布(Rod Abouharb)博士和欧蒂·柯拉农(Outi Keranen)博士。

"国际组织"这门课程是本科生高年级课程,由 20 学时的讲座和研讨组成。课程主要内容分为两部分:第一部分以新自由主义制度学派的理论作为基础,讨论国际组织发展的理论依据;第二部分介绍重要的国际组织、其主要涉及的领域,如人权、环境、全球市场等,并且讨论国际组织在促进平和组织武力冲突中的作

---

① LSE.SA4C8 Half Unit—Global Social Policy and International Organizations[EB/OL]. [2017-11-01]. http://www.lse.ac.uk/resources/calendar/courseGuides/SA/2017_SA4C8. htm?from_serp=1.

用。课程目标是：①帮助学生理解全球治理的难点问题,如主权国家加入国际组织的意愿与原因、国际组织的设计、国际组织的功能实现等。②帮助学生批判性地运用理论来评价国际合作和全球治理。③帮助学生理解国际组织在制定国际政策时的重要功能与角色。[①]

"国际组织理论与实践"是一门研究生课程,国际公共政策专业研究生的核心必修课,30 个学时。课程内容也是分两部分:第一部分介绍跨国合作的主要理论和概念,国际组织开展的主要事务;第二部分重点讨论全球治理的具体问题,对重要国际组织进行案例分析。课程目标是:①帮助学生了解主权国家为什么加入国际组织;②帮助学生解释主权国家承诺的相关因素;③帮助学生发现国际组织是否实现他们的功能、完成他们的任务;④帮助学生理解全球公共政策的难题与挑战。[②]

2. 举办国际组织专题活动

一些英国高校为提高学生到国际组织实习和毕业生赴国际组织就职的机会,还开展了多种多样的国际组织专题活动,例如伦敦政治经济学院每年会定期举办"国际组织日"活动,牛津大学就业服务中心会不定期邀请国际组织官员,面向广大学生举办国际组织宣讲座谈会。

伦敦政治经济学院的就业中心(LSE Careers)每年 11 月定期举行"国际组织日"(International Organizations' Day)活动,邀请国际组织官员向来参加活动的学生们介绍各国际组织的使命、用人标准和岗位需求。如 2016 年"国际组织日"上出席的国际组织有:亚洲发展银行(ADB)、欧洲人员选拔办公室(EPSO)、欧洲复兴开发银行(EBRD)、欧洲投资银行(EIB)、联合国粮农组织(FAO)、泛美开发银行(IADB)、国际红十字委员会(ICRC)、国际金融组织(IFC)、国际劳工组织(ILO)、经合组织(OECD)、联合国儿童基金会(UNICEF)、联合国人口活动基金会(UNFPA)、联合国难民安置署(UNHCR)、联合国项目事务署(UNOPS)、联合国

① UCL. POLS7014 International Organization[EB/OL]. [2017-11-02]. http://www.ucl.ac.uk/political-science/teaching/undergraduate/modules/courses/io.

② UCL. International Organisations: Theory and Practice[EB/OL]. [2017-11-02]. http://www.ucl.ac.uk/political-science/teaching/masters/modules/international-organisation.

秘书处、联合国志愿者项目和世行。①

　　牛津大学就业服务中心会不定期开展国际组织相关座谈会。以 2017 年为例,牛津大学曾开展五场重要的国际组织官员座谈会,并将这些座谈会的现场录音公布在网站上,帮助更多学生了解国际组织的工作事务和用人需求。这五场座谈会分别是:

　　● 世界银行官员座谈会:由项目经理泰伯琦女士(Myriam Peltier-Thiberge)和项目负责人梅委努斯女士(Antonieta Podesta Mevinus)介绍世界银行全球聘用人才的标准、能力要求、工作经验要求和一些可申请项目。

　　● 国际组织官员座谈会:邀请救济信托基金人权组织主任弗斯特曼(Carla Ferstman)博士、曾在英国海外发展研究所和英国国际发展部工作的麦克考德(Anna McCord)博士等人共同介绍他们是在大学毕业后一步步进入国际组织工作的经历。

　　● 国际组织官员座谈会:邀请联合国治理与改革项目负责人道斯(Sam Daws)先生、牛津大学政治与国际关系学院伊德勒(Annette Idler)博士和前亚洲基金会人事管理办公室麦克库劳夫(Neil McCullough)博士介绍国际组织最需要的工作技能与能力。

　　● 欧盟官员座谈:2016 年国际职业日(International Careers Day)活动中的录音,介绍欧盟相关机构的就业机会。

　　● 联合国官员座谈会:邀请联合国人口基金会人力资源部主任艾莫利(Michael Emery)先生介绍联合国系统、联合国人口基金会的工作要点,以及他在纽约、日内瓦、西非、巴尔干半岛和东帝汶等地联合国机构、国际组织和非政府组织工作 23 年的职业发展历程和工作心得。

3. 开展国际组织就业咨询服务

　　赴国际组织实习或就职早已是英国高校为毕业生谋划的职业发展路径之一。牛津大学的就业服务中心(the Careers Service)和肯特大学(University of

---

　　① LSE. Careers:Transform Your Career[EB/OL]. [2017-10-20]. http://www.lse.ac.uk/ideas/exec/careers? from_serp=1.

Kent)的就业服务中心(Careers and Employability Service)都专门设置国际组织就业服务。

这两所学校就业服务中心的国际组织就业服务基本分为以下几个方面：①介绍国际组织的基本概念，明确政府间国际组织(IGOs)和非政府国际组织(INGOs)的异同，并对目前就业去向较好的国际组织进行分类。②推介适合于高校毕业生的国际组织初级岗位的相关技能要求等，如表 8-5 所示。例如，一些国际发展组织或国际慈善组织注重应聘者入职前的国际工作经历。联合国相关组织希望应聘者熟练使用英语或法语这两种工作语言外，还能够掌握阿拉伯语、中文、俄语、西班牙语等官方语言。有意申请国际组织工作的学生应具备量身定做求职简历的能力，简历的内容既要反映应聘者自身真实的热情、学业水平、工作能力和社会经历；也要突出符合国际组织相关岗位的能力需求、价值取向等。[1]③发布重要国际组织的工作领域、岗位要求、以及空缺岗位和实习岗位信息等。[2]

例如，肯特大学发布了欧盟相关的机构的就业与实训信息发布地址[3]：

- 欧盟实训博客(EU Traineeships blog)：

  www.ectraineeship.info

- 欧盟人才选拔办公室(European Personnel Selection Office)：

  http：//europa.eu/epso/index_en. htm

- 欧盟职业脸书(EU Careers on Facebook)：

  www.facebook.com/EU.Careers.EPSO

- 欧盟公务员(European Civil Service)：

  http：//ec.europa.eu/civil_service/about/index_en. htm

- 欧盟行业术语指南(EU Jargon buster)：

  http：//careers.guardian.co.uk/eu-careers-jargon-guide

- 欧盟学院(The College of Europe)：

  www.coleurop.eu

---

① University of Oxford. The Careers Service[EB/OL]. [2017-10-22]. http：//www.careers.ox.ac.uk/international-organisations/.

②③ University of Kent. I Want to Work for an International Organisation[EB/OL]. [2017-10-22]. https：//www.kent.ac.uk/careers/workin/internationalorg. htm#whatis.

表 8-5　牛津大学就业服务中心提供的国际组织人才技能要求

技能与经历	应聘学生的技能表现	国际组织人才聘用技能需求案例
通识技能	有热情、能够在跨国和多元文化情境中有效工作、具有研究能力和沟通能力	/
专业资格	学习过应聘岗位的相关课程，具备应聘岗位相关的专业资格	国际货币基金组织、世界银行多招聘经济学背景毕业生，联合国开发计划署多招聘冲突解决相关专业的毕业生，联合国难民署招聘"被迫移民研究"的毕业生，欧洲核子研究组织招聘物理学专业的毕业生等
国际经历	在就读硕士研究生前就具备国际工作经历的毕业生在争取国际组织职位时更具优势	一些国际发展组织或国际慈善组织非常注重应聘者入职前的国际工作经历
语言技能	能够使用母语以外的更多语言	联合国相关的组织希望应聘者能够使用英语或法语这两个工作语言外，还能够掌握阿拉伯语、中文、俄语、西班牙语等官方语言，欧盟相关的组织常用官方语言是英语和法语，除此之外，丹麦语、荷兰语、德语、芬兰语、希腊语、意大利语、波兰语、西班牙语和瑞典语也都属于常用语言
简历撰写技能	量身定做求职简历，简历的内容一方面要反映应聘者自身真实的热情、学业水平、工作能力和社会经历，另一方面也要突出国际组织相关岗位的能力需求、价值取向等	/

数据来源：University of Oxford. The Careers Service[EB/OL]. [2017-10-22]. http://www.careers.ox.ac.uk/international-organisations/.

此外，两所高校的就业服务中心还发布大量的国际组织实习职位和实习项目。例如，牛津大学就业服务中心发布的国际组织实习信息：[①]

➢ 欧盟议会（European Parliament）每年提供 600 个实习岗位，部分岗位不提供报酬。自 2006 年起，欧盟议会还为残疾学生群体启动了特殊的培训实

① University of Oxford. The Careers Service[EB/OL]. [2017-10-22]. http://www.careers.ox.ac.uk/international-organisations/.

习项目。目前,欧盟议会录用的实习生主要来自于法学、政治科学、国际关系、经济学等领域;计算机科学、农业技术、教育研究、生物工程、健康与食品安全、能源管理、审计、航天航空工程、心理学、财务管理、战略分析、多媒体、运动管理等专业的学生也开始受到欧盟委员会的欢迎。

➤ 北大西洋公约组织(North Atlantic Treaty Organisation)从 2004 年开始招录实习生,每年 3 月至 6 月之间会发布一次实习生需求,每年 9 月和次年 3 月为实习生正式录用的时间。赴北大西洋公约组织实习的学生可以获得 800 欧元的实习月薪。实习申请人必须超过 21 周岁、来自于北大西洋公约组织成员国、完成至少 2 年的大学课程学习、且能够熟练使用英语或法语。

➤ 世界卫生组织(World Health Organisation)每年向满 20 周岁以上、卫生相关领域的在校生提供 6 周至三个月的无薪实习机会,实习申请时间通常为:夏季实习 12 月 1 日至 1 月 31 日申请;冬季实习 9 月 1 日至 10 月 31 日申请。

➤ 世界贸易组织(World Trade Organisation)向 21—30 周岁之间完成本科学习或正在进行研究生学习的学生提供实习岗位,实习期为 6 个月,实习薪酬为 60 瑞士法郎/天。

三、 英国高校国际组织人才培养的特点

英国高校在高等教育国际化战略实施、学科组织形态构建、人才培养目标设定和全球智库服务功能的扩展等方面所具有的偏好和优势,为其培养和选送国际组织人才提供了夯实的战略基础、学术基础、组织基础和路径基础,形成了英国高校特色的国际组织人才培养与选送的特点。

(一)利用教育国际化的优势

全球化背景下,高等教育国际化已经成为世界各国高等教育发展的主流战略。在英国,高等教育国际化的重要性不仅停留在发掘其经济价值,提高经济增长点的手段上,同时它也是提升本国学术水平和国际声誉、促进本国参与世界政

治、经济、文化联合互动的途径。正如剑桥大学时任校长所说,"没有单一的国家,更没有单一的大学能够独立解决世界上所面临的巨大挑战,国际性合作的重要性在当今世界变得更加清晰"。①因此,英国的高校不仅重视国际化的留学生生源、国际化的教学方法与学习方式、国际化的知识产业增长模式,同时也在不断提升国际化的毕业生就业去向。

从高等教育国际化的核心指标上看,英国是重要的国际留学生目的国,留学生分布于各个学科专业,特别是商业与管理、工程与技术及社会科学等。此外,国际留学生主要集中在英国的研究型大学集群中,以 2011 年的数据为例,罗素大学集团(Russell Group)的国际留学生占英国所有留学生的 1/3,如果从单所学校分布看,伦敦商学院的国际留学生密集度最高,占本校所有学生的 3/4。②这些学生所拥有国际教育背景是很多国际组织看重的应聘要素之一。

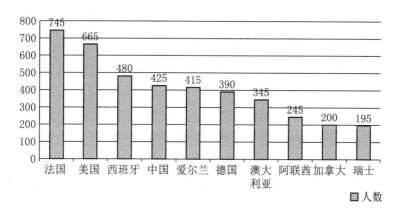

图 8-1　英国 2015—2016 学年本土毕业生海外就业人数最多的 10 个国家

数据来源:Joe Macari.Top 10 Countries[EB/OL]. [2017-10-24]. https://www.hesa.ac.uk/insight/29-08-2017/uk-graduates-in-173-countries.

除了国际生源外,英国本土学生毕业后的国际化就业去向也是衡量高等教育国际化影响的重要指标之一。据英国高等学校毕业生去向调查(DLHE)的最新数据统计,在 2015—2016 学年毕业的 281 750 名英国本土学生除了在英国获得

①　聂名华.英国高等教育国际化发展特征与启示[J].学术论坛,2011(11):211.
②　杨晓斐.英国高等教育国际化的程度、困境与战略——国际学生视角[J].高教探索,2016(1):39.

工作岗位之外,还有 7 165 名毕业生选择到海外工作,他们的就业去向覆盖了 173 个国家。这些毕业生中,有 3 120 人在欧盟国家就职,4 045 人在非欧盟国家工作。①就业人数最多的海外国家分别是法国、美国、西班牙、中国、爱尔兰、德国、澳大利亚、阿联酋、加拿大、瑞士,如图 8-1 所示。其中不乏大量在政府间国际组织、非政府国际组织、国际慈善组织、跨国集团等国际性机构、集团、企业工作的毕业生,他们一方面用自己的专业知识和职业理想为更广泛的群体服务,另一方面也间接地在海外传播着英国文化、英国传统和英国价值。

(二)高校学科组织形态的偏好

英国高校的学科组织形态建设上,多呈现为三种不同形态。第一为跨学科形态,第二为独立学科形态,第三为子学科形态。有学者指出,这种跨学科、独立学科、子学科形态的划分并不是基于授课教师的学科背景或研究方向,而是因为很多学科的课程大纲设计时,就考虑到跨学科性,这不仅是各专业、各学科之间的交叉、重叠和融合状态,而且也是现实中越来越明显的学术生态。②

在本节例析的四个专业中,经济学的专业性较强,所以伦敦政治经济学院的四个经济学专业主要呈现出独立学科和子学科形态,本科生课程多以宏观经济学、微观经济学和计量经济学等经济领域基础课程为主。而硕士和博士研究生课程还会拓展更多的财经市场、国际经济学、劳动力经济学、公共经济学、政治经济学和发展经济学等经济学子学科领域。

其他三个专业领域:萨塞克斯大学的发展研究、牛津大学的法学和伦敦大学学院教育研究院的教育国际发展研究均为人文社科类专业,都需要培养学生跨专业、跨学科的理论与知识。例如,萨塞克斯大学的发展研究学科目标设计为"研究发现世界、理解世界、改变世界,减少社会的不平等,促进社会的可持续发展,建立一个平等、包容的社会",这就要求在其课程设置中,必须让学生理解发展理论的同时,学会用政治科学、经济学、社会学和人类学的批判性研究方法对看待全球发

---

① Joe Macari. Top 10 Countries[EB/OL]. [2017-10-24]. https://www.hesa.ac.uk/insight/29-08-2017/uk-graduates-in-173-countries.

② 余晖,刘水云.世界一流大学如何培养教育政策人才——对六种主流模式的分析[J].清华大学教育研究,2017(2):45.

展中的问题与挑战。

再如,伦敦大学教育研究院的教育国际发展专业的四大方向:①教育与国际发展,②教育、健康与国际发展,③教育规划、经济与国际发展,④教育、性别与国际发展,从专业的设置上就明显体现出跨学科的特点。它将教育研究同健康、性别、经济、规划、多元文化等多个教育领域外的关键词联系起来,不单是站在教育发展的立场上看教育,而是将教育发展、特别是国际教育发展置于更深层次、情景化的社会空间和问题场域。

对于很多以解决全球性问题和国际化冲突为第一要务的国际组织来说,具有这样掌握独立学科知识,并且富有跨学科知识储备和跨学科研究与分析技术的人才,更具有聘用的吸引力。

(三)高校人才培养目标的导向

领导决策岗位、专业研究岗位和行政事务服务岗位是国际组织在人才选拔与聘用的过程中,最重要和最常见的聘用岗位。英国高校在人才培养的过程中,也存在相应的三种导向,即培养具有领导力和决策力的领袖型人才、具有专业研究和专业分析能力的研究型人才、以及具有应用本学科或跨学科知识与技能处理事务的复合型人才。

在本节列举的四个专业领域都比较注重其领导力潜能的发掘,甚至有某些专业在学生录取的条件中,明确限定要招录具有一定政府部门、国际组织和慈善机构工作经验、或已处于一定领导岗位、或具有领导潜质的申请人。例如,萨塞克斯大学发展研究学院的人才培养目标就是"打造新一代具有发展理念、制定发展决策、实施发展战略的未来领导者"。

发展研究所的全球化、商业与发展专业,要求申请人必须具有非政府组织的管理人员、商业分析人员、政策研究人员、公务员等经历;贫穷与发展专业和治理与发展专业的申请人主要来自各国政府部门、非政府组织、双边或多边慈善机构、民间组织、联合国相关国际组织和部门等。这些专业的学生在获得硕士学位后,大多回到相关政府部门、国际组织等,从事更高层级岗位上工作与服务,他们的学习经历可以成为他们作为领导层储备人才的有利条件,有助于他们加快晋升到相关部门和机构领导层与决策层的机会。

研究型硕士研究生和博士研究生的培养导向则更倾向于培养国际组织的研究与分析人才,如伦敦经济学院经济学专业的研究型研究生培养就长达 3—6 年的学制。在研究型研究生的课程设置上也更加注重教—学—研相结合,在理论与实践之间保持良好的平衡,同时也要保证具有国际影响力的学术水平和研究水平。而且经济学学科的特点也在国际组织研究与分析型人才培养上有所体现。例如,世界银行高级副行长马哈默德·穆辛丁、世界银行驻巴基斯坦代表处的沙姆沙德·阿赫塔尔、联合国副秘书长兼联合国环境规划署执行主任阿希姆·施泰纳等国际组织高级官员都曾在英国高校研修经济学专业,获得硕士、博士学位。从他们的履历上看,他们将经济学的理论与实践研究联系到国际组织的相关研究、分析和规划工作中。

复合型人才培养目标则几乎是这四所例析高校共同关注的问题。相关专业领域的课程设置、人才培养目标设置都考虑到学生的理论理解、应用实践、批判性分析、跨学科的知识认知等要素。而且,有些人文社会科学类的专业,还特别注重学生个人品行、道德和价值观的培养,例如牛津大学法学院在培养学生思辨能力和社会科学知识的同时,还要求每一位导师关注学生的品行与道德发展。

四、 高校智库服务功能的驱动

从国际关系的新自由主义和新现实主义范式视角下看,都存在相关行为体、行为体的能力和它们的偏好关系之间的基本假设,即"把国际互动解释成相关行为体运用它们的能力去寻求预设偏好的结果"。[①]简单地说,这种行为体的偏好可能体现在国际组织事务中,主权国家对于经济权力、军事权力、发展条件、援助目标、绝对利益、相对利益等的追求。英国是较早开展国际援助事业、参与国际组织的建设与发展的国家之一。它在国际援助和国际组织建设过程中,经常扮演着"教师"或"示范者"的角色。例如,20 世纪中叶开始,英国社会福利科层组织、私有化政策等都成为国际援助和国际组织中推广的经验,教授给很多发展中国家学

---

① [美]玛莎·芬尼莫尔.国际社会中的国家利益[M].袁正清,译.上海:上海人民出版社,2012:7.

习和模仿。

在国家之间的利益博弈过程中,高等教育机构作为具有独立思想的研究性质单位,将研究成果作为为国际组织提供的咨询建议,更容易获得国际组织的认可、甚至采纳。英国高校在很多领域都具有全球智库的身份,它们的研究、理念和倡导的发展方向,为很多国际组织、国家政府部门和其他行业组织所接受。例如,据《全球智库报告》显示,伦敦政治经济学院的国际事务与外交战略研究名列国际事务领域全球高校智库第三位;萨塞克斯大学的发展学专业被评选为国际发展智库第四名;伦敦大学学院教育研究院则是全球最重要的高校教育智库。

这些高校智库更好地为其学生们提供较早、较深入接触国际组织、政府部门和其他相关机构领导者和工作人员的机会,对国际组织的功能和职责有清晰的认识,对国际事务的研究价值有深刻地理解。特别是对于硕士研究生和博士研究生而言,他们可以获得很多参与国际事务咨询与研究的机会,在高校就读时期就形成赴国际组织工作的志向、能力发展的目标、研究方向的定位等。而与此相呼应的是,拥有重要全球高校智库学习和研究经历的学生,在国际组织选拔和聘用人才时,优势也较为明显。

第九章
日本的国际组织人才培养与输送

第二次世界大战后,日本作为战败国被美国军事占领,失去了外交自主权,与其他国家和国际组织的外交关系也被美国控制,外务省形同虚设。因此,日本一直积极寻找着机会,期盼有朝一日重新回归国际社会。随着"冷战"开始,美国改变对日策略,产生了有利日本的国际政治环境。1951 年,日本抓住机会重获外交权。同年,联合国教科文组织第六届大会正式认可日本加入联合国教科文组织。这是第二次世界大战后第一个认可日本的国际组织,是日本文部省通过不懈地政府和民间运作才得到的结果,对当时的日本政府有着非同一般的意义。之后,随着经济的复苏,日本紧跟美国和其他资本主义国家的步伐,参与到更多的国际组织和国际开发援助中:1954 年加入"科伦坡计划",1956 年加入联合国,1964 年加盟 OECD,1965 年开始派遣日本青年海外协力队。

1967 年,日本 GNP 超过法国和原西德,跃居资本主义国家第二位。但日本的经济依靠资源进口和产品出口而发展,贸易顺差巨大,在发展的同时与其他国家的经济摩擦也频繁发生。1973 年,第一次石油危机爆发,日本高速发展的经济也受到巨大的影响。日本更加认识到国际影响力和国际话语权的重要性,更加积极地投入到国际事务中去,也更加开始关注国际组织中本国职员所能发挥的作用。在这一时期,日本在外务省设立了国际组织人事中心,专门从事促进日本人至国际组织工作的相关事宜,在 1974 年开始参加 JPO 项目,支付人事费用选送日本人至国际组织任职。与此同时,日本内阁设立了相关法律、法规,联合各个政府部门培养国际人才、完善日本国家公务员派遣至国际组织的各项制度。经过长期的运作,日本 P5 级别的联合国职员由 1998 年的 6 位增长到 2005 年的 14 位,增加了 1 倍多①。因为 P5 级别的专家升入 D1 级别的可能性最大,所以被日本政府寄予了厚望。

日本政府认为,日本人职员在国际组织工作,不仅是日本对国际社会的贡献,也可以作为国际社会与日本的"桥梁",增强日本在国际社会的存在感,向国际社会传达日本爱好和平与国际繁荣的形象。如 1993 年,日本在联合国和联合国开发计划署工作的职员,就合力实现了在东京召开"非洲发展国际会议"的目标,且将会议英文名定为"Tokyo International Conference on African Development"(非洲发展东京国际会议),简称为 TICAD。且以后的每届会议不管在非洲还是日本召开,都以 TICAD 命名,每五年一届,至 2019 年已进行到第 7 届。正是因为有越来越多的日本国际公务员的存在,他们既了解国际发展和国际开发的专业知识,知道如何与国际组织和非洲各国开展工作,又了解日本政府的需求,才能顺利承办 7 届 TICAD 会议,增强了日本在非洲开发援助中的影响力。

截至 2019 年 1 月,日本在联合国及相关组织中担任 D1 级别以上职位的官员有 87 位,专业级别以上职员 882 位②,但日本并未满足。除日本职员人数未到根据预算分担金规定的期望值外,为了另一个目的——成为联合国安全理事会常任理事国③,日本仍旧一直在积极推动着国际组织中的人事建设。仅在 2018 年,日本外务省就在国内外举行了 214 次关于国际组织录用制度的说明指导会议,其中在日本国外举行的有 48 次,这些国内外说明会参与人数达到了 13 000 人④。

① 勝野正恒,二村克彦.国際公務員をめざす若者へ[M].東京:国際書院,2005:3.

②④ 国際関係機関の日本人職員[EB/OL]. [2019-12-10]. https://www.mofa.go.jp/mofaj/fp/unp_a/page22_001263. html.

③ 原田勝弘.国連機関でグローバルに生きる[M].東京:現代人文社,2006:21.

第一节　联合国及相关组织中的日本职员

联合国及相关组织录用的职员,按照职务类别一般分为"专业职位"(profes-sional)及以上和"一般职位"(General)。一般职位以当地录用为主,只担任秘书、行政、翻译等工作。在国际组织中起主要作用的是专业职位及以上的职员。

专业职位,又分为领导职秘书长级别 SG(Secretary General)和副秘书长级别 DSG、USG、ASG(Deputy SG、Under SG、Assistant SG),局长级别 D2(Director)和副局长级别 D1,专家级别 P5、P4、P3、P2、P1。

秘书长由联合国安全理事会推荐,联合国大会任命,副秘书长级别一般由各国推荐,由秘书长直接任命。D2、D1、P5、P4、P3 一般是公开的竞聘,P2 和 P1 主要通过 YPP、JPO 等项目来招募人才。

日本学者根据录用方针的不同,将联合国体系的国际组织大致分为联合国秘书处、UNDP、人道援助机构和专门机构 4 类。联合国秘书处 32 岁以内的职员一般通过"联合国职员竞争考试"来进行录用,每年都会发表根据分担金比例任职人数较少的国家,或者因职员退休而职员人数减少的国家,拥有这些国家国籍、且 32 周岁以内的人员即可获得考试资格。获得考试资格的应聘者顺利通过笔试和面试之后,就会加入联合国的人才库。一旦联合国秘书处的 P1 和 P2 职位出现空缺时,就会从该人才库中选考候补人员,作为职员录用。经过"联合国职员竞争考试"进入联合国秘书处工作的公务员,在若干年后就会取得长期契约,并随着工作经验的增加,竞聘 P3 及以上职位,没有重大问题可以工作至退休。联合国秘书处 P3 水平以上的职位,和其他国际组织一样,一般会向联合国所有加盟国公募招聘信息,选任最优者。日本通过"联合国职员竞争考试"进入联合国秘书处的,非常之少。

主要负责对发展中国家的社会、经济进行开发支援的 UNDP,其职员的录用方法有 JPO 项目和公开招聘两种。UNDP 的人力资源特征,一言以蔽之,即为"美国型成果主义"。它使用 JPO 项目来补充 P1 和 P2 的职员,而 JPO 任期结束后继续在 UNDP 工作的职员也非常少。P3 以上的职员主要通过公开招聘进行,但其选择时几乎不会考虑应聘者在 UNDP 的工作经验,而以应聘者对该职位的胜任力为聘任基准。在 UNDP 工作契约期间,如果无法担任下一个工作职位,雇用契约就会终止,非常严格。

UNHC、UNICEF、WFP 等人道援助组织的人员录用与上述两个机构又有很大的不同。人道援助组织职员的工作地点一般都在发展中国家,而职员工作 2—4 年后就会变更国家。工作地点的生活条件非常艰苦,如果没有强烈的意愿就很难长期坚持。为此,人道援助组织的职员一般也采用 JPO 的形式来录用青年非正式职员,出现能胜任工作的职员便将其转正,并根据工作能力和年限进行内部晋升。这类组织的人事部跟日本企业的人事部一样,对职员的工作地点变动和职位晋升等有很大的影响力。

FAO、ICAO、IFAD、ILO、IMO、ITU、UNESCO、UNIDO、UPU、WHO、WIPO、WMO、UNWTO 等专业组织中的职员录用,P4 以上的专家主要通过公开竞聘的方式进行。这与该组织业务的高度专业性有很大关系。另外,因为专业组织中 P2 和 P3 水平的面向青年职员的职位非常少,所以 JPO 结束后直接被录用为正式职员是非常困难的。其人事任免权力受岗位任用部门的影响较大,而受人事部的影响较小[①]。

根据以上 4 种类型的机构,日本采用了不同的人才推荐策略。在一系列努力下,如表 9-1 和图 9-1 所示,日本在主要国际组织的 P 级别以上职员人数和地位不断提升。

日本助理秘书长(ASG 级别)及以上职位者近年来稳定在 10 位左右,如联合国副秘书长中满泉、联合国秘书长减灾事务特别代表水鸟真美、国际劳工组织亚太局局长西本伴子等。

近几年,在联合国儿童基金会、联合国难民事务高级专员公署、联合国开发计划署、联合国粮食计划署等"基金·计划"中日本职员人数在不断增加,在教科文组织、国际劳工组织、世界卫生组织、国际粮农组织、国际原子能机构等专业机构中日本职员也正发挥着影响。

---

① 横山和子.国际公务员のキャリアデザイン――満足度に基づき実证分析[M].东京.白桃书局,2011:27—28.

表 9-1　主要国际组织中日本职员人数变化① 　　　　　　　　　　（单位：人）

	2001	2002	2003	2004	2005	2006	2007	2008	2009	2010	2011	2012	2013	2014	2015
联合国相关组织	485	521	557	610	642	671	676	698	708	736	765	765	764	779	766
UN 秘书处	109	112	114	117	129	132	136	140	151	158	160	159	156	157	153
UNDP	20	30	36	37	40	44	46	47	51	59	73	71	69	71	84
UNHCR	47	49	51	52	51	53	61	60	59	57	58	58	59	58	60
WFP	12	15	20	21	27	33	37	35	33	41	39	39	39	43	43
UNICEF	29	32	39	43	45	50	45	62	65	67	69	69	71	71	84
ILO	30	38	37	44	43	44	44	45	43	43	38	38	39	39	40
FAO	31	27	31	40	42	46	42	36	36	39	40	45	41	42	41
UNESCO	35	39	45	46	55	54	57	61	59	59	60	58	53	50	44
WHO	42	44	43	48	46	47	44	42	39	39	44	41	41	42	43
IAEA	37	37	36	40	41	40	41	41	42	42	43	41	42	40	39
女性比例	44%	46%	48%	50%	50%	53%	54%	56%	57%	57%	56%	56%	57%	58%	60%
女性人数	211	238	265	302	318	352	368	394	406	422	428	427	442	455	463

　　（注）数据来源日本外务省。数据截止每年1月。专门职业以上的职员数，不包括口译、翻译等语言职位。

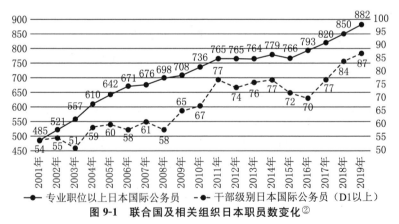

图 9-1　联合国及相关组织日本职员数变化②

数据来源：日本外务省，数据截止每年1月。

　　① 国連機関への就職：国際公務員就職ガイダンス資料(2016 年版)[EB/OL]. [2017-4-18]. http://www.un.emb-japan.go.jp/jp/hr/Applying％20to％20UN％202016.pdf.

　　② 国際関係機関の日本人職員[EB/OL]. [2019-12-10]. https://www.mofa.go.jp/mofaj/fp/unp_a/page22_001263. html.

第二节 国际组织人才培养与选送的"举国体制"

日本国际公务员是通过怎样的途径进入国际组织的？据曾经担任过经济合作与发展组织常务秘书长、联合国副秘书长兼新闻部部长的赤阪清隆统计,2013 年在联合国及相关国际组织工作的 764 位专业职位以上日本官员中,通过 JPO 制度进入国际组织的有 330 名,日本政府部门派遣为 102 人,其他途径为 332 人[1]。由此可见,依靠日本政府派遣职员直接或间接进入联合国及相关机构的为 432 人,占总人数的 56.5%。这一数据很好地说明了日本政府在国际组织人才选送中的作用。

而据 2012 年 3 月的一份数据显示,日本政府派遣了 102 位日本人在联合国及相关组织任职,也派遣了 132 位日本人在其他重要国际组织工作,而这 234 位日本国际公务员的原任政府部门如表 9-2 所示。

表 9-2 日本主要政府部门国际组织派遣(截至 2012 年 3 月)[2]

政府部门	派遣人数	主要派至单位
财务省	81	IMF、世界银行、亚洲开发银行、世界关税组织、美洲开发银行、OECD、EBRD
经济产业省	24	IAEA、OECD、IEA、WTO、国际再生能源组织、APC
农林水产省	21	FAO、国际兽疫事务局、OECD、UNU、亚洲开发银行、APO
国土交通省	20	OECD、世界银行、亚洲开发银行、ICAO、UNESCO、HABITAT
外务省	17	IAEA、UNDP、UNESCO、IEA、中日韩合作事务局、OECD
环境省	12	联合国大学、OECD、世界银行、生物多样性条约事务局、亚洲开发银行、GEF、UNFCCC
特许厅	10	WIPO、OECD
厚生劳动省	9	WHO、ILO、UNAIDS
文部科学省	8	IAEA、OECD、UNESCO、ITER
总务省	8	亚洲太平洋电器通信共同体、ITU、UPU
其他	24	—

出处:日本外务省国际组织人事中心。

---

① ② 赤阪清隆.国際機関における日本のプレゼンス[EB/OL].[2017-04-22].http://www.kiip.or.jp/gaiko_pdf/20131029%20gaikourejyume-akasaka.pdf.

表 9-2 很好地说明了日本政府部门积极地将公务员派遣至国际组织工作，且人数最多的为财务省。但这同时也引起了日本政府的担忧，因为由政府派遣的职员，很多情况下最多工作 5 年就会回到日本。所以就算人数增加，也很难得到拥有人事权的总干事或副总干事的职位，对于日本职员的提拔非常困难①。因此，为了培养和选送更多有志于在国际组织工作的优质人才，日本政府包括内阁、外务省、文部科学省、厚生劳动省和政府外部机构都开展了各项措施，除了直接派遣政府部门的公务员至国际组织工作外，还联合日本的众多高校、企业和其他组织开展相关的工作，利用招聘会、大学讲座、各类研讨会的机会，积极寻找企业、大学、非政府组织中的国际组织人才，帮助其担任国际组织相关职务。

所以可以说，日本是以"举国之力"，建立了"举国体制"来进行国际公务员的培养与选送。

一、 内阁府

早在 1970 年，日本内阁府为了支持国家公务员至国际组织工作、参与 JICA，向国会提出了制定《向国际组织等机构派遣一般职国家公务员相关待遇的法律》的议案，并获得国会通过。该部法律规定了因国际发展和援助而派往国际组织、外国政府等机构日本国家公务员的相关待遇，以解除被派遣员工的后顾之忧。该法规定，在派遣期间的员工，保留其日本国家公务员的身份。当没有必要派遣，或已完成派遣任务的情况下，原单位应立即将其恢复原职，且派遣期间的工资、抚养津贴、地区津贴、远距离调职津贴、研究员调整津贴、住宿津贴及年终奖金等都必须 100% 支付。

随着越来越多的地方公务员也参与到国际发展事业中，在前述法律制定的影响下，日本国会也于 1987 年通过了《向外国地方公共团体等机构派遣一般职务地方公务员的待遇等相关法律》，规定了地方公务员被派遣至国外地方团体、

① 勝野正恒，二村克彦.国際公務員をめざす若者へ[M].東京：国際書院，2005：67.

国外政府及日本加盟国际组织时,其待遇同国家公务员一致。因为在日语中"宝人"和"邦人"同音,为了强调国际组织中日本人国际公务员的宝贵性,日本开始将这些日本人称为"邦人",将有关政策称之为"国际组织的邦人增强措施"(国際機関の邦人増強施策),并积极采取各类措施以增加国际组织中专业级别以上的职员。同时,由内阁府协调各个政府部门采取行动。例如,在日本内阁事务次官会议上,由外务事务次官、各相关府省提出人才选派的合作要求。在内阁人事担当课长会议上,由外务省人事课长向相关府省提出合作要求。内阁府还向日本的经济团体联合会、日本工商会议所、日本经济者团体联盟、经济同友会和研究机关等提出邀请,请企业界的人才参与到国际组织中来。日本对原子能方面的国际组织给予了特别重视,内阁府还特地向原子能相关的民间企业、大学、研究所的人事部部长,提出了国际组织人才培养与选送的合作请求。

为了提升国家公务员的国际性,内阁府下属人事院每年都会派遣一定数量的国家公务员至国外大学访学两年,若读取博士学位,可以适当延期。仅 2016 年,日本就派遣了 182 位国家公务员至国外进修或取得更深层次的学位①。这一国际研修派遣制度,为日本政府国际组织派遣储备了人才。

2015 年 6 月 20 日,日本内阁府议会发布了《"日本再兴战略"2015 年修订》,其"中短期工程表"树立了至 2025 年联合国相关国际组织中的日本人公务员为 1 000 人的目标②。同时,日本内阁府男女共同参画局积极鼓励日本女性参与国际组织。联合国相关国际组织中女性的平均比例 2013 年为 41.6％,日本女性职员在 2013 年的比例为 57.9％, 2015 年甚至达到了 60.4％,可见日本女性在国际组织中的活跃性③。

---

① 派遣研究.[EB/OL]. [2017-04-22]. http://www.jinji.go.jp/saiyo/syokai/kensyu/4zaikaikennkyuu/haken. htm.

② 国連関係機関における日本人(女性)の更なる活躍に向けて外務省国際機関人事センター. [EB/OL]. [2017-04-20]. http://www.gender.go.jp/public/kyodosankaku/2015/201509/201509_04. html.

③ 国連関係機関における日本人(女性)の更なる活躍に向けて外務省国際機関人事センター. [EB/OL]. [2017-04-20]. http://www.gender.go.jp/public/kyodosankaku/2015/201509/201509_04. html.

二、外务省

(一) 国际组织人事中心

为实施国际组织人才选送的相关工作,日本外务省展开了相关行动,而最有效的就是确立了下属机构——国际组织人事中心来专门处理该事。

国际组织人事中心的主要三种职能,分别是支援日本人到国际组织应聘、运作和促进日本人得到国际组织的录用、支援在国际组织工作的日本人。这些职能又分为以下几个工作要点:

1. 支援日本人到国际组织应聘

提供国际组织的求职信息和指导。联合各大学、日本国际组织公务员等一起开展讲座、宣讲会、专题会、研讨会来进行国际组织的就业指导。每年这类活动有 50—60 次。

提供各种应聘资料。国际组织人事中心纽约支部每年编写《联合国组织的就职:国际公务员就职指导资料》,发布在国际组织人事中心网页上。这份资料中除了对联合国组织招聘的各项基本介绍外,还加入了许多应聘指导,可以作为应聘者很好的参考。

收集和发布国际公务员招募信息和介绍。

提供各种咨询和建议(如招聘岗位的应聘条件、资格和职务经历等)。

向国际组织推荐适当的人才,并进行跟进。

2. 运作和促进日本人得到国际组织的录用

通过人才库登录制度来发掘人才。中心让希望在国际组织就职的日本人进行网络系统登记,当发现有符合条件的应聘信息,准确、快速地反馈给登记者。

完成日本人派出任务。一些国际组织,如联合国秘书处、UNICEF、FAO、UNDP、WFP、UNESCO 等,也会给日本政府一些人员派出任务。这些岗位专门由日本人担任,完全接受日本人的推荐。而且国际组织人事中心负责为这些岗位寻找合适的人才。

联合国职员录用竞争考试的实施。1975 年开始,日本境内开始实施联合国秘书处的青年职员录用考试,以方便有志者在日本国境内就可以参加。

AE 项目和 JPO 项目的派遣。从 1974 年开始,中心开始选派人员参加 AE 项目和 JPO 项目。参加这些项目的人才由日本支付劳务费等相关费用。在派遣期结束后,有 70% 的日本籍 JPO 项目成员通过工作经验的积累成为国际组织的正式职员。

在大学和社区开展“国际公务员就职指导”。中心通过在大学和社区开展讲座、宣讲会、研讨会等,进行国际公务员就职指导。

3. 支援在国际组织工作的日本人

帮助已经在国际组织工作的日本人获得升迁和更好的职业发展,也是国际组织人事中心的重要工作之一。该中心会研究各个国际组织的人事状况,对于想要升迁和向其他国际组织调动的日本职员给予建议和支援。

国际组织人事中心设立了专职人员在每个工作日进行窗口服务,地点位于日本东京外务省所在地,中央厅舍 5 楼 561 号,并有专门的网站来发布相关信息。从 2002 年 6 月开始,网站每个月的使用量大约达到了 3 万次。除了常规的网站宣传外,该中心还利用自媒体来发布信息。

(二)“邦人增多、加强战略”

为让更多的日本人进入国际组织工作,并提升其职位,日本外务省制订了“国际组织邦人增多、加强战略”。目前主要通过 JPO 派遣制度的实施、潜在候选人的发掘与培养、国际组织方面的运作来实施该战略。

1. JPO 派遣制度的实施

JPO 派遣制度是联合国等国际组织吸收青年员工的重要途径之一。由日本支付相关的工资和经费在国际组织派遣工作两年,是青年积累工作经验向正式职工迈进的重要途径。日本于 1974 年参与该制度以来,至 2020 年 1 月已经派遣了 1 700 名左右的日本人。据 2001 年之后的数据统计显示,派遣者有 70% 被国际组织正式录用。

2015 年开始,随着预算的增加,派遣人数也有所增加,从 2014 年的 44 名升至 2015 年的 65 名,之后每年稳定在 50 名以上。

为了提高派遣后的录用率,国际组织日本政府代表部都会制作相关的指导资料。日本国际组织人事中心还会开展以下工作:关注 JPO 职员的工作情况;与国际组织沟通,将 2 年后未成为正式员工的日本 JPO 职员派遣期限延长至 3 年;分析录用率高的组织和职位,更多地将人才派遣至该组织和职位;积极促进 P3 级别的派遣,以帮助日本人职员有更高的起点;帮助有潜力的 JPO 职员成为正式职员;将 JPO 考试的第二次考试(面试)在日本国外举行,以增强录取的可能性;在派遣前进行简历和面试技巧的指导等。

2. 潜在人才的发掘与培养

为发掘与培养潜在人才,日本国际组织人事中心在国内的大学及相关机构以及国际援助、留学中介、转职招聘会等相关的活动中会开展国际组织工作的介绍。在 2018 年就进行了 214 次,宣传人数达到 13 000 人。另外,针对高级专家组织(医生、律师、注册会计师等),日本国际组织人事中心还会专门进行宣传。2007 年开始,该中心与位于日本广岛的"和平事业人才培养中心"开展"和平事业人才培养项目"。与联合国大学一起开展课程,并实施针对"中级水平"日本人为对象的职业生涯研讨会。

除此以外,日本国际组织人事中心还利用专门的网页和链接,以及 Facebook、Twitter 等自媒体,及时发送有关空缺职位信息以及国际组织相关的探讨会信息。国际组织人事中心还会帮助应聘者修改简历,介绍面试经验,以提升录用可能性。

3. 国际组织方面的运作

日本国际组织人事中心不仅通过现有制度输送人才,还积极地通过国际组织运作来创造条件输送人才,如利用重要人员来访日本或者政策对话等机会,收集人事信息,推荐日方人才。在个别重要的人事事件上,还会通过联合国际组织日本政府代表部、日本政府各部门进行运作。因此,日本政府驻外代表部都会非常注意与国际组织构建良好的人事网络和信赖关系。

(三)委托培训国际组织人才

为了培养国际组织人才,日本外务省还委托了各种机构开展国际组织人才培训,让有意向成为国际公务员的社会人士和硕士生做好充分准备,如外务省在 2013 年委托 FASID 开展了"面向国际组织的人才培养研修班"。2014 年委托日本东京会计中心学校(英文名:Tokyo Accounting Center,简称 TAC,一个各类资格证书辅导学校)进行了规模 30 人的"面向国际组织的人才培养研修班"①。这类研修班的招生对象为已经取得硕士学位且工作两年以上的社会人士,或者在读硕士研究生。社会人士可以是企业员工、律师或者医生等专业人士、开发援助实施者、政府相关人员等。因为培训以英文形式进行,所以要求学员须达到 TOEIC 810 分,或者 TOEFL IBT 90 分左右。研修班内容包括国际组织相关知识、录用考试对策、互动交流和国际组织现场见习四个环节。研修费用需要学员部分支付,如 TAC 研修班 4 个环节全部参加的学费为 40 000 日元,选择只参加录用考试对策课和交流课的课程费用为 27 000 日元。

(四)招募"任期制职员"和驻外公馆工作的"专门调查员"

外务省除了在国际公务员考试以外,还会特别录用"任期制职员"和驻外公馆工作的"专门调查员"。这些岗位一般为两年,是为入职国际组织事先积累职业经验的良好机会。事实上,在担任外务省比较短期的职位后,有多数职员最终进入了国际组织工作②。

除以上四点之外,日本外务省瞄准国际组织中的领导岗位,与相关省厅合作,设立了选举对策委员会,致力于建立强有力的国际组织选举应对机制。并在国际组织中出现高级职位空缺时,积极推荐日本职员,为了达到录用目的而做各种努力。例如,在国际社会受到较高评价的联合国难民事务公署(UNHCR)高级专员绪方贞子,日本外务省在其任命前就做了各种准备。每次一有机会接触到国际组织高层,日本就会向各国际组织的秘书长、总干事,或者人事负责人游说增加或提拔日本职员。在绪方贞子前任 UNHCR 高级专员访日期间,日本政府就采取措施,游说其录用 D2 级别的日本职员。但这位高级专员突然辞

---

① 外务省委託事業平成 26 年度 国際機関向け人材育成研修コース[EB/OL].[2017-05-01]. http://www.tac.biz/kokusaikikan/lecturer. html.

② 国際機関で働くための準備〜職歴を積む[EB/OL].[2017-05-23]. http://www.mofa-irc.go.jp/dl-data/2017brochure.pdf.

职,担任国内政府的职位去了。日本政府立马觉得应该抓住这一时机,推荐了出身于外交世家的大学教授绪方贞子参选 UNHCR 高级专员职位。为了消除有些人提出的疑虑:"绪方贞子只是一介教员,能否成功担任 UNHCR 高级专员的职责?"日本外务省配备了最优秀的职员成为绪方贞子的助手,从而成功获得了该职位[①]。

三、 文部科学省

20 世纪 70 年代,日本经济高速增长,也越来越多地参与到国际化进程中。1974 年 5 月,日本文部省中央教育审议会首次提出要实现教育国际化,并在各种政策中都开始增加"国际化"的相关内容,对日本国民的培养方向也增加了"能对国际社会做出贡献的全球公民的培养"这一目标。日本还明确提出要通过联合国教科文组织等国际组织来进行对发展中国家的教育援助。这些部门政策的变化,潜移默化地为日本培养了国际化人才。为了培养有志于国际事业的人才,日本文部省又展开了以下的具体措施。

(一)国际开发合作支援中心的建立

为了增进日本大学对国际社会的贡献,增强日本大学国际竞争力,培养大学生的国际合作能力,使日本大学成为稳定的国际开发援助机构,日本文部科学省于 2003 年启动了设立"国际开发合作支援中心"(英文:Support and Coordination Project for University Cooperation in International Development,简称 SCP,日文:国際開発協力サポート・センター)的项目,于 2010 年项目结束。该项目主要有三方面工作,第一是国际开发合作项目的委托,根据项目合同收集和提供信息,实施各种研讨会,并对个别的项目进行支援;第二是建立国际组织、开发援助机构与大学之间的联系网络;第三是掌握对积极开展国际开发援助的大学和教师的信息,并向其他大学积极宣传国际开发援助,通过对发展中国家的教育援助来提升大学的教育研究水平,增强国际竞争力。

在这一系列的活动下,大学申请国际开发合作项目的数量大幅度增加(2004

---

①　勝野正恒,二村克彦.国際公務員をめざす若者へ[M].東京:国際書院,2005:32.

年为 18 项,2005 年增加到 39 项)[1]。国际组织和国际开发援助组织中学生实习数和入职人数也大幅度增加。

为了解日本大学国际合作活动的现状和问题,2006 年 5 月,国际开发合作支援中心实施了一次问卷调查,发送问卷 735 份,回收 378 份。统计发现,在回答问卷的 378 所大学中,有超过 30％的大学确立了国际合作的基本方针,40％的大学有国际合作活动的计划,并开展了多种多样的国际合作活动,如接收和派遣 JICA 研究员和专家,实施 JBIC(国际合作银行)人才培养项目,进行学术交流(合作缔结、研究者交流、共同研究等),开展学生海外实习、志愿者活动,开展 JICA 的"草根技术合作事业"等。统计还发现,2000 年至 2005 年大学实施的 200 多项国际合作中,其中约有 70％跟 JICA、JBIC 和国际组织相关[2]。

(二)留学和国际组织实习的支援

为了培养更多国际化人才,根据《日本再兴战略～JAPAN is BACK》(2013 年 6 月 14 日内阁发布版)的规划,至东京 2020 奥运会,使大学生海外留学人数达到 12 万(2013 年为 6 万人),高中生海外留学人数达到 6 万(2013 年为 3 万人)的目标,文部科学省开展了"飞吧!留学日本"项目,其中"官民合作海外留学支援制度～飞吧!留学日本 日本代表项目"首先在 2014 年开展。政府拨款和企业捐赠,给予有留学意向的学生奖助学金至国外留学。同时,为了培养国际组织人才,项目将一部分指标用于为国际组织实习学生提供生活补贴。

四、 厚生劳动省

日本厚生劳动省作为医疗卫生人才的管理部门,也一直在积极地向国际组织输送人才,并建立了人才库,尤其与 WHO 合作广泛。但如表 9-3 所示,因为与卫生相关的国际组织中,日本专业职员的增长率 4 年间仅为 1％,而中国和韩国则为 45％;又如表 9-4 所示,国际卫生政策领导职位中日本人为 2.2％。虽然在医

疗卫生相关国际组织中日本职员的绝对数多于中国,但具有危机意识的日本人自2013年开始策划如何加强国际医疗卫生人才培养,并着重商讨如何开展有关卫生政策的日本国际公务员培养和选送的政策。

表9-3　与卫生相关的国际组织中日本专门职员人数[①]

	2009年	2013年	增长率
116加盟国	7 581人	8 547人	13%
前10的国家	2 408人	2 892人	20%
中国、韩国	91人	132人	45%
日本	216人	219人	1%

表9-4　国际卫生政策领导职位日本人占比[②]

	定　义	职员、委员数	日本人数(%)
行政及组织领导	公共组织:WHO、UNAIDS、UNICEF卫生负责人、UNFPA卫生负责人,世界银行卫生负责人(P5以上)	1 466	31(2.1%)
	非营利组织:The Global Fund(Grade E以上),支持WHO的6个职位(P5以上)、GAVI(CS5以上)	191	3(1.6%)
确立规范的领导	WHO专门委员会委员、The Global Fund技术审查委员会委员、UNITAID项目审查委员会委员	682	18(2.6%)
合　计	—	2 339	52(2.2%)

2013年,日本厚生劳动省委托专家研究"国际医疗合作相关人才培养以及登录系统的构建",2015年开设了"国际卫生相关的恳谈会",并在会议中商讨了日本国际卫生政策人才的培养战略。在这些研究和商讨中,日本研究者和议员提倡要使国际卫生政策人才到2020年增加50%。并从国内人才培养的强化、对国际组织的输送和指挥机构的设置三方面进行加强。

①②　国际保健政策人材養成報告[EB/OL].[2017-04-28].http://www.mhlw.go.jp/file/05-Shingikai-10501000-Daijinkanboukokusaika-Kokusaika/0000139321_2.pdf

国内人才培养强化方面,厚生劳动省要长期并多次向国际组织派遣人员,并在特定领域(如国际传染病等)进行人事布置战略,加强人才培养项目(多元化的人事交流、WHO 派遣人员、国际性的工作坊)等,对于海外人才派遣进行积极的支援。厚生劳动省在大学中要对国外经验作为一种职业经历进行评价,并可以将其作为一种业绩。厚生劳动省探讨在人才培养相关的事务中是否将国外经验等作为评价要素进行引入。与国际卫生事业比较重视的大学建立联系网络等。

在国际组织的输送和运作方面,根据日本职员的数值目标进行输送,讨论录用日本职员,接受国际组织的人事派遣任务。

人才培养指挥机构的设置方面,2017 年 3 月日本厚生劳动省设立了"全球卫生人才战略中心"(Human Resource Strategy Center for Global Health),并请与国际组织进行密切联系且有丰富 WHO 工作经验的中谷比吕树教授担任中心长官,请有丰富国际组织经验的地引英理子教授担任人才信息解析官,专业地推进卫生方面人才的国际组织参与,以整合卫生方面的国际化人才培养战略,与相关省厅进行联络调整[①]。

五、 在外日本代表机构

相对于基本设立在该国首都,在该国行使外交权的大使馆,各国还会设立针对 1 个或多个国际组织的政府代表机构,英文为 Permanent Mission 或 Permanent Delegation。这个机构在中国一般称为常驻代表团、常驻代表处,而日语为"政府代表部"。代表部的长官为特命全权大使。

日本共有 9 个针对国际组织的代表部,分别是:

● 联合国日本政府代表部(Permanent Mission of Japan to the United Nations)

● 联合国教科文组织日本政府代表部(Permanent Delegation of Japan to the United Nations Educational Scientific and Cultural Organization)

---

① HRC-GHとは.[EB/OL].[2020-07-28].https://hrc-gh.ncgm.go.jp/about..

● 国际民航组织日本政府代表部（Delegation of Japan to the International Civil Aviation Organization）

● 驻维也纳国际组织日本政府代表部（Permanent Mission of Japan to the International Organizations in Vienna）

● 驻日内瓦国际组织日本政府代表部（Permanent Mission of Japan to the United Nations and Other International Organizations in Geneva）

● 裁军谈判会议日本政府代表部（Delegation of Japan to the Conference on Disarmament）

● 欧盟日本政府代表部（Mission of Japan to the European Union）

● 经济合作发展组织日本政府代表部（Permanent Delegation of Japan to the Organisation for Economic Co-operation and Development）

● 东南亚国家联盟（Mission of Japan to the Association of Southeast Asian Nations）

日本的这些驻外政府代表机构不仅向各类对口的国际组织表达日本政府的意见和立场，有些驻外代表机构还积极发挥着选送人才至国际组织的作用。例如，1956 年，日本加入联合国之时成立联合国日本政府代表部，其设立目的之一即为"加强联合国秘书处及其他国际组织日本职员的人事建设"，且专门下设国际组织人事部承担国际组织人才的选送和支持工作。它与驻维也纳国际组织日本政府代表部、驻日内瓦国际组织日本政府代表部，都发挥着向重大的国际组织推送人才的作用。

国际组织中的高级职位也像其他单位一样，面临着"僧多粥少"的局面。有些职员为了晋升会采用各种手段，有些职员只会静静等着自己的实力被认可。日本政府认为日本职员更多是后者。于是，日本的这些政府驻外机构联合大使馆加强与日本职员的联系，密切交流信息，对升迁较慢的日本职员进行相关运作，取得了一定的效果①。

---

① 勝野正恒,二村克彦.国際公務員をめざす若者へ[M].東京:国際書院,2005:25.

　　不仅如此,驻外代表部还是帮助提升职员职位的"跳板"和保住职员职位的坚强后盾。例如,日本第一位进入国际组织的公务员明石康,他在美国塔夫茨大学就读博士学位时成为联合国职员,从 P 级职位渐渐晋升。为了让他能从事更高职位,1974 年日本外务省将其派回,在 6 年期间让他担任联合国日本政府代表部的参事官、公使和大使。在 1979 年回归联合国时,拥有高级职位经验的明石康被任命担任联合国副秘书长,管理宣传、裁军和人道问题[①]。当时的联合国还受到美国政府的较大影响,一旦联合国职员的行动不符合美国的利益,美国政府就会使用政治手段要求其下台。20 世纪 80 年代中期,明石康因巴基斯坦的宣传未符合美国政府的方针,美国政府就要求解除其职位。联合国日本政府代表部了解情况后,立刻派驻联合国首席大使出面与联合国秘书长交涉。最终虽然明石康卸去了宣传和人道方面的职务,但保住了裁军局的职务[②]。

　　为联合更多力量,各代表部中还设立了委员会。如 1999 年 2 月,联合国代表部成立了"联合国日本职员增强、支援委员会";1999 年 11 月,驻日内瓦国际组织日本政府代表部总部内成立了"国际组织日本职员支援委员会";1999 年 12 月,在 OECD 代表部内成立了"OECD 日本职员加强委员会";2002 年 1 月,驻维也纳代表部内也设立了"国际组织日本职员支援、增强委员会"。

　　为了更好地开展工作,联合国日本政府代表部内设立了国际组织人事中心纽约支部。国际组织人事中心纽约支部在纽约定期开展面向日本人的国际组织就职指导、提供各类国际组织求职的资料和职位的信息,还在纽约也开展 AE 和 JPO 考试。除了提供信息外,国际组织人事中心纽约支部在每年的 1—7 月还主动出击、访问北美各地的大学,向对国际组织工作感兴趣的学生提供信息咨询和求职指导。其历年到访的、特别关注的大学如表 9-5 所示,出现频率最高的为哥伦比亚大学、耶鲁大学、哈佛大学、加利福尼亚大学洛杉矶分校等。2017 年,代表部又开始在加拿大的多伦多大学和不列颠哥伦比亚大学开展了国际组织就职指导,将范围扩展至了加拿大。

---

① 勝野正恒,二村克彦.国際公務員をめざす若者へ[M].東京:国際書院,2005:27.
② 勝野正恒,二村克彦.国際公務員をめざす若者へ[M].東京:国際書院,2005:218.

表 9-5　联合国日本政府代表部在北美各大学开展的国际组织就职指导①

年份	日　期	大　　学
2005	2 月 5 日	哥伦比亚大学(纽约)
	2 月 19 日	耶鲁大学(康涅狄格州)
	2 月 20 日	乔治·华盛顿大学(华盛顿 DC)
	2 月 26 日	内布拉斯加大学林肯分校(内布拉斯加州)
	4 月 9 日	加利福尼亚大学尔湾分校(加利福尼亚)
2006	2 月 11 日	哥伦比亚大学(纽约)
	2 月 18 日	耶鲁大学(康涅狄格州)
	2 月 25 日	俄克拉荷马大学(俄克拉荷马)
2007	2 月 9 日	乔治·华盛顿大学(华盛顿)
	2 月 15 日	哥伦比亚大学(纽约)
	2 月 20 日	哈佛大学(波士顿)
	2 月 24 日	耶鲁大学(康涅狄格州)
2008	2 月 9 日	乔治·华盛顿大学(华盛顿)
	2 月 14 日	哈佛大学(波士顿)
	2 月 16 日	耶鲁大学(康涅狄格州)
	2 月 22 日	西北大学(芝加哥)
	2 月 26 日	哥伦比亚大学(纽约)
2009	2 月 7 日	美利坚大学(华盛顿)
	2 月 29 日	哈佛大学(波士顿)
	2 月 21 日	耶鲁大学(康涅狄格州)
	2 月 27 日	匹兹堡大学(宾夕法尼亚州)
	4 月 5 日	美国创价大学(加利福尼亚)
	4 月 6 日	加利福尼亚大学洛杉矶分校
	4 月 7 日	美国蒙特利国际研究学院(加利福尼亚)
	4 月 30 日	哥伦比亚大学(纽约)
2010	2 月 12 日	耶鲁大学(康涅狄格州)
	2 月 19 日	加利福尼亚大学洛杉矶分校
	2 月 20 日	美国创价大学(加利福尼亚)
	2 月 25 日	纽约大学(纽约)
	3 月 5 日	哥伦比亚大学(纽约)
	3 月 7 日	哈佛大学(波士顿)
	3 月 30 日	美利坚大学(华盛顿)

---

① 国際公務員就職ガイダンス [EB/OL]. [2017-4-18]. http://www.un.emb-japan.go.jp/jp/hr/guidance_17.html.

（续表）

年份	日 期	大 学
2011	2 月 11 日	耶鲁大学(康涅狄格州)
	2 月 16 日	哈佛大学(波士顿)
	2 月 23 日	美利坚大学(华盛顿)
	2 月 25 日	匹兹堡大学(宾夕法尼亚州)
	3 月 4 日	加利福尼亚大学洛杉矶分校
	3 月 5 日	美国创价大学(加利福尼亚)
	3 月 29 日	宾夕法尼亚大学(费城)
	4 月 7 日	纽约大学(纽约)
	4 月 13 日	哥伦比亚大学(纽约)
2012	2 月 10 日	耶鲁大学(康涅狄格州)
	3 月 5 日	加利福尼亚大学洛杉矶分校(加利福尼亚)
	3 月 17 日	麻省理工学院(波士顿)(后取消)
	3 月 31 日	美利坚大学(纽约)
	5 月 1 日	哥伦比亚大学(纽约)
	7 月 2 日	联合国代表部(纽约)
2013	2 月 1 日	耶鲁大学(康涅狄格州)
	2 月 12 日	哥伦比亚大学(纽约)
	2 月 14 日	哈佛大学(波士顿)
	2 月 27 日	庆应义塾大学纽约学院(高等部)
	4 月 20 日	雪城大学(雪城)
	11 月 8—10 日	波士顿生涯论坛
	11 月 11 日	联合国代表部
2014	1 月 17 日	南加州大学(加利福尼亚)
	2 月 28 日	在美日本大使馆(华盛顿)
	3 月 8 日	哈佛大学(波士顿)
	4 月 12 日	庆应义塾大学纽约学院(高等部)
	4 月 22 日	哥伦比亚大学(纽约)
	11 月 15 日	联合国研讨学习会(参会对象为国际组织和开发领域有实习意向)
2015	2 月 7 日	耶鲁大学(康涅狄格州)
	3 月 7 日	加利福尼亚大学洛杉矶分校
	4 月 21 日	哥伦比亚大学(纽约)

年份	日　期	大　　学
2016	2 月 21 日	麻省理工学院(波士顿)
	2 月 27 日	约翰斯·霍普金斯大学 SAIS(华盛顿)
	4 月 2 日	加利福尼亚大学洛杉矶分校
	4 月 3 日	加利福尼亚大学伯克利分校
	4 月 14 日	哥伦比亚大学(纽约)
	4 月 17 日	康奈尔大学(纽约)
2017	2 月 4 日	约翰斯·霍普金斯大学 SAIS(华盛顿)
	2 月 5 日	麻省理工学院(波士顿)
	2 月 6 日	哥伦比亚大学(纽约)
	2 月 25 日	加利福尼亚大学伯克利分校
	2 月 26 日	不列颠哥伦比亚大学(温哥华)
	4 月 7 日	多伦多大学(多伦多)
	4 月 8 日	加利福尼亚大学洛杉矶分校

（以上数据截止至 2017 年 4 月 8 日）

六、 高校

（一）日本高校国际组织人才培养现状

日本国际政治学者西川吉光在他《纷争的解决与联合国,国际法》的学术著作中,要求日本人必须以如下视角来认识联合国:"当日本作为国际国家,积极参加联合国活动时,人的贡献是最重要的先决条件,为此必须增加在以联合国为中心的国际组织中工作的日本人数量,并加强人员的培养。作为国家的日本在国际组织中的地位不管能不能上升,都要做'露脸'的国际贡献,人的承诺是极其重要的措施。"[①]为此,日本高校也积极参与国际组织的人事布局工作。

早稻田大学等日本著名大学均积极通过向国际组织派遣实习生(无薪酬),鼓励毕业生应聘 JPO,推荐硕士、博士毕业生参加国际公务员招聘考试,并给予信息、人脉等各方面的支援。一些学校在国际合作课程、公务员课程中增加了国际公务员方向,还有一些学校开始了课程项目。例如,神户大学国际合作研究科运

---

① 西川吉光.纷争解决と国连·国际法[M].京都:晃洋书房,1996:248—249.

用文部科学省政策课题相关经费首先开始实施以博士生为对象的"国际公务员培养项目"。广岛大学国际合作研究科运用文部科学省"研究生教育改革支援"经费开设了"国际实践项目",2011 年又开设了以硕士生为对象,与得克萨斯大学合作的多学位"国际公务员培养特别项目"。立命馆大学国际关系研究科开设的"国际合作的即战力人才培养项目"。青山学院大学国际政治经济学研究科开设的"国际专家培养项目"。名古屋大学国际合作研究科开设的"国际合作型发信能力[①]培养—高度国际人才培养实践项目"。另外,外务省还委托日本财团法人团体国际开发机构(FASID)以社会人士和研究生为对象,定期召开 3 个月的"面向国际组织的人才培养课程"。早稻田大学平山郁夫志愿者中心开设了"以社会贡献与体验学习为主的国际人才培养项目"。

在日本,教育组织 Quacquarelli Symonds(QS)所发表的《QS 世界大学排名》,和由泰晤士高等教育组织发表的《泰晤士高等教育世界大学排名》都会对世界最具影响力的全球性大学进行排名。它们对日本大学的排名在很大程度上决定了日本的大学在国际上认可度。本节综合两种排名情况,选取了早稻田大学、广岛大学、名古屋大学、立命馆大学、神户大学、青山学院大学、上智大学这 7 所在培养国际组织人才培养上取得公认成就的日本高校为研究对象进行调查分析,如表9-6 所示。

表 9-6　日本 7 所高校国际组织人才培养项目概况表

序号	学校名称	所在学院	项目名称	创建时间
1	早稻田大学	平山郁夫志愿者中心	"以社会贡献与体验学习为主的国际人才培养项目"	2002 年
2	广岛大学	国际合作研究科	"国际实践" "国际公务员培养特别项目"	2007 年 2011 年
3	名古屋大学	国际开发研究科	"国际合作型发信能力培养—高度国际人才培养实践项目"	2007 年
4	立命馆大学	国际关系研究科	"国际合作的即战力人才培养项目"	2008 年

① 发信能力:在信息社会,用各种信息手段发表自己的意见、并影响他人的能力。

序号	学校名称	所在学院	项目名称	创建时间
5	神户大学	国际合作研究科	"国际公务员培养课程"	2008 年
6	青山学院大学	国际政治经济学研究科	"国际专家培养项目"	2010 年
7	上智大学	国际合作人才培养中心	"国际人才培养项目"	2015 年

注：表 9-6 按照项目成立时间的先后排序。
资料来源：笔者根据各高校官方网站资料翻译整理而成。

（二）日本 7 所大学国际组织人才培养项目课程

日本高校国际组织人才培养目标是从深度和广度上拓展学生对国际组织理论和实际运作的认知，培养出可以在任何国际组织和跨国组织任职的国际化人才。培养方案由三部分组成：必修课程、外语课程和实践课程。通常情况下，第一年完成必修课的学习，掌握基本理论，第二年参加相关的实习实践以及论文的撰写。

1. 必修课程

本章选取的日本 7 所高校，其国际组织人才培养项目的必修课程主要由两类课程组成，第一类是有关国际合作的核心课程，如国际合作概论、国际环境合作学特论、国际开发特论、全球化与国际贡献、和平构筑论等；第二类是由国际组织在职人员进行授课，以上智大学的"国际人才培养项目"为例，学校为了能让学生真正了解联合国的机能与运作，深入分析联合国的改革的主要趋势，聘请大量国际组织在职人员为学生授课，如表 9-7 所示①。

2. 外语课程

语言专长训练是国际组织人才培养的重心。它们会培养学生精通一门或多门常用语种，还会鼓励学生学习掌握小语种，并进行相应的考核。例如，神户大学的"国际公务员培养项目"，培养学生用英语学习国际环境法，训练学生用英语对

---

① 上智大学国际协力人才培养中心官网［EB/OL］.［2017-07-15］http://dept.sophia.ac.jp/is/shric/about/index. html..

表 9-7　上智大学"国际人才培养项目"中国际组织在职人员授课课程一览

序号	课　程	讲师所在国际组	培养目标
1	国际化与国际贡献	日本国际协力机构(JICA)、世界粮食计划署(WFP)、联合国情报中心(UNIC)	培养学生了解国际贡献
2	非洲开发援助与贸易开展	携手丰田通商开展讲座,非洲开发银行(ADB)、日本国际协力机构(JICA)	培养学生对开发支援方面目前的商务现状的认识
3	国际紧急人道支援	日本国际协力机构(JICA)	培养学生在发生自然灾害及纷争时如何实施人道支援
4	和平与纷争—国际联合课题	联合国总部(纽约)	培养学生了解在维护世界和平方面联合国所发挥的作用,探索和平之路
5	开发性金融机构基础	世界银行为中心的开发性金融机构	培养学生了解开发性金融机构所发挥的作用,加深学生对国际协力的构造理解
6	开发性金融机构的作用	世界银行为中心的开发性金融机构	培养学生了解开发性金融机构所发挥的作用。介绍如何削减贫困商务实例。加深学生对国际协力的构造理解

資料来源:国際協力、国際機関への道[EB/OL].[2017-07-15.]http://www.sophia-humans.jp/department/pdf/01_education_02_01.pdf.①

国际法的主要问题进行讨论,听外国专家用英语讲授国际投资法。与外国专家用"苏格拉底式"(对话)讨论国际刑法,以及多边条约谈判。早稻田大学的"以社会贡献与体验学习为主的国际人才培养项目",提供多种语言学习,要求学生在项目修读期间至少完成一门外语的高级课程学习。除了课堂的语言学习,该项目还组织一系列活动来增强学生的语言能力,如全球咨询项目、国际旅行、外语演讲比赛等。在这样的培训下,超过 3/4 的学生熟练掌握了第二种语言,成为该项目的一大特色②。

---

① 国際協力、国際機関への道[EB/OL].[2017-07-15.]http://www.sophia-humans.jp/department/pdf/01_education_02_01.pdf.

② 岩井雪乃ボランティア体験で学生は何を学ぶのか:アフリカと自分をつなげる想像力[J].法政大学人間環境学部紀要,2010,(3):66—76

3. 实践课程

除了语言训练,国别(地区)研究也是关键一环。日本7所高校的国际组织人才培养项目在课程实施过程中,都非常重视"真实问题、真实解决",鼓励学生到国际组织、跨国机构去实地学习。学生必须选择这些实践课程,才能完成相应的学分。学校会充分挖掘和利用一切资源给予学生最大的帮助,并鼓励学生实践项目和自身的研究方向紧密结合。以广岛大学"国际实践项目"为例,学校鼓励学生到国际组织、跨国机构、日本国际协力机构、日本民间企业开展研修项目,进行1—3个月的短期实习。2007年的数据显示,该学校学生的实践研究机构遍布全球,如表9-8所示。[①]

表 9-8　广岛大学"国际实践项目"学生实习地一览

实习国家	国际组织/跨国机构	专 业 方 向
菲律宾	国际非营利法人(ICLEI)	东南亚环境
菲律宾	菲律宾大学理数科教师训练中心	理数科教育、教育开发
越南	日本 ARMEC 公司	城市开发
新加坡	日本 PADECO 公司	教育开发
东帝汶	联合国儿童基金会(UNICEF)	和平构筑、教育
东帝汶	联合国开发计划署(UNDP)	和平构筑、教育
印度尼西亚	日本工营(KOEI)	开发
印度尼西亚	日本建设技研国际(CTII)	开发
印度尼西亚	望加锡事务所(JICA)	开发、教育开发
泰国	联合国亚洲太平洋经济社会委员会(UNESCAP)	开发、环境
肯尼亚	内罗华大学教育学院	教育开发
赞比亚	赞比亚大学	教育开发
加纳、马拉维	独立法人日本国际协力机构(JICA)	国际合作、发展援助
摩洛哥	国际合作银行(JBIC)	国际合作、发展援助

---

① 日本国内外实习派遣成绩一览[DB/OL]. [2016-11-10]. https://www.hiroshima-u.ac.jp/system/files/76007/List％20of％20Host％20Institute_2017.pdf..

（续表）

实习国家	国际组织/跨国机构	专 业 方 向
孟加拉国	格莱珉银行	无限制
孟加拉国	农村电气化合作协会(NRECA)	能源　环境
专业领域实习		
中国台湾地区	长庚纪念医院	医学、先端科学
英国	英国癌症研究所	理学、医学、农学
印度尼西亚	加札马达大学	农学
菲律宾	常石造船	工学、社会科学
泰国	汽车联盟(泰国)有限公司	工学、社会科学
泰国	亚洲熔融聚合物制品有限公司	工学、社会科学
马来西亚	SAM	工学、社会科学
马来西亚	日东电工(NDM)	工学、社会科学
国内实习		
广岛县	satake 有限公司	海外事业部门、生产部门
北海道	北海道农业研究中心	农学、环境
神奈川县	财团法人地球环境战略研究机关(IGES)	环境

资料来源：笔者根据广岛大学"国际实践项目"的"海外实践"平台发布的信息翻译整理而成。

4. 特征分析

明确培养目标,契合国际组织关注方向。尽管日本高校都有自己独特的国际组织人才培养目标和定位,但总的来说,日本国际组织人才培养的终极目标是让学生在毕业以后具备以国际视野为背景的解决环境、人权、和平、人口、开发、金融、文化等全球化课题的跨学科的高度专门知识和分析能力、谈判能力,具备能在国际组织等国际合作、开发第一线工作的专业知识和实际经验。以青山学院大学国际政治经济学研究科为例,该研究科下设的国际政治、国际经济、国际交流三个专业均以"理论把握、实证分析国际问题,掌握解决问题的能力"为理念。"国际专家培养项目"就是这种理念的具体化,以 3 个专业教育课程为基本框架,进行补充及横跨,创设横跨三个专业的国际公务员培养课程,并要求该课程的毕业生必须参加日本外务省JPO招聘考试[①]。

神户大学的"国际公务员培养项目"由专业知识、外语能力、实践能力三大板块构成,依托国际合作研究科的优势,在国际法、国际合作、教育等方面形成了特色。以法律职位国际公务员培养为例,课程以"国际法"为核心展开。在专业知识方面主要课程有"国际合作法""国际法概论""国际人权法""国际经济法""国际环境法"(外国专家英语授课)、"国际刑法"(外国专家英语授课),"国际组织法""国际争端与国际法"。在专业领域外语能力方面,项目培养学生用英语学习国际环境法,训练学生用英语对国际法的主要问题进行讨论,听外国专家用英语讲授国际投资法。与外国专家用"苏格拉底式"(对话)讨论国际刑法,以及多边条约谈判。在实践性能力方面,由外务省外交官讲授国际法及外交实务论,理解国际法在外交实践中的运用。学生用英语进行国际合作法讲演,进行明确主张说服听众的训练。国际公务员培养论,由在任国际公务员讲授国际组织中工作所必要知识[②]。

广岛大学"国际实践项目"课程设置类似三明治的框架体系,项目分为事前研修＋国际实习＋事后研究。第一层的事前研修课程主要以科目讲义、问题解决型(PBL)科目、英语应用能力培训科目三大类课程组成。第二层的国际实践主要以赴国际组织、跨国机构、日本国际协力机构开展研修项目,进行实习。第三层的事后研究主要以实习结束后的回国报告、实习期间所的数据分析以及研究论文组成[③]。

积极拓展与国际一流大学的合作。日本高校在项目实施过程中,都十分重视与国际一流大学开展合作。例如,广岛大学的"国际公务员培养特别教育项目"通过和美国得克萨斯大学奥斯汀分校公共政策研究科(LBJ-UT/A)的合作,帮助学生取得双学位(硕士),并且在美国得克萨斯州留学期间,学生可以在联合国总

<hr>

① 青山学院大学国际专家培养项目介绍[DB/OL].［2017-2-14］http://www.aoyama.ac.jp/outline/effort/education_reform/2009/global_expert/.2017-2-14.

② 神户大学大学院国际协力研究科国际公务员培养项目[DB/OL].［2017-2-14］. http://www.edu.kobe-u.ac.jp/gsics-kk-program/model/index. html..

③ 广岛大学国际实践项目[DB/OL].［2017-4-1］. https://www.hiroshima-u.ac.jp/gecbo/program..

部实习。参与该项目的学生,第一年要学习广岛大学的必修科目,一般第二年至美国德克萨斯大学奥斯汀分校和国际组织进行长期实习,完成其他的课程工作、硕士论文的撰写,获得双硕士学位。根据学生个人的计划、学分的取得、论文执笔等的进展情况的不同,最短 3 年可以获得两个大学的硕士学位①。

上智大学的"国际人才培养项目",与美国福特汉姆大学研究生院、美国乔治敦大学研究生院、美国哥伦比亚大学研究生院等国际一流大学建立了"3＋1 特别升学制度"。学生在上智大学完成第三学年本科课程的学习,赴美方大学进行为期 1 年的硕士课程学习,最短 4 年可以同时获得上智大学的学士学位和美方大学的硕士学位②。

立命馆大学的"国际合作的即战力人才培养项目",1992 年开始就积极和美利坚大学国际关系研究生院、鹿特丹大学、格拉纳大学政治社会学研究生院、兰开斯特大学、约克大学、伦敦大学皇家霍洛威学院、庆熙大学建立了学分互换的合作关系。参与该项目的学生,第一年要学习立命馆大学的必修科目,第二年至合作学校完成其他的课程,撰写硕士论文,获得双硕士学位③。

注重搭建人脉网络,有效利用国际组织资源。几乎每所高校都有自己特色的活动课程,而这些特色活动都具有强烈的"搭建国际人脉网络"的色彩。例如,立命馆大学的"国际合作的即战力人才培养项目",为学生提供了赴特定国家的"深度实践"机会。学生可以有机会到印度、柬埔寨、喀麦隆等一些矛盾尖锐的发展中国家和地区开展实地研究。甚至通过该项目,学生还可以有机会帮助当地的孩子进行识字教育、卫生教育、植树教育等国际志愿者活动。神户大学的"国际公务员培养课程"聘请外务省国际组织人事中心主任,就应聘国际组织所需能力、应聘国际组织所需职业经历、应聘国际组织国际公务员的注意事项进行逐一解释④。

---

① 广岛大学大学院国际协力研究科国际公务员培养特别教育项目[DB/OL]. [2017-5-27]. http://www.hiroshima-u.ac.jp/idec/courses/p_uv8q8n. html..

② 上智大学国际交流项目/其他海外项目[DB/OL]. [2017-07-15]. http://www.sophia.ac.jp/jpn/global/international/studyabroadprograms..

③④ 立命馆国际合作的即战力人才培养项目[DB/OL]. [2017-06-12]. http://www.ritsumei.ac.jp/acd/gr/gsir/ir-style/gp. html.

名古屋大学的"国际合作型发信能力培养—高度国际人才培养实践项目"，鼓励学生到联合国纽约本部，邀请联合国职员就联合国的工作、联合国的成果、联合国的课题等方面的议题为学生开展讲座。学生可以旁听联合国会议，就会议议题与联合国官员进行讨论。此外，在联合国经济社会理事会、情报局公认非政府组织(OCCAM)常驻代表的指导下，学生还能够与更多的国际组织职员进行接触，参与联合国的项目，真正了解联合国的运作①。

七、其他单位和组织

除了以上的单位和组织，日本的参议院、各党派议会等也非常关心国际组织人才的培养与选送。

（一）日本参议院和各党派议会

2009 年，日本参议院的政府开发援助(ODA)调查派遣议员团对美国等国和国际组织的援助政策动向进行调查，并探讨了增加日本国际公务员的措施。

日本民主党也成立了一个"推进联合国邦人(日本人)职员合作，并推进相关支援活动议员联盟"，通称"国邦联盟"。

（二）日本国际协力机构

日本国际协力机构(英文:Japan International Cooperation Agency, JICA 日文:国際協力機構)的起源可追述至 1954 年的日本海外协会联合会。其在成长过程中不断吸收各个其他组织来壮大自己，2008 年根据日本新的《独立行政法人国际协力机构法》进行了改组，目前的业务涉及减贫、环保、教育、防灾、卫生、文化交流等各个领域，是日本对外援助非常重要的机构。JICA 有专门的国际人才部来进行国际开发人才的培养与确保，并每年拨付 1% 左右的机构预算。2016 年 JICA 预算总支出为 1 507.41 亿日元，而用于人才培养和确保的经费为 13.99 亿日元②。这些国际开发人才心怀全球，有部分最终进入了国际组织，所以 JICA 的人

---

① 名古屋大学大学院国际开发研究科大学院教育改革支援项目"国际合作型发信能力培养"[DB/OL]. [2017-07-18]. https://www.gsid.nagoya-u.ac.jp/global/curriculum/global_practicum/index. html.

② 国際協力機構年次報告書 2016[EB/OL]. [2017-04-29]. https://www.jica.go.jp/about/report/2016/list01. html.

才培养与选送方式也非常值得研究。

首先,JICA 建立了国际协力职业生涯综合信息网站 PAPTNER(国際協力キャリア総合情報サイト,http://partner.jica.go.jp)来发布机构正式职员、短期契约职员、兼职、志愿者、实习学生的招聘信息,并建立了人才登记库,截至 2019 年已有 4 万多人正式注册。目前,这个网站不仅为 JICA 服务,还为国际组织、政府相关机构、NGO/NPO、有意开拓海外市场的日本企业所利用。

其次,JICA 通过研修班来强化应聘者的专业知识、国际发展援助相关知识和技能,并根据新形势不断增加新的研修内容。例如,2015 年研修班增加了"营养学人才培养""5S-KAIZEN-TQM 的卫生保健体系""全民健康覆盖"(Universal Health Coverage)"特别支援教育基础讲座"4 个新的课程,并和企业一同举办了 3 个有关农业、1 个有关建筑的课程。2018 年共计接受能力培训的人数为 503 名,专家赴任前研修 307 名[①]。

着眼于中长期的人才培养,JICA 还实施了"初级专家"项目,主要对象是已经有了一定专业知识和经验、但缺乏 ODA 工作知识和经验的青年人才。每年大概培训 20 人以上,在研修结束后作为 JICA 专家赴任工作。

针对在校学生或研究生,JICA 将其部署至各基地和海外项目进行实习。2015 年 JICA 共派出 102 名(一般型 79 人,顾问型 23 名)大学生和研究生,以及 4 名医疗人才的国际合作人才。另外,为了应对更加高级的国际发展问题,2015 年开始试行针对博士生和博士后的"博士型"实习,先行培养了 3 名[②]。

为了培养硕士学历的国际开发人才,JICA 每年还资助学生赴海外大学攻读硕士学位。2015 年共有 3 位学生在和平构建、森林与自然环境、农业与农村开发领域赴英国和芬兰的大学攻读硕士学位。

2018 年,JICA 开始启动"JICA 开发大学院联携"项目,每年以 1 000 人为目标,将发展中国家的领导人才邀请至日本的大学研究院,学习日本的近代化发展

---

① 国際協力機構年次報告書 2019[EB/OL].[2020-08-14].https://www.jica.go.jp/about/report/2019/index.html.

② 国際協力機構年次報告書 2016[EB/OL].[2017-04-29].https://www.jica.go.jp/about/report/2016/ku57pq00001uuuy5-att/J_52.pdf.

经验,加深对日本的理解①。截至 2020 年 5 月,已有 84 所大学参与,其中包括东京大学公共政策大学院、京都大学运营管理大学院等。

JICA 以上的人才培养措施不仅为 JICA 机构本身培养了人才,也惠及了国际组织。一部分有 JICA 实习和工作经历的日本人,因为既有专业知识,又有实践能力,在进入国际组织时有了更强的竞争力。

同时,为促进更多的大学生在学生阶段开始实践国际开发,有些日本大学与 JICA 合作,认定参加 JICA 研修为大学课程学分,并积极推进以研究生为对象的实习制度。如广岛大学就与 JICA 合作开展了 JOCV 赞比亚特别教育项目。广岛大学研究生院国际合作研究科(IDEC)和 JICA 青年海外合作队(JOCV)合作实施特殊教育项目,派遣硕士生在赞比亚和青年海外合作队员一起活动,同时接受大学导师的指导,回到日本后,将当地学的教育合作的理论和实践用于硕士论文。这种大学与 JICA 合作的方式,更好地培养了有实践能力的人才。

日本长期的对外援助为其赢得了发展中国家的民心,间接为其国际组织高级职位竞争时赢得了选票。例如,中岛宏于 1988 年担任 WHO 总干事,到 1993 年竞选第二任期。中岛宏第一任期内工作业绩突出,为 WHO 和日本赢得了世界赞誉,也引起了欧美各国的警惕。通常,WHO 的总干事是由 WHO 执行理事会进行推荐,再由联合国总会任命。为了让中岛宏在职位上有更多作为,日本联合发展中国家与欧美各国进行对抗,打破惯例,改为由总会投票决定。最后,对于中岛宏的连任,日本得到了 93 张赞成票,58 张反对票和 6 张弃权票②。日本通过对外援助与发展中国家建立的良好关系,为日本在国际舞台上赢得了重要的选票,甚至有时候达到了与欧美国家抗衡的地步。

(三)非政府组织的参与

目前,日本已经有 400 多个国际合作、国际援助相关的非政府组织(NGO),在全世界 100 多个国家展开工作。但是 NGO 也不可避免地面临着规模较小、人才和资金短缺等问题。为了更好地开展工作,日本的有识之士成立了国际协力

---

① JICA 开发大学院连携[EB/OL]. [2020-08-07]. https://www.jica.go.jp/jica-dsp/index. html.
② 勝野正恒,二村克彦.国際公務員をめざす若者へ[M].東京:国際書院,2005:42.

NGO 中心(国际协力 NGO センター, Japan NGO Center for International Coopera-tion, JANIC),进行 NGO 人才的培养、推进教育学习与活动、展开调查研究、普及相关知识、进行民众宣传活动。JANIC 还起到了联系非政府组织与政府、企业之间的作用。在多年的努力下,日本政府和民众也渐渐改变了对 NGO 的看法,在日本外务省组织的国际会议中,不仅 NGO 代表作为正式成员出席,而且会吸收NGO 中有经验的人士,将其推荐至国际组织工作。

第三节 人才联合培养机构和重要选送举措

日本在进行国际组织人才联合培养的代表性机构与选送举措,分别是国际开发高等机构(FASID)和 JPO 项目的参与,以下分别给予详细介绍。

一、 国际开发高等教育机构 (FASID)

(一)发展缘由与沿革

20 世纪 80 年代,日本逐渐意识到开发援助人才培养、训练的重要性。当时日本的大学中虽然已经有国际关系论、国际经济论、地域研究等学科以及课程,但尚未有国际援助和国际合作专业。随着日本经济迅速发展,ODA 预算和项目迅速增多,日本国内有关开发援助人员不足的指责声也越来越高。1985 年 12 月,日本外务大臣的私人咨询机构"ODA 实施效率化研究会"(会长为小仓武一)提交了一份报告书,并在报告书中提出"为了培养日本未来的国际援助人才,接受发展中国家的研究生和留学生,应该建立研究型水平的高等教育及研究机构——国际开发大学(暂称)"。1989 年 7 月,"援助相关高等教育机构委员会"(会长为川野重任)提交的报告书中,对"国际开发大学"构想提出具体建议:第一步先推进国内外研究者交流、共同研究、海外派遣、研讨会、研究等软件层面的实施,构建与欧美大学和国内大学间的合作关系;第二步建立实体,构筑独立的大学;第三步,与发展中国家类似的机构创建合作关系。

经过一番努力,1990 年 3 月,文部省、外务省和相关财团法人一同设立了"国际开发高等教育机构"（英文：Foundation for Advanced Studies on International Development，简称 FASID，日文：财团法人国際開発高等教育機構），实体机构位于东京都港区麻布台。

自 1990 年设立后，FASID 就开设了 PCM 课程、国际组织课程，并和世界银行经济开发研究所（EDI，后改组为世界银行研究所 WBI）一起开设了研讨会，开始向海外派遣研究者（其中包括高等教育学位项目等）来进行国际开发人才的培养与研究。同时，FASID 支持各大学开发援助人才的培养，为研究生开设讲座，为海外实习调查项目提供资金，并支援各大学设立国际开发课程或学科。在其促进下，1991 年名古屋大学国际开发研究科、埼玉大学政策科学研究科国际开发研究课程相继成立，1992 年神户大学国际合作研究科、1994 年广岛大学国际合作研究科、横滨国立大学国际开发研究科也相继设立。如表 9-9 所示，至 2020 年 1 月 FASID 虽然没有发展成为大学，而定性为"一般财团法人"，但仍然为培养国际组织公务员等国际开发人才发挥着重要的作用。

表 9-9　FASID 发展沿革

时　　间	内　　容
1990 年	正式设立
1991 年至 2002 年	开设发展援助共同讲座
1996 年	开设午餐研讨会
1996 年至 2011 年	开设 NGO 研修课程
1997 年	创设国际发展研究的"大来赏"奖项
1998 年	开发和企业研讨会
2000 年至 2011 年	和政策研究大学院大学共同开设了国际开发大学院共同项目（硕士课程）
2001 年	开设发展援助评价课程
2003 年	开设国际发展入门课程
2005 年至 2009 年	开设当地 ODA 工作组远程研讨会
2012 年 10 月 1 日	改名为"一般财团法人国际开发机构"
2016 年	开始接受中小企业海外拓展支援事业相关工作

（二）资金来源与功能

FASID 的资金主要来自日本企业的捐赠、日本政府的项目资助和授课费收入等。FASID 共有 50 多家日本企业捐助，包括住友银行、丰田汽车公司、东芝公司、东京电力公司、伊藤忠商事公司①等。2002 年，根据日本新的机构法，FASID 转为一般财团法人，是一家保管和利用捐赠资金的机构。

FASID 主要进行两方面的工作：第一是人才培养和支援，通过开设各类研修班和研讨会、派遣讲师、提供奖学金、颁发国际发展研究表彰"大来奖"，以帮助从事国际开发和国际合作的日本人在发展中国家用更好的方法开展工作。第二是项目的实施和调查研究，通过在发展中国家实施各类项目促进发展中国家经济和社会发展，提升当地人的生活水平，并积极进行评价调查和部门间的横向调查，以提升国际开发事务的质量。与国际人才培养的相关的工作具体有以下几种。

1. 开设各类研修班

FASID 在过去的 30 多年中，为正在进行国际发展援助和有意进行国际发展援助的人才开设了各类研修班。在外务省和财务省的领导下，FASID 接受各类机构的委托开展培训工作。这些机构包括 JICA、KOICA（韩国日本国际协力机构）等国内外援助实施机构、政策研究大学院大学等高等教育机构、拥有紧急援助医疗人才的红十字医院等医疗机构、早稻田私塾等高中生培养机构。另外，FASID 还根据时代发展、开发援助议题的变化，及时研究对发展中国家有益的最新议题，独立开设各类研修班。以下举例两个具体的研修课程。

案例一：外务省委托项目"面向国际组织的人才培养研修班"②

该研修班由外务省委托开展。参加对象原则上是目标成为国际公务员的社会人士和研究生，社会人士必须有 3 年工作经验且取得硕士学位，可以是企业人员、律师和医生等专业人士、开发援助工作者、政府工作人员。因为以国际公务员为培养目标，上课所用语言原则为英语，所以报名者需要 TOEIC 成绩达到 810 左右，或 TOEFL iBT 90 分左右。

---

① 出捐企业[EB/OL].[2020-07-30]. https://www.fasid.or.jp/history/.

② 国际机关人材向けのコース[EB/OL].[2014-2-26]. http://www.fasid.or.jp/kokusaikikan/home/#outline.

该研修班不仅帮助参训者掌握国际组织工作中必需的知识和实践技术,还提供国际组织职员录用考试相关对策和录用信息,并对即将赴外工作的JPO录用者提供有效的实务训练。研修班的实施分为日本和国外两个阶段。日本阶段每期招收30人,历时3个月,在工作日晚间和周末上课。参训者在完成日本阶段研修后,可报名国外阶段。国外阶段历时2周。

表9-10　面向国际组织的人才培养研修班三模块

模　块	时　间	内　　容
模块一　职业入门支援系列讲座	14.5 小时	通过入门指导和个别指导,让听讲者明确希望应聘的国际组织和专门职业种类
模块二　国际组织角度的地球规模问题探讨	30 小时	通过问题探讨思考各个问题,巩固专业领域的知识。为了让学生能立刻应用课上学到的各主题的核心思想和思考方法,采用讲课和讨论交替进行的工作坊形式授课,在课上还介绍联合国颁布的新制度及政策,上课语言为全英文
模块三　录用考试应对讲座	37.5 小时	对国际组织采用主要的3种录用方法(简历等申请资料的审查、笔试、面试)进行应对指导,并尽可能采用模拟考试的方法来进行实践

学员可以根据自己的情况选择全修或选修3个模块。全修费用是41 000日元;而选修的话,模块1和模块3是必选的,模块2可选可不选。如果只选模块1和3,听课费是26 000日元。模块2中1.5—2小时的课每次1 000日元,3—4小时的讲座每次2 000日元。海外项目的差旅费由项目方提供,生活费和课程费学员自行承担。

在日研修班选择全修的学员,听讲时间超过8成以上,可以获得结业证书。

案例二:国际发展入门研修班

该研修班的主要内容为国际发展与合作的基本及关键理论知识,并安排了各种互动环节,通过讨论加深学员理解。该研修班不仅适合有志进入国际组织的学员,也适合对国际开发、国际合作感兴趣的企业员工、律师和医生等。研修安排在周六,持续四周,共14门课,研修时间共为27.5小时,费用为36 000日元,出勤率超过八成可获得结业证书。

表 9-11　国际发展入门研修班课程设置

	课 程 名 称	讲 座 人
1	课程入门	—
2	国际发展合作——全球共同课题的相关者	中村尚司,龙谷大学名誉教授、特定非营利活动法人 JIPPO 专职理事
3	人类的安全保障——概念和趋势	长有纪枝,特定非营利活动法人难民协助会理事长、立教大学大学院教授
4	日本:国际援助主要出资方和国际相互依存关系	大野泉,政策研究大学院大学教授
5	从非洲视角思考全球化问题	佐藤章,亚洲经济研究所地域研究中心研究支援部主任调查研究员
6	与自然的和谐之道——保护生物多样性	日比保史,一般社团法人 Conservation · International · Japan 代表理事
7	理性消费为目标的社会——从个人的活动到社会、国家的实施	小吹岳志,日本公平交易论坛理事、可持续发展消费网络干事
8	体面劳动和可持续发展	田口晶子,国际劳动组织驻日事务所代表
9	作为共同学习场所的国际合作——NGO 中的工作	三宅隆史,公益社团法人 Shanti 国际志愿者协会阿富汗事务所长
10	从传染病和开发的关系思考"人的社会"	山本太郎,长崎大学热带医学研究所国际保健学领域主任、教授
11	原住民参与和项目循环	田中博,参加型评价推动者
12	性别和开发	三轮敦子,认定 NPO 法人联合国女性日本协会理事
13	ODA 的民间部门和合作关系	内岛光孝,独立行政法人日本国际协力机构(JICA)国内事务部中小企业支援调查科科长
14	总结	—

由表 9-11 可看出,FASID 有关国际开发入门的研修班所选课程涉及领域广泛,而且所选的讲座人来自日本政府机构、高校、NGO 等多个领域,说明在日本从事国际开发的人才也越来越多。

2. FASID 研讨会

为了促进交流,FASID 每年大概举行 6 期研讨会,来探讨国际发展相关的重点问题和热点问题,并对如何提升日本的援助质量进行讨论。讲师来自国际发展的各领域研究者和实施者,国际开发援助的实施者、公司职员、研究者、学生等各领域的人员都可以参加研讨会并交换意见。

研讨会不定期进行,每期讲座,机构都会将讲座内容予以整理进行公开。一般都是以午餐会的形式参加,大家在午餐时营造出轻松的氛围,增进交流。

截至 2020 年 7 月 30 日,FASID 的午餐研讨已经举行了 240 次。最近举行的 6 次研讨题目分别是:第 240 期"亚太地区新型冠状病毒的影响和经济复苏的展望";第 239 期"COVID 和卫生领域的国际合作的展望";第 238 期"非洲与传染病的斗争——以刚果民主主义共和国的事例为例";第 237 期"思考非洲的现在和未来——第 7 次非洲开发会议(TICAD7)中日本的措施和课题";第 236 期"人道支援·紧急支援的质量和可用性——为了应对复杂化、深刻化的人道危机";第 235 期"民间企业达成 SDGs 的努力——萨拉雅株式会社在非洲乌干达的挑战"。

3. 奖学金

为了支援和鼓励以博士学位为目标,未来将在国际发展相关领域进行工作的青年,FASID 每年从申请者中选出 3 位进行资助。资助者的专业需与国际发展研究相关,且范围一般涉及全球问题,因此对于特定技术领域的个别研究(农业、建筑、医疗技术)等和欧美先进国家以及日本为研究地区的不予资助。

该奖学金资助时间为 3 年以内,资助范围包括入学金、学费、每月 5 万日元研究费等。资助金额每年最高为 200 万日元。与日本大多数需要事后偿还的奖学金不同,该奖学金不用在学成后归还,因此对有志于国际开发的学生非常有吸引力。

4. 与著名课外辅导机构合作向高中生宣传国际开发

虽然课外辅导机构导致学生间学习机会不公、过度学习的现象仍被社会诟病,但日本政府跟课外辅导机构并非对立关系。因此,FASID 也会利用课外辅导机构进行国际开发教育,如 FASID 和日本著名课外辅导机构早稻田塾一同合作开展了"培养世界领导的项目"①,聘请讲师给高中生讲解国际开发相关知识,让有志向的高中生在大学入学前就有国际发展专业学习的计划和志向。

二、JPO 等项目的应用

(一)JPO 项目的起源

JPO 项目,英文全称为 Junior Professional Officer Program,是 1954 年荷兰政府及联合国粮食及农业组织(FAO)最先创立"助理专家"项目(Associate Experts, AE)②,由荷兰政府提供人事相关费用,输送青年专家至 FAO 工作。由于该项目对于国际组织来说,可以补充人力资源;对于国家来说,可以培养未来从事国际发展的人员;对个人来说,可以积累国际组织工作经验,受到了各方面的欢迎。因此,联合国其他组织也相继实施类似项目。而如今影响最大、人数最多的是联合国开发计划署(UNDP)在 1965 年设立的 JPO 项目,亚洲发展银行、国际劳工组织、联合国儿童基金会等机构也在采用该制度补充工作人员。

JPO 项目一般录用 32 周岁以下,具有硕士学历,且有 2 年工作经验的候选人③。一般录用职位为 P2 职位。2003 年,丹麦政府又开创了类似 JPO 项目的 SARC 项目,英文名为 Special Assistants to the UN Resident Coordinator,一般招收原 JPO 项目的成员,录用在 P3 的职位。该项目发起后,瑞典、西班牙、挪威、日本也纷纷加入。

联合国每年大致招收 200 位左右 JPO 职员,因而专门设置了 JPO 服务中心来管理相关事务。每年约有 1/4 的职员会被录用为 UNDP 正式职员,或加入其他国际组织。令人瞩目的是,参照该中心的统计数字,2017 年在联合国 12 家机构的 JPO 官员和 SARC 官员中,日本的 JPO 官员为 44 人,占 2017 年总人数的

---

① FASID 国際開発プログラム[EB/OL].[2017-5-1] http://www.wasedajuku.com/curriculum/juku-iku/fasid/.

② UNICEF, History of the JPO programme[EB/OL][2017-05-15]. https://www.unicef.org/about/employ/index_jpp. html.

③ What are the requirements? [EB/OL].[2017-05-15]. http://www.jposc.undp.org/content/jposc/en/home/how-to-join/the-jpo-programme. html.

18%,是所有国家中人数最多的,如表 9-13 所示。

表 9-12 2017 年 JPO 职员和 SARC 职员国家统计①

序 号	国 家	人 数	比 例
1	日 本	44	18%
2	德 国	32	13%
3	丹 麦	24	10%
4	挪 威	24	10%
5	荷 兰	19	8%
6	芬 兰	18	7%
7	瑞 士	12	5%
8	意大利	9	4%
9	科威特	9	4%
10	法 国	8	3%
11	比利时	7	3%
12	卢森堡	7	3%
13	韩 国	2	1%
14	澳大利亚	1	1%

(二)日本的 JPO 项目

日本于 1974 年开始参与 JPO 项目,由于其他进入联合国正式员工系统的招聘方式,如招聘考试和职位竞聘的方式竞争非常激烈,因此,日本政府将 JPO 项目作为一个培养联合国正式职员的训练场,加以重视和利用。

为了招收更多的有志青年,日本不同于其他国家将最高年龄限制在 32 岁的规定,将最低年龄放宽至 35 岁。参照联合国 JPO 项目,日本招收除文学、体育、艺术及纯语言专业之外专业领域的硕士毕业生,大致涵盖国际发展、人权、人道、教育、保健、维持和平等领域,以及 IT、物流、采购、法律、财务、宣传(公共关系)、

① Facts and Figures. [EB/OL]. [2017-05-15]. http://www.jposc.undp.org/content/jposc/en/home/for-partner-countries/facts-and-figures. html.

人事、监测与评价(M&E)、环境、工学、理学、农学、药学、建筑等,并需要在相关领域有两年以上的职务经验(短期兼职、在学中实习除外),能够用英语或法语中至少一种进行工作。

日本在招募JPO时非常重视应聘者对国际发展事业的决心和在国际组织工作的意愿。为了保护JPO职员的意愿,日本会根据联合国职员规则,承担派遣所需的全部人事经费,工资因派遣地不同而不同,如纽约工作的单身人士,第一年的工资待遇为860万日元(约53万元人民币),如果在非洲科尼亚内罗毕工作,同样是单身第一年的情况,一年工资为750万日元(约46万元人民币)[①]。

(三)应聘程序

应聘者向外务省国际组织人事中心递交所需材料,在语言能力方面,所有应聘者,必须递交 TOEFL 考试成绩,可以同时递交法语水平考试(TEF)成绩或者联合国协会英语测试 A 级合格的第一次及第二次结果通知书,以便审查。书面申请材料审查合格后,应聘者参加面试及英语书面考试,合格后成为JPO候选者,由外务省国际组织人事中心根据申请者条件向国际组织推荐,并向合格者告知拟派往的国际组织。在相关国际组织提供相关职位后,外务省国际组织人事中心将JPO候选人派出。如果JPO候选人拒绝去所派遣的国际组织,将被取消JPO资格。所有JPO第一年均被定级为P2水平(P2/L2/A1)I 级(专业职员最初级),第二年升为P2水平II 级。

(四)日本JPO项目成绩

日本实施JPO制度以来,应聘者数与派遣者数如表9-13所示。自1974年日本JPO制度实施以来,截至2020年1月1日,已约有1700人JPO被派遣至国际组织工作。从2001年统计以来,日本JPO职员被国际组织最终正式录用率为73.0%。联合国组织日本专业职位国际组织公务员JPO出身者也在逐年增加,如图9-2所示,从2001年的34.1%增加至了2015年的45.8%。录用日本JPO人数最多的国际组织分别是 UNHCR、UNICEF、WFP 和 UNDP。

---

① JPO 派遣制度[EB/OL].[2017-05-23]. http://www.mofa-irc.go.jp/jpo/dl-data/JPO_System.pdf.

表 9-13　20 多年来日本 JPO 项目应聘者数及派遣者数[①]

年　　份	1995	1996	1997	1998	1999	2000	2001	2002	2003
应聘者人数	534	723	770	823	760	681	647	823	936
派遣者人数	38	45	55	55	56	49	56	66	58
年　　份	2004	2005	2006	2007	2008	2009	2010	2011	2012
应聘者人数	1 012	798	721	314	294	510	621	313	276
派遣者人数	35	36	33	36	37	32	33	25	30
年　　份	2013	2014	2015	2016	2017	2018	2019		
聘者人数	289	301	330	394	363	348	327		
派遣者人数	40	44	66	54	59	55	52		

数据来源：日本外务省

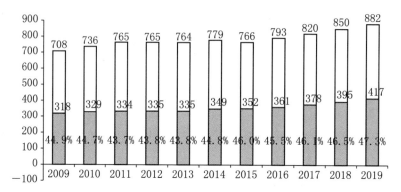

图 9-2　日本国际组织专门职业国际公务员中 JPO 出身者逐年增加[②]

数据来源：日本外务省每年 1 月调查数据。2014 年数据截至前一年的 12 月 31 日

　　21 世纪初期，由于经济和预算方案调整，日本 JPO 项目的预算曾一度减少，而近年来随着日本经济的回暖，JPO 项目的预算又有了大幅度增加。2002 年和 2003 年日本政府 JPO 项目预算为 15.4 亿日元，自 2004 年开始减少，到 2012 年仅

　　①　国際機関人事センター［EB/OL］.［2020-08-12］https://www.mofa-irc.go.jp/..
　　②　JPO 派遣制度を通じた外務省の取組［EB/OL］.［2020-08-12］https://www.mofa-irc.go.jp/jpo/dl-data/JPO_System.pdf

为 10.1 亿日元,2013 年和 2014 年稍有增加为 11.0 亿日元,2015 年开始又大幅度增加至 16.4 亿日元,2016 年达到 20 亿日元[①]。之后还是每年都有增加,2017 年为 22.5 亿日元,2018 年为 23 亿日元,2019 年为 23.8 亿日元[②]。

(五)日本 JPO 项目在派遣方法上的改进

尽管日本在 JPO 项目上获得了不小的成绩,但由于和国际组织西方式的招聘文化不同,日本在 JPO 项目实施过程中也出现了一些问题[③]。为此,日本采取了相应的措施,来改进这些问题。

日本 JPO 制度在实施时,没有按照特定的专业领域进行招聘,而是选择约 40 人的合格者再推荐给国际组织。联合国人事部门对此提出意见,国际组织的招聘不像日本一样"以人为中心",而是以"岗位为中心"的。其他国家首先是对各组织的 JPO 岗位有一定了解,再根据岗位要求进行招聘,在国际组织人事负责人的参与下选拔人才,这样就不会出现人才与岗位不符合的问题。为此,如今日本也开展了以岗位为中心的人事招聘。

日本 JPO 制度原则上是两年,对于有可能正式录用的人,可以以半年为单位(最多两次)进行延期。而其他国家认可一年的任期延长,也有将派遣费减半延长一年甚至两年的,基本上不会以半年为单位进行延长。所以,日本根据其他国家的经验,也开始对 JPO 任期适当延长,因为从实际情况来看,只凭两年就获得正式职位的人还是较少的。

日本的 JPO 项目以完成岗位工作为前提,但是北欧等国家的 JPO 会在第三年有计划地进行岗位调任,以丰富 JPO 的职业经验和扩展 JPO 的职场人脉。比如,从国际组织本部调入地区中心工作,或者从地区中心调入国际组织本部工作。所以日本也开始在 JPO 项目延长至三年的情况下,对人员进行调任。

---

① JPO 派遣制度[EB/OL]. [2017-05-23]http://www.mofa-irc.go.jp/jpo/dl-data/JPO_System.pdf.

② JPO 派遣制度を通じた外務省の取組[EB/OL]. [2020-08-12]https://www.mofa-irc.go.jp/jpo/dl-data/JPO_System.pdf

③ 联合国日本职员增加问题～以参议院 ODA 调查派遣的调查为基准[EB/OL]. [2013-12-10]. http://www.sangiin.go.jp/japanese/annai/chousa/rippou_chousa/backnumber/2010pdf.

第四节　日本国际组织人才培养与选送案例

联合国职员的录用,主要分为政治任命、公开招聘、人才项目选拔(JPO、YPP)等形式,而日本政府会在每一种录用方式中或多或少施加政府影响,帮助有志者成功进入国际组织、获得职位晋升。

一、派遣优秀人才留学,政府支持竞选

【简历】　松浦晃一郎,1937 年出生于山口县,1956 年东京都立日比谷高中毕业,1958 年东京大学法学部在读期间日本外交官考试合格,1959 年东京大学退学进入日本外务省,随后被外务省派往哈佛大学学习,1961 年从哈佛大学经济学院毕业,在外务省正式开始工作,1985 年担任香港总领事,1988 年担任日本经济合作局局长,1990 年担任北美局长,1992 年担任外交审议官(兼任发达国家首脑会议的干事),1994 年担任驻法大使,1999—2009 年担任两届联合国教科文组织总干事。目前就任日本联合国教科文组织协会联盟特别顾问、立命馆大学特聘教授、大阪大学国际公共政策研究科客座教授、中国人民大学名誉教授。著有《援助外交最前线所思考的问题》(国际合作推进协会)、《联合国教科文组织总干事奋斗记》(讲谈社)等。他不仅是经济专家,而且精通佛学,对非洲雕刻也有很深的见解。

【分析】　在国际人才和外交人才短缺时期,日本外务省曾通过外交官考试在东京大学等大学招募人才,并承担学费和生活费,派送他们至国际一流大学学习,松浦晃一郎就是其中之一。这一措施在当时迅速地为日本外务省补充了大量人才,目前类似政策仍在进行。

松浦晃一郎是参选联合国教科文组织总干事的日本第一人,也是亚洲第一人。他当时受到了日本政府的全力支持,时任日本首相小渊惠三也积极支持,最终帮助其顺利当选。

二、 派遣政府官员，获得利益相关职位

【简历】　赤阪清隆，1948 年出生于日本大阪府，京都大学法学部毕业，获英国剑桥大学经济学学士及硕士学位。1971 年，他进入日本外务省工作，曾在驻马来西亚日本大使馆、驻日内瓦联合国日本政府代表部工作，后进入关税及贸易总协定(GATT)秘书处、世界卫生组织(WHO)秘书处。1997 年回到日本，赤阪清隆担任大臣官房外事参事官(后为审议官)，并在综合外交政策局国际社会协力部兼任工作，进行京都协议的协调，后又担任联合国日本政府代表部大使、日本驻巴西圣保罗市领事馆总领事、经济合作发展组织副总干事。2007 年，他担任联合国副秘书长，负责宣传事宜，2012 年从联合国退职。

【分析】　赤阪清隆有 4 次被外务省派遣至国际组织的经历。他在国际组织不仅完成了职位所赋予的职责，还帮助日本争取了相关利益。

赤阪清隆第一次出任的国际组织是 GATT(关税及贸易相关的一般协定事务所，WTO 的前身)。当时日本生产的小汽车赢得了世界市场，对美国的主干行业——汽车行业产生了莫大的威胁。于是，美国就发布了《通商法超级 301 条》，对日本小汽车的关税进行了报复性提价，沉重打击了美国市场中日本车的销售。

为此，时任日本外务大臣的仓成正向驻日内瓦国际组织日本政府代表部，提出了在 GATT 秘书处增派两位日本职员的命令。当时，赤阪清隆正担任驻日内瓦国际组织日本政府代表部一等书记官，为此事的负责人。他多次联系 GATT 秘书处，GATT 对增派日本职员并不热心，但赤阪清隆多次交涉，终于得到"如果有优秀青年的话，就可以派遣"的回复。由于东京方面一再催促，赤阪清隆又一时找不到合适人选，就自己上场，1988 年进入 GATT 的 P4 级别工作。这对于已经 40 岁的赤阪清隆，前日本一等书记官是非常低的职位。

但是赤阪清隆并未在意，而是在 GATT 兢兢业业地工作。作为初级职员，他每次都需要在会议前复印会议资料，在开会时进行会议记录，而后在两三天内就要提交会议报告。就算是再无聊的演讲，他都不遗漏，而且全部都是英文。

一年以后，赤阪清隆终于担任了贸易政策审查的相关工作，并且担任的是美国政策审查的唯一负责人。美国给他送来了满满一箱子的文件和书籍，赤阪清隆

花了半年的时间终于把这些资料吃透看完。

表面上看,国际组织公务员不会受到自己国家利益的影响,但现实并非如此。当时赤阪清隆就是带着"要跟美国对着干"的心态在 GATT 工作的。但是,刚开始,赤阪清隆的上级是美国人,所以第一年并未成功。两年后的第二次美国贸易政策审查,还是赤阪清隆负责,这次赤阪清隆跟德国上司建议,终于指出了"超级 301 条"的问题。这件事最后也被媒体报道。

在 GATT 工作 4 年后,赤阪清隆暂时回到了日本外务省,在中岛宏担任WHO 总干事时出任其辅佐官,任期结束后又回归外务省。1997 年,京都会议在日召开,赤阪清隆被任命为日本外务省多边合作部常务副理事长,并作为日本高级谈判者出席 1997 年 12 月的气候变化京都会议。在京都会议上,日本提出了若从 2008 年开始减排计划,那么至 2020 年温室气体平均排出量要减少 6％的目标。而为达到这一比例,减去森林对二氧化碳的吸收率,预计各主要国家就需要减少3.7％。但在最终宣布协议的前一天,会议议长收到若干反对意见后,打算不按照此数据通过决议,这将违背《日本京都协议书》的原始计划。为此,日本代表团利用承办方优势,彻夜与各国代表团以及会议议长交涉,最终说服各方接受了这一数据,以最初的"京都协议"的提案公布了正式版《京都协议书》。

由于赤阪清隆在国际组织的工作经验,日本外务省在之后又推荐其担任了2003 年 8 月至 2007 年 3 月经济合作组织副秘书长,2007 年至 2012 年担任联合国副秘书长、新闻部部长。在联合国任期结束后,赤阪清隆发挥余热,担任了日本外国媒体中心(Foreign Press Center Japan)的理事长。该机构成立于 1976 年,由日本新闻协会和经团连(目前的日本经团连)共同出资设立。2011 年,机构由财团法人转为公益财团法人。他的主要工作内容是通过新闻宣传、网页和自媒体等,加深各国人民对日本的理解,并利用与其他国家媒体和记者的联系,"跟踪了解"和"影响"有关日本的报道。

三、 通过 JPO 项目为有志者铺路搭桥

【简历】 弓削昭子,幼时因父亲工作关系在墨西哥度过,青年期在纽约成长,美国哥伦比亚大学毕业。弓削昭子在大学时期考虑工作时,国际组织成了她择业

目标之一。大学毕业之后,她回到国内,参加了外务省实施的 JPO 考试,23 岁开始作为 UNDP 泰国事务所副代表辅佐,开始了国际组织的生涯。在泰国事务所工作一年后,成了同样位于泰国曼谷的联合国人口基金(UNFPA)泰国事务所的代表辅佐。在 JPO 岗位工作两年后,她应聘为正式职员,成为 UNDP 本部太平洋局项目支援部中国和菲律宾的项目官员,后又至 UNDP 纽约总部工作,其间在纽约大学获得了发展经济学的硕士学位,之后历任社团法人海外咨询企业协会(ECFA)项目研究员、UNDP 泰国事务所常驻代表辅佐、UNDP 印度尼西亚秘书处常驻副代表,不丹秘书处常驻代表。这期间职位从 P5 升到 D1。之后她又因家庭原因回归日本,担任横滨菲利斯女子学院大学教授,3 年后回归 UNDP,担任驻日代表,职位从 D1 升至 D2。2006 年她应聘了纽约总部担任管理局局长,管理约200 名专业职员和 200 名一般事务职员,职位升至 ADG 级别。2012 年 4 月她开始担任 UNDP 驻日代表,总裁特别顾问,现任日本法政大学教授,被日本评为"绪方二世"。

　　【分析】　自 1974 年日本参加 AE 项目和 JPO 项目以来,已经有约 1 600 名日本人派遣至国际组织工作。而从 2001 年有统计以来,被派遣的 JPO 日本职员被国际组织最终正式录用率为 73.0%。对于这些被派遣至国际组织工作的有志青年,这是难得的机会。通过自身努力,他们部分成功晋升至 D 级岗位甚至 ADG岗位。据横山和子在《国际公务员的职业生涯设计:基于满意度的实证分析》一书,2003 年对 165 位日本国际公务员的调查发现,在国际组织的职务越高,待遇就越高,对国际组织的满意度就越高[①],就越能在国际组织有所作为,得到晋升。弓削昭子就是日本通过 JPO 项目为其牵线搭桥,最后在国际组织获得较高职位的实例。

　　如弓削昭子的简历所示,弓削昭子从国际组织入职以来在 5 个国家工作,在UNDP 担任过 10 个职务,在国际组织以外的 3 家单位工作过,工作经历非常广泛。这其实也是她每次转换工作都得到职级晋升的重要原因之一。

---

　　① 　横山和子.国際公務員のキャリアデザイン:満足度に基づく実証分析[M]東京.白桃書房:2011:65.

四、 通过联合国就职活动，助有志者进入国际组织

【简历】 1989 年，须贺正义毕业于早稻田大学教育学部。他在早稻田大学就读期间曾在美国进行了为期一年的语言学习。大学毕业后，他进入了朝日社（朝日新闻的子公司），在其英文报纸担任记者，为在日本的外国人出刊英文报纸。须贺正义从政治、经济、社会、文化、体育等多个领域进行取材，撰写新闻稿，积累了丰富的宣传经验。2000 年，须贺正义 36 岁时决心换工作，于是到了美国，开始担任 CNN 日本语新闻网站编辑。可惜 2001 年网络经济泡沫崩溃，须贺失业了。但须贺正义并未被打倒，反而以此为契机，在美国获得了 MBA 学位，再次进入了媒体界，他也开始思索是否可以利用自己媒体人的职业优势，进入联合国工作。从 2005 年开始的约 6 年时间里，他担任了日本经济新闻美国公司经济、金融新闻的英语翻译。2011 年，他参加了 2011 年国际组织人事中心主办的联合国就职活动，接受了联合国求职指导，最终经历了层层磨炼，进入联合国秘书处，成为一名新闻官。

【分析】 须贺正义在中年之前并没有为进入国际组织而特地学习过，而是一直从事着用英语进行新闻和宣传的工作，积累了丰富的经验。国际组织人事中心的就职活动帮助他了解了联合国入职的相关文件和考试信息，结识了在联合国新闻部工作的日本人。须贺正义接受了该职员的建议，在约半年的时间里应聘了联合国 18 个宣传岗位，最终进入了联合国秘书处。

五、 利用国际组织实习，帮助青年进入 YPP 项目

【简历】 小川弘昭于 2010 年毕业于大阪大学经济学部（经济学学士），2012 年在大阪大学获得经济学硕士学位，同年利用大学的国际组织实习项目在 OECD 实习，2013 年担任 OECD 顾问，2015 年 YPP 项目合格，2016 年，他被正式任命到 ESCAP 北·中央亚洲地域事务所工作，2017 年取得大阪大学经济学研究科的经济学博士学位。

【分析】 联合国实施的联合国青年专业人员（YPP）项目，是录用青年职员的项目之一，每年进行一次，考试合格者工作两年后，继续留用工作业绩突出者。

YPP项目的考试对象国每年都会有所不同,但每年都会在日本进行。日本的应聘条件是:拥有日本国籍、32岁以下、可以用英语或者法语工作,在工作领域有相关的学士学位,没有工作经验也可以。

小川弘昭在大学本科留学期间开始萌生在国际组织工作的想法。在大学四年级的时候,他越来越希望从事将自身成长与世界发展相联系的工作,于是立志要进入国际组织。为了更好地从事专业性的岗位,他进入了有国际组织人才培养项目的大阪大学深造,有了去纽约联合国总部访问和在OECD实习的机会。在这期间,他了解到,作为专家,如经济学家进入国际组织工作的优势。于是为了进一步提升专业性,他求职和求学两不误,不仅正式进入国际组织在联合国亚洲太平洋经济社会委员会(ESCAP)担任北·中央亚洲地区事务所的专业性职位,还获得了博士学位。

小川弘昭大学本科学习的是经济学,在研究生阶段学习的是国际贸易理论,分析天然资源管理和儿童劳动等发展中国家问题对于其他经济体的影响。在博士生阶段主要学习计量经济学。

从小川弘昭的经历可以发现,大学的国际组织实习项目为他的职业生涯发展带来了莫大的便利。在大阪大学就读时,小川弘昭就受邀参加了OECD和印度政府粮食安全保障风险定量评价项目,与正式的经济学家一样参与了政策相关的工作,为他的职业生涯打下了基础。

六、 利用人脉网络,"邦人"互相提携

【简历】 平野佐纪,1968年出生于日本三重县,国际基督教大学教养学部毕业,俄勒冈大学国际学硕士课程毕业。1993年,她任联合国人口基金(UNFPA)加勒比地区事务所(牙买加)上级项目官员兼协调官。1997年,她在赞比亚国际合作组织(JICA)和非政府组织(NGO)、AMDA的项目工作后,帮助设立了驻德岛NGO机构TICO在赞比亚的事务所。1998年,她任联合国项目服务组织(UNOPS)东京事务所首席官员辅佐。2001年,她在联合国开发计划(UNDP)东京事务所工作,负责TICAD(非洲发展东京国际会议)项目相关的日本政府和调整和阁僚汇合,2002年开始担任联合国秘书处经济社会局持续发展的开发部国

别信息督导科员。

【分析】 平野佐纪从小就跟随在日本东京银行工作的父亲,中小学时期辗转于印度、巴基斯坦、巴林王国。在巴基斯坦生活期间,她家有一位清洁工,与她年龄相仿,只有 14 岁,但是不会读书写字,每次领工资只会画一个圈,而且她一个月的工资只相当于平野佐纪一个星期的饮食费。这些在发展中国家的经历深深影响了平野佐纪,她励志于从事国际发展事业。1993 年硕士毕业后,她通过 JPO 项目进入了联合国人口基金工作。经过多种岗位的历练,她于 1998 年进入联合国项目服务组织(UNOPS)东京事务所,任首席官员辅佐。当时的首席官员是后来成为世界粮食计划署(WFP)日本事务所代表的玉村美保子。两年后,平野佐纪成功考取了联合国竞争考试,在等待职位之时,参与了 UNDP 东京事务所的TICAD 的工作。当时的驻日代表为弓削昭子。

在此期间,平野佐纪在国际基督教大学的学姐森田宏子打来电话,说已经将她推荐给了联合国秘书处经济社会局持续发展的开发部国别信息督导科的上司,应聘该科的空缺岗位。这个空缺岗位当时有很多优秀的人竞争,一方面由于平野佐纪有不错的实力,一方面由于高级别官员的推荐,平野佐纪顺利地通过面试,进入联合国秘书处工作。

值得一提的是,森田宏子进入国际组织也与绪方贞子有关。森田宏子在国际基督教大学学习期间,上过绪方贞子的课。后来,森田宏子和绪方贞子在纽约相遇。绪方贞子当时已经成了日本首位女公使,她鼓励即将在丹佛大学就读国际关系的森田宏子:"学习发展学,要好好利用实习机会。"森田宏子听从建议,毕业后就通过 JPO 项目进入了 UNDP 工作,又在联合国科学技术中心(UNCSTD)工作了 10 年,经过多个岗位,2009 年开始担任联合国秘书处经济社会局小岛屿国科科长职务。

由平野佐纪的就职经历可以看出,日本人在国际组织中会渐渐形成人脉网络,这个人脉网络不断扩大,促进了日本人在国际组织的求职活动。

第十章
瑞士的国际组织人才培养与输送

　　与美、英、德、法、俄、日等世界大国不同,瑞士仅是一个欧洲中部弹丸小国。然而,就国际组织而言,瑞士却是一个无法绕开、不可小觑的国家。入驻瑞士的国际政府间组织和非政府组织也许超过了许多大国,在国际组织中担任高级公务员和从事各类服务的瑞士人数更非其他小国可比,瑞士还通过国际组织在国际社会中发挥着独特且巨大的影响力。

第一节　瑞士的永久中立与国际组织

　　现代国家是多重意义的实体。在国土面积和地理环境上,瑞士的确是个欧洲中部小国,面积仅 41 284 平方公里,而且山峦起伏、群山环绕,莱茵河就发源于瑞士中部的阿尔卑斯雪峰峡谷之间。瑞士周边则强国林立,东北与奥地利接壤,南邻意大利,西接法国,北面与德国交界。另外,瑞士地位险要,既是南北欧连接的重要通道,又是东西欧联通的必经之地,被称为"欧洲的十字路口"。

　　在发展历史中,远古时此地曾为凯尔特人的活动区域,但南来的恺撒和奥古斯都大帝将凯尔特人部落并入罗马帝国行省。中世纪,为了对抗北方的日耳曼哈布斯堡王朝,1291 年 8 月 1 日,施维茨(Schwizer,瑞士国名 Switzerland 来源于此)、下瓦尔登、乌里 3 个州不得不携手合作,结成了第一个"瑞士永久同盟"。到 1513 年,已经有 13 个州加入了瑞士联邦,并开始试探以中立换和平的可能。1648 年,法国与瑞典等国大败神圣罗马帝国军队,终于结束了旷日持久的"宗教战争",而饱尝战争之苦的瑞士人也放弃了为各国充当雇佣兵的传统做法。在结束战争的第一次现代国际会议——"威斯特伐利亚会议"上,瑞士终于通过《威斯特伐利亚和约》,获得了欧洲列强的承认,成为拥有 15 个州的独立主权国家,"中立行事"成为瑞士的国际事务参与方式。1674 年,瑞士国会正式宣布"中立行事""不再以任何形式参加战争",使"中立政策"成为瑞士的"国家行为准则"。①

在人口、语言和宗教方面,瑞士与现代欧洲大部分单一民族国家不同,是一个多民族、多语言、多宗教的国家。在施维茨等老三州中,人们主要讲古老的罗曼什语,罗马帝国让原住民皈依了天主教。在与德国奥地利接壤的广大地区,来自日耳曼族裔的人们基本讲德语,宗教改革后以信奉基督教新教路德派为主。而在通往罗马的东南部,居民以讲意大利语为主,多信天主教。在与法国毗邻的西南地区,人们崇尚法国文化,主要讲法语,他们有的信奉天主教,更多人则是加尔文(Jean Chauvin, 1509—1564)改革的追随者、敬仰者,是基督教新教加尔文宗的信徒。这样,在人口 850 多万的瑞士,就有四大民族、四种官方语言和多种宗教派别。因此,人们戏称,瑞士是由不愿当德国人的日耳曼人、不愿当法国人的法兰西人、不愿受罗马管制的意大利人和古老的瑞士原住民共同汇聚的。这些有着不同血统、语言和信仰的人们在数百年的战火洗礼中、在选择加盟瑞士联邦(目前共有 26 个州)的进程中,休戚与共、融为一体,构成了坚守"中立与和平"的欧洲"特例"国家。②

1815 年,不可一世的拿破仑终于以流放厄尔巴岛和滑铁卢彻底失败而告终。在确定战后欧洲利益分割与政治版图的"维也纳会议"上,瑞士摆脱了拿破仑的"仲裁者"统治,日内瓦等州正式加入瑞士,现代瑞士联邦(Swiss Confederation)的名称也正式启用。在"维也纳会议"上,瑞士各州代表说服了各国代表,让欧洲各

---

① 马丁.论瑞士永久中立的外交注政策[J].浙江师范大学学报,2005(总 30)(4), 59—63. 60.

② 克莱夫·H·彻奇、伦道夫·C·海德.瑞士史:走向中立[M].周玮、郑保国译.上海:东方出版中心.2020.226.

国相信：瑞士的永久中立将普遍地符合欧洲的整体和长远的利益，从而为瑞士赢得了"永久中立国"地位。①1815 年 6 月 9 日，俄国、普鲁士、奥地利、英国和法国等与会代表共同签署了维也纳会议的《最后总决议》。该决议宣布：承认和保证瑞士的永久中立和领土不可侵犯。同时，考虑到瑞士作为各大列强的缓冲国，允许瑞士扩大边界，将多个战略上重要的山隘归瑞士所有。②1815 年以后，"中立"（Neutrality）成为瑞士的重要立国支柱。在瑞士人看来，"中立是正确的。……这是经过许多世纪的实践证明了的。这表明它是维护我们国家自由和独立的最好手段"。③

永久中立国的地位吸引了国际组织落户瑞士。率先在瑞士创建并设立总部的是由日内瓦人杜南特（Henry Dunant，1828—1910）发起的国际红十字会（ICRC，1863，日内瓦）。紧接着，一批欧洲行政联盟组织入驻瑞士，如万国电信联盟（ITU）于 1865 年创设于瑞士首都伯尔尼（1934 年改称国际电信联盟，总部搬迁至日内瓦），万国邮政联盟（UPU）和国际铁路货运协会也分别于 1874 年和 1890 年设立于伯尔尼。当时落户瑞士的还有国际度量衡局（1987 年）等机构和保护知识产权联合国际局（BIRPI，1893，设在伯尔尼，世界知识产权局的前身，后迁日内瓦）等。

由于当时各国政府尚未意识到国际公务员对国际组织的重要性，而更愿意通过派遣官员参与国际组织事务，于是，就在欧洲的这些行政性国际联盟组织中形成了各国"常驻代表"制度。同时，为了减轻各个国际组织的财政负担，各国际组织充分利用瑞士多种语言并用、民风淳朴、崇尚中立、平等待人的特点，愿意招聘瑞士当地市民担任国际组织中的一般服务人员和工勤人员。这样，欢迎各国常驻代表、提供各类服务人员的做法就逐渐成为瑞士为国际组织提供优质服务的开端，也逐渐固化为国际惯例。联合国和大部分国际政府间组织至今仍在沿用这两种做法，即国际组织落户的东道国必须接受成员国的常驻使团，同时为国际组织提供后勤和文书服务。

1914 年 6 月第一次世界大战爆发。战争给瑞士这个中立小国造成了巨大压力。是加入德奥主导的同盟国阵营，还是参与英法美的协约国，抑或恪守中立捍

① 哈里特·D·S·麦肯齐.瑞士史[M].刘松林译.北京：华文出版社.2020.326.
② 续建宜.瑞士中立政策的历史与现状[J].解放军外国语学院学报.1995(2).118.
③ 同上,119.

卫祖国？是允许各国军队借道瑞士,还是将各国军队阻挡在国门之外？瑞士政府艰难地作出了"武装中立"的决定,8月2日瑞士先组成22万人的军队,驻守法国与瑞士的边界,8月5日正式宣布战时中立。1915年,意大利宣布参战后,瑞士再派兵驻守南部边界,同时与德国奥地利开展谈判,禁止任何国家的军队利用或穿越瑞士国土。"武装中立"也经受了瑞士国内社会冲突分裂的危险。总体上说,德语区居民会比较倾向于德国和同盟国,而说法语和意大利语的国民会更愿意站在法国和协约国一边。如何团结一心、一致对外、严守中立,成为瑞士亟须解决的问题。1914年11月,邦政府发出全国团结的号召,瑞士著名诗人、诺贝尔文学奖获得者斯皮特勒(Carl Spittler,1845—1924)发表了著名演说《我们瑞士人的立场》,他呼吁,"瑞士人不要偏袒任何一方,而是要牢记他们都是兄弟姐妹,应当统一起来,保持瑞士的中立国家立场"。[①]

1918年,以英法美意为首的协约国赢得了胜利,并于1919年初召开巴黎和会,以瓜分战后利益,重塑国际秩序。巴黎和会还提议,创建国际联盟(League of Nations,简称"国联"),以减少武器数量、平息国际纠纷、防止战争再现、促进国际合作、改善民众生活。尽管协约国对瑞士的中立态度印象不佳,《凡尔赛协议》的绝大部分也与瑞士无关,但是,如何面对"国际联盟"这一新的国际政治组织,是加入还是拒绝？却成了瑞士这个"永久中立国"的难题。瑞士不得不为此举行全国公投。瑞士是幸运的！最后,瑞士政府赢得了多数国民的支持,以拒绝国联维和部队穿越瑞士、不参加国联任何军事行动以及国联承认瑞士的永久中立国地位为前提(《凡尔赛协议》435条款),以坚守中立的方式加入了国际联盟。

与此同时,瑞士向国际联盟敞开大门,欢迎国际联盟把总部设在日内瓦。瑞士政府先是将日内瓦湖畔的瑞士国家宾馆出让给国际联盟,作为国际联盟的临时总部和秘书处。为了纪念国际联盟的倡议者美国总统威尔逊,瑞士政府还将国家宾馆更名为"威尔逊宫"。于是,中立国瑞士又迎来了一波国际组织入驻的高潮,其中最为重要的组织包括国际劳工组织(ILO,日内瓦,1919)和各国议会联盟(IP,1922,日内瓦)等。另外,世界卫生组织(WHO)的发展和入驻更为特别。世界卫

---

① 续建宜.瑞士中立政策的历史与现状[J].解放军外国语学院学报.1995(2).196.

生组织的前身是 1907 年成立于法国巴黎的国际公共卫生局,国联成立后,国际公共卫生局更名为国际联盟卫生局。因日内瓦的中立政策和优良服务,国联卫生局于 1920 年决定迁址日内瓦。1945 年联合国成立后,国联卫生局又再次更名为世界卫生组织,成为联合国的一个专门机构,并大兴土木、扩大总部、永驻日内瓦。

第二次世界大战让瑞士再受考验。在战争的初期和前期,瑞士主要受到德国及意大利为首的轴心国的威胁,几次处于被德国法西斯占领和吞并的危机之中。在战争后期,瑞士又担心被法国和苏联等同盟国侵占,瑞士在不断向欧洲各国宣誓保证"中立地位"的同时,不得不采取"阿尔卑斯山工事"和"被围困的刺猬"的政策,努力在军事上恪守中立原则,在经济上迁就各方又维护本国的利益。最终,瑞士以 84 位公民丧命、600 人负伤、7 000 万瑞士法郎的战争破坏和巨大的政治代价渡过了二战难关。①第二次世界大战以后,瑞士受到了国际社会的普遍"怨恨"和"猜疑"。一些国家指责瑞士在经济上与德国妥协,一些国家责难瑞士在与邪恶势力的合作中获利,美国更谴责瑞士获得了犹太人在瑞士银行中留下的巨额遗产、侵吞了大量"希特勒黄金",要求瑞士冻结和退回在战争中获取的不义之财。1946 年,瑞士政府不得不接受同盟国的《华盛顿协议》,变卖德国存入瑞士的 2.5 亿瑞士法郎,其中一半支付给同盟国,另一半用作欧洲战后重建的瑞士政府贷款。②瑞士这才获得了同盟国有条件的谅解,但仍不被允许作为中立国和创始会员加入联合国。国际社会的理由是,《联合国宪章》中没有关于中立国的规定,瑞士只能作为观察员参与联合国部分事务,参加联合国教科文组织和联合国儿童基金会。

为了适应第二次世界大战之后的国际形势,更好地维护自身利益,瑞士调整了外交政策,由传统保守的中立转向体现团结协作的"积极中立"政策,把促进各国和平共处,尊重人权促进民主,减少全球危机与贫困以及维护人类基本生存条件,视为其外交政策的主要目标。可以说,战后东西方的"冷战",让瑞士在国际社会中找到了"积极中立"的新定位和新职能。在战后的正式国际场合,瑞士努力将自己打造成一个东西方之间的"锁定装置",极尽全力让东西双方都确信:瑞士既

①② 克莱夫 · H · 彻奇、伦道夫 · C · 海德.瑞士史:走向中立[M].周玮、郑保国译.上海:东方出版中心.2020.222.

不会攻打他们,也不会让另一方使用自己的领土。同时,和平中立的瑞士还是可以为东西方谈判提供会址和服务的好地方。瑞士虽然没能参加联合国,但是愿意将所有国际联盟等国际组织的场所,如著名的万国宫等,继续留给联合国和战后国际组织使用。

于是,第二次世界大战以后,瑞士不仅迎来了第三波国际组织入驻的高潮,而且成为众多重大国际冲突和国际问题的谈判会谈地。例如,印度支那问题谈判(1954年)在日内瓦举行,中、苏、美、英、法参与谈判,谈判的结果是越南、老挝、柬埔寨和印度尼西亚等国获得独立。再如阿尔及利亚问题(1961—1962年),由法国与阿尔及利亚开展谈判,阿尔及利亚获得独立。1985年,苏联的戈尔巴乔夫主席和美国总统里根在日内瓦的谈判,最后结束了东西方三十多年的"冷战"。在此过程中,瑞士不仅提供谈判场所和会谈服务,还接受国际委托,提供调停和咨询。在东西方冷战最激烈之时,瑞士还与苏联和中国建立了外交关系,成为东西方之间的缓冲和桥梁,瑞士人把自己比作"桥梁架设者"。

20世纪90年代,随着苏联解体,瑞士人意识到东西方"冷战"的结束、欧洲一体化的加强和全球经济时代的来临,开始重新思考"中立"的意义。瑞士人深知,"中立"主要是对战争和冲突而言的,如果"冷战"结束,中立国的地位和利益是否会"皮之不存,毛将焉附"?瑞士人以其智慧的行动回应了"冷战"后全球治理对中立国的挑战。瑞士转而更多地关注全球经济治理,更为积极地欢迎非政府组织,更多参与国际人道主义活动,更多投入人类卫生健康事业,更为慷慨地加入国际援助和国际发展,从而保持了瑞士在国际事务中的独特作用,甚至进一步扩大了瑞士的全球影响。1992年5月,瑞士经公民表决赞成,加入世界银行和国际货币组织。1995年,世界贸易组织(WTO)建立,瑞士成为了世贸组织的成员国。1999年,瑞士还与欧盟谈判,讨论与欧盟的人员、贸易和工农业产品往来的7项协议。2002年,瑞士终于正式加入联合国,同年瑞士还加入了"全球抗击艾滋病、结核病和疟疾基金会"(GFATM,总部设在日内瓦)。2005年,瑞士又公投批准加入欧洲多国参与的《申根协议》,同意瑞士对成员国人员开放边界,对其他国家人士,一旦进入"申根国家",就可在瑞士和其他成员国自由通行。2009年,瑞士特在洛桑建造"国际体育组织综合大楼",吸引世界各地的国际性和地区性体育专业协会和组织搬迁至瑞士洛桑,使洛桑成为世界体育之城。同时,瑞士还帮助大批国际非政府组织入驻瑞士,并为他们搭建科学、学术和民间组织的国际交流对话平台,形成了第四波国际组织落户瑞士的高潮。因此,在"冷战"结束、欧洲一体化和世界全球化的背景下,瑞士不仅没有因为"中立"价值的下降而衰弱,反而聚集了更多国际组织,也更为积极地活跃在国际政治、安全、经济、卫生等领域的全球治理的舞台上。

瑞士"永久中立国"的国家定位和"积极中立""和平团结"的外交政策,直接影响着其国际组织方针和瑞士对国际组织人才培养和输送的政策。

第二节　瑞士政府的国际组织人才选送

如何确保并增强瑞士在国际组织中的存在感,这是瑞士联邦外交部(Federal Department of Foreign Affairs,简称 FDFA)制定外交政策时的一大重点问题。根据瑞士不同时期的实际情况,瑞士联邦外交部在对国际组织的态度和策略上略有不同。例如,瑞士在 2012—2015 年的外交策略中,强调参与全球治理,并发展将日内瓦成为受欢迎的国际组织活动地,而在 2016—2019 年的外交策略中则强调加强与国际组织的关系,如图 10-1 所示。

然而,瑞士政府参与国际组织活动和通过国际组织扩大瑞士的全球影响是始终如一、基本不变的。瑞士政府对瑞士公民参与和培养的基本国策是:

第一,确保瑞士能在更多的国际组织中出任理事国,并促使瑞士公民在国际组织中占据更高职位;

第二,增加瑞士公民在国际组织工作的人数;

第三,为瑞士年轻人进入国际组织工作提供最大支持。[①]

一、支持公民担任高层职位

职位越高,话语权越大。为了更积极地在国际组织中传播瑞士的声音、扩大

---

① FDFA. 2017 Swiss Presence in International Organizations [EB/OL]. [2017-01-12]. https://www. eda. admin. ch/eda/en/home/foreign-policy/internationalorganizations/switzerland-in-international-organizations. html.

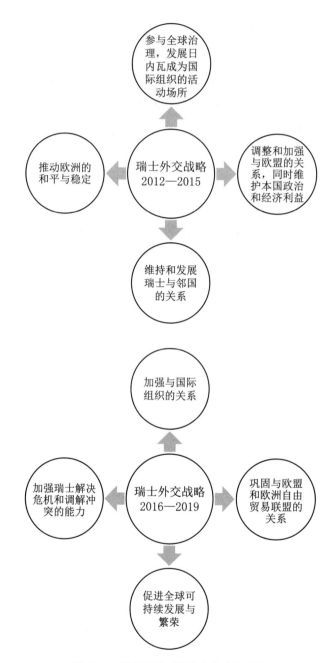

图 10-1　瑞士不同时期外交策略的重点

资料来源:Swiss Foreign Policy Strategy 2012—2015(左)和 Swiss Foreign Policy Strategy 2016—2019(右)

其在国际社会中的影响,瑞士政府支持更多的瑞士公民成为国际组织理事会成员或高层决策人员。

(一) 政府推荐专家进入决策机构

若希望本国的公民可以竞选高层核心决策岗位,首先是要他们能够有机会进入决策执行机构任职,而之前的阶段,竞选者一般均有一段时间在该组织或部门任职的经历。从初级管理层到高级管理层,瑞士政府都会有条不紊地推荐可胜任相应职位的本国公民。瑞士政府通过为国际组织中有与派送专家有关的各项任务提供经费资助,从而将本国专家部署至世界各地,增加他们处理国际事务的经验与在国际组织中的曝光率,为瑞士政府对他们的进一步引荐埋下伏笔。

瑞士外交部通过外交官或在国际组织中任职的专家,推荐本国有一定国际影响力的人士和在政府相关机构工作过的优秀专家竞聘某岗位。推荐的人选曾成功担任联合国大学校长、联合国法律顾问和赤道几内亚和加蓬之间边界争端调停特别顾问、联合国秘书长代表和国际税务合作专家委员会成员等职位。[①]孔拉德·奥斯特沃尔德尔(Konrad Osterwalder)教授曾是苏黎世联邦理工大学代理校长,瑞士政府推荐其担任联合国大学校长,并于2007年9月获聘,成为联合国大学第五任校长,扩大了瑞士"软实力"的影响力。瑞士政府认为自己在世界银行旗下的国际开发银行(IDB)话语权不足,于是瑞士联邦经济事务秘书处(State Secretariat for Economic Affairs,简称SECO)首先将其职员罗伯特·潘塞(Robert Pantzer)推荐至国际开发银行兼职三年,而后支持他成为正式员工。罗伯特·潘塞在一次采访中表示:"为了使我能够成为一名正式员工,瑞士政府官员出面与国际开发银行高层商讨,做出了很多努力,加上我会讲国际开发银行需要的葡萄牙语和西班牙语,并且已经拥有三年在这里的工作经验,最终我通过了面试。"[②]罗伯特·潘塞目前是国际开发银行机构能力与财务部的业务专家。瑞士联邦外交部2014年

---

① 叶建忠. 瑞士争取国际组织职员职位和培养国际职员的主要做法[J].全球科技经济瞭望,2013 (28):7—11.

② Cinfo. Interview:Robert Pantzer, IDB [EB/OL]. [2017-04-24]. http://www.Cinfo.ch/en/testimonial-robert-pantzer-idb.

的统计数据显示:在联合国这一最重要的国际组织系统当中,瑞士公民占据管理职的有 70 多位,[①]在经济合作与发展组织的管理层中任职的有将近 30 人。[②]

(二) 政府参与竞争关键岗位

一般情况下,国际组织的最高管理机构人员来自成员国,而这些职位都是需要本国政府出面帮助竞选的高层职位。如上文所提,根据国际组织的具体情况,其执行机构的职位更有时并不是通过选举,而是通过直接任命来实现的,这就需要瑞士政府进行积极的公关,方能使瑞士公民获得此类职位。瑞士政府积极支持本国公民参与竞争瑞士加入的国际组织中的高层要职,且成功竞选到多个主席或理事会成员的职位。仅 2010 年至 2016 年就有多位瑞士公民在国际组织高层任职,如表 10-1 所示。

联合国国际法委员会前主席卢修斯·卡夫利斯克(Lucius Caflisch)毕业于日内瓦高等国际关系研究生院(Graduate Institute of International Studies),该校也被称为"外交官的摇篮",并于 1984—1990 年担任该校的院长。1991 年后,卢修斯担任瑞士联邦外交部法律顾问,并多次代表瑞士参加国际会议,如参与《杀伤人员地雷禁用公约》制定的讨论会议、《海商法》的制定、国际刑事法院宪法制定的谈判会议等。1998—2006 年,他也曾担任欧洲人权法院(ECHR)在列支敦士登的法官。2006 年经瑞士政府推荐,他任职于联合国国际法委员会,2012 年瑞士政府支持他竞选成为委员会主席。[③]除卢修斯·卡夫利斯克本身条件优秀外,这与瑞士在涉及人权与法治等方面的经验、表现与影响力都远超大多数国家也不无关系。瑞士所塑造的特色形象为本国人员提供了被选中的可能性,同时,更多同一领域的专家进入、参与国际合作也进一步强化了瑞士在该领域的专业形象。2012 年,前联合国秘书长潘基文曾高度赞扬瑞士在人权和法治方面为世界所做的贡献,并呼吁瑞士的立法机构可以持续帮助联合国解决世界面临的关键问题,如消除核武

① FDFA. UN Policy of Switzerland [EB/OL]. [2014-06]. https://www.eda.admin.ch/content/dam/eda/en/documents/aussenpolitik/internationale-organiastionen/200140814-UNO-Politik-der-Schweiz_EN.pdf.

② Swiss Delegation to the OECD. Swiss OECD Chart [EB/OL]. [2016-07-11]. https://www.eda.admin.ch/content/dam/eda/en/documents/aussenpolitik/internationale-organisationen/swiss-oecd-chart_EN.pdf.

③ Wikipedia. Lucius Caflisch[EB/OL]. [2017-02-17]. https://en.wikipedia.org/wiki/Lucius_Caflisch.

表 10-1　部分瑞士公民在国际组织中的高层职位一览(2010 至今)

任期年份	姓　名	职　务	国　际　组　织
2012—2016	卢修斯·卡弗利施(Lucius Caflisch)	主席	联合国国际法委员会(ILC)
2010—2014	伯特兰·卡尔皮尼(Bertrand Calpini)	主席	世界气象组织(WMO)仪器和观测委员会
2013—2020	帕斯卡尔·克里瓦斯(Pascal Clivaz)	副总局长	万国邮政联盟(UPU)
2011—2014	让·泽尔马腾(Jean Zermatten)	主席	联合国儿童权利委员会(CRC)
2011—2018	帕特里夏·舒尔茨(Patricia Schulz)	主管	联合国消除对妇女歧视委员会(CEDAW)
2010—2018	弗朗索瓦·派图德(François Pythoud)	主席	联合国粮农组织(FAO)农业委员会(COAG)
2009—2018	莫妮克·贾梅蒂(Monique Jametti)	理事会成员	国际统一私法学会(UNIDROIT)
2016—2019	让·齐格勒(Jean Ziegler)	顾问团成员	联合国人权理事会(UNHRC)
2010—2014	瓦尔特·凯林(Walter Kälin)	理事会成员	联合国人权理事会(UNHRC)
2010—2013	让·马丁(Jean Martin)	理事会成员	国际生物伦理委员会(IBC)
2013—2016	托马斯·盖斯(Thomas Gass)	助理秘书长	联合国经济及社会理事会(UNDESA)
2013—2020	克里斯托夫·谢林(Christoph Schelling)	委员会成员	经合组织(OECD)财政事务委员会(CFA)
2017—2019	劳伦斯·博亚特(Laurence Boillat)	委员会成员	国际人道主义实况调查委员会(IHFFC)
2017—2019	马塞尔·朱利安(Marcel Jullier)	委员会成员	联合国行预咨委会(UNACABQ)
2014—2017	弗拉维雅·施莱格尔(Flavia Schlegel)	委员会成员	联合国教科文组织(UNESCO)国际生物伦理委员会(IBC)

资料来源:作者根据瑞士联邦外交部网站和各国际组织官方网站收集编制。

器与可持续发展。①这些虽不是瑞士政府提供的直接支持,但却是身为瑞士籍公民受到祖国的隐性支持。当然,瑞士政府也十分乐意为公民参选国际组织高层决

---

① Pascal Clivaz. UN [N/OL]. [2012-09-11]. http://www. pascalclivaz. ch/at-swiss-parliament-ban-extols-country％E2％80％99s-dedication-to-un-ideals/.

策管理职位提供显性而直接的支持。

成功的策略会对竞选活动更有帮助,但也并不是瑞士政府每一次推出的候选人都有可能成功。托马斯·斯托克(Thomas Stocker)是瑞士的一名环境物理学家,2015年,瑞士政府曾提名他成为气候变化委员会(IPCC)主席的候选人。政府引导他策划竞选巡游,让他亲身走访了沙特阿拉伯、埃及、土耳其、阿根廷、巴西、印度尼西亚、中国、日本、俄罗斯等30多个国家。①虽然托马斯·斯托克最后落选了,但是从他的参选历程中,我们还是能够看到瑞士政府活跃的身影。

能够竞选国际组织高层职位的瑞士公民都曾为本国政府和国际组织工作,瑞士公民的身份决定了他会与祖国有割舍不断的联系,而瑞士对和平、法治与人权等方面国际事务的热心也促使本国公民在此类国际项目与国际组织中积极而活跃,也更容易积累担任国际组织决策高层的资历。而最重要的是,政府在候选人的培养与竞选过程乃至竞选成功后都起着不可忽视的作用。

二、 积极推荐公民入职

要增加瑞士公民入职国际组织,就需要创造以进入国际组织工作为荣的文化,并为入职国际组织创造实实在在的条件。

(一)志愿者与实习人员的输送

成为国际组织的志愿者或实习人员是踏入国际组织的第一步,这两项工作经历也常常出现在国际公务员的履历上。瑞士政府建立了专项财政资助,以支持毕业生到国际组织志愿者项目实习。瑞士发展与合作署(SDC)与联邦外交部下属的人事安全部(HSD)每年会资助大约15名瑞士毕业生进入联合国系统做志愿者。②曾有一位在2011—2012年参加联合国志愿者项目的瑞士年轻人说:"联合国的任务给了我一个机会去深入了解联合国在别的地方的办事处,以及办事处在当地的运作模式,同时也让我看到了国际援助与国际合作的局限性。"志愿者的机会不止拓展了瑞士年轻人的眼界,而且为他们预备了良好的职业生涯起步阶段。

---

① 瑞士资讯. 我既不是传教士也不是先锋人物[EB/OL].[2015-09-28] http://www.swissinfo.ch/.

② Cinfo. UN Youth Volunteers Programme [EB/OL]. [2017-02-18]. http://www.Cinfo.ch/de/working-world-ic/working-united-nations/junior-professionals/un-youth-volunteers-programme.

为评估对瑞士年轻人的职业发展影响,Cinfo(Center for Information, Counseling and Training for Professions relating to International Cooperation,以下将简称 Cinfo,合作伙伴信息中心)曾对 2002—2013 年间参加联合国志愿者(青年志愿者 与专家志愿者)项目的 260 多人进行调查,结果证明,联合国的志愿者工作对瑞 士公民将来在国际组织的职业发展产生了积极影响。在任务结束两年后,超过 30%的志愿者成功留在了联合国工作,共有 87%的志愿者进入各类国际组织 或机构中任职。[①]除了有限的联合国系统机构为年轻人提供的志愿者岗位之 外,其他众多的政府间组织与非政府组织(总数超过 250 个)也会提供或资助各 年龄层的志愿者前往世界上的贫困地区及欠发达地区参与志愿活动。

除了通过财政支持志愿者项目之外,瑞士政府还善于寻找机会,为输送更多 的大学生到国际组织就业开辟新渠道。2005 年,瑞士政府建立了与联合国特殊 行动部门的合作关系。这个部门致力于维护和平的行动、选举监督、促进人权等, 主要在紧急情况下发挥作用,因此招聘条件不同于联合国其他部门,最看重的就 是人员能够马上到位、立即可用,以及危急情况下能执行"无陪同任务"。瑞士政 府指定专员与该部门建立起长期合作关系。自那以后,联合国特殊行动部门成为 瑞士公民加入志愿者项目的最主要渠道。据测算,2005—2010 年,进入联合国志 愿者项目的瑞士志愿者中,有 77%是在这一部门执行第一个任务的。[②]

瑞士会定期安排进入联邦国际职员后备人选数据库的人员,进入瑞士联邦 总理府和政府的 7 个部以及瑞士联邦法院,进行为期 3 个月到 1 年不等的实习。[③] 另外,大多数瑞士大使馆也提供实习机会,接受申请者到使馆进行时长为 4 个月 的实习。瑞士联邦外交部还为后备人员提供到美国纽约联合国总部及其所属机 构以及其他国际机构实习的机会。瑞士联邦外交部选派部内人士参加国际组织 实习时有如下要求:①申请者必须为瑞士公民,年龄不超过 35 岁,且不能重复申 请。②精通 3 门语言(其中两门为瑞士官方语言中的德语、法语或意大利语)。③大

---

① Cinfo. Swiss UN Volunteers:High retention rates in IC and the UN [EB/OL]. [2014-05-18]. http://www.Cinfo.ch/sites/default/files/summary_evaluation_unvolunteers_2014_forchmission.pdf, 2014.

② 闫温乐,张民选. 向国际组织输送人才:来自瑞士的经验和启示[J].比较教育研究,2015(8):107— 112.

③ 叶建忠. 瑞士争取国际组织职员职位和培养国际职员的主要做法[J].全球科技经济瞭望, 2013 (7):7—11.

学毕业,最好有工作经验。④无犯罪记录。瑞士政府在筛选人才的时候非常严格,2012 年申请加入此项目的瑞士公民共有 282 人,而最终被录取的只有 22 人。

(二)专业人员的选送

瑞士政府资助公民担任国际组织的部分青年专业人员(Young Professional,简称 YP)以及初级专业人员(Junior Professional Officer,简称 JPO)职位,且负担其所有开销。初级专业人员的职位面向有特殊专业技能但工作经验不足的年轻人,对于瑞士公民来说,成为初级专业人员是进入联合国的有吸引力的机会,尤其是对于金融类国际组织(如世界银行、国际金融公司、欧洲复兴开发银行等)来说,此类职位申请人数相对较少,被选中的机会更是相当高。①在成为初级专业人员期间,他们可接受在职培训、参与日常业务,从而开启青年人的职业生涯。虽然联合国秘书处、联合国儿童基金会与联合国教科文组织每年均会在瑞士招聘部分青年专业人员,但对于瑞士公民来说,被选为初级专业人员的机会要远远高于对各国开放并因此具有高度竞争力的青年专业人员。在一些瑞士政府与国际组织共同开展的项目中,瑞士籍员工在国际组织初级专业人员任期之后可成功进入内部的中级职位,如瑞士与世界银行合作的一项名为"WB JPO Programme"的计划,可为瑞士籍的初级专业人员提供直接的留用晋升机会。目前 Cinfo 只能向联合国儿童基金会、联合国人口基金会与联合国妇女署三个瑞士发展与合作署的合作机构输送"其他高级类别和专业人员"。据统计,在联合国的管理层人员中,只有少数是通过专业岗位(初级专业人员与青年专业人员)升职,其余的均是通过其他渠道受聘或被任命而进入管理层。

国际组织的专业职位一般都需要一定的工作经验。有些组织明确表示其招聘的专家级职员需要有一定的工作经验,如世界银行的专业职位就需要 4 到 5 年的工作经验,而同时,参加国际工作、志愿者、实习或相关的学术研究也能够帮助应聘者在竞争中脱颖而出。②有些国际组织虽然不会明确表示,但却将此要求作为隐性条件。瑞士的马塞尔(Marcel Jullier)在成为联合国妇女发展基金

---

① Cinfo. Swiss JPO positions at International Financial Institutions[EB/OL].[2017-07-18]. http://www.Cinfo.ch/en/panorama-ic/working-international-financial-institutions/junior-professionals/swiss-jpo-positions.

② Cinfo. Staff positions at International Financial Institutions [EB/OL].[2017-07-18]. http://www.Cinfo.ch/en/working-world-ic/working-international-financial-institutions/experienced-professionals/staff.

(UNIFEM)的财务主任之前,曾在国际红十字委员会的财务部任职。他认为:"虽然很多时候联合国的招聘要求中没有明确指出需要应聘人员有过国际机构任职的经验,但实际上,在选拔人才的时候,之前的工作经验,尤其是在国际组织的工作经验,对面试的成功与否是非常重要的。"事实上,进入普通的国际组织工作会比进入联合国系统要容易很多,竞争的压力也没有那么大。克莱尔·巴尔博(Claire Balbo)在 2006 年第一次申请联合国的 JPO 职位时,因为没有任何国际合作的经验,应聘失败了,后来她为多家政府间国际组织工作了将近四年,在 2011年再次申请时,成功受聘为联合国的 JPO。①公民在开启国际组织生涯之前,多数还是在其他的政府间或非政府的国际组织中,经过在多部门的辗转、升迁与淘汰,最终只有寥寥几人能够步入高级管理层。所以,由于此类淘汰机制的存在,为提高瑞士在国际组织中的存在感,支持尽可能多的瑞士公民进入国际组织任职,在将来依旧会持续作为瑞士政府针对国际组织的核心政策之一。

(三)提升本国专家的国际事务处理经验

国际组织通常只雇佣短期合同人员,不能保证续签合同。所以有意去国际组织工作的人员通常都无法拥有长期聘用合同的保障。在短期雇佣合同中,瑞士政府每年都向国际组织(主要是联合国、欧盟与欧洲安全与合作组织)选调大约200 名和平建设与人道主义领域的专家,在维护瑞士本国的国际形象之外,这项举措同时也能够增加瑞士籍专家参与处理国际事务的经验。为满足专家的供应需求,瑞士外交部还于 2000 年专门设立了一个瑞士和平建设专家小组(Swiss Expert Pool for Civilian Peacebuilding),筛选符合国际组织任务需求的专家,并为即将短期服务于国际组织的专家提供为期两周的"能力建设"课程培训服务。在欧洲安全与合作组织(Organization for Security and Co-operation in Europe,简称OSCE)派出的驻乌克兰特派团中,瑞士送出了 16 名专家;在联合国科特迪瓦行动(United Nations Operation in Côte d'Ivoire,简称 UNOCI)中,瑞士也派出了 1 名法医专家与 1 名隶属于海关总署的专家。②

---

① Cinfo. Interview with Claire Balbo, Programme Analyst, UNDP Addis Ababa [EB/OL].[2017-04-24]. http://www.Cinfo.ch/sites/default/files/interview_with_claire_balbo_former_swissjpo.pdf.

② FDFA. Swiss Expert Pool for Civilian Peacebuilding [EB/OL].[2017-07-14]. https://www.eda.ad-min.ch/eda/en/home/foreign-policy/human-rights/peace/expert-pool.html.

从国际服务的角度出发,瑞士对和平建设和人道主义的强调成为瑞士区别于其他国家的特色,①且呼应联合国对发展、安全和人权的强调。为了深化这一特色在瑞士国际形象中的作用,瑞士外交部也会专门派遣本国专家团队,赴国外开展人道主义援助项目。这些项目只招收瑞士籍或持有瑞士永久居留证的专家,尤其是那些只有本国工作经验的专家②(根据项目所需,主要是建筑工程、协调管理、物流支持、环境与卫生事业等方面的专家),为他们提供增加国际人道主义援助经验的机会。瑞士外交部下属的人道主义援助部门(Swiss Humanitarian Aid Unit,简称 SHA)专门负责此类专家的选拔。

三、 及时提供职位信息

由于瑞士是众多国际组织的东道国,瑞士公民进入国际组织工作的概率就远大于其他国家的公民。此外,良好且开放的国内环境也为瑞士公民申请遍布世界各地的国际组织岗位产生了积极的影响。在上述核心外交政策的指引下,经过多年的实践,瑞士总结出一系列颇具可行性的活动,包括由政府设计的、从初级的信息咨询到精心策划的竞选活动。国际组织数量众多,岗位空缺的信息也是五花八门,瑞士有专门的机构向公民发布国际组织招聘信息,同时,也为公民的职位定位、选择与面试提供实际的帮助,鼓励本国青年进入国际组织体验、实习或工作。

瑞士联邦外交部积极主动地向瑞士的年轻人宣传包含联合国在内的国际组织。瑞士 2002 年加入联合国后,政府一直在努力增加瑞士籍官员在联合国的数量。为吸引瑞士年轻人对联合国工作岗位的兴趣,鼓励更多年轻人到联合国系统和具有咨询地位的国际组织中工作,联邦外交部曾于 2005 年开始制作一份针对瑞士青年与在校学生,通过纸质与网络发行的名为 *UN4YOUTH* 的宣传手册。

---

① FDFA. Peace and Security. Swiss Foreign Policy strategy 2016—19 [EB/OL]. [2016-11-29] https://www. eda. admin. ch/content/dam/eda/en/documents/publications/SchweizerischeAussenpolitik/Aussenpolitische-Strategie_EN.pdf.

② FDFA. Development Cooperation and Humanitarian Aid [EB/OL].[2017-07-18]. https://www.eda. admin. ch/eda/en/home/fdfa/working-at-fdfa/berufserfahrene/entwicklungszusammenarbeit-humanitaere-hilfe/beruferfahrene-skh. html.

该宣传手册为他们提供了一个内容丰富的"信息材料包",里面包含了联合国的教材、工具书、杂志、在线游戏和信息类网站简介。该手册还公布联合国各办事处及其分布在世界各地的机构实习的信息,鼓励年轻人申请尝试。

另外,瑞士联邦外交部通过官方网站向有志成为国际职员的学生(尤其是硕士、博士生)和毕业生提供更多的国际组织岗位空缺信息,以及工作申请指南。在瑞士联邦外交部的网站上,专门登有"国际组织职业生涯指引"(Careers in International Organizations)、"青年专业人员与初级专业人员项目"(YPP 和 JPO)以及"联合国志愿者与实习项目"(UN Youth Volunteers and UN internships)等信息,供有兴趣的人查阅。瑞士联邦外交部下属的联合国与国际组织司也公布了专门用于咨询注册与发布信息的邮箱(pd-aio-praesenz@eda.admin.ch),公民可直接通过邮件进行咨询,而该司也会通过上述邮箱定期向咨询者发送最新的招聘信息。

如果申请人选中了上述网站上介绍的岗位,外交部的"合作伙伴信息、咨询和培训中心"可为申请者提供更加详细的信息,以及有针对性的帮助。Cinfo 成立于 1990 年,本身是一家由隶属于联邦外交部的瑞士发展合作署(Swiss Agency for Development and Cooperation,简称 SDC)和多家非政府组织共同支持的基金会,经发展合作署、人事安全部(Human Security Division,简称 HSD)、国家经济事务秘书处(State Secretariat for Economic Affairs,简称 SECO)的共同授权成立,主要负责瑞士参与国际合作人才的选送与培训,以及开展辅助上述业务的调查研究。通过调查研究,Cinfo 了解客户的需求和劳动力市场的发展趋势,为国际组织求职者提供包含职业咨询、简历和求职文书准备、面试培训等在内的一系列获聘前的帮助,经由 Skype、电话、在线平台、网络会议等向有意向的求职者提供咨询,另外也通过现场会议与课程为求职者与在职者提供专业培训课程。Cinfo 对组织与机构的职位做了详细而系统的分类。Cinfo 几乎能够支持联合国系统内的所有职位,如图 10-2 所示,并将职位空缺和培训支持的信息公布在其官网(http://www.Cinfo.ch/)上,便于求职者查询。此外,该机构也为国际组织提供招聘外包服务,由于部分国际组织(通常规模较小)没有足够的人力物力自行招聘,便委托该机构为他们物色合适的工作人员。

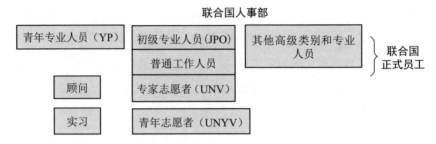

图 10-2　Cinfo 公布其所能提供支持的职位类型

资料来源:http://www.Cinfo.ch/en/working-world-ic/working-united-nations/about-career/types-positions-and-career-development.

除定期在瑞士联邦外交部与 Cinfo 网站上公布更新最新招聘信息外,日内瓦欢迎中心(Geneva Welcome Center)在其官方网站上也会公布位于日内瓦的国际组织实习信息。① 瑞士联邦政府也利用欧洲就业服务(EURopean Employment Services,简称 EURES)网公布和介绍欧盟和欧洲自由贸易联盟(European Free Trade Association,简称 EFTA)以及两个组织成员国境内的国际组织岗位空缺情况。

另外,瑞士联邦外交部每年会选择一天(通常是在毕业生招聘季)设为国际职员招聘日(International Career Day,简称 ICD),最初设立的目的便是为增加瑞士公民在国际组织中的人数,现已成功举办过 14 次。其中,第 14 次国际职员招聘日在 2017 年 4 月 21 日,地点在首都伯尔尼,有 50 多个国际组织参与,② 介绍他们的业务活动并公布职位空缺。联邦外交部所设"招聘日"瞄准的求职者为即将毕业的学生,以及有意进入国际组织工作的年轻人,而参与招聘日的国际组织也可借此招聘实习人员与初级工作人员。

瑞士政府建立了一套良好的职位空缺发布系统,从针对在校学生与年轻人的国际组织宣传与实习信息的纸质手册与网络信息,到联邦外交部官方网站上提

① 　CAGI. Job offers, internship or volunteer [EB/OL].[2017-01-18]. http://www.cagi.ch/en/ngo/ngo-recruitment-platform/job-internship-volunteer-opportunities.php.

② 　FDFA. Programme Booklet [EB/OL].[2017-02-16]. https://www.eda.admin.ch/content/dam/eda/de/documents/aktuell/agenda/20170604-icd-programmheft.pdf

供精简的职位信息,再到 Cinfo 和其他信息发布网站上更加详细的职位内容分类与介绍。此外,瑞士仍保留了传统的面对面的现场招聘,以及通过邮件与当地报刊(信息均含法、德、西三种语言)①公布的职位空缺信息。瑞士政府力求通过出版物、网站与面对面的活动等多项渠道为不同年龄层的瑞士籍求职者搭建进入联合国系统机构以及其他国际组织实习或工作的信息网络。

四、 创设国际组织的传统

除了输送瑞士公民进入国际组织工作外,瑞士人也热衷于兴办新的国际组织,这类国际组织内的各层次工作人员则更容易是瑞士公民。瑞士人早期创建、最有影响的国际组织非国际红十字会(ICRC)莫属。国际红十字委员会(ICRC)的创办可追溯至 1863 年,是一个著名的国际人道主义组织,而该组织本身就是由瑞士公民创办,且到目前为止,其委员会的成员仍然在瑞士公民中产生。

20 世纪,瑞士人又创建了世界上第一个政府间国际教育组织——国际教育局(International Bureau of Education, IBE)。1919 年国际联盟成立后,各国代表生怕干涉别国主权与内政,无法形成创建国际教育机构的共识。1925 年,日内瓦的卢梭学院和日内瓦大学的一些学者发起创建国际教育局,开始时国际教育局是一个非政府组织,一方面由于财政的原因,另一方面越来越多的国家逐渐感受到国际教育局的重要性,于是国际教育局于 1929 年更改为国际政府间机构,成为世界上第一个政府间国际教育组织。1934 年起,国际教育局每年组织召开世界公共教育大会,为各国教育改革和发展提供信息与建议,对世界教育发展产生了巨大的积极影响。1969 年,国际教育局转为联合国教科文组织的下属机构。国际教育局前后一共产生过 17 任局长,前三任均为瑞士公民,2005—2007 年的第 15 任局长也是瑞士公民。其中,世界著名心理学家、认识发生论的创建者、日内瓦大学的皮亚杰教授(Jean Piaget, 1896—1980)在 1929 年至 1967 年一直担任国际教育局局长。因此,在国际教育局成立至今的近百年历史中,瑞士公民担任局长的

①   FDFA. National Programme Officer [EB/OL].[2017-07-18]. https://www.eda.admin.ch/eda/en/home/fdfa/working-at-fdfa/berufserfahrene/ entwicklungszusammenarbeit-humanitaere-hilfe/national-programme-officer.html.

时间达到 45 年。①

　　瑞士人创建国际组织的传统至今仍在延续,其中最著名、最为人知晓的是达沃斯论坛,即世界经济论坛(World Economic Forum,后因论坛举办地而闻名)。1971 年,日内瓦大学经济学教授克劳斯·施瓦布(Klaus Schwab)首先建议创建"欧洲管理论坛",1973 年,布雷顿森林体系固定汇率机制瓦解和阿以战争爆发使"欧洲管理论坛"的探讨重点从欧洲扩展到世界、从管理扩展到经济、金融和社会发展各个领域。1974 年,各国政界领袖首次受邀前往瑞士小镇达沃斯参加论坛,1987 年正式更名为"世界经济论坛"。2020 年 1 月 21—24 日,第 50 届达沃斯论坛按时在达沃斯召开,主题为"凝聚全球力量,实现可持续发展"。起初,达沃斯论坛仅仅是一个系列国际会议,但达沃斯论坛并没有停留在普通的会议组织方,而是逐渐扩大其职能和影响,转变为国际非政府组织。达沃斯论坛现在除了每年举办冬季达沃斯论坛以外,还组织召开夏季达沃斯论坛,出版各种经济、金融、环境、人口、城市等世界报告。1979 年,达沃斯论坛发布第一份《全球竞争力报告》(2020 年版已经出版),以后又发布了《全球性别差异报告》和《全球贸易促进报告》。目前,作为一个国际非政府组织,达沃斯论坛的总部设在日内瓦、会议地点在达沃斯,并且还在纽约、东京和北京设有三个办公室,正式员工有 550 多人。论坛设有基金董事会(25 人)作为论坛的最高领导机构,同时设有 6—8 人的执行董事会,负责落实董事会的相关战略安排和论坛的日常运行。基金会成员包括 1 000 多家全球著名企业,另有大量的企业和行业机构作为会员参与。各国国家元首和政府首脑都积极参与论坛,并在论坛上进行政策阐述和政治对话,论坛还为各类先锋企业和创新人士提供国际性跨界合作交流的机会。论坛近年来还开展各种颇具影响的倡议活动,如"全球健康倡议""全球教育倡议""全球环境倡议""水资源倡议"和"创新:势在必行倡议"等。达沃斯论坛俨然已经成为世界经济发展的"风向标",而施瓦布教授至今仍然难以替代地担任着"达沃斯论坛"主席。

---

　　① 闫温乐,张民选.向国际组织输送人才:来自瑞士的经验和启示[J].比较教育研究,2015(8):107—112.

另外,让·泽尔马滕(Jean Zermatten)在 2005 年创办了一个名为国际儿童权利协会(Institut International du Droit de l'Enfant,简称 IIDE)的国际组织,总部就位于瓦莱州的巴塞尔(Basel),时至今日,他仍然担任该协会的会长。创办国际组织的同年,他也进入联合国儿童权利委员会(CRC)工作,并于 2011 年 5 月成为联合国儿童权利委员会主席。[①]让·泽尔马滕是第一个担任联合国儿童权利委员会主席的瑞士公民。

不管是高层还是基层管理机构,瑞士政府都乐于推荐并支持符合国际组织人才需求标准的本国公民入职,甚至出面与高层进行洽谈与磋商。面对竞聘岗位,在与竞争对手不相伯仲的情况下,若政府愿意出手相助,显然成功的概率会更大。而事实上,瑞士政府为公民参与竞选所提供的援助能够在将来为其带来更多的回馈。在国际组织的管理机构与执行机构中工作的瑞士公民,会成为瑞士在国际组织中,乃至国际组织对外交流事务中的最佳代言人。

五、 出任理事会成员国

自 2002 年加入联合国以来,瑞士在政府间国际组织中的地位也稳步提升。瑞士有选择性地加入多个国际组织,并积极申请理事会成员国的席位。虽然瑞士的"中立"概念发生了变化,但是中立仍旧是瑞士想要坚持和保留的传统,所以在选择要加入的国际组织时,会尽量避免政治、军事倾向性比较明显的组织(如欧盟和北大西洋公约组织),尽管如此,仍有众多的国际组织可供瑞士选择。1864 年的"日内瓦公约"使得日内瓦成为国际人道主义法的发源地。通常情况下,瑞士更加青睐人道主义、法律维护、环境保护等常为世界各国提供帮助,行为比较正面、公义,能为瑞士的良好形象加分的组织,以及一些满足日常生活所需的组织(如国际电信联盟与万国邮政联盟)。在满足以上条件的情况下,瑞士的外交政策的另一方面则依旧是"成为更多比较有影响力的国际组织的理事会成员"。[②]

---

① Wikipedia. Jean Zermatten [EB/OL].[2017-02-17]. https://en.wikipedia.org/wiki/Jean_Zermatten.
② FDFA. Greater presence in international organisations since UN accession [EB/OL].[2017-04-24]. https://www.eda.admin.ch/eda/en/home/foreign-policy/international-organizations/switzerland-in-international-organizations.html.

目前,瑞士联邦已成功出任多个国际组织的理事会成员国,如表 10-2 所示,参与多项国际事务决策与国际规则的制定。例如,2006 年,"在瑞士具有决定意义的参与下",①位于日内瓦的联合国人权理事会(Human Rights Council,简称 HRC)取代了原来的人权委员会(Commission on Human Rights),而瑞士任成员国期间参与了包括拟订《消除一切形式种族歧视国际公约的补充标准》在内的两百多次决议投票。出任理事国的同时也意味着需要派遣相应代表常驻或出席相关会议,从而使"理事"的职位名副其实,这也是瑞士高级别的国际组织人才在国际组织中代表本国形象以及维护本国利益的实践。

表 10-2　2017 年瑞士担任理事国的国际组织统计②

组　织　名　称	任　　　期
联合国国际贸易法委员会(UNCITRAL)	2013—2019
联合国人权理事会(UNHRC)	2016—2018
国际电信联盟(ITU)	2014—2018
万国邮政联盟邮政业务理事会(UPU-POC)	2017—2020
万国邮政联盟行政理事会(UPU-COA)	2017—2020
联合国教科文组织(UNESCO)国际教育局(IBE)	2015—2019
联合国教科文组织(UNESCO)国际水文计划(IHP)	2015—2019

资料来源:Federal Department of Foreign Affairs(2017). https://www.eda.admin.ch/eda/en/home/foreign-policy/international-organizations/switzerland-in-international-organizations.html.

事实上,政府在此类机构的参与也是瑞士相关种类的国际组织人才大量涌现的原因。若瑞士公民进入高层管理岗位,或瑞士成为国际组织理事会成员国,那么在国际组织的决策中就拥有了更大的发言权,从而能够争取到更多对瑞士的外交关系或发展战略有益的项目。作为世界银行的理事会成员国,在世界银行针对贫困国家的国际发展援助基金中,瑞士的援助基金是国际发展援助的最大单一

---

①　Harro von Senger, 宗玉琨. 在联合国人权理事会中的瑞士、欧洲国家和中国[J]. 比较法研究,2013 (01):135—160.

②　表 10-2、表 10-3、表 10-4、表 10-5 均整理自瑞士联邦外交部网站。

贡献,而在贫困国家的援助项目决策中,支持瑞士的贫困国家也基本获得了援助基金,这体现了世界银行在帮助瑞士实现其发展目标方面的重要性。与世界银行类似的国际组织也是瑞士双边发展活动的重要补充,尤其是对瑞士没有积极参与互动的国家和地区。[①]这也成为了推动瑞士帮助更多的本国人士加入国际组织和出任理事会成员国的动力。

瑞士政府多次公开强调:"在维护多边利益的同时,我们应使得瑞士公民在国际组织中保持尽量多的席位"。[②]从上文中可以看出,瑞士政府在不同层面上,通过多种渠道向国际组织输送人才。瑞士注重在本国年轻人中宣传国际组织尤其是联合国,引起年轻人对国际合作的兴趣,在年轻人毕业之后,为他们进入国际组织工作积极提供帮助,并为国内专家学者与国际组织中的瑞士公民提供尽可能多的支持,尽力在重要的国际组织中出任理事国的席位。而在国际组织中参与的领域中,也多在瑞士更加擅长的人道主义、和平建设、法制等领域中。所以,在瑞士政府针对国际组织的核心外交政策引导下,瑞士从体制到机构,有目的、有计划地搭建国际组织人才培养与输送的网络,使瑞士在国际组织中能够被充分地代表。

第三节　瑞士国际组织人才的培养培训

瑞士拥有足够数量的国际组织人才选送,除了政府的积极宣传、推荐与支持之外,还有良好的人才培养与培训机制的支撑。在国际组织人才的成长方面,瑞士有高校培养和专门机构培训这两种主要的支持途径。

一、瑞士高校的国际组织人才培养

高校本身即肩负着"人才培养"的重任,在许多地方,高校与行业之间的互动

---

① Vreeland J R. Foreign aid and global governance: Buying Bretton Woods-the Swiss-bloc case. *Review of International Organizations*, 2011, 6(3—4), 369—391.

② 闫温乐,张民选.向国际组织输送人才:来自瑞士的经验和启示[J].比较教育研究,2015(8):107—112.

都是极为丰富的①,政府—行业—高校这一极具优势的共同合作模式②也已被多地采用。由于瑞士是多个国际组织的东道国,与国际组织交流密切,瑞士的高校为本国的国际组织人才提供了最初的学科基础以及技能培训背景。有些高校也尝试与瑞士政府和国际组织合作,共同培养国际组织所需人才。下文以3所瑞士高校为例,探寻在高校层面,瑞士国际组织人才培养的典型实践。

(一)日内瓦大学

日内瓦大学(Université de Genève,简称 UNIGE)是一所位于日内瓦的州属公立大学,其前身可追溯至1559年的日内瓦学院。目前,日内瓦大学已与40多家国际组织(包括政府间与非政府间组织)拥有合作关系。该校经常召开会议,为相关领域的学者与开展项目的国际组织专家提供知识共享的机会,也与多个国际组织合作共同开发人才培养的课程。同时,学校还有13名教师③在国际组织任职。

日内瓦大学和联合国教科文组织(UNESCO)于2012年签署了一项协议,设立了《保护文化遗产国际法》(*International Law for the Protection of Cultural Heritage*)主席一职,并聘日内瓦大学法学院教授瑞诺德(Marc-André Renold)担任。这个新职位的设立是为支持"艺术法"和"文化遗产法"领域的课程开发与项目研究,为此领域培养专门人才以及推动科研进步④。该校还与瑞士一家非政府组织"世界儿童"(Enfants du Monde,简称 EdM)签署协议,促进双方在公共领域的合作。同时,日内瓦大学也应邀每年派遣两名实习生到该组织实习⑤。

---

① Rajeev K. Goel; Devrim Göktepe-Hultén; Christoph Grimpe. Who instigates university-industry collaborations? University scientists versus firm employees. *Small Business Economics*. 2017, Vol. 48(No. 3), 503—524.

② Robin Gustafsson and Sirkka Jarvenpaa. Extending community management to industry-university-government organizations. *R&D Management*. 2017. (Online Published: http://onlinelibrary.wiley.com/wol1/doi/10.1111/radm.12255/abstract)

③ UNIGE. UNIGE IOs/NGOs delegates[EB/OL]. [2017-07-18]. http://www.unige.ch/international/en/collaborations-oiong/delegues/.

④ Université de Genève. UNESCO Chair in International Cultural Heritage Law[EB/OL]. [2017-07-18]. http://www.unige.ch/international/en/collaborations-oiong/collaborations-et-partenariats/unesco/.

⑤ Université de Genève. Agreement between UNIGE and Enfants du Monde[EB/OL]. [2017-07-18]. http://www.unige.ch/international/en/collaborations-oiong/collaborations-et-partenariats/enfants/.

该组织通过与教育和卫生部门合作项目,帮助和保护处境不利国家的儿童。日内瓦大学也与日内瓦人权(Geneva for Human Rights,简称 GDH-GHR)签署协议,促进双方在人权领域的合作,同时该组织也为日内瓦大学的学生提供了10 个为期 3—6 个月的实习名额[1],其经济与计量经济研究所更是与相关国际组织(如世界贸易组织、世界银行、国际劳工组织等)共同开展联合研究项目与实习计划[2]。

日内瓦大学本身也开设了一些面向国际组织与政府部门职员的专业,助力本国相关人才的培养。红十字委员会盛名在外,在公共卫生领域服务的瑞士人才也称得上是个中翘楚。日内瓦大学也提供此类的人才培养项目,例如全球健康硕士学位(Master of Science in Global Health,简称 MScGH)的专业,将全球范围内的卫生问题纳入学生的培养内容中,让学生有一定的认识,能够参与这些问题的讨论。此外,该项目也会送学生去对口的国际组织(如世界卫生组织、联合国儿童基金委员会、红十字委员会等)、非政府组织(如 MSF、Care、乐施会等)、国家公共部门(如瑞士外交部、瑞士合作开发署)或地方公共部门(如地方公共卫生局)、公私合营部门和私营部门(如制药工业)实习或工作。

除了在公共卫生领域享有盛名之外,瑞士在法学领域的专业性也受到世界认可。日内瓦是世界上第一个国际仲裁的地点,也是享有盛誉的国际仲裁地[3],积累了丰富的国际仲裁经验。位于此地的日内瓦大学培养的国际仲裁人员也颇受欢迎。为回应外界对国际仲裁专家的大量需求,日内瓦大学设立了国际争端解决法学硕士学位,聘请世界贸易组织(WTO)、世界知识产权组织(WIPO)、国际刑事法院(ICC)等国际组织的专家为硕士生开展一年的课程。该专业的毕业生多进入国际组织、政府部门与律师事务所任职。该校另一项"国际人道主义法

---

① Université de Genève. Agreement between UNIGE and Geneva for Human Rights (GHR)[EB/OL]. [2017-07-18]. http://www. unige. ch/international/en/collaborations-oiong/collaborations-et-partenariats/gdh/.

② Université de Genève. Charta of the IEE[EB/OL]. [2017-07-18]. http://www.unige.ch/gsem/iee/en/.

③ Fischer T. *From Good Offices to an Active Policy of Peace: Switzerland's Contribution to International Conflict Resolution. Swiss Foreign Policy*, 1945—2002. Palgrave Macmillan UK, 2003.

与人权"硕士学位项目则为学生提供进入国际红十字委员会(ICRC)、联合国儿童基金会(UNICEF)、联合国人权事务高级专员办事处(OHCHR)等国际组织实习的机会。

再如,该校的国际组织工商管理硕士项目(IO-MBA),是一个专为希望在国际组织、非政府组织或社会企业担任管理职位的个人,以及希望提高技能的管理人员所设的项目,如图 10-3 所示,项目申请人必须有 3 年以上的相关工作经验。该项目为学生提供接触联合国和日内瓦许多国际组织和非政府组织的机会,并让学生了解最新的知识和最先进的教学方法。根据参与者的专业情况和目标,IO-MBA 将提供全日制课程(1 年)或在职课程(2—3 年)。

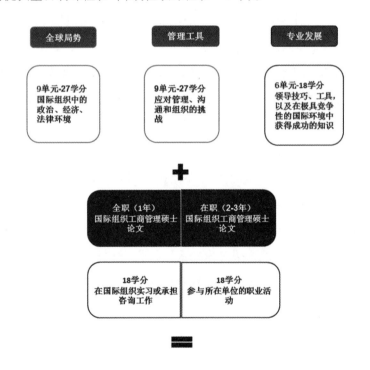

国际组织工商管理硕士学位

图 10-3　国际组织工商管理硕士项目构成

资料来源:http://www.unige.ch/gsem/fr/formation-continue/iomba/module-outlines/

此外,日内瓦大学与主要国际组织合作设立了多项暑期付费培训课程和继续教育课程,如与世界知识产权组织(WIPO)共同开发的针对硕士生、博士生以及年轻专家的"知识产权法"暑期课程。该课程时长两周,一周在日内瓦大学的法学院,第二周在世界知识产权组织总部。

该校善于利用各方资源进行国际组织人才培养。为了更好地服务学生未来的国际职业生涯,日内瓦大学制定了一个目标,以促进该校与国际组织(包括政府间组织和非政府组织)在教育和研究领域的合作。目前已经与主要国际组织合作建立了若干项目,其中包括与欧洲核研究组织(CERN)和联合国训练研究所(UNITAR)合作,建立公民网络中心(Citizen Cyberscience Center);与红十字国际委员会(ICRC)、国际劳工组织(ILO)、欧洲议会(European Parliament)、联合国难民署(UNHCR)和无国界医生组织(Medecins Sans Frontieres)合作,设立冲突地区解释中心(Centre for Interpreting in Conflict Zones,简称 InZone);与国际标准化组织(ISO)合作开设的标准化、社会规范和可持续发展硕士项目。该校与世界卫生组织、红十字国际委员会、全球疫苗免疫联盟(GAVI)、无国界医生组织(MSF)、联合国艾滋病规划署(UNAIDS)合作设立了若干全球卫生领域的教育、研究和培训项目等。而且自 2011 年以来,日内瓦大学也负责管理国际法协会(ILS)的科学统筹协调工作。这是国际法领域最负盛名的联合国培训方案之一。此外,日内瓦大学也在其官方网站上公布联合国系统内的 70 多家国际组织与机构所提供实习生岗位的具体信息①。

日内瓦大学自身的科研机构聘用了很多相关领域的专家,他们都拥有丰富的国际经验。事实上,国际组织的人才非常优秀,但是最优秀的人才不一定是在国际组织。如果能够网罗较好的人才,国际组织也会主动抛出合作的橄榄枝。日内瓦大学有一个"国际水法计划"(Platform for International Water Law)的研究团队,团队共有 8 人,其中有 4 名都在国际组织任职,如世界银行的法律部。团队业务是开展研究项目、教学和能力建设活动、组织和参加会议、专家活动,以及处理或参与解决水纠纷。该团队与国际组织合作撰写政策简报《迁徙与水资源管理》

---

① UNIGE. List of International Organizations (Internship)[EB/OL].[2017-04-24]. https://www.unige.ch/international/fr/collaborations-oiong/stages-2/listeoi/.

(*Migration and Water Governance*)①。日内瓦大学有时也与国际组织共同组织活动,如塔吉克斯坦代表团访问瑞士时,在世界气象组织(WMO)内部有教授做了相关的演讲。在这里,国际组织的角色成为加强国际事务的合作与分享的平台,所依托的是研究机构的研究成果。

(二)苏黎世联邦理工学院

苏黎世联邦理工学院(Eidgenössische Technische Hochschule Zürich,简称ETH)成立于1855年,是瑞士联邦属下的一所理工院校,在工程与技术、自然科学领域处于世界领先水平。该校与瑞士联邦外交部以及多家国际组织合作,开展国际组织人才培养项目。其中最具代表性的是 NADEL 发展与合作中心。

苏黎世联邦理工学院 NADEL 发展与合作中心自 20 世纪 70 年代以来,一直在为发展与合作事业培养人才。1969 年,瑞士发展与合作署(SDC)要求瑞士大学研究如何为瑞士的发展合作做出贡献。因此,1970 年苏黎世联邦理工学院启动了一个研究生课程,为毕业生准备发展合作事业。该项目将一个学期的发展研究与 4 个月的海外项目结合起来,以获得亲身实践的发展经验。1980 年,该计划被命名为"Nachdiplomstudium für Entwicklungsländer"(缩写为 NADEL)。20 世纪80 年代,NADEL 建立了新的计划结构,将实地任务延长到 6—12 个月,并在项目课程中增加了第二个学期。第二学期的课程主要侧重于规划、实施和评估发展项目的工具和方法。20 世纪 90 年代,NADEL 为在职人员推出了第二个研究生课程。

2000 年,这两个项目合并成为发展与合作高级研究(ETH MAS D&C)硕士项目。项目中包含为期三学期的全日制课程,为毕业生颁发发展与合作高级研究证书(ETH CAS D&C)。在 2010 年,NADEL 发展与合作中心正式成立,其目标是将研究、教学与政策和实践联系起来,为当地和全球发展挑战寻找创新解决方案,如图 10-4 所示。NADEL 的使命是构建和分享有效的决策知识,以应对全球和地方的发展挑战。该中心设计了跨学科的研究生发展与合作项目,并开展研究和参与咨询来推动科学与政策相结合的公共服务活动。该中心曾为联合国开发

① UNIGE. The Platform contributes to the Migration, Environment and Climate Change Policy Brief Series[EB/OL]. [2018-07-03]. http://www.unige.ch/droit/eau/en/une/2018/policy-brief/.

计划署(UNDP)《人类发展报告》提供了瑞士地区背景研究,与世界卫生组织(WHO)合作为加纳、尼日利亚等国所做的关于执行《水俣公约》(*Minamata Convention*)的机构能力评估等。该中心将科研与实践结合起来,利用科研成果服务于国际组织,同时也利用国际服务提升科研的深度与广度。

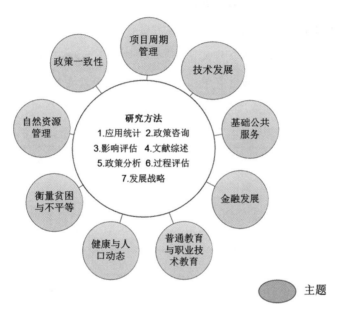

图 10-4   发展与合作专业硕士的学习内容框架

资料来源:NADEL Center for Development and Cooperation. http://www.nadel.ethz.ch/outreach-activities/consultancy. html

该中心于 1970 年开发了"发展与合作"(Development and Cooperation,简称D&C)专业的高级研究硕士(Master of Advanced Studies,简称 MAS)项目和课程硕士(CAS)项目①,为学生提供了良好的氛围了解国内外的发展挑战,并学习寻求创新的解决方案的工具和方法。教师为该校的优秀教师以及国际事务的从业

①   Eidgenössische Technische Hochschule Zürich. Master of Advanced Studies in Development and Cooperation (MAS ETH D&C)[EB/OL]. [2017-07-18]. http://www.nadel.ethz.ch/education/mas-development-and-cooperation. html

人员。该项目把在苏黎世联邦理工学院的研究学习与在国际组织和机构中的体验学习结合起来,两年的学习时间分为 3 个部分:

第一学期,学生将系统学习关于全球和地方目前面临的紧迫挑战,以及重要的历史、地理、政治、社会环境等方面的理论知识。课程会通过讲座与研讨会的形式进行,同时学生也会根据自己未来的职业方向选择一些选修课。

第一个学期之后会在国际组织或其他双边、多边机构进行 8—10 个月的海外实习,使学生接触国际组织应对当地具体问题的具体方案,获得切实的体验。该校与 30 多个国际组织拥有合作关系,同时也与瑞士的政府部门拥有密切的联系(瑞士发展与合作署资助所有学生在国际组织的海外实习)。

学生实习归来仍有第二学期的学习。经过理论与实践的深入结合,学生可在这一学期选择方法来探索创新的解决方案,或改善政策实施的策略。

事实上,这个项目通过精心安排的课程,确实培养了很多国际组织人才。曾在 2012 年随瑞士的一家非政府组织在坦桑尼亚进行实习的米尔詹·莫泽(Mirjan Moser)在接受采访时说:"有一次,我在垃圾站看到两位坦桑尼亚妇女,她们在那里分拣垃圾,戴着手套却没有鞋子。这件事对我触动很大,一方面我很同情她们,但另一方面,我也看到了我们的工作还有很多可以提高的地方。"[①]所以她在毕业后,就去了瑞士一家环保方面的非政府组织 BIOVISION 工作,成为众多通过在校期间的国际组织实习而决定加入国际组织从事国际服务事业的瑞士人之一。有一份对 134 名参与过该实习项目的毕业生的调查报告显示,50% 以上的毕业生都去了双边援助机构或国际组织(包括政府间和非政府组织)[②]。

除此类高级人才培养项目为学生提供国际组织的实习机会外,该校也在网站上为各专业的学生发布国际组织、政府机构、双边或多边组织的实习与

---

① Eidgenössische Technische Hochschule Zürich. Alumni Interviews[EB/OL]. [2017-07-18]. http://www.nadel.ethz.ch/education/mas-development-and-cooperation/alumni-interviews. html.

② Darcy Molnar, Isabel Günther,Rudolf Batliner. Tracer Study MAS 1994—2012[EB/R]. [2016-12]. https://www.ethz.ch/content/dam/ethz/special-interest/gess/nadel-dam/documents/mas/MAS_TracerStudy-Report2016.pdf.

培训项目①信息,供有兴趣的学生查阅与申请。该校对国际组织(尤其是非政府组织)的研究也非常多,研究人员不仅拓展了学校科研的深度与广度,也有机会成为国际组织在相关领域的咨询专家。瑞士发展与合作署(SDC)与苏黎世联邦理工学院的合作与发展中心都积极鼓励与支持研究人员与国际组织的合作②。

(三)日内瓦国际关系与发展研究院

日内瓦国际关系与发展研究院(IHEID)的历史可追溯至1927年,当时它成为世界上第一个专门研究国际事务的机构。1961年,发展研究学院(Institute for Development Studies,当时称为非洲研究所)诞生,成为该发展研究领域的先驱。2008年,两所院校合并,以独特的方式结合国际关系与发展研究。该研究院对人才培养的观点是:无论毕业生以后从事何种职业,他们都将受益于将智力与实践训练相结合的教育,从而为全球发展做出贡献。

日内瓦国际关系与发展研究院是一个致力于研究国际事务的高等教育机构,特别关注国际关系和发展的交叉领域。国际和发展研究院是瑞士政府认可的高等教育机构,获得瑞士联邦和日内瓦州的补贴。该研究院的目标是促进国际合作,为发展中国家的社会进步做出贡献。通过与国际组织、非政府组织、政府和跨国公司紧密合作,参与全球讨论,并培养领导未来世界的决策者。因此,该研究院的硕士和博士学位在国内和国际都享有盛誉。日内瓦国际关系与发展研究院拥有几项核心价值观,这些价值观指导研究生院塑造他们的全球形象,包括培养对多样性的尊重、鼓励全球责任感、为低端特权社会的发展做出学术贡献、通过对当代世界面临的挑战采取创新的方式来促进国际合作。该研究院的学生来自包含瑞士在内的上百个国家,学生能够在校内体验全球多样性,并建立终身关系。研究院也构建了一个小型社区,促进教师和学生之间密切和有效的交流。

---

① Eidgenössische Technische Hochschule Zürich. Career Center & Recruiting[EB/OL]. [2017-07-18]. https://www.ethz.ch/en/industry-and-society/career-center. html.

② NADEL Center for Development and Cooperation. Impact evaluations: call for proposals 2017[EB/OL]. [2017-06-29]. http://www.nadel.ethz.ch/news/2017/06/impact-evaluations-call-for-proposals-2017.html.

研究院拥有众多的优秀专家和初级研究人员(博士生候选人占学生团体的近一半),拥有丰富的专业知识,并积极在研究院内开展跨学科合作。日内瓦国际关系与发展研究院与日内瓦的国际组织和机构在对世界未来至关重要的重点领域创造了许多合作机会。这些领域包括人道主义行动与人权、贸易、建设和平、环境、移民、健康等,帮助学生为国际职业生涯做了良好的职业准备,为研究院赢得了良好的全球声誉。研究院也意识到加强和确保声誉的重要途径仍是确保毕业生的专业成就,所以该研究院也特别重视与国际组织合作开展学习项目。如该研究院与红十字国际委员会、无国界医生组织和国际残疾协会等人道主义领域的领先组织合作,共同创办了人道主义行动教育和研究中心(CERAH),为学生提供一系列课程和学位。此外,国际关系与发展学院的主要关注领域是人道主义行动与人权、全球贸易、和平、环境、移民与健康等话题。

瑞士高校积极与国际组织开展合作,并结合各自的地域特色,培养专业人才,法学是日内瓦大学的优势学科,日内瓦大学为国际组织培养了数量众多的相关领域专家,且借助地理优势可将众多学生送入本地的国际组织实习。苏黎世联邦理工学院则凭借自身的理工科优势,相对来说培养了更多的在非政府组织工作的人才。日内瓦国际关系与发展研究生院则在培养学生参与国际关系事务的处理与参与发展建设方面具有丰富的经验。其他与国际组织关系密切的瑞士大学还包括洛桑大学(Université de Lausanne,简称 UNIL)与洛桑联邦理工学院(École Polytechnique Fédérale de Lausanne,简称 EPFL)等。由于国际组织人才的特殊性,不仅需要有一定的知识储备,还需要实践经验和一些"素养"。在培养国际组织人才中,瑞士高校均注重与劳动力市场的紧密结合。事实上,以职业与劳动力市场为导向①,不仅是瑞士高校培养国际组织人才的特点,而且是瑞士培养各领域专门人才的特色。

二、 瑞士相关机构的人才培训

并非只有年轻的专业人员或遇到困难的从业人员才需要指导,处于职业生

---

① 姜大源.高等职业教育:来自瑞士的创新与启示[J].中国职业技术教育,2011(4):27—42.

涯任何阶段的人都能够从适宜的外部指导中获益。在需要国际合作的组织机构，如国际组织中尤其如此，因为这个领域一直在不断地发展、更新。瑞士也有一些专门为不同阶段的国际职员提供培训支持的机构，其中最具代表性的机构还是Cinfo。

（一）系统的培训课程

Cinfo 自成立以来，一直与人道主义援助、经济合作、促进和平与人权等领域的国际组织开展合作，并为求职者提供上述领域的系统培训课程。例如，在人道主义援助领域，Cinfo 提供的课程时间最短的在 3 个月以内。通过 3 个月的课程要达到的目标包括：加强专业人员在人道主义行动中的沟通、交流与谈判能力；训练求职者能够在紧急情况下选择恰当的沟通方式，以及能够制定用于宣传人道主义的有效战略。Cinfo 所提供的时间最长的课程超过一年。例如，其中一个名为"艺术与国际合作"的项目，设立这一培训项目的原因在于，当遇到国际间关系紧张或存在冲突的时候，希望通过艺术这种特殊的方式推进文化交流，甚至支持社会变革。所以，该课程涉及当代艺术实践、国际合作以及人道主义工作等专业知识。这些培训课程都非常实用，能够为有意去国际组织的求职者提供有效的前期培训。

（二）举办出发前安全研讨会

所有参加人道主义援助、发展合作、促进和平的专业人员以及随行人员常常会非常投入地为工作任务做准备，但大家却经常忽略外出任务中隐藏的安全风险。为了更好地满足国际合作中专业人士和组织的培训需求，Cinfo 启动了出发前安全研讨会（Pre-departure Security Workshop）。无论这些人是在现场工作 3 天、3 周或 3 年，他们都将遇到同样的风险。Cinfo 希望通过研讨会，参会人员能够掌握个人安全和压力管理的基础知识。当然，对于最敏感多变的环境来说，每一项外出还需要更具体的准备工作。研讨会的目的是，希望通过研究可能会带来风险的日常情况，提醒参会者如何预测此类风险。例如，怎样选择合适的酒店房间、住宅和交通工具；如何防止安全事件，或者保护自己，并在事件发生后减轻安全事件所造成的影响；如何与道路检查关卡或设置路障的官员，以及武器携带者进行沟通和谈判;如何面对性骚扰、有威胁的人或愤怒的人群;以及一些有助于预防和应对压力的简单技术。据统计,绝大多数野外事件都是由滑倒、跌倒、道路交通事故和感染性疾病引起的。同样,大多数存在不安全风险的时刻都发生在日常生活中,往往与当事人缺乏应对经验和缺少对文化背景的理解有关。而且,在现实的任务中,与这些日常安全情况相比,发生爆炸或绑架等极端安全事件的概率是非常非常小的,大多数的安全事件都极有可能发生在抵达后的前 3 个月。

据悉,只有少数国际组织会准备类似的行前研讨会,而不幸的是,即使人们只是去度假,所有地区和目的地都需要这样的基础研讨会。当然,不同的目的地需要不同的安全相关准备。尽管如此,所有大城市都存在相似的误解和轻微犯罪,并且常常存在大规模示威活动蔓延成为暴力的风险。为了亲自为参与者准备合适的讨论内容,Cinfo 将每组的人数限制为最多 6 人。为了确保他们为自己的特定环境做好充分准备,在课程开始前几天,Cinfo 也会要求参与者通过网站获取一些他们将要前往的国家的信息,从而使研讨会更具成效。研讨会的课程并不是一些理论,而是围绕实际情况,以及在小组中反映与讨论的具体情况而建立的。

这个研讨会只有一天,而且与会者也不能在一天内为所有潜在危险情况做好准备。所以,Cinfo 主要关注培训参与者能够预测和评估特定背景下风险的能力。研讨会最主要的目标是提高参与者的警觉性,并分享一些技巧和窍门,以在参会者抵达任务地后,能够立即避免潜在的紧张局势。一旦参与者获得了这些必要的反应,就具备了安全和压力管理的基础知识,并且能够自信而安全地进入新环境。

(三)为专业人士组织交流活动

对于那些对联合国或国际金融机构(IFI)的职业感兴趣的专业人士,Cinfo 为其组织了信息和交流活动。Cinfo 的研究发现:申请国际金融机构的瑞士人中,超过一半来自居住于海外的瑞士公民。例如,中国上海是接触亚洲开发银行(ADB)或亚洲基础设施投资银行(AIIB)等机构的理想城市,所以,Cinfo 与上海的瑞士侨民建立了联系,邀请来自上述两个银行的经理以及相关专业人士参与交流活动,为居住在上海的瑞士人的职业生涯发现更多的可能性。在日内瓦的 Cinfo 网络则汇集了联合国开发计划署(UNDP)、联合国人口基金(UNFPA)、联合国儿童基金会(UNICEF)、联合国志愿者计划(UNV)和联合国妇女署(UN Women)的经验丰富的专业人士和人力资源代表。通过演讲、研讨会和众多交流机会,参与者能够熟悉这些组织的职业机会,获得的信息也将帮助他们实现职业目标。2017 年,Cinfo 与联合国开发计划署、联合国人口基金、联合国儿童基金会、联合国志愿人员组织和联合国妇女署组织了两次网络研讨会,使与会者能够在线收集信息并提出问题,从而对上述国际组织的职业机会有了更多的了解和认识。

与此同时,Cinfo 也与联合国和国际金融机构(IFI)的瑞士员工进行了接洽。这些会议对于双方更加了解和交流想法和经验非常重要,从而提高了瑞士在这些组织中的长期代表性。

（四）协助瑞士进入国际组织

对于已经具有几年经验的初级专业人士来说,加入联合国系统或国际金融机构可能不再具有很强的吸引力。瑞士联邦每年都会为一些专为瑞士国民服务的 JPO 职位提供赞助,以促进这一职业生涯的发展。尽管如此,2017 年,Cinfo 也只帮助了 17 个申请人完成联合国 JPO 职位的申请。

近年来,申请 JPO 职位的瑞士人数量在持续减少。虽然减少的确切原因尚不清楚,但现存有各种假设,比如世界范围内交通的便捷使得去外国不再是发现世界的唯一途径;更重要的是,瑞士超高的生活质量和有利的经济条件吸引人们在国内寻找工作,而不是在去往不稳定和脆弱的环境中工作[①]。但 Cinfo 正在制定新的措施来制止这一趋势,吸引更多感兴趣的合格人员申请 JPO 职位。除了选择候选人之外,Cinfo 还会在他们上场之前为他们做好准备,并在他们为国际组织服务期间(通常是 2 年或 3 年)为他们提供支持,以促进他们在计划结束时继续在国际组织中就业。

与此类似的是,申请联合国青年志愿者(UNYV)的瑞士人数显示下降趋势。UNYV 计划的目标是瑞士大学毕业生在联合国组织寻求他们在该领域的第一次

---

① Cinfo. Annual Report 2017[EB/OL]. [2018-07-05]. http：www.cinfo.cn.

经历。2017 年,瑞士联邦政府资助了 20 个职位。为了提高瑞士年轻人参与 UNYV 的兴趣,Cinfo 组织了一个关于该计划的信息网络研讨会。而 Cinfo 也在尽力扭转上述下降趋势。青年志愿者在去往服务岗位之前,必须参加 Cinfo 组织的关于安全和压力问题的筹备课程,接受应对各种事件的培训,包括绑架、车祸、通过检查站等,这些事件经常发生在青年志愿者的身上。2017 年 JPO 和 UNYV 计划的申请较少。然而,这些计划对于对多边职业感兴趣的年轻瑞士专业人士来说,是一次难得的机会。

此外,Cinfo 注重收集国际组织与跨国公司等对职员的要求和职业规划,从而设计了员工入职、在职期间与离职相关的热门话题的专题研讨会。例如影响入职的因素的专题研讨会,主题包括对员工的肯定、个人发展、团队精神、自主性和灵活性等。参加小组的与会者也会参与讨论不同类型求职者的入职途径,如与国际合作相关的领域的学生、国际合作中的职业发起人、中层管理人员、在组织内改变其职能的员工。此外,研讨会也提供了与国际组织外部专家交流的机会,以便拓宽与会者的视野。

Cinfo 通过对瑞士的国际非政府组织和红十字国际委员会进行调查,并结合国际组织的职位空缺,以及对其他提供国际合作的培训和继续教育的相关机构进行调查,发现瑞士人对人道主义援助活动一直保持高涨的热情。在 2014—2016 年间,人道主义援助的就业人数增长了 27%。在 2016 年的国际组织与非政府组织的 6 144 个成功应聘者中,有 3/4 的职位是在人道主义援助方面,1/4 在发展合作方面(包括经济合作和促进和平)。在人道主义援助类岗位的申请人中,几乎 1/3 都是无经验的人,所幸大多数人道主义援助组织都提供实习和入门级职位。但对于瑞士籍的正式员工来说,从 2014—2016 年,专门从事实地工作的人员比例从 58% 下降到 51%,而且上述人员主要从事具有支持职能的职位,这些职位通常位于组织总部。所以,实地岗位中存在大部分的职位空缺(约 80%)。Cinfo 的这些研究有助于政府和机构及时调整策略,采取相应的措施以达到"使瑞士在国际组织中能够被充分代表"的政策目标。

国际组织人才在瑞士既能够接受高校提供的专业教育,也能够通过相关机构获得专业的培训和在职业生涯多个阶段的支持培训,瑞士在国际组织人才的培养方面已经具有了比较丰富的经验,结合政府的选送机制,能够在横向与纵向上结成有效的国际组织人培养与选送的网络。从横向上来看,同一阶段的人在培养或培训,以及获取职位信息方面都能够得到政府的支持;而且不同年龄或专业水平的人,包括在校学生、青年专业人员、资深专业人员都能够获得相应的求职支持,以及能力建设所需的支持。

第四节　积极吸引国际组织入驻

大量瑞士籍国际组织人才的产生,除了选送机制和培养机制完备之外,离不开瑞士作为众多国际组织东道国这一得天独厚的背景条件。从历史发展看,自国际组织诞生以来,前后出现了四次国际组织落户瑞士的高潮,它们分别出现在 19世纪后半期,第一次世界大战之后,第二次世界大战以后,以及 20 世纪和 21 世纪之交的二十多年。截至 2020 年,已有 41 个政府间国际组织与近 400 个非政府国际组织总部或秘书处落户瑞士。①除了作为"永久中立国"的安全、和平等优势,国际组织源源不断地入驻瑞士,更与瑞士政府和社会在以下几个方面的不懈努力有着密不可分的关系。

一、　提供总部建造和租借资助

为了发挥国际影响力,几乎所有的国际组织都希望能够把总部或者办公地点设立在交通通信便利、自然环境良好、国际化程度较高、避免卷入国际纷争、生活安全舒适和办公条件优越的地方。两个世纪以来,瑞士一直努力打造适合国际组织落户和国际组织人员生活工作的软硬实力。

作为公益性组织,绝大部分国际组织都主要靠成员国缴纳的会费维持运转,因此经费并不充裕,通常也难以购置土地和建造总部机关。瑞士政府从 1864 年国际红十字会落户日内瓦时便意识到国际组织需要这方面的帮助。19 世纪后期,一些欧洲行政联盟性组织入驻伯尔尼,就开始由瑞士联邦政府提供办公场所。

---

① Federal Department of Foreign Affairs, Swiss. Host State Switzerland [M]. Bern: FDFA, 2017. 5.

1919 年国际联盟创建时,美国总统威尔逊和他的助手豪斯上校就提议,应该在瑞士日内瓦建造国联总部,并为各国代表描绘出一幅未来"国联中心"的壮美图景。而瑞士政府和日内瓦市政府的代表也向各国代表承诺,一定为国联提供会议场所,并出巨资建造国联总部。1920 年,瑞士联邦和日内瓦市政府先拿出面对日内瓦湖、日内瓦规模最大的国家宾馆改名为"威尔逊宫",权作国联的总部和秘书处办公地,同时拿出一座被称为"革新大厅"的会场作为国联全体大会的会场。随着战后经济逐渐复苏,瑞士联邦政府决定履行承诺,为国际联盟另觅土地,新建更为合适国联需要和组织特性的总部大厦。1929 年瑞士政府终于获得了瑞士富商遗赠给日内瓦市的"阿里娅娜公园"(2.5 平方千米),又出巨资并用 8 年时间,终于建成了面对日内瓦湖喷泉、背靠阿尔卑斯群山的"万国宫"(法语:Palais des Nations')。第二次世界大战以后,瑞士将"万国宫"移交给联合国使用,使之成为"联合国欧洲总部"(或称"联合国日内瓦办事处")。1926 年,瑞士政府还为国际劳工组织(ILO)提供了一块捐赠地,建造了以捐地人命名的威廉·拉帕德中心(Cnetre William Rappard),供国际劳工组织作总部使用(1995 年世界贸易组织建立,拉帕德中心供世贸组织总部使用),瑞士又为国际劳工组织建造了现代化的新大楼。

此后,瑞士形成了惯例,为几乎所有落户瑞士的国际政府间组织提供财政资助,出让土地、建造总部大楼,为大部分国际学术、专业和体育等非政府组织提供低息贷款或者租金低廉的办公场所。人们熟知的世界卫生组织(1966 年建成)、世界气象组织(WMO)、世界知识产权组织(WIPO)等都由瑞士政府部分资助或者全部出资建造了总部。为了帮助国际组织落户瑞士、选址造楼、获得资助、争取贷款,瑞士还建立了专门的服务机构"国际组织建设基金会(Building Foundation for International Organizations,简称 FIPOI)"。该基金会是由瑞士联邦和日内瓦州政府共同设立的一个非营利性基金会,基金来源于联邦政府多年来收回的免息贷款,旨在帮助国际组织购买或建造产业。日内瓦州地方政府还向国际组织提供建筑用地,2004 年以来,该基金会甚至已将国际组织服务业务扩展到沃州(Canton de Vaud,洛桑市的所在州)。

例如,世界知识产权组织(WIPO)是日内瓦最富有的国际组织,其总部办公场所也是最多最大的。但即便如此,世界知识产权组织在发展建设的过程中,也屡屡需要瑞士联邦政府和"国际组织建设基金会"的资助。在世界知识产权组织建造第一幢办公楼时,获得了瑞士政府以象征性的每年 4 000 瑞士法郎为租金的一块使用期为 90 年的土地,为了建造总部需要瑞士联邦政府还提供 20 万瑞士法郎的拨款和 250 万法郎的低息贷款,1961 年建成了俗称"现代长方形"的办公楼。1978 年,世界知识产权组织成为联合国专门机构后,办公场所不足,WIPO 又通过瑞士政府和 FIPOI 的 5 000 万瑞士法郎的低息贷款,建造了被称为"蓝贝壳"的智能办公楼。21 世纪以来,WIPO 再次在瑞士联邦政府、日内瓦政府和 FIPOI 的帮助下,建造了号称"玻璃盒"办公楼和"奇异多角楼"的千座会场。

　　与前文提及的世界卫生组织相似,国际奥林匹克委员会成立之初,总部也设在巴黎。为了躲避第一次世界大战的战火,国际奥委会将总部迁入瑞士洛桑。瑞士联邦、弗州和洛桑市政府一致欢迎,并决定与国际奥委会一起,为其建造总部大楼。以后又与国际奥委会共同集资,建造了奥林匹克运动博物馆。由于老楼空间有限又地势低洼,难以适应办公需要,2019 年,由瑞士三级政府资助与国际奥委会共同出资 1.45 亿美元的"奥林匹克之家"的新大楼已经落成。另外,瑞士政府还在洛桑新建了"国际体育综合大楼"。所有入驻"洛桑国际体育综合大楼"的国际专项体育运动组织都可以获得二年免租的优待。在瑞士政府优渥办公场地条件的吸引下,如今,洛桑已经集聚了国际奥委会、国际大学生体育联合会、国际泳联、国际排联、国际射箭、国际举重、国际帆船等数 60 多个国际体育组织,发展成为一座名副其实的"国际体育组织城"。

　　除了办公场地,瑞士还精心设计建造了大批公益性的会议中心,供国际组织举办大中小型各类国际会议。瑞士所有城镇都建有供国际组织召开国际会议的各种会议中心。在日内瓦,除了联合国欧洲总部、国际劳工组织、世界卫生组织、世界贸易组织等拥有自己的大型会场,可供国际组织使用的著名会议中心还有日内瓦国际会议中心(International Conference Centre Geneva, CICG)、范瑞姆贝会议中心(Conference Centre Varembe, CCV)和帕勒克斯坡会议中心(Palexpo Conference Centre, PCC),等等。日内瓦国际会议中心可以容纳 3 000 人,而且免费使用;范瑞姆贝会议中心可以召开中小型会议,帕勒克斯坡会议中心可以召开

11 000 人的会议和各种展览。瑞士目前每年有 2 500 多场政府间国际组织的会议,非政府组织的会议不计其数,每年到瑞士参加国际会议的国家元首、政府首脑和政府部长超过 4 400 人次,参加会议的政府官员和代表超过 20 万人。①在洛桑,瑞士政府还建了"洛桑奥林匹克体育运动综合体",供国际体育界举办赛事、供国际体育组织召开会议、供国际组织供职人员开展日常体育活动。在卢塞恩,瑞士提供了"卢塞恩文化和会议中心"(Lucerne Culture and Convention Center,简称 KKL)。这个中心还拥有和联络了几个坐落于山坡上的中小型场地,包括可俯瞰卢塞恩湖的比尔根山(Bürgenstock)和能够俯瞰日内瓦湖的朝圣山(Mount Pèlerin)的会议中心,这些场地和平且谨慎的气氛特别适合国际组织的内部会议和外交谈判。

国际组织落户瑞士、国际会议在瑞士召开,也大大增加了各国常驻代表团的入驻。目前在日内瓦一地就有 170 多个国家的 250 多个国际组织常驻代表团,连同国际组织的人员,就形成了一个人数多达 43 000 人的国际社区。这些国际组织的落户和国际会议的召开,不仅为瑞士带来了极大的国际曝光率和国际活跃度,同时也带动了瑞士当地的就业,增加了瑞士人进入国际组织的机会。除了招聘国际公务员和各类专业咨询专家,联合国系统机构还在瑞士本地居民中大量招聘"一般服务人员"(general service staff),包括行政管理辅助人员、文员翻译人员、后勤保障人员及技术支持人员。为了节省开支,其他国际组织和非政府组织也均从当地招募普通工作人员。可以说,大量国际组织落户瑞士为瑞士培养国际组织人才、最大程度地开发本地人力资源,提供了肥沃的土壤。

二、 遵守国际法规与签署总部协定

一方面是中立,另一方面是尊重国际关系法,这是瑞士的稳定性和传统性的两大支柱和两个要素。②瑞士为了赢得国际组织信任、吸引国际组织入驻,始终将信守国际法规,严格履行国际条约,并与所有入驻国际政府间组织签订总部入驻

---

① FDFA. Host State Switzerland[M]. Bern: FDFA, 2017. p.5.
② 转引自:续建宜.瑞士中立政策的历史与现状[J].解放军外语学院学报,1995.2.(总 73),119 页。

协议,进而树立瑞士在国际社会中的和平中立形象,发挥瑞士在全球事务中的独特影响。

(一)遵守国际法规

为了吸引国际组织入驻瑞士,瑞士主动遵守和对接相关国际规约,如《联合国宪章》(1945)、《联合国特权和豁免公约》(1946)、《联合国专门机构的特权与豁免权公约》(1947)和《维也纳外交关系公约》(1961),等等。

瑞士政府一再重申并通过其《东道国法》明确声明,承认和严格遵守联合国关于国际政府间组织的"法律人格"(legal personality)地位和"行为能力"的有关规定。《联合国宪章》第 104 条规定:"本组织在每一个会员国之领土内,应享受于执行其支付及达成其宗旨所必需之法律行为能力"。《联合国特却和豁免公约》第 1 条就是"法律人格",并规定"联合国具有法律人格。联合国并有行为能力:①订立契约,②取得和处分不动产和动产,③提起公诉"。瑞士政府明确承认国际组织的法律人格的意义在于:国际组织的法律人格在一个国家内、特别是在东道国内是否被承认,以及在何种程度上被承认,直接关系到该国际组织在一个国家和东道国内是否能够合法地具有行为能力、以便去履行其职责的重大问题。因为,一个国际组织的法律人格地位,特别是它在一个国家(东道国)中的人格地位,并不像国家和政府那样与生俱来,而是一方面需要国际法规"赋予"该组织此地位,另一方面又需要一个主权国家承认国际法规、同时承认该组织的法律人格地位。因此,对于任何一个国际组织,在选择入驻国家之前,都会认真思考和比较入驻国家是否会确认其法律人格地位,并给予该组织最大限度的行为便利。也就是说,某一国家及其政府越明确承认国际组织在本国的法律人格地位,越在实践中坚决恪守对国际组织的法律承诺,这个国家就越有可能受到国际组织的青睐,成为国际组织入驻的备选国家。

瑞士按照《联合国宪章》《联合国特权和豁免公约》《联合国专门机构的特权与豁免权公约》和《维也纳外交关系公约》等国际法规的相关规定,明确承认所有国际政府间组织的"法律人格"地位,并通过国际私法对"准政府国际组织"和"非政府国际组织"也作出相应的特殊安排,以便保证它们在瑞士履行职责所需的行为能力。瑞士政府给予国际组织的"法律人格"地位相当优厚,不仅包括订立契约、处置财产和提起公诉这些基本的行为能力,还对国际组织的"机构"和"个人"给予充分的受惠者特权和豁免权(institutional and individual beneficiaries),以及总部区域不可被侵犯、档案不可被侵犯、通信便利和争端处置安排,等等。严格遵守和履行国际法规,使瑞士成为许多国家的入驻首选国。

(二)签署总部协定

国际组织章程、组织法等基本文件和多边条约通常只能原则性和通例性地确定国际组织与成员国之间最为重要的法律关系。因此,当某个国际组织总部准备设立于某个国家,或者某个国际组织准备在某国举办大型活动时,还可能会涉及更为广泛的具体问题,于是就需要通过国际组织与相关国家签订协定(Agreement)来规范双方权益、行为和义务。这一方面涉及驻在国的主权,另一方面由于涉及国际组织的正常运作需要和长远利益,因此,主权国家是否愿意与国际组织签署条件优厚、个性服务的"总部协定",往往是国际组织选择相关国家设立总部和办公地点的决定性因素。

瑞士政府为了吸引国际组织入驻,十分乐意与国际组织签署双边协议,就国际组织在瑞士的法律地位、特权与豁免以及工作人员的需要作出具体安排。目前,瑞士政府已与 26 个政府间国际组织①达成总部协议(Headquarters Agreement),其中有 22 个在日内瓦,2 个在伯尔尼,另有 1 个在巴塞尔。瑞士政府同 6 个准政府国际组织(Quasi-governmental International Organization)签署了税收协议(Tax Agreement);并与 8 个国际机构(International Body)签署了特权与豁免条约(Agreements on Privileges and Immunities)。

世界贸易组织与瑞士联邦政府签署的《协定》具有经典示范意义。1995 年世贸组织落户日内瓦之前,就与瑞士联邦政府开展了深入具体的谈判,并签署了内容详尽的总部协定。该协定包括一个主协定和七个附件。主协定由五个部分组成,第一部分为"世界贸易组织的地位、功能、特权和豁免",规定了世贸组织作为

---

① FDFA. Swiss presence in international organizations [EB/OL].[2017-07-03]. https://www.eda.admin.ch/content/dam/mission-onu-omc-aele-geneve/en/documents/Tableau-des-OI_EN.pdf.

一个政府间国际组织所具有的国际地位和职能,以及世贸组织和世贸组织国际公务员应该按照国际法在瑞士享有的特权和豁免权。第二部分为"授予常驻世界贸易组织代表团及其成员的特权和豁免应该遵循的原则",适用主体为各国常驻世贸组织代表团及其成员,并规定这类主体享有的特权与豁免应符合习惯法和《1961 年维也纳外交关系公约》。例如,《WTO 与瑞士的协定》第 6 条规定:"无论所有人是谁,WTO 所使用的建筑之整体或者部分以及毗邻土地不可被侵犯;瑞士当局的任何人员都不得进入该区域,除非得到总干事,或者在其无法尽责时由替代他的人或他指派的人的明确同意"。[①]第三部分为"授予官方身份出席世贸组织活动的人员的特权与豁免",分别规定了 WTO 总干事、副总干事、高级理事会成员、P5 及以上国际公务员、上诉机构官员、其他职员、其他非瑞士籍职员、以及专家组成员享有的特权和豁免,等等。第四部分为"免责条款和瑞士的国家安全"、第五部分为"最后条款"。

从世贸组织和瑞士政府的总部协定看,在国际组织入驻的东道国是否能够获得特权与豁免,显然也是国际组织特别关心的问题。这些特权和豁免条款是国际组织在东道国开展活动的权利保障,它们保障着国际组织自身的长远利益(如固定资产、档案保存等)、国际组织公务员和其他职员的工作便利(出入境、税收、居住、人身安全、家属子女等)以及成员国常驻代表团成员和各国参会代表团成员的权利和便利。

三、 制定东道国法规

为了让所有国际组织普遍了解瑞士对国际法规和多边条约的基本态度以及为国际组织提供的基本法律和权利保障,瑞士联邦政府特制定了《关于瑞士作为东道国授予特权、豁免以及设施和财政补助的联邦法令》(简称《东道国法》,Host State Act, 2007)和实施该法令的《东道国实施条例》(Host State Ordinance, 2008)。这两部法规详尽地规定了各国际组织、国际组织常驻代表团以及这些

[①] Agreement between the World Trade Organization and Swiss Confederation.转引自杨思思.政府间国际组织总部所在地法治环境比较研究[D].上海交通大学,2010:19.

机构成员和相关人士在瑞士可以享有的特权、豁免、资助和各项权利与便利。为了便于相关人士的阅读,瑞士外交部还专门编制了《国际组织特权与豁免问答》。

瑞士《东道国法》声明其对国际组织的"东道国政策"(host state policy),主要包括:

赋予被允许在瑞士设立的国际组织以"国际组织的法律人格地位和行为能力"。国际组织的法律人格地位至关重要,因为唯有"法律人格"获得承认,国际组织在东道国中的权利和义务才能获得东道国政府和社会的承认,其履行和体现权利与义务的行为才具有法律效力,并获得东道国的保护。

为国际组织提供优质场地设施:主要通过由政府资助的国际组织基建基金(FIPOI)和日内瓦国际会议中心(CICG)为国际组织筹措资金、建造总部设施和提供会议场所。

遵循《维也纳外交公约》和国际组织与瑞士联邦、州和市镇政府签订的双边总部协定,瑞士政府优质履行国际义务,确保国际组织获得各项特权、豁免和财政资助。

通过日内瓦欢迎中心(CAGI),为国际组织和国际社会提供行政性和社会性融合服务与咨询,该中心可以为国际组织、非政府组织、常驻使团提供全方位服务,如住房租赁购置、子女就学、医疗保健、家属就业、交通安保等服务。

按照国际惯例,包括国际体育组织在内的国际非政府组织遵照国际私法治理。由于"法律人格"必须提供公共服务、追求公共利益,非政府组织在瑞士不能享给予国际政府间组织的特权和豁免。但是,瑞士联邦政府可以通过双边协议给予国际非政府组织专门的优待安排。例如,瑞士《联邦直接税法》就免除了国际非政府组织官员的瑞士联邦直接税,日内瓦州和弗州及市镇也通过相关法规免除了非政府组织官员的地方税。

从瑞士《东道国法》及相关法规文件的内容看,瑞士尽力为国际政府间组织和非政府组织提供各方面的优厚条件和便利,从而使不仅因决不卷入国际争端的中立国地位吸引国际组织落户瑞士,而且使瑞士用法律制度所提供的法律地位和优质服务吸引国际组织落户。

四、 提供其他便利帮助

在瑞士,一个组织或协会只要确立了自己的章程即被视为成立,无需申请专门许可或在某处进行正式注册。瑞士洛桑国际公共管理研究学院(Swiss Graduate School of Public Administration)教授让·卢普·夏普雷特(Jean Loup Chappelet)揭示了其中奥秘:一个国际组织一旦入驻瑞士,就会修改自己的章程,以被瑞士法律接受为非营利性组织。[①]在瑞士设立的数量众多的国际组织已创造出重要的大环境,方便了这些机构间相互交流意见、集会讨论和获取信息,极大地节省了时间。除在规章制度上提供的便捷之外,瑞士政府也尽量在多方面为当地的国际组织提供服务。

(一)设置专门机构服务管理国际组织

瑞士政府设立了特派团代表东道国专门管理国际组织,隶属于瑞士常驻联合国日内瓦办事处代表团。瑞士将驻扎在本国的国际组织分为两类来进行管理:第一类是联合国驻日内瓦办事处和其他国际组织(the United Nations Office and to the other International Organizations),第二类是世界贸易组织和欧洲自由贸易协会(EFTA)。第一类代表团管理国际组织和代理人及其雇员,包括工作人员的随迁家庭成员。同时,它还代表瑞士,以与其他联合国成员国代表团相同的方式执行外交任务。代表团活跃于裁军、人道主义问题、人权等领域。第二类代表团则负责监测具有经济权限的金融类国际组织的工作,如联合国贸易和发展会议(UNCTAD),欧洲经济委员会(UNECE)和日内瓦国际贸易中心(ITC)等。鉴于特派团所承担工作的特殊性质,除联邦政府与各州政府与其合作密切之外,其他为国际组织及其工作人员提供服务的机构也与特派团关系良好,常有合作。

(二)安防措施

确保国际会议、国际组织及其公务员的安全以及外国代表及其陪同人员的安全是瑞士东道国政策的首要任务。过去几年中日益增加的世界恐怖主义活动,特别是2001年发生在纽约世界贸易中心的"9·11"事件和2003年发生在巴格达

---

① 瑞士资讯.世界足坛决策者在瑞士统领全局[EB/OL].[2008-01-21]. http://www.swissinfo.ch/.

联合国驻伊拉克办事处的"8·19"事件都提醒我们：没有一个政府、机构或个人有特权能够免于暴力行为攻击和惨重的人员伤亡。瑞士国际参与者之间的有效合作只能在安全的环境中进行，这就是为什么瑞士联邦、州和地方政府均竭力确保其国际客人的安全。

瑞士目前虽然尚未发生恐怖袭击性安全事件，但是实际上近年来仍有很多国际公务人员抱怨瑞士的安防措施不好，尤其是外来人口最多的城市日内瓦，其中以入室偷窃与扒窃案件最多。2016年，犯罪人数达到峰值。日内瓦监禁总数达6 912人，其中预审羁押1 745人、预期判决1 032人、监狱服刑3 670人、境外人员强制措施319人。①

生命与人身财产安全问题是许多赴外执行任务的官员最关心的问题，治安状况也一度令瑞士的国际组织工作人员以及驻瑞士外交官员心有芥蒂。虽然警方已经加强巡逻，设置多个专案组，但是情况并未出现更好的转变。瑞士，尤其是日内瓦的形象也正面临着考验。

（三）帮助新抵达人士

1996年，瑞士联邦政府和日内瓦州政府以及一些私人机构在万国宫附近设立了国际日内瓦欢迎中心(Le Centre d'Accueil—Genève Internationale，简称 CAGI)。该中心旨在帮助那些为国际组织、常驻使团人员和其他相关人员，如博士生、医生、专家教授及其国际公务人员的家属融入当地新环境，提供帮助的时间在其抵达日内瓦一年之内，该中心会主动联系取得居住证的新居民，而其他符合以上要求的人可主动向该中心发送邮件申请帮助。该中心提供以下三个方面的服务：

> 向新居民提供帮助，特别是在住房、学校教育等问题上，以及回答国际人士在该地逗留期间可能遇到的问题。

> 与相应州和联邦当局合作，审查在日内瓦地区建立国际非政府组织的申请。

> 发起或支持旨在促进日内瓦和当地社区之间文化和社会交流的项目。②

---

① FSO. Statistics of criminal asset detail [EB/OL]. https://www.bfs.admin.ch/bfs/en/home/statistics/crime-criminal-justice.assestdetail.1780909.html.[2018.10.20].

② CAGI. PRESENTATION OF OUR HOUSING SERVICE [EB/OL].[2017-02-17]. http://www.cagi.ch/.

除以上提到的这些便利之外,为了服务国际组织以及其工作人员,乃至工作人员的家人,瑞士政府还提供了更多的便利措施,如免税商店,由于篇幅有限,在此恕不一一列举。事实证明,瑞士政府确实吸引到了很多的国际组织在此安家落户。实际上,也如同"马太效应"所描述的一般,成为国际组织的聚居地的同时,瑞士的曝光率大增,良好的品牌形象也吸引着更多的国际组织在成立或搬迁之时会更愿意将瑞士纳入考虑之列。而对于瑞士公民来说,他们既能从良好的国家形象中获益,也有了更多的国际组织职位以供选择。

在为国际组织提供巨大的福利之时,瑞士政府也在瑞士公民进入国际组织、增加瑞士居民就业、增加瑞士境内消费等方面获得巨大收获。曾有报道称:位于瑞士境内的 67 家国际体育组织在 2011 年总价值达到 14.6 亿瑞士法郎,同时提供了 8 040 个就业岗位。[①]表 10-3 所列岗位数目仅仅是在日内瓦的国际组织所提供的岗位数,除日内瓦之外,瑞士的其他城市也有众多的国际组织入驻,同样也为本地提供众多的工作岗位。

表 10-3　2016 年 3 月国际组织向日内瓦居民提供岗位数量一览

国际组织类型	岗位数量
签署过总部协议的国际组织	22 899
签署过税收协议的国际组织	820
签署过特权与豁免协议的国际组	835
非政府间国际组织	2 586
国际组织提供岗位共计	27 140
常驻代表团和领事馆	4 085
总计	31 225

资数据来源:日内瓦州统计局(2016). http://www.ge.ch/statistique/tel/publications/2016/informations_statistiques/autres_themes/is_oi_26_2016.pdf.

可以说,在国际组织人才培养方面,瑞士拥有的最大优势便是政府吸引了众

---

① 中国新闻网.国际足联称国际体育组织对瑞士贡献巨大[N/OL].[2013-10-13]. http://www.chinanews. com/ty/2013/11-13/5499618.shtml.

多国际组织入驻,使瑞士公民有更多机会与国际组织进行"亲密接触",让年轻人更容易对国际组织的工作产生兴趣,而众多的国际组织总部能够为他们提供如实习或志愿者的机会。当地的国际组织也极易与本国培养青年才俊的高校产生合作,高校在执行人才培养、科学研究与社会服务的功能时,涉入与国际组织相关的领域也会成为必然,所以更有机会促成与国际组织以及政府合作共同培养国际组织人才的项目,为瑞士年轻人早日做好职业规划打下了良好基础。由于瑞士政府对国际组织的重视引发了该国对国际组织人才培养与输送的重视,瑞士政府更是从核心外交政策出发,尽力争取更多的职位名额,并搭建了系统的支持网络,为有意进入国际组织工作的瑞士公民提供从信息提供、资助实习生与志愿者、培养专业人员到支持高层竞选,为瑞士公民的国际职业生涯提供了坚强后盾。政府所支持机构提供的培训项目为国际职员随时充电准备了良好的条件,机构所提供的交流机会也为国际职员的职业发展提供了更多的机会。上述三种因素的有机结合,帮助瑞士政府达到了提升瑞士在国际组织中的存在感这一目标。瑞士政府在国际组织人才培养与输送的各个环节所起的重要作用是不可忽视的,当然瑞士的民间机构与公民自身也同样积极。然而,自"冷战"后,国际组织在总部的确立上有了更多的选择,瑞士"中立国"的形象也随着时代与发展的变化变得不如曾经一般有吸引力,但由于该国对形象的维护,以及众多国际法、人道主义、可持续发展、国际援助等领域的强调,上述领域的国际组织人才仍旧是瑞士的最佳国际形象代言人。尽管研究发现,最近几年国际公务员的职位对瑞士公民不再那么有吸引力,但是一方面瑞士为我们国际组织人才输送的发展趋势提供了宝贵的案例经验;而另一方面,瑞士的国际组织人才培养与选送的经验还是有很多值得我国借鉴的地方,与国际组织积极开展合作,鼓励年轻人开展国际生涯,积累处理国际事务的经验,扩展本国的优势领域,着力培养更多优势领域专家,我国也可借此机会成立更加系统的国际组织人才培养与选送机制,增强我国在国际组织中的存在感与话语权。

第十一章
中国与国际组织人才

　　过往的两个世纪见证了中华大地翻天覆地的历史巨变。中国先从腐朽没落的封建帝国逐渐沦落为受尽列强欺凌侵略、军阀混战不断、人民灾难深重的半殖民半封建的国家,中国人民又历经浴血抗战,打败日本侵略者,战胜国民党反动派,建立人民共和国,再经改革开放发展,迈向中华民族的伟大复兴。中国与国际组织的关系就在这样一场波澜壮阔的历史巨变中展开,中国对国际组织人才的关注与推送,也大致上可以分为从清末至民国、从新中国建立到恢复联合国合法地位、从改革开放到参与全球治理等几个不同的发展阶段。我们梳理与铭记历史是为了思考和迈向未来。

第一节　清末民国:忍辱负重

　　19 世纪中期,国际行政联盟首先在欧洲兴起。20 世纪初的第一次世界大战又催生了全球性的国际联盟,各种政府间与非政府国际组织也应运而生,国际组织从此登上了人类国际事务和社会生活的舞台。而此时的中国,正从腐朽没落的封建帝国逐渐沦为半封建半殖民地国家。鸦片战争、甲午海战的坚船利炮轰开了中国的大门,八国联军端着洋枪冲进了紫禁城、焚毁了圆明园,英美俄德纠集十一国列强,迫使清朝政府签署丧权辱国的《辛丑条约》,使中国人民陷入更为深重的民族灾难。

一、 清末民初

1904 年,日本与俄国因争夺在华利益,竟然以中国东北为战场,双方激战、死伤无数,而中国百姓也无辜遭受战火涂炭。但是,软弱无能的清政府不仅无法撤出平民百姓,居然还袖手旁观、宣布"局外中立"。万般无奈之下,上海绅商沈敦和①不得不联系在沪英国传教士李提摩太(Timonthy Richard, 1845—1919),一起说动在华的英、美、法、德等国人士,在中国的土地上、向上海英租界工部局注册成立"上海万国红十字会",以救治日俄战争中的两国伤员、救助我国难民、撤出东北同胞。这便是国际组织与中国结缘之近乎荒诞、令人屈辱的开端。

1919 年,国力衰败的北洋政府即便作为第一次世界大战的战胜国,也不得不顶着"三等小国"之名参加巴黎和会。当时的政府与国人还幻想通过加入国际联盟,以换得西方列强从此遵循"国际法则"、不再"使用武力",以求"以夷制夷"、保全"中国利益"。②然而,美英法意日等列强并没因国际联盟的建立而停止对华的蛮横侵略,反而首先把中国排除在五大常任理事国和四个非常任理事国之外,并企图以迫使中国代表签署《凡尔赛和约》(即《协约国对德和约》,其第一部分为《国际联盟盟约》)作为加入国际联盟的前提条件,强行把战败国德国在我国山东侵占的利益转让给日本。这一不平等条约和日本等国的强盗行径激起全国人民的愤慨,致使中国代表拒绝在条约上签字,形成史无前例的反帝反封建运动"五四运动"。

1921 年,国际联盟虽与北洋政府妥协,改以签署《协约国对奥地利和约》为折中,允许中国作为创始成员加入国际联盟,并在国联的"劝和"下,让日本"放弃"强

---

① 沈敦和(1866—1920),字仲礼,浙江四明人。早年留学英国剑桥。曾任江南水师学堂提调,南京、吴淞等四地炮台提调和江南自强军营务总办。后转办实业、兴办慈善,出任全国路矿局提调兼开平煤矿和建平金矿总办、沪宁铁路总办、中国通商银行总办等职。1904 年发起筹建"上海万国红十字会",以后长期任"大清红十字会"和"中国红十字会"总董,创建"中国红十字会总医院暨医学堂"(现华山医院)、沪南防疫医院和北市防疫医院。

② 顾维钧.顾维钧回忆录:第一分册[M].北京:中华书局,1983.95。

占我国山东。然而,国际联盟和西方列强的这些举动,从一开始就决定了中国在国际联盟和其他国际组织中令人屈辱的地位,能够进国际联盟当国际雇员的中国人自然也就人数稀少、地位低下、忍辱负重。他们很难在国际联盟中维护我国主权和利益,更难以为世界和平事业作出贡献。

作为个体,有几位中国籍国际组织官员在国际联盟和相关机构中的事迹值得记载。一位是民国时期的著名外交家顾维钧先生(1888—1984)。作为中国巴黎和会的代表,顾维钧先生不仅在凡尔赛会议上慷慨陈词,坚决反对英美法意日等国妄图将山东权益出让给日本,并智慧地以缺席巴黎和会签字仪式的方式,拒绝在《凡尔赛和约》上签字,赢得了国人和各国外交官的称赞。而且,顾维钧先生还作为国际联盟文件起草委员会中唯一的中国籍委员,参与了《国际联盟盟约》的起草。第二次世界大战以后,顾维钧先生还以他在国际社会的崇高威望,担任了国际法院的法官。但是,弱国无外交,顾维钧无法凭借一己之力去抵挡西方列强对我国的侵略和欺凌。

另一位值得纪载的中国籍国联官员是民国早期的宪法学家和国际法学家王宠惠先生(1881—1958)。王宠惠先生出生于香港、早年留学美国耶鲁大学获得博士学位,数度担任北洋政府和国民政府的外交部长、主持编著民国宪法。1921年,王宠惠作为北京政府代表出席国际联盟会议,随后被推选为国际仲裁法庭裁判员。1923年,国际联盟又选他为国际常设法庭候补法官,1924年王宠惠还当选为修订国际联盟国际法委员会的委员,先后任国际法院候补法官、法官和国际法委员会委员近十年。

在1925年4月1日召开的修订国际法委员会第五次会议上,王宠惠先生从领事裁判权(治外法权)造成我国司法主权缺失的背景出发,对西方列强在华攫取领事裁判权的合法性提出了质疑,表达了弱势国家希望摆脱强势国家强加其身的不合理司法制度的愿望。有学者认为,王宠惠先生向世界展示了中国法学家的风采。但是,王宠惠先生并没能实现他的梦想和国际法理念,各国列强在中国天津、上海和广州等地的"租界"无法收回,领事裁判权仍然在中国土地上横行霸道,外国流氓、美国大兵、投机家、冒险家们仍然在"治外法权"的祖护下耀武扬威、为非作歹!

二、国民政府

1927 年国民政府定都南京,1928 年国民政府即以统一合法的中央政府推行其政令,组织开展行政、司法、外交、经济、文教和卫生活动。1928 年 5 月,迫于日本军队制造的震惊中外的"济南惨案",[①]南京国民政府决议"将此次日兵在济南之暴行,通告日内瓦国联,请其公判;并通告世界各友邦,主张公道"。[②]以此为起点,南京国民政府开始参与国际联盟和国际多边外交活动,以期获得国际社会的道义支持和经济技术援助。

1930 年国民政府卫生主管部门致函国联卫生局,寻求国际援助,得到国际联盟的承允。1931 年国际联盟派专家来华,就中国建立中央和省级医疗机构、建立港口卫生和海事检疫制度、开展"三年医疗计划"、派中国医疗专家赴欧美学习、在华建立医学教育等提供咨询建议。同年夏天,长江和淮河流域发生百年一遇之大水灾,水灾引起瘟疫横行,国联即派遣卫生防疫专家前来开展救助行动。[③]1931 年,国民政府还就中国教育发展建设问题向国际联盟请求专家咨询建议。国联国际文化合作研究所先后派出八位教育官员与专家来华考察三月行经七省,并于当年年底完成题为《中国教育之改进》的考察报告,1932 年翻译成中文,由国立编译馆出版。[④]

然而,即便在与国联开展正常的专业技术合作中,中国代表官员也时常受到国联西方官员的欺辱。例如,由于国民政府经济不振、财政吃紧,多年拖欠国联的技术合作会费,这就使中国代表每年在国联大会上备受侮辱。后经国民政府协调,决定从 1932 年起每年交 48 万圆,不仅及时交上会费,而且尽早补足以前所欠会费,以便正当享有应得的技术合作权益。1934 年,我国驻国联一等秘书宋选铨(1902—1984)先生在工作中发现,1933 年国联与中国的技术合作经费总额应该为 40 万圆,但实际支出仅为 21 万圆,且没有技术合作项目支出的明细账单,这与

---

① "济南惨案":1928 年 5 月 3 日日本军队为了进一步武装干预中国、阻止国民政府北伐,挑起军事冲突、炮轰济南城,将 7 000 余北伐军缴械、屠杀中国军民 1 000 余人,日军还用极其残忍的手段杀害国民政府特派代表蔡公时以及 15 名中国外交人员。事件发生、举国震惊!

②③ 《申报》,1928 年 5 月 7 日。

④ 张民选.国际组织与教育发展[M].上海:上海教育出版社,2010. 280—281.

国际联盟的实施细则和西方各国的支出账目完全不同。于是,他向技术部门秘书
处组长、法国人哈斯提出,是否能够核对相关账单,但遭到哈斯的无理拒绝,哈斯
还向中国大使和国联技术部门负责人诬告宋选铨无事生非。最后,宋选铨细致解
释后,获得国民政府驻国联大使郭泰祺(1889—1952)的大力支持。由于郭大使的
各方斡旋和宋选铨先生向国内外报刊的事实披露,国联秘书长和国联技术部门才
生怕造成国际舆论压力,不得不答应以后每年对技术合作经费的使用支出出具明
细账单,且中国资金结余部分可以用以资助中国相关领域专家赴欧美学习考察,
以提高中国的技术发展水平。此事件之后,中国共用此专项经费的结余资金派出
了80多位专家学者和工程技术人员赴欧美学习考察。[1]

　　在国民政府与国际联盟的联系交往中,也出现过几位传奇人物。其中之一
就是中国籍国际公务员吴秀峰(1898—1993)先生。吴秀峰先生早年留学法国巴
黎外交学院和巴黎大学,先后获得法学硕士和博士学位。吴秀峰先生还用法语撰
写出版了《孙中山先生之生平及其主义》,将孙中山先生的“天下为公、世界大同”
思想介绍给国联同事和西方各国。1928年,吴秀峰先生即应国际联盟秘书长之
聘,进入国际联盟行政院。吴秀峰先生从国际联盟最基层的秘书做起,一步步升
迁至国联部门领导,一直服务至1939年欧战爆发。国际联盟解体后,吴秀峰先生
才正式离开国联。在其十几年的国联服务生涯中,吴秀峰先生多次陪同国联赴华
代表团、国联调查团和国联技术合作专家团回中国工作,先后为国际联盟从承认
北洋政府转而承认南京国民政府;为国联李顿调查团承认“九一八事件”后,东北
地区(“满洲国”)仍为中国领土、属于中国主权;为国际联盟对华开展卫生、教育、
交通和经济方面的技术合作做了大量工作。

　　第二次世界大战爆发后,吴秀峰先生应邀担任“世界反法西斯战争运动总会”
副秘书长和旨在反对法西斯的“自由世界协会”代秘书长和秘书长,长期奔走于日内
瓦、巴黎、伦敦、华盛顿之间,为争取世界各国支持中国人民的抗日战争、为世界反法
西斯战争作出了贡献。第二次世界大战后期,吴秀峰先生应中国国民政府邀请,作
为首批中国籍高级国际官员参与了《联合国宪章》的起草工作和联合国秘书处的筹

---

　　①　刘成学.国际联盟与中国的第一次技术合作[J].文史春秋,2009(4).

建工作。

吴秀峰先生崇高的国际情怀、强烈的正义感、丰富的国际组织经验和正直儒雅的行事风格,赢得了各国外交官员和联合国各部门同事的赞许。1948年吴秀峰在完成联合国筹建任务后,即被联合国和国际社会推选为国际劳工局副局长,以后又改任为总局长顾问,直至1958年退休。

吴秀峰先生虽然在1924年于孙中山先生访欧期间就参加了国民党,但他对国民党和国民党政府的贪污腐败、对国民党政府在抗战中的所作所为极度失望。1947年,吴秀峰先生与冯玉祥、李济深、赖亚力等人[①]在美国发起成立"中国国民党革命委员会美洲分会"。1950年,他以国际劳工局副局长的身份回国考察解放后的祖国建设发展状况,并用英语撰写出版了《新中国》一书。1958年,吴秀峰从国际劳工局退休,毅然选择了回国定居。回国后,周恩来总理亲自接见了吴秀峰先生,并聘他为"国务院外交参事",请他继续为恢复新中国在联合国和其他国际组织中的合法地位而奋斗。吴秀峰先生为中国与国联关系史和民国外交史留下了丰富珍贵的档案和记录。[②]

三、 联合国创建

在第二次世界大战中,中国人民艰苦卓绝的浴血抗战和英勇牺牲终于赢得了全世界人民的敬佩,赢得了反法西斯重要大国的地位,也赢得了中国作为四个大国之一,参与创建新的全球性国际组织——联合国的权利。[③]1942年1月1日,

---

① 冯玉祥(1882—1948),安徽巢湖人,生于河北沧州。西北军阀,抗战时组建民众抗日同盟军、国民党政府军事委员会副主席。1947年发起组建"国民党革命委员会北美分会",1948年7月回国参加新政治协商会议筹备工作,9月1日因轮船失火遇难。李济深(1885—1959),广西梧州人。曾任黄埔军校副校长、原国民党高级将领,1947年参与组建"国民党革命委员会北美分会",1948年任国民党革命委员会主席。解放后曾任中央人民政府副主席、全国人民代表大会常务委员会副委员长和中国人民政治协商会议副主席。赖亚力(1910—1994),四川内江人、革命家、外交家。1934年起从事中共地下党活动,并进入冯玉祥部任研究员和冯玉祥秘书,1938年入党。1947年参与冯玉祥等的中国国民党北美分会的创建,1949年以民革正式代表身份参加第一届中国人民政治协商会议,并参加中华人民共和国外交部的筹建。历任外交部办公厅副主任、礼宾司司长和驻联合国大使衔副代表、中国人民外交学会副会长等职。

② 中国第二历史档案馆.吴秀峰编著之《中国与国联技术合作之经过》[J].民国档案,2003.2:19—49.

③ 美国总统罗斯福在1942年4月28日的全国广播演说中指出:"我们没有忘记,中国人民在这次战争中是首先站起来同侵略者战斗的;在将来,一个仍然不可战胜的中国将不仅在东亚,而且在全世界,起到维护和平和繁荣的适当作用。"

美英苏中四国及 22 国在华盛顿签署《联合国家共同宣言》。1943 年 10 月，中英苏美四国共同签署了《关于普遍安全的宣言》，宣告：在近速可行之期，根据一切爱好和平国家主权平等之原则，建立一个普遍性的国际组织。所有国家不论大小，均得加入为会员国，以维护国际和平安全。之后，中国政府代表多次参加了筹建联合国的会议，如开罗会议(1943.11)和第二次顿巴顿橡树园会议(1944.10)，还参与了联合国的定名和《关于建立普遍性国际组织建议案》和《联合国宪章》等重要文件的起草工作。

　　1945 年联合国创建，中国赢得了联合国安理会五大常任理事国的地位。五大常任理事国之间有一条不成文的君子协议，即各国都不派人出任联合国秘书长，但同时在联合国初设的八位副秘书长中，每个常任理事国都可以推荐一位副秘书长。当时的国民政府推荐的联合国首位中国籍副秘书长是著名外交家、驻瑞士公使胡世泽先生(1894—1972)。作为联合国副秘书长，胡世泽先后负责分管托管与非自治领土部(后演变为托管与非殖民化部)、会议事务部和技术合作部，直到 1971 年中华人民共和国恢复在联合国的合法权利，共计 16 年。1945—1948 年间，在先后被联合国任命的中国籍高级公务员中，有安理会事务部首席司长郭斌佳先生[1]、联合国秘书处法律部国际法法典化与编纂司司长梁鋆立先生[2]，以及联合国安理会政治事务司司长和安理会秘书的翟凤阳先生。[3]中国著名法学家徐谟

---

　　① 郭斌佳(1906—?)，江苏江阴人。历史学家、外交家。早年赴美留学获得哈佛大学博士学位，曾在武汉大学任教、任"抗战史料编辑委员会"主任委员。1943 年随国民党政府代表团参加开罗会议和 1946 年的第一届联合国大会，经国民政府推荐进入联合国秘书处，成为联合国 43 位高级国际公务员之一，直至退休。

　　② 梁鋆立(1905—1987)，浙江新昌人。早年在上海东吴大学法科学习，后留学美国获华盛顿大学法学博士学位。回国后，担任国民政府外交部多个职务并作为国民政府代表团技术顾问，在国际联盟中严词揭露日本侵华行为与本质。1945 年奉派参加联合国制宪会议，并从此进入联合国秘书处，主持联合国国际法研发和国际法编纂工作，直至 1964 年退休。

　　③ 翟凤阳(1903? —2002)，湖北黄梅人。早年于清华大学学习，后留学美国，获伊利诺伊大学硕士学位，后转入英国伦敦大学学院研究国际政治。回国后即进入外交部，先后任驻葡萄牙和英国大使馆一等秘书。1944 年随顾维钧大使赴美参加顿巴顿橡树园会议，参与起草联合国宪章；1945 年任旧金山联合国筹备会议中国代表团秘书，见证联合国创建。1946 年进入联合国秘书处，从此开始其高级国际公务员生涯，先任联合国政治专员，后升任安理会政治事务司司长，至 1969 年退休。退休后，继续被聘为"联合国政治部顾问"，他几乎参与了 1946—1969 年联合国安理会所有 1500 多次会议，处理过巴勒斯坦问题、古巴导弹危机、和平利用外层空间等重大事务，被誉为"世界和平的报警员""客观公正的楷模"和联合国的"外交天才"。

(1893—1956)先生担任了国际法院首批 15 位法官之一,并且连选连任,直至 1956 年病逝。联合国秘书处和联合国系统的其他机构开始正常开展工作,对外招聘工作人员。当时联合国在中国就有国际公务员招聘处,一些中国官员和专业人员通过相关考试和招聘,持续进入联合国秘书处和相关机构工作。

另外,还有为《联合国人权宣言》的起草提供中国智慧、作出巨大贡献的国际人权委员会副主席张彭春博士(1892—1957)。2018 年《联合国人权宣言》发表 70 周年,世界各国和中国人民再次颂扬张彭春先生为《人权宣言》的颁布和人类和平事业作出的独特贡献。张彭春先生早年毕业于天津南开大学,后赴美国留学获哥伦比亚大学博士学位,回国后先后在南开和清华等大学任教。抗日战争改变了他的人生轨迹,他奔波于世界各地,揭露日本侵略暴行、宣传中国的抗日战争,先后出使土耳其、智利等国。联合国成立后,他担任联合国经社理事会中国代表,后被推选为联合国人权委员会委员和副主席,参与起草《联合国人权宣言》工作。

张彭春先生以深厚的中西方文化修养、高超的语言驾驭能力和崇高的人类和平使命感,在《人权宣言》的起草过程中,作出了极大的贡献。第一,他以儒学之"仁"(良心,conscience),表达了各国都能接受的人权观念;第二,他提出以开放平等的心态对待各种宗教,避免了《宣言》的基督教色彩;第三,他坚持《人权宣言》不仅仅为律师和学者而作,而"应该是为世界各个角落的每一个人所撰写的宣言",旨在保护全世界人民,而不论其身居何地、身处何时。联合国人权委员会主席艾琳娜·罗斯福(美国罗斯福总统的夫人)曾高度评价说:"张彭春给我们大家都带来了极大的欢乐,因为他具有幽默感,从哲学的高度考虑问题,几乎在所有场合他都能够引述机智的中国谚语来应对",他作为"协调中国和西方的艺术大师""讲求实效",且"随时都有解决问题的实际办法"。①

第二节　人民中国:突破封锁

1949 年 10 月 1 日,中华人民共和国诞生、中央人民政府成立,中国人民翻开

---

① 卢建平.张彭春和《世界人权宣言》[J].南方周末.2018-12-24.

了新的历史篇章。尽管新中国百废待兴、百业待举、千头万绪，但中央人民政府还是抓紧时间，努力打开局面，争取赢得世界各国和国际组织对人民共和国的承认，争取恢复在联合国的合法地位、登上联合国这个国际大舞台，争取为中国经济和社会建设发展赢得世界和平大环境。

一、 重视多边外交

1949 年 9 月，中国人民政治协商会议的《共同纲领》就明确规定："中华人民共和国联合世界上一切爱好和平、自由的国家和人民，联合各人民民主国家和各被压迫民族，站在国际和平民族阵营方面共同反对帝国主义侵略，以维护世界和平"。中华人民共和国成立后，虽然还未得到世界大多数国家的承认，我国政府就尽可能地参与国际组织活动、甚至主动承办国际组织大会，发展与国际组织的关系，争取各国各族人民的认识、理解与支持。

当年，我国就开始举办亚洲和太平洋地区的国际组织会议与活动。1949 年11 月，我国就承接了世界工会联合会之亚洲澳洲工会代表大会。中、苏、蒙、朝、韩、印、越、泰、印尼、菲、马、伊朗和锡兰等十几个国家近 120 位代表齐聚北京出席会议，研究探讨了各国工人的政治和社会活动状况，研究设立常设机构的问题。同年 12 月，亚洲妇女代表会议在北京召开，14 个国家 160 多位妇女代表参加了会议。国际民主妇女联合会副主席蔡畅(1900—1990)致开幕词，中国妇女联合会副主席邓颖超(1904—1992)作了题为《关于亚洲妇女为民族独立、人民民主与世界和平而斗争》的主旨报告。1950 年后，我国又多次举办全球性的国际组织活动。例如，1954 年，世界民主青年联盟理事会在北京召开，周恩来总理亲自设宴招待各国来宾。1958 年，中国作为创始会员国和副主席国，在北京举办了国际学生联合会的第五次代表大会。这些国际组织大会扩大了中国在国际社会中的影响，提高了中国在国际社会中的地位。

同时，中国不失时机地派代表团走出去，主动与国际组织发展关系、参与国际组织活动。1950 年 10 月，中国就派出以郭沫若先生为团长的大型代表团赴波兰华沙参加了第二届世界和平大会，郭沫若、宋庆龄、马寅初、刘宁一等十人当选世界和平理事会的首届理事，郭沫若当选世界和平理事会副主席。为了响应世界和平理事会的号召,我国还分别于 1950 年、1951 年和 1955 年开展了三次声势浩大的和平签名运动。每次二三亿人的签名充分表现了中国人民决心与世界各国人民一道,反对战争、捍卫和平的决心。

另外,中国还努力排除各种困难和阻挠,积极参加各个国际专业团体。例如,1950 年经过改组的新中国红十字会获得国际红十字会的承认,中国多次派代表团参加国际红十字会的活动,还力所能及地为国际红十字会提供捐款,帮助和参与国际人道主义救助活动,因此多次蝉联为国际红十字会的执委会委员国。中国政府还于 1950 年、1951 年两次派代表团出席万国邮政联盟的有关会议,中国邮政总局局长苏幼农先生据理力争,为国家赢得了万国邮政联盟中的合法地位,经周恩来总理推荐,任万国邮政联盟执委会和联络委员会委员。[①]

二、 争取合法地位

按照国际惯例,一个国家的政权一旦被新政权替代,新政权就承续该国在国际组织中的合法地位,新政权的国际法主体资格不作改变。基于此,中国人民共和国政府应该理所当然地继承中国在联合国的合法地位。为此,1949 年 10 月 1 日,毛泽东主席就正式向全世界宣告:"本政府为代表中华人民共和国全国人民的唯一合法政府",并应自然地取代旧政府、享有中国在所有国际组织中、特别是联合国中的合法地位。

对于这一重要问题,中央人民政府在中华人民共和国成立和中央人民政府的筹建过程中,就公开表明了自己的立场,采取了相关行动。1949 年 9 月,周恩来总理就致电联合国秘书长赖伊(Trygve Halvdan Lie, 1896—1968),宣布中国政府任命张闻天为出席第四届联合国大会的中国首席代表,请他立即办理中国代表入会的一切手续。9 月 30 日,中国人民政治协商会议通过立法程序,正式否认了中国国民党代表中国出席联合国大会的资格。

1949 年 11 月 15 日,周恩来总理分别致电联合国秘书长和第四届大会主席

---

① 在美国及其仆从国家的支持下,1951 年 5 月国民党集团再次鸠占鹊巢非法占据中国的位置,中国政府即与万国邮政联盟断绝一切往来,直到中国恢复了在联合国合法地位以后,中国才重新恢复了在万国邮政联盟中的合法地位。

罗慕洛(Carlos P. Romulo, 1901—1985),强调"中华人民共和国中央人民政府是代表中国人民的唯一合法政府,国民党政府在中国已成历史",要求"立即取消所谓的'中国国民政府代表团'继续留在联合国的一切权力"。赖伊和罗慕洛百般阻挠,波兰政府代表就此提出抗议,要求联合国大会首先向所有会员国分发中华人民共和国的这两份来电。苏联代表也发表声明,坚决支持中国政府两项电文中的立场。1950 年 1 月,周恩来总理再次致电联合国秘书长赖伊,要求迅速清除盘踞在联合国的国民党代表团。两天后,苏联政府授权其驻联合国代表,声明全力支持周恩来电文和中国政府态度,并提出一项决议案。苏联政府提出:该决议案不表决、国民党代表团不清除,苏联就不参加联合国安理会的工作。苏联的决议案迫使国民党代表从会议安理会主席席位上退出。但美国代表借口美国政府支持国民党政府,庇护台湾当局继续留在安理会内。3 月,联合国秘书长发表声明,认为有必要迅速"达成一项关于什么政府在联合国代表中国的决定",并用 20 多天的时间访问华盛顿、巴黎、伦敦和莫斯科等地,与各国政府进行磋商,并与中国与驻苏联大使王稼祥进行会谈。5 月,美国通过操控安理会投票,以同意苏联决议案的国家为三票,而以美国为首的反对票为五票为由,否决苏联代表团的决议案。6 月 6 日,联合国向 59 个成员国发出公函,建议解决中国在联合国的代表权问题。6 月 25 日,朝鲜战争爆发,赖伊的斡旋活动随之终止。经过四年较量,美国为首的所谓"联合国军"不得不签署朝鲜战争停战协议,也使中国在联合国的代表权问题变得更为复杂。之后,以美国为首的西方国家每年都以"延缓讨论"中国代表权问题的手段,阻止中国恢复合法地位,使此问题拖延了 20 多年。

以美国为首的西方国家对中国政府的合法要求百般阻挠,使国民党政权把持中国在联合国以及各种国际组织中的席位,也导致了我国无法推荐和派遣政府代表和中国公民到联合国及其下属机构任职。中国政府曾先后向国际电信联盟、联合国粮农组织、世界卫生组织、联合国教科文组织、世界气象组织等诸多国际组织发出电函,要求派遣中国代表、提出中国代表人选和驱逐国民党代表的正当要求,但都未能实现。

三、 支持第三世界

在恢复联合国合法地位暂时受阻的情况下,中国政府努力打破帝国主义的封锁与孤立,主动作为,积极与社会主义国家和广大发展中国家建立友好和互信关系,尽可能地参加社会主义阵营的国际组织、参与各种专业和民间组织的活动、参与和承办国际会议、支持第三世界和发展中国家组成的国际组织。

1955 年 4 月,29 个亚非国家与地区的政府代表团在印度尼西亚的万隆召开了首届亚非会议(史称万隆会议)。这是亚非国家第一次在没有殖民国家参加的情况下,讨论亚非各国切身利益的大型国际会议。尽管以美国为首的西方国家极力阻挠这次会议召开、集中攻击中国参会,甚至指使台湾国民党特务制造卑劣无耻、机毁人亡的"克什米尔公主号事件",①企图阻止周恩来总理为首的中国政府代表团参加会议。中国代表团在仅有 6 个与会国已与我国建立了外交关系的不利背景下,以"求同而不是立异""求团结不是来吵架"的气概,自始至终坚持求同存异、促进各民族独立、扩大世界和平统一战线、加强与亚非各国接触交流、力争大会成功的方针,克服一些国家的对华偏见和"反华反共"攻击,促使大会朝着反帝反殖民的方向进行,使大会最终形成了《亚非会议最后公报》。公报中的《关于纯净世界和平与合作的宣言》提出了处理国际关系的十项原则。而这十项原则充分体现了周恩来总理与印度总理尼赫鲁、缅甸总理吴努共同倡导的"和平共处五项原则"②的精神。

万隆会议提出的十项原则以及"团结、友谊、合作、和平共处、求同存异"的万

---

① "克什米尔公主号事件"是一次针对中华人民共和国周恩来总理的政治暗杀事件。克什米尔公主号是印度航空的一架民航客机。1955 年 4 月 11 日该机执行包机任务,从印度经香港飞往印度尼西亚的雅加达,原定承载中国政府代表团前往万隆出席万隆会议。在香港启德机场停留期间,国民党特工买通了一名启德机场的清洁工,按要求将一颗定时炸弹安上了飞机,导致飞机在接近印尼海岸时爆炸,机上 11 名乘客和 5 名机组人员罹难。由于周恩来总理临时改变行程路线(在访问缅甸后,从仰光直飞印尼万隆),此次暗杀行动以失败告终。

② "和平共处五项原则"是周恩来总理于 1953 年 12 月在中国政府与印度政府就西藏地方问题进行谈判时首次提出的。1954 年 6 月,周恩来总理在访问印度和缅甸期间,分别与印度总理尼赫鲁、缅甸总理吴努发表《联合声明》,共同倡导"和平共处五项原则"。这五项原则的核心内容是:互相尊重主权和领土完整、互不侵犯、互不干涉内政、平等互利、和平共处。

隆精神,为亚非各国和世界各国建立发展友好关系提供了指导原则,为和平解决国家间历史遗留问题与国际争端指明了有效路径、成为国际社会普遍承认与尊重的国际关系和国际法基本准则。中国政府和人民也通过万隆会议这一国际多边舞台,树立了真诚合作的国际形象,赢得了与会亚非国家的理解、尊重与支持,为中国突破西方国家的封锁围堵开辟了道路,为中国与广大发展中国家的交流合作奠定了基础。

中国努力支持由发展中国家和第三世界国家组建的国际组织以及他们的正义行动,共同反对帝国主义、霸权主义,支持新兴国家发展、维护世界和平。1961年,南斯拉夫、印度、印度尼西亚、阿拉伯共和国和加纳等国共同发起了"不结盟运动"。"不结盟运动"以奉行独立自主和非集团化为宗旨,支持各国人民维护民族独立,捍卫国家主权,发展民族经济与民主文化,坚决反对帝国主义、新老殖民主义、霸权主义,主张以发展中国家集体的力量、推进国际关系的民主化。中国虽然不是"不结盟运动"的成员,但是一贯支持不结盟运动的事业。同年8月,周恩来总理为"不结盟运动"首脑会议发去贺电,并愿"会议对亚洲、非洲、拉丁美洲各国人民争取和维护民族独立、反对帝国主义的侵略和干涉,反对新老殖民主义、保卫世界和平的事业做出贡献"。[①]中国政府还旗帜鲜明地支持"非洲统一组织"(成立于1963年)、"阿拉伯国家联盟"(成立于1964年)。中国与以共同维护发展中国家经济与发展利益的"77国集团"(正式成立于1964年)保持着密切的联系,多次以特别客人和观察员身份出席77国集团的部长会议,并在道义上、联合国相关事务中提供相互支持。[②]

四、 恢复合法地位

1971年10月25日,在大部分联合国成员国的大力支持下,联合国第26届

---

① 　1961年9月1日《人民日报》。

② 　77国集团(Group of 77)是一个组织松散但具有巨大影响力的政府间国际经济组织。在1963年联合国18届大会讨论召开贸易和发展会议时,由73个亚非拉发展中国家和南斯拉夫、新西兰等国共同提出,形成"75国集团";1964年6月,在第一届联合国贸易和发展大会上,77国发表《77国联合宣言》,要求建立新的、公正的国际经济秩序,并组成一个集团参与联合国贸易与发展会议以及相关问题的谈判,77国集团也由此正式成立。发展中国家力图以集团之名发出"一个声音",在不平等的国际经济关系中共同维护自身的经济与发展利益。中国虽然不是其成员,但是一贯支持77国集团的正义主张与行动。

大会终于通过具有历史意义的"2758 号决议",即"恢复了中华人民共和国的一切权利,承认她的政府的代表为中国在联合国组织的唯一合法代表,并立即把蒋介石的代表从他在联合国组织及所属一切机构中非法占据的席位上驱逐出去"。①随后,中国政府就"275 号决议"发表声明,并派遣乔冠华为团长、黄华为副团长的代表团参加第 26 届联合国大会。当年底,中国政府就照会联合国秘书长,要求向联合国秘书处及一些重要部门派遣中国籍国际官员。

恢复联合国合法地位后,中国政府推荐到联合国及秘书处任职的第一批高级国际公务员仅为三人。他们是:唐明照先生、章曙先生②以及唐明照副秘书长的特别助理赵明德先生。按照联合国的惯例,中国与五大常任理事国成员一样,可以推荐一位高级官员进入国际公务员系统,担任联合国副秘书长。1972 年,经我国政府推荐,唐明照先生出任负责政治事务、非殖民化事务和托管地事务的联合国副秘书长,直接管辖联合国政治事务、托管和非殖民化部。唐明照先生坚信,人民有获得自由和独立的权利,帮助推动殖民地人民为获得民族自决和民族独立进行斗争。在其任职期间,14 个殖民地和一个托管地(巴布亚新几内亚)获得独立,成为联合国成员国。唐明照先生性情温和、思想开明、决策民主,赢得了所有中国籍雇员和秘书处各国同事们的爱戴。③1979 年唐明照先生任期届满后回国。

章曙先生于 1973 年 4 月从中国驻联合国代表团参赞转任联合国秘书处政治与安全事务部安理会司副司长。20 世纪 70 年代正是美苏"两超争霸,相互拆台"的时代,安理会工作"步履维艰,鲜有成效"。但在这样的表象下,"各方角逐激烈,矛盾错综复杂",因此安理会就成了各方关注和施加影响的"重地",工作

---

① 转引自张贵洪.中国与联合国[M].南京:江苏人民出版社,2019.24.

② 唐明照(1910—1998),广东恩平人,著名外交家。唐明照先生幼年曾随父母赴旧金山侨居,1931年加入中国共产党,曾任中共北平市委组织部长。1933 年转入美国加州大学伯克利分校历史系学习,同年转入美国共产党,任美国共产党中国局书记。1950 年秘密回国,任外交部专员、中联部副局长、副秘书长,《中国建设》(英文杂志)副总编。1971 年参加 26 届联合国大会,乔冠华任团长,唐明照任中国副代表。1972年出任联合国副秘书长,至 1979 年。全国人大第一、二、三届代表,全国政协六、七届委员。章曙(1925—1988)山东聊城人,生于北京。早年求学于武汉大学外语系,1949 年调任中共中央外事组工作,任外交部首任青年团第一书记,1972年人任中国常驻联合国代表团政务参赞,后转入联合国任职。回国后多次出任驻外大使,1988 年—1992 年任外交学院党委书记、院长。

③ 顾菊珍.记唐明照先生二三事,李铁成主编.联合国里的中国人 1945—2003.上册[M].北京:人民出版社,2004:168—169.

极为"敏感"。①章曙先生是共和国自己培养的第一代外交官。面对联合国安理会的全新挑战,他勤奋好学、"以勇为本"、坚决维护国家尊严和利益,又善于团结周围中国籍雇员和来自各国的公务员。在任期间,章曙先生处理了大量与中东战争有关的事务,还积极培养和招聘中国翻译人员,参与了联合国中文译员考试委员会。章曙先生在任 4 年,受到了联合国政治事务与安理会事务部同事的尊敬与爱戴。

此过程中,中国代表团乔冠华团长、首任驻联合国大使黄华先生和唐明照副秘书长,还在周总理的直接领导下,妥善处理了从 1945 年联合国创立初期到 1971 年中华人民共和国恢复合法地位这 26 年间在联合国工作的中国籍公务员。这批联合国秘书处的国际公务员共有 51 人,分为三种情况。第一种是联合国创建之初就入职的中国籍雇员,第二种是国民党政府占据我联合国席位期间由台湾方面推荐进入联合国系统的中国籍雇员,第三种是联合国通过公开招聘,从港澳地区和欧美各国招来的中国籍雇员。

据曾任联合国副秘书长办公室司长的陈鲁直先生报道,在联合国 2758 号决议公布前后,当时在联合国任职的中国籍国际公务员都人心惶惶、惴惴不安,生怕被迫离职。但中国的做法出人意料。黄华大使在拜会联合国秘书长吴丹时,传达了周恩来总理的话,说联合国秘书处的中国职员不必担心我合法席位的恢复,他们应该继续好好的工作。中国代表团乔冠华团长更直截了当地说:"一个不换,大家都有饭吃"。②于是,联合国秘书长和原有的中国籍工作人员皆大欢喜,除了原副秘书长胡世泽及个别人员,绝大多数都继续留任。顾维钧先生之女、曾任联合国政治事务与托管非殖民化部非洲司司长的顾菊珍女士也回忆说:"在中华人民共和国恢复联合国合法权利前夕,他们经常听到这样的警告:等中华人民共和国恢复在联合国的席位后,你们将会被全部解雇,正如那些在苏联成立后离开俄国的俄罗斯老打字员一样。所以,当我们接到正式通知,说周恩来总理已致函秘书长吴丹,请所有中国公务员留任原职时,我们确实非常惊喜。"③她还曾说起,作为

① 李铁成.联合国里的中国人 1945—2003.上册[M].北京:人民出版社,2004. 316—323.

② 同上.321.

③ 同上,168.

中华人民共和国政府推荐的第一任联合国副秘书长,唐明照先生以他特有的真诚、友善和从容的态度,帮助中国代表团与联合国秘书处建立起良好的关系,妥善处理了中国代表团以及新中国推荐的联合国工作人员与联合国机构中原先来自台湾、香港、澳门和欧美各国的中国籍雇员的关系。唐明照先生到任后,非但没有将她调离,而且还经常向她咨询问题。在一起会见宾客时,唐明照先生经常向客人介绍说,这是顾维钧大使的女儿。

另外,中国代表团还表示,中国是一个发展中国家,专门人才短缺,不会立即要求增设中国籍国际雇员岗位。陈鲁直先生说:"作为常任理事国的中国采取这样的温和和务实的态度,在当时所产生的良好影响是巨大的"。[①]从现有的数据看,20世纪70年代在联合国秘书处工作的中国籍国际公务员虽然有所增加,但主要增加的是中文翻译人员。1971年到1976年中文翻译人员从57人增加到97人,招聘的人员仍然主要来自台、港、澳和世界各国的华人华侨。这是因为,1973年联合国3189号决议和3190号决议确定,中文不仅是联合国五大正式语言之一(中、英、法、俄、西),而且成为联合国六种工作语言之一(原先的工作语言仅为英语和法语)。在此之前,台湾方面派出的代表在联合国会议上基本使用英语,联合国大量的文献也一直未翻译为中文文本。

1977年,中国常驻联合国代表团大使、副代表赖亚力先生首先提出建议,应举办中文译员培训班,并从中国大陆招聘中文口译、笔译人员。1979年,联合国秘书处首次到中国大陆招聘中文翻译人员,并与中国政府联合举办联合国译员培训班,培训班设在北京外国语学院(现北京外国语大学)。第一批招聘的十几位中文译员和打字员于1980年到纽约上任。1980年又从第一批培训班结业学员中招聘一批中文译员,其中包括了崔天凯、何亚非、刘结一等青年才俊。他们任职届满后回到外交部工作,成为我国新时期外交界的高级干部。

至此,中国政府顺利平稳地完成了恢复合法地位后的联合国中国籍国际公务员的人员更替过程。从此,联合国秘书处以及其他相关机构的中国籍国际公务

---

① 陈鲁直.联合国中国公务员的历史回顾.李铁成主编.联合国里的中国人1945—2003,上卷[M].北京:人民出版社,2004.45—46.

员,主要由中国政府推荐的中国籍官员、通过联合国考试招聘选拔的中国籍人士以及来自海外的中国籍留学生竞聘担任。

当然,那时中国正处在"文革动乱"之中,闭关锁国自顾不暇。由于极"左"思潮的影响,加上对联合国等国际组织了解甚少、对其运作不熟悉也不擅长,中国很少主动参与联合国及其他国际组织的活动,对国际事务防范自卫为先,旁观怀疑为多,有限参与经济、社会事务,拒绝参与人权、军控和维和活动。从 1971 年到 1976 年的五年中,我国在安理会的 158 次表决中,46 次"未投票",占 29%,居五大常任理事国之首。我们还经常使用"弃权票",中国籍联合国官员和中国驻联合国使团官员都平等待人、但不轻易表态承诺。在这样的状态下,能够进入联合国以及国际组织任职的中国籍官员人数、以及中国籍官员的主动作为也就十分有限了。

第三节　改革开放:有所作为

1978 年底,党的十一届三中全会开启了中国拨乱反正、改革开放的新时代。改革开放的总设计师邓小平在当年夏天就提出,中国必须对外开放、学习世界各国先进经验,促进我国的改革发展,明确指示必须派遣大批留学生到美国和欧洲其他发达国家学习,拉开了改革开放的序幕。

一、 广泛参与国际组织

改革开放的总方针为我国积极主动和广泛地参与联合国及其他国际组织的活动开辟了道路。随着中国的改革开放,对外部世界的了解、对联合国事务的熟悉以及对国际组织认识的加深,中国参与国际组织以及多边协议与条约不断增加。1980 年,中国政府签署《禁止及惩治种族隔离罪行国际公约》,1981 年当选联合国人权委员会委员,1982 年中国开始参加联合国维和行动的费用摊款,1983 年加入各国议会联盟。到 1986 年,中国参加的国际政府间组织和国际非政府组织从寥寥无几增加到 32 个和 403 个。[1]同年,全国人大在《关于国民经济和社会发展

---

① [美]伊丽莎白·埃克诺米,米歇尔·奥克森伯格.中国参与世界[M].北京:新华出版社,2001,49.

第七个五年计划的报告》中明确提出："中国支持联合国宪章的宗旨和原则,支持联合国组织根据宪章精神进行的各项工作,联合国及其专门机构开展的有利于世界和平发展的活动。中国政府广泛支持开展积极的多边外交活动,努力增进各国在各个领域的合作"。①这是中国政府首次在政府工作报告和五年计划中明确提出,广泛支持和积极参与联合国等多边组织的外交活动。中国由此加快了与国际组织合作交流的步伐,从海底资源开发到外层空间利用,从世界文化遗产申报到儿童传染病防疫,从贫困地区帮扶到经济金融合作,从环境保护到人权事业,中国参与了世界上几乎所有的重要国际组织,中国籍国际公务员也随着国际组织走向世界。连美国学者都惊奇地发现:中国从 1977 年参加 21 个政府间国际组织,发展到 1996 年参加 51 个;从 1977 年参加 71 个非政府国际组织,猛增到 1996 年的参加 1 079 个非政府组织。②

　　20 世纪 90 年代,以 1995 年的"第四届世界妇女大会"在北京召开为标志,中国政府、专业团体和民间组织日益深刻地意识到,国际组织,包括国际非政府组织,是我们认识世界、世界了解中国、学习人类先进科学技术的重要平台,国际组织也是各国在国际事务中形成话语权、扩大影响力,发挥中国影响力的重要的国际舞台。中国政府和民间专业团体比以往更为积极主动地请进来、走出去,参与到国际政府间组织和国际非政府组织的各项活动和国际事务中去。

　　除了按惯例任命的中国籍联合国副秘书长,在国际组织中任职的中国籍高级官员也从无到有、逐渐增加。1984 年,中国获得了联合国国际法院的合法席位,中国籍法学家倪征燠③当选为国际法院法官,随后史久镛当选国际法院法官,并先后担任副院长和院长(1993, 2002, 2004)。20 世纪 90 年代,还有赵厚麟先后担任国际电信联盟局长、副秘书长、秘书长(1998, 2014, 2014);王彬颖女士先后

　　①　全国人民代表大会.关于国民经济和社会发展第七个五年计划的报告,1986.3.15.[EB/OL]. http://www.doc88.com/p-6931897900625. html.2018-10-30.
　　②　[美]伊丽莎白·埃克诺米　米歇尔·奥克森伯格.中国参与世界[M].北京:新华出版社 2001:50。
　　③　倪征燠(1906—2003),江苏苏州吴江人,早年毕业于东吴大学法学院,后赴美国斯坦福大学留学,获法学博士学位。回国后,长期在大学任教,1946—1948 年参加东京审判,对日本战犯土肥原贤二、板垣征四郎、松井石根等甲级战犯提出控诉。新中国成立后,倪征燠调任外交部条约法律司任法律顾问。多次代表中国出席国际海洋法大会。1984 年当选国际法院法官,1991 年当选国际法研究院院士,2003 年逝世。

担任世界知识产权组织局长、助理总干事和副总干事(1999, 2006, 2009)。进入21世纪以后,国际组织中的中国籍高级官员更多了,如华敬东先后担任亚洲开发银行副司库、世界银行集团国金融公司副总裁兼司库(2003, 2011),陈冯富珍担任世界卫生组织总干事(2006),柳芳先后担任国际民航组织局长和两届秘书长(2007, 2015, 2018),张月姣担任世界贸易组织上诉机构大法官(2007),林毅夫担任世界银行高级副行长兼首席经济师(2008),何昌垂担任联合国粮农组织副总干事(2009),朱民先后担任国际货币基金组织总裁特别顾问和副总裁(2010, 2017),徐浩良先后担任联合国开发计划署助理署长兼亚太局局长和联合国助理秘书长(2013, 2019),易小准担任世界贸易组织副总干事(2013),李勇担任联合国工业发展组织总干事(2013),祝善忠担任世界旅游组织执行主任(2013),屈冬玉担任联合国粮农组织总干事(2019)等。

改革开放之前与以后,我国在参与联合国教科文组织活动方面发生了明显的转变,这是我国广泛参与国际组织活动、实现重要变革的缩影。在恢复了联合国合法地位后,我国在联合国教科文组织的合法地位当年即随之恢复。然而,当时正值"文革动乱"期间,我国在联合国教科文组织中主动参与的活动十分有限。直到1978年,时任教科文组织总干事的马赫塔尔•姆博(Mahtar M'Bow)访华并与中国领导人会晤,并与中国主要教育部门的领导人签署了备忘录,我国才进入了与联合国教科文组织合作的新时期。

1979年,经中共中央批准,我国组建了由近30个政府部委、公共机构和人民团体参与的"中国联合国教科文组织全国委员会"(简称教科文组织全委会)。教科文组织全委会主任由教育部分管国际合作交流的副部长担任,教科文组织全委会秘书处以司局级建制设在教育部。全委会秘书处设一位秘书长和若干名副秘书长,下设综合处、教育处和科技文化处。另外,在巴黎的联合国教科文组织总部设中国常驻教科文组织代表团,常驻代表为正司级大使衔代表,由教育部推荐并会商外交部后派出。

作为积极的学习者和受益者,中国在联合国教科文组织的帮助下,在20世纪80年代就有1 000多名中国专家和学者通过教科文组织120多个项目的资助,走出国门参加国际专业会议、考察调查各国教育、科技和文化发展和学习进修先进理论方法与技术。与联合国教科文组织的交流合作,促进了"全民教育""终身学习""女童教育""全纳教育"等先进教育理念在我国的普及,极大地推动了我国教育、文化和科技事业发展。

1993 年 10 月,经中国联合国教科文组织全委会的申请,联合国教科文组织在其第 27 届大会上批准在中国设立"联合国教科文组织国际农村教育研究与培训中心"的提议。该中心是教科文组织当时唯一在发展中国家运行的研究机构以及在中国设立的第一个二类机构,它的成立为中国在全球教育领域从单向"输入"向"输入""输出"并举的转型奠定了基础①。其间,我国专家也在联合国教科文组织的重大项目和议程中展现出中国的经验与智慧,如周南召博士参与了联合国教科文组织面向 21 世纪教育议程的研究,并参与了其报告《学习:财富蕴涵其中》的撰写。报告提出了"学会学习、学会做事、学会生存、学会共同生活"的重要理念。

21 世纪以来,我国在教育、科学、社会科学、文化和信息技术等方面与联合国教科文组织开展了全面合作,积极申报世界自然遗产、历史文化和非物质文化遗产,并为联合国教科文组织的全民教育议程、千年教育发展议程、可持续教育发展议程、人与生物圈项目、人类文化遗产保护、非洲和妇女优先发展事务提供了力所能及的经费和人力支持。教科文组织全委会和常驻代表团积极彰显中国的贡献和影响,协调国内外各方,为我国成功竞选联合国教科文组织执行局主席(2005,章新胜)、大会主席(2013,郝平)、助理总干事(2010,唐虔)作出了贡献。

2014 年 3 月,国家主席习近平对联合国教科文组织总部进行了历史性的访问,并发表重要演讲。同年,教科文组织全委会又与常驻代表团合作,促使联合国教科文组织同意每年接受我国实习生、培训生和青年专业人员到总部和各地区办公室实习见习。2015—2018 年,我国又有三个机构申请被批准为联合国教科文组织的二类中心,即"高等教育创新中心"(设在深圳)、"教师教育中心"(设在上海)和"联合国联系学校联络中心"(设在海南)。2018 年,曲星大使当选联合国教科文组织副总干事,杜越博士被任命为联合国教科文组织非洲事务局局长。可以说,我国已经进入了主动培养联合国教科文组织和其他国际组织人才、努力推荐

---

① Lu Rucai. China and UNESCO: Advance Hand in Hand[J]. China Today, 2015(10):26—28.

输送联合国教科文组织和其他国际组织高级官员和设立联合国及下属机构的新时期。

二、 接受国际组织援助

提供和接受作为国际公共产品的国际组织援助是国际和平发展的基本内涵与功能,也是国际惯例。在中国改革开放的过程中,我们需要自力更生、艰苦奋斗,我们必须坚持穷国办教育、办医疗、办一切事业的方针,但是,我们也用不着闭关锁国、拒国际援助于千里之外。正如邓小平在北京接待世界银行代表团、会见世界银行总裁麦克纳马拉(Robert S. McNamara, 1916—2009)时所说:"我们很穷。我们也曾与世界隔绝。我们需要世界银行的帮助。没有你们,我们也能做好,但是有了你们的帮助,我们可以做得更快更好"。于是,我们才有了世界银行连续三十年的对华公共事业发展的赠款贷款支持,贷款总量为 437 亿美元,总金额超过了 577 亿美元。[①]其中教育项目超过 20 个,资金近 20 亿美元。世界银行的贷款和赠款,为我国 20 世纪 80 年代到 2010 年前后的教育发展,特别是为我国高等院校高层次人才培养与重点学科建设、高校科研教学设备的现代化与信息化、师范院校骨干教师培养和地方院校教育改革、以及为贫困地区和少数民族地区的教育发展,提供了难能可贵的经费支持、外汇支持和国际合作交流机会。1999 年,我国从国际开发协会"毕业"(不再是最不发达国家),不再享有世界银行对最贫困国家提供的无息贷款,而仅能获得世界银行的长期贷款。

联合国开发计划署与中国保持着良好的合作联系。1979 年,中国政府与开发计划署签署了第一个"关于开发计划署向中国政府的发展项目提供援助的协定"。1980 年,计划署首次提供 1 500 万美元,在 80 年代分两个五年计划总共提供近 2 亿美元,大量用于基础建设、人才培养、人力培训、能力建设和信息技术的发展。90 年代以后,计划署帮助中国建立农村基层发展协会、提供贷款为农民和小微企业提供"小额贷款",促进农村地区的可持续发展。联合国开发计划署还支持我国少数民族地区的发展,为少数民族地区的改革发展提供专项资金。

---

① World Bank. World Bank Annual Report 2007[M].Washington DC, 2008. p.25—30.

联合国粮农组织、联合国粮食计划署、联合国儿童基金会、联合国人口基金会等联合国下属机构也为中国的改革发展提供了大量资金和技术支持。例如,联合国粮农组织从 1979 年到 2000 年提供了总额为 5 000 多万美元的无偿援助,在 1980—2005 年间,联合国粮食计划署为中国提供的各种援助约 10 亿美元。联合国儿童基金会基金会在 80 年代就曾向中国提供了 7 756 万美元。国际红十字会也在中国遭受各种自然灾害时为中国提供各种经济与医疗援助。此外,一些我国并不是成员国的国际组织,如欧盟及其成员国也在 90 年代为中国引进 455 亿美元的经济建设、人员培训、技术改造、农村发展等方面的近 9 000 个项目。

这些外援为我国人力资源的发展,教育、卫生、农业、扶贫等公共事业的发展,提供了及时、难能可贵的外汇、资金和技术支援。我国大批专业人员和政府公务员也通过这些外汇和国际交流的机会,留学国外,获得专业成长。可以说,国际组织援助在我国最需要的时候,为我国的现代化发展,为我国的改革开放,为我国各类人才(包括国际组织人才)的成长提供了难能可贵的资金与条件。

在接受国际组织援助、加速我国经济社会事业发展的过程中,中国政府也逐渐地担负起作为一个发展中大国、一个负责任大国的国际义务,开始从纯粹的"受惠国"逐渐向"受惠国"与"贡献国"双重角色转变。1990 年代,中国总共向联合国及下属机构提供了 1.29 亿捐款。[①]

三、 创建国际组织

20 世纪 90 年代末,我国开始尝试创建国际组织,目前已经有四个具有国际法地位的国际政府间组织落户中国。从未来发展看,这些组织将会为中国加深对国际组织的认识、学习国际组织运行、积累举办国际组织经验,提供不可或缺和难以替代的历史作用。

(一)国际竹藤组织

国际竹藤组织(INBAR)是第一个总部落户中国的国际政府间组织。1997年,中国、加拿大、孟加拉、印度尼西亚、缅甸、尼泊尔、菲律宾、秘鲁和坦桑尼亚等

---

① 王逸舟.磨合中的建构:中国与国际组织关系的多角透视[M].北京:中国发展出版社,2003:108.

9 国共同发起并签署了《国际竹藤组织成立协定》，由此共同创建了世界唯一的以促进竹藤这两种林产品可持续发展利用为宗旨的非营利性国际政府间组织，《协定》决定将其总部设在北京。这个组织的前身是 1984 年由加拿大国际发展中心赞助、国际农业发展基金支持的非正式"竹藤网络"。

国际竹藤组织创建后，中国政府作为东道国政府予以了慷慨支持，为其建立了国际竹藤大厦，提供了大量的经费、人员和技术支持。为了履行《国际竹藤组织东道国协定》，支持和配合国际竹藤组织的可持续发展事业，中国政府还于 2000 年专门设立了国际竹藤中心（隶属于国家林业与草原局的科研事业单位），该中心立足国内、面向世界，建立了实验室和国际合作机制，主动开展竹藤科研、培训和国际合作交流，为各国培训大批专业技术人员、培养了博士生和博士后研究人员30 多人，从而促进了亚洲、非洲和拉美的竹藤产业可持续发展，为发展中国家的经济社会发展和减贫事业作出了贡献。目前国际竹藤组织成员国已经发展到 45个，已成为联合国大会的观察员、南南合作的重要平台。

国际竹藤组织虽然是专注于一个狭小产业的国际发展机构，但却为中国在原有基础上组建国际组织、建立国际组织规制，保障国际组织的正常运行、功能发挥、扩大影响、服务人类等许多方面，竖起了旗帜、进行了探索、作出了示范。

（二）上海合作组织

2001 年 6 月 15 日，中国、俄罗斯、哈萨克斯坦、吉尔吉斯斯坦、塔吉克斯坦和乌兹别克斯坦的六国元首在中国上海共同宣布，成立永久性政府间国际组织——上海合作组织（Shanghai Cooperation Organization，简称 SCO）。这是由中国作为牵头国家之一，发起组建的政府间国际组织。上海合作组织源于 1996 年中国、俄罗斯、哈萨克斯坦、吉尔吉斯斯坦和塔吉克斯坦组成的"上海五国会晤机制"。"上海五国会晤机制"的组建初衷是"加强边境地区信任和裁军谈判进程"，2001 年上海合作组织成员国在共同发布《上海合作组织成立宣言》的同时，共同签署了《关于打击恐怖主义、分裂主义和极端主义的上海公约》。显然，通过相互合作与相互支持，共同打击"三股势力"，保障本地区的安全、稳定与和平是上海合作组织成员国共同关注的首要目标。

以后,上海合作组织不仅逐渐增加了成员国、观察员国和对话伙伴国,扩大了组织的规模(现有8个成员国、4个观察员国和6个对话伙伴国),而且把关注领域从"打击三股势力、保障安全稳定"逐渐扩展到经贸、环保、文化、科技、教育、能源、交通、电信、金融等众多领域的合作交流,以促进本地区和成员国经济、社会、文化的全面均衡发展,提高成员国人民的生活水平。上海合作组织还提出了自己的"上海精神",即"互信、互利、平等、协商、尊重多样文明和谋求共同发展"。

上海合作组织设立两大常设机构,即上海合作组织秘书处与上海合作组织地区反恐机构。上海合作组织秘书处设在北京,上海秘书长由上海合作组织元首理事会任命,首任秘书长为中国外交部原副部长、中国驻俄罗斯大使和驻哈萨克斯坦大使张德广先生(2003—2006),秘书处有36位来自各国的国际工作人员。上海合作组织地区反恐机构设在乌兹别克斯坦首都塔什干,上海合作组织地区反恐机构执委会主任也由上海合作组织元首理事会任命,首任执委会主任为原中国公安部副部长张新枫先生(2003—2015)。另外,近年来上海合作组织组建了"上合组织大学项目院校"机制,近百所成员国大学在区域学(area studies)、生态学、能源学、信息技术学、纳米技术、经济学和教育学等学科领域开展合作交流;在上海政法学院设立了"上海合作组织国际司法交流合作培训基地"(2014),到2019年该培训基地已经为成员国培训了2 000多名成员国公安、司法、缉毒、检察和国际经贸方面的各级官员。

上海合作组织正朝着不同政治制度、不同文化国家合作交流、和睦相处、维护和平、共谋发展的重要的区域性国际组织的方向发展,也日益增强着其本身的国际影响力。

(三)金砖银行与亚投行

除了上海合作组织,中国政府还积极参与和发起创建了"BRICS"机制(金砖五国机制,2009年金砖四国元首首次会晤)和国际金融性开发机构金砖银行和亚投行。金砖银行的全称为金砖国家新开发银行(New Development Bank,简称金砖银行),于2014年成立。经五国同意,金砖银行的总部设在上海。金砖银行的首任行长为印度银行家瓦曼·卡马特。

更值得关注的是亚洲基础设施投资银行(Asian Infrastructure Investment Bank,简称"亚投行"或者 AIIB)。这是首个由中国倡议、设计和创建的多边国际金融性开发机构,总部设在北京。2015 年 6 月,57 个意向创始成员国财长或代表出席仪式,正式签订《亚洲投资基础建设银行协定》,亚投行正式成立。亚投行是与世界银行等国际组织功能相似的政府间多边"国际开发机构",其金融支持重点是"亚洲地区的基础设施建设",其成立宗旨是"促进亚洲区域的建设互联互通化和经济一体化进程,加强中国及其他亚洲国家和地区合作"。但同时,其成员国和资金来源又遍及全球,欧洲许多发达国家,如英国、德国、法国、意大利和瑞士等都是亚投行的创始成员,俄罗斯、加拿大和澳大利亚也是亚投行成员国,到 2019 年 7 月亚投行已经有 100 个成员国。

亚投行的最高权力机构是亚投行理事会,每个成员国都有一名理事和副理事。亚投行的首任理事长是时任中国财政部长的楼继伟先生。亚投行的投票权则由基本投票权、股份投票权和创始成员投票权组成。基本投票权占总投票权的 12%,由所有成员国平均分配;股份投票权与成员国所持亚投行股份相当。另外,每个创始成员国(57 国)分享 600 票创始成员投票权。

亚投行董事会负责指导银行总体业务,行使银行理事会授予的一切权力。董事会成员共 12 名,其中 9 名董事由来自亚洲区域内成员国(37 国)的理事选出,另 3 名由域外成员国(20 国)的理事选出。任何理事都不得兼任董事会董事。

亚投行的行长由亚投行的理事会按照公开透明和择优的原则选举产生,行长的任期与职责也由理事会决定。亚投行的首任行长为中国财政部原副部长、亚洲开发银行副行长金立群先生。董事会根据行长推荐任命若干名副行长,副行长的任期、权力与职责可以由董事会确定,首批任命的五位副行长分别来自英国、德国、印度、韩国和印度尼西亚。

第四节　发展现状:夯实基础

经过四十多年的改革开放,特别是党的十八大、十九大以来的创新发展,我们已经深刻地意识到我们所处"百年未有之大变局"的时代和"中华民族伟大复兴""人类命运共同体建设"的历史使命。为了应对时代巨变、迎接全球挑战、承担时代使命，全国外交、人事、财政、教育等部门和高等院校、科研机构、相关行业、企事业单位已经开始协作，投身于国际组织人才培养的伟大事业，一个举全国之力、各方参与的国际组织人才培养与输送体系正在形成，一个积极为参与全球治理、为建构人类命运共同体服务的国际组织人才培养与输送的基础正在夯实。

一、 学术研究兴盛

改革开放以来，我国对国际组织和国际组织人才培养的学术与对策研究，从无到有，逐渐兴盛。从国内学术与专业文献看，改革开放后我国最早系统研究国际组织并出版专著的专家是武汉大学的梁西教授，他于 1984 年就出版了著作《现代国际组织》。随后，渠梁与韩德又主编了《国际组织与集团研究》(1989)。他们的著作为有志于学习和研究国际组织的学者和青年提供了重要的学术基础。

对国际组织和国际组织人才研究的第一波高潮则出现于世纪之交。较早编译的著作有《国际公务员管理制度与职位分类标准》(吴江，1996)。一批由中国学者自己撰写主编的专著也相继问世，其中影响较大的有北京大学著名国际法学者饶戈平教授撰写的《国际组织法》(1996)、陈天祥主编的《国际组织与世界》(1996)、著名国际问题专家俞可平教授的《全球治理引论》(2002)、[①]蒲俜撰写的《当代世界中的国际组织》(2002)，王逸舟主编的《磨合中的建构：中国与国际组织关系的多角透视》(2003)、王杰等主编的《全球治理中的国际非政府组织》(2004)、仪名海撰写的《中国与国际组织》(2004)、李铁城主编的《联合国里的中国人1945—2003》(2004)、张贵洪编著的《国际组织与国际关系》(2004)和饶戈平主编的《全球化进程中的国际组织》(2005)，等等。

在此期间，中国正经历着艰苦漫长、矛盾重重的"入世"谈判过程(直到 2001年才被批准正式加入世界贸易组织)，一时间有关国际贸易组织的论著汗牛充栋。正是在探讨中国是否应该加入世贸组织和申请加入世贸组织的过程中，中国学者

---

① 俞可平.全球治理引论.原载于马克思主义与现实，2001 年 1 期；转引自杨雪冬、王浩主编.全球治理[M].北京：中央编译出版社，2015:26—52。

和政策制定者更加深入地研究了中国与国际组织的关系、更加深切地关注如何在
国际组织中维护自身利益与发展权益、以及国际组织中人才奇缺等问题。中国驻
联合国首任代表黄华先生在为《联合国里的中国人》作序时写道:"中国名下已占
有职员名额与(在联合国秘书处)应享有的幅度还差距许多"。[①]饶戈平教授则在
其著作中更加明确指出:"中国欠缺可以胜任国际公务员的高素质的专门人才,国
际组织中许多预留中国的名额或者因缺乏适当人选而暂时空缺,甚至拱手让人,
或者因代表资质欠佳而形同观察员"。[②]一些学者开始关注国际公务员制度研究,
如赵劲松较早发表了《国际公务员制度刍议——以联合国视角》(2005),[③]等等。

2010 年前后,特别是党的十八大以来,随着中国逐渐成为国际事务中的"利
益攸关方",国际组织研究成为国际法学、国际政治、国际关系、国际贸易等领域中
的显学,其他专业领域也不断有学者加入到国际组织的研究中来,研究成果也愈
加丰富、广泛和深刻。中国学者的研究拓展到国际组织的深层问题相关论著不断
涌现。如熊李力的《专业性国际组织与当代中国外交》(2010)、武心波的《大国国
际组织行为》(2010)、马有祥的《国际农业组织、国际条约与运行机制研究》
(2010)、李赞的《国际组织的司法管线豁免研究》(2013)和李华的《国际组织的公
共外交研究》。中国学者对专门领域国际组织不断增加,如陈漓到的《国际经济组
织概论》(2010)、郭秋梅的《国际移民组织与全球治理》(2013),等等。笔者也曾在
讲演稿(2007)的基础上,扩展出版了《国际组织与教育发展》(2010),编辑了"国际
组织与教育发展"丛书。中国学者关于如何到国际组织任职的著作也开始问世。
2010 年,翟华编写出版了冠以《国际公务员奇遇记》之名的休闲读物,让国际公务
员这一"神秘职业"走进普通人的视野。前世界卫生组织中国籍国际公务员宋允
孚先生,以其一生服务世界卫生组织的亲身经历,撰写了《做国际公务员:求职、任
职、升职的经验分享》(2011),为有志于服务国际组织、进国际组织求职工作的青
年撩起了国际公务员的神秘面纱。

2012 年 12 月,党的十八大成功召开,十八大一中全会选举了习近平同志为

---

① 黄华.序一,李铁城主编:联合国中的中国人:1945—2003[M].北京:人民出版社,2004:2.
② 饶戈平.全球化进程中的国际组织[M].北京:北京大学出版社.2005:2,19.
③ 赵劲松.国际公务员制度刍议——以联合国为视角[J].甘肃社会科学,2005(6):141.

总书记的党中央,从此开启了"中华民族伟大复兴"、积极参与"全球治理"、共商共建"人类命运共同体"的新时代。我国的国际组织研究、特别是对国际公务员和国际组织人才的研究掀起了新高潮。2015 年,外交学院的牛仲君博士出版了《国际公务员制度》(2015),宋允孚在其专著的基础上应邀编写了《国际公务员与国际组织任职》(2016),藤珺编著了《国际组织需要什么样的人》(2018),北京大学就业指导中心编写了《高校毕业生到国际组织实习任职入门》(2019)。关于赴国际组织任职的实务性教材进入了高等院校,成为有志青年和大学毕业生的探路之宝。这些学术著作、研究成果和教材手册大大提高了我们对国际组织价值意义的认识,推动了我国国际组织人才的培养与输送政策的形成,也为我国国际组织人才培养工作与实践提供了不可或缺的学术支撑与专业资源。

二、 制定政策规划

我国较早涉及国际组织及国际组织人才培养的政策文件是 2010 年颁发的《国家中长期教育改革和发展规划纲要 2010—2020》。该文件明确提出,要"培养大批具有国际视野、通晓国际规则、能够参与国际事务与国际竞争的国际化人才",要"支持(高等院校)参与和设立国际学术合作组织",要"加强与联合国教科文组织等国际组织的合作,积极参与双边、多边和全球性、区域性教育合作,积极参与和推动国际组织教育政策、规划、标准的研究和制定。搭建高层次国际教育交流合作与政策对话平台"。[①]

2012 年 12 月,党的十八大报告明确提出:我们要"倡导人类命运共同体意识""同舟共济,权责共担,增进人类共同利益","我们将积极参与多边事务,支持联合国、二十国集团、上海合作组织、金砖国家等发挥积极作用,推动国际秩序和国际体系朝着公正合理的方向发展。"党和政府对国际组织人才的重视也进入了一个崭新时代。

2013 年,中央组织人事部门领导提出,要像重视培养科技人才那样重视培养

---

① 中华人民共和国政府中央人民政府.国家中长期教育改革和发展规划纲要(2010—2020 年)[EB/OL].[2018-5-16]. http://www.gov.cn/2010-7/29/content_1667143. htm.[2018-07-08]

国际组织人才,责成中共中央组织部、外交部、国家发展改革委员会、人事部、教育部、科技部等政府部门研究制订我国的国际组织人才培养和选送政策。2015 年,国家人事、计划、教育等相关部门联合颁发了《关于进一步加强国际组织人才培养推送工作的意见》(简称《培养推送意见》),正式在全国范围内开启了国际组织人才的培养和输送工作。

此后,各政府部门和一些省市专门发布了贯彻落实中央《意见》精神的部门和地方文件,提出了相应的政策举措。如中共中央办公厅和国务院办公厅印发的、由教育部制订的《关于做好新时期教育对外开放的若干意见》(2016)提出了"加快培养五类人才",其中明确提出,要培养国际组织人才、国别与区域研究人才和非通用语种人才。该文件还指出:要"选拔推荐优秀人才到国际组织任职,完善金砖国家教育合作机制,拓宽有关国际组织的教育合作空间,积极参与全球教育治理"。[1]科技部、农业部、卫计委等也相继出台了各种的文件,或者在其"十三五"国际合作交流和对外开放的规划中,规定了本部门培养和推送国际组织人才的具体政策。

在地方政府层面上,北京、上海、浙江、江苏等省市相继出台了国际组织人才培养的规划政策文件。上海市人民政府教育委员会出台的规划文件提出了国际组织人才培养选送的具体政策。《上海市教育对外开放"十三五"规划》首先明确提出了未来五年的发展总目标:"加强国际组织合作。培养国际组织人才,加强国际组织教育合作,吸引国际组织落户上海"。然后分节提出了六项服务国家战略、具有上海特色、具体详实可行的政策举措。一是"实行专项计划,支持高校创新教育教学模式,培养国际组织人才";二是"加快培养亚洲基础设施投资银行、金砖国家新开发银行、上海合作组织等新兴国际组织所需的复合型人才";三是"支持高校与国际组织合作,开展国际职员教育培训";四是由上海市教委出资,"选派学生赴国际组织实习";五是"加强与国际组织教育科技交流合作",包括参与经济合作组织的"国际学生评估项目"(PISA)和"教师教学国际调查"(TALIS)等大型跨国

---

① 中共中央办公厅、国务院办公厅.关于做好新时期教育对外开放的若干意见[EB/OL].[2016-04-29].中华人民共和国国务院办公厅. http://www.gov.cn/home/2016-04/29/content_5069311. htm.[2017-05-04].

国际教育测评研究,学习各国先进教育经验、彰显上海教育优势、提高上海教育的国际影响力;六是"争取设立联合国教科文组织二类机构'教师教育中心'"。①

三、 建立机制项目

在大量学术研究成果、政策规划出台的推动下,国际组织人才培养的稳定机制与项目在 2015 年左右先后建立逐渐增多,国际组织人才需求信息网络平台相继搭建,形成了国际组织人才培养的新浪潮。

(一)设立"国际组织实习项目"

国家留学基金管理委员会(以下简称"国家留基委",英文简称 CSC)率先为培养输送人才,建立稳定的"国际组织实习项目"机制。国家留基委是由教育部、人力资源与社会保障部、国家发展改革委员会、财政部等十余个部委和中央机构共同组建、下设于教育部的非营利性事业单位。国家留基委承担着中央政府资助派遣公费留学生、服务中国自费成果留学生和招收资助和管理外国来华留学生等职能。2014 年国家留基委主动承担起将中央的国际组织人才培养政策转变为稳定、具体的工作机制、推进相关项目实施、保障目标实现的政策执行和资金资助职能。2014 年,经人社部和教育部的同意,国家留学基金委就开始组织队伍、开展前期调研、落实接受中国实习人员的国际组织、设计制定国际组织人才培养方案。2014 年底,国家留基委正式文件,设立"国际组织实习项目",并向有关高校和各省教育行政部分下达通知。2015 年,国家留基委首批选拔资助了 23 位大学毕业生和青年学者到联合国教科文组织等国际组织当实习生和初级专业人员(JPO)。2016 年国家留基委资助和派出 35 人,2017 年派出 86 人,2018 年派出 226 人,2019 年 1—9 月派出 380 多人。到 2019 年 9 月,国家留学基金委共选拔、资助和派出 750 多名国际组织实习生、初级专业人员和访问专家。②

实施"国际组织实习项目"的前提条件是要有国际组织愿意接受中国政府和

① 上海市政府教育委员会.关于印发《上海市教育对外开放"十三五"发展规划》的通知(沪教外[2016] 112)[B].上海:上海市教育委员会,2016.
② 张宁.国际组织实习与国家留学基金委政策讲演.[B]中国人民大学国际组织培养人才系列讲座.[EB/OL]. [2019-12-03]http://io.career.ruc.edu.cn/index.php? s=/Index/news_cont/id/820. html

相关机构派遣和资助的青年去实习见习,并设立相应的实习岗位。国家留学基金委第一个合作的机构是联合国教科文组织。到 2019 年,国家留基委已经与联合国教科文组织、联合国粮农组织、联合国开发计划署、国际民用航空组织、联合国工业发展组织、国际气象组织、联合国难民事务高级专员办事处、联合国粮农组织和世界粮食计划署等 15 个国际组织建立合作联系,每年可派遣 500 名左右的青年和学者前去上述国际组织实习。

我国通过国家留基委去国际组织实习的在校学生和青年学者主要分为三种身份:实习生(intern)3—6 个月,初级专业人员(JPO)和访问专家。另外,去联合国教科文组织的实习生,部分被教科文组织称为"受训者"(trainee),实习工作时间可以延长到 1 年。国家为这个项目和派出的实习人员提供了相当丰厚的资助资金,资助标准已经达到了发达国家政府对国际组织实习生的资助水平。在美元区,提供每人每月生活费 2 400 美元,高过我国的公派留学资助,更远远高于国内的政府奖学金。在欧元区,每月 1 800 欧元。在瑞士,每月 2 500 瑞士法郎。①

除了以上 15 个国际组织,高等院校和申请实习人员如果已经自行联系并获得其他重要国际组织(政府间组织和非政府组织)的实习机会,相关大学和申请人员也可以向国家留基委提出申请,国家留学基金委也可经过对该国际组织的审核以及与其他申请者同样的审批程序,酌情为申请者提供经费资助、派出实习。例如,上海师范大学就通过与经济合作与发展组织在 PISA(国际学生评估项目)和TALIS(教师教学国际调查)方面的长期合作,向经合组织教育与技能总司提出派遣实习生和青年专家的请求,获得了经合组织的同意。2017 年,经合组织开始接受我国教育学博士生和青年学者到经合组织实习。上海师范大学因此已派一名教育专业博士生前去实习一年,国家留学基金委提供了该实习生的资金支持。另一名上海师大学者正作为青年专业人员进入经合组织教育与技能司工作一年,上海市教委(通过其国际组织人才培养项目)和经合组织教育与技能司共同提供资金资助。

---

① 张宁.国际组织实习与国家留学基金委政策讲演.[B]中国人民大学国际组织培养人才系列讲座.[EB/OL].[2019-12-03]http://io.career.ruc.edu.cn/index.php? s=/Index/news_cont/id/820.html

目前,国家留学基金委已经同意 108 所大学和全国各省市自治区的教育行政部门及下属机构受理全国大学生、研究生和青年学者(含中国籍海外留学生)的"国际组织实习"申请。2020 年,国家留基委的国际组织实习项目将资助 750 位青年赴国际组织实习。[①]

(二)国际组织后备人才项目

这是国家留学基金委新设立的又一个人才培养项目。最初,这个项目放置在留学基金委的"创新人才培养项目"中,作为"创新人才"来资助培养。2018 年该项目开始独立运作,留基委发布了《关于做好 2019 年国际组织后备人才项目实施工作的通知》(留基委[2018]10039 号),正式把我国高校在学本科生和研究生作为国际组织后备人才,提供出国留学培养的财政资助。该项目分为两种途径。

第一种途径是,国家留学基金委明确鼓励已经与世界著名大学合作开展国际组织人才培养的我国高校,向国家留学基金委提出国际组织后备人才培养项目申报方案。留基委会经过专家对联合培养方案的评审,向被批准高校提供"国际组织后备人才专项奖学金",以便相关高校在学习联合培养项目的学生中选拔优秀学生,资助他们出国赴著名大学学习相关专业和课程,攻读硕士博士学位。留基委要求,这些学生在国外学习期间,应该有机会去国际组织实习见习。该项目还可以为相关高校提供部分经费,为高校分担聘请外国专家来华授课和合作研究的费用。从网上搜索到的数据看,2019 年有包括北京大学、中国人民大学、北京外国语大学、复旦大学、上海财经大学、上海外国语大学、山东大学、广东外语外贸大学等近 20 所高校的 50 多个项目获得了国家留学基金委的项目资助,第一批受资助的近千名学生已经在 2019 年出国留学。

第二种途径是,国家留学基金委直接与国外高校和国际组织联系,设立国际组织后备人才培养的硕士项目,每年吸引中国本科毕业生、研究生和中国的海外留学生申请该项目。申请者经国家留基委推荐、并被国外院校和组织录取后,即由留基委资助赴这些院校攻读硕士学位。获得硕士学位后,这些留学生应直接争取去国际组织实习。目前,国家留基委已经与西班牙 IE 大学、加拿大蒙特利尔大

---

① 有关国际组织实习的信息请详见国家留学基金管理委员会的相关网站。

学、哥斯达黎加和平大学以及国际劳工组织都灵培训中心(与都灵大学等)合作的建立了相关硕士项目,每年共能招收硕士生 100 多名。

(三)其他人才培养项目

除了国家留学基金委创建的上述两个项目,一些政府部门和国家机构,如外交部、财政部、工业与信息化部、科技部、农业部和中国科学院等,也分别出台了一些国际组织人才培养推送机制和项目。

例如,中国联合国协会主办、著名大学承办的"中国国际公务员能力建设项目"培训班。该项目由外交部与人社部资助支持中国联合国协会举办。该协会每年请一所国内著名高校承办该项目培训班。北京大学承办了第一期、复旦大学承办了第二期、北京外国语大学承办了第三期,至今已经举办了九期。该项目讲演者名家荟萃、国际组织高官亲自授课、面向全国各个行业、每期 100—200 位学员,已经在国内产生一定影响。

科技部也是最早意识到国际组织人才培养事业的政府部门之一,到 2019 年科技部已经连续举办七期"国际组织及国际大科学计划人才能力建设研修班",每届 50—70 名学员。该研究班的特点是,教学研修内容除了国际组织知识、国际组织公务员知识和竞聘考试技巧以外,还特别重视国际科技组织的专业性、国际大科学项目的特性等专业知识。每年,科技部都从其中挑选若干学员推荐到国际组织任职,也要求科技部推荐去国际组织工作的人员,出发前先要参加此项目的培训,使培养与输送建立了内在联系。再如,农业农村部强烈地意识到中国是一个农业和农村人口大国,在四十年改革开放中积累了许多中国经验,应该在国际组织中发出中国的声音、传播中国的经验、扩大中国的影响力,为世界农业和农村发展作出贡献。2015 年,农业农村部就设立了"扬帆出海"工程,每年举办"国际组织后备人才培训班",现已举办 4 期。每期都聘请我国农业部、联合国粮农组织和各国际组织、驻外使团专家授课,开展模拟竞聘面试活动,努力为中国农业走进国际组织培养人才。

(四)搭建人才信息平台

近年来,我国有关部门还充分利用现代信息技术,建立国际组织人才岗位需求信息服务平台。在此方面,国家人力资源与社会保障部在 2015 年底创建的"国际组织人才信息服务平台"①显然是目前我国最为重要、信息也最为丰富的信息平台。这个平台提供的信息栏目包括"岗位空缺信息""竞聘指南""考录与培训""国际组织""在华国际组织""国际组织认识制度""国际职员风采"和"鼓励大学生赴国际组织任职"等。

另一个重要的国际组织人才信息平台是教育部下属全国高等学校学生信息咨询与就业指导中心建立的"高校毕业生到国际组织实习任职信息服务平台"这个平台分为六个板块,它们分别是国际组织岗位信息、国际组织介绍、资讯报道、高校动态、培养培训和人物故事。②该平台提供的信息与提供信息的方式比较符合大学生学习和就业心理的需要。

随着这两个国家级国际组织人才信息平台的建立,许多政府部门和高等院校也在人力资源、大学生就业、学生生涯指导等网络平台和新媒体公众号上开设了国际组织人才信息栏目,极大地丰富和方便了广大青年和学生收集信息、了解国际组织、设计生涯发展、获得必要辅导的资源与途径。

四、 高校培养实践

高等院校承担着专门人才培养的重任,高校对国际组织人才的培养也伴随着国家对国际组织和多边外交的重视而不断创新。最早有意识地培养国际组织和多边外交人才的高校首先是成立于 1955 年的外交学院。1964 年,国务院批准北大、人大和复旦设立"国际政治"专业,培养国际人才。而第一所直接承担联合国译员培养任务的高校是北京外国语学院(现北京外国语大学),1979 年北京外国语学院与联合国合作培养联合国译员,在承办"联合国译员培训班"十几年中(1993 年停止招生),培训培养了崔天凯、何亚非、刘结一等一大批杰出的联合国译员和高级外交官。21 世纪以来,特别是 2015 年中央政府提出关于做好国际组织人才培养和推送工作的若干意见以来,我国高校主要在培养国际组织人才领域

---

① 国际组织人才信息服务平台的网址是:http://www.mohrss.gov.cn/SYrlzyhshbzb/rdzt/gjzzrcfw/。
② 高校毕业生到国际组织实习任职信息服务平台的网址是:https://gj.ncss.cn/index. html。

主要开展了三个方面的积极探索与创新。

（一）学生相关社团活动

我国高校开展的第一类与国际组织相关活动是以认识国际组织、增强学生国际交往能力的大学生社团活动。此类活动在大学中开展最早,多由大学学生会和共青团等组织举办,包括"模拟联合国""模拟国际法庭"和"联合国协会"等。一些大学常常通过聘请一些资深专家和退休高级国际公务员开讲演、做指导。参与国际性辩论赛和国际组织夏令营。学生在课余的社团生活中,开阔国际视野、认识国际组织、学习国际交流,增长全球素养。一些学校如中国人民大学、浙江大学、武汉大学、北京外国语大学、中国政法大学等大学的这类社团经久不衰,每年都能够吸引众多来自各专业的学生参与,甚至为一些学生跨专业继续深造,攻读国际法、外交学、国际关系、国际组织等学科研究生学位、下决心从事国际组织活动培养了个人兴趣、奠定了人文基础。

模拟联合国活动开展较为频繁、卓有成效的大学有中国人民大学和浙江大学等。浙江大学的"模拟联合国协会"(ZJUMUN)创办于 2007 年,开始它只是浙江大学外语学院的一个学生社团。该协会旨在通过模拟联合国会议及相关活动,让学生了解联合国、了解国际组织,弘扬联合国精神。协会通过搭建参观考察、模拟大会、组织辩论等平台,为学生提供深入了解全球动态、认识多元文化、换位思考理性空间的机会,让浙大学子在青年精英间的火花碰撞中提升自我,把握未来。浙江大学模拟联合国协会的影响逐渐溢出本校,2010 年以后,几乎每年都举办"浙江大学泛长三角地区模拟联合国大会",参与高校和学生逐渐增多。目前参与这项活动的院校已经远远超出长三角地区,吸引了全国各地和港澳台地区 20 多所高校的学生,"模拟联合国大会"的举办地也已走出浙大校园,不时与其他高校联合国,在其他大学举行,成为向往国际组织事业学生的重大节日。

武汉大学特别重视通过组织模拟国际法庭活动,培养学生能力。其教育部重点学科国际法学研究所长期指导本科生研究生参与各类国际法学模拟法庭辩论赛,如 Vis Moot 国际商事模拟仲裁法庭辩论赛、国际航空法模拟法庭竞赛、Jessup 国际法模拟法庭竞赛、国际刑事法院模拟法庭竞赛、Manfred Lachs 国际空间法模拟法庭竞赛等,并连续多年获得维也纳模拟国际商事仲裁辩论赛大奖。组织学生参与模拟法庭辩论赛也加强了武汉大学及武汉大学学生与国际组织,如国际民航组织、联合国国际贸易法委员会、国际空间法学会的联系,为毕业生进入国际组织实习和任职创造了机会与条件。

(二)大学生就业指导活动

近年来,以走进国际组织、去国际组织实习任职为目标的大学生职业指导活动也在我国高校蓬勃开展、丰富多彩。与大学生社团活动不同,大学生就业指导活动多由各高校的学生就业指导中心组织举办。许多大学的就业指导中心将国际组织人才培养列为专项工作,组织老师和辅导员专人负责。他们定期或不定期地为即将毕业的大学生、研究生组织校外专家做讲座、聘请有国际组织官员作指导、请有经验的校友回校传经送宝,一些高校还积极为学生提供各种国际组织岗位信息,为有兴趣的学生答疑解惑、辅导有志学生填写各种表格、模拟相关考试面试,联系国际组织、创造实习见习和参观机会。

在此方面,中国人民大学、北京外国语大学、对外经贸大学等高校工作做得有声有色。2017 年 4 月,对外经贸大学就成立"全球治理人才培养推送工作领导小组",并制定了全球治理人才培养推送工作方案,确立了依托学科布局和专业特色制定全球治理人才培养长期目标和战略的基本思路,明确提出了"打造国际化、创新型体系,全面推进全球治理人才培养推送工作"的方针,并在该校招生就业指导处专门建立了"全球治理人才培养推送办公室",专门为全校学生组织协调与国际组织人才培养推送相关的各类活动。几年来,学校积极打造了"国际组织进惠园""国际职员之路"系列讲座、国际关系史竞赛、国际组织经验分享汇、国际组织职业规划课、"全球治理人才实训营""全球治理人才夏令营"等系列精品活动,组织起由学校领导、学院专家和校外导师参加的三结合国际组织人才培养教师队伍,努力扩大对外经贸大学与国际组织之间的合作交流联系,为学生去国际组织实习任职架起桥梁。四年来,已经有学生 8 500 多人次参与了各种国际组织人才培养与推送的课程、竞赛、和辅导活动,学校还在学生就业指导网站上专门开辟了"全球治理与国际组织"就业信息板块,让学生随时了解国际组织、实习任职岗位、国际组织求职指南等方面的信息。

2016—2019 年,对外经贸大学共推送 188 名学生到国际组织实习任职,其中 2019 年,该校就成功推送 40 名学生到联合国工业发展组织、联合国国际贸易中心、联合国开发计划署、世界知识产权组织、中国欧盟伙伴关系项目等国际组织实习实践或任职。[①]

(三)专业课程建设

课程教学是高等院校培养人才的主渠道。近年来,我国高校的国际组织人才培养的课程与专业已经从极少数大学的"国际政治""国际法""外交学"扩展到更多大学、更多专业和更多层次。

在本科教育层次,与培养国际组织人才密切相关的传统专业是"国际政治"专业。1990 年代"国际政治"专业逐渐从北京大学、复旦大学、中国人民大学等几所顶尖大学发展为众多高校的"国际关系"专业。目前,开设"国际关系"本科专业的高校已经接近 50 所,每年招收的本科学生超过 1 000 人。设置"国际关系"专业的院校大致可分为三类,第一类是我国顶尖的"双一流"综合性大学和文科见长的大学,如北京大学、复旦大学、中国人民大学、外交学院和国际关系学院等。第二类是我国一流的外国语大学,如北京外国语大学、上海外国语大学和广东外语外贸大学,它们在培养"外语+其他专业"的发展过程中增设了国际关系专业。第三类是部分一流政法院校和师范院校,如中国政法大学、华东师范大学等。

另外,一些大学,如外交学院、国际关系学院和武汉大学、中国政法大学等,充分发挥自身学科优势和人才培养定位,通过"外交学"和"国际法学"专业培养国际组织人才。值得特别注意的是,2019 年教育部正式批准外交学院和北京外国语大学试点开设"国际组织与全球治理"专业(专业代码 030206),当年各招收 20 人。它标志着我国高等教育本科专业建设中独立设置了国际组织专门人才培养的专业。

除此之外,外语类院校也开发了与国际组织人才培养相关的专业。北京外

---

① 对外经贸大学招生就业处.UIBE:积极探索全球治理人才培养推送新途径[EB/OL].[2019-12-23].http://aeo.uibe.edu.cn/front/showContent.jspa? channelId=1709&contentId=105589

国语大学和上海外国语大学在"联合国译员培训班"和"公派出国人员外语培训部"的基础上,设立了"高级翻译学院",旨在为联合国、国际组织和外交外贸领域培养中国籍的高级同声传译人员。这两所院校与联合国翻译机构、国际同声传译机构以及欧美高级翻译院校建立了牢固的专业联系。而财经院校则设立了与国际组织财经人才密切联系的专业,如对外经贸大学设立了"全球治理人才"培养基地,上海财经大学创新设立了"国际组织人才实验班"。它们都努力探索在学生入校后,或者在大学一二年级学习了基础课程后,选拔一批外语好、专业强的学生集中学习与国际组织和国际组织财经制度相关的课程,提供国际组织考察、实习的机会,促进他们在毕业后直接进入国际组织,或者继续学习与国际组织相关的硕士生课程。

在研究生层次,几乎所有在本科层次设有国际关系、国际政治、国际法学、外交学和翻译学等专业的大学,也都在硕士研究生层次招收"国际组织"方向的研究生。尽管专业名称或者研究方向不尽相同,如北京大学设立了"国际组织与国际公共政策"硕士学位课程,复旦大学在国际关系硕士点中设立了"国际组织"学程,浙江大学设立了"国际组织与国际交流"硕士学位课程,对外经贸大学设立了"全球治理"硕士学位课程。另外有北京大学、复旦大学、中国人民大学、武汉大学等还都招收博士研究生,从事对国际组织、国际组织法、多边外交和联合国事务方面的研究。

为了吸引本校优秀学生报考国际组织人才培养相关专业的研究生,同时使大学有机会在更大范围中选拔其他高校最优秀的大学生进入本校相关专业继续深造,从 2016 年起,中国人民大学、北京外国语大学、上海财经大学、广东外语外贸大学等陆续组织"国际组织人才培养夏令营"。一些大学为此投入大量人力财力,吸引本校和其他大学本科二、三年级的优秀学生到本校参加夏令营。各高校都采取各种办法,安排国际组织官员与学生见面,请著名专家学者为学生讲课,甚至组织学生到国际组织考察参观,让学生了解国际组织的职能使命、国际组织的人才素养要求、知晓本校相关专业研究生的入学条件和课程优势,从而在活动和学习中物色和锚定最优秀、最适合的研究生后备人选,为入学考试后的选拔工作提供可靠的信息。

第五节　迈向未来：积极参与全球治理

在全球化和全球治理的时代,国际组织已经成为制定国际规则、协调多边事务、分配国际资源的重要平台。在新冠病毒肺炎疫情突如其来、席卷全球,世界格局随之发生深刻变化的背景中,各国唯有坚持多边主义、求同存异、团结协作、同舟共济,加强和完善以联合国为核心的国际组织的领导和协作作用,人类才能够战胜新冠疫情、抗击经济衰退,克服世界性危机,实现安全防控、贸易金融、公共卫生、气候变化等各领域的全球治理,迈向人类命运共同体。

一、　问题与挑战

在全球治理与新冠疫情的交叠碰撞中,努力增加国际组织人才、加强我国在国际组织中的话语权和代表性比以往更显需要与紧迫。然而,我国在国际组织人才培养与推送方面还面临着国内国际的四大问题与挑战。

（一）人数少、职位低的状况尚未改变

改革开放以来,特别是党的十八大以来,通过政府部门、相关机构和高等院校的共同努力,中国的国际组织人才逐渐增多、派往国际组织的实习人员大幅增加,但中国籍国际公务员人数少、职位低的状况尚未得到根本性的转变。从联合国的统计数据看,在联合国秘书处及相关机构工作的中国籍雇员仍然人数少、比例小、职位低。而同时,我国缴纳的联合国及其他国际组织的会费和提供的捐款连年增加(2016 年中国缴纳的联合国会费已上升到占全部会费的 7.9％,2020 年继续上升到 12％),使我们提供的经费数量份额与我们所拥有的国际公务员人数之间的差距进一步扩大。下面的几张表格就显现出我国代表性不足的严重性。

联合国秘书处把各国籍在联合国秘书处及相关机构任职的人数统计分为"暂无任职人员""任职人数偏少""任职人数适当"和"任职人数偏多"四类。从联合国秘书处和秘书处统计的相关任职人数和比例看,中国籍国际公务员人数

长期、并至今仍然处于"任职人数偏少"的状态,这种状况亟需改变,如表 11-1 所示。

表 11-1　联合国秘书处及相关机构的中国籍国际公务员人数与比例

年份	雇员总数	中国籍人数	占比例	任职人数类型
2010	44 134	332	0.75%	任职人数偏少
2014	41 426	450	1.09%	任职人数偏少
2015	41 081	476	1.19%	任职人数偏少
2016	39 651	479	1.12%	任职人数偏少

资料来源：UN Secretary General. *Composition of the Secretariat：Staff Demographics.* [A/72/123][M].New York：UN Press Office, 2017. pp.99—105.

其次,中国籍国际公务员不仅人数少、比例小,而且职位低。高级官员人数(指副秘书长级到 D1 级官员)远少于安理会其他四大常任理事国的人数,也少于 G7 中的发达国家,甚至还少于一些发展中国家,如印度。例如,2010 年中国籍高级官员为 13 人,而印度籍高级官员为 14 人,美国为 49 人。[①]到 2016 年底,中国籍高级官员为 9 人,而印度籍高级官员为 10 人、俄罗斯为 10 人、法国为 14 人、英国位 24 人、美国为 45 人,如表 11-2 所示。

表 11-2　2013—2016 年联合国秘书处及相关机构各国籍高级公务员人数

国籍	USG 级	ASG 级	D2 级	D1 级	2013 年	2014 年	2015 年	2016 年
加拿大	1	—	4—6	5—8	13	14	15	16
法国	1	—	4—6	9—11	18	16	17	14
德国	1—2	1	2—4	10—11	17	18	16	13
印度	1		2—3	6—8	9	8	11	10
意大利		1	2—3	8—10	11	10	12	13
日本	1	—	1—2	8—11	14	13	11	8
俄罗斯	1	1	3—6	5—7	13	15	11	10

---

① 　藤珺、曲梅.国际公务员聘用标准及其对我国国际公务员培养的启示[J].比较教育研究.2012.9.

（续表）

国籍	USG 级	ASG 级	D2 级	D1 级	2013 年	2014 年	2015 年	2016 年
西班牙	1—2	—	1—2	1—2	4	4	5	7
英国	1	1	4—6	13—16	19	22	24	24
美国	1	4—5	7—9	33—40	48	55	50	45
中国	1	—	1—4	4—9	11	11	9	9

资料来源：UN Secretary General. *Composition of the Secretariat：Staff Demographics*. [A/72/123][M].New York：UN Press Office, 2017. pp.99—105.

如果中国籍国际公务员长期处于"任职人数偏少"、高级官员人数凤毛麟角的状态,中国如何能够维护中国话语权、维护中国在国际事务中的合法权益? 这种代表性不足的状况与我国作为一个负责任大国的地位更不相符合,也更难以承担积极参与全球治理、促进人类和平发展、共建人类命运共同体的伟大使命。为了迅速有效地改变这种状况,我们必须认真比较学习各国先进做法、承认目前弱势地位、发现我国独特经验、树立民族复兴自信、发挥我们的比较优势,坚持不懈地造就和输送大批心怀全球、公正专业、热心服务、行动高效、富有奉献精神的国际组织人才。

（二）复合型人才不足

在联合国聘用的国际公务员中,中国籍的"专业职类"雇员人数偏少、比例很低。在联合国秘书处的 12 800 多名专业职类人员中,中国籍雇员仅为 346 人,占比仅为 2.7%。而其他安理会常任理事国的专业人员在联合国秘书处专业人员的比例都远高于我国,法国为 6.4%、俄罗斯为 2.8%、英国为 5.2%、美国为 9.7%。德国、加拿大、意大利等国的专业人员比例也高于我国。①另外,我们还发现,在中国籍的专业职类雇员中,还有 1/3 强的人员是根据联合国工作语言翻译需要而配置的 132 位翻译人员。②也就是说,如果除去中国籍英-汉和法-汉翻译人员,中国

---

① UN Secretary General. *Composition of the Secretariat：Staff Demographics*.[A/72/123][M]. New York：UN Press Office, 2017. pp.95—105.

② 同上,p.109.

籍专业人员仅为 214 人。这就是说,中国籍专业职类国际公务员人数仅与非常任理事国、总人口又仅为中国 1/10 的日本(2016 年为 1.27 亿)相当。在联合国秘书处日本籍专业职类雇员为 209 人。[①]

这个问题与我国目前培养国际组织人才的专业和课程设置有一定关系。目前,我国高校的国际组织人才培养主要集中在外语、国际关系、国际政治和国际法学等领域。的确,我国在 20 世纪 70 至 80 年代,我们首先要解决高级翻译人员和职业外交官,也就是说,需要大批外语交流自如、通晓国际规则的国际组织人才。但从现在联合国、联合国下属机构及其他国际组织的实际人才招聘的需求看,除了少量从事多边外交的人才以外,国际组织更需要的人才主要集中在与各国际组织开展业务相关的专业人才。

让我们来看一看国际组织的人才分布与招聘指南。以联合国开发计划署(UNDP)的雇员结构为例,2016 年该机构共有雇员 7 403 人。其中国际专业职类人员 2 510 人,本国当地雇员 1 420 人,一般职类人员 3 473 人。[②]另有合同制人员 9 143 人,联合国志愿者 1 243 人,各种合同性咨询专家:18 482 人。开发计划署的专业职类人员的招聘又分为技术类人才和操作类人才两类。技术类申请人需要学习以下专业:法律功能与治理、气候与环境、灾害风险与救灾、减贫扶贫、私营部门发展、城市学、青年与性别研究等。操作类需要以下专业人才:沟通交际、伙伴关系与倡议、财经会计、人力资源、物资采购、项目管理、监测与评估。[③]从以上分类中,我们可以知道,该组织需要的外语类人才和外交人才实际上是很少的。国际组织大量需要的是外语好、善沟通、学过所需专业的复合型人才。所以,比较好的培养培训模式是:外语精熟作前提、本科学习相关专业,研究生阶段学习国际关系、国际法学和国际发展等专业。这样的复合型人才才是联合国开发计划署这个国际组织用人大户所需要的。该组织放出的初级专业人员(JPO)岗位和实习生(internship)岗位都对口上述专业需要。

---

① UN Secretary General. *Composition of the Secretariat*: *Staff Demographics*.[A/72/123][M]. New York: UN Press Office, 2017. p.63.

②③ UNDP. 联合国开发计划署介绍及征聘指南[EB/OL]. http://www.mohrss.gov.cn/SYrlzyhshbzb/rdzt/gjzzrcfw/jpzn/201610/W020161028673143136825.pdf[2016-11-28].

联合国人口基金会(UNFPA)人才招聘对候选人的专业申请资料也分为技术领域类和操作实施类。该组织在技术领域需要的专业人才为:人口与发展/人口学、生育/公共卫生、妇女卫生/产科学、性别/艾滋病、监督与评估、生育健康和商品安全检测类人才。操作实施类需要的是:财经、预算、人力资源、信息技术、审计监察、物资采购、信息交流与公共关系、和管理方面的专业人才。①联合国儿童基金会(UNICEF)人才招聘分六大领域:公共卫生、儿童营养、饮水卫生与厕所卫生、教育、儿童保护、艾滋病防治。在世界卫生组织、国际民用航空组织、国际海事组织等机构的招聘要求中,专业对口的人才要求更为突出。

因此加快培养外语好、专业强、知晓国际规则、拥有全球服务情怀的复合型人才是我们未来不可忽视的人才培养目标。如何培养国际组织人才?用什么方法和模式培养复合型的国际组织人才?这已经成为我国教育和人才培养部门、我国高等院校必须面对和关注的新问题。

(三)个别国家阻挠搅局

21 世纪以来,美国一些"战略家"不是眼睛向内,检讨本国体制和经济方面的种种积弊,阻止经济下滑、重振美国经济,而是在中美双边关系上极力鼓吹"文明冲突"②、"中国威胁"和"修昔底德陷阱",③唆使美国政府尽早遏制和阻扰中国的经济和科技发展,人为制造贸易摩擦,阻止中华民族复兴,以维持和确保美国的世界霸主地位。与此同时,他们也在全球多边事务中抛弃"新自由主义"宣扬的"永久和平"理想、放弃"结构现实主义"维持国际均势的立场,转变为采取赤裸裸的"进攻性现实主义"(offensive realism)④的战略。他们全然无视国际组织在抑制地区安全冲突、维护世界和平、促进国际贸易、抗击艾滋病、防止环境恶化、缓解全球变暖等方面的全球行动能力和已经作出的巨大贡献,而要求以所谓"美国利益优先"划线,即按照是否有利于维护美国霸权地位、保证美国优先的标准,来判断和

①　UNFPA. Careers in International Development. [EB/OL]. [2016-10-20]. http://www.mohrss.gov.cn/SYrlzyhshbzb/rdzt/gjzzrcfw/jpzn/201610/W020161031613177968827.pdf[2016-12-05].

②　[美]塞缪尔·亨廷顿.文明的冲突与世界秩序的重建[M].周琪,等译.北京:新华出版社,2002.

③　[美]格雷厄姆·艾利森.注定一战?中美能避免修昔底德陷阱吗?[M].陈定定 傅强,译.上海:上海人民出版社,2019.

④　[美]约翰·米尔斯海默.大国政治的悲剧[M].王义桅,唐小松,译.上海:上海人民出版社,2003:39.

决定如何对待国际组织的决议和多边双边国际条约。只要这些精英和政客认为不符合美国利益，或感到有损于美国独霸世界的地位，就不惜"要挟""退群""搅局""推卸责任"(甩锅)"拒缴会费""就抛开国际组织，按本国利益行事"。①很显然，美国政府已经打着"美国优先"旗号、把国际多边事务直接放置到维护其"全球体系"中霸权地位的盘算之中。美国已经公然采取以下手段，遏制中国、打压俄罗斯、要挟同盟国、搅局全球多边事务。

第一，欠费"退群"。美国政府稍不合意就要挟国际组织"断供""不缴费"，占不到便宜或不能掌控局面就立刻"退群"。在不到四年的时间里，美国政府已经先后退出了 8 个国际组织和国际条约，其中包括退出联合国教科文组织(2017 年 10 月宣布退出)、退出"关于气候变化和环境保护"的《巴黎协定》(2017 年 6 月宣布退出)、《全球移民协议》(2017 年 12 月宣布退出)、联合国人权理事会(2018 年退出)、《跨太平洋伙伴关系协定》(2018 年 3 月宣布退出)、《关于伊朗核问题的全面协议》(2018 年 5 月宣布退出)、万国邮政联盟(2018 年 10 月宣布退出)和《美苏消除两国中程和短程导弹条约》(简称《中导条约》，2019 年宣布退出)，等等。

美国退出联合国教科文组织的过程就是一个典型的欠费"退群"实例。2017年，美国再次宣布退出联合国教科文组织。1984 年，美国就曾经以联合国教科文组织过于政治化、预算超额、管理不善、议程侵害美国利益，以及贪污腐败和偏心苏联等理由，退出国联合国教科文组织。②但事实证明，即便美国退出，联合国教科文组织的成员国照样继续增加，联合国教科文组织倡导的"全民教育""终身学习""非洲优先发展""保护人类文化、自然和非物质文化遗产"等正义事业照样继续发展。

2001 年，"9·11 恐怖事件"使美国意识到对国际社会的需要，2002 年，美国政府宣布重返联合国教科文组织。但 2011 年，美国针对教科文组织可能接纳巴勒斯坦为成员国的情况，到处煽风点火、鼓动各国投反对票，威胁停止向教科文

①　[美]约翰·米尔斯海默.大国政治的悲剧[M].王义桅,唐小松,译.上海:上海人民出版社,2003:509—510.

②　Wanner, Raymond E. UNESCOs Origins, Achievements, Problems and Promise: An Inside/Outside Perspective from the US. Hong Kong: Hong Kong University Press, 2015. p.44.

组织缴费。美国的阴谋没有得逞,2011 年 10 月,联合国教科文组织第 36 届大会还是通过决议,接纳巴勒斯坦为第 194 个成员国,于是气急败坏的美国国会正式通过决议,宣布停止缴纳教科文组织的会费,使联合国教科文组织当年就损失会费 8 000 万美元,给教科文组织的财政预算和项目开展造成严重困扰。有趣的是,美国当时并没有宣布退出该组织,美国希望既不缴费、给教科文组织制造麻烦,又保留作为成员国在该组织中享有的"话语权"。

2016 年,特朗普政府上台,认为美国在教科文组织中出钱多而得不到实际利益,美国的政治文化主张也难以实现,便干脆以"节省资金、敦促改革、抗议反以色列偏见"为理由,再次宣布"退群",2017 年再次正式退出联合国教科文组织。同时,美国也一笔勾销了拖欠五年、总量达 5—6 亿美元的会费。可能是出于 1984 年"退群"和 2011 年拒绝缴费的经验教训,这次美国在退群时,也留了一个小尾巴,叫做继续向教科文组织派驻"常驻观察员"。

第二,恶意搅局。美国在一些与经济利益密切相关的国际组织中,除了确保美国派人出任主要领导、掌控主导国际组织政策外,还采取一些刻意搅局、遏制中国、阻挠全球经济治理、不惜伤害盟国利益的做法。美国的搅局办法之一是,无端"介入美国认为重要的问题",如无端介入南海问题、东耶路撒冷问题、阻止俄罗斯与欧洲的北溪 2 号输油管道建设、迫使世贸组织仲裁机制"停摆"等,给世界各地区制造麻烦、伤害世界各国利益,以维持其霸主地位。

美国政府迫使世界贸易组织仲裁机制"停摆"是美国政府在国际组织中搅局捣乱的又一例证。特朗普上台以后,就多次指责世界贸易组织(简称世贸组织,WTO)对美国不公,宣扬美国吃亏论,同时发起对中国、欧盟和日韩等国的贸易战。2018 年到 2019 年,世界贸易组织上诉仲裁机构本应按每三年一届的规定,补选或者续聘大法官,美国则利用手中的"一票否决权"(唯一拥有此权的国家),既不提出新人选、又阻止法官续聘,导致世贸组织上诉仲裁机构的法官从 2016 年的 7 人,下降到 2018 年 11 月的 3 人,2019 年 12 月的 1 人,致使该机构终因达不到法定人数(每次仲裁需要 3 位仲裁机构法官)而"停摆",丧失其仲裁功能。美国驻世贸组织的大使丹尼斯•谢伊还恬不知耻地说,美国这么做是因为上诉机构法官们享有过多特权、干预了美国法律、使美国受到不公正待遇。

美国的另一种搅局办法是,直接介入国际组织领导人的推选。按照惯例,2020年3月世界知识产权组织(WIPO)应该选举新一届总干事。按照地区平衡的原则,本届新任总干事应该在亚洲和非洲人选中产生。在世界知识产权组织工作30年、经验丰富、声望很高的中国籍副总干事王彬颖女士本应顺理成章地当选,但美国以不提任何候选人,"只要不选中国代表,谁都可以"的方式横加干预,既百般阻挠中国政府提名人,同时又阻止非洲国家提名非洲代表,甚至不惜用取消世界银行贷款和国际货币基金组织援助威胁非洲国家代表。最后,让并无世界知识产权组织工作经历的新加坡官员当选世界知识产权组织的新一任总干事。从此事件可以看出,在未来一段时间中,美国很有可能经常采取搅局的办法,阻止中国籍人士出任国际组织领导人,同时也阻挠与中国友好的人士出任国际组织领导人。

第三,在政府间国际组织中操弄台湾问题。近年来,美国政府操弄台湾民进党当局在国际组织中给中国制造麻烦的动作频频,力度有所增强。2018年和2019年,美国都唆使台湾民进党当局在一些专业性的国际政府间国际组织大会上闹事,妄图改变现行国际规则,改变台湾的地位。2018年,美国唆使台湾当局强闯日内瓦世界卫生组织大会,向大会表示"抗议",收买鼓动少数国家向大会递交"涉台提案",并在会场周边举办所谓"双边"和"多边"会谈。2019年,美国又唆使台湾民进党当局在没有获得国际民航组织(IACO)作为"特邀嘉宾"参加大会邀请的情况下,派代表团前往加拿大的蒙特利尔,并通过硬闯会场、树立灯箱广告、在报纸上刊登文章广告等办法,鼓噪"台湾参与的决心",同时"吓唬"世界,"台湾无法同步获得飞行安全信息",造成"安全漏洞"。2020年3月以来,美国又纠结几个同盟国家再次为台湾当局大气,唆使台湾当局"以疫谋独",妄图在反对"九二共识"的前提下,以"观察员"身份挤进世卫组织在5月召开的世卫组织成员大会。

此外,台湾当局还想方设法挤进国际刑警组织、联合国渔业会议、联合国气候变化大会、联合国网络治理论坛等国际组织和国际会议。面对美国的唆使和台湾当局的行径,中国政府的立场是一贯的、坚定不移的,即所有国际政府间组织,特别是联合国系统的所有组织,都应该执行联合国1971年的2758号决议,即"恢复中华人民共和国的一切权利,承认其政府代表为中国在联合国组织唯一合法代表"。中国政府还与世界卫生组织签署谅解备忘录并明确规定,只有在坚持一个中国的原则和承认"九二共识"的前提下,同意台湾地区医疗和卫生专家参与世卫组织的技术交流活动。参与国际民航组织的技术和信息交流活动也基于同样的法律基础。国务院台湾事务办公室发言人多次强调,"台湾是中国的一部分。在台湾地区参与国际组织,包括国际民航组织活动问题上,我们的立场是一贯的、也是明确的,即必须按照一个中国原则来处理。我们相信国际民航组织和有关国家会按照一个中国原则,妥善处理好今年大会期间可能出现的涉台问题。"针对台湾同胞在国际民航领域的专业和行业需求,台湾方面获得国际组织标准、建议和相关安排的渠道是畅通的,台湾与世界大多数城市的通航也是便利的。

可以想见,在未来一个时期中,美国政府会不时利用台湾话题,以推动国际组织改变对台基本立场和改变对台现行安排,制造麻烦、打压中国。美国政府的基本办法是,借口维护台湾地区民众的利益,先从专业性组织做起,妄图首先从一两个国际组织突破,以便制造更多更大麻烦。我们既要坚持一贯立场,又要保持警惕、做好各种准备、防止陷入被动局面。

(四)借新冠疫情去全球化

2020 年初新冠肺炎病毒疫情(Covid-19)爆发并在全球扩散肆疟以来,中美双方本应携手合作、共同抗击这场全球公共卫生危机。然而,特朗普政府的多次误判、行动迟缓和一系列决策失误,致使美国成为全球的疫情中心,使美国成为新冠病毒感染人数最多、病亡人数最多的国家。在此过程中,急于稳住其连任竞选局面的特朗普使出了不断造谣抹黑、甩锅中国、甩锅世卫组织的伎俩,令原本就因贸易战而急剧恶化的中美关系雪上加霜,使我们面临"遏制中国"和"借疫情去全球化"的双重挑战,局势更加严峻。

可以预见,随着美国和全球新冠疫情的反复和延宕、由此造成的世界经济危机的加深,美国政府和战略精英还会进一步扯起"共同意识形态""维护生活方式""共同长远利益""反对共产政权"等旗号,通过各种手段,迫使其盟国和小国不得不"跟着强国走"(bandwagoning)、与中国"脱钩",使全球化进程遭遇更为严重阻碍,使各国出现形形色色的抛弃全球化,甚至上演"重起炉灶"或者重开"新冷战"

的逆流。在国际组织和全球多边领域中，似乎也已经出现几个值得我们关注和警惕的苗头。

第一，"撤资中国、重构全球产业链"的苗头。一段时间以来，美国政府以"国家安全"为由，违背成本、市场和贸易自由化原则，极力煽动美国与盟国在经济和技术上"去中国化"，鼓励跨国企业撤资中国、转移工厂，同时百般阻挠中国企业在海外并购、设厂、合法开展业务。美国政府动用国家力量，极力阻止发达国家运用华为5G设置设备，就是一个例证。更有甚者，美国已经开始纠结一些盟友打造所谓"十国5G联盟"，迫使华为退出国际市场。另外，美国极力推动"印太战略"、拼凑"亚太北约"，将跨国企业转移到亚太地区、东南亚和南亚国家，妄图遏制中国发展，打压中国经济与科技发展。

第二，民粹主义与民族主义的苗头。在特朗普政府扯起"美国优先"大旗、退出联合国教科文组织以后，美国政府煽动一些国家的国际组织代表，也不顾全球发展需要和国际组织长远发展大局，也照葫芦画瓢扯起"本国利益第一"和"轮流坐庄"的旗帜，以竞选国际组织领导为政绩，不惜破坏现行国际规则与秩序。例如，在联合国教科文组织2019年举行的第40届大会期间，就有个别国家抛出提案，要求打破原有的联合国常任理事国成为执行局当然成员的惯例，直接按选票多寡选举执行局成员。中国代表团和许多国家代表在大会上做专题发言，陈述这种提议的危害，反对这项提案。然而，第40届大会最后还是做出了折中的决定，继续进行辩论调查和研究，此问题留到下届大会即2021年大会决定。我们必须提高警惕、充分准备、做好工作、积极应对，坚决阻止违背联合国基本组织原则和改变现行惯例的企图。我们还应高度警惕，防止"多米诺骨牌效应"，导致其他国际组织的仿效，致使中国成为经费出资最多，而无法参与或者影响规划、预算和确保经费使用效益的"冤大头"。

这种民粹主义和民族主义的问题要害是，不仅会弱化国际组织的决策力和行动力，导致国际组织难以在人事安排和行动计划上达成共识，而且还会使国际组织的工作效率进一步下降，让现在就捉襟见肘的国际组织资金更多地消耗在无为的辩论和文山会海之中。而如何让国际组织摆脱民粹主义和民族主义的困扰，使国际组织的功能得到有效发挥，也使中国日益增多的国际组织会费和捐款得到有效的使用,是我们必须认真研究、提出对策的,这也更加需要我们能够增加中国籍国际公务员,更好地管理国际组织的资金预算和行动效率。

第三,另起炉灶、重开"新冷战"的苗头。特朗普政府曾多次发出对国际组织的不满。美国一些高级官员扬言,如果一些国际组织(如世贸组织、世卫组织,等)不能按美国的旨意行事,不能按美国要求改革,不能或者不愿"保护美国的利益",美国不仅会停止支付会费、拖欠会费,而且有可能把资金捐助给其他同类功能的机构,有可能会带着一些盟友和小兄弟另起炉灶,组建符合美国心意的、新的国际组织。

这种可能是实际存在的。一段时间以来,美国已经通过其"印太战略"、搭建包括美国、东北亚、太平洋地区、东南亚直到南亚印度洋广大地区的国家集团。特朗普总统已经多次威胁世贸组织,如果世贸组织不能按照美国的意图进行"改革",美国就退出世贸组织,另建其他国际贸易机制。对于世界卫生组织,特朗普在宣布停止缴费断供的同时,曾拉拢一些拉美国家另起一个区域性的卫生防疫组织。美国甚至会因不满 G7 影响力萎缩和北约组织促使成员国增加军费和美军保护费,而要求改组这些美国长期操弄的"盟友性"组织,拉进一些美国认为更有价值、更听指挥的同盟国,迫使这些组织成为美国遏制中国和俄罗斯、控制全球体系的新工具。

美国民主党候选人也在竞选过程中流露类似心迹。他们甚至直言:一旦当选,也会对中国采取很强硬的措施,特别是加强与美国的同盟关系来共同应对中国。这即是说,一旦民主党人上台,他们有可能改变特朗普政府"美国第一"、抛弃多边主义和单打独斗的做法,而更多以增强盟国共同利益、共同意识形态为幌子、缓和美国与盟国关系、拉帮结派重新纠集盟友、共同应对所谓的"中国威胁",变本加厉地在国际多边事务中打压中国,在国际组织中挤压中国的发展空间。

二、 战略与对策

美国著名专栏作家、《世界是平的》作者托马斯·弗里德曼提出,新冠肺炎疫情(Covid-19)的全球肆虐可能对世界格局造成翻天覆地的剧烈变化,形成"新冠前世界"(the World Before Corona, BC)和"新冠后世界"(the World After Corona, AC)两个时代。①许多学者对新冠疫情以后的世界格局、全球化进程以及联合国、世界贸易组织、世界卫生组织等国际组织的命运忧心忡忡、作出各种各样的预测与预判。我们应该对世界发展的趋势与变化,对我国参与全球治理和国际组织的立场与策略,对如何培养和推送人才,作出及时理性的预判,作出有理、有节的中长期规划和有力、有效的对策安排。

(一)直面挑战、保持战略定力

我们首先必须对新冠疫情后全球化、全球治理的发展趋势作出理性的判断。新冠肺炎病毒疫情(Corovid-19)突如其来,已经席卷全球几乎所有国家,导致数千万人感染,数十万人病亡,随之还致使全球经济陷入第二次世界大战以来最严重的衰退,对全球的未来发展和世界格局造成前所未有的深刻影响。在这样的一场全球性公共卫生事件、以及由此产生的经济社会生活危机面前,是罔顾事实、无端指责、极力甩锅,还是相信科学、相互支持、合作抗疫,这是对各国政府和社会的严峻考验。在这样的全球性危机面前,某些国家的政治领袖不惜造谣中伤、煽风点火、四处散布政治病毒,停止缴纳会费、企图阻挠国际组织工作、阻碍各国团结抗疫,在世人面前丑态百出、极端自私与无能也昭然若揭。然而,即便是这样一场前所未有的疫情仍然阻挡不了、逆转不了全球化的基本趋势。

因为全球化既是世界经济发展的自然产物和必然趋势,也是人类战胜全球性问题与灾难不可或缺的共同依靠。在经济全球化的进程中,其核心要素"全球产业链"已经形成,这不是以几个战略家、政客、政治领导人的意志为转移的,也不是一两个国家想切断,就能够轻而易举地切断的。退一步说,即便某些产品的产业链被人为破坏、暂时中断,其他产品的产业链、新产品的产业链也还是会在全球形成,因为成本优势、劳动力优势和市场优势将按照经济发展的规律不断催生新的全球产业链。

回顾过去,改革开放的四十多年,中国没有被经济全球化、外国资本与技术

---

① Friedman, Thomas L. Our Historical Divide: B.C. and A.C.——the World Before Corona and the World After.[N]. New York Times, March 17ᵗʰ, 2020.

和 WTO 规则打垮,而是在全球化进程中,通过中国人民的勤劳、智慧、学习和开放,使中国融入了世界,经济和社会都得到了锻炼壮大,突飞猛进,成为全球第二大经济体。在未来一个时期内,我们可能会面对"更加不确定的外部环境"和"艰难时刻"。但是,任何有意识地抵制成本优势、劳动力优势和市场优势、破坏"全球产业链"、对中国制造业的断供、对在华企业的撤迁,都一定会在损害中国利益的同时,损害那些国家的自身利益,所谓"伤敌一千,自损八百"。即便个别国家能够以"新冷战"的心态,形式上组建起个别以遏制对手为目的、以意识形态划线的国际组织,也不仅不能遏制和阻止中国发展和民族复兴的基本趋势,更不能解决全球经济贸易问题、环境污染问题、公共卫生问题,而只能导致全球性问题变得更加尖锐,也会使世界各国不得不吞下更多的苦果。

因此,面对国际风云变化和世界格局的剧烈变动,我们仍然应该不怕风吹浪打、理性冷静应对、保持战略定力,坚信中国固然离不开世界、但世界也离不开中国。相信没有中国的参与、与中国"脱钩",就不会有完整而巨大的世界市场,就不可能有完整高效的国际产业链,众多世界事务和世界性问题也就难以得到妥善解决。我们完全可以以"风物长宜放眼量"的气概,相信作为一个人口大国、人力资源大国、制造大国、贸易大国和市场大国,相信已经站起来、富起来并正在强起来的中国人民,我们一定能够掌握自己的命运,一定能够通过改革开放、克服艰难险阻、扬长避短创新,在经济金融贸易、智能制造产业、高新科学技术和医疗卫生教育等方面做好自己、做强自己,不断增加我国在全球范围中的领先和优势领域,从而维护和拓展自身在全球的利益。

此同时,中国也完全有能力在全球化进程中、在后疫情时代的世界格局变幻中,作出冷静和理性判断、坚持"不触底线就不冲突不对抗"的方针,采取智慧而有理有节的行动,以多种方式与各国分享中国的抗疫经验、力所能及地提供疫苗在内的国际公共产品。进一步扩大改革开放和市场,让各国分享中国建设发展的成果,助各国走出危机经济复苏,积极应对人类面临的共同挑战,从而赢得大多数国家和国际社会的理解与信任,提高我国在国际组织和多边事务中的贡献率和亲和力,为全球经济复苏、贸易秩序完善以及卫生教育、扶贫环境等领域的全球治理作出贡献。

(二)坚持不懈发挥自身优势

中国是否能够经得起新冠病毒疫情的考验、是否能够在世界格局变化中维护正当权益、并为人类繁荣发展作出贡献,关键还在于中国本身是否能够抓住时机、继续发展、做强自己。从国际比较分析看,在面对世界格局变化和国际组织人才培养和输送方面,我国至少具有以下几大比较优势。

第一,人口和人力资源优势。我国是一个拥有 14 亿人口的大国。经过改革开放的迅速发展,我国教育规模与质量都得到了前所未有的巨大提升,我国人民受教育水平大幅度提升。平均受教育年限已经从 2000 年的 6.4 年上升到 2018 年的 9.2 年。2018 年中国高等院校在校学生总规模已经发展 3 833 万(不含港澳台地区);高等教育毛入学率(18—24 岁人口中接受高等教育人数的比例)已经跃升为 48.1%,当年在校硕士博士研究生达到 273.13 万人。[①]中国已经超过美国,成为世界上高等教育规模最大的国家。另外,中国还有 160 多万留学生在世界各国学习各种专业课程。我国正在从一个人口大国迈向人力资源强国,我国的教育已经达到全球发展的中上水平。这就为我们培养、选拔和输送国际组织人才提供了不可或缺的人力资源和人才资源基础。

第二,社会主义的制度优势。十九届四中全会把我们的这一优势概括为"集中力量办大事"。[②]中国与许多欧美国家以及印度、巴西等人口大国完全不同,我国不仅仅人口众多、幅员辽阔,而且五千年中华文明绵延不断,特别是全国人民能够在中国共产党的统一领导下,最广泛地动员、集中和使用我们的人力、物力和财力资源,以举国之力、协同各方,采取跨党政部门、全社会协作的发展战略,创造性地实施我们已经作出的各项决定。同样,在国际组织人才培养和推送问题上,我们也具有这一独特的制度优势。我们应该坚持举国体制,充分发挥国家、各部门、各省市、各高校和社会各界的积极性,在中央的统一部署下抓紧关键环节、学习各国经验、补齐短板不足、创新有效方法、坚持不懈奋斗,我国一定能够培养和造就一支宏大的、甘愿为人类福祉奉献、公正专业高效的国际组织人才和国际公务员

---

①　中华人民共和国教育部.2018 全国教育事业发展统计公报[N].中国教育报,2020-07-27.

②　中共中央.关于坚持和完善中国特色社会主义制度　推进国家治理体系和治理能力现代化若干重大问题的决定[EB/OL].[2019-11-05]. http://www.gov.cn/zhengce/2019-11/05/content_5449023.htm.

队伍。

第三,坚持开放、学习各国所长。中华民族是一个有着数千年传统,并善于向世界各国学习、愿意接纳人类先进思想、文化和技术的伟大民族。四十多年来,正是由于我国的改革开放,不断学习各国先进理念、技术与方法,我们才能够取得经济社会发展的伟大成就。在国际组织人才培养和输送的领域中,我国也仍将继续坚持学习各国的先进做法,促进我国国际组织人才培养事业的持续发展。在本项研究中,我们不仅较为全面深刻地认识到国际组织对人才的基本要求和国际组织人才应该具备的基本素养,我们也看到了欧美和日本等国在国际组织人才培养方面的多种模式与特点。

在此方面,美国显然一直保持着"国家理性"(state reasoning),在不同历史时期对国际组织采取截然不同、以美国利益为根本出发点的战略,并不断在"孤立主义"和"自由主义"为两端之间运用各种相应策略。在国际组织人才上,主要通过抓高放低政治安排强行占据重要国际组织的领导人职位(如世界银行行长和联合国儿童基金会总干事),并通过其高等院校培养本国和其他国家的大批人才,让美国青年、学者和公务员有可能通过"个人奋斗",赢得国际组织的招聘和晋升机会,从而在数量上和关键中上层占据各种国际组织的岗位。

日本则采取"举国体制""不懈努力"的战略。日本政府从 20 世纪 60 年代、战后经济尚未完全恢复的情况下,就开始制定长期战略、设立专门机构、提供信息和多种支持、动员高等院校、积极培养国际组织人才。日本政府还为已经进入国际组织的国际公务员提供及时系统的后勤、财政和人力支援,为他们获得国际组织关键职位创造条件,为国际公务员和其他人才解决回国工作和退休安家的后顾之忧。

瑞士是个弹丸小国,但是它以其两个多世纪的"中立国"地位和提供高品质的生活、工作和服务的优势,吸引大量国际组织落户瑞士,从而使瑞士在国际政治和社会生活中不断拥有代表人物、并从提供服务人员的过程中,获得大量就业机会和经济收入。

英国曾经是"日不落帝国"。在其发现综合国力下降、但又不甘衰落的过程中,英国抓住了国际组织,它善于利用先前的优势地位,通过国际组织继续在全球事务中发挥大国作用,它愿意为国际组织和人类发展事业作出贡献,它是 G7 中唯一真正实现联合国和经合组织号召,每年以人均收入的 0.7％用作国际"官方发展援助"(ODA)资金的国家,当然同时英国也希望以其在国际组织中的地位与贡献维持英国曾经的辉煌。英国人担任了国际联盟的首任秘书长、联合国教科文组织的首任总干事,英国高校,特别是牛津、剑桥、伦敦政治经济学院(LEC)和苏塞克斯大学等著名高校培养了英国和英联邦国家和发展中国家的大批国际组织高官和职员。

第四,长期规划、分步实施优势。"预则立""重筹划"是中华民族的文化传统,也是我们重要的思想方法和发展战略。自 20 世纪 50 年代以来,我们一直坚持经济社会发展和各项事业发展的"五年规划",在经济社会发展、人力资源发展和教育改革发展等领域,我们还积累了丰富的"中长期"战略发展规划编制和实施的经验。这些规划发展的经验,完全可以运用到国际组织人才培养与推送事业中来,让我们以"抱定青山不放松"的精神、通过脚踏实地埋头苦干,一步一步坚实地迈向实现我们的既定目标。

为此,我们呼吁,与制定《中国教育现代化 2035》一样,我们也完全有必要、有可能制定中国的国际组织人才培养和推送的中长期发展规划和战略,至少做到目标明确、心中有数。我们可以设定一个基本目标:即到 2035 年,实现联合国中国籍国际公务员人数与比例和高级官员人数与比例都达到联合国"任职人数适当"的水平;再到 2050 年,达到五大常任理事国的平均水平,达到与我国人口及缴纳会费相应的水平。

第五,广交朋友、不干涉内政的外交优势。自 20 世纪 50 年代以来,我们就逐渐形成了"和平共处五项原则""韬光养晦、有所作为""政治互信、经济互利、人文交流""参与全球治理"和"共商、共建、共享人类命运共同体"等一系列处理国际多边双边关系的基本外交方针和原则。这些外交方针与原则,就会让我们广交朋友、合作互利、多做贡献、得道多助,从而赢得各国人民,特别是发展中国家和广大第三世界国家和人民的信任与尊重,也为我们进入国际组织任职、与国际组织雇员共事创造友好、团结和广泛认同的有利条件。这样的外交方针与随着我们国力增强和国际援助的增加,也一定会使我们能够通过国际组织服务各国发展,从而形成和增强我国在国际组织中的亲和力、影响力和塑造力。

（三）完善政策、做强做大自己

培养和造就国际组织人才、向国际组织推送中国籍国际公务员不是一朝一夕、一蹴而就的事，需要我们努力向世界各国学习、及时发现短板、坚持不懈的长期奋斗。从国际经验看，我们有必要首先完善政策、补齐短板，做好以下几个方面的工作。

1. 设立"国际发展"课程，培养多重复合型人才

在本项研究中，我们发现，目前我国的国际组织人才主要通过外语、国际关系和国际法等专业来培养。但是，仅靠这些专业培养人才还远远不够。国际组织需要最多的人才，特别是每年招聘的青年专业人才和各类专家，主要并非"国际关系"和"国际政治"人才，而是志愿为人类和平发展事业作出贡献、具有专门知识技能，又善于交流沟通、知晓国际规则，能够直接到各国，特别是到发展中国家，开展实际工作和提供一线服务的复合型国际发展人才。不管是国际海事海洋组织，还是国际航空航天组织；不管是国际原子能机构，还是国际贸易发展组织；不管是世界卫生组织，还是国际粮农组织；它们都需要懂专业、能吃苦、善成事的国际公务员和其他相关人员。因此，在联合国系统中，国际公务员的主体是"专业职类"人员（professional officer）。

为了增强人才培养与需求的匹配程度，英、美、法、瑞、日等国从20世纪70年代起就开始在大学中开设硕士和博士层次的"发展研究"、"国际发展"，日本称"国际开发"和"国际公共事务"课程和专业。在前面几章中我们已经看到，美国乔治·华盛顿大学的国际关系学硕士培养方案已经一改传统意义上的"国际关系研究"重点，而是改为五个以"发展"为核心的方向。它们分别为：经济与发展、性别与发展、金融与发展、教育与发展和发展项目管理。每个方向的课程既包括国际组织事务内容，又包含本专业方向的课程，以及如何在发展中国家开展本专业工作服务的实务实践课程。英国苏塞克斯大学"发展研究"专业经常全球排名第一，则分为七个方向：发展研究、性别与发展、治理与发展、商业全球化与发展、权力与发展、贫穷与发展和气候变化与发展政策，等等。日本"国际开发高等教育机构"

(FASID)的"国际开发"课程则努力吸引来自本科各个专业的青年,让他们通过"国际开发"课程学习,增长到发展中国家去工作的知识与能力。而且,所有这些研究生层次的专业都欢迎本科学习科技工程、医疗卫生、教育心理、财会金融、农业经济和环境保护等专业的毕业生去报考学习。联合国难民署前高级专员绪方贞子就曾经对青年学子说"学习发展研究,好好利用实习机会",就能够获得国际组织的工作机会、做好国际组织的工作。

英国的研究还表明,即便是国际组织的高级领导人,他们的成功也与他们本科所学的专业有密切关系。他们往往既具坚实的专业知识,又投身国际和平发展事业,还拥有丰富的国际合作和行政管理经验。他们善于谨慎妥善地处理多边敏感问题,但他们中许多人并非职业外交官出身。近年来,我国成功担任国际组织领导职务的人士中似乎也出现了这一趋势。从 2019 年竞选成功的联合国粮农组织(FAO)总干事屈冬玉博士的简历看,屈冬玉博士本科毕业于湖南农业大学园艺专业、后赴国际马铃薯中心学习工作,又赴荷兰瓦赫宁根农业大学攻读遗传育种专业博士学位。屈冬玉博士因在马铃薯种植、促进农村经济发展方面的杰出贡献被授予"世界马铃薯产业杰出贡献奖",还曾担任负责国际援助和国际合作的中国农业部副部长等职。这些中外经验都提示我们,仅仅靠我国顶尖大学培养外语类和国际关系人才,还不能满足国际组织对各类专门人才和国际发展人才的需要。

为此,我们强烈建议,学习发达国家的经验,在中国高校设立硕士和博士层次的"发展学"或者"国际发展学"课程与专业。特别要欢迎在本科生阶段学习了民用工程、机械工程、化学化工、医疗卫生、环境保护、农业机械、农林渔业、信息技术、教育心理、财经会计等专业的优秀青年到"国际发展""发展研究"等继续深造,树立服务人类发展事业奋斗、服务发展中国家人民的思想,强化外语交流沟通能力,学习国际组织项目管理设立、实施、评估的知识,掌握国际援助、志愿服务与决策咨询的方法技术,拥有参与国际发展志愿和见习的经历。我们要培养一大批"善于交流沟通、具备专业素养、知晓国际规则、投身全球服务"的多重复合型人才。唯有如此,这些青年才能够到国际组织任职后,以"国际服务"而非"当官做老爷"的心态,投身于国际事务与具体实践。他们也才能够在努力实现国际组织的使命与功能、为成员国和各国用户提供良好服务的同时,使自身能够在国际组织和服务对象国家站稳脚跟、得到专业成长与发展。

为了尽早设立"发展研究"和"国际发展"硕士学科和培养方案、设计旨在培养国际发展人员的课程体系,国家可以让一些高校先行先试。教育行政部门首先要勇于创新、勇于放权、允许试验。例如,可以先选择几所基础好、乐于试的大学,学习国外大学办学经验,在"国际关系"或者"外交学"门类中,试验增开"国际发展"方向硕士课程。坚持几年、总结经验、逐渐推广,为国家培养大批能够"走出去""进国际组织任职"的复合型人才。

2. 树立艰苦奋斗、服务人类的思想

这是中国国际组织人才能够在国际组织中赢得发展、作出贡献的重要前提条件。不可否认,进入国际组织是青年人实现周游世界、服务人类发展梦想的重要途径。对青年人来说,到国际组织任职也是经济待遇不错、社会地位崇高的职业选择。然而,我们的青年人是否已经做好了充分的思想准备? 到国际组织任职同时也将意味着远离祖国和家人,意味着要到发展中国家工作、到艰苦危险地区奋斗,意味着要从最基层的文秘工作和跑腿打杂做起。联合国儿童基金会在其招聘材料就明确指出,该组织招聘的国际公务员应该"到最艰苦的地方,提供最急需的帮助",为儿童的健康和发展,"全心投入,肩负职责回应各种紧急状态"。①

从笔者熟悉的几位国际组织高级官员的发展路径看,除了极少数国家政府出于政治安排或者按照地区配额原则推荐的国际组织领导人,大部分国际组织中高级官员都有从基层做起、从发展中国家做起的宝贵经历。例如,笔者的博士生导师、英国籍专家、香港大学教授马克·贝磊(Mark Bray)博士就一生为发展中小国、欠发达岛国的教育发展服务。他总随时准备着一个双肩背包、一顶尼龙蚊帐、一个电加热器和一些常用药品,随时准备听从联合国教科文组织、世界银行等国际组织的召唤,奔赴需要他的发展中国家,为各国提供现场分析研究、专业技术支持和决策咨询服务。在他 2012 年前往巴黎担任联合国教科文组织国际教育规划

① UNICEF UNICEF What we look for[EB/OL]. https://www.unicef.org/about/employ/index_quali-fications. html.2019.10.26.

研究所所长(IIEP,D2级官员)前,他的足迹已经遍及非洲大陆、拉美山区、欧亚内陆和太平洋地区的近60个国家。再如,联合国教科文组织非洲能力建设研究所所长(IICBA,D1级官员)、日本籍的横関祐見子博士(Yumiko Yokozeki),她早年参加日本国际开发协力项目前往非洲,至今已经在非洲生活了30年,她的足迹已经遍及全非洲54个国家中的53个,她一生都为各国培训官员、校长教师,为中小学开发课程、为学校开渠打井、修建厕所。她曾不无内疚地告诉我们,由于时间和精力的关系,她现在对非洲各国教育的理解已经远远胜过对日本本国教育的了解。

还有一位值得一提的中国籍国际公务员王连芹女士早年曾在南京师大和中央教科所工作。后赴哈佛大学深造,获教育心理学博士学位。随后进入世界银行,她从基层和艰苦地区做起,先后在南亚的斯里兰卡、中东的伊拉克、阿曼和许多非洲国家工作,甚至经历了也门内战的洗礼。现在王博士已经成为世界银行负责中东北非地区的高级教育专家。即便在新冠疫情期间,王博士还在为战后苏丹的教育恢复发展,主持着苏丹教师教育项目。她邀请上海师大团队与苏丹的大学结对,援助苏丹高校,借鉴中国经验,实现教师教育现代化。

培养中国国际组织人才的艰苦奋斗、不惧风险、服务发展中国家、从基层做起的精神十分重要,而且已经成为我们人才培养过程中不可缺失的要素。随着我国经济的发展、人民生活水平的提升,我国工资收入较高、专业发展前途广阔的职业一定会日益增加,国际公务员收入待遇的比较优势会逐渐减弱,而远离祖国和亲人、到相对贫困落后、信息通信不便的国家和地区的可能性也会逐渐增大,因而及早开始培养服务人类发展、促进世界繁荣、从基层做起等可贵精神,是保证我们在国际组织中雇员的数量和占据关键岗位的重要前提。

去国际组织实习、当国际公务员、做联合国国际志愿者的吸引力似乎已经出现下降的苗头。到非洲和太平洋地区欠发达国家的国际组织实习、任职岗位甚至出现无人问津的现象。如何做好青年人的工作,如何招收到能吃苦、愿奋斗、去奉献的国际组织后备人员,可能会成为人才培养机构和国际组织人才招聘机构必须考虑研究的问题。在促进21世纪的人类发展和全球治理事业中,我们仍然需要倡导国际主义精神,我们仍然需要白求恩精神,我们仍然需要培养胸怀世界、不畏困苦、服务人类的中国白求恩。

3. 用好会费捐款,扩大国际公务员底数

随着我国国力增强,美国欠费"退群",以及全球治理事业在全球经济、教育、卫生、环保、扶贫等各领域的扩展,众多国际组织财政捉襟见肘、经费短缺问题愈加频繁。许多国际组织,希望我国在增加会费的同时,通过政府、地方、企业和公益组织提供捐款和其他国际援助。我国向联合国缴纳的会费已经从仅占 2000 年联合国会费总收入的 1.53%,增长到 2020 年的 12.1%,成为缴纳会费世界第二的国家,而且从不拖欠。与此同时,我国政府通过"官方发展援助"(ODA)联合国及其他国际组织捐助的资金数量也日益增多。

表 11-3　中国在联合国及专门机构的缴费与捐款　　（单位:百万美元）

年份	联合国会费金额	占会费总额%	占维和经费总额%	世卫组织捐款	教科文组织捐款*
2014		5.15%	5.15%		4+2
2016	196	7.90%	7.91%	75.8	4+2
2018	213	7.92%	10.24%		4+2
2020	370	12.01%	15.22%	20	4+2

资料来源:作者通过多种渠道收集。

*我国为联合国教科文组织的捐款既包括每期 4 百万美元的中国政府教育信托基金(CH-FIT),还包括近年来,广东深圳市、海南省和上海市的每期 2 百万美元的教育信托基金。

鉴于中国缴纳会费和捐款迅速增多的新常态,中国常驻联合国副代表王民曾明确指出:"近年来,联合国预算规模大幅增加。但是只要是必须增加的资源,必须支付的款项,中国都一直支持。同时,我们始终主张,联合国的经费来自会员国纳税人,每一分钱都不是多余的。我们将继续要求联合国在预算方面加强监管与问责,避免资金浪费,珍惜并用好会员国的每一分钱"。[①]因此,我国外交部门、国际援助局、财政部门和各部委、各国家机构和相关高校、科研机构、大型企业和公益组织一定要密切配合、沟通协调。一方面,我们应能够在国际组织最为需要时,及时提供力所能及的捐款、援助和国际公共产品,充分体现我们坚持多边主义

---

① 新华社.中国联合国会费比例增至 8%升至第三[EB/LD][2015-12-20].新浪网. http://www.360doc.com/content/15/1227/01/1680289_523361287.shtml.[2019-10-05]

和服务人类扶贫救险和平发展的一贯立场,也充分体现我们迅速有效的危机反应能力和救援能力。另一方面,我们也要学会用好缴费人和捐款人的对资金的使用建议权和资金监管权,保证中国纳税人的钱和我们捐助的资金能够高效合理地使用在国际组织和人类发展最需要的地方。

为此,我们要在提供捐款和增加会费的同时,想方设法向国际组织增派专业人员。从各国的经验看,在增加资金投入和提供捐款时,比较容易增加人员与岗位。这样,我们既可以扩大我国在国际组织中的人员基数,又能确保我们提供的资金真正用在应该用的地区、国家和领域,提高我国投入资金的使用效益。

具体地说,我们应该在增加出资的同时,要求增派两类人员。第一类人员是跟随资金去国际组织会员国或者项目实施地区,直接参与研究、开发、咨询与服务的技术专家,他们的存在有助于使受援国和国际项目参与团队了解中国对这些项目的实际贡献。笔者从 1995 年起参与了联合国教科文组织、世界银行和联合国儿童基金会多个亚太和非洲地区的教育发展项目。每次参与,国际专家团队人员中无一例外都有一两名出资国派出的专家,这些专家都会在实施过程中有意无意地告知受援国政府和相关受益者,出资国(如瑞典、澳大利亚、日本、韩国、加拿大)提供的财政支持和所做的贡献,这些出资国人员的存在也会使国际组织和各国同行专家对出资捐资国的慷慨友善心怀敬意。第二类人员是留在国际组织或者项目管理总部的行政管理人员。他们的名义和身份可能不尽相同,可以称为项目协调人、捐资人代表,也可以叫常驻专家;他们可以是中国政府向国际组织派出的借调人员,也可以是捐资设立项目的项目聘请专家,如果他们能获得国际公务员身份,那就更好。然而,他们的实际职责是一样的。一是保证资金的投向符合捐款人的意愿,如受益国家的选择、领域的精细选择、能力建设研修内容的选择、设备器材的选择。二是监督保证捐助资金的使用效益,如提出并检验项目预算编制的合理配比、制定定期报告、审计评估和问责规则,提高资金使用效益在会员国和国际社会的显示度和影响力。三是通过资助项目,帮助已经在国际组织的中国籍国际公务员获得升迁和专业发展的机会。第二类人员最好派遣那些已经有一定外交外事经历、参与过同类国际组织活动的中上层官员出任,他们的工作复杂敏感,更需要丰富的经验与智慧,因为他们的工作重点是,要把我们出资的好事办得大家都说好,扩大我国在国际组织和国际事务中的亲和力和影响力。

在此方面,我们还要向瑞典、加拿大、英国、德国、日本等为国际组织提供国际援助历史较长、投入较多、国际事务参与较深的国家学习。他们的国际援助机构如加拿大国际发展局(CIDA)、瑞典国际发展局(SIDA)、英国国际发展部(DFID)和日本国际协力会(JICA)都具有丰富的国际援助、向国际组织推送人员、帮助本国籍人员专业发展的理论与经验。

4. 建立支持机制,争取关键岗位

国际组织虽然都设有成员国代表大会和理事会执行局等权力机构,但国际组织通常都主要由秘书处、执行机构和下属机构负责和保障各组织的正常运作和职能发挥。因此,国际组织中往往需要两类人才,一类是与其专门业务相关联的专业人才,如医疗卫生组织需要医疗卫生人才,粮农组织需要农业林业、农业经济、食品检疫、粮食储运人才,而国际海洋组织就需要海洋环境、海洋生物、海洋资源、海洋法学等专业的人才;另一类是维持国际组织日常运转、行政管理的人才,其中包括规划、人事、法律、财务、审计、外联、宣传、信息技术等方面的人才。从某种意义上说,后一类人才是各国际组织发展规划的编制者、资金预算的策划者分配者、人才招聘与岗位设置的决定者、国际项目的评估监测者、对外形象的设计者和国际组织的代言人。他们通过每个人实际上被授予的自由裁量权,专业圆润而不露声色地影响着各会员国和国际事务,有时甚至左右着国际组织和会员国的命运。

后一类国际公务员对每个国际组织的生存发展极为重要,而且这类人才甚至比教育、医疗、扶贫、贸易等专业人才更为难得,他们从基层做起、直到拥有某些决定权的成长过程也需要更长的历练周期,国际组织的这类岗位往往还受到国际组织高层领导的更多关注,因此这类关键岗位的竞争也更为激烈。所以,除了按地区比例留给各国的少量配额,国际组织中的这类内部管理岗位也更不容易获得。

为此,我们首先需要及早关注这类人才的培养。我们应该从财经金融、国民经济、农业经济、信息技术、公共管理、人力管理和法学法律等相关专业的本科生中挑选优秀人才,吸引他们攻读国际发展和国际关系专业,推送他们到国际组织的相关部门去实习,或者让他们作为中国出资借调的人员去工作,为他们进入国际组织内部行政管理部门任职前期积累经验、创造必要条件。

同时,我们还需"一视同仁"地对待海外自费留学生,支持他们通过国际组织的公开招聘,进入到国际组织的各类岗位上去工作。海外自费留学生是一个巨大的人才资源宝库,他们往往具有长期在国际组织驻在国工作生活的经历,更加珍惜来之不易的每一个机会,更加了解各国同事和睦相处的规矩和细节,也更加善于在陌生的国际和人际环境中生存发展。如果能够在他们最需要的时候给予及时的支持帮助,他们将会终身铭记祖国的恩惠。在笔者熟悉的多位从自费留学生成长为国际组织中高级官员中,我们发现,在日常工作中他们中的大多数人,仍然会在资源和人力资源使用上自觉考虑到中国的需要和可用人才;在对待中国发展经验上,他们能更加透彻地理解中国经验,乐意向各国特别是发展中国家介绍推介中国经验。而且,通过他们国际组织雇员身份者的推荐架桥,各国也能够更为信任地对待中国经验和试用中国经验。

我们要尽早建立及时、灵活、有效的"国际公务员成长支持机制",让已经在国际组织中,特别是在国际组织内设的管理部门中工作的低中级中国籍雇员得到更好地发展,一步步成长为这些关键部门的中级主管和部门领导。日本、美国、英国、瑞士、瑞典都有这方面的丰富经验。从各国的实践看,将增加会费和提供捐款、设置国际组织援助专项,是支持本国中低层国际公务员发展晋升的有效方法。另外,可以经常有计划地向国际组织推荐输送已经具有外交外事和国际组织专业活动经历的中层干部和专业骨干进入国际组织,他们专业发展的周期可以缩短、甚至直接竞聘国际组织重要岗位。

5. 健全服务保障机制,消除后顾之忧

我国目前已经制定的人才培养政策相对较多、实践也相对丰富,但是在对已在国际组织任职的国际公务员和其他人员的关心还不够、保障政策也相对缺乏。然而,对国际组织任职人员的关心和保障关系到他们的后顾之忧、关系到他们是否能够专心工作以及回国离岗后的转业与生活。

我们一定要破除"国际公务员工资高、待遇好"的短视、狭隘观念,设身处地地考虑他们离家背井、长期身处异国他乡孤军奋战的实际困难和心理需要,为他们提供尽可能的关心与帮助。我们特别需要关注关心那些作为志愿者、实习生、初级专业人员、青年专业人员等国际组织工作人员。他们的地位低、收入少、社会保障条件差、职业未来前途不明、国际工作和生活经验不足，但还常常身处艰苦和危险地区、工作任务重，他们会比长期任职的国际公务员更需要帮助和指导，他们更需要我国有一套完整的支持政策、需要我国驻外使领馆的及时有效的支持帮助。

相反，如果我国政府和驻外使领馆能够在"后勤保障"给予他们切实有效的帮助，就能够鼓励和促进他们专心致志地做好工作、做出成绩，服务国际组织和人类发展事业。日本的经验值得注意，在"举国体制"下，日本外交部门协调相关部门在纽约、日内瓦、巴黎、内罗毕等国际组织较为集中的城市，设立了"国际组织日本人增援协会"等组织，让国际组织中的日籍雇员能够及时互通信息、获得指导支持、帮助他们解决个人生活和专业发展问题，还由大使馆出资支持开设日本人学校、日语补习学校和国际学校，帮助解决他们的子女教育问题。在国际组织稀少的国家和地区，也由日本驻当地的使领馆负责关心关照各类日本籍国际组织雇员，从志愿者、实习生到中高级官员。这样做，并不仅仅是完全功利地为了让日籍雇员在国际组织中的升迁晋级，同时也是让日本籍雇员远在万里之外仍然真诚地感受到国家和政府对他们的关心和爱护。

另外，由于国际组织人才长期身处国外异乡，他们回国后会因为不了解国内的规则和变化，因为没有单位、朋友与社会关系，而遭遇种种工作和生活上的问题、不便与不习惯、难适应。我们应该制定相关政策，规定国际公务员回国后应该与我国外交人员享受同等待遇，并为他们建立相关的民间协会等组织，让他们的精神有所寄托、生活有人关心、遇到问题有人帮助。我们特别要善待那些由于种种原因（例如奉命回国、岗位转调、任期不足、因事因病、非政府组织、国际志愿者，等等），并不能享受或完全享受国际公务员工资津贴、医疗保障和退休待遇，但又为国家做出贡献的人员。不能让他们在回国后再受委屈，要让他们回国后高高兴兴地愿意继续为祖国服务，为人类的发展事业服务。我们应该为他们及时提供适合的工作岗位、给予适当的工作待遇，为他们的就业转岗创造条件，让他们在充当国际组织非公务员的各种工作时也没有多少后顾之忧。我们在制定国际组织人才"后勤保障"政策时应该记得，从国际组织"专业退伍"人员是祖国不可多得的优秀人才,在他们中间还蕴藏着丰富的国际社会人脉、国际组织经验,他们能够为培养青年才俊、推荐入职国际组织、帮助赢得关键岗位、争取各国同事支持做出难以估量的贡献。我们要从保护人才的站位来研究和制定各项国际组织人才服务政策。

结语　不忘初心,共建人类命运共同体

积极培养和推送国际组织人才、增强中国的话语权和影响力,并不是为了中国的一己私利,更不是为了争夺世界霸权,而是为了维护中国的正当权益,为了让各国能够通过共商共建,避免战争与冲突、共同应对灾害疫情,建构人类命运共同体,获得并分享持久和平、繁荣与发展。这是我们积极参与国际多边事务的初衷,也是我们始终坚持不渝的立场。

当然,我们也应清醒地意识到,在"实现中华民族伟大复兴"的道路上,我们不可能一帆风顺。我们必然会经历种种风雨变幻的考验、我们也可能会遭受各种误解担忧、中伤诽谤、遏制打压。但"发展"是包括中国在内各个国家、各个民族的权利,实现中华民族伟大复兴的意志和决心我们坚定不移。为此,我们要在坚持改革开放、持续发展的同时,充分利用国际组织舞台,改变我们在国际多边事务中信息传播方面的"逆差",改变我们"有理说不出"或者"说出传不开"的被动局面,让中国的声音、正义的声音及时明确地传遍世界;我们要充分利用国际组织舞台,讲好中国发展的故事,自塑中国和平进步的形象,破除西方一些人别有用心的肆意歪曲捏造,消除西方歪曲污蔑与中国真实发展状况的"反差";我们特别要充分运用国际组织舞台,消解中国"强必霸"的疑虑,以我们的实际行动和中国的贡献,促进和维护人类和平与发展的事业,赢得世界各国人民的信任与支持,让我们的朋友遍天下。

我们身处"百年未有之大变局"①的时代,特别是当前我们正面临美国政府的遏制打压,以及新冠疫情造成的全球公共卫生与经济危机的严峻挑战。可以预

---

① 习近平.放眼世界,我们面对的是百年未有之大变局[N].中国青年报.2017-12-29.

见,新冠疫情之后,世界格局会发生巨大且剧烈的变化,我国在国际事务和国际组织中都可能不得不面对一段"至暗时刻"。对此,我们一方面要坚持"和平与发展"的基本判断和"全球化基本趋势不会变"的基本信念,继续坚持改革、扩大开放,积极主动开放更为广阔的市场,为世界经济的复苏创造条件;另一方面又必须冷静观察、沉着应对、韬光养晦、有所作为。我们特别要做好长期与充分的思想准备,理性地对待种种单边主义的、焦虑狂躁的挑衅行为和可能出现的意识形态围剿,在思想上坚持"韬光养晦、有所作为"①的原则,在行动上坚持"不树敌""不争霸""非必要,不对抗"。在努力维护与各国的战略对话、经济合作和人文交流的同时,继续在国际多边舞台上积极开展对话协商,在全球范围中积极倡导"共克时艰""合作共赢",做"现行国际体系的参与者、建设者、贡献者",②团结各国合作抗击疫情和由此造成的全球经济衰退与危机。

在面对世界格局深刻变化和我们面临严峻挑战之时,我们更要坚忍不拔、凝心聚力,发现差距、承认差距,专心致志做好、做大、做强自己,努力扎实地缩小我国与欧美在经济、科技等各方面的差距,努力实现我国经济、科技和社会发展的新飞跃,实现我国硬实力和软实力的共同发展。发展是硬道理,把中国建设成民主富强的社会主义强国,才是中华民族屹立于世界民族之林的根本。归根结底,中国在国际事务和国际组织中的地位,也首先取决于我们经济、社会、科技和软实力的发展水平。没有富强民主的国家,我们就难以有巨大的能力和能量去增进和引领世界的进步与发展。

当然,我们也要抓住时机、化危为机,在有人还沉迷于"甩锅""退群""欠费"和"要挟"国际组织的时候,反其道而行之,主动及时地为国际组织提供力所能及的人力、财力和技术支持,使国际组织能够渡过难关、发挥功能,使身处危难的会员国获得援助、克服危机,从而扩大中国国际公务员的基数,赢得我们在国际组织中应有的地位与国际影响力。

我们还要加强底线思维,坚持"不惹事,但不怕事"。国际形势越是艰难、全球

---

① 中共中央文献研究室编.邓小平年谱1975—1997[M].北京:中共中央文献出版社,2004.下册,1289.

② 习近平.中国是现行国际体系的参与者、建设者、贡献者也是受益者[N].人民日报,2015-09-26.

挑战越是剧烈,形势越是接近"新冷战",我们越是要坚定信心,越是要像培养科技人才那样抓紧培养国际组织人才,积极向国际组织推送各类人才。因为"人是第一宝贵的",只有有了人,我们才有可能在国际多边舞台上发出中国的正义之声、维护中国的正当权益,也才能打破少数国家退群、搅局对全球公共事业带来的伤害,才能及时为最需要、最危难的国家提供道义上、技术上和财政上的国际支持与援助,才能以中国巨大的市场、资源和人力的"及时雨",为全球经济复苏和全球治理作出贡献。

共商共建"人类命运共同体"是中国政府的方案倡议,也是世界各国人民的共同愿望。早在十九世纪现代国际组织诞生以前,世界上就出现过多位思想家孜孜追求"人类大同"、"世界政府"和"人类和平发展"的理想;第一次世界大战和第二次世界大战的人间浩劫更加坚定了世界各国维护人类和平、共同繁荣进步的决心。2015 年,在联合国成立 70 周年系列峰会上,习近平主席提议:"携手构建合作共赢新伙伴,同心打造人类命运共同体。让铸剑为犁、永不再战的理念深植人心,让发展繁荣、公平正义的理念践行人间!"①

为了实现天下大同的壮丽梦想和构建人类命运共同体的美好目标,中国人民愿意与世界各国人民一道,坚持对话协商、坚持共建共享、坚持合作共赢、坚持交流互鉴、坚持绿色低碳,坚决维护以联合国宪章宗旨和原则为核心的国际秩序和国际体系,以一代又一代人的接续努力、共克艰难险阻、创新全球治理,不断推进这一人类和平繁荣、共同发展的伟大进程。

---

① 高祖贵.中国是当今国际体系的积极维护者和改革者[EB/OL].[2015-09-27].人民网. http://opinion.people.com.cn/n/2015/0927/c1003-27639818. html.[2015-10-02].

后记

2020 年,新冠病毒肆虐。九月入秋,疫情管控初见成效、莘莘学子陆续返校。开学之日,喜接全国教育规划办来函,告知"国际组织人才培养与选送"结题评审通过,课题组成员深感欣慰与鼓舞。

做这课题与编写《国际组织与教育发展》时的情景已大不相同。想当初,我凭借个人兴趣,四处索书,求知请教专家、参与国际团队亲历战后重建、正襟危坐感受国际组织会议,满世界地去探寻这片比较教育的新天地。这一回,我们则有了国家学界重视、团队多方合作、充裕经费保障。条件改观、堪称优越! 然而,命运似乎跟我开了个玩笑,或者说,年过 60,上苍还要给我一个大考验! 接到课题,我们即全力投入基础研究,接着又用两年时间,为上海成功申办"联合国教科文组织教师教育中心"。2018 年初,我刚刚开始专心写作,医生就给我开刀医治右臂,远离键盘与纸笔。好在我的同事学生,继续协作研究、写作奋斗,终于在我"不在场"的情境中,在时限来到之前,向规划办提交了相关成果、研究论文、结题报告和本书初稿。

本书稿完全是一项集体合作的成果,许多同事学生为此做出了贡献! 全书共 11 章,分为三部分。第一部分为第一、二两章,由我本人撰写,分别概述国际组织的发展、对国际组织人才进行了分类,并提出了国际组织人才的核心素养及其结构。本部分的研究写作得到了丁笑炯教授的帮助。第三至第六章组成第二部分，分别梳理了联合国教科文组织、世界银行、经济合作与发展组织和欧盟四个国际组织的人才需求和规格，其中第三章由王中奎博士等撰写，第四章由闫温乐博士等撰写，方乐博士撰写第五章，吴梦徽博士写了第六章。第七至第十章是本书的第三部分，并置比较了美国、英国、日本和瑞士四国的国际组织人才培养选送政策。闫温乐博士与徐梦杰博士合写第七章，张民选与郭婧博士合写第八章，宋庆清同学撰写第九章，张民选和邓文静同学写了第十章。第十一章单独成为第四部分，也由笔者完成。该部分历史地回顾了中国在国际组织中的地位演变，记载了在国际组织中作出重要贡献的中国籍雇员；又梳理了改革开放以来，特别是党的十八大以来，中国为培养国际组织人才、参与全球治理所做的努力，提出了我们在建设人类命运共同体进程中面临的挑战和应有的战略思考。

在我患病期间，闫温乐博士主持了课题组的工作，组织做好了结题工作。王卓芸女士和张亦驰、季丽云等同学做了大量的文献整理和校对工作。没有我们团队全体同事同学的协作努力，我个人是无法完成此项课题、更无法完成这部书稿的。在此，让我向提及的每一位同事和学生致以最真诚的感谢！借此机会，我要衷心地感谢我的夫人夏人青教授，她不仅为我提供了许多专业建议意见，而且用心用力帮助我战胜病痛，让我从病房回到书房！我还要感谢上海教育出版社，感谢副社长刘芳和编辑李玮，为我们这套丛书投入了大量的时间与精力！我还要感谢更多的、难以一一列入的前辈、同事、朋友和学生，是你们的鼓励和帮助，不仅让我们完成了这项研究，而且让我能继续做一点于学生和学校有用的事，写一点于己有趣、于人有益的东西。

张民选

2020 年教师节于紫藤书斋

主要参考文献

中文文献

【学术著作】

[美]保罗·肯尼迪.联合国过去与未来[M].卿劼,译.海口:海南出版社,2008.

陈世材.国际组织——联合国体系的研究[M].北京:中国友谊出版社,1986.

[美]格雷厄姆·艾利森.注定一战?中美能避免修昔底德陷阱吗?[M].陈定定,傅强,译.上海:上海人民出版社,2019.

顾维钧.顾维钧回忆录:第一分册[M].北京:中华书局,1983.

[英]哈里特·D·S·麦肯齐.瑞士史[M].刘松林,译.北京:华文出版社,2020.

何幼华,王友缘.联合国儿童基金会与儿童发展及教育[M].上海:上海教育出版社,2017.

[英]华尔脱斯.国际联盟史[M].汉敖,宁京,译.北京:商务印书馆,1964.上册.

江泽民.论科学技术[M].北京:中央文献出版社.2001.

金立群,武基国.回顾与展望——纪念中国与世界银行合作15周年[M].北京:财政部,新华社,1995.

克莱夫·H·彻奇,伦道夫·C·海德.瑞士史[M].周玮,郑保国,译.上海:东方出版中心,2020.

丽莎·乔丹,彼得·范·图埃尔.非政府组织问责:政治、原则与创新[M].康晓光,等译.北京:中国人民大学出版社,2008.

李铁城,主编.联合国里的中国人1945—2003.上册,下册[M].北京:人民出版社,2004.

李忠民,刘振华,等.知识性人才资本胜任力研究[M].北京:科学教育出版社,2011.

梁西.现代国际组织[M].武汉:武汉大学出版社,1984.

列宁.伟大的创举.《列宁全集》,37卷[M].中央编译局,译.北京:人民出版社,1986.

刘金质,梁守德.国际政治大辞典[M].北京:中国社会科学出版社,1994.

刘铁娃.霸权地位与制度开放性——美国的国际组织影响力探析[M].北京:北京大学出版社,2013.

罗竹风.汉语大词典[M].上海:汉语大词典出版社,1997.

[美]玛莎·芬尼莫尔.国际社会中的国家利益[M].袁正清,译.上海:上海人民出版社,2012.

莫顿凯勒.哈佛走向现代美国大学的崛起[M].清华大学出版社,2007.

牛仲君.国际公务员制度[M].北京:北京大学出版社,2015.

蒲傆.当代世界中的国际组织[M].北京:当代世界出版社,2002.

渠梁,韩德.国际组织与集团研究[M].北京:中国社会科学院出版社,1989.

全国人民代表大会常务委员会.中华人民共和国公务员法[M].北京:中国法制出版社,2017.

饶戈平.国际组织法[M].北京:北京大学出版社,1996.

饶戈平.全球化进程中的国际组织[M].北京:北京大学出版社.2005.

饶戈平,张献.国际组织通览[M].北京:世界知识出版社,2004.

日本国际法学会.国际法辞典[M].北京:世界知识出版社,1985.

[美]塞缪尔·亨廷顿.文明的冲突与世界秩序的重建[M].周琪,等译.北京:新华出版社,2002.

邵鹏.全球治理:理论与实践[M].吉林:吉林出版集团,2010.

宋允孚.国际公务员与国际组织任职[M].北京:中国人民大学出版社,2016.

王杰,张海滨,张志洲.全球治理中的国际非政府组织[M].北京:北京大学出版社,2004.

王逸舟.磨合中的建构:中国与国际关系的多角透视[M].北京:中国发展出版社,2003.

王振华.英国[M].北京:社会科学出版社,2003.

武心波.大国国际组织行为研究[M].上海:上海人民出版社,2010.

夏征农,等主编.辞海第三卷[M].上海:上海辞书出版社,1999.

谢喆平.中国与联合国教科文组织的关系演进:关于国际组织对会员国影响的一项经验研究[M].北京:教育科学出版社,2010.

谢益显.中国当代外交史[M].北京:中国青年出版社,1997.

徐小舟.王承绪文集.[M].南京:江苏教育出版社,2010.

徐莹.当代国际政治中的非政府组织[M].北京:当代世界出版社,2006.

[美]伊丽莎白·埃克诺米,米歇尔·奥克森伯格.中国参与世界[M].北京:2001.

仪名海.中国与国际组织[M].北京:新华出版社,2004.

俞可平.全球治理引论,原载于马克思主义与现实,2001年1期;转引自杨雪冬,王浩主编.全球治理[M].北京:中央编译出版社,2015.

[美]约翰·米尔斯海默.大国政治的悲剧[M].上海:上海人民出版社,2003.

张贵洪.国际组织与国际关系[M].杭州:浙江大学出版社,2004.

张民选.国际组织与教育发展[M].上海:上海教育出版社,2010.

张五常.学术上的老人与海[M].北京:社会科学文献出版社,2001.

周敏凯.国际政治学[M].上海:华东师范大学出版社,1998.

中共中央文献研究室,编.邓小平年谱1975—1997[M].北京:中共中央文献出版社,2004.

【报纸文献】

陈熹.在国际发展援助的平台上[N].湖北日报,2004-09-13(1).

程墨.武汉大学建博士跨学科拔尖创新人才培养试验区[N].中国教育报,2011-06-21(2).

中华人民共和国教育部.2018全国教育事业发展统计公报[N].中国教育报,2020-07-27.

卢建平.张彭春和《世界人权宣言》[N].南方周末,2018-12-24.

尚栩,石序.专访:"中国与联合国教科文组织的合作将开辟新篇章"——访中国联合国教科文组织全国委员会秘书长杜越[N].新华网,2013-11-06.

王莉.温家宝会见出席国际行动理事会第三十届年会的外国前政要[N].人民日报,2012-05-10(1).

王承绪.联合国教育科学文化组织会议经过与观感[N].大公报,1947-01-05(3);1947-01-13(3);1947-01-21(3).

习近平.中国是现行国际体系的参与者、建设者、贡献者也是受益者[N].人民日报,2015-09-26.

习近平.放眼世界,我们面对的是百年未有之大变局[N].中国青年报,2017-12-29.

杨桂青.联合国教科文组织虚位邀约中国职员[N].中国教育报,2016-04-26(3).

杨汛.世界旅游城市联合会落户北京[N].北京日报,2012-04-20(1).

赵黎青.国际非政府组织对中国的影响[N].学习时报,2003-08-11.

周铁农.搭建国际交流平台　沟通中国与世界[N].人民日报,2011-09-28(8).

朱竞若,余荣华.全球旅游城市"结盟"北京[N].北京日报,2012-04-20(4).

【学术期刊】

蔡鹏鸿.强国之路和中国参与国际组织[J].社会科学,2004(4).

陈珂,刘义,张昕祎.国际非政府组织对西部生态环境建设的作用分析[J].沈阳农业大学学报(社会科学版),2006-06,8(2).

程莹,张美云,俎媛媛.中国重点高校国际化发展状况的数据调查与统计分析[J].高等教育研究,2014(8).

高光,张民选.经济合作与发展组织的三大国际测试研究.比较教育研究[J].

2011(10).

郭德红.伦敦政治经济学院的发展模式[J].清华大学教育研究,2007(5).

郭婧.英国高校教育智库运作模式及资源保障研究——以伦敦大学教育学院为例[J].中国高教研究,2014(9).

何荣华.牛津大学导师制对我国法学教育的启示——基于卓越法律人才培养目标的视角[J].学术论坛,2015(10).

洪天华.联合国教科文组织激励机制探析[J].中国科学院院刊,2007(3).

黄浩明.民间组织国际化的趋势——兼谈中国的现状、挑战与对策[J].中国非营利评论,2011,(2).

霍华德·布拉宾.一个理想的诞生[J].联合国教科文组织信使,1985(66).

金雯,陈默.改变中国的10个国际组织[J].晚报文萃,2009(3).

教育部.国家中长期教育改革和发展规划纲要(2010—2020年)[J].中国民族教育,2010(Z1).

教育部.关于深化人才发展体制机制改革的意见[J].科技创新与生产力.2016(5).

阚阅.全球治理视域下我国的国际组织人才发展战略[J].2016(12).

康春英,海晓君.对国际非政府组织参与我国民族地区和谐社会建设的几点思考——以宁夏南部山区三县为例[J].北方民族大学学报(哲学社会科学版),2010,96(6).

课题组.国际非政府组织在云南发展状况研究[J].云南行政学院学报,2004(2).

李刚,陈思颖.PISA的政策影响:类型、方式及其启示.外国教育研究[J].2014(7).

李培广.国际组织落户纽约对北京城市发展的启发[J].中国市场,2010(33).

陆璟.PISA研究的政策导向探析.教育发展研究[J].2010(8).

刘成学.国际联盟与中国的第一次技术合作[J].文史春秋,2009(3).

刘传春.国际组织与美国的理想主义和现实主义[J].华中科技大学学报·社会科学版,2004(1).

刘洪.从国际组织领导人"难产"看美国的霸道[J].瞭望新闻周刊,2000(14).

刘朔,陆根书.发挥国际非政府组织作用 z 促进我国贫困地区教育公平[J].复旦教育论坛,2009,7(2).

刘兵.关于科学史研究中的集体传记方法[J].自然辩证法通讯,1996(3).

刘宏松.中国的国际组织外交:态度、行为与成效与成就[J].国际观察,2009(6).

刘卫东.美国非政府组织对中国新疆问题的干涉[J].国际资料信息,2010(7).

逯莹.中国社会组织国际化浅析——以全球能源研究所为例[J].黑河学刊,2011(6).

罗彩荣.国际非政府组织对我国家安全的影响及其治理对策[J].湖北警官学院学报,2011,121(4).

马秋莎.全球化、国际非政府组织与中国民间组织的发展[J].开放时代,2006(2).

孙恪勤.欧美 IMF 总裁之争[J].国际资料信息,2000(4).

谭三桃.国际 NGO 在华活动影响评价及对策研究[J].学术论坛,2008,210(7).

滕珺.迈向教育公平的革命性理念——联合国教科文组织"全民教育"政策的话语实践分析[J].比较教育研究,2010(12).

滕珺,曲梅.国际公务员聘用标准及其对我国国际公务员培养的启示[J].比较教育研究,2012(9).

田野.作为治理结构的正式国际组织:一种新制度经济学的视角[J].教学与研究,2005(1).

王东芳.博士生教育质量评价——新情境下的挑战与启示[J].学位与研究生教育,2012(2).

王海京.巴拉迪:美国压力下能否连任[J].瞭望新闻周刊,2004(51).

王建梁,单丽敏.全球教育治理中的"全球教育伙伴关系组织":治理方式及成效[J].外国教育研究,2017(8).

王妮丽,王虹.国际非政府组织在云南的运作模式分析[J].学会,2008(10).

谢晓庆.国际非政府组织在华三十年:历史、现状与应对[J].东方法学,2011(6).

徐传凯,陈纯.以国际狮子会为个案研究在华的国际非政府组织——一项基于法团主义视角的解释和分析[J].宁夏党校学报,2008,10(2).

徐莹,李宝俊.国际非政府组织的治理外交及其对中国的启示[J].国际关系学院学报,2004(3).

续建宜.瑞士中立政策的历史与现状[J].解放军外国语学院学报.1995(2).

薛莲.教师教育机构的转型:非洲的经验——来自中国—联合国教科文组织教育信托基金专题研讨会的观点[J].世界教育信息,2016(1).

薛琳."可持续发展与绿色奥运":第三届联合国非政府组织费正式区域网络/亚太地区研讨会在京举行[J].当代世界,2008(6).

闫温乐,张民选.向国际组织输送人才:来自瑞士的经验和启示[J].比较教育研究,2015(8).

杨宝.中国第三部门外部环境的结构性变化[J].云南社会科学,2012(1).

杨汀.向国际组织输送人才的日本运筹[J].环球.2014(13).

叶江,徐步华.试论英国国际组织外交的演变[J].国际观察,2010(2).

叶建忠.瑞士争取国际组织职员职位和培养国际职员的主要做法[J].全球科技经济瞭望,2013(28).

员智凯,张昌利,侯小娅.中国专家参与国际组织活动的对策研究[J].北京理工大学学报(社会科学版),2005(7).

詹奕嘉.跨越国界的援助——国际非政府组织在华减灾活动评述[J].中国减灾,2007(5).

张珺.试析中国的多边制度外交——以中国参与国际反贪腐制度为例[J].国际展望,2009(3).

张玲.国际非政府组织准入制度研究[J].河北法学,2011,29(5).

张民选,夏人青.全球治理与比较教育的新使命[J].教育发展研究,2017(17).

张英丽.我国博士生的学术职业选择与准备[J].学位与研究生教育,2009(2).

赵劲松.国际公务员与现代国际法的发展[J].时代法学,2008(5).

赵劲松.国际公务员制度刍议——以联合国为视角[J].甘肃社会科学,2005(6).

周洪宇,付睿.国际教育智库与全球教育价值取向的演变——以联合国教科文组织下设教育机构为例[J].国家教育行政学院学报,2016(12).

朱健刚.国际 NGO 与中国地方治理创新:以珠三角为例[J].开放时代,2007(5).

【学位论文】

丁玉敏.世界银行决策机制研究[D].中国政法大学,2005.

范宇.论世界银行决策机制的改革[D].外交学院,2001.

沈俊强.中国与联合国教科文组织教育合作关系的研究——以"全民终身教育"为视角[D].华东师范大学,2009.

杨思思.政府间国际组织总部所在地比较研究[D].上海交通大学:2010.

【电子文献】

国家留学基金委员会.中国首次有计划地向教科文派出青年研习人员[EB/OL].[2014-07-04]. https://www.csc.edu.cn/news/xinwen/461.

国家留学基金委员会.国家留学基金资助全国普通高校学生到国际组织实习选派管理办法(试行)[EB/OL][2017-08-03]. https://www.csc.edu.cn/chuguo/s/971 联合国新闻署.联合国新闻部与非政府组织[EB/OL].[2007-12-03]. http://www.un.org/chinese/aboutun/ngo/.

教育部.教育部人才工作协调小组 2014 年工作要点[EB/OL][2014-03-12]. http://old.moe.gov.cn//publicfiles/business/htmlfiles/moe/s7051/201403/165873.html.

教育部.中国教育现代化 2035[EB/OL][2019-02-23]. http://education.news.cn/2019-02/23/c_1210066331.html.

联合国.联合国大会议事规则[EB/OL].[2018-10-20]. https://www.un.org/zh/ga/about/ropga/rule5.shtml.

姜天晨.联合国里的中国职员[EB/OL].[2015-10-15]. http://www.lwdf.cn/article_1674_1.html.

欧洲联盟.欧洲联盟运作体系[DB/OL][2018-08-22]. http://www.eeas. europa.eu/archives/delegations/china/documents/more_info/how_the_eu_works_ 2008_zh.pdf.

揭中国高校国际化的尴尬局面[EB/OL].[2015-04-21]. http://edu.qq.com/ a/20150421/048984.htm.

人民网.联合国教科文组织科学报告中文版首发[EB/OL].[2017-04-03]. http://scitech.people.com.cn/n/2012/1107/c1007-19519796.html.

如何才能在联合国工作? 联合国都有哪些职位? [EB/OL].[2015-09-27]. http://news.southcn.com/china/content/2015-09/27/content_133684526.htm.

徐箐箐.英联邦:一个帝国背影的变迁[EB/OL].[2012-08-06]. http://www. lifeweek.com.cn/2012/0806/38113.shtml.

张宁.国际组织实习与国家留学基金委政策讲演.[B]中国人民大学国际组织 培养人才系列讲座.[EB/OL].[2019-12-03]http://io.career.ruc.edu.cn/index.php? s=/Index/news_cont/id/820.html.

中华人民共和国政府中央人民政府.国家中长期教育改革和发展规划纲要 (2010—2020年)[EB/OL].[2018-5-16]. http://www.gov.cn/2010-7/29/content_ 1667143.htm.

中共中央办公厅、国务院办公厅.关于做好新时期教育对外开放的若干意见 [EB/OL].[2016-04-29].中华人民共和国国务院办公厅. http://www.gov.cn/ home/2016-04/29/content_5069311.htm.

中共中央.关于坚持和完善中国特色社会主义制度推进国家治理体系和治理 能力现代化若干重大问题的决定[EB/OL].[2019-11-05]. http://www.gov.cn/ zhengce/2019-11/05/content_5449023.htm.

外文文献

【学术著作】

横山和子.国際公務員のキャリアデザイン――満足度に基づき実証分析 [M].東京.白桃書局,2011.

勝野正恒,二村克彦.国際公務員をめざす若者へ[M].東京:国際書院,2005.

原田勝弘.国連機関でグローバルに生きる[M].東京:現代人文社,2006.

西川吉光.紛争解決と国連・国際法[M].京都:晃洋書房,1996.

Bennett, A.(1984). *International Organizations: Principles and Issues* (3rd ed.)[M]. New Jersey: Prentice-Hall Inc.

British Council. *Annual Report and Accounts 2018—2019* [M]. London: British Council, 2019.

British Council. *Royal Charter and Bye-laws 1993* [M]. London: British Council, 1993.

Devesh, John P; Lewis, Richard Webb. *The World Bank: In First Half Century*[M]. Brookings Institution, 1997.

Ebrahim, A.. *NGOs and Organizational Change: Discourse, Reporting, and Learning*[M]. Cambridge: Cambridge University Press, 2003.

Fanzun, Jon A. *Swiss Human Rights Policy: From Reluctance to Normalcy. Swiss Foreign Policy, 1945—2002*[M]. Palgrave Macmillan UK, 2003.

Fischer, T. *From Good Offices to an Active Policy of Peace: Switzerland's Contribution to International Conflict Resolution* [M]. Palgrave Macmillan UK, 2003.

Ian, D. C. *Should the IMF Become More Adaptive*. Washington DC, USA: INTERNATIONAL MONETARY FUND, 1996.

ICSC. *Standards of Conduct for the International Civil Service* [M]. New York: UN, 2013.

Karns, M. and Mingst, K. *International Organizations: The Politics and Process of Global Governance*[M]. London: Lynne Rienner Publisher, 2004.

Keohane, Robert & Nye, Joseph Jr. *Governance in a Globalizing World*[M]. Washington DC: Brookings Institution Press, 2000.

Lewis, D. & Kanji, N.. *Non-governmental organizations and development* [M]. London: Routledge, 2009.

Martens, K. *NGOs and the United Nations*: *Institutionalization*, *Profession-alization and Adaptation*[M]. Basingstoke: Palgrave Macmillan, 2005.

Mitchell, J. M. *International Cultural Relations*[M]. London: Allen& Un-wind, 1986.

Non-governmental Liaison Service, UN. *UN system engagement with NGOs*, *civil society*, *the private sector*, *and other actors*[M]. New York: United Nations. 2005.

Phillip, W Jones. *World Bank Financing of Education*: *Lending*, *Learning and Development*[M]. London: Routledge, 1992.

Royal Institute of International Affairs. *The Consultation Report for United Nations*[M]. London: Chatham House, 1944.

Singh, J. P. *British Council and Cultural Relations*: *Betwixt Idealism and Instrumentality*[M]. London: British Council, 2019.

UN Secretary General. *Composition of the Secretariat*: *Staff Demographics*[M]. New York: UN Press Office, 2017.

UNDP. *UNDP Core Competence Framework*[M]. New York: UNDP, 2017.

UNESCO. *Financial Statement* 2019[M]. Paris: UNESCO, 2020.

UNESCO. *UNESCO Competency Framework*[M]. Paris: UNESCO, 2016.

UNESCO. *Staff Regulations and Staff Rules*[M]. Paris: UNESCO, 2019.

UNICEF. *UNICEF Competency Definitions*[M]. New York: UNICEF, 2017.

Union of International Associations. *Yearbook of International Organizations 1993—1994*[M]. Brussels: Union of International Associations, 1995. 2016.

UNV. *UNV 2017 Annual Report*[M]. Bonn: UNV, 2017.

UNV. *The Thread that Blinds*: *Volunteerism and Community Resilience*[M]. Randers C.: Phoenix Design Aids, 2018.

Wanner, R. *UNESCO's Origins*, *Achievements*, *Problems and Promise*: *An Inside/Outside Perspective from the US*[M]. Hong Kong: University of Hong Kong, 2015.

WHO. *WHO Competencies*[M]. Geneva: WHO, 2018.

World Bank. *World Bank Annual Report* 2007[M]. Washington DC, 2008.

Yaziji, M., Doh, J. *NGOs and Corporations: Conflicts and Collaboration*[M]. Cambridge: Cambridge University Press, 2009.

【学术期刊】

岩井雪乃ボランティア体験で学生は何を学ぶのか:アフリカと自分をつなげる想像力[J].法政大学人間環境学部紀要, 2010, (3):66—76.

Anthony Seeger. Understanding UNESCO: A Complex Organization with Many Parts and Many Actors[J]. *Journal of Folklore Research*, 2015(52):269—280.

B. J. Crowe, S. Bochner and A. W. Clark. The Effects of Subordinate Behavior on Managerial Style[J]. *Human Relations*, 1972 (3):215—237.

Blanchard K H, Zigarmi P, Zigarmi D. Leadership and the one minute manager: increasing effectiveness through situational leadership. In with the New: Why Excellent Public Leadership Makes a Difference to Partnership Working[J]. *The British Journal of Leadership in public services*, *Volume 2*, *Issue 1*, 1985, 23(5):39—41.

Heifetz R A, Sinder R M, Jones A, et al. Teaching and Assessing Leadership Courses at the John F. Kennedy School of Government[J]. *Journal of Policy Analysis and Management*, 1989, 8(3):536—562.

Irena Bellier. Spelling out unity and living in diversity. Organisational Culture in the Institution of European Union[J]. *Magali Gravier*, *Vassiliki Triga (eds.)*. 2005.

Kristin Archick, Derek E. Mix. The European Union's Reform Process: The Lisbon Treaty[J]. *Congressional Research Service*, 2009(9).

Lu Rucai. China and UNESCO: Advance Hand in Hand[J]. *China Today*, 2015(10):26—28.

Mittelman. James H. Global Governance and Universities: The Power, Ideas and Knowledge[J]. *Globalizations*, 2016, 13(5).

Peter Katz. The Treaty of Nice and European Union Enlargement: The Political, Economic, and Social Consequences of Ratifying[J]. *Pen Law Journals*, 2003, 24(1).

Ralph M. Stogdill. Personal Factors Associated with Leadership: A Survey of the Literature[J]. *The Journal of Psychology*, 1948, 25(1):35—71.

Shelley, Becky. Political globalization and the politics of international non-governmental organizations: the case of village democracy in China[J]. *Australian Journal of Political Science*, 2000, 35(2):225—238.

Tarrow, S. Transnational Politics: Contention and Institutions in International Politics[J]. *Annual Review of Political Sciences*, 2001, (4):1—22.

Thacker, Strom C. The High Politics of IMF Lending[J]. *World Politics*, 1999, 52(01):38—75.

VH Vroom, PW Yetton. Leadership and Decision-Making[J]. *Administrative Science Quarterly*, 1973, 18(2):I.

【报告文献】

Carolyn Ban. *Recruiting and Selecting Staff in the European Institutions: Moving the Sacred Cow out of the Road*[R]. Paper prepared for Annual Meeting of UACES Edinburgh. 2008:1—2.

DFID. *Statistics on International Development 2015*[R]. London: DFID. 2015.

FICSA. *The Nobelmaire Principles*[R]. Geneva: FICSA Council. 2004.

OECD. *Development Co-operation Report 2016: The Sustainable Development Goals as Business Opportunities*[R]. Paris: OECD, 2016.

The Mayor's Office for International Affairs. *United Nations Impact Report 2016*[R]. New York: 2016.

World Bank. *Young Professionals Program Policy Paper 2010*[R]. Washington DC.

【电子文献】

赤阪清隆.国際機関における日本のプレゼンス[EB/OL]. [2017-04-22]. http://www.kiip.or.jp/gaiko_pdf/20131029％20gaikourejyume-akasaka.pdf.

大学による国際協力活動の現状と課題[EB/OL]. [2017-04-28]. http://www.mext.go.jp/component/a_menu/education/detail/__icsFiles/afieldfile/2015/06/02/1222347_008.pdf.

平成18年版文部科学省白書第2部第10章第3節開発途上国への協力[EB/OL]. [2017-04-28]. http://www.mext.go.jp/b_menu/hakusho/html/hpab200601/002/010/015.htm.

名古屋大学大学院国际开发研究科大学院教育改革支援项目"国际合作型发信能力培养"[DB/OL]. [2017-07-18]. https://www.gsid.nagoya-u.ac.jp/global/curriculum/global_practicum/index.html.

国連関係機関における日本人(女性)の更なる活躍に向けて外務省国際機関人事センター.[EB/OL]. [2017-04-20]. http://www.gender.go.jp/public/kyodosankaku/2015/201509/201509_04.html.

国際協力機構年次報告書2019[EB/OL]. [2020-08-14]. https://www.jica.go.jp/about/report/2019/index.html.

外務省委託事業平成26年度　国際機関向け人材育成研修コース[EB/OL].[2017-05-01]. http://www.tac.biz/kokusaikikan/lecturer.html.

Andrew Rettmann. *EU states near agreement on diplomatic service*[N/OL] [2018-02-01]. https://euobserver.com/foreign/28878.

Cinfo. *Interview with Claire Balbo, Programme Analyst, UNDP Addis Ababa*[EB/OL][2017-04-24]. http://www.Cinfo.ch/sites/default/files/interview_with_claire_balbo_former_swissjpo.pdf.

Cinfo. *Staff positions at International Financial Institutions*[EB/OL][2017-02-17]. http://www.Cinfo.ch/en/working-world-ic/working-international-financial-institutions/experienced-professionals/staff.

Council of the European Communities. *Treaty on European Union*[EB/OL]

[2018-11-22]. https://europa.eu/european-union/sites/europaeu/files/docs/body/treaty_on_european_union_en.pdf.

Darcy Molnar, Isabel Günther, Rudolf Batliner. *Tracer Study MAS 1994—2012* [EB/OL] [2018-07-15]. https://www.ethz.ch/content/dam/ethz/special-interest/gess/nadel-dam/documents/mas/2MAS_TracerStudy-Report2016.pdf

Doeve, A. *Opening Speech of the 38th Secession of the FAO General Assembly. Roma.* 2008 [EB/OL]. [2018-07-18]. http://www.doc88.com/p-66 11238000051.html.

ECDC. *Salaries, taxation, pension and allowances afforded to staff within institutions and agencies of the European Union* [EB/OL] [2018-08-22]. https://www.ecdc.europa.eu/sites/portal/files/documents/information-on-salaries-taxation-pension-allowances-staff-European-Union.pdf.

Eidgenössische *Technische Hochschule Zürich. Alumni Interviews* [EB/OL] [2017-07-18]. http://www.nadel.ethz.ch/education/mas-development-and-cooperation/alumni-interviews.html

EU Commission. *Code of Good Administrative Behavior* [EB/OL] [2018-08-22]. https://ec.europa.eu/info/sites/info/files/code-of-good-administrative-behaviour.

European Commission. *A better workplace for all: from equal opportunities towards diversity and inclusion* [EB/OL] [2018-08-22]. https://ec.europa.eu/info/sites/info/files/communication-equal-opportunities-diversity-inclusion-2017.pdf.

EU Commission. *Fundamental rights and non-discrimination* [EB/OL] [2018-11-22]. https://eur-lex.europa.eu/legal-content/EN/TXT/?uri = LEGISSUM: a10000.

European Commission. *Treaties on the functioning of the European Union* [EB/OL] [2018-08-22]. https://eur-lex.europa.eu/legal-content/EN/TXT/?uri =celex%3A12012E%2FTXT.

European Council. *Treaty establishing a Constitution for Europe* [EB/OL]

[2018-11-22]. https://eur-lex. europa. eu/legal-content/EN/TXT/? uri = uriserv: OJ.C_.2004.310.01.0001.01.ENG&toc=OJ:C:2004:310:TOC.

FDFA. *Development Cooperation and Humanitarian Aid*[EB/OL][2017-11-27]. https://www.eda.admin.ch/eda/en/home/fdfa/working-at-fdfa/berufserfahrene/entwicklungszusammenarbeit-humanitaere-hilfe/beruferfahrene-skh. html

FDFA. *Swiss Expert Pool for Civilian Peacebuilding*[EB/OL][2017-07-14]. https://www. eda. admin. ch/eda/en/home/foreign-policy/human-rights/peace/expert-pool. html.

FDFA. *Swiss presence in international organizations*[EB/OL][2019-08-05]. https://www. eda. admin. ch/content/dam/mission-onu-omc-aele-geneve/en/documents/Tableau-des-OI_EN.pdf.

HARVARD Kennedy School. Decision Sciences [EB/OL] [2017-05-01]. http://healthpolicy.fas.harvard.edu/decision-sciences/.

HKS. Coursework & Requirements [DB/OL][2017-04-24]. https://www. hks.harvard.edu/degrees/phd/ppol/coursework-requirements.

HKS.Edward S. Mason Program [DB/OL][2017-04-24]. https://www.hks. harvard.edu/degrees/masters/mc-mpa/mason.

HKS.International and Global Affairs Concentration[DB/OL][2017-05-01]. https://www. hks. harvard. edu/degrees/masters/mpp/curriculum/pacs-and-concentrations/iga-concentration.

ICSC. *Professional Category and Above: Annual Salaries and Allowance*. [EB/OL]. [2018-08-12]. https://icsc.un.org/Home/ DataSalaryScales.

International Civil Service Committee.*Standards of Conduct for the International Civil Service* [EB/OL]. [2018-05-24]. http://www. doc88. com/p-63 87092804059. html.

Lutz, w. European Demographic Data Sheet[EB/OL][2018-08-29]. http://pure.iiasa.ac.at/id/eprint/15059/1/European_Demographic_Data_Sheet_2010.pdf.

Macari, J. *Top 10 Countries*[EB/OL]. [2017-10-24]. https://www. hesa. ac.

uk/insight/29-08-2017/uk-graduates-in-173-countries.

Michiel Humbelt. *A career at the EU institutions*〔R/OL〕〔2018-08-22〕. http://www.transuniv.eu/fileadmin/user_upload/2019-02-28_A_career_at_the_EU _institutions.pdf.

OECD. *Convention on the Organisation for Economic Co-operation and Development*〔EB/OL〕.〔2017-9-10〕. http://www.oecd.org/general/conventionontheorganisationforeconomicco-operationanddevelopment. htm.

OECD. *Better Policies for Better Lives—the OECD at 50 and Beyond*〔EB/OL〕.〔2017-9-12〕. https://www.oecd.org/about/47747755.pdf.

OECD. *Member Countries' Budget Contributions for 2017*〔EB/OL〕.〔2017-9-12〕. http://www.oecd.org/about/budget/member-countries-budget-contributions. htm.

OECD. *Transforming the OECD Impact, Inclusiveness and Relevance*〔EB/OL〕.〔2017-9-12〕. https://www.oecd.org/about/secretary-general/Transforming-the-OECD-Secretary-General-Gurria-Major-Achievements.pdf.

OECD. *Peer Review: An OECD Tool for Cooperation and Change*〔EB/OL〕.〔2017-10-10〕. https://www.oecd.org/dac/peer-reviews/1955285.pdf.

OECD. *Review of the Employment Framework-Phase I Regulations, Rules and Instructions*〔EB/OL〕.〔2017-10-10〕. http://intranet. oecd. org/Executive-Directorate/Hrm/ Manuals-Tools-Forms-Procedures/Pages/Default.aspx.

OECD. *2015 Diversity Annual Report*〔EB/OL〕.〔2017-10-10〕. http://intranet. oecd. org/Executive-Directorate/Hrm/Employment-Life-Work/Diversity-Inclusion/Pages/Annual_Reports.aspx. P.100.

OECD. *Decisions, Recommendations and other Instruments of OECD by Nonmember*〔EB/OL〕.〔2017-10-10〕. http://webnet. oecd. org/OECDACTS/Instruments/NonMemberCountriesView.aspx.

QS Quacquarelli Symonds Limited. *QS World University Rankings by Subject*〔EB/OL〕〔2017-10-01〕. https://www.topuniversities.com/subject-rankings/2017.

UN Secretariat.*Composition of the Secretariat* : *Staff Demographics* , *Report to the Secretary-General* (*A*/ *72*/ *123*)[EB/OL]. [2018-06-15]. http://un.org/documents/en/.

UNECOSO.*The Resolution 1996*/ *31 on Consultative Relationship Between the United Nations and Non-governmental Organizations* [EB/OL]. [1996-07-25/2017-02-04]. http://www. un.org/documents/ecosoc/res/1996/eres1996-31. htm.

UNV.*A Short History of United Nations Volunteers*[EB/OL]. [2018-10-25] http://www. arcgis. com/apps/MapJournal/index. html?appid = ed74eaf46 50341 cdad6a0f7df2b5bd10.

图书在版编目（CIP）数据

国际组织人才培养与选送 / 张民选等著. — 上海：
上海教育出版社，2022.2
（国际组织与教育发展）
ISBN 978-7-5720-0669-2

Ⅰ. ①国… Ⅱ. ①张… Ⅲ. ①国际组织－人才培养－
研究 Ⅳ. ①D813②C961

中国版本图书馆CIP数据核字(2022)第009407号

责任编辑　李　玮
封面设计　陈　芸

国际组织与教育发展
国际组织人才培养与选送
张民选　等　著

出版发行　上海教育出版社有限公司
官　　网　www.seph.com.cn
地　　址　上海市闵行区号景路159弄C座
邮　　编　201101
印　　刷　上海商务联西印刷有限公司
开　　本　700×1000　1/16　印张 34.75
字　　数　530 千字
版　　次　2022年6月第1版
印　　次　2022年6月第1次印刷
书　　号　ISBN 978-7-5720-0669-2/G·0504
定　　价　98.00 元

如发现质量问题，读者可向本社调换　电话：021-64373213